국어능력
인증시험

5회 만에 끝내는 모의고사

PREFACE 머/리/말

우리의 삶과 사회 및 문화생활에서 말과 글이 갖는 의미와 역할은 매우 중요하다. 그러나 우리 말과 글에 대한 일반인의 자각과 인식은 그다지 투철하지 않다. 다행히 국어기본법의 제정으로 국어 능력이 각종 국가 고시나 대입 시험은 물론 각 기업의 인사 자료에도 많은 영향을 주어, '잘해도 그만'인 국어가 아니라 '잘해야 하는' 국어로 인정받게 되었다.

이러한 흐름에 힘입어 우리 말과 글의 정체성 확립을 위해 시행하고 있는 시험이 바로 국어능력인증시험이다. 국어능력인증시험은 종합적인 국어 사용 능력과 언어 기능을 통한 사고력을 측정하여 이를 토대로 바른 국어생활과 창조적인 언어 문화를 만들어 나가기 위해 개발된 평가 도구이다. 국어능력인증시험은 기존의 수동적이고 단순한 읽기나 쓰기, 문법을 평가하는 방식에서 벗어나 국어생활에서의 정서적·심미적 차원의 언어 능력을 평가하며 주관식 문제도 포함하고 있어, 수험생에게 당황스러운 시험이 될 수 있다. 이에 수험생 여러분이 비교적 단기간에 국어능력인증시험을 준비할 수 있도록 다음과 같은 특징을 염두에 두고 본서를 기획하였다.

❶ 최근 출제 경향을 분석하여 영역별로 실제 출제 유형에 가까운 문제를 수록하였다.
❷ 총 5회분의 모의고사는 실제 시험장에서와 같은 난이도로 최종 점검이 가능하도록 구성하였다.
❸ 혼자서도 학습할 수 있도록 풍부한 강의식 해설로 구성하여 수험생의 학습 시간을 단축할 수 있도록 하였다.
❹ 정답 및 해설은 문제와 해설을 함께 수록하여 한눈에 보고 풀 수 있도록 하였다.
❺ 고득점을 받을 수 있도록 문제와 관련된 어휘·어법 이론을 추가로 설명하였다.
❻ 읽기 영역의 해설에서는 각 문제에 대한 제시문을 쉽게 확인할 수 있도록 편집·구성하였다.
❼ 듣기 파일을 무료로 내려받을 수 있어 어디서든 듣기 문제를 풀 수 있도록 하였다.

본서는 수험생의 관점에서 기획하였으며, 수험생의 효율적인 학습을 돕기 위해 내용을 구성하고자 하였다. 끝으로 이 책을 엮는 데 도움을 주신 많은 분께 감사드리며, 이 책을 활용하여 국어능력인증시험을 준비하는 수험생들이 좋은 성과를 거두기를 바란다.

국어능력인증시험연구회 씀

ToKL 시험 안내 INTRODUCTION

○ 시행 목적

변화하는 국어생활의 환경에 발맞추어 기존의 국어 교육 내용이나 방법의 한계를 극복하고, 체계적인 사고 과정의 결과로 나타나는 총체적인 언어 능력의 평가를 통해 국민의 국어 능력을 신장시키며, 나아가 국어 교육을 학교 교육의 단계를 넘어 평생 학습의 단계로 인식하도록 하고자 함.

○ 특징

- 언어 기능 영역과 함께 이해, 추론, 비판, 창의의 모든 사고 영역을 종합 평가하는 문항으로 구성
- 서술형 주관식 평가 도입과 지문 유형의 다양화, 신규 문제 유형 개발로 언어 사고력을 평가
- 종합적 사고력 평가로 기존의 언어 평가에 효율적으로 대비 가능

○ 평가 목표

- 일상생활과 밀접하게 연관된 실질적인 국어 사용 능력 측정
- 말하기, 듣기, 읽기, 쓰기에 관한 종합적인 국어 사용 능력 평가
- 합리적 의사소통 능력, 창조적 표현 능력, 유연한 언어 상황 적응력 평가

○ 시험 시간

총 130분[1교시 60분, 2교시 70분(듣기 평가 30분)], 중간 휴식 시간 없음.

시험 시간	진행 내용	문항 구성
09:00~09:30(30분)	수험자 입실	
09:30~09:45(15분)	감독관 입실 수험자 주의사항(신분증) 안내	
09:45~10:00(15분)	1교시 답안지 작성 1교시 문제지 배부 및 파본 검사	
10:00~11:00(60분)	1교시 시험(읽기, 어문 규정, 어휘)	객관식 57문항
11:00~11:10(10분)	2교시 답안지 작성 2교시 문제지 배부 및 파본 검사	
11:10~12:20(70분)	2교시 시험(듣기, 어법, 쓰기 등)	객관식 23문항 주관식 10문항
12:20~12:30(10분)	시험 종료 및 수험자 퇴실	

※ 시험 관련 내용은 변경될 수 있으니 반드시 시행처 홈페이지(www.tokl.or.kr)에서 확인하시기 바랍니다.

평가 영역 및 문항 구성

- 평가 영역: 언어 기초, 언어 기능, 사고력
- 문항 구성: 총 90문항[객관식 80문항(5지 택일형) + 주관식 10문항]
- 문항 배점: 총점 200점[객관식 2점(동일 배점) / 주관식(차등 배점)]

영역		총문항 수(주관식)	평가 내용
언어 기초	어휘	15(2)	실생활에서 자주 사용하는 어휘의 활용 능력 평가(수행기반 능력)
	어법	5	정확하고도 경제적인 문장을 구사할 수 있는 능력 평가(언어 규범 능력)
	어문 규정	5	효율적인 의사소통을 위한 규범 평가(언어 규범 능력)
언어 기능	듣기	15(2)	다양한 상황 설정을 통한 듣기 능력의 종합 평가(청해 능력)
	읽기	40(1)	매체 환경의 다양성을 반영하는 지문 선택을 통한 읽기 능력의 실질 평가 (독해 능력)
	쓰기	10(5)	문장 생성 능력, 단락 전개 능력 등 실질적인 글쓰기 능력 중심의 평가 (작문 능력)
합계		90(10)	총 200점(객관식 160점 + 주관식 40점)

사고력 영역은 사고 능력을 측정하기 위한 영역으로, 언어 기초 영역, 언어 기능 영역과는 별도의 방식으로 점수를 산출합니다.

영역	평가 내용
사고력	• **이해**: 독해 또는 청해 과정에서 중심 내용을 확인하고, 글 또는 말의 구조를 파악하는 능력 • **추론**: 글의 구조 및 주어진 내용을 활용하여 필요한 정보를 추론하는 능력 • **비판**: 정보를 종합하여 비교 · 분석하고, 글 전체의 내용과 표현을 평가하는 능력 • **창의**: 정보를 재창출함은 물론 글쓴이의 의도를 파악하여 능동적으로 반응하고, 적절한 대안을 찾는 능력

※ 시험 관련 내용은 변경될 수 있으니 반드시 시행처 홈페이지(www.tokl.or.kr)에서 확인하시기 바랍니다.

활용처

- **고등학교** ➡ 고교 생활기록부 등재 / 입학사정관제 / 논술&서술형 대비
- **대학교 및 대학원** ➡ 졸업 자격 / 졸업 인증 / 언어 추론 영역 대체
- **공사 / 공기업 / 정부 기관** ➡ 채용&승진 가산점
- **언론사 및 기업** ➡ 채용 가산점

※ 실제 입시 요강과 채용 전형은 유동적이므로 반드시 각 학교 홈페이지와 해당 기관의 채용 공고를 직접 확인하시기 바랍니다.

이 책의 구성과 특징 STRUCTURES

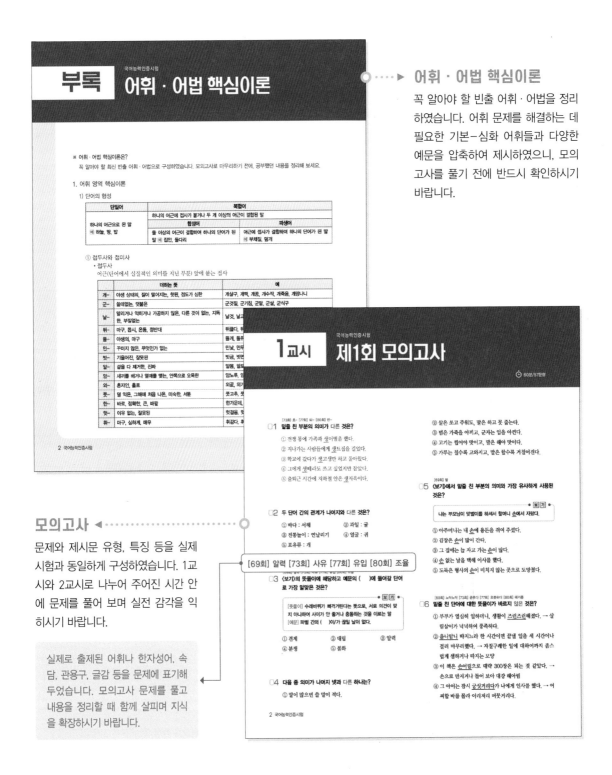

어휘 · 어법 핵심이론

꼭 알아야 할 빈출 어휘 · 어법을 정리하였습니다. 어휘 문제를 해결하는 데 필요한 기본−심화 어휘들과 다양한 예문을 압축하여 제시하였으니, 모의고사를 풀기 전에 반드시 확인하시기 바랍니다.

모의고사

문제와 제시문 유형, 특징 등을 실제 시험과 동일하게 구성하였습니다. 1교시와 2교시로 나누어 주어진 시간 안에 문제를 풀어 보며 실전 감각을 익히시기 바랍니다.

실제로 출제된 어휘나 한자성어, 속담, 관용구, 글감 등을 문제에 표기해 두었습니다. 모의고사 문제를 풀고 내용을 정리할 때 함께 살피며 지식을 확장하시기 바랍니다.

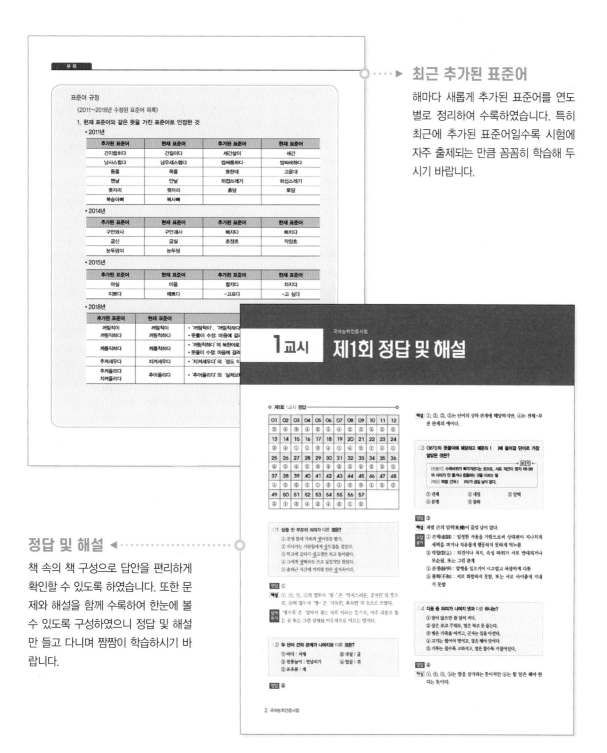

최근 추가된 표준어

해마다 새롭게 추가된 표준어를 연도 별로 정리하여 수록하였습니다. 특히 최근에 추가된 표준어일수록 시험에 자주 출제되는 만큼 꼼꼼히 학습해 두 시기 바랍니다.

정답 및 해설

책 속의 책 구성으로 답안을 편리하게 확인할 수 있도록 하였습니다. 또한 문 제와 해설을 함께 수록하여 한눈에 볼 수 있도록 구성하였으니 정답 및 해설 만 들고 다니며 짬짬이 학습하시기 바 랍니다.

이 책의 차례 CONTENTS

부록

어휘 · 어법 핵심이론

부록 어휘 · 어법 핵심이론

※ **어휘 · 어법 핵심이론은?**

꼭 알아야 할 최신 빈출 어휘 · 어법으로 구성하였습니다. 모의고사로 마무리하기 전에, 공부했던 내용을 정리해 보세요.

1. 어휘 영역 핵심이론

1) 단어의 형성

단일어	복합어	
하나의 어근으로 된 말 예 하늘, 땅, 밥	하나의 어근에 접사가 붙거나 두 개 이상의 어근이 결합된 말	
	합성어	**파생어**
	둘 이상의 어근이 결합하여 하나의 단어가 된 말 예 집안, 돌다리	어근에 접사가 결합하여 하나의 단어가 된 말 예 부채질, 덮개

① 접두사와 접미사

• 접두사

어근(단어에서 실질적인 의미를 지닌 부분) 앞에 붙는 접사

	더하는 뜻	예
개–	야생 상태의, 질이 떨어지는, 헛된, 정도가 심한	개살구, 개떡, 개꿈, 개수작, 개죽음, 개망나니
군–	쓸데없는, 덧붙은	군것질, 군기침, 군말, 군살, 군식구
날–	말리거나 익히거나 가공하지 않은, 다른 것이 없는, 지독한, 부질없는	날것, 날고기, 날바닥, 날강도, 날밤
뒤–	마구, 몹시, 온통, 정반대	뒤끓다, 뒤덮다, 뒤섞다, 뒤엉키다, 뒤바꾸다, 뒤엎다
들–	야생의, 마구	들개, 들쥐, 들장미, 들볶다, 들쑤시다
민–	꾸미지 않은, 무엇인가 없는	민낯, 민무늬, 민소매, 민며느리
빗–	기울어진, 잘못된	빗금, 빗면, 빗대다, 빗나가다, 빗맞다
알–	겉을 다 제거한, 진짜	알몸, 알토란, 알거지, 알부자
암–	새끼를 배거나 열매를 맺는, 안쪽으로 오목한	암노루, 암컷, 암나사, 암키와, 암톨쩌귀
외–	혼자인, 홀로	외곬, 외기러기, 외따로
풋–	덜 익은, 그해에 처음 나온, 미숙한, 서툰	풋고추, 풋과일, 풋솜씨
한–	바로, 정확한, 큰, 바깥	한가운데, 한복판, 한밑천, 한아름, 한데
헛–	이유 없는, 잘못된	헛걸음, 헛고생, 헛수고, 헛살다, 헛먹다
휘–	마구, 심하게, 매우	휘감다, 휘몰아치다, 휘둥그렇다

• 접미사
어근 뒤에 붙는 접사

	더하는 뜻	예
–기	용언의 명사화, 기운, 도구, 기구, 기록	달리기, 던지기, 소금기, 기름기, 녹음기, 여행기
–꾼	어떤 일이나 행위를 습관적으로 하는 사람, 어떤 일 때문에 모인 사람	낚시꾼, 노름꾼, 난봉꾼, 구경꾼
–내기	그 지역에서 나고 자라 그 지역 특성을 지닌 사람, 어떤 특성을 지닌 사람을 낮추어	서울내기, 신출내기
–대	띠 공간의 모양, 일정한 범위의 부분	공감대, 지혈대, 기후대, 화산대
–붙이	같은 겨레, 어떤 물건에 딸린 같은 종류	피붙이, 살붙이, 쇠붙이, 금붙이
–족	민족, 그런 특성을 가지는 무리	조선족, 여진족, 암체족
–화	그렇게 만들거나 됨, 그림, 신발	자동화, 대중화, 수채화, 운동화

2) 단어의 관계

① 유의 관계

말소리는 다르지만 뜻이 서로 비슷한 말을 유의어라고 하는데, 이 유의어들은 서로 '유의 관계'에 있다. 이 단어들은 그 의미가 거의 흡사하나, 상황에 따라 쓰임이 달라지거나 미묘한 느낌의 차이를 보이는 것이 특징이다.

관점 : 견지	결함 : 미비	갱신 : 경신	껍질 : 껍데기	개펄 : 갯벌
공동 : 합동	나태 : 태만	명확 : 확연	변상 : 상환	변환 : 전환
번성 : 융성	위조 : 변조	시각 : 시간	피력 : 토로	알력 : 분쟁
치밀 : 세밀	눈 : 안목	부치다 : 보내다	농후하다 : 짙다	

② 반의 관계

뜻이 서로 정반대되는 관계에 있는 말을 반의어라고 한다. 반의어는 한 쌍의 말 사이에 서로 공통되는 의미 요소가 있으면서 동시에 서로 다른 한 개의 의미 요소가 있어야 한다. 이 반의어들의 관계를 '반의 관계'라고 하며, 하나의 단어에 대해 여러 개의 단어들이 대립하기도 한다.

기황 : 포복	경정 : 호각	남자 : 여자	비관 : 낙관	악담 : 덕담
익명 : 실명	오다 : 가다	용납 : 거부	폭로 : 은닉	칭찬 : 비난
입학 : 졸업	시인 : 부인	기억 : 망각	기성 : 신흥	
열다 : 잠그다/닫다/막다/채우다				

③ 상하 관계

두 단어 중, 한쪽이 의미상 다른 쪽을 포함하거나 다른 쪽에 포함되는 관계를 '상하 관계'라고 하는데, 이 중 포함하는 큰 범위의 단어를 '상의어', 포함되는 작은 범위의 단어를 '하의어'라고 한다.

나무 ⊃ 소나무, 잣나무, 벚나무　　　　　감각 ⊃ 미각, 시각, 촉각, 후각

예술 ⊃ 문학, 미술, 음악, 연극　　　　　음악 ⊃ 가요, 국악, 동요, 경음악

직업 ⊃ 공무원, 어부, 은행원, 교사　　　음식 ⊃ 한식, 양식, 중식, 일식

동물 ⊃ 어류, 조류, 파충류, 포유류　　　생물 ⊃ 동물, 식물, 미생물

한편 동물은 생물의 하의어지만 어류, 조류, 파충류, 포유류 등에 대해서는 상의어다. 따라서 두 관계의 규정은 상대적인 것임을 알 수 있다.

④ 부분 관계

두 단어 중, 한쪽 단어의 의미가 다른 단어 의미의 구성 요소가 되는 관계를 '부분 관계'라고 한다.

나무 : 가지, 잎, 줄기…　　　　　　　시계 : 분침, 시침, 초침…

얼굴 : 눈, 코, 입…　　　　　　　　　자동차 : 바퀴, 의자, 핸들…

한편 상하 관계는 일대일 대응이 성립(소나무는 나무다. [○])하지만, 부분 관계에서는 일대일 대응이 성립하지 않는다. (가지는 나무다. [×])

3) 다의어와 동음이의어

① 다의어

두 가지 이상의 뜻을 가진 단어로, 각 뜻 사이에는 하나의 중심 의미가 있고, 중심 의미에서 확장된 의미로 구성된다.

다의어	중심 의미	주변 의미	주변 의미의 예
맵다	매운 맛	매우 힘들다.	매운 김치를 먹었다.
		사납고 독하다.	어머니는 매운 시집살이를 하셨다.
손	신체의 일부분	노동력	농번기에는 손이 부족하다.
		사람의 힘이나 노력	나는 할머니 손에서 자랐다.
		영향이 미치는 범위	경찰의 손이 미치지 않는 곳으로 도망갔다.
		사람의 수완이나 꾀	악덕 업자의 손에 놀아났다.
아침	날이 새면서 오전 반나절쯤까지의 동안	아침에 먹는 끼니	너 아침 먹었니?
발	신체의 일부분	가구 등 사물의 균형을 맞추는 부분	장롱의 발
		걸음을 비유적으로 이름.	그는 발이 빠른 야구 선수다.
		걸음을 세는 단위	한 발 떨어져 걸었다.
길	사람이나 탈것 등이 다닐 수 있게 만든 공간	어느 곳으로 가는 노정	천 리나 되는 길
		시간의 흐름에 따른 발전의 양상	인류 문명이 발전해 온 길
		도리나 임무	스승의 길은 참 험하다.
		일을 하는 도중이나 기회	그는 출장 가는 길에 고향에도 들렀다.

② 동음이의어

소리는 같으나 뜻이 다른 단어로, 단어의 음성은 같으나 단어 간 의미 사이에 상호 연관성이 없다.

- 배(사람의 신체 일부)–배(과일의 한 종류)–배(물 위로 떠다니는 것)
- 차다(공간이나 기간에 다다르다)–차다(발로 차다)–차다(시계나 수갑을 끼우다)
- 사상[思想](구체적 사고나 생각)–사상[史上](역사에 나타나 있는 바)–사상[死傷](죽거나 다침)

※ 틀리기 쉬운 어휘들

×	○	×	○	×	○
가까와	가까워	넙적하다	넓적하다	번번히	번번이
가던지 오든지	가든지 오든지	넓다랗다	널따랗다	배개	베개
가벼히	가벼이	네째	넷째	삭월세	사글세
간(방 한 간)	칸(방 한 칸)	녹슬은	녹슨	생각컨대	생각건대
강남콩	강낭콩	높따랗다	높다랗다	서슴치	서슴지
개이다	(날씨가)개다	눈쌀	눈살	솔직이	솔직히
객적다	객쩍다	늙으막	늘그막	숫가락	숟가락
거칠은	거친	닥달하다	닦달하다	숫놈	수놈
곰곰히	곰곰이	더우기	더욱이	숫닭	수탉
곱배기	곱빼기	뒷꿈치	뒤꿈치	아지랭이	아지랑이
괴로와	괴로워	딱다구리	딱따구리	옛스럽다	예스럽다
금새	금세(지금 바로)	뚜렷히	뚜렷이	오랫만에	오랜만에
깍뚜기	깍두기	말숙하다	말쑥하다	요컨데	요컨대
꺼꾸로	거꾸로	머릿말	머리말	일찌기	일찍이
껍질채	껍질째	멋적다	멋쩍다	조그만하다	조그마하다
꼬깔	고깔	모밀	메밀	집개	집게
꼭둑각시	꼭두각시	몇 일	며칠	찌게	찌개
끔찍히	끔찍이	무우	무	치닥거리	치다꺼리
날자	날짜	미싯가루	미숫가루	통털어	통틀어
넉넉치 않다	넉넉지 않다	바래다	바라다[望]	풋나기	풋내기
널판지	널빤지	반짓고리	반짇고리	희안하다	희한하다

4) 혼동하기 쉬운 어휘

가름하다	갈음하다
① 쪼개거나 나누어 따로따로 되게 하다. ② 승부나 등수 따위를 정하다. 예 그 경기는 선수들의 투지가 승패를 가름했다.	다른 것으로 바꾸어 대신하다. 예 여러분께 행운이 가득하기를 기원하는 것으로 축사를 갈음합니다.
가진	**갖은**
'가지다(손이나 몸 따위에 있게 하다)'의 활용형 예 네가 가진 공은 얼마짜리니?	골고루 다 갖춘. 또는 여러 가지의 예 갖은 양념을 넣은 닭볶음탕이 맛있게 익어갔다.
너머	**넘어**
높이나 경계로 가로막은 사물의 저쪽. 또는 그 공간 예 산 너머 마을에 그녀가 산다.	높은 부분의 위를 지나가다. 예 오늘 내로 고개 둘을 넘어야 한다.
들리다	**들르다**
'듣다(사람이나 동물이 소리를 감각 기관을 통해 알아차리다.)'의 피동사 예 어디서 음악 소리가 들린다.	지나는 길에 잠깐 들어가 머무르다. 예 퇴근길에 편의점에 들렀다가 친구를 만났다.
무치다	**묻히다**
나물 따위에 갖은 양념을 넣고 골고루 한데 뒤섞다. 예 시금치를 무쳐 먹다.	'묻다(일을 드러내지 아니하고 속 깊이 숨기어 감추다)'의 피동사 예 가슴속에 묻힌 비밀을 털어놨다.
부치다	**붙이다**

① 편지나 물건 따위를 일정한 수단이나 방법을 써서 상대에게로 보내다. 예 편지를 부치다.
② 어떤 문제를 다른 곳이나 다른 기회로 넘기어 맡기다.
  예 안건을 회의에 부치다.
③ 어떤 일을 거론하거나 문제 삼지 아니하는 상태에 있게 하다. 예 회의 내용을 극비에 부치다.
④ 먹고 자는 일을 제집이 아닌 다른 곳에서 하다. 예 삼촌 집에 숙식을 부치다.
	① '붙다(맞닿아 떨어지지 아니하다)'의 사동사
	  예 편지에 우표를 붙이다.
	② '붙다(불이 옮아 타기 시작하다)'의 사동사
	  예 연탄에 불을 붙이다.
	③ '붙다(조건, 이유, 구실 따위가 따르다)'의 사동사
	  예 계약에 조건을 붙이다.

분리	**분할**
서로 나뉘어 떨어짐. 또는 그렇게 되게 함 예 금줄과 황토는 성스러운 장소의 표시이며 속된 공간과의 분리를 나타낸다.	나누어 쪼갬 예 도로에 의해 그 지역이 분할되어 동물들의 이동이 차단되었다.
일절	**일체**
아주, 전혀, 절대로의 뜻으로, 흔히 행위를 그치게 하거나 어떤 일을 하지 않을 때에 쓰는 말 예 그는 고향을 떠난 후로 연락을 일절 끊었다.	모든 것 예 그는 재산 일체를 학교에 기부하였다.
전래	**전승**
① 예로부터 전하여 내려옴 예 전래 동요 ② 외국에서 전하여 들어옴 예 목화의 전래	문화, 풍속, 제도 따위를 이어받아 계승함. 또는 그것을 물려주어 잇게 함 예 그는 자신의 오랜 업을 아들에게 전승하려고 한다.
지그시	**지긋이**
슬며시 힘을 주는 모양 예 그는 눈을 지그시 감았다.	나이가 비교적 많아 듬직하게 예 그는 나이가 지긋이 들어 보인다.
형성	**생성**
어떤 형상을 이룸 예 남부 지방은 점차 기압골이 형성되면서 흐려지겠습니다.	사물이 생겨남. 또는 사물이 생겨 이루어지게 함 예 우주의 생성과 소멸

5) 고유어

가삽사니	쓸데없는 말을 잘하는 사람. 말다툼을 잘하는 사람.
감치다	물건 따위를 잘 정리하거나 간수함. 일을 처리하여 마무리함.
강파르다	몸이 야위고 파리하다. 성질이 깔깔하고 괴팍하다.
개맹이	똘똘한 기운이나 정신.
거불지다	둥글고 두두룩하게 툭 비어져 나오다.
나우	조금 많이. 정도가 조금 낫게.
냇내	연기의 냄새.
단작스럽다	하는 짓이 보기에 매우 치사스럽다. 보기에 인색하다.
마파람	남풍.
몽니	정당한 대우를 받지 못할 때 권리를 주장하기 위하여 심술을 부리는 성질.
사박스럽다	성질이 독살스럽고 당돌하여 함부로 내달아 간섭하기를 좋아하다.
사위스럽다	어쩐지 불길하고 꺼림칙하다.
상고대	나무나 풀에 내려 눈처럼 된 서리.
시르죽다	기운을 못 차리다. 기를 펴지 못하다.
암상스럽다	보기에 남을 시기하고 샘을 잘 내는 데가 있다.
열쭝이	겁이 많고 나약한 사람을 비유적으로 이르는 말.
욱대기다	난폭하게 위협하다. 우락부락하게 우겨대다.
점직하다	약간 부끄럽고 미안한 감이 있다.
지청구	까닭 없이 남을 탓하고 원망하는 짓.
치룽구니	어리석어서 쓸모가 적은 사람.
투깔스럽다	일이나 물건의 모양새가 투박스럽고 거칠다.
투미하다	어리석고 둔하다.
포달스럽다	야멸치고 암상스럽다.
하늬바람	농가나 어촌에서 서풍을 이르는 말.
하리놀다	윗사람에게 남을 헐뜯어 일러바치다.
함초롬하다	가지런하고 곱다.
해찰하다	일에는 정신을 두지 않고 쓸데없는 짓만 하다.
훔훔하다	얼굴에 매우 흐뭇한 표정이 나타나 있다.
희나리	채 마르지 않은 장작.

6) 한자어

간과(看過)	큰 관심 없이 대강 보아 넘김.
고무(鼓舞)	힘을 내도록 격려하여 용기를 북돋움.
구연(口演)	동화, 야담, 만담 따위를 여러 사람 앞에서 말로써 재미있게 이야기함.
귀감(龜鑑)	거울삼아 본받을 만한 모범.
난상(爛商)	깊이 생각하여 충분히 의논함.
남상(濫觴)	양쯔강(揚子江) 같은 큰 하천의 근원도 잔을 띄울 만큼 가늘게 흐르는 시냇물이라는 뜻으로, 사물의 처음이나 기원을 이르는 말.
도야(陶冶)	훌륭한 사람이 되도록 몸과 마음을 닦아 기름을 이르는 말.
만난(萬難)	온갖 고난.
몽매(蒙昧)	어리석고 사리에 어두움.

묵수(墨守)	자기의 의견이나 주장, 전통을 굳게 지킴.
비견(比肩)	어깨를 나란히 함. 서로 비슷함.
사장(死藏)	사물 따위를 필요한 곳에 활용하지 않고 썩혀 둠.
섭렵(涉獵)	물을 건너 찾아다닌다는 뜻으로, 많은 책을 널리 읽거나 여기저기 찾아다니며 경험함을 이르는 말.
외경(畏敬)	공경하면서 두려워함.
전가(轉嫁)	시집을 두 번째로 감.
전락(轉落)	아래로 굴러 떨어짐. 나쁜 상태나 타락한 상태에 빠짐.
지양(止揚)	더 높은 단계로 오르기 위하여 어떠한 것을 하지 아니함.
지향(志向)	어떤 목표로 뜻이 쏠리어 향함. 또는 그 방향이나 그쪽으로 쏠리는 의지.
차치(且置)	내버려 두고 문제 삼지 아니함.
초연(超然)	어떤 현실 속에서 벗어나 그 현실에 아랑곳하지 않고 의젓함.
폄훼(貶毁)	남을 깎아내려 헐뜯음.
회의(懷疑)	의심을 품음. 또는 마음속에 품고 있는 의심.
횡행(橫行)	아무 거리낌 없이 제멋대로 행동함.

7) 관용어와 속담

① 관용어

가슴에 손을 얹다	양심에 근거를 두다.
가슴을 열다	속마음을 털어놓거나 받아들이다.
가슴이 뜨겁다	깊고 큰 사랑과 배려를 받아 고마움으로 마음의 감동이 크다.
가슴이 뜨끔하다	자극을 받아 마음이 깜짝 놀라거나 양심의 가책을 받다.
가시가 돋치다	공격의 의도나 불평불만이 있다.
간을 꺼내어 주다	비위를 맞추기 위해 중요한 것을 아낌없이 주다.
간을 빼 먹다	겉으로는 비위를 맞추며 좋게 대하는 척하면서 요긴한 것을 다 빼앗다.
고갯방아를 찧다	서거나 앉은 채로 잠이 와서 졸다.
간이 붓다	지나치게 대담해지다.
귀가 질기다	둔하여 남의 말을 잘 이해하지 못하다.
귀가 얇다	남의 말을 쉽게 받아들이다.
귀를 기울이다	남의 이야기나 의견에 관심을 가지고 주의를 모으다.
귀에 못이 박히다	같은 말을 여러 번 듣다.
나사를 죄다	해이해진 마음을 가다듬고 정신을 다잡다.
눈 밖에 나다	신임을 잃고 미움을 받게 되다.
눈을 붙이다	잠을 자다.
눈에서 황이 나다	몹시 억울하거나 질투가 날 때 이르는 말.
닭 물 먹듯	무슨 일이든 그 내용도 모르고 건성으로 넘기는 모양.
머리가 굳다	사고방식·사상이 완고하거나 기억력이 무디다.
머리를 굽히다	굴복하거나 저자세를 보이다.
머리를 맞대다	어떤 일을 의논하거나 결정하기 위하여 서로 마주 대하다.
머리에 쥐가 나다	싫고 두려운 상황에서 의욕이나 생각이 없어지다.
먹물을 먹다	책을 읽어 글공부를 하다.
물 쏟듯 총 쏟듯	말이 되건 안 되건 입에서 나오는 대로 마구 떠들어 대는 모양.

물 찬 제비	물을 차고 날아오른 제비처럼 몸매가 아주 매끈하여 보기 좋은 사람을 비유하여 이르는 말. 또는 동작이 민첩하고 깔끔하여 보기 좋은 행동을 함을 비유적으로 이르는 말.
발 벗고 나서다	적극적으로 나서다.
발을 구르다	매우 안타까워하거나 다급해하다.
발을 끊다	오가지 않거나 관계를 끊다.
발이 묶이다	몸을 움직일 수 없거나 활동할 수 없는 형편이 되다.
변죽을 울리다	바로 집어 말을 하지 않고 둘러서 말을 하다.
빈손 털다	들인 재물이나 노력이 허사로 되어 아무것도 얻은 것이 없이 되다. 또는 가지고 있던 것을 몽땅 털어내다.
손에 익다	일이 손에 익숙해지다.
손을 거치다	어떤 사람을 경유하다.
손을 씻다(털다)	부정적인 일이나 찜찜한 일에 대하여 관계를 청산하다.
손이 크다	씀씀이가 후하고 크다.
어깨가 올라가다	칭찬을 받아 기분이 으쓱해지다.
어깨가 처지다	낙심하여 풀이 죽고 기가 꺾이다.
어깨에 힘을 주다	거만한 태도를 취하게 되다.
연막을 치다	어떤 수단을 써서 교묘하게 진의를 숨기다.
오금을 펴다	마음을 놓고 여유 있게 지내다.
얼굴을 내놓다	모임 따위에 모습을 나타내다.
얼굴이 두껍다	부끄러움을 모르고 염치가 없다.
찬바람을 일으키다	차갑고 냉담한 태도를 드러낸다.
코가 납작하다	몹시 무안을 당하거나 기가 죽어 위신이 뚝 떨어지다.
코(콧대)가 높다	잘난 체하고 뽐내는 기세가 있다.
코가 세다	남의 말을 잘 듣지 않고 고집이 세다.
콧대를 꺾다	상대의 자존심이나 자만심을 꺾어 기를 죽이다.
하늘을 지붕 삼다	한데(사방, 상하를 덮거나 가리지 아니한 곳)서 기거하다. 또는 정처 없이 떠돌아다니다.
허방(을) 치다	('허방'은 빠지기 쉬운 구덩이로) 바라던 일이 실패로 돌아가다.

② 속담

가게 기둥에 입춘	제격에 맞지 않음을 비유적으로 이르는 말.
거미도 줄을 쳐야 벌레를 잡는다	모든 일은 준비가 있어야 결실을 얻을 수 있다.
가난한 집 제사 돌아오듯	살아가기도 어려운 가난한 집에 제삿날이 자꾸 돌아와서 그것을 치르느라 매우 어려움을 겪는다는 뜻으로, 힘든 일이 자주 닥쳐옴을 비유적으로 이르는 말.
가랑잎에 불 붙듯	바싹 마른 가랑잎에 불을 지르면 걷잡을 수 없이 잘 탄다는 뜻으로, 성미가 조급하고 도량이 좁아 걸핏하면 발끈하고 화를 잘 내는 것을 비유적으로 이르는 말. 또는 어떤 주장에 호응하거나, 자극에 대하여 빠르게 반응함을 비유적으로 이르는 말.
갓 사러 갔다가 망건 산다	사려고 하던 물건이 없어 그와 비슷하거나 전혀 쓰임이 다른 것을 사는 경우를 비유적으로 이르는 말. 또는 제 목적을 바꾸어 남의 권고에 따름을 비유적으로 이르는 말.
개 꼬리 삼 년 묵어도 황모 되지 않는다	본바탕이 좋지 아니한 것은 어떻게 하여도 그 본질이 좋아지지 아니함을 비유적으로 이르는 말.
개 발에 (주석) 편자	옷차림이나 지닌 물건 따위가 제격에 맞지 아니하여 어울리지 않음을 비유적으로 이르는 말.
게 등에 소금 치기	아무리 해도 쓸데없는 짓을 이르는 말.
군불에 밥 짓기	어떤 일에 곁따라 다른 일이 쉽게 이루어지거나 다른 일을 해냄을 이르는 말.

기둥보다 서까래가 더 굵다	주가 되는 것과 그것에 따른 것이 뒤바뀌어 사리에 어긋남을 비유적으로 이르는 말.
끈 떨어진 뒤웅박	의지할 곳이 없는 사람.
남의 다리 긁는다	애써서 해 온 일이 남을 위한 일이 되고 말았을 때 이르는 말.
남의 떡에 설 쇤다	남의 덕택으로 거저 이익을 보게 됨을 비유적으로 이르는 말.
느릿느릿 걸어도 황소걸음	느리기는 해도 꾸준히 실수 없이 하여 믿음직스러움을 이르는 말.
달도 차면 기운다	세상의 온갖 것이 한번 번성하면 다시 쇠하기 마련이라는 말.
말 많은 집은 장맛도 쓰다	집안에 잔말이 많으면 살림이 잘 안 된다는 말.
맑은 물에 고기 안 논다	사람이 지나치게 결백하면 남이 따르지 않음을 비유적으로 이르는 말.
메뚜기도 유월이 한철이다	제때를 만난 듯 날뛰는 자를 비꼬는 말.
말로 온 동네를 다 겪는다	말로만 남을 대접하는 체한다는 말.
묵은 낙지 꿰듯	일이 아주 쉬움을 이르는 말.
물 밖에 난 고기	제 능력을 발휘할 수 없는 처지에 몰린 사람을 이르는 말. 또는 운명이 이미 결정 나 벗어날 수 없음.
바지랑대로 하늘 재기	빨랫줄을 받치는 바지랑대로 높은 하늘의 높이를 재려 한다는 뜻으로, 도저히 불가능한 일을 하려는 것을 비유적으로 이르는 말.
배 먹고 이 닦기	배를 먹으면 이까지 하얗게 닦아진다는 뜻으로, 한 가지 일에 두 가지 이로움이 있음을 비유적으로 이르는 말.
벙어리 냉가슴 앓듯	벙어리가 안타까운 마음을 하소연할 길이 없어 속만 썩이듯 한다는 뜻으로, 답답한 사정이 있어도 남에게 말하지 못하고 혼자만 괴로워하며 걱정하는 경우를 비유적으로 이르는 말.
산 진 거북이요 돌 진 가재(자라)라	등이 납작하여 넘어질 위험이 없는 거북이와 가재, 또는 자라가 산과 돌을 각각 지었다는 뜻으로, 의지하고 있는 세력이 든든함을 비유적으로 이르는 말.
술 익자 체 장수 간다	술이 익어 체로 걸러야 할 때에 마침 체 장수가 지나간다는 뜻으로, 일이 공교롭게 잘 맞아감을 비유적으로 이르는 말.
틈 난 돌이 깨지고 태 먹은 독이 깨진다	'태'는 그릇의 깨진 금으로, 앞서 무슨 조짐이 보인 일은 반드시 후에 그대로 나타나고야 만다는 뜻으로, 어떤 탈이 있는 것은 반드시 결과적으로 실패를 가져온다는 말.
큰 북에서 큰 소리 난다	도량이 커야 훌륭한 일을 할 수 있다는 말.
하품에 딸꾹질(=기침에 재채기)	어려운 일이 공교롭게 계속됨을 비유적으로 이르는 말. 또는 일마다 공교롭게도 방해가 끼어 낭패를 보게 됨을 비유적으로 이르는 말.

8) 한자성어

가담항설(街談巷說)	길거리나 사람들 사이에 떠도는 이야기.
격화소양(隔靴搔癢)	신을 신고 발바닥을 긁는다는 뜻으로, 성에 차지 않거나 철저하지 못한 안타까움을 이르는 말.
고담준론(高談峻論)	뜻이 높고 바르며 엄숙하고 날카로운 말.
교언영색(巧言令色)	아첨하는 말과 알랑거리는 태도.
구절양장(九折羊腸)	아홉 번 꼬부라진 양의 창자라는 뜻으로, 꼬불꼬불하며 험한 길을 이르는 말.
낭중지추(囊中之錐)	주머니 속의 송곳이라는 뜻으로, 재능이 뛰어난 사람은 숨어 있어도 저절로 사람들에게 알려짐을 이르는 말.
노마지지(老馬之智)	늙은 말의 지혜라는 뜻으로, 연륜과 경험이 깊으면 나름대로의 장기나 특기가 있음.
다기망양(多岐亡羊)	달아난 양을 찾는데 여러 갈래로 갈려서 양을 잃었다는 뜻으로, 학문의 길이 다방면으로 갈려 진리를 찾기 어려움.
동량지재(棟樑之材)	한 집이나 한 나라의 큰일을 맡을 만한 사람.
세한삼우(歲寒三友)	추운 겨울의 세 벗이라는 뜻으로, 추위에 강한 소나무, 대나무, 매화나무.

수서양단(首鼠兩端)	구멍에서 머리만 내밀고 좌우를 살피는 쥐와 같다는 뜻으로 진퇴와 거취를 정하지 못하고 망설이는 상태.
시위소찬(尸位素餐)	재덕이나 공적도 없이 높은 자리에 앉아 녹만 받는다는 뜻으로, 자기 직책을 다하지 않음을 이르는 말.
시종여일(始終如一)	처음이나 나중이 한결같아서 변함이 없음.
여리박빙(如履薄氷)	살얼음을 밟는 것과 같이 아슬아슬하고 위험한 일.
연목구어(緣木求魚)	나무에 올라가서 물고기를 구한다는 뜻으로, 도저히 불가능한 일을 굳이 하려 함을 비유적으로 이르는 말.
오불관언(吾不關焉)	나는 그 일에 상관하지 아니함.
오월동주(吳越同舟)	오나라 사람과 월나라 사람이 한 배에 타고 있다는 뜻으로 어려운 상황에서는 원수라도 협력하게 됨. 뜻이 전혀 다른 사람들이 한자리에 있게 됨.
욕속부달(欲速不達)	빨리 하고자 하면 도달하지 못함.
위편삼절(韋編三絕)	책을 엮은 가죽 끈이 세 번 끊어진다는 뜻으로 책을 열심히 읽음을 뜻함.
유취만년(遺臭萬年)	더러운 이름을 후세에 오래도록 남김.
일이관지(一以貫之)	처음부터 끝까지 변하지 않음. 막힘없이 끝까지 밀고 나감.
자가당착(自家撞着)	같은 사람의 말이나 행동이 앞뒤가 서로 맞지 아니하고 모순됨.
철중쟁쟁(鐵中錚錚)	같은 쇠붙이 가운데서도 유난히 맑게 쟁그랑거리는 소리가 나듯 같은 또래 중에서 가장 뛰어난 사람.
태산북두(泰山北斗)	태산과 북두칠성이라는 뜻으로, 권위자나 대가, 남에게 존경받는 뛰어난 존재.
한우충동(汗牛充棟)	책을 수레에 실으면 소가 땀을 흘리고 방에 쌓으면 대들보까지 닿을 정도로 책이 매우 많음.
혼정신성(昏定晨省)	저녁에는 잠자리를 보아 드리고, 아침에는 문안을 드린다는 뜻으로, 부모를 잘 섬기고 효성을 다함.
홍로점설(紅爐點雪)	뜨거운 불길 위에 한 점 눈을 뿌리면 순식간에 녹듯이, 사욕이나 의혹이 일시에 꺼져 없어짐. 크나큰 일에 작은 힘이 조금도 보람이 없음을 가리키는 말.

2. 어법 영역 핵심이론

1) 문장성분

문장성분이란, 한 문장을 구성하는 요소이다. 주어 · 서술어 · 목적어 · 보어 · 관형어 · 부사어 · 독립어 따위가 있다.

주성분	서술어	주어의 상태, 성질 따위를 서술하는 말	예 아기가 <u>운다</u>.
	주어	술어가 나타내는 동작이나 상태의 주체가 되는 말	예 <u>산이</u> 높이 솟아 있다.
	목적어	문장에서 동사의 동작의 대상이 되는 말	예 나는 <u>과일을</u> 잘 먹는다.
	보어	문장의 불완전한 곳을 보충하는 말	예 물이 <u>얼음이</u> 되었다.
부속성분	관형어	체언을 꾸며 주는 말	예 춘향이가 <u>향단이의</u> 치마를 입었다.
	부사어	용언의 내용을 한정하는 말	예 <u>다행히</u> 소풍날 비가 오지 않았다.
독립성분	독립어	독립적으로 쓰이는 말	예 <u>아</u>, 세월이 잘도 가는구나.

① 문장성분 갖추기
 - 주어 생략
   음악은 목소리나 악기를 통하여 사상 또는 감정을 나타내는 예술로, 음악을 들으며 즐거움을 느낀다.
   → 음악은 목소리나 악기를 통하여 사상 또는 감정을 나타내는 예술로, (우리는) 음악을 들으며 즐거움을 느낀다.

- 서술어 생략

주말에 약속이 없어서, 집에서 TV와 책을 읽으며 시간을 보냈다.

→ 주말에 약속이 없어서, 집에서 TV를 (보고) 책을 읽으며 시간을 보냈다.

- 목적어 생략

우리는 담임선생님을 좋아했고, 담임선생님 또한 사랑하셨다.

→ 우리는 담임선생님을 좋아했고, 담임선생님 또한 (우리를) 사랑하셨다.

- 부사어 생략

우리는 친구를 도와주기도 하고 도움을 받기도 한다.

→ 우리는 친구를 도와주기도 하고 (친구에게) 도움을 받기도 한다.

② 문장성분 호응

- 주어와 서술어의 호응

공부를 하는 데 있어서 가장 중요한 것은 무엇보다도 복습을 철저히 해야 한다.

→ 공부를 하는 데 있어서 가장 중요한 것은 무엇보다도 복습을 철저히 해야 한다는 것이다.

- 목적어와 서술어의 호응

취업 준비생들에게는 모두가 갖는 스펙보다, 자신만이 가질 수 있는 장점의 의미가 깨닫는 것이 필요하다.

→ 취업 준비생들에게는 모두가 갖는 스펙보다, 자신만이 가질 수 있는 장점의 의미를 깨닫는 것이 필요하다.

- 부사어와 서술어의 호응

나는 내일 아침에 절대 그녀를 만날 것이다.

→ 나는 내일 아침에 절대 그녀를 만나지 않을 것이다. / 나는 내일 아침에 반드시 그녀를 만날 것이다.

2) 시제

① 과거 시제

일어난 일이 말하는 시점보다 앞서 있는 시제이다. 과거 시제는 '-았-/-었-'을 사용해 나타낼 수 있다.

예 그는 어제 점심으로 짜장면을 <u>먹었다</u>.

② 현재 시제

일어난 일의 시점과 말하는 시점이 일치하는 시제이다. 주로 '-는/-ㄴ'으로 나타낸다.

예 나는 지금 옷을 <u>입는</u> 중이다.

③ 미래 시제

말하는 시점에 일이 아직 일어나지 않은 시제이다. 주로 '-겠-', '-(으)ㄹ 것이' 등으로 나타낸다.

예 이 자료는 오늘 안에 제출하도록 <u>하겠습니다</u>.

④ 동작상

동작상은 어떤 동작이 진행되고 있는지, 완전히 끝난 것인지를 나타낸다. 동작의 진행을 나타내는 진행상, 동작의 완료를 나타내는 완료상 등이 있다.

진행상	예 그는 집에 <u>가고 있다</u>.
완료상	예 그는 집에 <u>가 버렸다</u>.

3) 높임 표현

① 상대 높임법
일정한 종결 어미를 선택함으로써 상대편을 높여 표현한다. 즉, 화자가 듣는 이를 높이거나 낮추어 말하는 방법이다.

	하십시오체	이 책을 <u>읽으십시오.</u>
격식체	하오체	이 책을 <u>읽으시오.</u>
	하게체	이 책을 <u>읽게.</u>
	해라체	이 책을 <u>읽어라.</u>
비격식체	해요체	이 책을 <u>읽어요.</u>
	해체	이 책을 <u>읽어.</u>

② 주체 높임법
서술의 주체가 화자보다 나이가 많거나 사회적 지위가 높을 때 서술의 주체를 높이는 표현이다. 용언의 어간에 높임의 선어말 어미 '-시-'를 붙여 문장의 주체를 높여 표현한다.

예 아버지께서 음악을 <u>들으십니다.</u>

③ 객체 높임법
화자가 문장의 목적어나 부사어가 지시하는 대상(객체)에 대하여 높임의 태도를 나타내는 문법 기능이다. 객체 높임법은 특정한 동사에 의해 이루어지는 경우가 많다.

예 할머니를 <u>데리고</u> 가다. → 할머니를 <u>모시고</u> 가다.

4) 사동 표현 / 피동 표현

① 사동 표현
– 주동 : 주체가 스스로 동작이나 행동을 하는 동사의 성질
– 사동 : 주체가 제3의 대상에게 동작이나 행동을 하게 하는 동사의 성질

접미사 사동형	주동사의 어간 + 사동 접미사(-이-, -히-, -리-, -기-, -우-, -구-, -추-) 예 아이에게 밥을 <u>먹였다.</u>
보조동사 사동형	'-시키다', '-게 하다' 예 엄마는 아이에게 밥을 <u>먹게 하였다.</u>

– 불필요한 사동 표현
　예 나는 컴퓨터에서 삭제된 파일을 복구<u>시켰다.</u>
　'복구시키다'의 동작 주체는 '나'이다. 즉, 주어('나')가 제3자를 시켜서 행위를 한 것이 아니라 주어 스스로 행한 것이므로 사동 표현을 쓸 수 없다.
　올바른 표현은 다음과 같다.
　예 나는 컴퓨터에서 삭제된 파일을 <u>복구했다.</u>

② 피동 표현
- 능동 : 주체가 자발적으로 움직이는 동사의 성질
- 피동 : 주체가 다른 힘에 의하여 움직이는 동사의 성질

접미사 피동형	능동사의 어간 + 피동 접미사(-이-, -히-, -리-, -기-) 예 도둑이 경찰에게 붙잡혀 감옥에 갇히다.
보조동사 피동형	'-되다', '-어지다', '-게 되다' 예 나는 친구들에 의해 반장으로 지목되었다.

- 불필요한 피동 표현
  예 그는 거짓말쟁이로 간주되어졌다.
  '간주되어지다'는 '간주하다'에 피동 접미사 '-되다'와 보조동사 '-어지다'가 중복된 표현이다.
  올바른 표현은 다음과 같다.
  예 그는 거짓말쟁이로 간주되었다.

5) 중복 표현

가장 최근	'가장'과 '최(最 : 가장 최)'의 의미가 중복된다.
간단하게 약술	'간단하다'와 '약(略 : 간략할 약)'의 의미가 중복된다.
공기를 환기	'공기'와 '기(氣 : 기운 기)'의 의미가 중복된다.
과반수 이상	'이상'과 '과(過 : 지날 과)'의 의미가 중복된다.
기간 동안	'기간(어느 일정한 시기부터 다른 어느 일정한 시기까지의 사이)'과 '동안(어느 한때에서 다른 한때까지 시간의 길이)'의 의미가 중복된다.
남은 여생	'남은'과 '여(餘 : 남을 여)'의 의미가 중복된다.
또다시 재연	'다시'와 '재(再 : 두 재)'의 의미가 중복된다.
돌이켜 회고	'돌이켜'와 '회고(回顧 : 돌아올 회, 돌아볼 고)'의 의미가 중복된다.
역전 앞	'전(前 : 앞 전)'과 '앞'의 의미가 중복된다.
자리에 착석	'자리'와 '석(席 : 자리 석)'의 의미가 중복된다.
지나친 과식	'지나친'과 '과(過 : 지날 과)'의 의미가 중복된다.
파편 조각	'편(片 : 조각 편)'과 '조각'의 의미가 중복된다.

6) 중의적 표현

의미가 여러 개로 해석될 수 있는 표현. 국어에서 중의적 표현이 이루어지는 방법은 네 가지이다.

① 단어의 중의성으로 인해 일어난 경우
  예 그는 배를 보고 있다.
      배 1. 사람이나 동물의 몸에서 위장, 창자, 콩팥 따위의 내장이 들어 있는 곳으로 가슴과 엉덩이 사이의 부위(腹)
          2. 사람이나 짐 따위를 싣고 물 위로 떠다니도록 나무나 쇠 따위로 만든 물건(船)

② 문장의 구조 차이 때문에 문법적으로 중의성이 발생한 경우
  예 엄마는 나보다 동생을 좋아한다.
  해석1 : 내가 동생을 좋아하는 것보다 엄마가 동생을 더 좋아한다.
  해석2 : 엄마는 나를 좋아하는 것보다 동생을 더 좋아한다.

③ 국어의 특이한 현상으로 부정 표현으로 인해 중의성이 생기는 경우

예 파티에 친구들이 다 오지 않았다.

해석1 : 친구들이 아무도 오지 않았다.

해석2 : 친구들 일부가 오지 않았다.(친구들이 다 온 것은 아니다.)

④ 상황에 따른 중의성

예 그녀는 원피스를 입고 있다.

해석1 : 그녀는 원피스를 입는 중이다.

해석2 : 그녀는 처음부터 원피스를 입고 있었다.

3. 자주 출제되는 맞춤법

1) 두음 법칙[한글 맞춤법 제11항 참고]

두음 법칙이란, 일부 소리가 단어의 첫머리에 발음되는 것을 꺼려 다른 소리로 발음되는 일을 말한다.

① 한자음 '랴, 려, 례, 료, 류, 리'가 단어의 첫머리에 올 때는, 두음 법칙에 따라 '야, 여, 예, 요, 유, 이'로 적지만, 모음이나 'ㄴ' 받침 뒤에 이어지는 '렬, 률'은 '열, 율'로 쓴다.

예 나열(羅列), 비율(比率), 분열(分裂), 선율(旋律), 백분율(百分率)

② 접두사처럼 쓰이는 한자가 붙어서 된 말이나 합성어에서 뒷말의 첫소리가 'ㄴ' 또는 'ㄹ' 소리로 나더라도 두음 법칙에 따라 쓴다.

예 역이용(逆利用), 연이율(年利率), 열역학(熱力學), 해외여행(海外旅行)

2) 사이시옷[한글 맞춤법 제30항 참고]

두 개의 형태소 또는 단어가 어울려 합성 명사를 이룰 때 그 사이에 덧생기는 소리를 '사잇소리'라고 한다. 이 사잇소리 현상이 나타났을 때 쓰는 'ㅅ'의 이름이 사이시옷이다.

사이시옷을 쓰기 위해서는 세 가지 조건이 충족되어야 한다. ❶ 두 단어가 합쳐져서 새로운 단어를 형성해야 하고, ❷ 두 단어 중 하나는 반드시 고유어(순우리말)이어야 하며, ❸ 뒤 단어의 첫소리가 된소리로 발음되거나 혹은 'ㄴ'이나 'ㄴㄴ' 소리가 덧나야 한다.

① 순우리말로 된 합성어로서 앞말이 모음으로 끝난 경우

- 뒷말의 첫소리가 된소리로 날 때

예 귓밥, 나룻배, 나뭇가지, 냇가, 선짓국, 우렁잇속

- 뒷말의 첫소리 'ㄴ, ㅁ' 앞에서 'ㄴ' 소리가 덧날 때

예 아랫니, 텃마당, 뒷머리, 잇몸, 냇물, 빗물

- 뒷말의 첫소리 모음 앞에서 'ㄴㄴ' 소리가 덧날 때

예 도리깻열, 뒷윷, 뒷입맛, 베갯잇, 옷잇, 나뭇잎

② 순우리말과 한자어로 된 합성어로서 앞말이 모음으로 끝난 경우
  - 뒷말의 첫소리가 된소리로 날 때
    예 귓병, 사잣밥, 전셋집, 찻잔, 햇수, 횟배
  - 뒷말의 첫소리 'ㄴ, ㅁ' 앞에서 'ㄴ' 소리가 덧날 때
    예 곗날, 제삿날, 훗날, 툇마루, 양칫물
  - 뒷말의 첫소리 모음 앞에서 'ㄴㄴ' 소리가 덧날 때
    예 가욋일, 사삿일, 예삿일, 훗일
③ 한자어와 한자어로 된 합성어는 사이시옷을 넣지 않지만, <u>다음 한자어는 예외로 사이시옷을 넣는다.</u>
  곳간(庫間), 셋방(貰房), 숫자(數字), 찻간(車間), 툇간(退間), 횟수(回數)

3) 준말[한글 맞춤법 제37항~제40항 참고]

① 'ㅏ, ㅕ, ㅗ, ㅜ, ㅡ'로 끝난 어간에 '-이-'가 와서 각각 'ㅐ, ㅖ, ㅚ, ㅟ, ㅢ'로 줄 때에는 준 대로 쓴다.
  예 싸이다(쌔다), 누이다(뉘다), 펴이다(폐다), 뜨이다(띄다), 보이다(뵈다), 쓰이다(씌다)
② 'ㅏ, ㅗ, ㅜ, ㅡ' 뒤에 '-이어'가 어울려 줄 때에는 준 대로 쓴다.
  예 뜨이어(띄어), 보이어(뵈어/보여), 쓰이어(씌어/쓰여), 쏘이어(쐬어/쏘여)
③ '-지' 뒤에 '않-'이 어울려 '-잖-'이 될 때와 '-하지' 뒤에 '않-'이 어울려 '-찮-'이 될 때에는 준 대로 쓴다.
  예 만만하지 않다(만만찮다), 적지 않은(적잖은), 변변하지 않다(변변찮다)
④ 어간의 끝음절 '하'의 'ㅏ'가 줄고 'ㅎ'이 다음 음절의 첫소리와 어울려 거센소리로 될 때는 거센소리로 쓴다.
  예 간편하게(간편케), 연구하도록(연구토록), 정결하다(정결타), 가하다(가타), 흔하다(흔타)
  - 어간의 끝음절 '하'가 아주 줄 적에는 준 대로 쓴다.
    예 거북하지(거북지), 생각하건대(생각건대), 익숙하지 않다(익숙지 않다)

4) 그 밖의 것[한글 맞춤법 제53항 참고]

① 예사소리로 적는 어미
  예 -(으)ㄹ거나, -(으)ㄹ걸, -(으)ㄹ게, -(으)ㄹ세, -(으)ㄹ세라, -(으)ㄹ수록, -(으)ㄹ시, -(으)ㄹ지, -(으)ㄹ지니라, -(으)ㄹ지라도, -(으)ㄹ지어다, -(으)ㄹ지언정, -(으)ㄹ진대, -(으)ㄹ진저, -올시다
② 된소리로 적는 어미
  예 -(으)ㄹ까?, -(으)ㄹ꼬?, -(스)ㅂ니까?, -(으)리까?, -(으)ㄹ쏘냐?

제 **1** 회

모의고사

1교시 제1회 모의고사

[73회] 초- [77회] 되- [80회] 민-

01 밑줄 친 부분의 의미가 다른 것은?

① 전쟁 통에 가족과 생이별을 했다.

② 지나가는 사람들에게 생트집을 걸었다.

③ 학교에 갔다가 생고생만 하고 돌아왔다.

④ 그에게 생떼라도 쓰고 싶었지만 참았다.

⑤ 출퇴근 시간에 지하철 안은 생지옥이다.

02 두 단어 간의 관계가 나머지와 다른 것은?

① 바다 : 서해　　　　② 과일 : 귤

③ 전통놀이 : 연날리기　④ 얼굴 : 귀

⑤ 포유류 : 개

[69회] 알력 [73회] 사유 [77회] 유입 [80회] 조율

03 〈보기〉의 뜻풀이에 해당하고 예문의 (　　)에 들어갈 단어로 가장 알맞은 것은?

> ● 보기 ●
>
> [뜻풀이] 수레바퀴가 삐걱거린다는 뜻으로, 서로 의견이 맞지 아니하여 사이가 안 좋거나 충돌하는 것을 이르는 말
> [예문] 파벌 간의 (　　)이/가 끊일 날이 없다.

① 견제　　　　② 대립　　　　③ 알력

④ 분쟁　　　　⑤ 불화

04 다음 중 의미가 나머지 넷과 다른 하나는?

① 말이 많으면 쓸 말이 적다.

② 살은 쏘고 주워도, 말은 하고 못 줍는다.

③ 범은 가죽을 아끼고, 군자는 입을 아낀다.

④ 고기는 씹어야 맛이고, 말은 해야 맛이다.

⑤ 가루는 칠수록 고와지고, 말은 할수록 거칠어진다.

[69회] 발

05 〈보기〉에서 밑줄 친 부분의 의미와 가장 유사하게 사용된 것은?

> ● 보기 ●
>
> 나는 부모님이 맞벌이를 하셔서 할머니 손에서 자랐다.

① 아주머니는 내 손에 용돈을 쥐여 주셨다.

② 김장은 손이 많이 간다.

③ 그 집에는 늘 자고 가는 손이 많다.

④ 손 없는 날을 택해 이사를 했다.

⑤ 도둑은 형사의 손이 미치지 않는 곳으로 도망쳤다.

[69회] 노닥노닥 [73회] 곧추다 [77회] 오붓하다 [80회] 해거름

06 밑줄 친 단어에 대한 뜻풀이가 바르지 않은 것은?

① 부부가 열심히 일하더니, 생활이 스런스런해졌다. → 살림살이가 넉넉하여 풍족하다.

② 옴니암니 따지느라 한 시간이면 끝낼 일을 세 시간이나 걸려 마무리했다. → 자질구레한 일에 대하여까지 좀스럽게 셈하거나 따지는 모양

③ 이 책은 손어림으로 대략 300장은 되는 것 같았다. → 손으로 만지거나 들어 보아 대강 헤아림

④ 그 아이는 잠시 궁싯거리다가 나에게 인사를 했다. → 어찌할 바를 몰라 이리저리 머뭇거리다.

⑤ 그와 나는 <u>스스러운</u> 사이이다. → 조심스럽거나 부끄러운 마음이 없다.

④ 맑게 <u>갠</u> 날씨로 인해 공원에 사람이 많다.

⑤ 집에 혼자 있을 때는 현관문을 잘 <u>잠궈야</u> 한다.

---

07 [77회] 코가 납작해지다 [80회] 죽도 밥도 안 되다
밑줄 친 관용구의 뜻풀이가 바르지 <u>않은</u> 것은?

① 그는 한순간의 실수로 모든 일을 <u>허방 치고</u> 말았다. → 바라던 일이 실패로 돌아가다.

② 그는 회사에 <u>발이 묶여</u> 며칠간을 집에 오지 못했다. → 몸을 움직일 수 없거나 활동할 수 없는 형편이 되다.

③ 동네 아이들이 집 앞에 <u>진을 치고</u> 있었다. → 자리를 차지하다.

④ 그는 함부로 <u>난장을 치고</u> 다니다가 호되게 당했다. → 말이나 행동을 거칠고 사납게 하다.

⑤ 작년까지 도박에 빠져 살았던 그는 올해부터 <u>손을 씻고</u> 착실하게 살아가고 있다. → 부정적인 일이나 찜찜한 일에 대하여 관계를 청산하다.

---

08 [69회] 정문일침(頂門一鍼) [80회] 호가호위(狐假虎威)
〈보기〉의 ( )에 들어갈 한자성어로 가장 적절한 것은?

● 보 기 ●
실업자가 늘고 있는 상황에서 소비 심리가 개선되기를 바라는 것은 ( )(이)나 마찬가지다.

① 감탄고토(甘呑苦吐)　　② 연목구어(緣木求魚)

③ 누란지위(累卵之危)　　④ 수주대토(守株待兎)

⑤ 순망치한(脣亡齒寒)

---

09 [69회] 뱉아→뱉어
밑줄 친 단어의 쓰임이 옳지 <u>않은</u> 것은?

① 비로소 모래성이 완성되었다.

② 집에 오는 길에 은행에 <u>들렀다.</u>

③ 열심히 <u>하노라고</u> 한 결과물이다.

---

10 문맥상 ( ) 안에 공통적으로 들어갈 말로 가장 적절한 것은?

● 보 기 ●
개인은 생존을 위해서 어떤 집단에 '참여'할 필요는 있으나 아무 집단에도 ( )될 필요는 없다. 어떠한 개인도 정상적 심리 상태에서 집단에 ( )되기를 자원하지 않을 것이며, 타인에게 ( )되기를 더욱 바라지도 않을 것이다. 그리고 원하지 않는 ( )을 강요할 수 있는 권리를 가진 사람도, 그러한 강요를 정당화할 만한 이유도 전혀 없다.

① 집중(集中)　　　　② 접촉(接觸)

③ 존립(存立)　　　　④ 정착(定着)

⑤ 예속(隸屬)

---

11 [77회] 설정(設定)-선정(選定) [80회] 고유(固有)-초유(初有)
밑줄 친 단어의 쓰임이 바르지 <u>않은</u> 것은?

① 이러나저러나 죽기는 <u>일반(一般)</u>이다.

② 그는 땅장사로 <u>일개(一介)</u> 거부가 되었다.

③ 그는 <u>일종(一種)</u>의 확신에 가득 차 있었다.

④ 그녀는 재산 <u>일체(一切)</u>를 학교에 기부하였다.

⑤ 명당을 얻기 위해 관음봉 <u>일대(一帶)</u>에 묻힌 유골은 헤아려 낼 수도 없을 정도였다.

---

12 [69회] 방귀 뀐 놈이 성낸다.
다음 〈보기〉의 내용에 해당하는 속담은?

● 보 기 ●
잘못을 저지른 쪽에서 오히려 남에게 성냄을 비꼬는 말

① 말이 씨가 된다.

② 방귀 뀐 놈이 성낸다.

③ 목마른 놈이 우물 판다.

④ 가는 방망이 오는 홍두깨

⑤ 집에서 새는 바가지는 들에 가도 샌다.

[69회] 분리-분양-분할 [80회] 장치-장비-장착-장구
13 〈보기〉의 ㉠~㉢에 들어갈 단어를 바르게 연결한 것은?

● 보 기 ●

• 내가 쓴 소설이 학교 신문에 (㉠)되었다.
• 이번 일만큼은 네가 변명할 (㉡)가 아니니 말하지 마라.
• 이번 과제는 변수가 (㉢)되어 있어 실패할 수 있다.

	㉠	㉡	㉢		㉠	㉡	㉢
①	개재	계제	게재	②	계제	개재	게재
③	게재	계제	개재	④	개재	게재	계제
⑤	게재	개재	계제				

[80회] 붙이다-부치다
14 밑줄 친 부분의 맞춤법이 바르지 않은 것은?

① 한낮의 소나기가 더위를 <u>식혀</u> 주었다.

② 온 집 안이 보약 달이는 냄새로 진동했다.

③ 그는 쌀을 여러 번 씻은 뒤 냄비에 <u>안쳤다</u>.

④ 마을 이장이 소에게 <u>받쳐서</u> 꼼짝을 못한다.

⑤ 인권 침해 책임자를 재판에 <u>부쳐</u> 처벌하였다.

[69회] 알멩이→알맹이
15 밑줄 친 부분의 표기가 옳은 것은?

① 밤이기에 망정이지 <u>하마터면</u> 큰일 날 뻔했다.

② 나는 이 세상에서 아빠의 <u>팔벼개</u>가 가장 편하다.

③ 그 일이 있은 후에야 부모님의 마음을 <u>깨닳았다</u>.

④ 갑자기 추워진 날씨에 사람들이 몸을 잔뜩 <u>움추리고</u> 걸었다.

⑤ 그는 약자에게는 <u>으시대고</u> 강한 자에게는 굽실대는 나쁜 버릇이 있다.

[77회] 건들이다→건드리다
16 〈보기〉의 ( ) 안에 알맞은 표기로만 짝지어진 것은?

● 보 기 ●

• 계곡물이 (㉠) 위험하다.
• 발목이 (㉡) 걸을 수가 없다.
• 아무래도 (㉢) 라면은 맛이 없다.
• 오늘은 적금을 (㉣) 지 3년이 되는 날이다.

	㉠	㉡	㉢	㉣
①	불어	붇어서	부은	불은
②	붇어	부어서	부은	부은
③	붇어	붇어서	불은	부은
④	불어	부어서	부은	부은
⑤	불어	부어서	불은	부은

17 밑줄 친 단어의 표기가 바르지 않은 것은?

① 네 죄를 네가 <u>알렷다</u>.

② 음식 맛이 참 <u>좋구먼</u>.

③ 오늘은 이제 안 <u>할런다</u>.

④ 이제 밥을 <u>먹으려고</u> 한다.

⑤ 이번 휴가는 <u>사흘이어서</u> 괜찮다.

[69회] 미라(mirra) [80회] 차트(chart)
18 밑줄 친 외래어 표기 중 틀린 것은?

① 오늘 간식은 <u>도넛</u>이다.

② 너무 더우면 <u>에어컨</u>을 틀어라.

③ <u>슈림프</u> 피자가 주문순위 1위다.

④ 조카 선물로 <u>로보트</u>를 준비했다.

⑤ 어머니 생신이라 <u>케이크</u>를 구입했다.

19 다음 글의 설명 방식으로 적절한 것은?

언어의 습득은 인종(人種)이나 지능(知能)과 관계없이 누구에게나 비슷한 수준으로 이루어진다. 그리고 하나의 언어를 일단 배우고 난 뒤에는 그것을 일상 생활에서 자유자재로 구사할 수 있다. 마치 자전거나 스케이트를 한번 배우고 나면 그 뒤에는 별다른 신경을 쓰지 않고 탈 수 있는 것과 같다.

우리는 언어를 이처럼 쉽게 배우고 또 사용하고 있지만, 언어 사용과 관련하여 판단을 내리는 과정의 내면을 살펴보면, 그것이 그리 단순하지 않다는 사실을 알 수 있다. 지극히 간단한 언어 표현에 관한 문법성을 판단하기 위해서만도 엄청난 양의 사고 과정(思考過程)이 요구되는 것이기 때문이다. 예컨대, 우리는 "27의 제곱은 얼마인가?"와 같은 계산을 위해서는 상당한 시간을 소모하지 않으면 안 되면서도,

"너는 냉면 먹어라. 나는 냉면 먹을게."

와 같은 문장은 어딘가 이상한 문장이라는 사실, 어떻게 고쳐야 바른 문장이 된다는 사실을 특별히 심각하게 따져보지 않고도 거의 순간적으로 파악해 낼 수 있다. 그러나 막상 이 문장이 틀린 이유가 무엇인지 설명하라고 하면, 일반인으로서는 매우 곤혹스러움을 느끼게 된다. 이를 논리적으로 설명해 내기 위해서는 국어의 문법 현상에 관한 상당한 수준의 전문적 식견이 필요하기 때문이다.

… (중략) …

언어는 개방적이고 무한한 체계이기 때문에 우리는 언어를 통해서 반드시 보았거나 들은 것, 존재하는 것만을 이야기하는 데 그치지 않고 '용, 봉황새, 손오공, 유토피아……' 같이 현실에 존재하지 않는 상상의 산물이나, 나아가서는 '희망, 불행, 평화, 위기……' 라든가, '의문, 제시, 제한, 효과, 실효성……' 등과 같은 관념적이고 추상적인 개념까지를 거의 무한에 가깝게 표현할 수가 있다.

① 구체적인 사례를 들어 정보를 전달하고 있다.
② 대상 간의 차이점을 중심으로 서술하고 있다.
③ 상위 단위를 하위 단위로 나누어 설명하고 있다.
④ 대상의 변화 과정에 초점을 맞추어 전개하고 있다.
⑤ 권위자의 말을 끌어들여 신빙성을 높이고 있다.

20 다음 제품 설명서를 잘못 이해한 것은?

와플 메이커 제품 설명서

• **주 전원 연결**

제품은 반드시 규정에 따라 설치된 접지 콘센트에 연결해야 합니다. 공급전압이 장치의 정격표시 라벨에 표기된 전압에 해당하는지 확인하십시오. 이 제품은 적용되는 모든 CE 라벨부착 지침을 준수합니다.

• **세척방법**

– 전원 콘센트에 연결된 플러그를 뽑고 제품을 열고 제품이 충분히 식혀질 때까지 기다린 다음 세척하면 됩니다.

– 감전의 위험을 방지하기 위하여 물로 제품을 직접 닦거나 물에 담그면 안 됩니다.

– 연마제나 강한 세제를 사용하지 마십시오.

– 제품 외부를 마르거나 약간 젖은 보풀 없는 천으로 닦으면 됩니다.

• **중요 안전수칙**

– 작동 중에 제품이 뜨거워져 화상의 위험이 있으니 주의하셔야 합니다.

– 제품을 사용하기 전에 본체뿐만 아니라 모든 부착물에 결함이 있는지 철저히 확인해야 합니다.

– 제품이 딱딱한 표면에 떨어진 경우에나 어떠한 손상이 발생될 경우 더 이상 사용하지 않아야 합니다. 보이지 않는 손상이라도 제품 작동상의 안전에 역효과를 줄 수 있기 때문입니다.

– 제품 사용 중에 곁을 떠나지 않아야 하며, 뜨거운 표면에 접촉되거나 열원 또는 인화성 물질에 노출되지 않아야 합니다.

– 전원코드가 제멋대로 늘어져 있지 않도록 주의해야 하며, 제품의 뜨거운 부분으로부터 충분히 떨어져 있어야 합니다.

– 전원코드는 규칙적으로 손상유무를 검사해야 하며, 손상이 발견되면 더 이상 사용하시면 안 됩니다.

– 벽에 부착된 전원 콘센트에서 플러그를 제거할 때는 다음 사항을 확인해야 합니다.

: 고장 났을 경우, 세척할 경우

- 벽에 부착된 전원 콘센트에서 플러그를 뽑을 때는 절대로 전원코드를 잡아당기지 말고 항상 플러그를 잡으십시오.
- 이 제품은 신체적·감각적 또는 정신적 능력이 부족하거나 경험이나 지식이 부족한 사람(어린이 포함)이 주위의 도움 없이 직접 사용하지 못하도록 주의해야 합니다.
- 안전규정을 준수하고 위험을 방지하기 위하여 전기제품의 수리는 자격 있는 인원에 의하여 수행되어야 합니다. 수리가 필요한 경우에는 해당 장치를 당사의 A/S 센터로 발송해 주시기 바랍니다. 회사 주소는 이 설명서의 부록에 표시되어 있습니다.

① 전원코드에 손상이 있으면 사용을 중단해야겠군.
② 감전의 위험이 있으니 물 세척 대신 마른 수건으로 닦아야겠군.
③ 플러그에서 전원코드를 분리할 경우 항상 플러그를 잡아야겠군.
④ 약간의 손상이 있더라도 제품 사용에 아무런 문제가 되지 않겠군.
⑤ 제품 작동 중에는 옆에서 지켜보며 제대로 작동이 되는지 살펴봐야겠군.

[21~22] 다음 글을 읽고 물음에 답하시오.

오늘날 의학계에서 사용하고 있는 기술과 도구는 수없이 많다. 그중에서 가장 알맞은 것을 선택하여 사용하는 것은 의료인의 지혜요, 능력이며 그러한 혜택을 제한 없이 ㉠ 누리는 것이 인류의 행복이라고 할 수 있다. 그러나 의학 기술과 도구를 구분해 놓고 서로 상대방의 것을 사용하지 않으려는 배타적인 태도를 보이는 사회에 사는 것은 불행한 일이라 아니할 수 없다.

의학은 기술의 일종이다. 다시 말해서 의술은 고치는 기술인 것이다. 동서양을 막론하고 의학에 얽힌 현상들을 이해하기 위해 예로부터 많은 기술과 이론을 동원하였다. 어떤 때는 무속의 의식을 이용하기도 하였고, 어떤 때는 종교적 설명을 ㉡ 이끌어 들이기도 하였다. 여기서 철학적이며 형이상학적인 것을 의술에 접합시킨 것이 동양 의학이요, 과학과 기술을 이용하여 형성된 것이 서양 의학이다.

서양 의학에서는 인체의 기본 단위를 세포로 본다. 모든 세포가 정상적인 상태를 유지하고 있으면 '건강'이라고 부르고 세포들이 비정상적인 상태라면 '병'이라고 부른다. 그리하여 모든 병의 근원을 세포에서 찾는다. 세포의 수가 비정상적으로 ㉢ 늘어나거나 줄어드는 것이 병적인 상태이며, 또 세포의 수는 변하지 않으면서 낱개의 세포가 비정상적으로 비대해지거나 위축되는 것도 병적인 상태이다.

이러한 세포의 변화를 종양, 결손, 염증, 퇴행성 변화로 ㉣ 나누어 이런 병명이 어디에 생기느냐에 따라 임상적 병명을 붙이게 된다. 예를 들어 염증이 관절에 생기면 관절염이요, 신장에 생기면 신장염이라 부르는 것이다. 이처럼 병에 대한 서양 의학적 관점은 다분히 해부학적이며 과학적이다.

그렇다면 동양 의학의 관점은 어떠한가? 우리 몸 안에는 항상 몸의 상태를 정상적으로 유지시키려는 자연 치유 에너지가 내재해 있는데 이 에너지가 바로 '기(氣)'다. 기의 기능이 정상적이면 이를 '건강'이라고 부르고, 기의 기능이 비정상적이면 이를 '병'이라고 부른다.

기가 건강하게 조화를 이루고 있는 상태를 제1단계, 기의 부조화 상태를 제2단계, 기질적 변화를 제3단계라고 한다면, 제2단계인 기의 부조화 상태가 바로 건강하지 않은 상태이다. 이것이 병에 대한 동양 의학적 관점으로 다분히 가설적이며 철학적임을 알 수 있다.

병의 발생 과정은 가스 파이프에 비유할 수 있다. 처음에는 파이프가 깨끗하고 단단한 상태이나(제1단계), 가스 파이프에 녹이 슬거나 구멍이 뚫리면 가스가 새게 되고(제2단계), 이 상태가 지속되면 언젠가는 화재가 ㉤ 일어나게 될 것이다(제3단계).

병인(病因)과 치료 면에서 제2단계를 중시하는 것이 동양 의학이요, 제3단계를 중시하는 것이 서양 의학이라 할 수 있다. 따라서 서양 의학과 동양 의학은 병인을 보는 관점과 그에 대한 치료 방법이 다른 것일 뿐 별개의 존재로 볼 수 없는 것이다.

지금 우리나라에는 동양 의학과 서양 의학을 별도로 인정하는 의료 제도가 정착되어 있다. 그러나 앞에서 보았듯이 동양 의학과 서양 의학은 서로 별개의 것이 아니다.

… (중략) …

서양 의학과 동양 의학은 동전의 앞뒷면과 같은 것으로서 그저 한 의학의 두 측면일 뿐이다. 그러므로 서양 의학과 동양 의학은 새의 양 날개와 같이 서로 조화를 이루어 동시에 펄럭거리는 날갯짓을 할 때 비로소 새로운 종합 의학으로 비상하게 될 것이다.

21 위 글의 주제로 가장 적절한 것은?

① 현대 의학의 특징
② 우리 의학이 나아갈 방향
③ 동양 의학의 현대화 방안
④ 동양 의학과 서양 의학의 관계
⑤ 동양 의학과 서양 의학의 장점과 단점

22 ㉠~㉤을 바꿔 쓴 것 중 적절하지 않은 것은?

① ㉠ – 공유(共有)하는
② ㉡ – 도입(導入)하기도
③ ㉢ – 증가(增加)하거나
④ ㉣ – 분류(分類)하여
⑤ ㉤ – 발생(發生)하게

23 다음 글에서 ㉠의 사례로 가장 적절한 것은?

원탁 토의는 10명 내외의 소수의 사람들이 자유로운 분위기에서 주어진 토의 문제를 분석하고 진단하며 나아가 그에 대한 해결 방법을 모색하는 토의 방식이다. 원탁 토의는 비공개적 자유 토의의 대표적 형태로서 대화 형식으로 진행되기 때문에 참여자들이 적극 참여할 수 있어 주어진 토의 문제에 대한 의사 결정을 쉽게 얻을 수 있다는 것이 장점이다. 그러므로 어떤 문제의 해결 방안을 결정하는 데 적합하며 여러 사람들이 공동 문제를 정확히 진단하고 이해하는 데도 많이 사용된다.

㉠ 패널 토의는 주어진 토의 문제에 대한 전문 지식을 지닌 몇 사람(대체로 3~6인)의 토의자들이 사회자의 진행에 따라, 일반 청중 앞에서 토의 문제에 대한 정보나 지식, 의견이나 견해 등을 나누는 공개적 토의이다. 토의가 끝난 뒤에는 청중으로부터 질문을 받고 그에 대하여 토의자들이 답변하는 질의–응답 시간이 주어진다. 따라서 이 토의는 시사 또는 학술 문제 등에 관한 정보나 의견 등을 청중 참여자들에게 알려주면서 그 문제를 이해하고, 해결 방안을 모색하기 위한 토의에 많이 이용된다.

심포지엄은 패널 토의와 그 방식이 비슷하다. 그러나 토의 문제에 전문적 지식을 지닌 몇 사람이 토의하는 대신, 토의 문제를 여러 측면(대체로 4~5개)으로 나누어 각 토의자가 각 측면에 대한 정보나 자기의 견해 등을 연설, 강연 등의 형식으로 간단히 발표(10분 이내)한 뒤, 청중과 질의–응답식 토의를 벌이는 것이 패널 토의와 다르다. 이와 같은 심포지엄에서는 각 토의자가 서로 다른 측면이나 관점에서 이야기해야 하며, 토의자는 각 측면의 전문가나 대표자를 선정해야 한다. 예를 들어, 대학 입시 제도 문제에 관한 심포지엄을 할 경우, 첫 번째 토의자는 이것에 관한 발제를 해도 좋으나, 두 번째 토의자는 대학의 자율성 위축, 세 번째 토의자는 입시 과열과 사회 문제에 대하여, 그리고 네 번째 토의자는 교육과학기술부의 입장에서, 다섯 번째 토의자는 시민의 입장에서 이야기하도록 해야 한다.

① '안락사, 허용해야 하는가' 에 대한 각계 대표들의 입장 발표
② '상반기 매출 증가 방안은 무엇인가' 에 대한 회사 임원들의 논의
③ '샛강을 살리려면 어떻게 해야 하는가' 에 대한 환경 전문가들의 연설
④ '한미 FTA의 올바른 방향과 대책은 무엇인가' 에 대한 정책 전문가들의 논의
⑤ '합리적인 에너지 확보 방안은 무엇인가' 에 대한 원자력 전문가들의 주제 발표

[24~26] 다음 글을 읽고 물음에 답하시오.

석유, 천연가스, 석탄 등은 주로 탄소와 수소로 구성된 탄화수소인데, 이러한 연료들은 오래 전에 살았던 동·식물이 땅 속 깊이 묻혀 화학적으로 변해서 만들어진 것이므로 그 기원은 생물에 있는 것이다. 그러므로 오늘날 생물의 몸을 구성하고 또 에너지원으로 이용되고 있는 모든 유기물은 직접적 또는 간접적으로 식물이 생산한 유기물에 바탕을 두고 있는 것이다.

한편, 광합성이란 생물 중에서 오직 식물만이 가지고 있는 유일한 시스템으로 무기물인 물(H_2O)과 이산화탄소(CO_2)로부터 유기물인 탄수화물을 합성하는 기능이다. 식물이 광합성을 통해 무기물로부터 유기물을 합성할 때에는 많은 양의 에너지가 필요한데, 식물은 이때 필요한 에너지를 햇빛으로부터 얻고 있다. 지구상에 널리 산재해 있는 삼림이나 농경지에서 매년 약 450억 톤의 이산화탄소가 광합성 작용을 통해 유기물로 전환되며, 이것보다 많은 양의 이산화탄소가 강과 바다에 있는 식물성 플랑크톤의 광합성 작용을 통해 유기물로 고정된다. 이처럼 많은 양의 이산화탄소가 매년 소비되지만 이것은 대기에 들어있는 이산화탄소의 0.04%에 불과하며, 이는 매년 동물의 호흡이나 미생물에 의한 부패 등으로 발생하는 이산화탄소의 양과 거의 비슷한 양이다.

⊙ [ⓐ 식물의 광합성과 ⓑ 동물의 호흡 사이에는 오묘한 자연의 이치가 개입되어 있다. 식물은 광합성을 통해 유기물을 만들어 내는 과정에서 이산화탄소를 소비하는 대신 산소를 내보내게 된다. 이때 발생하는 산소는 공기 중으로 섞여 나가게 된다. 그리고 동물들은 대기 중에 섞여 있는 산소를 빨아들여, 음식을 통해 섭취한 유기물을 산화시켜 에너지를 얻고, 이 과정에서 다시 이산화탄소를 배출하게 되며, 이것은 다시 식물의 광합성 작용에 이용된다.

식물의 광합성을 통해 생산되는 유기물의 양은 지상에 서식하는 생물체에 들어 있는 것만도 1조 5천억 톤 이상이 되는 것으로 추정된다. 이 정도면 지구상의 모든 생명체가 충분히 소비하고도 남을 만한 양이다. 그러나 식물의 광합성에서는, 이처럼 막대한 양의 유기물을 확보하기 위해, 지구 표면에 도달하는 햇빛의 1만분의 1 정도만을 사용하고 있을 뿐이다.

요즘 과학자들은 에너지 문제를 해결하기 위하여 태양 에너지에 주목하고 있다. 물론 여기에서 말하는 에너지는 전기나 연료와 같은, 생활에서 필요로 하는 에너지를 말한다. 그러나 인간은 아직 태양 에너지를 제대로 이용하지 못하고 있다. 무진장한 태양 에너지를 이용하는 데 있어 인간의 과학은 식물의 광합성에 비해 그 효율성이 매우 떨어지는 것이다. 따라서 깨끗한 에너지를 충분히 얻기 위해서는 ⓒ광합성에 대한 보다 치밀한 연구가 활성화되어야 할 것이다. 광합성이 지닌 효율성만 배울 수 있다면 우리도 무한에 가까운 태양 에너지를 이용하여 깨끗하고 풍부한 에너지를 얻을 수 있을 것이기 때문이다.

24 위 글을 바탕으로 할 때, 〈보기〉에 나타난 인간의 행태에 대해서 할 수 있는 말로 가장 적절한 것은?

> **보기**
>
> 현재 지구상의 사막 지대의 면적은 식물이 무성한 삼림 지대의 넓이와 맞먹는다. 그런데 인간으로 인해 삼림 지대는 갈수록 줄어들고 사막 지대는 점점 늘어나고 있다. 목재를 얻기 위하여 나무를 벌채하거나 도시 문명을 확장하기 위해 산을 깎음에 따라 하루에도 지구상에서 여의도 면적에 해당하는 만큼의 삼림 지대가 사막으로 변해가고 있다.

① 우물에서 숭늉 찾는 셈이야.
② 방귀 뀐 놈이 성내는 꼴이군.
③ 소 잃고 외양간 고치는 격이야.
④ 아랫돌 빼서 윗돌 괴는 격이군.
⑤ 제 무덤을 제가 파고 있는 꼴이군.

25 ⊙의 내용을 고려할 때 'ⓐ : ⓑ'와 유사한 관계를 지니고 있는 것은?

① 연극은 궁극적으로 누군가에게 보여주기 위한 예술이다.
② 작은 물방울이 모여 시내가 되고 시내가 모여 강을 이룬다.
③ 범죄를 저질렀으면 그에 상응하는 처벌을 받는 것이 당연하다.

④ 축구와 야구는 모두 현대인들을 사로잡고 있는 스포츠라는 점에서 공통적이다.

⑤ 나비는 꽃에 있는 꿀을 먹이로 삼고, 꽃은 나비의 몸에 꽃가루를 묻혀 종족을 유지한다.

26 ⓛ의 구체적인 내용으로 적절한 것은?

① 동물의 세포에서도 광합성을 일으킬 수 있는 방안에 관한 연구이다.

② 식물들이 보다 많은 햇빛을 광합성에 이용할 수 있게 하는 연구이다.

③ 광합성 과정에서 이산화탄소의 소비량을 줄일 수 있는 방안에 관한 연구이다.

④ 광합성을 통해 만들어지는 유기물을 다양한 분야에 활용하는 방안에 관한 연구이다.

⑤ 광합성의 원리를 적용하여 태양 에너지를 효율적으로 활용하는 방안에 관한 연구이다.

[27~28] 다음 글을 읽고 물음에 답하시오.

고대 희랍의 누드 조각, 르네상스의 누드화, 인상파, 로댕, 피카소 등에 이르기까지 서양의 에로티시즘은 생명을 새롭게 파악하여 현실의 여러 의미를 보여 준다. 발가벗은 인체를 예술의 소재로 삼는다는 것은 우리 인간의 생명의 비밀을 직시하려는 태도의 표명이며, 삶의 근원을 찾아내려는 모색의 과정이다. 또한 에로티시즘의 조형화(造形化)는 삶의 단순한 향유가 아니라 현실의 재확인이다. 그러므로 대중들이 즐기고 욕망하는 현실 감정이 가장 쉽게 그리고 직접적으로 누드에 반영된다.

우리의 미술사에서도 어느 정도 이러한 점을 확인할 수 있다. 성(性)을 경원시하고 남녀유별(男女有別)에 철저했던 유교적 도덕으로 무장한 조선의 풍토에서 혜원 신윤복의 존재는 무엇을 말해 주는가? 왜 혜원의 춘의도(春意圖)가 그 시대 산수도보다 대중들에게 잘 수용되었던가? 그것은 그가 당대의 사회적 풍토로 인해 억압되어 있었던 (　　ⓐ　　)을 잘 드러냈기 때문이다.

그런데 ⓛ 근래의 우리 누드 화가들은 어떠한가? 누드를 통해 어떤 현실을 인식시키고 어떤 진실을 표현하려 하였던가? 가령 김인승의 〈나부(裸婦)〉를 놓고 보자. 이국적(異國的)인 용모를 지닌 풍요한 여체가 옆면으로 등을 보이면서 소파 위에 앉아 있다. 주위의 실내 배경은 서구 스타일의 장식으로 간략히 정돈된 고전풍이다. 그에 따라 나부가 효과적으로 중심을 드러낸다. 기법은 인상주의 이전의 사실주의 수법으로 객관미를 표출하고 있다. 그럼에도 그의 누드는 우리에게 위화감(違和感)을 불러일으킨다. 무엇 때문인가?

우리는 그의 누드 속의 인물, 즉 이국적 호사 취미에 알맞은 장식적 인물에서 그 단서를 발견할 수 있다. 우리가 보아온 누드 어디에 그 같은 취향이 있었던가? 이 누드의 풍요성과 같은 안정된 현실을 어느 시대에서 향유할 수 있었단 말인가? 결국 그의 누드에 담긴 장식적 현실은 부르주아적 모방 취미가 아닐 수 없다. 그런 누드화는 부유층(富裕層)의 수요에 의하여 생산되는 사치품에 불과하다. 이처럼 근래의 우리 누드화는 민중의 현실 속으로 파고들지 못했다.

… (중략) …

예술의 각 사조는 특정한 역사적 현실 위에서, 특정한 이데올로기를 표현하기 위하여 등장한다. 따라서 특정한 예술 사조를 받아들일 때, 그 예술의 형식 뒤에 숨은 이데올로기를 충분히 소화하고 있느냐가 문제가 된다. 그렇지 못한 모방 행위는 형식 미학 내지 관념 미학이 갖는 오류에서 벗어나지 못한다. 가령 어느 예술가가 인상파의 영향을 받았다면, 동시에 그는 그것의 시대적 한계와 약점까지 추적하여야 한다. 그리고 그것을 자신이 살고 있는 시대에 접목(接木)하고 이식하였을 경우 현실의 문화적 풍토 위에서 성장할 수 있는가를 가늠해야 한다. 그런데 우리 누드 화가들은 과연 그러하였는가?

이국산 화초는 아름다울지라도 풍토가 적합하지 못하면 고사(枯死)한다. 물론 그 화초를 온실 속에서 키울 수 있을지 모르나, 그것이 우리의 산야(山野)를 아름답게 빛내지는 못할 것이다. 그것은 어디까지나 온실 안의 화초로서 특수층의 수요에 응하여 존재할 따름이다.

27 문맥으로 보아 ⊙에 들어갈 내용으로 가장 적절한 것은?

① 도덕적 불감증　　　② 전통적인 가치관

③ 지배층의 물질적 욕망　　④ 보편적인 감정의 진실

⑤ 사회 체제에 대한 불만

28 ⓒ의 창작 태도에 대한 글쓴이의 비판의 핵심을 가장 잘 파악한 것은?

① 예술가는 모험 정신을 가져야 하는데 이들은 그렇지 못했어.

② 예술적인 미감보다는 지나치게 이데올로기만을 강조하고 있어서 문제야.

③ 예술가에게도 돈은 필요하지만 돈을 좇아서 예술을 한다는 것은 말이 안 되지.

④ 서양화의 역사에 나타나는 기법의 새로운 변화 방향에 대해 너무 무지한 것 같아.

⑤ 형식 속에 내재한 이데올로기를 이해하지 못해서 민중의 현실에 파고들지 못했어.

[29~30] 다음 글을 읽고 물음에 답하시오.

　유추는 '알고자 하는 특성의 확정 – 알고 있는 대상과의 비교 – 결론 내리기'의 과정을 통해 이루어진다. 동물원에 가서 '백조'를 처음 본 어린아이가 그것이 날 수 있는가의 여부를 판단하는 과정을 생각해보자. 이 경우 '알고자 하는 대상'과 '알고자 하는 특성'을 확정하면 '백조가 날 수 있는가'가 된다. 그런데 그 아이가 자신이 이미 알고 있는 '비둘기'를 떠올리고 백조와 비둘기 사이에 '깃털이 있다', '다리가 둘이다', '날개가 있다' 등의 공통점을 발견하였다. 이렇게 공통점을 발견하는 것이 바로 비교이다. 그 다음에 '비둘기는 난다'의 특성을 다시 확인한 후 '백조가 날 것이다'로 결론을 내리면 유추가 끝난다.

　많은 논리 학자들은 유추가 판단을 그르치게 한다고 폄하한다.

유추를 통해 알아낸 것이 옳다는 보장이 없기 때문이다. 위의 경우 '백조가 난다'는 것은 옳다. 그런데 똑같은 방법으로 '타조'에 대해 '타조가 난다'라는 결론을 내렸다면, 이는 사실에 어긋난다. 이는 공통점이 많은 대상을 비교 대상으로 선택하지 못했기 때문이다. 이렇게 유추를 통해 알아낸 것은 옳을 가능성이 있다고는 할 수 있어도 틀림없다고는 할 수 없다.

　결국 유추를 통해 옳은 결론을 내릴 가능성을 높이는 것이 중요한데, '범위 좁히기'의 과정을 통해 비교할 대상을 선정함으로써 그 가능성을 높일 수 있다. 만약 어린아이가 수많은 새 중에서 비둘기 말고, 타조와 더 많은 공통점을 갖고 있는 것, 예를 들면 '몸통에 비해 날개 크기가 작다'는 공통점을 하나 더 갖고 있는 '닭'을 가지고 유추를 했다면 '타조는 날지 못할 것이다'라는 결론을 내렸을 것이다.

　우리 인간은 모든 것을 알고 태어나지 않았을 뿐만 아니라 어느 한 순간에 모든 것을 알아 내지는 못한다. 그런데도 인간이 많은 지식을 갖게 된 이유는 유추와 같은 사고법을 가지고 있기 때문이다. 그러므로 (　　　　　⊙　　　　　)

29 위 글의 내용과 일치하지 않는 것은?

① 유추는 인간에게 많은 지식을 제공해준다.

② 유추를 통해 알아낸 것이 모두 옳은 것은 아니다.

③ 아이가 비둘기와 백조의 공통점을 발견했다면 이는 유추가 된다.

④ 유추가 올바른 것이 되려면 공통점이 많은 비교 대상이 필요하다.

⑤ 유추를 통해 옳은 결론을 내리려면 '범위 좁히기' 과정이 필요하다.

30 ⊙에 들어갈 내용으로 가장 적절한 것은?

① 옳은 결론을 내리기 위해서 유추는 필요하다.

② 일상 생활의 지식을 넓히기 위해서는 유추가 필요하다.

③ 지식의 더 많은 공통점을 찾기 위해서는 유추가 필요하다.

④ 인간이 모든 것을 알고 태어나는 것이 아니므로, 유추는 필요하다.

⑤ 옳지 않은 결론을 내릴 가능성을 안고 있음에도 불구하고 유추는 필요하다.

[31~33] 다음 글을 읽고 물음에 답하시오.

(가) 어휘력을 풍부하게 하기 위해서는 무엇보다도 다양한 영역의 책을 많이 읽어야 한다. 독서를 하는 도중에 모르는 단어가 나왔을 때는 사전을 찾아보아야 한다. 한자어로 된 단어인 경우에는 단어를 이루고 있는 한자들의 의미를 통해 단어의 뜻을 유추할 수 있다. 순수한 우리말인 경우에도 합성이나 파생어인 경우에는 어근과 접사의 의미로부터 단어의 뜻을 짐작해 볼 수 있다. 그렇게 유추한 의미가 문맥 속에서 뜻이 통하는지를 확인해 보면 단어의 의미는 한층 분명해질 것이다. 새로운 단어를 문맥을 통해 접하고 익히면 그만큼 활용할 수 있는 단어의 양이 풍부해진다. 특히, 전문 용어나 학술 용어, 고사성어나 한자성어에 익숙한 사람은 전문 분야의 글이나 깊이 있는 내용의 글을 이해하는 데 훨씬 유리하다.

(나) 단어는 이처럼 문장 안에서 다른 단어와의 관련성 속에서만 의미를 온전하게 드러낸다. 문장은 단어들이 맺고 있는 관계를 통해 이루어지고, 이 관계는 일차적으로는 문법적인 관련성을 뜻한다. ㉠ 주어와 그에 해당하는 서술어, 수식어와 피수식어 등 문법적인 연결 관계를 파악하는 것은 특히 복잡한 문장을 이해하는 데 매우 중요하다.

(다) 단어가 지닌 상식적이고 일반적인 뜻을 지시적 의미라고 한다. 단어를 알고 있다는 것은 우선 단어의 지시적 의미를 안다는 뜻이다. 그러나 지시적 의미를 아는 것만으로는 충분하지 않다. 문장 속에서 단어는 함축적이고 비유적인 의미를 지닐 수도 있기 때문이다. 같은 단어라도 어떤 문장 속에 놓이느냐에 따라 함축적 의미, 비유적 의미, 문맥적 의미는 달라질 수 있다.

〈투명하다〉

A. 이 그릇은 **투명한** 유리로 되었다.

B. 그의 논리는 매우 **투명했다.**

C. 나는 **투명한** 대기 속을 경쾌하게 걸었다.

A에서 투명하다는 말은 '물체가 빛을 잘 통과시켜 속이 들여다보이는 상태'를 뜻하는 지시적인 의미이다. 그런데 B와 C는 함축적인 의미로 해석되어야 한다. 곧, B는 문장에서는 불확실하고 애매한 부분이 없이 분명하고 정연하다는 뜻이고, C는 맑고 깨끗하고 신선하다는 의미이다. 또 '세상의 빛과 소금이 되어라.'라는 문장에서 '소금'은 세상에 꼭 필요한 존재를 뜻하는 비유적 의미이다. 그리고 '눈은 마음의 창이다.'에서 '창'이라는 단어도 비유적 의미로 사용되고 있다.

31 (가)에 대한 반응으로 적절하지 않은 사람은?

① 송이 – 단어의 뜻을 잘 몰랐던 이유를 알게 되었어. 그동안 책을 많이 읽지 않았던 거야.

② 경미 – 그래, 나도 이제부터는 모르는 단어가 나올 때마다 사전을 찾는 습관을 길러야겠어.

③ 경민 – 한자로 된 단어들은 왜 그렇게 알아보기 힘든지. 난 우리가 읽는 책에 한자로 된 말이 나오지 않았으면 좋겠어.

④ 지훈 – 우리말 가운데에도 낯선 것들이 많더라고. 그런 때는 앞뒤 문맥의 흐름을 통해 뜻을 파악하는 방법도 좋은 것이라고 해.

⑤ 정석 – 단어를 많이 알수록 어려운 책을 잘 읽어낼 수 있다고 하니 앞으로 책도 많이 읽고 단어도 많이 익히고 그래야 할 것 같아.

32 (나)의 ㉠에서 말하고 있는 연결 관계가 문법적으로 바르게 나타난 것은?

① 아름다운 그녀의 친구가 나에게 말을 걸었다.

② 본격적인 공사가 언제 시작되고, 언제 개통될지 모른다.

③ 아버지께서는 나에게 열심히 공부하고 독서하기를 권하셨다.

④ 한번 오염된 환경이 다시 깨끗해지려면, 많은 비용과 노력, 그리고 긴 시간이 든다.

⑤ 용감한 그의 아버지는 적군을 향해 돌진했다.

33 다음 중 (다)의 A와 같이 단어의 지시적 의미로 쓰인 것은?

① 우리 집에 우편물이 날아오는 일은 거의 없다.

② 전기세 고지서가 며칠째 편지함에서 자고 있었다.

③ 우리 동네 우체통은 늘 배가 고픈 듯 입을 벌리고 있다.

④ 피로는 건강의 적이므로 피로가 쌓이지 않도록 유의해야 한다.

⑤ 영화가 끝나지 않았지만 우리는 극장의 비상구를 통해 밖으로 나왔다.

[34~35] 다음 글을 읽고 물음에 답하시오.

플라톤은 최선의 세계를 만들기 위해서 무엇보다 먼저 이 세계에 있는 모든 대상들이 지닌 성질을 정확하게 인식해야만 한다고 보았다. 그런데 대상은 규정되어 있지 않은 것이다. 인간뿐만 아니라 신도 마음대로 어쩌지 못하는, 그 자신만의 고유한 성질을 지니고 있다. 따라서 인간의 이성은 그 대상을 인식하기 위하여, 우선 ㉠ 명확히 설명할 수 있는 부분을 오려 내어 하나의 고정치로 확정지어야 한다. 대상의 바로 이런 고정화된 모습을 플라톤은 이데아(idea)라 부른다.

플라톤의 이데아는 초기 작품에서는 '개별적 사물의 공통된 모습'으로, 원숙기의 작품에서는 '진정한 존재, 영원불변한 어떤 실체'로 규정된다. '개별적 사물의 공통된 모습'은 무엇을 의미하는가? 인간을 예로 들어 보자. 우리는 인간이 무엇인가를 규정하기 위하여 학생·농부·사업가·정치가 등과 같은 특정의 사람에 대해서가 아니라, 그러한 사람들 모두에 공통적인, 즉 일반적인 인간에 대해서 살펴보게 된다. 따라서 '개별적 사물의 공통된 모습'으로서의 이데아에 대한 규정은 보편자 개념을 통한 규정이고, 그러한 규정은 대상을 단순히 감각적 차원에서 한 번만 경험하고 흘려보내는 일시적인 것이 아니라, 이성적 차원에서 ㉡ 개념 체계의 좌표를 통해 파악하고 정리해 두려는 학문적 인식의 출발점이 된다.

그렇다면 이러한 의미에서의 이데아, 즉 한 사물의 보편적 성질만 알면 그 사물에 대해 완전하게 인식하게 되는 것인가? 물론 그렇지 않다. 개별적 사물에 대해 완전히 알기 위해서는 그 사물의 이데아에 대해서도 알아야 할 뿐만 아니라, 그 사물만이 고유하게 갖고 있는 개별적 특수성에 대해서도 알아야 한다. 사실 플라톤의 초기 작품에 나오는 이데아에 대한 앎은 한 사물의 본질에 대한 학문적 차원에서의 앎은 제공해 줄 수 있어도, 그것의 고유성까지 꿰뚫는 완벽한 앎은 제공해 주지 못한다. 그래서 플라톤은 그의 원숙기에 속하는 작품에서부터 개별자와 연관을 맺고 있는 이데아에 대해 주로 고찰하게 된다. 그런데 이러한 배경에서 나온 새로운 차원의 이데아론은 이데아와 현상계에 대한 비유적 표현 때문에 철학사적으로 가장 심각한 오해를 받아 왔다.

사실 이데아는 영원불변한 실체이고, 현상계의 개체는 그것의 그림자라는 비유적 표현은 일반인들에게는 잘못 이해될 수 있는 소지를 충분히 안고 있다. 인식론적 관점에서 볼 때, 이데아를 안다는 것은 하나의 대상을 학문적 인식 체계 속에서 그 대상이 속해 있는 유개념을 파악했음을 의미하는 것이고, 이데아의 그림자인 개별자를 안다 함은 이데아라는 보편적 성질과 함께하고 있는 개별자 자체의 고유한 특성에 대한 앎을 의미하는 것이다. 따라서 그의 이데아론에는 보편자에 대한 개념적 파악과 개별적 특수성에 대한 내용적 파악을 동시에 해낼 수 있는 이중적 시선이 작용하고 있다. 바로 이러한 사실을 깨달아야만, 우리는 플라톤의 이데아론이 학문적 인식 체계에서 차지하는 진정한 의의를 알 수 있게 된다.

34 위 글로 보아 ㉠과 ㉡의 관계를 바르게 설명한 것은?

① ㉠은 ㉡의 구성 요소이다.

② ㉠은 ㉡의 전제이다.

③ ㉡은 ㉠의 수단이다.

④ ㉡은 ㉠의 원인이다.

⑤ ㉡은 ㉠을 일반화한 것이다.

35 위 글을 바탕으로 강연을 한다고 할 때, 강연의 제목으로 가장 적절한 것은?

① 플라톤 철학의 위대성 – 플라톤의 업적을 중심으로

② 플라톤 철학에 대한 인식의 변화 – 이데아 개념을 중심으로

③ 플라톤 철학에 대한 올바른 이해 – 이데아론을 중심으로

④ 사물 간의 관계에 대한 탐구 – 보편성과 개별성을 중심으로

⑤ 인간의 본성에 대한 올바른 이해 – 플라톤의 이데아론을 중심으로

[36~37] 다음 글을 읽고 물음에 답하시오.

아무리 튤립이 귀하다 한들 알뿌리 하나의 값이 요즈음 돈으로 쳐서 45만 원이 넘는 수준까지 치솟을 수 있을까? 엄지손가락만한 크기의 메추리알 하나의 값이 달걀 한 꾸러미 값보다도 더 비싸질 수 있을까? 이 두 물음에 대한 대답은 모두 '그렇다' 이다. 역사책을 보면 1636년 네덜란드에서는 튤립 알뿌리 하나의 값이 정말로 그 수준으로 뛰어오른 적이 있었다. 그리고 그 때를 기억하는 사람은 알겠지만, 실제로 1950년대 말 우리나라에서 한때 메추리알 값이 그렇게까지 비쌌던 적이 있었다.

어떤 상품의 가격은 기본적으로 수요와 공급의 힘에 의해 결정된다. 시장에 참여하고 있는 경제 주체들은 자신이 갖고 있는 정보를 기초로 하여 수요와 공급을 결정한다. 이들이 똑같은 정보를

함께 갖고 있으며 이 정보가 아주 틀린 것이 아닌 한, 상품의 가격은 어떤 기본적인 수준에서 크게 벗어나지 않을 것이라고 예상할 수 있다. 예를 들어 튤립 알뿌리 하나의 값은 수선화 알뿌리 하나의 값과 비슷하고, 메추리알 하나는 달걀 하나보다 더 쌀 것으로 짐작해도 무방하다는 말이다.

그러나 현실에서는 사람들이 서로 다른 정보를 갖고 시장에 참여하는 경우가 많다. 어떤 사람들은 특정한 정보를 갖고 있는데 거래 상대방은 그 정보를 갖고 있지 못한 경우도 있다. 뿐만 아니라 이들 사이에 거래에 참여하는 목적이나 재산 등의 측면에서 큰 차이가 존재하는 것이 보통이다. 이런 경우에는 어떤 상품의 가격이 우리의 상식으로는 도저히 이해하기 힘든 수준까지 일시적으로 뛰어오르는 현상이 나타날 가능성이 있다. 이런 현상은 특히 투기의 대상이 되는 자산의 경우에 자주 목격되는데, 우리는 이를 '거품(bubbles)' 이라고 부른다.

일반적으로 거품이란 것은 어떤 상품–특히 자산–의 가격이 지속적으로 급격히 상승하는 현상을 가리킨다. 이와 같은 지속적인 가격 상승이 일어나는 이유는 애초에 생긴 가격 상승에 추가적인 가격 상승의 기대로 이어져 투기 바람이 형성되기 때문이다. 어떤 상품의 가격이 올라 그것을 미리 사 둔 사람이 재미를 보았다는 소문이 돌면 너도나도 사려고 달려들기 때문에 가격이 천정부지로 뛰어오르게 된다. 물론 ㉠이 같은 거품이 무한정 커질 수는 없고 언젠가는 터져 정상적인 상태로 돌아올 수밖에 없다. 이 때 거품이 터지는 충격으로 인해 경제에 심각한 위기가 닥칠 수도 있다.

36 위 글의 내용과 일치하지 않는 것은?

① 거품은 투기의 대상이 되는 자산에서 주로 일어난다.

② 거품이 터지면 경제에 심각한 위기를 초래할 수 있다.

③ 거래에 참여하는 사람의 목적이나 재산에 큰 차이가 없다면 거품이 일어날 수 없다.

④ 상품의 가격이 일반적인 상식으로 이해되지 않는 수준까지 일시적으로 상승할 수도 있다.

⑤ 일반적으로 시장에 참여하고 있는 경제 주체들은 자신의 정보를 바탕으로 수요와 공급을 결정한다.

37 ⓐ의 사례로 가장 적절한 것은?

① ○○회사는 신기술이 적용된 휴대폰을 개발하여 기존의 휴대폰보다 가격을 3배 올려서 판매하기 시작했다.

② 지난봄에는 수요에 비해 공급이 부족하여 배추 가격이 한 포기에 2천 원에서 1만 4천 원까지 올랐다가 가을이 되어 본래 가격으로 돌아왔다.

③ 경제 개발로 석유의 수요가 지속적으로 늘어나고 있는 상황에 중동 전쟁까지 겹쳐 원유 수입이 어려워지자 A 석유 회사는 석유 가격을 50% 인상했다.

④ 1990년대 일본에서는 땅을 사면 돈을 번다는 소문 때문에 너도나도 땅을 사기 시작하자, 상상하기 힘든 수준까지 땅값이 치솟았다가 얼마 후 급격히 떨어져 경제가 어렵게 되었다.

⑤ 생고무 생산국인 브라질에 기상 이변이 일어나자 B 회사는 이미 수입한 생고무로 타이어를 만들어 기존의 가격보다 2배나 올려 판매하다가 1년이 지나서야 정상적인 가격으로 환원했다.

[69회] 티타임을 위하여(이선) [77회] 하늘 아래 그 자리(전상국)
[38~39] 다음 글을 읽고 물음에 답하시오.

중년 사내에겐 산다는 일이 그저 벽돌담 같은 것이라고 여겨진다. 햇볕도 바람도 흘러들지 않는 폐쇄된 공간. 그 곳엔 시간마저도 아무런 흔적을 남기지 않는다. 마치 이 작은 산골 간이역을 빠른 속도로 무심히 지나쳐 가버리는 특급열차처럼…… 사내는 그 열차를 세울 수도 탈 수도 없다는 것을 잘 알고 있다. 그러면서도 여전히 기다릴 도리밖에 없다는 것, 그것이 바로 앞으로 남겨진 자기 몫의 삶이라고 사내는 생각한다.

농부의 생각엔 삶이란 그저 누가 뭐라 해도 흙과 일뿐이다. 계절도 없이 쳇바퀴로 이어지는 노동. 농한기라는 겨울철마저도 융자금 상환과 농약값이며 비료값으로부터 시작하여 중학교에 보낸 큰아들놈의 학비에 이르기까지 이런저런 걱정만 하다가 보내고 마는 한숨철이 되고 만 지도 오래였다.

… (중략) …

서울 여자에겐 돈이다. 그녀가 경영하고 있는 음식점 출입문을 들어서는 사람들은 모조리 그녀에겐 돈으로 뵌다. 어서 오세요. 입에 붙은 인사도 알고 보면 손님에게가 아니라 돈에게 하는 말일 게다. 그래서 뚱뚱이 여자는 식사를 마치고 나가는 손님들에게 결코 안녕히 가세요라는 말은 쓰지 않는다. 또 오세요다. 그녀는 가난을 안다. 미친 듯 돈을 벌어서, 가랑이를 찢어 내던 어린 시절의 배고픈 기억을 보란 듯이 보상받고 싶은 게 그녀의 욕심이다. 물론, 남자 없이 혼자 지새워야 하는 밤이 그녀의 부대자루 같은 살덩이를 이따금 서럽게 만들기도 한다.

… (중략) …

춘심이는 애당초 그런 골치 아픈 얘기는 생각하기도 싫어진다. 산다는 게 뭐 별것일까. 아무리 허덕이며 몸부림을 쳐 본들, 까짓것 혀 꼬부라진 소리로 불러대는 청승맞은 유행가 가락이나 술 취해 두들기는 젓가락 장단과 매양 한 가지일 걸 뭐. 그래서 춘심이는 술이 좋다. 아무것도 생각나지 않게 해 주는 술님이 고맙다. 그래도 춘심이는 취하면 때로 울기도 하는데 그 까닭이야말로 춘심이는 모를 일이다.

대학생에겐 삶은 이 세상과 구별할 수 없는 그 무엇이다. 스물 셋의 나이인 그에게는 세상 돌아가는 내력을 모르고, 아니 모른 척하고 산다는 것은 절대로 용서할 수 없다. 그런 삶은 잠이다. 마취 상태에 빠져 흘려보내는 시간일 뿐이라고 청년은 믿고 있다. 하지만 그는 얼마 전부터 그런 확신이 조금씩 흔들리기 시작하는 걸 느끼고 있다. 유치장에서 보낸 한 달 남짓한 기억과 퇴학. 끓어오르는 그들의 신념과는 아랑곳없이 이루어지고 있는 강의실 밖의 질서…… 그런 것들이 자꾸만 청년의 시야를 어지럽히고 혼란을 일으키고 있는 중이다.

– 임철우, 「사평역」 –

38 다음 〈보기〉와 같은 접근방식을 통해 이 글을 감상한 것은?

> ● 보 기 ●
>
> '소설은 현실의 반영'이라는 관점을 취하면, 당대의 상황에 관한 외적 정보를 끌어들여 작품의 의미를 이끌어 낼 수 있다.

① 등장인물들의 모습을 병렬적으로 제시하고 있을 뿐 인물 간의 외적 갈등이 형성되어 있지 않아 아쉽다.

② 인물들 간의 구체적인 관계나 주변 인물들의 태도 자체가 명시적으로 드러나지 않아 그 의미가 반감된다.

③ 눈발이 날리는 겨울밤의 시골역이라는 배경을 통해 인물들의 처지와 정서가 상징적으로 형상화되고 있어 인상적이다.

④ 소외된 자들의 삶에서도 아늑함과 평화로움을 발견할 수 있다는 것, 결국 인간의 삶이란 동등하고 소중한 가치를 지니는 것임을 일깨워 준 작품이다.

⑤ 기다려도 오지 않는 막차를 기다리고 있는 인물들의 모습은 1970~1980년대 당시 산업화 과정에서 소외당한 채 고단한 삶을 살아야 했던 사람들의 전형을 보여주고 있다.

39 이 글을 읽고, 다음과 같이 감상 노트를 만들어 보았다. 적절하지 않은 것은?

① 중년 사내의 '특급열차' – 부질없는 희망이기에 소외감을 심화시키는 역할

② 농부의 '융자금, 농약값, 비료값, 학자금' – 반복되는 고달픈 현실

③ 서울 여자의 '또 오세요' – 돈에 대한 욕심

④ 춘심의 '술' – 시름 해소의 수단이지만 결과적으로는 오히려 슬픔을 심화시키는 대상물

⑤ 대학생의 '강의실 밖의 질서' – 대학생의 머릿속에 관념적으로만 존재하는 건강하고 정의로운 세계

[40~41] 다음 글을 읽고 물음에 답하시오.

낭만 발레는 19세기 초 프랑스에서 기틀이 잡혔는데, 목가적 분위기의 무대를 배경으로 요정을 사랑한 인간, 시골 처녀의 비극적인 사랑 등의 낭만적인 줄거리가 전개된다. 낭만 발레는 어스름한 조명 아래 창백하고 가녀린 요정들이 공중을 떠다니듯이 춤추는 환상적이고 신비로운 장면으로 연출되어, 정교한 구성보다는 주인공인 여성 무용수를 돋보이게 하는 안무가 우선시되었다. 이 시기 발레의 주역은 여성 무용수들이었고, 남성 무용수들은 대개 여성 무용수를 들어 올렸다 내리거나 회전의 지지대 역할을 하는 보조자에 불과했다. 요정들이 하늘을 둥둥 떠다니는 느낌을 연출하기 위해 발끝을 수직으로 세우고 춤을 추는 '포인트 동작'이 등장했고, 여성 무용수들은 '로맨틱 튀튀'라고 부르는 하늘하늘하고 여러 겹으로 된 발목까지 오는 긴 의상을 입어서 움직일 때마다 우아한 느낌을 주었다.

19세기 후반 유럽에서 낭만 발레의 인기가 시들해진 가운데 러시아에서 고전 발레가 꽃을 피운다. 고전 발레는 전설이나 동화를 바탕으로 한 낭만적인 줄거리를 지니고 있다는 점에서는 낭만 발레와 비슷하다. 하지만 화려하고 입체적인 무대 장치를 배경으로 정형화된 아름다움을 구현하였다. 무용수의 화려한 기교를 다채롭게 보여주기 위해 발레에 일정한 규칙과 절차가 도입되었고, 정교하고 정확한 동작을 바탕으로 안무가 정해졌다. 고전 발레는 남녀 주인공들이 화려한 기교를 보여주는 2인무인 '그랑 파드되', 여러 명의 솔리스트들이 차례대로 등장하여 다채로운 1인무를 보여 주는 '디베르티스망' 등이 필수적인 구성 요소로 자리 잡았다. 남성 무용수들도 다양한 기교를 구사하는 무대의 주인공이 될 수 있었고, 여성 무용수들은 화려한 발동작이나 도약, 회전 등이 잘 보이도록 다리를 드러내는 짧고 뻣뻣한 '클래식 튀튀'를 주로 입었다.

20세기에는 기존 발레에서 반복되었던 정형화된 형식을 벗어난 모던 발레가 등장한다. 모던 발레는 특별한 줄거리 없이 특정 장면의 이미지나 주제를 무용수의 움직임 자체로 표현하는 것이 특징이다. 정해진 줄거리가 없기 때문에 무용수의 성별에 따른 역할 구분이 약화되고, 다양한 형태의 동작과 몸의 선 자체의 아름다움을 강조하다 보니 무대 장치나 의상도 점차 간결해졌다.

위 글을 바탕으로 〈보기〉와 같이 프레젠테이션 자료를 제작하려고 한다. 40번과 41번의 두 물음에 답하시오.

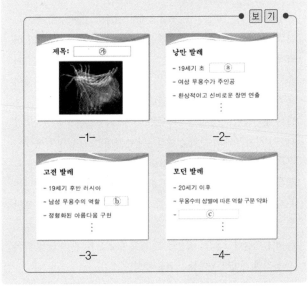

● 보 기 ●

제목: ㉮

낭만 발레
- 19세기 초   ⓐ
- 여성 무용수가 주인공
- 환상적이고 신비로운 장면 연출
⋮

-1-   -2-

고전 발레
- 19세기 후반 러시아
- 남성 무용수의 역할   ⓑ
- 정형화된 아름다움 구현
⋮

모던 발레
- 20세기 이후
- 무용수의 성별에 따른 역할 구분 약화
    ⓒ
⋮

-3-   -4-

40 프레젠테이션의 제목 ㉮에 들어갈 내용으로 적절한 것은?

① 발레의 기원
② 발레의 숨은 매력
③ 발레의 사조별 특징
④ 발레의 예술적 가치
⑤ 발레 용어와 동작의 이해

41 ⓐ~ⓒ에 들어갈 내용이 바르게 짝지어진 것은?

	ⓐ	ⓑ	ⓒ
①	프랑스	확대	정형화된 형식 탈피
②	유럽	축소	정교한 무대 구성
③	러시아	확대	정형화된 형식 탈피
④	프랑스	확대	정교한 무대 구성
⑤	유럽	축소	다양한 극적 구성

[42~44] 다음 글을 읽고 물음에 답하시오.

H_2O. 산소 원자 하나에 수소 원자 두 개가 결합된 것. 물은 이처럼 간단한 화합물이지만, 이 세상에서 가장 놀라운 화합물이기도 하다.

우선, 물은 비정상적이라고 할 만큼 끓는점이 높다. 일반적으로 같은 족에 속하는 원소들은 화학적으로 유사한 성질을 지니며, 그들의 끓는점은 원자량이 증가할수록 높아진다. 이는 산소족에 속하는 원소들의 경우에도 마찬가지이다. 즉, 산소, 황, 셀레늄, 텔루르 등의 순으로 끓는점이 높아진다. 이들은 동일한 방식으로 수소와 결합하여 물, 황화수소, 셀레늄화수소, 텔루르화수소 등의 수소화합물을 이루며, 이들 화합물의 끓는점은 대체로 구성 원소의 원자량이 증가할수록 높아진다. 그런데 유독 물의 경우에는 끓는점이 비정상적으로 높다. 황의 수소화합물인 황화수소(H_2S)의 끓는점이 −59.6℃인 데 비해 산소족 원소들 중에서 원자량이 가장 적은 산소의 수소화합물인 물은 끓는점이 100℃나 되는 것이다. 단순히 원칙대로만 따지면, 물의 끓는점은 −80℃ 정도여야 한다. 뿐만 아니라 물은 다른 물질들에 비해 1℃의 온도를 올리기 위해 필요한 열량, 즉 비열이 대단히 높다. 어떤 물질의 온도를 높이기 위해 많은 양의 열이 필요하다는 말은, 온도가 내려갈 때 그만큼 많은 열 에너지를 방출한다는 의미도 된다.

이렇게 물의 끓는점이 높고 비열이 큰 이유는 물 분자들 사이의 강한 결합력 때문이다. 물의 단독 분자를 찾으려고 하는 것은 소용없는 일이라는 말이 있을 정도로, 물 분자들은 강한 결합력을 바탕으로 집단을 이루고 있기 때문에 온도를 높이는 데 많은 열이 필요하며 쉽게 기화되지 않는 것이다.

또한 물은 가장 뛰어난 용매이기도 하다. 물질들을 물속에 넣으면 그 물질의 원자나 분자 사이에 작용하던 힘이 매우 약해져서 쉽게 녹아 버린다. 물이 이렇게 뛰어난 용해력을 갖는 것은 물 분자가 자기들끼리 결합하는 힘뿐만 아니라 다른 물질의 원자나 분자를 자기 쪽으로 끌어당기는 힘도 역시 매우 강하기 때문이다.

물이 지닌 이러한 힘의 원천은 무엇일까? 그것은 ㉠ 물 분자가 '극성 공유 결합'의 형태로 존재하는 것에서 찾을 수 있다. 일반적인 공유 결합으로 이루어진 분자의 두 핵은 그 사이에 있는 전자들을 동등하게 공유하지만, 극성 공유 결합을 한 분자의 경우에는 전자들이 한쪽의 핵에 더 강하게 끌리게 된다. 이 때문에 분자의 한쪽 끝은 약간의 양전하를 띠게 되고 다른 쪽 끝은 약간의 음전하를 띠게 된다. 양전하를 띠는 부분과 음전하를 띠는 부분이 쉽게 결합한다는 것은 상식이다. 이러한 결합 방식 덕분에, 물 분자들끼리의 결합력이 다른 물질의 분자들에 비해 강할 뿐만 아니라, 다른 물질들과도 쉽게 극성 공유 결합을 이룸으로써 그 물질을 용해시킬 수 있는 것이다.

물의 이러한 성질은 생명 현상에 매우 유익한 결과들을 초래한다. 물 분자들의 결합력 덕분에 물은 상온에서 기체 상태가 아니라 액체와 고체 상태로도 존재할 수 있는 것이고, 더불어 물을 생명 유지의 근간으로 삼고 있는 우리 생물체들도 존재할 수 있는 것이다. 게다가 물은 비열이 높기 때문에 온도에 민감하지 않다. 즉, 항상성이 크다. 그 덕분에 대부분이 물로 채워진 생물체와 지구는 급격한 변화를 겪지 않고 항상성을 유지할 수 있다. 생물체 내에서 이루어지는 다양한 신진대사 역시 물의 강한 용해력이 없다면 불가능한 일이다.

43 위 글의 논지 전개 과정으로 가장 적절한 것은?

① 대상의 특성 제시 → 원인 분석 → 수반되는 효과 제시

② 과제 제시 → 관련 실험의 결과들 소개 → 하나의 이론으로 종합

③ 주요 개념 제시 → 현상에 적용한 결과 설명 → 개념의 의미 구체화

④ 상반된 이론 제시 → 체험적 사례들에 적용 → 이론들의 타당성 검증

⑤ 화제와 관련된 의문점들 제시 → 전문가의 설명 소개 → 의문점 해소

42 위 글의 논지에 따를 때, 〈보기〉의 견해에 대한 해석으로 가장 타당한 것은?

> ● 보 기 ●
>
> 일반적으로 물 분자는 산소 원자 하나에 수소 원자 두 개가 결합되었다는 것을 의미하기 위해 'H_2O'로 나타낸다. 그러나 물을 가장 정확하게 표현할 수 있는 분자식은 '$(H_2O)_n$'이라고 할 수 있다.

① 물 분자들만이 지닌 용해력을 강조하기 위한 견해이다.

② 물 분자의 구성 요소들을 분명히 밝히기 위한 견해이다.

③ 물 분자들의 결합력이 매우 강함을 강조하기 위한 견해이다.

④ 물 분자의 성질이 매우 불확실함을 강조하기 위한 견해이다.

⑤ 물 분자가 형성되는 독특한 과정을 강조하기 위한 견해이다.

44 ㉠을 설명하기 위한 보조 자료로 가장 적절한 것은?

① 전류를 흘려주면 빛을 내는 발광 다이오드

② 햇빛을 흡수하여 전기를 생산하는 태양전지

③ 다른 극끼리 서로 당기는 성질을 지닌 막대자석

④ 운동 에너지를 전기 에너지로 바꾸어 주는 발전기

⑤ 전기가 흐르는 도체와 흐르지 않는 부도체의 중간 성질을 지닌 반도체

[45~48] 다음 글을 읽고 물음에 답하시오.

음악은 비물질성을 가지고 있다. 이러한 비물질성은 음악을 만드는 소리가 물질이 아니며 외부에 존재하는 구체적 대상도 아니라는 점에 기인한다. 소리는 물건처럼 눈에 보이는 곳에 있지 않고 냄새나 맛처럼 그 근원이 분명하게 외부에 있지도 않다. 소리는 어떤 물체의 진동 상태이고 그 진동이 공기를 통해 귀에 전달됨으로써만 성립한다. 음악의 재료인 음(音) 역시 소리이기 때문에 음악은 소리의 이러한 속성에 묶여 있다.

소리의 비물질성은 인간의 삶과 문화에 많은 영향을 남기게 된다. 악기가 발명될 무렵을 상상해 보자. 원시인은 줄을 튕기거나 서로 비빔으로써, 나뭇잎을 접어 불거나, 가죽을 빈 통에 씌워 두드림으로써 소리를 만들었다. 이때 그들은 공명되어 울려 나오는 소리에 당황했을 것이다. 그 진원지에서 소리를 볼 수 없기 때문이다. 지금은 공명 장치의 울림을 음향학적으로 설명할 수 있지만, 당시에는 공명 장치 뒤에 영적인 다른 존재가 있다고 믿었을 것이다. 따라서 소리의 주술성은 소리의 진원이 감각으로 확인되지 않았기 때문에 시작된 것으로 보아야 한다. 음악 역시 주술적인 힘을 가진 것으로 믿었다. 고대 수메르 문명에서는 ⊙ 풀피리 소리가 곡식을 자라게 하고, 북 소리가 가축을 건강하게 만든다고 믿었다. 풀피리는 풀로, 북은 동물의 가죽으로 만들어졌기 때문에 그런 힘을 가졌다고 생각한 것이다. 재료를 통한 질료적 상징이 생겨나게 된 것이다.

이러한 상상과 믿음은 발전하여 음악에 많은 상징적 흔적을 남기게 된다. 악기의 모양과 색깔, 문양뿐 아니라 시간과 공간에 이르기까지 상징적 사고가 투영되었다. 문묘와 종묘의 제사 때에 쓰이는 제례악의 연주는 악기의 위치와 방향 그리고 시간을 지키도록 규정되어 있으며, 중국이나 우리나라 전통 음악에서의 음의 이름[음명(音名)]과 체계는 음양오행의 논리적 체계와 연관되어 있다. 일반적으로 타악기는 성적 행위를 상징하는데, 이로 인해 중세의 기독교 문명권에서는 타악기의 연주가 금기시되기도 하였다.

소리와 음이 비물질적이라는 말은, 소리가 우리의 의식 안의 현상으로서만 존재한다는 뜻이기도 하다. 따라서 의식 안에만 있는 소리와 음은 현실의 굴레에서 벗어나 있다. 소리는 물질의 속박인 중력으로부터 자유로운 반면, 춤은 중력의 속박으로부터 벗어나고 싶어 한다.

춤은 음악의 가벼움을 그리워하고 음악은 춤의 구체적 형상을 그리워한다. 따라서 음악은 춤과 만남으로써 시각적 표현을 얻고 춤은 음악에 얹힘으로써 가벼움의 환상을 성취한다.

음악의 비물질성은 그 자체로서 종교적 위력을 가진 큰 힘이기도 하였다. 악기를 다루는 사람은 정치와 제사가 일치되었던 시기에 권력을 장악했을 것이다. 소리 뒤에 영혼이 있고 그 영혼의 세계는 음악가들에 의해 지배될 수 있었기 때문이다. 제정일치의 정치 구조가 분열되어 정치와 제사가 분리되고 다시 제사와 음악이 분리되는 과정을 거쳤던 고대 이집트 문명에서 우리는 이를 확인할 수 있다.

45 위 글의 내용과 일치하지 않는 것은?

① 음악의 비물질성은 그 재료의 비물질성에서 비롯된다.

② 음악의 상징성은 음악의 비물질성에 그 근원을 두고 있다.

③ 음악에 대한 고대인들의 믿음은 논리적 체계를 이루고 있었다.

④ 장르적 속성으로 보아 음악과 춤은 상보적인 관계를 이루고 있다.

⑤ 제정일치 사회에서 음악가는 영혼의 세계를 지배하는 존재로 여겨졌다.

46 위 글의 서술 전략과 관련이 없는 것은?

① 개념의 변화 과정을 분석하여 가설을 입증한다.

② 비유적 진술과 대조를 통해 표현의 효과를 살린다.

③ 다양한 사례를 제시하여 견해의 타당성을 제고한다.

④ 핵심 개념을 설명하고 그에 근거하여 논의를 전개한다.

⑤ 상상을 통해 추정하여 내린 결론을 사례를 통해 입증한다.

47 ㉠으로 보아 '질료적 상징'에 가장 가까운 것은?

① 장례식에서는 엄숙한 곡조의 음악을 연주한다.

② 상을 당한 사람은 흰색이나 검은색의 옷을 입는다.

③ 병을 치료하기 위해 건강한 사람의 초상화를 그린다.

④ 어떤 원시 부족은 사냥을 나가기 전에 모두 모여 춤을 춘다.

⑤ 사냥할 때의 두려움을 없애기 위해 호랑이 발톱을 지니고 다닌다.

48 〈보기〉는 인도 설화의 내용이다. 위 글과 관련지어 바르게 감상한 것은?

● 보 기 ●

위대한 가수 탄센은 황제 악바르의 측근이다. 그는 동료의 미움을 사게 되고 그의 적들은 그를 제거할 계획을 세운다. 그들은 황제에게 간청하여 탄센이 등불의 라가*인 '라가 디팍'을 부르게 한다. 탄센은 감히 황제의 명령을 거역하지 못하고 라가 디팍을 부른다. 궁중의 등불은 하나씩 켜지기 시작하고 탄센은 몸이 너무 뜨거워져서 강물 속으로 옮겨 연주를 계속한다. 곧이어 강물이 끓기 시작했고 탄센은 끓는 물에 삶겨 죽을 지경에 이르게 되었다. 그때 탄센의 친구가 탄센의 연인에게 달려가 이 위급한 상황을 전했고, 그녀는 즉시 비의 라가인 '라가 말라르'를 연주하였다. 그러자 하늘에서 억수같이 비가 쏟아져 그를 구했다.

*라가 : 고대 인도의 음악

① 음악에 대한 주술적 믿음이 종교로 발전하고 있음을 짐작케 해.

② 현실에서 자유로운 음악의 속성을 상징적으로 드러낸 것으로 보여.

③ 음악은 실재 세계를 상징한다는 사고가 반영되어 있는 것으로 보여.

④ 음악 세계의 논리가 현실의 논리에 기초하고 있음을 보여 주는 것 같아.

⑤ 제정일치의 정치 구조가 분열되면서 제사와 음악이 분리되는 과정을 보여 주고 있어.

[49~51] 다음 글을 읽고 물음에 답하시오.

과학자들에게 있어 물수제비는 회전하는 물체가 중력을 이기고 유체를 치고 나가는 역학 문제를 푸는 것이었다. 지난 2002년 프랑스의 보케 교수는 물수제비 횟수는 돌의 속도가 빠를수록 증가하며, 최소 한 번 이상 튀게 하려면 시속 1km는 돼야 한다는 실험 결과를 발표하면서 수평으로 걸어 준 회전이 또한 중요한 변수라고 지적했다. 즉, 팽이가 쓰러지지 않고 균형을 잡는 것처럼 돌에 회전을 걸어 주면 돌이 수평을 유지하여 평평한 쪽이 수면과 부딪칠 수 있다. 그러면 돌은 물의 표면장력을 효율적으로 이용해 위로 튕겨 나간다는 것이다.

물수제비 현상에서는 또 다른 물리적 원리를 생각할 수 있다. 단면(斷面)이 원형인 물체를 공기 중에 회전시켜 던지면 물체 표면 주변의 공기가 물체에 끌려 물체와 동일한 방향으로 회전하게 된다. 또한 물체 외부의 공기는 물체의 진행 방향과는 반대 방향으로 흐르게 된다. 이때 베르누이의 원리에 따르면, 물체 표면의 회전하는 공기가 물체 진행 방향과 반대편으로 흐르는 쪽은 공기의 속도가 빨라져 압력이 작아지지만, 물체 진행 방향과 동일한 방향으로 흐르는 쪽의 공기는 속도가 느려 압력이 커지게 되고, 결국 회전하는 물체는 압력이 낮은 쪽으로 휘어 날아가게 된다. 이를 '마그누스 효과'라고 하는데, 돌을 회전시켜 던지면 바로 이런 마그누스 효과로 인해 물수제비가 더 잘 일어날 수 있는 것이다. 보케 교수는 또한 공기의 저항을 줄이기 위해 돌에 구멍을 내는 것도 물수제비 발생에 도움이 될 것이라고 말했다.

최근 프랑스 물리학자 클라네 박사와 보케 교수가 밝혀낸 바에 따르면 물수제비의 핵심은 돌이 수면을 치는 각도에 있었다. 이들은 알루미늄 원반을 자동 발사하는 장치를 만들고 1백 분의 1초 이하의 순간도 잡아내는 고속 비디오카메라로 원반이 수면에 부딪치는 순간을 촬영했다. 그 결과 알루미늄 원반이 물에 빠지지 않고 최대한 많이 수면을 튕겨 가게 하려면 원반과 수면의 각도를 20°에 맞춰야 한다는 사실을 알아냈다. 클라네 박사의 실험에서 20°보다 낮은 각도로 던져진 돌은 일단 수면에서 튕겨 가기는 하지만 그 다음엔 수면에 맞붙어 밀려가면서 운동 에너지를 모두 잃어버리고 물에 빠져 버렸다. 돌이 수면과 부딪치는 각도가 45°보다 크게 되면 곧바로 물에 빠져 들어가 버렸다.

[A]
　　물수제비를 실제로 활용한 예도 있다. 2차 대전이 한창이던 1943년, 영국군은 독일 루르 지방의 수력 발전용 댐을 폭파해 군수 산업에 치명타를 가했다. 고공 폭격으로는 댐을 정확하게 맞추기 어렵고 저공으로 날아가 폭격을 하자니 폭격기마저 폭발할 위험이 있었다. 그래서 영국 공군은 4t 무게의 맥주통 모양 폭탄을 제작하여 18m의 높이로 저공비행을 하다가 댐 약 800m 앞에서 폭탄을 분당 500회 정도의 역회전을 시켜 투하시켰다. 포탄은 수면을 몇 번 튕겨 나간 다음 의도한 대로 정확히 댐 바로 밑에서 폭발했다.

　　이러한 물수제비 원리가 응용된 것이 성층권 비행기 연구다. 즉, 이륙 후 약 40km 상공의 성층권까지 비행기가 올라가서 엔진을 끈 후 아래로 떨어지다가 밀도가 높은 대기층을 만나면 물수제비처럼 튕겨 오르게 된다. 이때 엔진을 다시 점화해 성층권까지 올라갔다가 또 다시 아래로 떨어지면서 대기층을 튕겨 가는 방식을 되풀이한다. 과학자들은 비행기가 이런 식으로 18번의 물수제비를 뜨면 시카고에서 로마까지 72분에 갈 수 있을 것으로 기대하고 있다. 과학자들은 ㉠ 우리 주변에서 흔히 보는 물수제비를 바탕으로 초고속 비행기까지 생각해냈다. 그 예지가 참으로 놀랍다.

49 위 글의 내용과 부합하는 것은?

① 돌이 무거울수록 물수제비 현상은 더 잘 일어난다.
② 돌의 표면이 거칠수록 물의 표면장력은 더 커진다.
③ 돌을 회전시켜 던지면 공기 저항을 최소화할 수 있다.
④ 돌의 중력이 크면 클수록 물수제비 현상이 잘 일어난다.
⑤ 수면에 부딪친 돌의 운동 에너지가 유지되어야 물수제비가 일어난다.

50 ㉠과 유사한 사례로 볼 수 없는 것은?

① 프리즘을 통해 빛이 분리되는 것을 알고 무지개 색을 규명해냈다.
② 새가 날아갈 때 날개에 양력이 생김을 알고 비행기를 발명하게 되었다.
③ 푸른곰팡이에 세균을 죽이는 성분이 있음을 알고 페니실린을 만들어냈다.
④ 물이 넘치는 것을 통해 부력이 존재함을 알고 거대한 유조선을 바다에 띄웠다.
⑤ 수증기가 올라가는 현상을 통해 공기가 데워지면 상승한다는 것을 알고 열기구를 만들었다.

51 [A]를 그림으로 나타낸 〈보기〉에 대해 추론한 내용으로 적절하지 않은 것은?

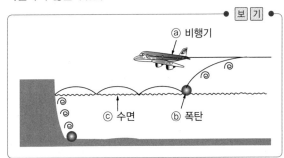

① ⓐ에서 투하된 ⓑ의 속도의 세기가 튕겨지는 횟수에 영향을 미쳤을 것이다.
② ⓑ의 위쪽이 아래쪽보다 압력이 더 낮았을 것이다.
③ ⓑ의 아래쪽 공기의 흐름이 위쪽보다 빨랐을 것이다.
④ ⓑ의 회전이 반대였더라면 ⓑ가 목표 지점에 도달하지 못했을 것이다.
⑤ ⓑ와 ⓒ가 만나는 각도에 따라 튕겨지는 횟수가 달랐을 것이다.

[52~54] 다음 글을 읽고 물음에 답하시오.

　자연의 생명체가 보여 주는 행동이나 구조, 그들이 만들어내는 물질 등을 연구해 모방함으로써 인간 생활에 적용하려는 기술이 생체모방이다. 원시 시대 사용되던 칼과 화살촉은 육식 동물의 날카로운 발톱을 모방해서 만들었고, 레오나르도 다빈치는 비행기 도면을 설계할 때 새를 관찰하고 모방하였다. 그러나 '생체모방'을 공학이라고 부르게 된 것은 나노기술의 발전과 극소량의 물질을 대량으로 생산해내는 유전공학 등 관련 분야의 발달로 비로소 가능해졌다.

　바다에 사는 홍합은 심한 파도에도 바위에서 결코 떨어지는 법이 없다. 홍합의 '교원질 섬유 조직'은 바위에 자신의 몸을 붙이는 데 사용되는 생체물질로, 물에 젖어도 떨어지지 않는 첨단 접착제로 주목받고 있다. 이 조직은 근육을 뼈에 부착시키는 사람의 건섬유보다 5배나 질기고, 잡아당길 때 늘어나는 신장력은 16배나 크며, 인체에 사용하여도 면역 거부 반응이 없다. 그래서 의학적으로 사용되어 의사가 환자를 수술한 후 상처를 실로 꿰맬 필요 없이 접착제를 바르기만 하면 되고, 기존의 화상 환자는 이식 수술을 받아도 다른 부위의 살을 떼어내야 하기 때문에 흉터가 남지만, 홍합이 만들어 내는 '교원질 섬유 조직'을 이용해 인공 피부를 이식하면 이러한 문제들을 해결할 수 있다.

　또 하나, 바다 밑바닥에 사는 거미불가사리는 밝은 곳에서는 물론이고, 어둠 속에서도 적의 접근이나 은신처를 매우 빨리 알아내 정확하게 이동하는 것으로 알려져 있다. 미국의 한 연구소에서 연구한 결과에 따르면, 거미불가사리의 몸통과 팔을 연결하는 부위에는 탄화칼슘으로 이루어진 방해석이라는 미세한 수정체들이 무수히 박혀 있으며, 이 수정체들은 작은 빛도 받아들여 이것을 광학적 신호로 전환해 신경망으로 전달한다고 한다. 이 수정체가 마이크로 렌즈의 역할을 하는 것인데, 이를 모방하여 사람 머리카락 시름의 10분의 1 정도 크기의 패턴을 갖는 방해석 단일 결정체를 만들어낼 수 있었다. 이 결정체는 인간의 기술로 개발된 어떤 렌즈보다 훨씬 더 작으면서도 아주 정확하게 빛에 초점을 맞추는 기능을 가진 것으로 알려졌다. 거미불가사리의 둥근 초소형 수정체와 신경망 작동 시스템은 주변상황 변화에 적응하는 고성능 광학렌즈는 물론 최신형 초고속 광통신망의 개발에도 도움을 줄 수 있을 것으로 보인다.

　한편, 비가 오더라도 연잎에 물방울이 스며들지 않고 오히려 굴러 떨어지는 것이 연잎 위에 올록볼록하게 돋은 수백 나노미터 크기의 수많은 돌기 덕분이라는 사실이 밝혀짐에 따라 이것을 '연잎 효과'라고 부르게 되었다. 이 효과로 인해 연잎에는 먼지가 닿아도 먼지가 잎에 붙지 않고 얹혀 있는 상태가 된다. 그래서 아주 작은 힘만 가해도 먼지를 제거할 수 있다. 이런 능력을 응용하면, 비만 오면 저절로 깨끗해지는 유리창, 물만 한 번 내리면 깔끔해지는 변기 등을 만들 수 있다.

52 위 글의 서술 방식과 효과에 대한 설명으로 가장 적절한 것은?

① 전문가의 이론을 소개하여 자신의 견해를 강화하고 있다.

② 대상의 상호 관계를 분석하여 그 성격을 드러내고 있다.

③ 서로 다른 이론을 대비하여 특정 이론을 부각시키고 있다.

④ 다양한 사례를 제시하여 대상의 속성과 의의를 밝히고 있다.

⑤ 추상적 개념을 친숙한 사물에 빗대어 독자의 이해를 돕고 있다.

53 위 글의 내용을 적용한 사례로 가장 적절한 것은?

① 종균배양법으로 야생 버섯의 품종을 개량하여 재배한다.

② 벌집의 육각형 구조를 본떠서 건축물을 튼튼하게 짓는다.

③ 유전자를 변형시킨 옥수수 품종을 개발하여 수확량을 늘린다.

④ 진드기의 천적인 무당벌레를 이용하여 무공해 배추를 생산한다.

⑤ 오리를 논농사에 이용하여 농약을 사용하지 않고 유기농 쌀을 수확한다.

54 위 글에 제시된 내용을 다음과 같이 정리해 보았다. (가)~(다)에 들어갈 내용을 바르게 짝지은 것은?

구분	홍합	거미불가사리	연잎
모방 대상	교원질 섬유 조직	(나)	돌기
특성	(가)	감각성 발달	비접착성
장점	면역 거부 반응 없음	빛을 감지함	(다)
적용	수술용 접착제	마이크로 렌즈	특수 유리

	(가)	(나)	(다)
①	회복력이 빠름	빛	정화 능력
②	회복력이 빠름	신경망	재생 능력
③	흡착성이 좋음	신경망	흡수 능력
④	흡착성이 좋음	방해석	정화 능력
⑤	신장력이 좋음	방해석	흡수 능력

[55~57] 다음 글을 읽고 물음에 답하시오.

　우리 현대인은 대인 관계에 있어서 가면을 쓰고 살아간다. 물론 그것이 현대 사회를 살아가기 위한 인간의 기본적인 조건인지도 모른다. 어빙 고프만 같은 학자는 사람이 다른 사람과 교제를 할 때, 상대방에 대한 자신의 인상을 관리하려는 속성이 있다는 점을 강조한다. 즉, 사람들은 대체로 남 앞에 나설 때에는 가면을 쓰고 연기를 하는 배우와 같이 행동한다는 것이다.

　왜 그런 상황이 발생하는 것일까? 그것은 주로 대중문화의 속성에 기인한다. 사실 20세기의 대중문화는 과거와는 다른 새로운 인간형을 탄생시키는 배경이 되었다고 할 수 있다. 특히, 광고는 내가 다른 사람의 눈에 어떻게 보일 것인가 하는 점을 끊임없이 반복하고 강조함으로써 ㉠사람들에게 조바심이나 공포감을 불러 일으키기까지 한다. 그중에서도 외모와 관련된 제품의 광고는 개인의 삶의 의미가 '자신이 남에게 어떤 존재로 보이느냐?'라는 것을 무수히 주입시킨다. 역사학자들도 '연기하는 자아'의 개념이 대중문화의 부상과 함께 더욱 의미 있는 것이 되었다고 말한다. 그들은 적어도 20세기 초부터 '성공'은 무엇을 잘하고 열심히 하는 것이 아니라 '인상 관리'를 어떻게 하느냐에 달려 있다고

한다. 이렇게 자신의 일관성을 잃고 상황에 따라 적응하게 되는 현대인들은 대중매체가 퍼뜨리는 유행에 민감하게 반응하는 과정에서 자신의 취향을 형성해 가고 있다.

　이렇듯 현대인의 새로운 타자 지향적인 삶의 태도는 개인에게 다른 사람들의 기대와 순간의 욕구에 의해 채워져야 할 빈 공간이 될 것을 요구했다. 현대 사회에서 각 개인은 사회 적응을 위해 역할 수행자가 되어야 하고, 자기 스스로 자신의 연기를 모니터하면서 상황에 따라 편리하게 '사회적 가면'을 쓰고 살아가게 되었다. 이는 세련되었다는 평을 받는 사람들의 경우에 더욱 그러하다. 흔히 거론되는 '신세대 문화'의 특성 중 하나도 '사회적 가면'의 착용이라고 볼 수 있다. 물론 신세대는 구세대에 비해 훨씬 더 솔직하고 가식이 없다는 장점을 지니고 있다. 여기서 '가면'은 특정한 목적을 위해 자기를 감추거나 누구를 속인다는 부정적인 의미만을 갖고 있는 것은 아니다. 다만, 신세대는 남에게 보이는 자신의 모습에서 만족을 느끼는 정도가 크기 때문에 그런 만족을 얻기 위해 기울이는 노력이 크고, 그것은 자신의 자아를 돌아볼 여유도 없이 '가면'에만 충실하게 되는 것이다.

　㉠ 과거를 향유했던 사람들은 비교적 사람의 내면세계를 중요시했다. 겉으로 드러나는 모습은 허울에 불과하다고 믿었기 때문이다. 그러나 ㉡ 현 시대를 살아가는 사람들의 모습을 보면 인간 관계에 있어, 그 누구도 타인의 내면세계를 깊이 알려고 하지 않거니와 사실 그럴만한 시간적 여유도 없는 경우가 많다. 그런 이유로 무언가 '느낌'으로 와 닿는 것만을 중시하며 살아간다. 그 '느낌'이란 것은 꼭 말로 설명할 수는 없다 하더라도 겉으로 드러난 모습에 의해 영향을 받게 마련이다. 옷차림새나 말투 하나만 보고도 금방 그 어떤 '느낌'이 형성될 수도 있는 것이다. 사람을 단지 순간적으로 느껴지는 겉모습만으로 판단한다는 것은 위험하기 짝이 없는 일임에도 불구하고, 현대인들은 겉모습에서 주어지는 인상에 의해 상대방을 파악하고 인식하는 것을 거부하지 못하는 데에 문제가 있다.

55 위 글에서 글쓴이가 궁극적으로 말하고자 하는 것은?

① 현대인들은 세대 간에 이해의 폭을 넓혀야 한다.

② 현대인들은 자아 중심적 세계에서 벗어나야 한다.

③ 현대인들은 자신의 내면적 가치를 추구해야 한다.

④ 현대인들은 남과 더불어 사는 삶을 추구해야 한다.

⑤ 현대인들은 긍정적 세계관을 지니도록 노력해야 한다.

57 ㉮의 사례로 적절하지 않은 것은?

① 홈쇼핑 광고를 보던 주부가 쇼핑 도우미의 말을 듣고 그 물건을 사지 않으면 자기만 손해를 보는 것 같아 상품을 주문하였다.

② 여학생이 납량 특집 영화에서 화장실에 귀신이 나오는 장면을 본 후로는, 화장실 가기가 무서워 꼭 친구들과 함께 가게 되었다.

③ 한 소녀가 살을 빼는 식품 광고에 나오는 다른 소녀의 마른 모습을 본 후, 자신은 살이 많이 쪘다고 생각하여 살을 빼려고 운동을 시작했다.

④ 텔레비전 오락 프로그램에 나온 연예인들이 입고 있는 멋진 옷을 본 사람이 그 옷을 입지 않으면 유행에 뒤떨어질 것이라고 생각하여 그 옷을 샀다.

⑤ 잡지에서 '건강하게 오래 사는 가구 배치 방법'이라는 기사를 읽은 사람이 그렇게 하지 않으면 금방 병이 날 것처럼 생각되어 가구를 다시 배치하였다.

56 ㉠의 입장에서 ㉡을 비판할 수 있는 속담으로 가장 적절한 것은?

① 뚝배기보다 장맛이다.

② 겉이 고우면 속도 곱다.

③ 같은 값이면 다홍치마다.

④ 장님 코끼리 만지기 식이다.

⑤ 보기 좋은 떡이 먹기도 좋다.

2교시

국어능력인증시험

제1회 모의고사

⏱ 70분/33문항

※ 1번부터 4번까지는 문제와 선택지를 듣고 푸는 문항입니다. 잘 듣고 물음에 답하시오.

01
듣기

①   ②   ③
④   ⑤

02
듣기

①   ②   ③
④   ⑤

03
듣기

①   ②   ③
④   ⑤

04
듣기

①   ②   ③
④   ⑤

※ 5번부터 13번까지는 내용을 들은 후, 시험지에 인쇄된 문제와 선택지를 보고 푸는 문항입니다. 잘 듣고 물음에 답하시오.

05 강연자가 말하고자 하는 바를 요약적으로 제시한 것은?

① 세 살 버릇 여든까지 간다.
② 게으른 새 황혼녘에 바쁘다.
③ 부뚜막의 소금도 넣어야 짜다.
④ 못된 송아지 엉덩이에 뿔난다.
⑤ 로마에 가면 로마의 법을 따라야 한다.

06 여학생의 마지막 말에 대해 남학생이 해 줄 수 있는 충고로 가장 알맞은 것은?

① 자가당착이 되어서는 안 된다.
② 원인과 결과를 혼동해서는 안 된다.
③ 논점에서 벗어난 말을 하면 안 된다.
④ 감정에 호소해서 일을 처리할 수는 없다.
⑤ 부분과 전체의 속성을 구분해야 한다.

07 다음 중 이 강연에서 풍력 발전이 대체 에너지원으로 적합하다는 주장을 뒷받침하기 위한 근거로 사용하지 않은 것은?

① 우리나라 기후 조건에 적합하다.

② 다른 것에 비해 설치비용이 저렴하다.

③ 설치할 장소를 선정하는 데 제한을 받지 않는다.

④ 시설과 설비에 대한 문제도 계속 개선되고 있다.

⑤ 원리가 간단하므로 별다른 기술 개발이 필요 없다.

08 이 두 사람의 대담을 듣고 내릴 수 있는 판단으로 적절하지 않은 것은?

① 오늘날 만화는 중요한 산업의 하나로 인식된다.

② 만화의 참된 가치는 정보 전달의 효율성에 있다.

③ 만화가 어린이들에게 미치는 영향력은 매우 크다.

④ 만화를 고를 때에는 세심한 주의를 기울여야 한다.

⑤ 오늘날은 저질의 만화와 꿈을 길러 주는 만화가 공존한다.

09 이 발표를 듣고 질문할 수 있는 내용으로 적절하지 않은 것은?

① 정부의 농업 정책에 잘못이 있다고 하셨는데, 좀 더 구체적으로 지적해 주실 수 있습니까?

② 식량 자급을 못하고 있다고 하셨는데, 우리 국민의 주식이 쌀에서 어떤 농산물로 바뀌고 있습니까?

③ 식량 생산의 자급률이 30%에 밑돌고 있다고 하셨는데, 식량 생산을 증가시키는 방안은 없을까요?

④ 현재 우리나라는 식량의 70% 이상을 해외에서 들여오고 있다고 하셨는데, 주로 어느 나라에 의존하고 있습니까?

⑤ 국내의 쌀 비축량이 유엔 식량 농업 기구가 권고하는 적정 비축량보다 턱없이 모자란다고 하셨는데, 유엔 식량 농업 기구가 권고하는 적정 비축량은 얼마입니까?

10 이 이야기의 끝에 이어질 나무꾼의 말로 가장 적절한 것은?

① 재목을 그렇게 열심히 찾다 보면 어디에고 있는 법이오.

② 대들보감이 될 만한 나무는 아무 데나 있는 것이 아니오.

③ 대들보감과 같이 좋은 나무는 오랜 세월 동안 자라야 하는 법이오.

④ 집을 지을 때 재목을 적재적소에 쓰는 것은 훌륭한 목수가 할 일이라오.

⑤ 재목을 구하면서 그 재목을 기르지 않는 것은 훌륭한 목수의 태도가 아니오.

11 이 강연은 어떤 질문에 대한 답변이라고 할 수 있다. 질문의 내용으로 적절한 것은?

① 좋은 컴퓨터를 구입하는 방법은 무엇입니까?

② 현대인에게 컴퓨터는 반드시 필요한 것입니까?

③ 컴퓨터를 싸게 구입하려면 어떻게 해야 합니까?

④ 컴퓨터를 구입하는 시기는 언제가 가장 좋습니까?

⑤ 컴퓨터의 기능에 따라 가격의 차이는 얼마나 납니까?

12 이 대담에서 세 사람이 공통으로 전제하고 있는 것은?

① 민족 문화를 원형대로 보존하여야 한다.

② 민족 문화에 대한 재평가 작업이 있어야 한다.

③ 현대의 대중문화는 식민지적 성격을 띠고 있다.

④ 대중문화의 발전을 위해 획기적인 투자가 필요하다.

⑤ 대중문화는 자본주의 상품 문화에 기반을 두고 있다.

13 토론을 들은 청취자의 반응으로 적절하지 않은 것은?

① 음반 제작자들이 불법 내려 받기로 인해 손해 보는 일은 줄겠군.

② 인터넷 관련 서비스의 질이 좋아질·거라고 확신할 수는 없겠군.

③ 인터넷 쇼핑을 할 때 인터넷 사용 요금을 고려할 필요는 없겠군.

④ 인터넷 접속 장애가 줄어들게 된다면 편리한 제도라고 봐야겠군.

⑤ 불필요한 인터넷 사용이 줄면 인터넷 속도에도 영향을 미치겠군.

※ 14번부터는 문제지에 인쇄된 내용을 읽고 푸는 문제입니다. 잘 읽고 물음에 답하시오.

14 문장 성분 간의 호응이 적절한 것은?

① 뜰에 핀 꽃이 여간 탐스러웠다.

② 확실한 사실은 그가 성실하게 살아 왔다.

③ 인간은 자연에 복종하고, 지배도 하며 살아간다.

④ 내가 지금 원하는 것은 친구들과 함께 여행을 갔으면 한다.

⑤ 그녀는 어려움 속에서 겪은 고통의 의미를 깨닫고, 자신을 반성했다.

1 【주관식】
남성 토론자의 문제점이 무엇인지 한 문장으로 쓰시오.

----

15 〈보기〉와 같은 표현상의 오류를 범한 것은?

● 보 기 ●
내가 그를 만난 것은 결코 우연한 일이었다.

① 이것은 나의 책이오, 저것은 그의 연필이다.

② 도서관에서 얼굴이 예쁜 그의 누나를 만났다.

③ 그는 길을 가다가 우연치 않게 하영이를 만났다.

④ 나는 휴가 때 할머니를 데리고 온천에 가기로 했다.

⑤ 그 사람은 외모는 몰라도 성격은 별로 변한 것 같다.

2 【주관식】
이 글을 통해 전달하고자 한 핵심 내용을 청유형의 한 문장으로 쓰시오.

----

16 밑줄 친 사동사 중 사동 접미사가 이중으로 사용되지 않은 것은?

① 어머니께서 동생에게 옷을 입히셨다.

② 아기를 재우는 데는 자장가가 제일이다.

③ 콩쥐가 밑 빠진 항아리에 물을 가득 채웠다.

④ 우리에게는 새로운 역사를 세워야 할 사명이 있다.

⑤ 콩나물시루에는 빛을 막기 위해 까만 천을 씌운다.

17 다음 글에서 퇴고해야 할 부분을 바르게 지적한 것은?

> ● 보기 ●
>
> 선생님, 그간 안녕하신지요.
>
> 일전에 치아가 좋지 ㉠ 않으셔서 고생하신다는 말을 들었는데 이제는 ㉡ 괜찮으신지요.
>
> 우선 그동안 지도해 주신 은혜에 대한 감사의 ㉢ 말씀을 올리겠습니다. 선생님의 자상하신 지도 덕분에 이번 여름방학을 맞아 자그마한 전시회를 개최하게 되었답니다. 미술대학을 다니는 큰오빠가 방학을 맞아 ㉣ 내려와서 많은 도움을 주기도 하였습니다.
>
> 방학 전의 종업식에서 매사에 용기를 가지고 최선을 다하라던 교장 선생님의 말씀도 ㉤ 계시고 해서 용기를 낸 것이지요.
>
> 꼭 한 번 방문하셔서 격려해 주시기를 바랍니다. 언제나 선생님의 격려 말씀은 저에게 큰 힘이 되곤 했으니까요. 자세한 일정은 추후에 다시 연락드리겠습니다.
>
> 안녕히 계십시오.

① ㉠ 않으셔서 → 않아서

② ㉡ 괜찮으신지요 → 괜찮은지요

③ ㉢ 말씀 → 말

④ ㉣ 내려와서 → 내려오셔서

⑤ ㉤ 계시고 → 있으시고

18 중복 표현이 없는 올바른 문장은?

① 회사는 많은 손해를 보았다.

② 식당을 미리 예약해 두었다.

③ 거의 대부분 주말을 기다린다.

④ 여러 가지 다양한 과자 종류가 있다.

⑤ 부동산 계약서에는 양도 날짜를 분명히 명시해야 한다.

19 〈보기〉의 자료를 바탕으로 글을 쓰기 위해 내용을 정리하여 보았다. 정리한 내용과 자료 활용 방안이 적절하지 않은 것은?

> ● 보기 ●
>
> [자료 1] 홈쇼핑에서 물건을 구매하게 된 이유
>
> | 이유 | 빈도(%) |
> |---|---|
> | 우연히 프로그램을 보다가 필요할 것 같아서 | 42.8 |
> | 가격이 저렴하고 구입이 편리해서 | 30.1 |
> | 부가적 혜택(무이자 할부, 사은품 등)이 있어서 | 20.2 |
> | 시중에서는 구하기 힘든 상품이어서 | 6.9 |
>
> [자료 2] 홈쇼핑에서 물건 구매 시 불만 유형(중복 응답)
>
> | 유형 | 빈도(%) |
> |---|---|
> | TV 내용과 실제 상품이 상이함 | 46.5 |
> | 상품의 품질 불량 | 35.4 |
> | 색상, 사이즈 등 주문한 것과 다른 상품이 배달됨 | 22.3 |
> | 교환, 반품 등 A/S 지연 | 10.9 |
> | 배달 지연 | 9.3 |
>
> [자료 3] 최근 홈쇼핑 시장은 전년 대비 152% 증가하였다. 한편 업체 간 경쟁이 치열해지면서 각 업체는 경품 및 사은품 제공, 할인 혜택 등 각종 방법을 동원하여 소비자의 구매 욕구를 자극하고 있으며, 이런 유혹에 빠져 불필요한 소비를 하는 소비자들이 늘어나고 있다. 또 실제 구매한 물건의 품질이 방송 내용과는 다른 경우가 많아 소비자들의 불만도 늘어나고 있다.

> - 홈쇼핑 소비 증가로 인한 부작용
>   쇼핑 중독자 양산, 이로 인한 가정불화 등 각종 사회 문제 발생 ●────── 자료 3 ①
> - 부작용이 생기는 원인
>   - 소비자의 충동구매 ●────── 자료 1 ②
>   - 홈쇼핑 업체의 허위 과장 광고와 자극적 판매 전략 ────── 자료 2, 3 ③
> - 이를 개선할 수 있는 방법
>   - 소비자는 상품 구매 전 충분한 정보 탐색 필요 ────── 자료 1, 3 ④
>   - 업체에서는 상품에 대한 올바른 정보 제공을 통한 합리적 소비 유도 ●────── 자료 2, 3 ⑤

20 동물을 소재로 짧은 글을 써보았다. 〈보기〉의 조건을 모두 충족시킨 것은?

● 보기 ●

가. 유추를 적절히 사용할 것
나. 교훈적 의미가 드러나도록 할 것
다. 의문의 형식을 통해 내용을 강조할 것

① 소쩍새는 한(恨)의 정서를 나타내는 소재로 자주 사용되는데, 사실 소쩍새는 다른 새의 둥지에 알을 낳고 사라지는 이기적인 새라고 한다. 그럼에도 불구하고 왜 소쩍새를 한의 정서를 나타내는 소재로 사용하는 것일까?

② 돼지는 미련한 동물로 알려져 있지만 호랑이도 밀어붙일 수 있는 강한 힘을 지니고 있다. 사람 중에는 자신의 진정한 모습을 발견하지 못하고 자기비하만을 일삼는 사람이 있다. 그러나 장점이 없는 사람이 있을 수 있을까?

③ 머리가 나쁘기로 유명한 닭도 자기 새끼를 아끼고 사랑으로 돌본다고 한다. 그런데 만물의 영장인 사람 중에는 경제적인 이유로 자식의 양육을 포기하는 사람들이 있다고 한다. 이런 사람들은 모성애가 강한 닭에게 배워야 할지도 모른다.

④ 백수의 제왕 사자는 열 번 중에 아홉 번을 실패한다고 해도 한 번을 성공하기 위해 사냥을 멈추지 않는다. 인간의 삶도 마찬가지이다. 인생을 살다 보면 좌절하는 경우가 많다. 만물의 영장인 인간이 한두 번의 실패에 좌절해서야 되겠는가?

⑤ 배고픔을 참아 가며 보초를 서는 미어캣의 희생이 없다면 다른 미어캣들이 편안히 먹이를 먹을 수 없는 것처럼 전방을 지키는 국군 장병들의 희생이 없다면 국민들이 편안한 삶을 누릴 수 없을 것이다.

21 '현금 영수증 제도의 활성화 방안'에 대한 글쓰기 계획을 세워 보았다. (가)에 들어갈 내용으로 적절하지 않은 것은?

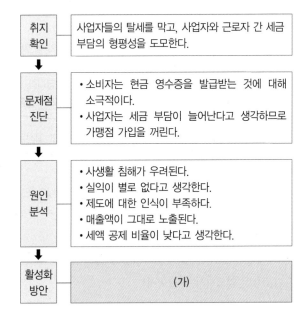

취지 확인	사업자들의 탈세를 막고, 사업자와 근로자 간 세금 부담의 형평성을 도모한다.
문제점 진단	• 소비자는 현금 영수증을 발급받는 것에 대해 소극적이다. • 사업자는 세금 부담이 늘어난다고 생각하므로 가맹점 가입을 꺼린다.
원인 분석	• 사생활 침해가 우려된다. • 실익이 별로 없다고 생각한다. • 제도에 대한 인식이 부족하다. • 매출액이 그대로 노출된다. • 세액 공제 비율이 낮다고 생각한다.
활성화 방안	(가)

① 매출액이 투명하게 밝혀진 사업자에게는 세금 면제 혜택을 준다.

② 영수증을 발급받는 것이 소비자에게 이익이 된다는 점을 홍보한다.

③ 사업자의 가맹점 가입을 촉진하기 위하여 세액 공제 비율을 조절한다.

④ 영수증을 발급받을 때 신분이 노출되지 않도록 기술적 대안을 강구한다.

⑤ 현금 영수증 발급을 꺼리는 사업자들의 인식을 개선할 수 있는 방안을 마련한다.

22 〈보기〉는 어느 학생의 미술관 관람 소감문의 일부이다. ㉠~㉢을 고쳐 쓰기 위한 의견으로 알맞지 않은 것은?

● 보기 ●

추사 김정희 명품전을 다녀와서

깊어 가는 가을이다. 나는 어제 친구와 함께 추사 김정희의 「세한도」가 ㉠ 소장되어져 있는 ○○미술관을 다녀왔다. 이 미술관은 2층 양옥으로 ㉡ 지어진 개인 소유의 미술관이었다. ㉢ 나는 예전부터 보고 싶었는데, 실제로 보니 무척 기뻤다. 그리고 추사 김정희의 한글 편지 몇 점을 보고 매우 놀랐다. ㉣ 물론 한자로만 글을 쓰셨을 것 같은 추사 선생께서, 한글 편지를 쓰셨다는 사실은 나에게 신선한 감동을 주었기 때문이다. 추사 김정희의 한글 편지는 매우 아름다운 ㉤ 글씨체였다. 나는 한글 필체의 아름다움에 대해 깊이 생각해 보게 되었고, 내가 혹시 한글을 아무렇게나 갈겨쓰지 않았는지 반성해 보았다.

① ㉠은 피동 표현을 중복 사용하였으므로 '소장되어 있는' 으로 바꾸는 게 좋겠어.

② ㉡은 문맥적 의미상 '설계된' 으로 바꾸는 것이 좋겠어.

③ ㉢은 '보다' 가 목적어를 필요로 하는 동사이므로 '보고' 앞에 '세한도를', '보니' 앞에 '그것을' 을 삽입하는 것이 좋겠어.

④ ㉣은 문장의 호응 관계를 고려하여 '왜냐하면' 으로 바꾸는 것이 좋겠어.

⑤ ㉤은 주어와 서술어의 관계가 어색하므로 '글씨체였다' 를 '글씨체로 씌어 있었다' 로 바꾸는 것이 좋겠어.

23 〈보기〉의 개요에 대한 수정 방안으로 적절하지 않은 것은?

● 보기 ●

주제문 : ㉠ 학교 급식 문제의 해법은?
Ⅰ. 서론 : 학교 급식에 대한 문제 제기
  – 급식 재료에 수입 농산물의 비중이 크다.
Ⅱ. 본론
  1. 수입 농산물 사용의 문제점
    가. ㉡ 유전자 조작 농산물의 안전성에 대한 우려
    나. 미래 우리 국민의 입맛과 농업 구조에 미칠 영향
  2. 문제 발생의 원인
    가. ㉢ 비용에 대한 부담으로 저렴한 수입 농산물 구매
    나. 급식 재료의 중요성에 대한 사회적 인식 부족
  3. 문제 해결의 방안
    가. 급식 재료에 우리 농산물 사용 확대
    나. ㉣ 학생들에 대한 올바른 식습관 교육
    다. 급식 운영에 대한 국가적 지원 확대
Ⅲ. 결론 : 수입 농산물 사용 자제 촉구

① ㉠ 주제가 분명히 드러나도록 '학교 급식 재료에 우리 농산물 사용을 늘리자.' 로 진술한다.

② ㉡ 범주가 다르므로 '수입 농산물' 로 교체한다.

③ ㉢ 논지 전개상 어색하므로 '본론 1' 의 하위 항목으로 옮긴다.

④ ㉣ 논지와 무관한 내용의 항목이므로 삭제한다.

⑤ 글의 완결성을 고려하여 '본론 3' 에 '급식 재료의 중요성에 대한 사회적 인식 제고' 라는 하위 항목을 추가한다.

3 ┤주관식├ 다음 글을 읽고 빈칸에 들어갈 내용을 〈조건〉에 맞게 쓰시오.

● 보기 ●

요즘 시청자들은 자신도 모르는 사이에 간접 광고에 수시로 노출되어 광고와 더불어 살아가는 환경에 놓이게 됐다. 방송 프로그램의 앞과 뒤에 붙어 방송되는 직접 광고와 달리 PPL(product placement)이라고도 하는 간접 광고는 프로그램 내에 상품을 배치해 광고 효과를 거두려 하는 광고 형태이다. 간접 광고는 직접 광고에 비해 시청자가 리모컨을 이용해 광고를 회피하기가 상대적으로 어려워 시청자에게 노출될 확률이 더 높다.

이처럼 시청자의 인식 속에 은연 중 파고드는 간접 광고에 적절히 대응하기 위해서는 시청자들에게 _____ 요구된다. 미디어 이론가들에 따르면, 사람들은 자기 나름의 프레임을 갖고 있어서 미디어 콘텐츠를 수동적으로만 받아들이는 것은 아니다. 이것이 간접 광고를 분석하고 그것을 비판적으로 수용하는 미디어 교육이 필요한 이유이다.

● 조건 ●

• '수용', '해석' 중 한 단어를 활용하여 쓰되 뒤에 서술된 내용을 반복하지 말 것
• 어문 규정에 맞게 뒷부분과 자연스럽게 이어지도록 쓸 것

4 ┤주관식├ 다음 문장을 어법에 맞게 고쳐 쓰시오.

● 보기 ●

• 정부는 이 문제를 일본에게 강력히 항의하였다.
• 사람들은, 그것은 선수들보다 관중의 책임이다라고 지적하였다.

5 ┤주관식├ 다음 (   )에 들어갈 적절한 속담을 쓰시오.

● 보기 ●

우리나라 속담에 '(   )'는 말이 있는데, 여기서 말하는 '김칫국'은 '나박김치'를 말하는 것이지 일반 김치의 국물을 말하는 것이 아니다. 그러나 요즈음 '나박김치'의 뜻을 알고 먹는 이는 거의 없는 것 같다. 어원적으로 '나박'은 '무'를 뜻하니, '나박김치'는 무로 만든 김치를 말하는 것이다.

6 ┤주관식├ 다음 문장의 표현상의 오류가 무엇인지 두 문장으로 쓰시오.

● 보기 ●

아버지는 웃으면서 들어오는 아들에게 심부름을 시켰다.

주관식

7 십자말풀이를 참조해 아래의 (   )에 맞는 단어를 쓰시오.

	1. 전		2.	
3.			4.	5. 용
6.	7. 새		8.	
	9.			

[가로 열쇠]

1. 말소리를 전파나 전류로 바꾸었다가 다시 말소리로 환원시켜 공간적으로 떨어져 있는 사람이 서로 이야기할 수 있게 만든 기계
3. 국악에서 쓰는 타악기의 하나
4. 돈이나 물건 따위를 빌려 씀
6. 철을 따라 이리저리 옮겨 다니며 사는 새
8. 야구에서, 주자가 수비의 허술한 틈을 타서 다음 베이스까지 가는 일
9. 벽에 설치한 난로

[세로 열쇠]

1. 전류를 통하여 빛을 내는 기구
2. 여객차나 화물차를 연결하여 궤도 위를 운행하는 차량 ≒ 기관차
3. 장마가 지나가는 철
5. 지붕 가운데 부분에 있는 가장 높은 수평 마루
7. 먼동이 트려 할 무렵
8. 사람, 차가 잘 다닐 수 있도록 만들어 놓은 비교적 넓은 길

2. 세로 (	)
3. 세로 (	)
8. 가로 (	)
9. 가로 (	)

주관식

8 〈보기〉의 개요에서 제목과 결론에 들어갈 내용을 쓰시오.

● 보 기 ●

제목 : (㉠   )

서론 : 요즘 전자오락에 몰두하는 학생들이 많다.

본론

1. 시간과 용돈의 낭비가 심하고 학업 의욕을 저하시킨다.
2. 습관성과 중독성이 심하고 폐쇄적인 성격이 되기 쉽다.
3. 일정 시간 동안만 전자오락을 하는 자제력을 길러야 한다.
4. 전자오락 외의 건전한 취미를 갖도록 해야 한다.

결론 : (㉡   )

----

9 ┤주관식├

〈보기〉의 서론, 본론의 개요를 통해 결론에 들어갈 내용을 작성하시오.

● 보 기 ●

제목 : 교육을 통한 국가 경쟁력의 강화
서론 : 국가 발전에서의 교육의 비중
본론 1. 우리 교육의 문제점
    – 교육 투자의 영세성
    – 상급학교 입시 준비 기관화
    – 교육계의 경쟁력 상실
본론 2. 교육발전의 전략
    – 교육 투자의 지속적 증대
    – 입시 중심 교육의 탈피
    – 대학 교육의 경쟁력 강화
결론 : (   )

10 ┤주관식├

다음 단어를 이용하여 〈보기〉의 조건에 맞게 쓰시오.

영화, 행복, 폭력

● 보 기 ●

• 한 문장으로 쓸 것
• 어문 규범을 지켜 80자 내외로 쓸 것

제 **2** 회

모의고사

[73회] 초- [77회] 되- [80회] 민-

01 밑줄 친 부분의 의미가 다른 것은?

① 한겨정
② 한겨울
③ 한복판
④ 한밤중
⑤ 한가운데

[73회] 감가(減價)–할증(割增) [80회] 예사(例事)–상사(常事)

02 두 단어 간의 관계가 나머지 넷과 다른 하나는?

① 절색(絶色) : 일색(一色)
② 빈궁(貧窮) : 부유(富裕)
③ 비난(非難) : 옹호(擁護)
④ 음독(音讀) : 훈독(訓讀)
⑤ 선임(先任) : 후임(後任)

[69회] 알력 [73회] 사유 [77회] 유입 [80회] 조율

03 〈보기〉의 뜻풀이와 예문의 (   )에 가장 알맞은 단어는?

● 보 기 ●
[뜻풀이] 계약이나 조약 따위를 공식적으로 맺음
[예문] 두 나라 사이에 조약이 (   )되다.

① 단결
② 동결
③ 직결
④ 체결
⑤ 타결

04 밑줄 친 ㉠의 문맥적 의미와 가장 거리가 먼 것은?

● 보 기 ●
모든 일은 첫술에 배부를 수가 없다. 그 방면의 서적 중에서 우선 적당하다고 생각되는 것을 내용과 차례 등에 ㉠의하여 선택해서 읽어 볼 일이다. 이와 같이 하기를 수삼 권(數三券)하면, 자연히 그 양부(良否)를 판단하여 가려 낼 수 있게 될 것이다.

① 참고하여
② 참작하여
③ 고려하여
④ 추측하여
⑤ 감안하여

[80회] 딱 부러지다–단호하다

05 밑줄 친 ㉠과 뜻이 같은 말은?

● 보 기 ●
이러한 변화들은 우리 생활이 모든 영역에 걸쳐 장기적이고 포괄적인 영향을 끼치고 있기 때문에, 18세기 산업 혁명과 ㉠ 어깨를 나란히 할 수 있을 정도의 변화로 받아들여지고 있다. 이러한 변화에 따라 우리 사회의 모습이 바뀌리라는 생각에는 의문의 여지가 없지만, 그 변화의 결과가 어떠할 것이냐에 대해서는 논란이 있다.

① 비교(比較)할
② 대조(對照)할
③ 상대(相對)할
④ 대립(對立)할
⑤ 비견(比肩)할

[73회] 교착(膠着) [77회] 설정(設定) [80회] 부침(浮沈)

06 밑줄 친 단어의 뜻풀이가 바르지 않은 것은?

① 그는 이번 사태에 대해 고식적(姑息的) 태도를 취하고 있다. → 융통성이 없는

② 대중들은 현학적(衒學的) 표현을 많이 쓴 작품을 어렵게 느낀다. → 학식이 있음을 자랑하는

③ 삼강오륜은 인간이 마땅히 지켜야 할 당위적(當爲的) 명제였다. → 마땅히 그렇게 하거나 되어야 하는

④ 글을 쓸 때에는 최대한 작위적(作爲的) 요소를 억제하는 것이 좋다. → 자연스럽지 못하고 일부러 꾸며서 한 듯한

⑤ 일제 강점기 작가들은 검열을 피하기 위해 작품에 풍자적(諷刺的) 방법을 썼다. → 다른 것에 빗대어 비웃으면서 폭로하거나 비판하는 성격을 띤

① 우선 먹기는 곶감이 달다.

② 말 타면 경마 잡히고 싶다.

③ 구더기 무서워 장 못 담글까.

④ 송충이가 갈잎을 먹으면 떨어진다.

⑤ 남의 잔치에 감 놓아라 배 놓아라 한다.

[73회] 표명-규명-변명-해명 [77회] 유쾌-명쾌-상쾌-통쾌

07 〈보기〉의 ㉠과 ㉡에 들어갈 단어가 바르게 짝지어진 것은?

● 보 기 ●

• 회사는 해변을 외부 사람들에게 (㉠)했고, 점포나 숙박 시설 등이 지어졌다.
• 주택 자금을 7년 (㉡)(으)로 상환하다.

	㉠	㉡
①	분리	분할
②	분양	분리
③	분양	분할
④	분할	분리
⑤	분할	분양

09 다음 중 의미가 다른 하나는?

① 이심전심(以心傳心)

② 염화미소(拈華微笑)

③ 불립문자(不立文字)

④ 교외별전(敎外別傳)

⑤ 인지상정(人之常情)

10 다음 글에서 제3자의 입장에서 남학생이 처한 상황을 표현하는 말로 알맞은 것은?

● 보 기 ●

여자 : 네가 어제 시험에서 종현이에게 답안지를 보여 주었지?

남자 : 넌 어떻게 내가 종현이에게 답안지를 보여 주었다고 단정 짓니?

여자 : 그건 종현이가 선물한 만년필을 보면 알 수 있지. 너에게 선물을 한 뒤 종현이 성적이 껑충 뛰어올랐잖아?

① 등잔 밑이 어둡군.

② 제 논에 물 대기군.

③ 도둑이 제 발 저리는 격이군.

④ 소 잃고 외양간 고치는 격이군.

⑤ 까마귀 날자 배 떨어지는 격이군.

08 ㉠과 같은 상황을 비판하기에 가장 적절한 속담은?

● 보 기 ●

우리 만화가 일본 만화를 베끼는 이유는 간단하다. 양국 간의 역사나 지리적 환경이 비슷한 데서 두 나라의 문화 정서는 동화(同化)된 상태이며, 특히 만화 등 대중문화 상품의 선호에 있어서는 거의 같은 입맛을 가지고 있다는 것이다. 때문에 ㉠ 일본에서 히트한 만화라면 무조건 우리나라에서도 인기를 끌고, 그래서 만화 작가들도 기를 쓰고 일본의 최근 인기 만화 창작 경향을 사냥하게 된다는 것이다.

11 다음 중 ⊙과 유사한 의미로 사용된 것은?

● 보기 ●

그는 눈을 다섯 손가락으로 꽉 움켜 짚고, 떨리는 다리를 바로잡아 가며 일어섰다. 그리고 한 걸음 한 걸음, 정확히 걸음을 옮겼다. 눈은 의지적인 신념으로 차가이 빛나고 있었다. 본부에서 몇 마디 주고받은 다음, 준비 완료 보고와 집행 명령이 뒤이어 ⊙ 떨어졌다.

① 나쁜 짓을 많이 하면 지옥에 떨어진다.

② 미국 유학으로 인해 부모님과 떨어져 살게 되었다.

③ 쌀값이 크게 떨어져서 농민들의 걱정이 많아지고 있다.

④ 사장님의 지시가 떨어지자 모두들 그 일에 매달리게 되었다.

⑤ 모두의 예상과 달리 대학 입시에 떨어진 형은 몹시 실망하고 있다.

12 밑줄 친 관용구의 뜻풀이가 바르지 않은 것은?

[69회] 박 터지다 [73회] 진을 치다

① 그는 항상 어려운 일이 생기면 키를 잡고 해결하려고 했다. → 일이나 가야 할 곳의 방향을 잡다.

② 그는 답답한 말과 행동으로 나의 복장을 뒤집어 놓았다. → 성이 나게 하다.

③ 약속 장소에서 눈이 가매지도록 그를 기다렸지만 결국 그는 오지 않았다. → 몹시 기다리는 모양을 비유적으로 이르는 말

④ 그의 눈에 먹물 먹은 사람들은 순진하기보다는 어리석어 보였다. → 세상 물정에 어둡다.

⑤ 그녀는 코가 높아서 상대하기 쉽지 않다. → 잘난 체하고 뽐내는 기세가 있다.

13 〈보기〉에서 밑줄 친 부분의 의미와 가장 유사하게 사용된 것은?

● 보기 ●

나뭇가지를 때리는 바람 소리가 칼처럼 날카롭게 허공을 가르고 있었다.

① 잘잘못을 가르다.

② 편을 셋으로 가르다.

③ 결투로 잘잘못을 가르던 때도 있었다.

④ 마을 사람들은 여자와 남자로 편이 갈렸다.

⑤ 배는 기우뚱거리며 물이랑을 가르기 시작했다.

14 밑줄 친 부분의 표기가 옳은 것은?

[69회] 육계장→육개장

① 성공하려면 힘든 일이라도 꺼려하지 말아라.

② 요컨데, 내 말은 열심히 공부해야 한다는 것이다.

③ 초등학교 시절 친구에게 오랜만에 편지를 붙인다.

④ 그녀는 오지랍을 걷고 우는 딸아이에게 젖을 물렸다.

⑤ 계속되는 그의 설득에 아버지는 마지못해 허락하였다.

15 밑줄 친 부분의 맞춤법이 옳지 않은 것은?

① 언니는 찢어진 옷을 곱게 기웠다.

② 비눗물에 빨래를 한참 담궜다가 빨아라.

③ 그 쉬운 생각을 까맣게 하지 못하고 있었다.

④ 이 그릇은 깨지기 쉬우니 취급에 주의해야 한다.

⑤ 유성이 그 하늘 끝을 그으며 소리 없이 떨어져 내렸다.

16 밑줄 친 부분의 맞춤법이 바르지 않은 것은?

① 시험이 코앞인데 맨날 놀기만 해?

② 씀바귀는 쌉싸름한 맛으로 먹는다.

③ 요즘 사람들은 전통 먹거리에 관심이 많다.

④ 말이 두루뭉술하여 도통 알아들을 수가 없다.

⑤ 그녀는 자신의 고집을 좀체로 굽히지 않았다.

17 밑줄 친 부분의 띄어쓰기가 잘못된 것은?

① 밥을 먹는데 숟가락이 떨어졌다.

　밥을 먹는 데 한 시간이 걸렸다.

② 교실 밖에는 벌써 학생들이 뛰어다닌다.

　더위를 식힐 곳이 교실밖에 없다.

③ 지금 먹을 수 있는 것은 감자뿐이다.

　모두 바라만 볼 뿐 다가가지 않았다.

④ 회사를 다닌지 벌써 1년이 되었다.

　다른 의견은 없는 지 더 조사해보자.

⑤ 틈나는 대로 운동을 해야 한다.

　대표의 의견대로 일이 진행되었다.

18 〈보기〉의 외래어 표기법에 따를 때 잘못 표기한 것은?

● 보기 ●

제2항 유성 파열음 [b], [d], [g]

어말과 모든 자음 앞에 오는 유성 파열음은 '으'를 붙여 적는다.

① bulb[bʌlb] → 벌브

② land[lænd] → 랜드

③ signal[signəl] → 시그널

④ bulldog[búldɔːg] → 불독

⑤ zigzag[zigzæg] → 지그재그

19 다음 글의 내용과 일치하지 않는 것은?

　단청의 가장 대표적인 기법으로는 '빛넣기', '보색대비', '구획선 긋기' 등이 있다. 빛넣기는 문양에 백색 분이나 먹을 혼합하여 적절한 명도 변화를 주는 것으로, 한 계열에서 명도가 가장 높은 단계를 '1빛', 그보다 낮은 단계를 '2빛' 등으로 말한다. 빛넣기를 통한 문양의 명도 차이는 시각적 율동성을 이끌어 내어 결과적으로 단순한 평면성을 탈피하는 시각적 효과를 얻을 수 있다. 즉 명도가 낮은 빛은 물러나고 명도가 높은 빛은 다가서는 듯한 느낌을 주게 된다.

　보색대비는 더운 색 계열과 차가운 색 계열을 서로 엇바꾸면서 색의 층을 조성함으로써 색의 조화를 이끌어내는 것을 말한다. 예를 들어 오색구름 문양을 단청할 때 더운 색과 차가운 색을 엇바꾸면서 대비시키는 방법이 그것인데, 이것을 통해 색의 조화를 이끌어 낼 수 있으며 문양의 시각적 장식 효과를 높일 수 있다.

　구획선 긋기는 색과 색 사이에 흰 분으로 선을 그은 것을 말하는데, 특히 보색대비가 일어나는 색과 색 사이에는 빠짐없이 구획선 긋기를 한다. 이 기법을 사용하면 문양의 색조를 더욱 두드러지게 하는 효과를 얻을 수 있다.

① 명도가 높을수록 가까이 있는 듯한 느낌을 준다.

② 색의 계열을 바꾸면 색의 조화를 끌어낼 수 있다.

③ 문양의 명도 차이는 문양의 색조를 더욱 두드러지게 한다.

④ 보색대비가 일어나는 곳에는 빠짐없이 '구획선 긋기'를 한다.

⑤ 문양의 시각적 장식 효과를 얻기 위해서는 '보색대비'의 기법을 쓴다.

[20~21] 다음 글을 읽고 물음에 답하시오.

　(가) 오늘날과 같이 자본주의가 꽃을 피우게 된 가장 결정적인 이유는 생산력의 증가에 있었다. 그 시초는 16세기에서 18세기까지 지속된 영국의 섬유 공업의 발달이었다. 그 시기에 영국 섬유 공업은 비약적으로 생산력이 발달하여 소비를 빼고 남은 생산 잉여가 과거와는 비교할 수 없을 만큼 엄청난 양으로 증가되었다. 생산량이 증대했음에도 불구하고 소비는 과거 시절과 비슷한 정도였으므로 생산 잉여는 당연한 것이었다.

　(나) 물론 그 이전에도 이따금 생산 잉여가 발생했지만 그렇게 남은 이득은 대개 경제적으로 비생산적인 분야에 사용되었다. 이를테면 고대에는 이집트의 피라미드를 짓는 데에, 그리고 중세에는 유럽의 대성당을 건축하는 데에 그것을 쏟아 부었던 것

이다. 그러나 자본주의 시대의 서막을 올린 영국의 섬유 공업의 생산 잉여는 종전과는 달리 공업 생산을 더욱 확장하는 데 재투자되었다.

(다) 더구나 새로이 부상한 시민 계급의 요구에 맞춰 성립된 국민 국가의 정책은 경제 발전에 필수적인 단일 통화 제도와 법률 제도 등의 사회적 조건을 만들어 주었다. ㉠ 자본주의가 점차 사회적으로 공인되어 감에 따라 그에 맞게 화폐 제도나 경제와 관련된 법률 제도도 자본주의적 요건에 맞게 정비되었던 것이다.

(라) 이러한 경제적·사회적 측면 이외에 정신적인 측면에서 자본주의를 가능하게 한 계기는 종교 개혁이었다. 잘 알다시피 16세기 독일의 루터(M. Luther)가 교회의 면죄부 판매에 대해 85개 조 반박문을 교회 벽에 내걸고 교회에 맞서 싸우면서 시작된 종교 개혁의 결과, 구교에서부터 신교가 분리되기에 이르렀다. 가톨릭의 교리에서는 현실적인 부, 즉 재산을 많이 가지는 것을 금기시하고 현세에서보다 내세에서의 행복을 강조했다. 그러면서도 막상 내세와 하느님의 사도인 교회와 성직자들은 온갖 부정한 방법으로 축재하고 농민들을 착취했으니 실로 아이러니가 아닐 수 없었다.

(마) 당시의 타락한 가톨릭교회에 대항하여 청교도라 불린 신교 세력의 이념은 기도와 같은 종교적 활동 외에 현실에서의 세속적 활동도 하느님의 뜻에 어긋나는 것이 아니라고 가르쳤다. 특히, 정당한 방법으로 재산을 모은 것은 근면하고 부지런하게 살았다는 증표이며, 오히려 하느님의 영광을 나타내 보인다는 것이었다. 기업의 이윤 추구는 하느님이 '소명' 하신 것이며, 돈을 빌려주고 이자를 받는 일도 부도덕한 것이 아니었다. 재산은 중요한 미덕이므로 경제적 불평등은 정당화될 수 있었다. 근면한 사람은 부자인 것이 당연하고 게으른 사람은 가난뱅이일 수밖에 없다고 생각했던 것이다. 이러한 이념은 도시의 상공업적 경제 질서를 옹호해 주었으므로 한창 떠오르고 있는 시민 계급의 적극적인 호응을 받았다. 현세에서의 성공이 장차 천국의 문으로 들어갈 수 있는 입장권이라는 데 반대할 자본가는 아무도 없었다.

20 (마)의 내용에 대한 독자의 반응으로 적절하지 않은 것은?

① 당시 사회의 청교도들은 근면을 최대의 덕목으로 강조했겠군.

② 청교도들은 내세에서의 삶뿐만 아니라 현세에서의 성공도 중시했겠군.

③ 종교 개혁 당시 가난한 사람들은 게으르다는 비난을 받기 십상이었겠군.

④ 자본주의 하에서 모든 사람은 어느 정도의 부를 누리는 평등함을 가질 수 있겠군.

⑤ 자본주의 하에서 자본가들은 자신의 이윤 추구를 위해 최대한의 노력을 경주했겠군.

21 ㉠의 상황을 비유적으로 적절하게 표현한 것은?

① 기관사도 없는데 열차가 움직이기를 바라는 격이다.

② 칼로 쪼갠다고 물이 산소와 수소로 나뉠 수는 없는 것 아닌가.

③ 부쩍 자란 몸에 예전의 옷을 억지로 꿰맞춰 입을 수는 없는 법이다.

④ 대세가 된 의견에 그 외 사람들의 의견도 따라가야 하는 법이 아닌가.

⑤ 지금까지 교통사고가 나지 않았으니 앞으로도 나지 않을 거라고 믿는 격이다.

[22~23] 다음 글을 읽고 물음에 답하시오.

진행자 : 최근 인터넷 지식 검색을 두고 논란이 벌어지고 있습니다. 오늘은 전문가 두 분을 모시고 이 문제에 대해 말씀을 들어보기로 하겠습니다. 안녕하십니까?

남자·여자 : 안녕하세요.

진행자 : 먼저 박정연 교수님 말씀부터 들어볼까요?

여　자 : 네. 오늘날과 같은 인터넷 시대에서 지식은 더 이상 과거와 같이 엄격한 논리와 체계를 갖춘 것만을 의미할 수 없습니다. 지식은 실용성을 그 바탕에 두어야 한다고 생각합니다. 실생활에서 쓸모가 있는 것이라면 그것도 충분히 지식이라 할 수 있습니다. 그런 점에서 인터넷 지식 검색은 지식의 대중화가 이미 막을 수 없는 추세임을 보여주는 것이라 생각합니다. 인터넷 시대의 지식은 네트워크로 연결된 수많은 개인들이 물어다 놓은 정보로 이루어진 거대한 산이라고도 할 수 있을 것입니다.

진행자 : 말씀 잘 들었습니다. 이번에는 윤상인 교수님께서 말씀해 주시죠.

남　자 : 네. '지식 검색'이라고 하셨는데, 저는 그 말부터가 문제라고 생각합니다. 인터넷 지식 검색창에 올라온 질문과 답변 내용을 보면 잡학이나 생활의 지혜에 불과한 것이 대부분입니다. 지식이라면 마땅히 그것이 공인을 받는 절차를 거쳐야 하고, 그래야만 책임 소재도 분명하게 됩니다. 수많은 정보를 재조직하고 논리를 세워 체계화한 지식을 생산하는 행위가 단편적 정보를 제공하는 것과 어떻게 같을 수 있겠습니까? 아무리 인터넷 시대라 하더라도 변해서는 안 될 것도 분명히 있는 것입니다.

진행자 : 인터넷의 시식 검색은 지식의 생산·유통과 관련하여서도 논란이 되고 있는데요, 이 문제와 관련하여 말씀해 주시죠, 먼저 박정연 교수님.

여　자 : 과거에는 지식의 생산과 보급을 특정 계층이 독점했고, 그에 따라 지적인 훈련을 거치지 못한 대중들이 지식에 접근한다는 것은 어렵고도 부담스러운 일이었습니다. 그러니 대중들은 소외될 수밖에 없었습니다. 그러나 오늘날의 대중들은 다릅니다. 대중 스스로가 지식 생산과 유통의 주체가 되고 있습니다. 인터넷 지식 검색은 기존의 지식 생산과 유통의 맹점을 보완하는 새로운 도구로 활용될 수 있다고 생각합니다.

진행자 : 이번에는 윤상인 교수님 말씀을 들어 보겠습니다.

남　자 : 인터넷이라는 대중 매체는 많은 사람들이 정보를 생산하여 유통시키고, 공유할 수 있게 했습니다. 그런 점에서 저도 이러한 현상을 매우 긍정적으로 평가합니다. 그러나 모든 사람이 지식의 생산과 유통에 직접 참여할 수는 없습니다. 새로운 지식을 발견하고 창조해 내기 위해서는 오랜 기간의 혹독한 자기 훈련이 필요합니다. 다양한 독서와 주체적인 사고를 통해 체험과 정보를 조직하고 논리와 체계를 세워야 합니다. 또한 지식의 생산과 유통은 서로 밀접하게 연관되어 있다는 것을 생각해 보면, 그런 연마 과정을 거친 전문가만이 지식을 올바르게 전수할 수 있는 것입니다.

진행자 : 예, 고맙습니다. 여기서 잠시 토론을 멈추고 방청객들의 의견을 들어보도록 하겠습니다.

22　두 학자 간의 의견 대립이 생겨나게 된 근본적 원인은?

① 지식의 개념을 다르게 인식하고 있기 때문에

② 대중 매체의 효용성에 대한 평가가 다르기 때문에

③ 지식의 생산과 유통의 관계에 대한 인식이 다르기 때문에

④ 인터넷 지식 검색의 활용 방안에 대한 입장이 다르기 때문에

⑤ 인터넷을 통해 유통되는 지식의 질적 수준에 대한 평가가 다르기 때문에

23 여교수의 견해를 지지하는 방청객의 의견은?

① 인터넷 지식 검색에서의 권위는 자신의 답변이 얼마나 많이 선택되었는가에 달려 있습니다.

② 인터넷 지식 검색은 양면성이 있다고 생각합니다. 쓸만한 정보도 있지만 그렇지 못한 것들도 있지요.

③ 인터넷 지식을 과연 지식이라 할 수 있을까요? 이러다간 지식의 하향평준화 현상이 나타나지 않을까 우려됩니다.

④ 책과 인터넷이 반드시 대립되는 것은 아니라고 봅니다. 책을 통해서는 지식을, 인터넷에서는 정보를 얻으면 되니까요.

⑤ 인터넷 지식 검색은 지식을 얻는 효율적 수단입니다. 내가 아는 지식을 다른 사람에게 나누어주는 통로가 되기도 하고요.

24 다음 강의에서 제시된 대화에 대한 평가가 잘못 이루어진 것은?

오늘은 남을 질책할 때의 말하기 방식에 대해 말씀 드리겠습니다. 질책은 잘못하면 인간관계마저 나빠지게 하는 결과를 초래할 수 있으므로 유의해야 합니다. 일반적으로 다음과 같은 단계를 따르는 것이 좋습니다.

먼저 '접근 단계'입니다. 질책을 위해 상대방에게 말을 거는 단계로, 일상적인 대화나 상대방의 근황을 묻는 말로 시작하여 상대방의 거부감을 제거하는 것이 좋습니다. 다음은 상대방의 잘못을 지적하는 '질책 단계'입니다. 상대방의 잘못을 지적할 때는 상대방이 잘못을 정확히 파악할 수 있도록 간단명료해야 하며, 직접적이어야 합니다. 그 다음은 상대방으로 하여금 잘못을 수정했을 때에 오는 이익을 인식할 수 있도록 하여 태도를 변화시키는 '대안 제시 단계'입니다. 이 단계는 일반적으로 제시한 대안을 행동으로 실행하도록 촉구하는 '행동 촉구 단계'로 이어집니다. '행동 촉구 단계'는 실행을 직접적으로 요구한다는 점에서 '대안 제시 단계'와는 구별이 됩니다. 마지막은 '위로 단계'로, 상대방을 질책만 하면 인간관계

가 소원해질 우려가 있으므로 상대방을 따뜻하게 위로하고 격려하는 단계입니다.

다음 대화에서 질책의 말하기 방식이 제대로 이루어지고 있는지 평가해 봅시다.

선생님 : 철수야, 수능시험이 얼마 남지 않았는데, 공부는 열심히 하고 있지? 얼굴이 수척해 보이네. 요즘 많이 피곤하니?

학 생 : 예-에. 좀 피곤해요.

선생님 : 그런데 철수야, 너 오늘도 수업 시간에 잠을 자더구나. 아무리 피곤하다고 해도 수업 시간에 잠을 자는 것은 바람직하지 못한 행동이란다.

학 생 : 밤늦게까지 공부하다 보니 어쩔 수 없어요.

선생님 : 공부의 효율성을 높이기 위해서는 잠은 충분히 자고, 깨어있는 시간에 집중해서 공부하는 것이 필요해. 그러면 밤에 공부하고 수업 시간에 자는 것보다는 훨씬 더 좋은 성적을 기대할 수 있을 거야.

학 생 : 예.

선생님 : 그래도 우리 철수가 3학년이 되더니 밤늦도록 공부도 하고 많이 변했어.

	말하기 단계	담화 단계에 대한 평가표	평가 결과	
			그렇다	아니다
①	접근 단계	상대방의 거부감을 제거하며 대화를 시작하고 있는가?	○	
②	질책 단계	잘못을 간단명료하고 직접적으로 지적하고 있는가?	○	
③	대안 제시 단계	잘못을 수정할 수 있는 대안을 제시하고 있는가?	○	
④	행동 촉구 단계	제시한 대안을 행동으로 실행하도록 촉구하고 있는가?	○	
⑤	위로 단계	상대방에 대한 위로와 격려의 말이 제시되어 있는가?	○	

[25~27] 다음 글을 읽고 물음에 답하시오.

이성에 바탕을 둔 합리성을 추구하는 현대인의 사고방식으로 본다면, 신화는 인류가 지난날 한때 만들어낸 허구적 창안물에 불과하다. 더구나 자연물에 인격성, 나아가 신성을 부여하는 신화적인 발상은 현대인의 사고방식에서는 미신으로 치부(置簿)된다. 하지만 신화는 현대 사회의 탈마법화라는 구호에도 불구하고 현대인들에게 강력한 영향력을 행사하고 있으며, 심지어 신화적인 세계를 갈망하게 만들기도 한다. 신화에 어떤 힘이 있기에 이런 현상이 나타나는 것일까?

신화의 힘은 무엇보다도 나와 인류, 나아가 우주에 대한 근원적인 진실을 보여준다는 데에 있다. 한 신화학자의 표현을 빌리자면, 신화는 삶의 무수한 다양성을 보여주며 역사와 신성의 밀접한 관계를 알게 해준다. 신화 속의 신들은 인간 세계에서 원초적 의미를 갖고 있는 총체적 경험을 형상화한 것이다. 인간은 신화를 통해 삶의 뿌리를 찾으며 고립된 개체를 넘어선 집단적 정체성을 부여받기에 이른다.

우리가 오늘날 과거의 신화를 뒤적이는 것은 허황한 전설에 대한 탐닉(耽溺)이 아니라 현실을 바로 보고 비판하기 위해 늘 대조하고 참고하지 않으면 안 될 전거의 확보라는 의미를 지니고 있다. 고대 그리스 신화가 문학·철학·인류학·정신분석학·사회학 등 여러 분야에서 계속 소진(消盡)될 줄 모르는 해석과 논쟁의 진원지 역할을 해 온 사실이 이를 잘 뒷받침해 준다. 패륜아 오이디푸스는 현대 심리학에서 다시 부활하였고, 자신을 본 남자들을 돌로 변하게 하는 메두사는 현대 페미니즘 담론(談論)의 발전을 이끌어왔다. 신화는 이처럼 인류 정신문화의 토양을 형성하며 끊임없이 확대 재생산되고 있다.

신화가 지니는 또 다른 힘은 신화가 현대인의 사고방식과 다른 인식의 틀을 지니고 있다는 것이다. 자신은 누구인지, 이 우주는 어떻게 만들어졌으며 어떻게 움직이고 있는지에 대해 과학적이고 합리적인 사고는 아주 부분적인 해답을 내놓을 뿐이다. 현대인의 심리 근저에 자리 잡고 있는 자기 존재에 대한 불안감은 여기에서 연유한다. 그런 면에서 뇌성과 더불어 번쩍이는 번갯불에서 제우스를 보고, 기다리던 봄의 도래에서 페르세포네의 귀환을 보았던 고대 그리스인이 현대인들보다 더 풍성하고 총체적인 인식의 틀을 갖추고 있었던 셈이다. 신화적인 인식은 비(非)이성적인 것이 아니라 전(前)이성적이라거나, 신화는 생명 연대 의식을 바탕으로 하고 있다는 신화학자들의 언급은, 과학적이고 합리적인 사고의 틀만으로 불안하게 버티고 있는 현대인들로 하여금 그동안 자신들이 비워두었던 인식의 틀이 무엇인지를 되돌아보게 한다.

신화는 인간 역사를 재조명하고 반대로 인간 역사는 시간의 흐름 속에 침전(沈澱)되어 신화가 된다. 독선과 불안이 만연한 현대 사회에서 신화적 인식은 우리들에게 근원적 반성의 기회를 제공해 준다. 또한 갖가지 병폐를 만들어 내고 있는 인간 중심적인 관점에서 벗어나 생명 연대 의식을 바탕으로 한 총체적인 시각을 아울러 제시해 주며, 하나의 틀로만 세계를 바라보던 인간들에게 균형 잡힌 인식의 틀을 잡아줄 것이다.

25 위 글의 내용과 일치하지 않는 것은?

① 인간의 이성적 사고는 한계를 지니고 있다.

② 신화는 민족성을 형성하는 핵심적인 요소이다.

③ 현대인들은 신화에 대해 이중적인 태도를 보인다.

④ 신화적인 인식의 틀과 현대인의 인식의 틀은 다르다.

⑤ 신화는 다양한 분야에서 참고해야 할 전거로 활용되고 있다.

26 다음은 그리스 신화를 소재로 책을 쓴 어느 저자와의 대화이다. 위 글의 논지와 가장 밀접한 관련이 있는 부분은?

● 보 기 ●

㉮ ┌ 독자 : 신화라는 것을 한마디로 말하면요?
    └ 저자 : 재미있는 이야기입니다. 또한 신성한 이야기이지요.

㉯ ┌ 독자 : 신화를 어떻게 분류할 수 있을까요?
    └ 저자 : 일반적으로 신화는 우주 기원 신화, 인류 기원 신화, 문화 기원 신화 등으로 분류합니다.

㉰ ┌ 독자 : 신화를 해석하는 관점이 다른 사람과 좀 다르다고 하는 의견도 있는데요?
    └ 저자 : 한 가지로만 해석된다면 그것은 이미 신화가 아니지요. 신화는 다양한 해석이 가능한 것입니다.

㉱ ┌ 독자 : 그리스 신화에 담긴 세계관을 간략히 말씀하신다면요?
    └ 저자 : 혼란에 대한 긍정입니다. 혼란은 피해야 할 것이 아닙니다. 그것은 새로운 질서를 찾아가는 과정이지요.

㉲ ┌ 독자 : 신화가 만들어진 이야기라면 참이 아니라는 얘긴데, 과연 신화가 우리에게 의미가 있을까요?
    └ 저자 : 객관적인 사실만이 진리인 것은 아니지요. 신화는 우리의 삶에 영향을 주는 원형적 진리를 담고 있습니다.

① ㉮   ② ㉯   ③ ㉰
④ ㉱   ⑤ ㉲

27 위 글을 바탕으로 할 때, 〈보기〉에 대한 해석으로 적절하지 않은 것은?

● 보 기 ●

'트로이'는 그리스 신화를 바탕으로 한 호머의 서사시 '일리아드'를 소재로 만든 영화이다. 이 영화에서 신에 의지하는 트로이의 왕과 사제들은 신적인 존재에 냉소적인 그리스 군에 의해 비참한 최후를 맞는다. 사랑하는 여인을 되찾아 오려다 촉발된 것으로 알려진 이 트로이 전쟁은 20세기 초 역사학계의 조사 결과 역사적으로도 실재했을 것으로 추정되고 있다.

① 트로이 전쟁은 신화적인 세계에 대한 그리스인의 갈망이 표출된 것이라고 볼 수 있지.

② 서사시 '일리아드'는 역사와 신성이 함께 담겨 있는 신화의 속성을 뒷받침할 수 있겠네.

③ 영화의 소재로도 활용된다는 것은 신화가 오늘날까지 문화적인 토양이 된다는 것을 보여 주는 것이지.

④ 한 여인을 둘러싼 사랑과 그로 인한 전쟁 등은 신화가 다양한 삶의 장면을 담고 있다는 것을 보여 주는 거야.

⑤ 신에 의지하지 않는 인물들이 신에 의지하는 인물들을 제압한다는 것은 탈마법화라는 현대인의 관점에서 사건을 해석한 것이라고 할 수 있지.

[69회] 홀린 사람(기형도)/상행(김광규)/해동(김수영)
[28~29] 다음 글을 읽고 물음에 답하시오.

(가) 아무도 그에게 수심(水深)을 일러 준 일이 없기에
흰 나비는 도무지 바다가 무섭지 않다.

청 무밭인가 해서 내려갔다가는
어린 날개가 물결에 절어서
공주(公主)처럼 지쳐서 돌아온다.

삼월달 바다가 꽃이 피지 않아서 서거픈*
나비 허리에 새파란 초승달이 시리다.

(나) 매운 계절(季節)의 채찍에 갈겨
마침내 북방(北方)으로 휩쓸려 오다.

하늘도 그만 지쳐 끝난 고원(高原),
서릿발 칼날진 그 위에 서다.

어디다 무릎을 꿇어야 하나
한 발 재겨 디딜 곳조차 없다.

이러매 눈 감아 생각해 볼밖에
겨울은 ㉠ 강철로 된 ㉡ 무지갠가 보다.

(다) 지금은 남의 땅 – 빼앗긴 들에도 봄은 오는가?

나는 온몸에 햇살을 받고,
푸른 하늘 푸른 들이 맞붙은 곳으로,
가르마 같은 논길을 따라 꿈 속을 가듯 걸어만 간다.

입술을 다문 하늘아, 들아,
내 맘에는 나 혼자 온 것 같지를 않구나.
네가 끌었느냐, 누가 부르더냐. 답답워라, 말을 해 다오.

(라) 나 두 야 간다.

나의 이 젊은 나이를 눈물로야 보낼 거냐.
나 두 야 가련다.

아늑한 이 항군들 손쉽게야 버릴 거냐.
안개같이 물어린 눈에도 비치나니
골짜기마다 발에 익은 묏부리 모양
주름살도 눈에 익은 아아 사랑하는 사람들.
버리고 가는 이도 못 잊는 마음
쫓겨 가는 마음인들 무어 다를 거냐.
돌아다보는 구름에는 바람이 희살짓네.*
앞 대일 언덕인들 마련이나 있을 거냐.

나 두 야 가련다.
나의 이 젊은 나이를
눈물로야 보낼 거냐.
나 두 야 간다.

* 서거픈 : '서글픈'의 방언
* 희살짓네 : 훼방을 놓네

28 (가)~(라)의 공통점으로 옳은 것은?

① 자연과 인간의 조화를 지향하고 있다.
② 자연물로부터 삶의 교훈을 이끌어 내고 있다.
③ 현실 속의 자아를 새롭게 정립하려고 하고 있다.
④ 시적 자아와 현실의 관계가 갈등을 일으키고 있다.
⑤ 현실의 고통에서 벗어나 영원으로 초월하려고 한다.

29 'ⓐ 강철'과 'ⓑ 무지개'의 속성과 내포적 의미를 설명한 것으로 적절하지 않은 것은?

	속 성	내포적 의미
	ⓐ : ⓑ	ⓐ : ⓑ
①	유형의 물질 : 무형의 물질	폐쇄성 : 개방성
②	추락 지향성 : 비상 지향성	구속 : 자유
③	고밀도 금속 : 저밀도 기체	축소 지향성 : 확대 지향성
④	고체 : 기체	정신성 : 물질성
⑤	단순한 빛깔 : 여러 가지 빛깔	획일성 : 다양성

[30~31] 다음 글을 읽고 물음에 답하시오.

미켈란젤로의 다비드상에서 보듯이 인체는 완벽한 좌우 대칭을 이루고 있는 미적 대상이다. 왜 그럴까? 그 이유는 미적인 요소뿐만 아니라 좌우 대칭이 인간 생존에 있어 매우 중요하기 때문이다. 한쪽은 신을 신고 한쪽은 맨발인 채 걸어 보라. 굽 높이가 2~3cm에 불과한 신이라도 상당한 불편을 느낄 것이다. 이 상태로 오래 걷다보면 척추나 근육에 상당한 부담이 느껴질 것이다. 어떤 사람은 인체를 자세히 본 후 눈은 짝짝이고 손가락의 길이도 다르다고 말할 수 있겠지만, 이런 사실을 가지고 우리 몸이 본질적으로 좌우 비대칭이라고 말할 수는 없다. 그것은 수정란이 분화하는 과정이나 성장 과정에서 환경의 요인으로 생긴 차이일 뿐이다. 만일 탄생 환경이 안정돼 있다면 동일한 유전자는 몸의 대칭되는 부분에서 동일한 결과를 낸다. 이를 발생 안정성이라 부른다. 즉, 발생 안정성이 클수록 더 대칭적인 외모를 갖는다.

하지만 뱃속 사성은 전혀 다르다. 인간을 포함한 많은 척추동물에서 심장과 위는 왼쪽, 간과 맹장은 오른쪽에 자리 잡고 있다. 반면 대부분의 무척추동물은 심장이 왼쪽에 있지 않고 심혈관계가 비대칭적 구조가 아니다. 예를 들어 지렁이는 심장에 해당하는 기관이 몸의 여러 마디에 걸쳐 정중앙에 놓여 있다. 곤충이나 가재 같은 갑각류도 대칭적인 구조의 심장이 몸 가운데 놓여 있다. 심장을 비롯한 장기의 비대칭은 척추동물에서부터 본격적으로 나타나기 시작한 것이다. 왜 이런 진화가 일어났을까?

그것은 동물의 크기가 커지는 방향으로 진화하는 과정에서의 불가피한 선택 때문이다. 몸이 커지려면 두 가지 문제를 해결해야 한다. 첫째는 중력을 이겨내 몸의 형태를 유지하는 문제인데, 동물은 진화 과정에서 척추를 축으로 한 내부 골격을 고안해 이 문제를 해결했다. 동물의 내부 골격에 부착된 많은 근육은 몸을 유지하고 움직이게 해 준다. 둘째는 몸의 구석구석에 산소를 제대로 공급해야 하는 문제이다. 이를 해결하기 위해서 동물의 심장은 몸 전체에 피가 돌게 하기 위해 더 커지고 효율적인 구조를 갖게 됐다. 심장이 몸 한가운데 대칭적인 구조로 존재한다면, 혈류량이 많을 때 흐름이 막혀 문제가 생긴다. 이 경우 혈관이 나선 모양으로 배치돼야 피의 흐름이 원활해진다. 나선은 비대칭 구조이므로 심장 역시 비대칭이 될 수밖에 없다. 그리고 장기가 몸 정중앙에 일렬로 놓이면 불필요한 공간이 많이 생겨 많은 영양분을 필요로 하는 고등 동물에게 대장이나 소장의 길이가 충분히 확보되지 않는다. 그래서 장기는 일직선보다 나선형으로 배치하는 것이 효과적이라 할 수 있다.

또한, 척추동물은 몸의 안과 밖이 모두 비대칭인 원시 생물체에서 진화했기 때문이라는 설도 있다. 진화 과정에서 겉은 좌우 대칭성을 회복했지만, 내장은 그대로 비대칭으로 남았다는 주장이다. 영국의 고생물학자인 리차드 제퍼리스 박사는 5억 년 전 생존했던 동물이 오늘날 극피동물과 척추동물의 조상이라고 주장한다. 그는 그 증거로 가장 대칭적인 동물로 꼽히는 불가사리를 제시한다. 불가사리 성체는 별처럼 오각형의 방사 대칭이지만 유생은 좌우 비대칭이다. 이것이 불가사리가 원래 비대칭이었던 원시 극피동물에서 진화했음을 시사한다는 것이다.

앞에서 언급된 경우에서 확인할 수 있듯이 인간 내부는 분명 비대칭을 이루고 있다. 과학 세계에서 비대칭보다는 대칭이 더 과학적이라는 것은 분명한 사실이다. 그러나 경우에 따라서는 인체 내부처럼 비대칭이 더 효율적이고 더 과학적일 때도 있는 것이다.

31 위 글에서 확인할 수 없는 항목을 〈보기〉에서 고르면?

〈보기〉

㉠ 우리가 일반적으로 미적인 감각을 느끼는 것은 대칭이 주는 안정감 때문이다.
㉡ 중력의 힘을 덜 받게 하기 위해 척추동물의 심장은 왼쪽으로 치우치게 되었다.
㉢ 척추동물의 외형과 내장은 좌우 비대칭에서 대칭으로 회복되었다.
㉣ 인간은 환경과 밀접한 관련이 있고, 환경의 영향 속에서 살고 있기 때문에 다시 한번 환경의 중요성이 강조되고 있다.
㉤ 존재했던 동식물 중에서도 인간이 아직까지 살아남은 것은 생존을 위해서 스스로 진화의 과정을 거쳐 왔기 때문이다.

① ㉠, ㉡
② ㉡, ㉢
③ ㉢, ㉣
④ ㉣, ㉤
⑤ ㉠, ㉤

30 위 글에 대한 설명으로 가장 적절한 것은?

① 화제의 범위를 한정하여 반론을 이끌어 내고 있다.
② 다양한 견해를 제시하여 문제점을 부각시키고 있다.
③ 대응되는 견해를 비교하여 절충안을 모색하고 있다.
④ 원인과 결과의 관계 규명을 통해 의견을 강화하고 있다.
⑤ 가설을 소개하여 현상의 원인에 대한 이해를 심화하고 있다.

[32~33] 다음 글을 읽고 물음에 답하시오.

대합실 안은 예상보다 훨씬 많은 인파로 붐비고 있었다. 방송실의 왕왕거리는 마이크 소리와 개찰원의 고함, 거기에다 홀의 중앙에는 텔레비전까지 놓여 있었다. 번쩍이는 긴 칼과 요란한 기합술, 검객들의 질풍 같은 솜씨에 사람들이 우와 탄성을 올렸다. 그쪽에 비하면 출입문 근처의 매점 앞은 한산한 편이었다. 비어 있는 의자도 여럿 있었다. 그는 출입문 쪽을 바라보며 빈 의자에 앉았다. 열려진 문으로 들어오는 찬바람이 썰렁했지만 못 견딜 정도로 추운 것은 아니었다.

우선 의자가 마련되어 있다는 것이 그를 안심시켰다. 누군가가 그의 ㉠빈 옆자리를 채워주기만 하면 되었다. 그 사람에게 다만 이십 분 정도의 시간 여유만 있다면 더욱 안심이었다. 그 사람은 누구여야 좋을까, 그는 주위의 한 사람 한 사람을 자세히 둘러본다.

껌을 씹고 있는 청년의 빨간 넥타이가 얼른 눈에 들어온다. 서넛이 함께 뭉쳐 깔깔 웃고 있는 여학생들, 그리고 토끼털 목도리를 두른 할머니도 있었다. 여학생들은 저희들끼리만 알고 있는 비밀을 나누어 가지면서 즐겁게 웃어댄다. 할머니는 누구를 기다리는 듯 잔뜩 초조해 하면서 손에 들고 있는 차표를 연신 들여다보고 있다.

탐탁지 않다, 라고 그는 머리를 저었다. 그들은 모두 적당치가 않았다. 정말로 ㉡실습 상대에 불과한, 단순히 그의 말을 고분고분 들어주기만 할 누군가는 그들이 아니었다.

바로 그때, 비워놓은 그의 옆자리에 웬 사내가 털썩 주저앉으며 휴우, 긴 숨을 몰아쉬었다. 감색 작업복에 어울리잖게도 밤색 털모자를 꽉 눌러쓴 사내는 앉자마자 주머니에서 부스럭부스럭 무언가를 찾는 눈치더니 그에게 불 가진 게 있느냐고 말을 건네왔다. 거칠고 투덕투덕한 손에 들려 있는, 희고 가느다란 ㉢담배 한 개비가 유독 선명하게 도드라졌다. 자세히 들여다보니 사내는 하차장에서 정류장까지 짐을 운반해주는 터미널 소속의 짐꾼이었다. 그의 작업복 등짝에는 그가 무슨무슨 회사 소속 포터인 것이 분명히 박혀 있었다. 사내가 짐꾼에 불과하다는 사실이 그를 실망시킨 것은 아니었다. 생각해 보면 실습 상대로서는 아주 적합했다. 그는 바짝 긴장했다. 사내가 또 한 차례 휴우, 긴 숨을 쉬면서 가슴을 쓸어내렸다.

… (중략) …

실습은 끝났다. 빠뜨린 대사는 하나도 없었다. 봉투 안에 팸플

릿을 집어넣고 그는 이마에 밴 땀을 닦아내었다. 사내도 털모자를 꾹 눌러쓰고는 일어설 채비를 하였다.

"지루한 이야기를 다 들어주셔서 고맙습니다. 정말 감사합니다, 아저씨."

그가 담배 한 대를 사내에게 권했다. 사내가 손을 내저으며 펄쩍 뛰었다.

"어이구 그게 무슨 소립니까. 입만 아프게 해드리고 그냥 일어서려니까 내가 되려 미안스런 판에…… 그럼 많이 파시구려."

사내가 출입문을 향해 걸어갔다. 이제 실습은 끝난 것이다. 그는 꿈에서 깨어난 듯 멍멍한 시선으로 주위를 돌아보았다. 텔레비전의 무협 영화는 아직 끝나지 않았고 개찰구 주변의 혼잡도 여전했다. 뭔가 미진한 느낌에서 빠져나오지 못하고 있는 그의 옆자리에 다시 누군가가 앉았다. 돌아보니 아까의 그 짐꾼이었다.

"가다가 생각해보니 아무래도 찜찜해서. 그 촛대라든가 ㉣촛대라는 거 그거 하나 사겠소. 제상에 촛불 켤 때 쓰면 딱 좋겠던데, 비싼 것은 못 사주더라도 그게 제일 값도 헐하니까 내 형편에 만만하고 내가 이래 살아도 권씨 문중의 종손이라 제사가 사흘거리로 돌아오는 몸이라오."

사흘거리로 돌아오는 제상에 놓을 촛대를 주문한 고객 앞에서 그는 잠시 말을 잃었다. 아까의 그 쏟아져 나오던 말은 어디론가 다 사라져버렸고 이번에는 짐꾼이 자신의 대사를 쏟아놓기 시작하였다.

"짐보따리 날라다 주며 먹고 살긴 하지만 조상 대접만은 깍듯이 하며 살지요. 물려받은 논마지기 다 날려 보내고 자식 농사나 지어볼라고 서울 와서 이 고생이오. 한때는 나도 ㉤시골 유지였다오. 행세깨나 한다는 집안에서 태어나 큰소리치고 살았는데…… 나이 오십이 다 되어가는 마낭에 참 창피한 말이지만 여태 집 한 칸도 없는 신세라오. 한 푼이라도 더 벌어보겠다고 안 해본 짓이 없어요. 아이들은 자꾸 굶어지지, 모아놓은 재산은 없지…… 이거 참, 권 아무개 하면 고향 동네서는 모르는 이가 없었는데…… 이 서울 바닥에선 그냥 짐꾼 권씨로 통한다오……."

짐꾼 권씨의 대사도 어지간히 길었다. 사내가 그렇게 했듯이 그 또한 사내의 말을 열심히, 고개까지 끄덕여가며 들어주었다. 사람들은 끊임없이 들락거리고 있었다. 김제에서 올라온 누구누구 엄마는 빨리 방송실까지 와달라는 여자의 코맹맹이 음성을 넘어서, 짐꾼의 이야기는 계속 이어졌다.

– 양귀자, 「불씨」 –

32 위 글의 서술상 특징으로 적절한 것은?

① 대화를 통해 인물 간의 갈등을 부각하고 있다.

② 사투리를 사용하여 사실적인 느낌을 살리고 있다.

③ 작품 밖 서술자를 통해 인물의 심리가 서술되고 있다.

④ 잦은 장면 전환을 통해 긴박한 분위기를 조성하고 있다.

⑤ 짧은 문장을 반복하여 사건을 속도감 있게 진행하고 있다.

33 ㉠~㉤ 중 상징적 의미가 〈보기〉의 ⓐ와 가장 유사한 것은?

● 보 기 ●

행보사진관. 행복의 '복' 자에서 기역 받침이 날아가버리고 없었다. 한시라도 빨리 받침을 찾아 제자리에 붙여 놓지 않으면 영영 달아나버릴 행복이거나 한 것처럼 그의 가슴이 서늘해졌다. … (중략) … 센 바람에 그깟 받침 하나는 이미 십 리 밖으로 날아갔을 것이었다. 받침 조각 찾는 것을 포기하고 그는 다시 한번 자신의 간판을 올려다보았다. 행보사진관. 글자들 사이로 여자의 얼굴이 다가왔다. 여자가 떠나거나 떠나지 않거나 간에, ⓐ 날아가버린 기억 받침을 다시는 찾을 수 없으리라. 그는 어깨를 늘어뜨린 채 기운 없이 사진관 안으로 들어갔다. 바람은 억세게도 불어댔다.

— 양귀자, 「찻집 여자」 —

① ㉠   ② ㉡   ③ ㉢

④ ㉣   ⑤ ㉤

[34~35] 다음 글을 읽고 물음에 답하시오.

사회 현상을 볼 때는 돋보기로 세밀하게, 그리고 때로는 멀리 떨어져서 전체 속에 어떻게 위치하고 있는가를 동시에 봐야 한다. 숲과 나무는 서로 다르지만 따로 떼어 생각할 수 없기 때문이다. 현대 사회 현상의 최대 쟁점인 과학 기술에 대해 평가할 때도 마찬가지이다. 로봇 탄생의 숲을 보면, 그 로봇 개발에 투자한 사람과 로봇을 개발한 사람들의 의도가 드러난다. 그리고 나무인 로봇을 세밀히 보면, 그 로봇이 생산에 이용되는지 아니면 ⓐ 감옥의 죄수들을 감시하기 위한 것인지 그 용도를 알 수가 있다. 이 광범한 기술의 성격을 객관적이고 물질적이어서 가치관이 없다고 쉽게 생각하면 ⓑ 로봇에 당하기 십상이다.

자동화는 자본주의의 실업을 늘려 실업자에 대해 생계의 위협을 가하는 측면뿐 아니라, 기존 근로자에 대한 감시를 더욱 효율적으로 해내는 역할도 수행한다. 자동화를 적용하는 기업 측에서는 자동화가 인간의 삶을 증대시키는 이미지로 일반 사람들에게 인식되기를 바란다. 그래야 자동화 도입에 대한 노동자의 반발을 무마하고 기업가의 구상을 관철시킬 수 있기 때문이다. 그러나 자동화나 기계화 도입으로 인해 실업을 두려워하고, 업무 내용이 바뀌는 것을 탐탁해 하지 않았던 유럽의 노동자들은 ⓒ 자동화 도입에 대해 극렬히 반대했던 경험들을 갖고 있다.

지금도 자동화·기계화는 좋은 것이라는 고정관념을 가진 사람들이 많고, 현실에서 이러한 고정관념이 가져오는 파급 효과는 의외로 크다. 예를 들어 은행에 현금을 자동으로 세는 기계가 등장하면 은행원들이 현금을 세는 작업량은 줄어든다. 손님들도 기계가 현금을 재빨리 세는 것을 보고 감탄해 하면서 행원이 세는 것보다 더 많은 신뢰를 보낸다. 그러나 현금 세는 기계의 도입에는 이익 추구라는 의도가 숨어 있다. 현금 세는 기계는 행원의 수고를 덜어 준다. 그러나 현금 세는 기계를 들여옴으로써 실업자가 생기고 만다. 사람이 잘만 이용하면 잘 써먹을 수 있을 것만 같은 ⓓ 기계가 엄청나게 혹독한 성품을 지닌 프랑켄슈타인으로 돌변하는 것이다.

자동화와 정보화를 추진하는 핵심 조직이 기업이란 것에서도 알 수 있듯이 기업은 이윤 추구에 도움이 되지 않는 행위는 무가치하다고 판단한다. 그러므로 자동화는 그 계획 단계에서부터 기업의 의도가 스며들어가 탄생된다. 또한 그 의도대로 자동화나 정보화가 진행되면, 다른 한편으로 의도하지 않은 결과를 초래한다. 자동화와 같은 과학 기술이 풍요를 생산하는 수단이라고 생각하는 것은 하나의 고정관념에 불과하다.

　채플린이 제작한 영화 〈모던 타임즈〉에 나타난 것처럼 초기 산업화 시대에는 기계에 종속된 인간의 모습이 가시적으로 드러날 수밖에 없었다. 그래서 이러한 종속에 저항하고자 하는 인간의 노력도 적극적인 모습을 보였다. 그러나 현대의 자동화기기는 그 첨병이 정보 통신 기기로 바뀌면서 문제는 질적으로 달라진다. 무인 생산까지 진전된 자동화나 정보 통신화는 인간에게 단순 노동을 반복시키는 그런 모습을 보이지 않는다. 그래서인지는 몰라도 ⓔ 정보 통신은 별 무리 없이 어느 나라에서나 급격하게 개발, 보급되고 보편화되어 있다. 그런데 문제는 이 자동화기기가 생산에만 이용되는 것이 아니라, 노동자를 감시하거나 관리하는 데도 이용될 수 있다는 것이다. 오히려 정보 통신의 발달로 이전보다 사람들은 더 많은 감시와 통제를 받게 되었다.

34　위 글에 대한 비판적 반응으로 가장 적절한 것은?

① 기업의 이윤 추구가 사회 복지 증진과 직결될 수 있음을 간과하고 있어.

② 기계화·정보화가 인간의 삶의 질 개선에 기여하고 있음을 경시하고 있어.

③ 기계화를 비판하는 주장만 되풀이할 뿐, 구체적인 근거를 제시하지 않고 있어.

④ 화제의 부분적 측면에 관계된 이론을 소개하여 편향적 시각을 갖게 하고 있어.

⑤ 현대의 기술 문명이 가져다 줄 수 있는 긍정적인 측면을 과장하여 강조하고 있어.

35　ⓐ~ⓔ 중 성격이 다른 것은?

① ⓐ　　　② ⓑ　　　③ ⓒ

④ ⓓ　　　⑤ ⓔ

36　다음 글에서 알 수 있는 내용으로 적절하지 않은 것은?

　모래시계는 위쪽과 아래쪽으로 용기가 나누어져 있고, 두 용기 사이는 좁은 구멍으로 연결되어 있다. 모래를 용기 윗부분에 위치하도록 모래시계를 뒤집어 놓으면 중력에 의해 윗부분에 있던 모래가 아래로 떨어진다. 모래가 떨어지는 시간이 일정하도록 조절해 놓았기 때문에, 모래시계는 모래가 다 떨어지는 데 걸리는 시간이 항상 같다. 제법 정밀하게 만든 모래시계는 초 단위까지 정확하다. 이로써 모래시계가 1회 모래를 떨어뜨리는 시간을 이용하여 일상생활에서 일정 단위의 시간을 측정할 수 있다. 앞서 모래시계의 윗부분에 있는 모래는 중력에 의해 아래로 떨어진다고 하였다. 여기서 모래시계 윗부분에 존재하는 모래의 질량을 m이라고 하면, 모래가 받는 중력(F)은 '모래의 질량(m)×중력가속도(g)'가 된다. 모래가 단위시간 동안에 일정량만큼 떨어지면 △m(윗부분의 모래 질량 변화량)이 일정하기 때문에 중력(F)의 크기도 일정하게 줄어든다.

　그렇다면 모래시계에서 모래가 빠져 나갈수록 중력(F)이 줄어들어 속도가 느려져야 할 것이다. 그런데 모래시계는 모래가 아래로 흘러내려 모래가 줄어들어도, 계속 일정한 양이 흘러나와 정확한 시간이 측정된다. 어떻게 속도가 느려지지 않는 것일까? 그것은 바로 마찰력 때문이다. 모래시계에서 모래가 떨어질 때, 모래시계 벽면에 붙어있는 마찰력이 약한 모래층만 흘러내리고 그 외의 부분은 고정된 것과 마찬가지다. 벽면 가까이 있는 모래가 구멍을 따라 떨어지고 나면, 다시 그 벽면과 닿는 모래의 마찰력이 감소하여 구멍을 따라 떨어지게 된다. 따라서 모래시계에서 모래가 떨어지는 속도는 윗부분 모래들이 누르는 압력과 관계가 없다.

　모래의 유출 속도는 모래시계 안에서는 시간에 따라 변하지 않고 일정하다. 그렇기 때문에 유출되는 구멍의 단면적과 모래의 양, 이 두 가지를 다르게 조절하면 다양한 주기의 모래시계를 만들 수 있게 된다. 구멍의 단면적이 넓을수록 유출되는 모래의 양은 많아지므로 모래시계의 주기가 짧아진다. 그리고 모래의 양이 많으면 오랜 시간에 걸쳐 떨어지므로 모래시계의 주기가 길어진다. 그렇기 때문에 모래시계의 주기를 늘리려면 유출되는 구멍의 크기를 줄이고 모래의 양을 늘려주면 된다. 이때 모래는 알갱이의 크기가 일정하고, 습기를 완전히 제거한 상태여야 좋다. 정동진에 세워져 있는 모래시계는 한 번 모래가 다 떨어지는 데 1년의 시간이 걸리도록 설계되었다. 또한 정확도를 위해 모래 대신에 일정한 크기의 고분자물질을 사용하였다.

① 모래시계의 벽면 가까이에 있는 모래가 먼저 아래로 떨어진다.
② 모래 알갱이의 크기가 일정할수록 모래시계의 정확도는 높아진다.
③ 모래시계의 윗부분에 있는 모래의 양과 중력의 크기는 반비례한다.
④ 모래시계에서 모래가 다 떨어지는 데 걸리는 시간은 항상 일정하다.
⑤ 모래시계의 윗부분 모래들이 누르는 압력은 모래가 떨어지는 속도에 영향을 주지 않는다.

[37~38] 다음 글을 읽고 물음에 답하시오.

왜 사람들은 더 좋은 대학을 가려고 할까? 전문직 종사자들이 고급 승용차를 타려는 이유는 무엇일까? 경제학자 스펜스는 이러한 현상을, 개별 경제 주체들이 상호 간 정보 보유량의 격차가 있는 시장에 참여하면서 그 문제를 조정해 가는 과정으로 분석하였다. 그에 따르면, 정보량이 풍부한 쪽은 정보량이 부족한 쪽에게 자신의 정보를 전달하기 위해 노력하며, 그 결과 위와 같은 현상이 일어난다는 것이다.

경제학에서는 이처럼 경제 주체의 속성을 알려주는 인지 가능한 행위나 형태를 '신호'라고 하며, 신호를 보내거나 받는 측을 각각 발신자와 수신자라 일컫는다. 이때 발신자는 수신자에게 자신들이 신호를 보낼 능력이 있음을 보여줌으로써, 신호를 보낼 수 없는 다른 이들에게 핸디캡이 생기도록 만들며, 이를 통해 시장에서 유리한 위치를 선점한다는 것이다.

발신자가 보내는 신호는 그 성격에 따라 평가 신호와 관례 신호로 나뉜다. 먼저 평가 신호는 신호를 만들기 위해 높은 비용이 수반되는 신호를 말한다. 또한 신호와 발신자의 속성 간에 내적 연관이 요구된다. 따라서 수신자에게 높은 신뢰도를 줄 수 있다. 구직자들이 좋은 직장에 취업하기 위하여 시간과 비용을 투자하여 박사 학위를 취득하는 경우가 좋은 예이다.

반면 관례 신호는 신호를 만들기 위한 비용이 거의 들지 않으며, 신호와 발신자의 속성 간에 아무런 관계가 없는 신호를 말한다. 관례 신호는 발신자가 신호를 만들기 위하여 그러한 특성을 보유하지 않아도 된다는 점에서 신뢰성이 약하다. 그럼에도 불구하고 이 신호는 발신자 입장에서는 적은 비용으로 신호를 보낼 수 있다는 점에서 자신의 핸디캡을 감추기 위한 방편으로 자주 사용된다. 지식인처럼 보이기 위해 그 내용을 알지 못하는 전문 서적을 들고 다니는 경우가 이에 해당된다.

이러한 평가 신호와 관례 신호 모두 기만에 노출되어 있다. 기만이란 신호와 관련된 속성을 갖지 못한 발신자들이 마치 그러한 속성을 갖고 있는 것처럼 신호를 조작하는 행위를 말한다. 자기소개서를 허위로 작성한다거나, 학력을 위조하는 경우가 이에 해당한다. 수신자 입장에서 기만으로 인한 피해가 미미하다면, 발신자의 기만 행위는 크게 문제되지 않는다. 그러나 기만을 하기 위해 필요한 비용이 기만을 적발 당했을 때 지불해야 할 비용보다 낮다면 기만이 지나치게 확산될 수 있다. 그럴 경우 ㉠ 수신자는 발신자들의 신호를 더 이상 신뢰할 수 없게 되며, 그 결과 정직한 신호를 보낸 발신자가 피해를 보게 된다.

37 위 글의 내용과 일치하는 것은?

① 관례 신호는 평가 신호보다 신뢰성이 높다.
② 경제 주체들이 보유하고 있는 정보량에는 차이가 없다.
③ 관례 신호는 평가 신호에 비하여 높은 비용이 요구된다.
④ 정보량이 부족한 쪽일수록 시장에서 유리한 위치를 선점한다.
⑤ 평가 신호는 관례 신호와 달리 발신자의 속성과 밀접한 관련을 지닌다.

38 ㉠의 구체적 사례로 가장 적절한 것은?

① 인터넷 서점이 발달하자 학교 앞에서 서점을 운영하는 박 씨는 매출액이 줄어 울상을 짓고 있다.

② 조류 독감이 유행하여 가금류의 소비가 크게 줄자, 양계장 주인 이 씨는 운영의 어려움을 겪고 있다.

③ 제약 회사에서 제품 설명서를 지나치게 작은 글씨로 작성하여, 소비자가 약품의 사용 방법을 파악하기 어렵다.

④ 고급 외제 차량의 사고 발생률이 증가하여 보험 업계의 손실이 커지자 국산 차량 소유자의 보험료가 인상되었다.

⑤ 값싼 수입산을 비싼 국내산으로 속여서 판매한 일부 음식점이 적발되자, 국내산 음식을 판매하는 자영업자들의 매출이 하락하였다.

[39~41] 다음 글을 읽고 물음에 답하시오.

LBS*는 어떤 플랫폼을 통해 사용자의 위치 정보를 파악할 수 있게 해주는 모든 서비스를 포괄하는 개념이다. 즉, 인공위성을 이용해 사용자의 현재 위치를 파악하는 GPS*나 디지털 지도 데이터베이스를 활용해 주변 위치와 상세한 부가 정보를 알아내는 GIS* 등의 기반 기술들을 활용하여 사용자의 위치를 파악하고 부가 서비스를 제공하는 총체적인 시스템을 LBS라고 한다. 원래 LBS는 대형 유통 업체에서 차량이나 화물 운송 추적 등을 위해 사용되었으나, 최근에는 사람 찾기, 실시간 교통 정보, 현재 위치의 날씨 정보 등 일반인을 위한 서비스로 확대되고 있다.

… (중략) …

LBS 시스템에서 위치를 파악하는 핵심적인 기술은 바로 GPS다. GPS는 인공위성을 이용해 위치와 시간을 정확하게 알아내는 항법기술로 1973년 미국 국방부에서 군사적 목적으로 사용되어 오다가 최근 일반화되었다. GPS는 우주, 사용자, 관제 등 크게 세 부분으로 이루어져 있다. 먼저 우주 부분은 전체 27개의 위성으로 구성되어 2만km 고도에서 일정한 간격을 두고 지구 주위의 원형 궤도면을 따라 돌고 있는데, 지구상 어떤 위치에서도 4개 이상의 위성이 보이도록 설계되어 있다. 각각의 위성은 궤도와 시간 정보를 개별 위성의 고유 코드와 함께 지상으로 송출한다. 사용자 부분은 GPS 위성 신호를 수신하는 안테나, 위치와 시간을 계산하는 수신기, 그리고 응용 장치로 구성되어 위성에서 보내온 신호가 도달한 시간을 계산함으로써 위성과 사용자 사이의 거리를 알아낸다. 이렇게 삼각형의 원리가 3차원으로 확대된 것이 GPS다. 위성이 보내온 신호에는 위성의 위치 데이터가 들어 있는데, 이것은 미리 알고 있는 점에 해당한다. 위성과 사용자 사이의 거리는 전파가 전달되는 데 걸리는 시간에 빛의 속도를 곱하면 구할 수 있다. 3차원 공간이므로 3대의 위성 위치와 거리를 파악하면 사용자의 위치를 계산할 수 있다. 한편, GPS 위성과 사용자 사이의 거리를 계산할 때 가장 중요하게 여기는 것이 시계의 정확성이다. 매우 작은 차이라 해도 빛의 속도(36만km/초)를 곱하면 차이가 엄청나게 커지기 때문에 값싼 GPS 수신기로는 해결될 문제가 아니다. 그래서 이 한계를 극복하기 위해 수신기는 3차원 방정식을 계산할 미지수(x, y, z), 그리고 시간(t)까지 고려해서 계산해야 한다. 결국 미지수가 4개이므로 사용자의 정확한 위치 파악을 위해 최소 4개 이상의 위성으로부터 신호를 받아야 한다. 관제 부분은 위성의 궤도에 대한 감독 및 위성 궤도의 정보를 계산하여 위성에 보내주는 등 위성들을 관리하는 역할을 한다.

*LBS : 위치 기반 서비스, Location-Based Service
*GPS : 위성 항법 장치, Global Positioning System
*GIS : 지리 정보 시스템, Geographical Information System

39 위 글의 제목으로 가장 적절한 것은?

① 위치 기반 서비스의 장점

② 위치 기반 서비스의 원리와 응용

③ 위치 기반 서비스와 GPS와의 차이

④ 위치 기반 서비스의 개발 배경과 전망

⑤ 위치 기반 서비스를 이용한 실생활의 혜택

40 다음은 GPS를 이해하기 위한 자료이다. 각 부분에 대한 학생의 반응으로 적절하지 않은 것은?

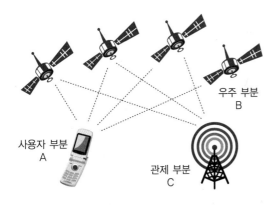

우주 부분
B

사용자 부분
A

관제 부분
C

① A – GPS 수신기에서 무엇보다 중요한 것은 시계의 정확성이겠지.

② A – GPS 수신기에 위성에서 보내온 시간을 계산할 프로그램이 내장되어 있겠지.

③ B – 3개의 위성만으로는 사용자의 정확한 위치 파악이 어려울 수 있겠군.

④ B – 위치 확인을 위한 위성의 수가 많으면 많을수록 좋겠지.

⑤ C – 위성으로부터 수신된 정보를 GPS 수신기로 전달하는 역할을 하겠군.

41 위 글의 내용을 바탕으로 위치 기반 서비스를 이용할 수 있는 사례로 볼 수 없는 것은?

① 시청으로 가는 가장 빠른 길을 알아봐야겠어.

② 거기 119죠? 등산하다가 길을 잃었어요. 빨리 와주세요!

③ 현장 체험 학습이 있는 날의 날씨를 미리 알아봐야겠어.

④ 도착할 항구까지의 거리가 얼마나 되는지 알아봐야겠어.

⑤ 현재 아군이 위치한 지점에 보급품을 투하해 주기 바람.

[42~44] 다음 글을 읽고 물음에 답하시오.

의사소통 과정에서 화자의 의도를 제대로 파악하기 위해서는 우선 발화의 맥락을 이해하지 않으면 안 된다.

문장이란 어떤 의미를 가진 '소리의 연쇄'이다. '소리의 연쇄'란 곧 기호의 연쇄인데, 그것을 해독하여 어떤 의미를 얻을 수 있기는 하지만, 이렇게 해독된 의미 속에 화자의 의도가 모두 표현되는 것은 아니다. 예컨대 "나 내일 올게."라는 문장에서 기호의 해독만 가지고는 '나'가 누구를 가리키는지, '내일'이 언제를 가리키는지 알 수 없다. 이런 요소를 해독하기 위해서는 발화가 이루어진 맥락에 대한 이해가 필요하다. 즉, 이 문장을 제대로 이해하려면 기호 외적인 정보가 필요한 것이다.

의사소통에서는 추론의 역할 또한 중요하다. 가령 '철수'가 '영수'네 집에 놀러 왔을 경우, "영수야, 전화 왔어. / 응, 철수야, 나 화장실에 있어."라는 대화는 언뜻 들으면 동문서답과 같지만, 이것은 충분한 메시지를 전달하고 있다. 철수는 이 대화에서 영수가 전화를 받을 수 없다는 메시지를 추론 과정을 통하여 순식간에 이해할 수 있다. 영수가 "내가 화장실에 있어서 전화를 받을 수 없으니까 네가 대신 받아."라고 이야기하지 않는 이유도 철수의 추론 능력을 신뢰하기 때문이다.

그런데 이러한 대화의 바탕에는 철수와 영수가 공유하는 어떤 특정한 인지 환경이 존재함을 알 수 있다. 즉, 위의 대화는 (㉠   )는 환경 내용을 철수와 영수가 모두 알고 있을 때만 성립한다. 이러한 대화가 진행되면서 인지 환경은 더욱 확대되어 나간다.

인간은 의사소통에서 적은 비용을 들여 가능한 한 많은 정보를 얻으려고 하는데, 어떤 새로운 정보가 어떤 환경 속에서 최대의 증식 효과를 일으킬 때, 우리는 그것을 적합하다고 말한다. 어떤 환경 속에 정보가 던져졌을 때, 우리는 그것을 그 환경에 가장 적합한 것이 되도록 해석한다. 특히 그러한 적합성은 어떤 신정보와 구정보가 연결되고 그것이 추론의 전제로서 사용될 때 극대화된다.

한 소녀가 외국 여행을 하고 있다고 가정해 보자. 소녀가 산책하기 위해 숙소 밖으로 나갔는데, 근처 벤치에 앉아 있던 한 노인이 의도된 행위로서 하늘을 올려다본다. 그 소녀도 따라서 하늘을 올려다본다. 소녀는 하늘에서 구름 몇 점을 발견한다. 그리고는 구름이 많아지면 비가 올 것이라는 생각을 하게 된다. 그런 생각은 아주 상식적이며 아마 첫 번째로 떠오르는 생각일 것이다. 소녀는 그 노인이 자신의 주의를 구름 쪽으로 끌어서 앞으로 비가 올 것이라는 사실을 자신에게 알리려고 했다는 결론에 이른다. 이 추론에서 소녀는 적합성의 가정하에 그 노인의 행동에서 어떤 정보를 창출해 낸 것이다.

대부분의 ⓒ 발화 행위에서 사람들은 적합성을 추구하며, 하나의 메시지로부터 최다의, 최적의 정보를 찾아내려고 한다. 이것이 바로 의사소통 행위의 본질이다.

42 글의 흐름상 ㉠에 들어갈 문장으로 가장 적절한 것은?

① 철수와 영수는 서로 좋아하는 사이다.
② 철수가 사는 집의 화장실에는 전화기가 없다.
③ 영수는 화장실에 있을 때 전화를 받지 않는다.
④ 철수와 영수가 만날 때면 자주 전화가 걸려온다.
⑤ 철수는 영수의 말을 매우 잘 들어주는 착한 친구다.

43 다음을 ⓒ의 관점에서 반영한 내용으로 가장 적절한 것은?

> 보기
>
> 요즘은 경기가 불황이다 보니 우리 체육관을 이용하는 고객들이 예전과는 달리 자꾸 빠져나가고 있습니다. 경제가 어려울수록 건강이 중요하다는 내용의 광고를 하고자 합니다. 체육관 입구에 "건강은 재산입니다."라는 문구를 붙이려고 하는데 여러분 의견은 어떠신지요?

① 직원 A – 체육관이라는 맥락과 관련성이 적은 정보를 제공하여 정보의 적합성을 추구할 수 없으므로 다른 문구로 바꾸면 어떨까요?
② 사장 – 표현이 너무 간단해서 정보의 증식 효과를 가져올 수 없겠지?
③ 직원 B – 그렇다면 만화를 삽입하여 기호 외적인 정보를 보충해주는 것이 좋을 듯합니다.
④ 사장 – 아니야, 만화 삽입보다는 "운동을 해서 재산을 늘립시다."라는 문구를 넣는 게 어떨까?
⑤ 직원 C – 아닙니다. 인간은 생략된 정보를 추론할 수 있는 능력을 가지고 있습니다. 그러니 원래대로 "건강은 재산입니다."라는 문구를 붙이는 것이 더 좋다고 생각합니다.

44 위 글의 내용과 일치하는 것은?

① 화자들은 하나의 메시지로부터 하나의 정보를 얻으려 한다.
② 화자의 발화 의도는 발화의 기호 외적인 정보와는 무관하다.
③ 의사소통의 적합성은 신·구정보를 연결하지 않더라도 극대화될 수 있다.
④ 발화의 맥락과 관계없이 연쇄된 기호 체계로 화자의 의도를 파악할 수 있다.
⑤ 화자는 일반적으로 의사소통 행위에서 최소의 발화로 최대의 정보를 얻고자 한다.

[45~46] 다음 글을 읽고 물음에 답하시오.

생태계 위기와 관련된 문제는 환경과 생태계를 인간이 어떤 철학적 관점으로 바라보는가 하는 것과 연관되어 있다. '환경'은 인간을 둘러싼 삶의 조건을 가리키며 '생태계'는 '전체'를 고려하고 모든 생명체를 살아 있는 체계로 간주하는데, 이러한 용어의 차이에도 자연을 바라보는 세계관의 차이가 반영되어 있다. 이와 같이 자연을 바라보는 인간의 철학적 관점은 인간 중심주의, 생명 중심주의, 생태 중심주의 등이 있다.

먼저 인간 중심주의는 인간을 자유 의지를 지닌 인식의 주체로 보며, 인간 이외의 존재들을 인식의 대상으로 본다. 모든 생명체는 인간에게 인식될 때 의미가 있고, 인간이 관심을 갖는 한에서 가치를 지닌다는 것이다. 인간 중심주의에 따르면, 인간만이 윤리적으로 가치 있는 존재가 되며, 따라서 다른 생명체나 자연을 인간이 도구로 이용하는 것은 윤리적으로 정당하다. 물론 인간 중심주의자들도 생태계 보전을 이야기한다. 그러나 그 이유는 생태계가 잘 유지되어야 인류가 좀 더 오래 살아남고 행복해지기 때문이다. 이렇게 볼 때 인간 중심주의에서 다른 생명체는 '인간을 위한 도구'이고, 생태계는 '인간을 위한 환경'이라고 할 수 있다.

ⓒ 생명 중심주의는 생명체가 생존과 번식의 욕구를 지닌다는 점에서 생명체를 도구적 가치가 아닌 내재적 가치를 지닌 존재로 파악한다. 모든 생명체는 살려는 의지를 가진 존재이기 때문에 그런 의지 자체를 꺾는 것은 '악'이다. 따라서 인간을 포함한 모든 생명체는 각각 윤리적 의의를 지니며, 인간이 다른 생명체를 도구나 수단으로 이용하는 일은 정당화될 수 없다. 생명 중심주의 입장에서 보면 모든 생명체는 보호되어야 할 대상이다.

그러나 인간을 포함한 모든 생명체는 살려고 하는 의지를 가진 존재로 둘러싸여 있다. 따라서 어떤 존재도 생명체인 한, 먹이사슬의 그물에서 벗어날 수 없다. 그런데 먹이사슬을 인정한다면, 모든 생명체가 동등한 생명 가치를 지닌다는 생각을 포기해야 한다. 그리고 생존과 번식 욕구를 가진 것만이 내재적 가치를 지니고, 그런 존재들만이 윤리적 대상이 된다면, 개별 생명체로 구성된 생명종이나 생명종들이 모여 구성하는 커다란 생태계 자체는 윤리적 관심의 대상에서 제외돼야 한다.

생태 중심주의는 이러한 생명 중심주의의 한계를 극복하기 위해 출발하였다. 이 관점은 생태계를 하나의 유기체로 파악하고, 모든 생명체가 시공간적으로 서로 연관되어 있으며, 생태계는 관계성, 순환성, 다양성 등의 특징을 지니는 것으로 본다. 생명 중심

주의가 개체를 중시한다면, 생태 중심주의는 전체를 강조하며 도가(道家) 철학이 자연의 순리에 따른 삶을 중시하듯, 생태주의자들은 생태학 원리에 따른 삶과 제도를 가장 이상적이라고 생각한다.

최근에는 환경오염이나 생태계 보전을 위한 철학적 관점으로 생태 중심주의가 많은 지지를 얻고 있다. 따라서 생태 중심주의가 지닐 수 있는 문제를 극복하면서 전체 생태계 보존을 이루는 것은 현재 인간이 해결해야 할 시급한 과제라고 할 수 있다.

45 다음은 '환경오염'에 관한 글의 일부이다. 이에 대한 인간 중심주의자(A), 생명 중심주의자(B), 생태 중심주의자(C)의 대화 내용으로 적절하지 않은 것은?

> ●─ 보기 ─●
>
> 1912년 12월 3일, 런던은 겨울이었지만 날씨는 포근했고 바람도 상쾌했다. 그러다 북쪽에서 불어오던 바람이 방향을 바꾸더니 기온이 내려가고 공기 중의 습도가 증가하기 시작했다. 그때 낮은 구름이 음산하게 깔렸다. 그것은 바로 수많은 공장과 가정의 석탄난로에서 나온 스모그였다. 12월 6일, 짙은 안개가 도시를 휘감았다. 비행기는 물론 자동차들의 발이 묶였고, 도시에는 바람 한 점 불지 않았다. 캄캄한 거리에서 장님처럼 허우적거리던 사람들이 찾은 곳은 병원이었다. 스모그가 런던을 덮고 있던 5일 동안 무려 4,000여 명이 죽었다.
> 당시 영국은 산업혁명 이후, 급속한 산업화로 인한 경제 발전을 추진하고 있었고, 주된 에너지로 석탄을 사용하고 있었다. 스모그는 엄청난 충격을 가져왔으며, 인류에게 환경 오염의 심각성을 일깨워 주었다.

① A - 인간의 생명은 그 무엇보다도 중요하므로 석탄 사용을 금지해야 합니다.

② B - 네, 석탄 사용을 금지하는 것은 인간뿐만 아니라 가축이나 야생 동물도 보호할 수 있는 방안이니까요.

③ C - 장기적인 안목에서는 생태계를 보존하는 것까지 관심의 폭을 넓혀야 하겠지요.

④ A - 또한 무분별한 도시 집중화로 인해 생태계의 먹이사슬이 붕괴되는 것을 막아야 합니다.

⑤ C - 예, 생물들의 삶의 공간을 훼손하는 것은 생태계 교란을 야기하므로 이에 대한 대책을 마련해야 하겠지요.

46 위 글로 미루어 보아, ㉠의 한계를 보여 주는 사례로 가장 적절한 것은?

① 식물원에서는 경제적 가치가 있는 식물을 선택하여 재배하고 있다.

② 동물원에서 다양한 동물들은 인간에게 즐거움을 주기 위해 사육되고 있다.

③ 농촌에서 농사일을 보조하는 소가 닭보다 더 좋은 여건에서 사육되고 있다.

④ 어촌에서 소득 증대를 위해 값이 높은 물고기만 양식하고 있다.

⑤ 겨울에 먹이를 구하지 못하는 산토끼를 보호하다가 봄에 다시 산으로 돌려보낸다.

[47~48] 다음 글을 읽고 물음에 답하시오.

19세기 일부 인류학자들은 결혼이나 가족 등 문화의 일부에 주목하여 문화 현상을 이해하고자 하였다. 그들은 모든 문화가 '야만 → 미개 → 문명'이라는 단계적 순서로 발전한다고 설명하였다. 그러나 이 입장은 20세기에 들어서면서 어떤 문화도 부분만으로는 총체를 파악할 수 없다는 비판을 받았다. 문화를 이루는 인간 생활의 거의 모든 측면은 서로 관련을 맺고 있기 때문이다.

20세기 인류학자들은 이러한 사실에 주목하여 문화 현상을 바라보았다. 어떤 민족이나 인간 집단을 연구할 때에는 그들의 역사와 지리, 자연 환경은 물론, 사람들의 체질적 특성과 가족제도, 경제체제, 인간 심성 등 모든 측면을 서로 관련시켜서 고찰해야 한다는 것이다. 이를 총체적 관점이라고 한다.

오스트레일리아의 여요론트 부족의 이야기는 총체적 관점에서 인간과 문화를 이해해야 하는 이유를 잘 보여준다. 20세기 초까지 수렵과 채집 생활을 하던 여요론트 부족사회에서 돌도끼는 성인 남성만이 소유할 수 있는 가장 중요한 도구였다. 돌도끼의 제작과 소유는 남녀의 역할 구분 사회의 위계질서 유지, 부족 경제의 활성화에 큰 영향을 미쳤다. 그런데 백인 신부들이 여성과 아이에게 선교를 위해 선물한 쇠도끼는 성(性) 역할, 연령에 따른 위계와 권위, 부족 간의 교역에 혼란을 초래하였다. 이로 인해 여요론트 부족사회는 엄청난 문화 해체를 겪게 되었다.

쇠도끼로 인한 여요론트 부족사회의 문화 해체 환경은 인간 생활의 모든 측면이 서로 밀접한 관계가 있음을 보여 준다. 만약 문화의 발전이 단계적으로 이루어진다는 관점에서 본다면 쇠도끼의 유입은 미개사회에 도입된 문명사회의 도구이며, 문화 해체는 (㉠).

하지만 이러한 관점으로는 쇠도끼의 유입이 여요론트 부족에게 가지는 의미와 그들이 겪은 문화 해체를 제대로 이해하고 그에 대한 올바른 해결책을 제시하기가 매우 어렵다. 그래서 총체적 관점은 인간 사회의 다양한 문화 현상을 이해하는 데 매우 중요한 공헌을 했다.

47 '여요론트' 부족에 대해 이해한 내용으로 적절한 것은?

① 문명사회로 나아가기 위해 쇠도끼를 수용했다.

② 돌도끼는 성인 남자의 권위를 상징하는 도구였다.

③ 쇠도끼의 유입은 타 부족과의 교역을 활성화시켰다.

④ 자기 문화를 지키기 위해 외부와의 교류를 거부했다.

⑤ 백인 신부들이 선물한 쇠도끼는 남녀의 역할 구분을 강화하였다.

48 글의 흐름을 고려할 때, ㉠에 들어갈 내용으로 가장 적절한 것은?

① 문화 발전을 퇴보시키는 원인으로 이해할 것이다.

② 사회 발전을 위해 필요한 과도기로 이해할 것이다.

③ 사회 질서를 유지하기 위한 과정으로 이해할 것이다.

④ 사회가 혼란스러워져 문화 발전이 지연되는 단계로 이해할 것이다.

⑤ 현재 문화를 미개 사회의 문화로 회귀시키는 현상으로 이해할 것이다.

[49~51] 다음 글을 읽고 물음에 답하시오.

원소번호 1번, 원자량 1.0079에 불과한 수소는 가볍고 잘 타는 기체다. 산소와 혼합하면 쉽게 불이 붙고 때론 강한 폭발을 일으키기도 한다. 또한 수소가 산소와 섞여 연소하면 에너지와 물이 나온다. 반대로 전기를 이용해 수소를 생산할 수도 있다. 무엇보다 수소의 장점은 연소할 때 이산화탄소와 같은 공해물질이 생기지 않는다는 사실이다. '깨끗하고 효율 좋은 에너지'라는 별명도 이처럼 수소의 독특한 성질에서 유래했다.

수소를 처음 발견한 사람은 영국의 과학자 헨리 캐번디시다. 캐번디시는 1776년 영국 왕립학회에서 전기 불꽃으로 수소와 산소를 결합하여 물 생성에 성공한 실험 결과를 발표했다.

당시까지만 해도 물을 구성하는 성분들의 이름이 정해지지 않은 터라 캐번디시는 그중 하나를 '생명 유지 기체', 다른 하나를 '가연성 기체'라고 불렀다. 프랑스 출신 화학자 앙투안 로랑 라부아지에는 1785년 캐번디시의 실험을 재현하는 데 성공한 뒤 '생명 유지 기체'를 산소로, '가연성 기체'를 수소로 명명했다.

이러한 수소가 에너지로 주목받기 시작한 것은 최근의 일이다. 수소는 1980년대만 하더라도 공업용 암모니아 제조와 제련, 메탄올 제조에 쓰였을 뿐 에너지원으로서는 찬밥신세였다. 이는 폭발 가능성에 대한 막연한 두려움이 가져온 결과였다.

그러나 산업의 발전과 더불어 화석연료가 고갈되고 여기에 지구 온난화의 문제가 불거지면서 수소가 새로운 에너지로 주목받게 된 것이다. 그 이유는 우선 그 자원이 무궁무진하다는 점이다. 수소는 물과 화석연료, 생물체 등 지구 어디에든 존재할 뿐만 아니라 지구의 3분의 2를 뒤덮고 있는 물로부터 무한정 공급받을 수 있다. 또한 에너지로 사용 후엔 물로 되돌아간다는 매력도 지닌다. 여기에 전자를 방출했다가 흡수하는 반응을 반복하면서 전기를 무한대에 가깝게 생산할 수 있다는 점도 주목할 만하다.

수소를 생산하는 방법은 다양하다. 그중 가장 오래된 방식은 1백 년 전에 개발되어 지금까지 쓰이는 전기분해법이다. 하지만 이 방식은 투입되는 에너지에 비해 산출되는 수소량이 너무 적어 비효율적이다. 그중에서도 ㉠ <u>특히 화석연료로 생산한 수소는 차세대 에너지로서는 낙제점일 수밖에 없다.</u> 이를 극복한 것이 풍력이나 지열 등을 이용하여 수소를 만드는 방법이다. 그러나 이 방식도 어려움이 많다. 현재의 기술로는 생산비용이 지나치게 높아 비경제적이라는 것이다.

이런 점 때문에 현재는 천연가스와 물을 고온에서 반응시켜 수소를 생산하는 방식이 과도기적으로 고려되고 있다. 이 방식은 약간의 부산물이 나오지만 화석연료를 사용하는 전기분해방식보다 상용화 가능성이 높다. 열과 금속산화물을 촉매로 수소를 생산하는 열화학적 방식이나 원자력을 이용한 수소 생산도 적극 고려되고 있다. 특히 원자로로 생산한 고온 가스나 전기로 수소를 만드는 원자력 수소 생산에 거는 기대는 매우 크다. 교육과학부와 원자력연구소는 오는 2019년까지 국내 하루 석유소비량의 20%(8만 5천 배럴)를 대체할만한 양의 수소를 생산하는 상용로를 도입할 계획이다. 이렇게 생산된 수소는 기존 가스 공급망이나 탱크로리를 타고 각 가정과 건물, 발전소, 충전소 등에 공급될 예정이다.

49 위 글에서 확인할 수 없는 것은?

① 수소의 장점은 무엇인가?
② 수소를 어떻게 발견했을까?
③ 수소를 저장하는 방법은 무엇인가?
④ 수소를 새로운 에너지로 주목한 이유는 무엇인가?
⑤ 수소가 화학적으로 반응하면 어떤 현상이 일어날까?

50 위 글과 〈보기〉의 내용을 참고하여 수소 에너지가 상용화될 때 나타날 수 있는 문제를 가장 잘 지적한 것은?

> **[보기]**
> 우리의 미래는 수소에 달려 있다. 수소 에너지가 보편화되면 인류의 삶의 질이 향상될 수 있기 때문이다. 그러나 수소가 아무리 청정 에너지라 하더라도 그 사용의 권한이 골고루 부여될지는 의문이다. 이런 점에서 수소의 사용 권한을 어떻게 정하느냐는 수소 경제의 미래를 결정하고 나아가서는 정치, 사회 환경에도 근본적 변화를 가져올 것이다.

① 수소는 무한한 자원인가, 유한한 자원인가.
② 수소 에너지 활용을 규제할 것인가, 허용할 것인가.
③ 수소를 주에너지로 쓸 것인가, 보조에너지로 쓸 것인가.

④ 수소가 사회 발전에 미치는 영향은 긍정적인가, 부정적인가.

⑤ 수소를 공유 재산으로 볼 것인가, 사유 재산으로 볼 것인가.

51 ⊙과 같이 말할 수 있는 이유로 가장 적절한 것은?

① 화석연료를 직접 사용하는 것이 더 경제적이기 때문에

② 화석연료를 써서 생산한 수소는 산출량이 적기 때문에

③ 화석연료에서 수소를 생산하는 방식은 위험하기 때문에

④ 화석연료를 쓰지 않고 수소를 생산하는 것이 목적이기 때문에

⑤ 화석연료로 전기를 생산하는 기술이 일반화되지 않았기 때문에

[52~54] 다음 글을 읽고 물음에 답하시오.

플래시(Flash)라는 컴퓨터 프로그램을 이용한 동영상 애니메이션들이 인터넷에 떠돌며 네티즌들에게 미소를 전달한다. 업무용으로 쓰이던 시청각 프레젠테이션이 인문학 관련 학술 대회에서도 딱딱한 활자들을 대체하기 시작하였다. 2차원의 평면만을 빼곡하게 채우던 단어들이 하이퍼텍스트*로 연결되어 전 세계 네트워크를 종횡무진한다.

지금 우리는 '말'의 시대를 지나 '글'의 시대를 거쳐 '이미지'의 시대를 살아간다. ⊙ 글의 시대에 정보 저장과 전달의 효율성을 위하여 의도적으로 억압되었던 '형상성'은 이미지의 시대에 다시 그 모습을 드러내고 있다. 언어를 통해서만 세계를 개념화하고 사고를 논리적으로 전개할 수 있다는 주장은 설득력을 잃었다. 언어의 기술적 한계를 인간 사고의 특성으로 알았던 오해가 풀린 것이다.

시각 정보를 문자 기호화해서 저장·전달하고 다시 문자를 시각 이미지로 재생하는 과정은 의사소통과 사고의 과정에서 점차 생략된다. 시각 이미지는 문자와 함께 정보 전달의 효율성에 따라

적절히 배합되며 공존한다. 다음 단계는 이미지의 가상 현실화, 그 다음은 가상 현실의 물질적 구현일지 모른다. 정보의 정확한 기억, 기표(記標)*와 기의(記意)*의 명료한 연결, 논리의 선형적 전개, 이런 문자 시대의 미덕은 잊혀 간다. 정보는 데이터베이스에 얼마든지 쌓여 있고, 기표는 다의적 함축성을 가지며 논리 전개의 길은 ⓛ 하이퍼텍스트를 통하여 무한히 열려 있다.

물론 간단명료함은 의사 전달의 필수 요건이다. 하지만 우리가 사용하는 언어를 조금만 둘러보아도 문자 시대 의사 전달의 경제성은 언어로부터 '다의성'을 추방하지 못하였음을 알 수 있다. 한자어 '離(리)'는 '헤어지다', '떨어지다'의 뜻과 '둘이 함께 있다', '붙다'의 뜻을 동시에 갖는다. '시간'이란 개념은 '길다', '짧다', '지루하다', '쏜살같다' 등의 모순된 이미지들을 안고 돌아다닌다. 언어가 살아 있는 역사의 생동감을 담는 한, 다의성은 언어의 운명이다. 이런 다의성으로도 세상의 미묘함을 다 담아내지 못하는 언어의 한계를 한탄하다가 '空(공)' 또는 '無(무)'라는 극단적 다의어를 만들어 내기도 하였다. 아예 아무 것도 지칭하지 않는 개념으로 온 우주를 담으려는 역설적 발상이었다.

하이퍼텍스트 기법은 이런 언어의 다의성과 문자 시대의 선형적 사고가 만나 만들어 낸 타협안이다. 〈직지심경(直指心經)〉으로부터 600여 년, 구텐베르크로부터 약 550년. 문자의 탄생 후 금속 활자의 발명 이래 인간이 축적하여 온 문자 시대의 풍성한 비전(秘傳)은 형상성과 다의성을 회복하며 다양한 감각을 이용한 표현 방식과 결합한다. 하지만 이 종이 위의 조그마한 공간에 '문화'를 담으려 한다면 정보 전달 수단 중 제1순위는 역시 한 줌의 문자이다. 적어도 당분간은.

*하이퍼텍스트 : 사용자에게 비순차적인 검색을 할 수 있도록 제공되는 텍스트로 문서 속의 특정 자료가 다른 자료나 데이터베이스와 연결되어 있어 서로 넘나들며 원하는 정보를 얻을 수 있다.
*기표(記標) : 언어로 표현되는 형식(표현 기호)
*기의(記意) : 언어에 담긴 내용(표현하는 의미)

52 위 글을 〈보기〉와 같이 정리해 보았다. ⓐ~ⓒ에 들어갈 내용으로 적절한 것은?

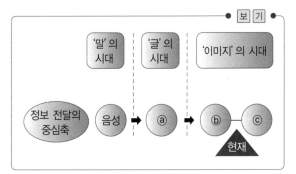

	ⓐ	ⓑ	ⓒ
①	음성	문자	이미지
②	음성	문자	문자
③	문자	이미지	이미지
④	음성	음성	문자
⑤	문자	문자	이미지

54 ㉠과 ㉡의 차이점에 대한 설명으로 적절하지 않은 것은?

① ㉠은 논리 전개의 방식이 선형적이고, ㉡은 입체적이다.
② ㉠은 형상성을 억압하려 했고, ㉡은 드러내고 있다.
③ ㉠은 의사 전달의 경제성을 중시하고, ㉡은 중시하지 않는다.
④ ㉠은 문자로만 의사소통이 되고, ㉡은 이미지만으로도 가능하다.
⑤ ㉠은 문자 위주로, ㉡은 문자 · 그림 · 사진 등이 결합된 문서이다.

53 위 글의 내용과 일치하지 않는 것은?

① 문자 시대에는 이미지 사용이 상대적으로 부족하였다.
② 인간의 사고와 의사소통은 이미지를 통해서도 가능하다.
③ 언어는 다의성을 가지지만 세계를 다 담아내지는 못한다.
④ 효율적 정보 전달을 위해서 이미지의 형상성은 필수적이다.
⑤ 이미지를 결합시켜 재구성한 문서가 사고를 쉽고 편하게 한다.

[55~57] 다음 글을 읽고 물음에 답하시오.

혁신의 확산이란 특정 지역이나 사회 집단의 문화나 기술, 아이디어가 시간의 경과에 따라 다른 지역 또는 사회 집단으로 전파되는 과정을 말한다. 지리학에서는 혁신의 확산이 시공간적인 요인에 따라 이루어진다고 보고 시간에 따른 공간 확산 과정을 발생기, 확산기, 심화·포화기의 3단계로 설명한다. 혁신의 발생기에는 혁신 발생원과 가까운 지역에서 혁신이 이루어지는 반면, 먼 지역에서는 혁신이 이루어지지 않기 때문에 혁신 수용률에서 지역 간의 격차가 크게 나타난다. 확산기에는 초기의 혁신 수용 지역에서 먼 지역까지 혁신의 확산이 일어난다. 심화·포화기에는 최초 발생원과의 거리에 관계없이 전 지역에서 혁신의 확산이 이루어지고 수용률에서 지역 간의 격차가 점차 사라진다.

혁신의 공간적 확산은 전염 확산과 계층 확산으로 설명된다. 혁신 발생원과 잠재적 수용자 간의 거리가 가까울수록 혁신 확산이 빠르게 이루어진다는 인접 효과에 의해 나타나는 것이 전염 확산이다. 발생원과 수용자 간의 거리가 가까우면 대면접촉의 기회가 많아지게 되어, 혁신의 확산이 ㉠ 대중 매체보다 주로 개인 간의 의사소통에 의해 이루어진다. 한편 도시 규모가 클수록 혁신 확산이 잘 이루어진다는 계층 효과에 의해 나타나는 것이 계층 확산이다. 계층 확산에 의해 규모가 큰 도시로부터 그보다 규모가 작은 도시로 혁신이 전파된다. 그런데 실제 상황에서는 전염 확산과 계층 확산이 동시에 이루어질 수도 있다. 가령 거대 도시에서 발생한 혁신은 먼 거리의 대도시로 전파되면서 동시에 거대 도시 주변의 중소 도시에도 전파될 수 있다.

혁신의 수용자 수는 시간에 따라 변화를 보인다. 초기에는 혁신 수용자의 수가 완만하게 증가하다가 어느 시점에서 급격하게 증가하기 시작하여 결국에는 포화 상태를 이루게 된다.

이는 개별 수용자들이 혁신을 수용하는 시기에 차이가 있기 때문이다. 혁신 수용자는 혁신을 수용하는 시간적 순서에 따라 네 집단으로 나뉜다. 즉 혁신을 가장 먼저 받아들이는 소수의 혁신자, 일정 기간 심사숙고하여 혁신을 수용하는 다수의 전기 수용자, 다른 사람들이 혁신을 수용하는 것을 보고 수용하는 다수의 후기 수용자, 새로운 것을 시도하기를 꺼려서 한참 지나서야 혁신을 수용하는 소수의 지각자가 그것이다.

55 혁신의 확산 에 대한 설명으로 적절하지 않은 것은?

① 수용자의 수용 시기에는 차이가 있다.
② 도시 규모가 혁신 확산에 영향을 미친다.
③ 혁신의 수용자 중에는 소극적인 수용자들도 있다.
④ 수용자 수는 시간의 경과에 따라 일정하게 증가한다.
⑤ 심화·포화기의 수용률은 거리에 따른 차이가 거의 없다.

56 ㉠에 해당하는 사례로 적절하지 않은 것은?

① 최신 미용 기법이 미용 관련 텔레비전 프로그램보다 주로 미용사들의 지역 모임을 통해 전파되었다.
② 새로 출시된 금융 상품의 가입자가 경제 뉴스가 아닌 직장동료들의 추천에 의해 크게 증가하였다.
③ 신개발 농산품의 구매자 수가 증가한 것은 신문 광고가 아니라 직거래 구매자들의 입 소문에 의한 결과였다.
④ 새로운 여행 상품의 예약 폭주는 주 고객층에 초점을 맞춘 여행사의 인터넷 광고보다 텔레비전 광고의 결과였다.
⑤ 새로운 음식 메뉴를 개발한 전문 식당의 분점이 급속히 퍼진 것은 라디오 광고보다 주로 손님들의 호평 덕택이었다.

57 위 글에 비추어 볼 때, 〈보기〉에서 타당한 것끼리 묶인 것은?

●─ 보 기 ─●

ㄱ. 한 미술관에서 매년 같은 내용의 기획 전시를 하는 것은 혁신 확산의 예이다.
ㄴ. 거대 도시에서 유행하는 최신 패션이 멀리 떨어져 있는 대도시로 전파된 것은 계층 확산의 예이다.
ㄷ. 대도시 부유층의 전유물이었던 전화기가 이제 어디서나 사용되는 것은 전화기의 확산이 심화·포화기에 이르렀음을 보여 준다.
ㄹ. 노트북 컴퓨터가 처음 시장에 나오자마자 이를 구입한 사람은 전기 수용자로 볼 수 있다.

① ㄱ, ㄴ   ② ㄱ, ㄷ
③ ㄴ, ㄷ   ④ ㄴ, ㄹ
⑤ ㄷ, ㄹ

※ 1번부터 4번까지는 문제와 선택지를 듣고 푸는 문항입니다. 잘 듣고 물음에 답하시오.

01

①   ②   ③

④   ⑤

02 (듣기)

①   ②   ③

④   ⑤

03 (듣기)

①   ②   ③

④   ⑤

04

①   ②   ③

④   ⑤

※ 5번부터 13번까지는 내용을 들은 후, 시험지에 인쇄된 문제와 선택지를 보고 푸는 문항입니다. 잘 듣고 물음에 답하시오.

05 이 장면에 이어질 수업 내용으로 가장 적절한 것은?

① 도깨비는 어떤 존재인가?

② 도깨비는 어떤 재주가 있나?

③ 도깨비란 말은 어디에서 왔나?

④ 도깨비가 좋아하는 음식은 무엇인가?

⑤ 도깨비는 어떤 신체적 특징이 있는가?

06 두 사람이 나눈 대화의 내용으로 적절하지 않은 것은?

① 입체파 화가는 시선을 한곳에 고정시키지 않고 그림을 그렸다.

② 민화는 사물의 실제 크기와 비례 관계가 종종 무시되기도 한다.

③ 민화는 일정한 시점으로 그려져 이를 '일시점' 기법이라고 한다.

④ 민화는 강조하려는 것을 유달리 크게 그리거나 작게 그려 표현된다.

⑤ 민화는 그리는 사람의 의도에 따라서 사물의 크기가 정해질 수 있다.

07 이 대담의 양상을 가장 잘 설명한 것은?

① 남자가 문제를 제기하고, 여자가 답변하는 형식으로 이루어지고 있다.

② 남자가 개인적 의견만을 제시한 반면, 여자는 객관적인 검증을 하고 있다.

③ 남자는 현상의 원인을 중시하고 있고, 여자는 현상의 결과를 중시하고 있다.

④ 남자는 대상에 감상적으로 접근하고 있고, 여자는 논리적·이성적으로 접근하고 있다.

⑤ 남자는 대상에 대해 긍정적인 태도를 취하는 데 반해, 여자는 비판적인 태도를 취하고 있다.

08 이 강좌를 바탕으로 노래 가사를 만들 때, 강사의 의도를 가장 잘 반영한 것은?

① 신비한 요정의 나라, 우리 모두 갈 수 있어.
함께 꿈꾸어 봐요. 아름다운 세상을.

② 동화의 나라, 원하는 건 무엇이나 볼 수 있어.
숨어 있는 요정들이 밤이면 눈을 뜨는 신비한 세상.

③ 두 눈을 감아요. 네 머리 위에 네 잎 클로버.
보이지 않던 것들이 보일 거야.
조용히 속삭여 봐, 비밀의 주문을.

④ 아기의 첫 웃음이 부서져 요정이 되었네.
아기는 웃음을 찾아 길을 떠나네.
바람이 다가와 말을 걸었네. 내가 너의 웃음이야.

⑤ 우리 앞에 펼쳐진 오늘만이 우리가 살아야 할 세상.
과거는 한낱 꿈일 뿐, 잊어 버려요.

09 여성 내레이터의 말이 동영상과 함께 진행된다고 할 때, 제시될 수 있는 〈보기〉의 장면들을 순서대로 바르게 배열한 것은?

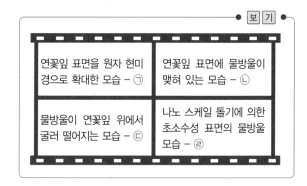

보기

연꽃잎 표면을 원자 현미경으로 확대한 모습 – ㉠	연꽃잎 표면에 물방울이 맺혀 있는 모습 – ㉡
물방울이 연꽃잎 위에서 굴러 떨어지는 모습 – ㉢	나노 스케일 돌기에 의한 초소수성 표면의 물방울 모습 – ㉣

① ㉠ → ㉣ → ㉢ → ㉡

② ㉡ → ㉣ → ㉠ → ㉢

③ ㉡ → ㉠ → ㉣ → ㉢

④ ㉢ → ㉣ → ㉠ → ㉡

⑤ ㉢ → ㉡ → ㉠ → ㉣

10 출연자들의 말하기 방식에 대한 설명으로 적절하지 않은 것은?

① 리포터 – 일상적인 인사를 자연스럽게 화제와 연결 짓고 있다.

② 연구원 – 객관적 자료를 근거로 자신의 견해를 제시하고 있다.

③ 의사 – 전문가로서의 경험을 들어 발병 원인을 설명하고 있다.

④ 생산자 – 신제품의 특징을 구체적으로 드러내어 홍보 효과를 얻고 있다.

⑤ 학생 – 개인적 경험을 예로 들면서 대상을 적절히 선택하는 것이 중요함을 강조하고 있다.

11 '윈도우 효과'를 의도한 사례로 적절하지 않은 것은?

① 영화 '쉬리'를 비디오로 출시하였다.

② 영화 '집으로'를 패러디한 광고를 제작하였다.

③ 영화 '실미도'가 흥행에 성공하자 연장 상영하였다.

④ 영화 '오페라의 유령'에 나오는 음악을 CD로 제작하였다.

⑤ 만화 영화 주인공 '둘리'를 음료회사의 상표로 사용하였다.

1 | 주관식 |
이 대화에서 남학생이 내세우고 있는 주장의 근거는 무엇인지 쓰시오.

----

12 두 사람의 말하기 특징으로 적절하지 않은 것은?

① 진행자는 개인적인 경험을 들어 화제를 제시하고 있다.

② 진행자는 용어의 개념 설명과 그 사례 제시를 유도하고 있다.

③ 교수는 비유적 표현을 활용하여서 내용을 쉽게 전달하고 있다.

④ 교수는 구체적인 수치 자료를 들어 내용의 신뢰도를 높이고 있다.

⑤ 교수는 대상의 효용성을 강조하여 관련자들의 분발을 촉구하고 있다.

2 | 주관식 |
이 대담에서 남자가 주장하는 바를 한 문장으로 쓰시오.

※ 14번부터는 문제지에 인쇄된 내용을 읽고 푸는 문제입니다. 잘 읽고 물음에 답하시오.

13 여자의 주장을 뒷받침하는 논거로 적절하지 않은 것은?

① 컴퓨터가 너무 광범위하게 보급되었다.

② 컴퓨터는 인간관계의 단절을 가져온다.

③ 컴퓨터는 사람을 주눅 들게 하기도 한다.

④ 컴퓨터가 인간 심성에까지 변화를 주고 있다.

⑤ 컴퓨터의 사용이 신체적인 질병의 원인이 된다.

14 중복 표현이 없는 올바른 문장은?

① 이 문제에 대해 다시 재고하다.

② 이 일은 그녀가 꾸며낸 조작극이다.

③ 감정을 무조건 겉으로 표출하면 안 된다.

④ 이 사건에 대해 나의 짧은 소견을 말하였다.

⑤ 반드시 과반수가 넘는 표를 얻어야만 당선될 수 있다.

15 다음에 제시된 내용을 하나의 문장으로 가장 잘 나타낸 것은?

> ● 보기 ●
>
> 김 선생님의 어질고 자상한 성품
> → {자식들의 존경, 남편의 사랑}
> → 친구들이 김 선생님을 부러워함

① 김 선생께서는 어질고 자상하니까 자식들의 존경과 남편의 사랑을 받는 일에 대해서 친구들은 김 선생님을 부러워한다.

② 김 선생께서 친구들의 부러움을 사고 있는 것은 그분의 성품이 어질고 자상하여 자식들의 존경과 남편의 사랑을 받고 있기 때문이다.

③ 김 선생께서는 친구들의 부러움을 받는 것은 그분이 어질고 자상함으로 말미암아 받은 자식들로부터의 존경과 남편의 사랑 때문이다.

④ 김 선생께서는 어질고 자상한 성품을 가지고서 자식들로부터 존경을 받고 남편의 사랑을 받으며, 그로 말미암아 친구들은 그를 부러워하고 있다.

⑤ 김 선생님의 인품은 어질고 자상한 바람에 자식들이 그를 존경하고 남편의 사랑을 받으며, 그것 때문에 친구들에게 부러움의 대상이 되고 있다.

16 다음 중 주체와 객체는 높이고, 상대는 낮춘 문장은?

① 민호가 어머께 진지를 드렸다.

② 민호가 어머께 진지를 드렸습니다.

③ 어머께서 할머께 진지를 드리셨다.

④ 어머께서 할머께 진지를 드리셨습니다.

⑤ 민호는 어머니에게 할머께 진지를 드리라고 했습니다.

17 문장 성분 간의 호응이 가장 적절한 것은?

① 늘 나에게 반대하던 그는 공부를 같이 하자는 내 제의에 호감을 가지고 있었다.

② 게시판에서 합격자 발표를 보는 사람들 중 두 손을 번쩍 들고 환호성을 질렀다.

③ 초등학교에서 치열한 경쟁을 하면서 자라기 때문에 도전적인 인간이 되기 쉽다.

④ 동산에 달이 떠올라 갈 길을 비추기라도 한다면 나그네의 마음은 들뜨게 된다.

⑤ 세계의 여러 문자와 달리 독창적이고 과학적인 문자가 한글이라는 사실에 대해 잘 알려져 있다.

18 다음 중 문장 전환 방식이 나머지와 다른 것은?

① 최 씨는 전기선을 연결했다. ⇒ 전기선이 최 씨에 의해 연결되었다.

② 강도가 은행원에게 잡혔다. ⇒ 은행원이 강도를 잡았다.

③ 강아지가 아이에게 눌리다. ⇒ 아이가 강아지를 누르다.

④ 수학 문제가 영수에 의해 풀렸다. ⇒ 영수가 수학 문제를 풀다.

⑤ 박 씨는 김 씨에게 보호받았다. ⇒ 김 씨는 박 씨를 보호했다.

19 〈보기〉의 개요에 대한 수정 및 보완 방안으로 적절하지 않은 것은?

● 보기 ●

주제문 : 인터넷상의 개인 정보 유출 문제의 심각성
Ⅰ. 서론 : 개인 정보가 유출되어 인터넷에 떠돌고 있는 현실
Ⅱ. 본론
　1. 개인 정보 유출의 사회적 의미
　　(1) 범죄에 악용될 위험성
　　(2) 사생활 침해 우려
　2. 개인 정보 유출의 원인
　　(1) 공공 및 민간 기관의 개인 정보 관리 소홀
　　(2) 개인 정보의 중요성에 대한 인식 부족
　3. 문제의 해결 방안
　　(1) 개인 정보 보호를 위한 체계적인 관리망 구축
　　(2) 개인 정보 유출 피해자에 대한 적극적인 보상
　　(3) 개인 정보의 중요성에 대한 의식 고취
Ⅲ. 결론 : 공공 기관의 보안 의식 제고

① 주제문의 형식에도 맞고 전체 내용도 포괄할 수 있도록 주제문을 '인터넷상 개인 정보 유출 문제의 심각성을 알고 이를 해결하자.'로 진술한다.

② 'Ⅱ-1. 개인 정보 유출의 사회적 의미'는 하위 항목의 내용과 어울리지 않으므로 '개인 정보 유출의 문제점'으로 수정한다.

③ 'Ⅱ-2'의 내용을 보완하기 위해 '개인 정보 유출의 피해 양상'이라는 항목을 추가한다.

④ 'Ⅱ-3-(2)'는 내용의 논리적 흐름에 비추어 적절하지 않으므로 삭제한다.

⑤ 'Ⅲ. 결론'의 내용이 지나치게 제한적이므로 '관련 기관 및 개인의 노력 촉구'로 수정한다.

20 '정보 격차 문제'에 대해 글을 쓰고자 한다. 〈보기〉의 자료를 활용하여 이끌어 낼 수 있는 논지로 적절하지 않은 것은?

● 보기 ●

(가) 계층, 지역, 소득 등의 차이에 따른 정보 불균형 현상은 빈부 격차와 문화적 단절을 심화시켜 궁극적으로는 사회 통합을 저해하며, 인적 자원의 공급을 제한하고 사회 복지 비용을 증가시켜 국가 전체의 경쟁력을 약화시킬 수 있다.

　　　　　　　　　－ △△신문의 칼럼에서 －

(나) 정보 사회의 혜택은 정보를 얻기 위한 제반 비용을 지불할 능력이 있거나 정보를 활용할 수 있는 능력이 있는 사람들에게 가장 먼저 돌아갈 수 있습니다. 또한 공공재로서 공적인 영역에 존재하던 정보를 사유화하면 소외 계층의 자유로운 정보 접근이 제한될 수 있습니다.

　　　　　　　　　－ ○○○ 교수와의 인터뷰에서 －

(다) 인터넷 이용 현황

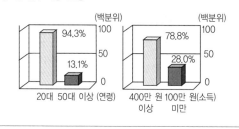

① (가)를 활용하여, 사회 통합과 국가 경쟁력 강화라는 측면에서 정보 격차는 반드시 해소해야 한다는 점을 주장한다.

② (가), (다)를 활용하여, 세대 간 정보 격차 문제를 해소하지 않으면 문화 단절 현상이 초래될 수 있음을 지적한다.

③ (나)를 활용하여, 정보 소외 계층이 정보를 자유롭게 이용할 수 있도록 정보 접근 환경을 조성해야 한다는 점을 강조한다.

④ (나), (다)를 활용하여, 정보 격차는 정보량의 폭증, 정보 수단의 사유화와 같은 요인에 의해 발생한다는 점을 지적한다.

⑤ (다)를 활용하여, 정보 격차 문제의 심각성을 지적하고 문제 해결을 위한 체계적인 대책 수립의 필요성을 강조한다.

21 '노인의 행복한 삶을 위한 사회적 배려가 필요하다.'라는 주제로 글쓰기 계획을 세워 보았다. 주제에 맞는 글감으로 적절하지 않은 것은?

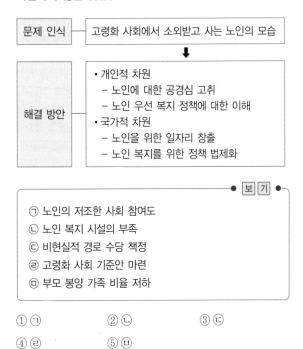

| 문제 인식 | 고령화 사회에서 소외받고 사는 노인의 모습 |

해결 방안
• 개인적 차원
 – 노인에 대한 공경심 고취
 – 노인 우선 복지 정책에 대한 이해
• 국가적 차원
 – 노인을 위한 일자리 창출
 – 노인 복지를 위한 정책 법제화

보기
㉠ 노인의 저조한 사회 참여도
㉡ 노인 복지 시설의 부족
㉢ 비현실적 경로 수당 책정
㉣ 고령화 사회 기준안 마련
㉤ 부모 봉양 가족 비율 저하

① ㉠   ② ㉡   ③ ㉢
④ ㉣   ⑤ ㉤

22 '쌀 소비 감소에 대한 대책'이라는 주제로 글을 쓰기 위해 개요를 작성해 보았다. 개요의 수정 방안으로 적절하지 않은 것은?

보기
ⓐ
주제문 : 쌀 소비 감소에 대한 대책은?
Ⅰ. 서론 : 쌀 소비 감소가 큰 문제로 대두되고 있다.
Ⅱ. 본론
  1. 쌀 소비 감소의 원인
   (1) 소비자 측면
      ㉠ 먹을거리가 다양해졌다.
      ㉡ 식생활이 서구화되었다.
      ㉢ 쌀 품질 관리 체계가 미흡하다. ⓑ
      ㉣ 쌀 소비에 대한 관심이 부족하다.
   (2) 공급자 측면
      ㉠ 소비자의 취향에 대한 대응이 부족하다.
      ㉡ 인스턴트 음식 문화가 확산되었다. ⓑ
      ㉢ 쌀 유통 관리가 비과학적이다. ⓒ
  2. 쌀 소비 감소에 대한 대책
   (1) 다양한 방법으로 쌀 소비 운동을 전개한다.
   (2) 소비자의 취향대로 쌀을 개발한다. ⓓ
   (3) 고품질 쌀을 공급하고 유통 체계를 정비한다. ⓔ
Ⅲ. 결론 : 쌀 소비 증진을 위한 대책을 마련하고, 쌀 소비에 대한 국민적 관심을 촉구한다.

ⓐ • 주제를 분명히 드러내기 위해 주제문을 수정함
    – 쌀 소비 감소에 대한 대책을 수립해야 한다.

ⓑ • 논지 전개상 어울리지 않음 – 위치를 서로 바꾼다.

ⓒ • 논지를 보강하기 위해 항목을 추가함
    ㉣ 농가 수입이 적어 농민들의 생산 의욕이 저하되었다.

ⓓ • 논지를 구체화함
    – 소비자 기호를 파악하고 그에 부합하는 다양한 기능성 쌀을 개발한다.

ⓔ • 논지 전개상 두 부분으로 나누어 정리함
    (3) 쌀 품질을 개선하여 경쟁력을 제고한다.
    (4) 합리적인 쌀 유통 체계를 갖춘다.

① ⓐ   ② ⓑ   ③ ⓒ
④ ⓓ   ⑤ ⓔ

23 〈보기〉의 ㉠~㉤을 고치기 위한 의견으로 알맞지 않은 것은?

● 보기 ●

나는 2학년이 되면서 새로운 친구들을 만났습니다. 우리 반 친구들에게는 영감, 공룡, 마귀, 귀순 용사 등 다양한 별명이 있습니다. ㉠ 그중 박사님도 셋이나 됩니다. 담임선생님께서는 ㉡ 저희 반이 다른 반보다 더 소란스럽다고 항상 실내 정숙을 ㉢ 부르짖습니다. 담임선생님께서 수학을 가르치시는데 그 시간에도 역시 소란스럽습니다. ㉣ 그래서 수학 성적은 항상 꼴찌를 면하지 못하는가 봅니다. 선생님께선 이것이 ㉤ 챙피하다고 하시지만 그래도 우리들이 밉지만은 않으신 모양입니다. 나는 이렇게 좋은 선생님, 재미있는 친구들과 함께 지낼 수 있어 늘 행복합니다.

① ㉠의 '박사님'은 반 친구의 별명을 나타내므로 앞 문장에 포함시키고, 문장은 생략하는 것이 좋겠어.

② ㉡은 어법상 잘못된 표현이므로 '우리 반'으로 바꾸는 것이 좋겠어.

③ ㉢은 어휘 선택이 적절하지 않으므로 '강조하십니다'로 바꾸는 것이 좋겠어.

④ ㉣은 문장의 연결 관계를 고려하여 '그리고'로 바꾸는 것이 좋겠어.

⑤ ㉤은 맞춤법에 맞지 않으므로 '창피하다고'로 고치는 것이 좋겠어.

③ 주관식

다음 밑줄 친 단어를 이용하여 문장을 만드시오.
(단, 아래 글의 '인물'과 같은 의미가 되도록 할 것)

● 보기 ●

한라산 아흔아홉 골, 골짜기 하나 모자라서 호랑이도 안 나고 인물도 안 난다는 이 섬에 비로소 사나운 맹호가 솟아난 것이다.

④ 주관식

다음 글의 밑줄 친 ㉠의 문맥적 의미를 해석하여 한 문장으로 쓰시오.

● 보기 ●

언어는 그것을 사용하는 언중의 역사와 생활을 반영한다. 그러기에 ㉠ 언어를 그 문화의 색인이라고까지 말한다.

5 〈보기〉에서 밑줄 친 곳을 바르게 고쳐 쓰시오.

● 보기 ●

어떤 사람들은 하나를 가지게 되면 ㉠ 또다른 하나를 가지려 한다. 이러한 행동은 많은 사람들의 눈살을 찌푸리게 한다. 남들보다 여유가 있으면 베풀 줄 알아야 하는데, 제 욕심만 챙기기 때문에 계층 간의 위화감이 ㉡ 생겨지기도 한다. 일부 계층만이 부를 누리는 사회는 바람직하지 않다. ㉢ 그리고 사회는 일부 계층에 의해 유지되는 것이 아니기 때문이다. 건강한 사회를 이루기 위해서는 나눔의 미덕이 있어야 한다.

가진 사람들은 자신들의 과욕을 ㉣ 곰곰히 반성할 필요가 있다. 넉넉지 못한 살림에도 평생 모은 재산을 사회에 환원한 사람도 있다는 것을 알아야 한다.

----

6 다음 글을 읽고 빈칸에 들어갈 문장을 〈조건〉에 맞게 쓰시오.

● 보기 ●

소설 『걸리버 여행기』에 등장하는 거인국 사람을 보자. 키가 정상인의 2배만 돼도 쓰러져 머리를 부딪히면 그 충격은 30배나 된다. 또 뜀박질은 물론 제자리에서 폴짝 뛰는 것도 어렵게 된다. 뛰었다 떨어지는 순간 몸무게 때문에 다리뼈가 박살날 수도 있다. 과학자들은 『걸리버 여행기』에 등장하는 사람의 다리는 물리적인 구조상 거의 코끼리 다리 수준으로 굵어져야 한다고 설명한다. 뼈뿐만 아니라 근육도 더 많이 필요하기 때문에 결국 신체 각 부분의 크기 비율이 달라져야 한다. 코끼리보다 몸무게가 14배나 더 무거운 대왕고래는 부력 덕분에 수중에서는 살 수 있지만 만약 육지에 올라온다면 중력의 영향으로 생존하기 어렵게 된다. 동물은 _____ 하는 것이다.

● 조건 ●

• 본문 내용을 포괄하는 중심 내용을 적되, 앞 내용과 자연스럽게 연결되도록 쓸 것
• 어문 규정에 맞게 '동물은~'으로 시작하고 '~하는 것이다'로 끝나는 한 문장을 쓸 것

----

7 십자말풀이를 참조해 아래의 (   )에 맞는 단어를 쓰시오.

1.감			3.자	
2.				
		4.		7.
	5.			
6.	긱		8.중	

[가로 열쇠]
2. 기울지 않고 평평한 상태
3. 사람의 손에 의하지 않고서 존재하는 것
5. 나서 자라거나 큼
6. 사물의 가치나 변화 등을 알아내는 능력
8. 지표 부근의 물체를 지구 중심 방향으로 끌어당기는 힘

[세로 열쇠]
1. 외부의 자극을 받아 느낌을 일으키는 성질
3. 암컷과 수컷
4. 전파나 음파 따위의 마루에서 다음 마루까지의 거리
5. 머리를 써서 궁리
7. 띄워 올리거나 떠오르는 힘

2. 가로 (	)
4. 세로 (	)
5. 가로 (	)
7. 세로 (	)

8 '바람직한 인터넷 댓글 문화'에 관한 글을 쓰기 위해 사고 과정의 내용을 정리해 보았다. 제시된 내용을 바탕으로 적절한 절충안을 40자 내외로 쓰시오.

사고 과정	내용
주장	바람직하지 못한 댓글에 대해서는 적절한 조치가 필요하다.
근거 1	허위 사실 유포, 비방 등으로 인한 인권 침해가 심각하다.
근거 2	음란물 유포처럼 댓글을 상업적으로 악용하는 행위가 청소년들에게 나쁜 영향을 준다.
반론	개인의 자유로운 댓글을 규제하는 것은 바람직하지 않다.
근거	댓글 규제는 건전한 의견 표명까지도 차단할 수 있다.
절충안	

⑨
'e-스포츠 육성 방안'을 주제로 글을 쓰기 위해 생각을 정리해 보았다. 논지 전개 과정으로 보아 [A]에 들어갈 적절한 해결 방안을 두 가지 쓰시오.

논지 전개 과정	주요 내용
e-스포츠 소개	전자게임대회 또는 게임리그를 뜻하며 프로게이머 · 미디어 · 기업 · 정부 등 관련이 있는 주체들의 문화적 · 산업적 활동까지도 포함한다.
육성의 필요성 강조	• 건전한 게임 문화 정착 • 산업적 효용성과 부가가치 창출 • 간접적인 국가 홍보 효과
문제점 파악	• 관계 법령 정비 지연 • 정보 시스템 구축 미흡 • 사회적 공감대 형성 부족
해결 방안 제시	[A]

----

⑩
〈보기〉를 읽고 〈조건〉에 맞게 두 문장으로 쓰시오.

● 보기 ●

• 상대방의 의견 : 정보 통신의 발달로 세계는 바야흐로 지구촌 시대로 접어들었다. 지구촌 시대에는 정보의 대부분이 다국적 정보 통신망을 통해 교류되고 있는데, 여기서 사용하는 언어는 영어이다. 세계화가 미국 주도로 진행되면서 모든 분야의 의사소통에 영어가 중심이 되었다. 이런 점에서 영어의 공용어화는 이제 미룰 일이 아니다.

● 조건 ●

• 상대방의 의견을 일부 인정하면서 시작한다.
• 상대방의 의견에 반대하는 입장을 밝힌다.
• 인과 관계를 통해 설명한다.

제 **3** 회

모의고사

1교시 제3회 모의고사

⏱ 60분/57문항

[73회] 초- [77회] 되- [80회] 민-

01 밑줄 친 부분의 의미가 나머지 넷과 다른 것은?

① 군살 ② 군불

③ 군말 ④ 군식구

⑤ 군기침

[73회] 문화(文化)-문명(文明) [80회] 생환(生還)-불귀(不歸)

02 두 단어 간의 관계가 나머지와 다른 것은?

① 나태(懶怠) : 태만(怠慢)

② 익명(匿名) : 실명(實名)

③ 선발(選拔) : 선출(選出)

④ 복종(服從) : 순종(順從)

⑤ 서거(逝去) : 하직(下直)

[73회] 사료(思料) [77회] 난입(亂入) [80회] 조달(調達)

03 〈보기〉 예문의 (   )에 가장 알맞은 단어는?

> ● 보 기 ●
>
> [뜻풀이] 말 없는 가운데 넌지시 승인함
> [예문] 상급자의 (   ) 아래 부정을 저지르다.

① 묵인 ② 부인 ③ 시인

④ 오인 ⑤ 확인

[69회] 곡학아세(曲學阿世) [80회] 경거망동(輕擧妄動)

04 다음 (   ) 안에 들어갈 한자성어로 적절한 것은?

> ● 보 기 ●
>
> 필요에 따라 이용하다 가치가 없어지면 쉽게 버리는 미국
> 의 (   )식의 외교에 대한 비판이 거세지고 있다.

① 안하무인(眼下無人)

② 아전인수(我田引水)

③ 하석상대(下石上臺)

④ 주마간산(走馬看山)

⑤ 감탄고토(甘呑苦吐)

05 밑줄 친 단어의 문맥적 의미가 다른 것은?

① 눈이 나빠 잘 보이지 않는다.

② 나는 사람을 보는 눈이 정확하다.

③ 내 눈에는 그의 단점이 보이지 않는다.

④ 내 눈에는 건물이 튼튼하지 않아 보인다.

⑤ 그의 눈에는 내가 헤픈 여자로 보일 것이다.

[73회] 떡 본 김에 제사 지낸다 [77회] 마른 논에 물대기

06 다음 주어진 내용에 해당하는 속담은?

> ● 보 기 ●
>
> 어떤 일을 할 때 그 결과가 어떻게 되리라는 것을 생각하
> 여 미리 살피고 일을 시작하라는 말

① 뚝배기보다 장맛이 좋다.

② 우선 먹기엔 곶감이 달다.

③ 나무만 보고 숲을 보지 못한다.

④ 누울 자리 봐 가며 발을 뻗어라.

⑤ 남의 잔치에 감 놓아라 배 놓아라 한다.

07 〈보기〉의 ㉠~㉢에 들어갈 단어가 바르게 짝지어진 것은?

━━━━━━━━● 보기 ●

- 식장을 가득 (㉠) 하객들은 모두 일어서서 박수를 쳤다.
- 커다란 가방을 (㉡) 등산객들이 버스에 올랐다.
- 아이들은 운동화 끈을 (㉢) 달리기를 시작했다.

	㉠	㉡	㉢
①	메운	맨	매고
②	메운	멘	매고
③	매운	맨	메고
④	매운	멘	메고
⑤	매운	맨	매고

08 ㉠을 대신할 수 있는 표현으로 적절한 것은?

━━━━━━━━● 보기 ●

둘째로 사회 윤리, 즉 사회 기본 구조의 도덕성이 중요시되어야 할 이유는, 사회의 기본 구조가 개인의 성격을 형성하는 ㉠ 기반이고, 욕구의 종류와 형태까지도 결정하는 틀로서의 지대한 영향력을 갖고 있기 때문이다.

① 동맥(動脈)　　② 모태(母胎)
③ 현미경(顯微鏡)　　④ 나침반(羅針盤)
⑤ 분수령(分水嶺)

09 다음 밑줄 친 단어의 쓰임이 바르지 않은 것은?

① 커튼이 처진 방
② 윗자리에 안치다.
③ 그물에 훑인 고기들
④ 두 물건의 어름에서 일어난 현상
⑤ 얼굴이야 아무렇든, 공부나 해라.

[69회] 너절하다
10 밑줄 친 부분의 의미를 비슷한 의미의 다른 단어나 표현으로 바꾼 것 중 바르지 않은 것은?

① 너절한 차림의 사내가 문을 열고 들어섰다. → 지저분한
② 집 앞 밭에는 잡초만 더부룩하게 자라 있다. → 드문드문
③ 오늘 계산을 아물리고 나서야 퇴근을 할 수 있었다. → 끝내고
④ 장작 패는 솜씨가 설피니까 힘만 들고 속도는 느리지. → 서투르니까
⑤ 친구의 공을 시새우기 시작하면 사이가 좋아지기 힘들다. → 시기하기

[69회] 종용(慫慂) 무마(撫摩) [80회] 부침(浮沈) 추호(秋毫) 조악(粗惡)
11 밑줄 친 단어의 뜻풀이가 바르지 않은 것은?

① 그는 꿈에 젖어, 현실을 도외시(度外視)하였다. → 상관하지 아니하거나 무시함
② 우리는 인정이 몰각(沒却)된 사회에 살고 있다. → 어떤 사실을 잊어버림
③ 그녀는 마을 사람들에게 받은 백안시(白眼視)를 결코 잊지 않았다. → 남을 업신여기거나 무시하는 태도로 흘겨봄
④ 학생은 봉사활동으로 이전의 잘못을 상쇄(相殺)했다. → 상반되는 것이 서로 영향을 주어 효과가 없어지는 일
⑤ 소요(騷擾)가 발생한 틈을 타 건물로 침입했다. → 여러 사람이 모여 폭행이나 협박 또는 파괴 행위를 함으로써 공공질서를 문란하게 함

[73회] 진을 치다 [77회] 눈만 뜨면 [80회] 발이 잦다
12 밑줄 친 관용구의 뜻풀이가 바르지 않은 것은?

① 눈 깜짝할 사이에 십 년의 세월이 흘렀다. → 매우 짧은 순간
② 그녀는 두 자녀의 학비로 허리가 휘청거렸다. → 경제적으로 매우 힘들다.

③ 나는 **뼈를 깎는** 노력을 하여 시험에 합격했다. → 몸을 놀리고 움직이다.

④ 이번 사건을 해결하기 위해 노사가 **이마를 맞대고** 대책 마련에 부심했다. → 함께 모여 의논하다.

⑤ 그는 시 의원이 되더니 **목에 힘을 주고** 다닌다. → 거드름을 피우거나 남을 깔보는 듯한 태도를 취하다.

---

13 밑줄 친 부분의 의미가 다른 것은?

① 그의 가난은 알아주는 **알**가난이다.

② 일하던 곳에서 **알**몸으로 쫓겨났다.

③ 그는 강남에 땅을 갖고 있는 **알**부자다.

④ 사업에 실패해 하루아침에 **알**거지가 되었다.

⑤ 그는 취직은 안 하고 매일 놀고먹는 **알**건달이다.

---

14 다음 중 띄어쓰기가 잘못된 것은?

① 지윤이는 **남자만큼** 힘이 세다.

② **현규만큼** 엉뚱한 아이도 없다.

③ 현아가 **애쓴만큼** 보람이 있다.

④ 그는 **원빈만큼** 잘생기진 않았다.

⑤ 희진이는 **놀랄 만큼** 열심히 공부했다.

---

15 밑줄 친 단어 중 맞춤법에 어긋나는 것은?

① **개펄**에서 굴을 캐다.

② **아무튼** 불행 중 다행이다.

③ **일찌기** 전해져 오던 책이다.

④ 우리 식구는 **오순도순** 잘 지낸다.

⑤ 어린 나이에 부모를 잃다니 참 **가여운** 아이구나.

[69회] 육계장→육개장

16 밑줄 친 부분의 표기가 옳지 않은 것은?

① 어제 **갈매기살**을 먹었다.

② **육개장**은 만들기 어렵다.

③ 자장면 **곱빼기**를 주문했다.

④ **김치찌게**를 가장 좋아한다.

⑤ 복날에는 **삼계탕**을 주로 먹는다.

[69회] 바치다 [73회] 되뇌이다 [77회] 밉보이다 [80회] 얽히다

17 다음 중 맞춤법에 어긋나게 표기된 것은?

① 내가 언제 **그랬다는** 거야?

② 옷에 담배 냄새가 **베었다.**

③ 집에 간다는 사람을 왜 자꾸 **잡니?**

④ 너는 **아무런** 걱정 없이 사는 것 같구나.

⑤ 우리들 마음에 빛이 있다면 겨울엔 **하얄** 거예요.

[73회] 부암동(Buam-dong) [77회] 명동(Myeong-dong)

18 〈보기〉의 로마자 표기법에 따를 때 잘못 표기한 것은?

● 보기

'ㄱ, ㄷ, ㅂ'은 모음 앞에서는 'g, d, b'로, 자음 앞이나 어말에서는 'k, t, p'로 적는다.

① 구미 ⇨ Gumi

② 백암 ⇨ Baegam

③ 합덕 ⇨ Habdeok

④ 옥천 ⇨ Okcheon

⑤ 영동 ⇨ Yeongdong

19 다음 글의 내용을 〈보기〉와 같이 정리할 때, [가]에 가장 적절한 것은?

어느 날, 나는 텅 빈 운동장에서 두 팔을 앞뒤로 높이 휘저으면서 혼자 걸어가는 한 어린이를 지나쳐 볼 수가 있었다.

밤 사이에 내린 첫눈으로 뒤덮인 운동장은 동녘 하늘에 솟아오르는 햇살에 더욱 눈이 부시었다. 그 흰 눈 위를 생기가 넘치는 그 어린이는 마치 사열대 앞을 행진하는 군인처럼 기운차게 신이 나서 꺼떡꺼떡 걸어가는 꼴이 하도 익살맞아서, 나는 혼자 웃음을 참으면서 바라보고 있었다. 그 어린이는 가끔 그 활발한 행진을 멈추고 차려의 자세로 서서 고개를 돌려 뒤를 한동안씩 바라보다가 전과 똑같은 보조로 두 팔, 두 다리를 높직높직 쳐들면서 다시 걸어가는 것이었다. 옥판선지(玉板宣紙)*같이 깨끗한 흰 눈 위에 작은 발자국이 자국자국 무늬져서 길게 뻗어 나가고 있었다.

이 어린이는 눈 덮인 운동장을 꼿꼿하게 일직선으로 걸어가 보고 싶었던 것이다. 그래서 앞으로 걸어가다가는 발을 멈추고 서서 자신이 걸어온 발자취가 어느 정도로 똑바른가를 검토해 보는 것임에 틀림없었다. 그러나 이 어린이가 걸어간 발자국은 부분적으로는 곧았으나 전체적으로 보면 여러 곳에서 바른편으로 또는 왼편으로 굽어 있었다.

나는 집으로 발걸음을 돌리면서 그 어린이의 행동을 통하여 적지 않은 것을 느꼈고, 또 배울 수가 있었다. 사람들은 부귀 빈천을 막론하고, 정도의 차이는 있을망정 누구나 자기들의 일생을 곧고 바르게 걸어가 보려고 노력하는 것이 사실이다. 그러나 사람들이 걸어간 그 생애의 발자취들은 작고 큰 허다한 파란(波瀾)* 속에 가지가지의 복잡한 곡선을 그리고 가다가, 어느 지점에 이르러서 영원히 끝을 맺고 마는 것이다. 인생은 결국 눈 덮인 들판에 가지가지의 발자국을 남기고 걸어가는 나그네인 것 같기도 하다. 그런데 눈 덮인 운동장 위를 걸어가는 저 어린이가 짬짬이 걸음을 멈추고 서서 고개를 돌려 자기가 걸어온 발자국을 그윽이 바라보는 것은 얼마나 슬기로운 일인가?

– 유달영, 「초설(初雪)에 부쳐서」 –

*옥판선지(玉板宣紙) : 폭이 좁고 두꺼우면서도 빛이 희고 결이 고운 고급 선지로, 그림이나 글씨를 쓰는 데에 많이 쓰는 것
*파란(波瀾) : 잔 물결과 큰 물결

대상	첫눈이 내린 운동장을 걸어가는 어린이
상황	어린이는 가끔 뒤돌아봄 + 어린이의 발자국이 굽어 있음
깨달음	([가])

① 도전적인 삶의 자세가 필요함
② 유연성 있는 삶의 자세가 필요함
③ 지나온 삶을 성찰하는 자세가 필요함
④ 조화를 추구하는 삶의 자세가 필요함
⑤ 실패를 두려워하지 않는 삶의 자세가 필요함

[20~21] 다음 글을 읽고 물음에 답하시오.

1995년 오존층 연구로 노벨 화학상을 받은 ㉠ 크루첸 교수는 지난 2백여 년을 가리켜 '인류세(anthropocene)'라고 부르는 것이 적절할 것 같다고 제안하였다. 최소한 1만 년이 넘는 긴 지질학적 시간대에 사용하는 이런 용어를 불과 2백 년 정도의 짧은 기간에 적용해야 한다면 사람들이 무언가 엄청난 일을 벌여놓은 듯한 인상을 준다.

지구 온난화는 인류에 의해 초래된 지구 환경 문제의 하나이다. 이는 기후 시스템을 연구하는 과학자들만의 순수한 과학적 과제를 넘어, 최근에는 전 세계의 정치 지도자들에게까지도 중요한 관심사가 되고 있다.

지구의 온도는 과거에도 변화해왔다. 여러 자료들을 종합해 보면 지난 15만 년 동안 지구는 약 6℃의 기온 변화를 보였다. 이에 비해 최근의 0.6℃ 상승은 불과 2백 년도 안 되는 짧은 시기에 일어난 것으로, 자연적인 현상으로 받아들이기에는 그 변화 속도가 너무도 빠르다. 1957년 키일링 교수가 대기 중 탄산가스 농도 측정을 시작하였는데, ㉡ 키일링 곡선이라 불리는 이 측정 자료는 두 가지 중요한 사실을 알려주고 있다. 하나는 지구가 식물의 활동으로 여름철에는 CO_2를 들이마시고, 겨울철이면 CO_2를 대기중으로 내뿜는 1년 주기의 거대한 숨쉬기를 하고 있다는 것이다. 그리고 이에 더하여 대기 중의 CO_2 농도가 연평균 0.5%의 꾸준한

증가를 보이고 있다는 것이다.

문제의 초점은 '키일링 곡선이 보여주는 탄산가스 농도 증가가 사람들이 만들어낸 것인가' 하는 것이었다. 탄산가스 농도는 10만 년 정도의 시간이 흐르면서 200ppmv*에서 280ppmv 사이의 변화를 반복했다. 그러나 이에 비해 산업혁명 이후 80ppmv 이상의 탄산가스 농도 증가는 자연적인 현상으로 보기에는 너무 큰 변화임이 분명하다.

대기는 지구의 온도를 일정하게 유지시키는 온실효과가 있는데, 이러한 온실효과를 일으키는 온실기체의 대기 중 농도가 최근 지수 함수적으로 증가하고 있다. 이런 급격한 변화 때문에 이 시기를 크루첸 교수는 '인류세'라 부르자고 한 것이다. 온실기체의 농도 증가는 대기 중에 머무는 에너지의 양을 증가시킬 것이며, 결국은 지표면의 온도를 상승시킬 것으로 예상된다.

기후를 연구하는 과학자들은 지구의 온도 상승으로 인해 극심한 가뭄이나 폭우 등의 이상 기후가 더 자주 발생할 것이며 태풍의 강도가 세지고 발생 빈도도 높아질 것이라고 한다. 또한 과학자들은 금세기 말에 적어도 9~88cm 정도의 해수면 상승이 있을 것으로 예상하고 있다. 짧은 시간에 해수면이 수십 센티미터 증가했을 때, 저지대가 많은 나라에서 겪을 어려움은 쉽게 짐작이 된다. 더구나 상승된 해수면에 조석(潮汐)이나 태풍이 함께 작용할 때 그 파괴 효과가 가중될 것임은 말할 것도 없다.

기후 모형들이 예측하는 또 하나의 결과는 온난화의 영향이 지역에 따라 상당한 차이가 있으며, 또한 온도 변화 속도가 매우 빠를 것이라는 점이다. 빠른 변화에 적응하기 어려운 식물 생태계 등이 입을 타격이 심각하리라는 점은 너무도 자명하다. 지구 온난화가 예측하는 미래의 지구는 결코 바람직하지 않은 방향으로 그 추가 더욱 기울어지고 있는 것이 사실이다.

*ppmv(part per million by volume) : 공기 분자 1백만 개 중에 섞여 있는 탄산가스 분자의 개수

---

20 ㉡을 적절하게 나타낸 그래프는?

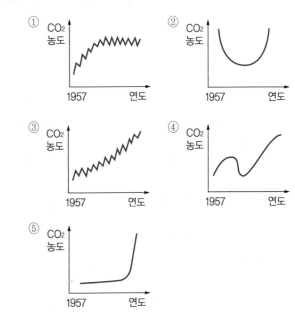

21 ㉠의 이유로 가장 적절한 것은?

① 인류가 자연을 지배했기 때문에
② 우주와 자연의 내적 법칙이 발견되었기 때문에
③ 인류가 지닌 새로운 가능성이 모색되었기 때문에
④ 인류에 의해 지구 환경이 급격하게 변화되었기 때문에
⑤ 기계 문명의 발달로 시공간적 한계가 극복되었기 때문에

22 다음 글의 내용과 일치하지 않는 것은?

광고·선전물의 청소년 유해성 확인 기준

제1조(목적) 이 기준은『영화 및 비디오물의 진흥에 관한 법률(이하 '영비법'이라 한다.)』제32조 및 제66조의 규정에 의한 영화 및 비디오물의 광고·선전물에 대한 청소년 유해성 여부 확인에 필요한 기준을 정함을 목적으로 한다.

제2조(정의) 이 기준에서 사용하는 정의는 다음 각호와 같다.

1. '청소년'이라 함은 영비법 제2조 제18호에서 규정한 18세 미만의 자(「초·중등교육법」제2조의 규정에 따른 고등학교에 재학 중인 학생을 포함한다.)를 말한다.
2. '정보통신망'이라 함은 「정보통신망 이용촉진 및 정보보호 등에 관한 법률」제2조 제1항 제1호에 의한 정보통신체제를 말한다.
3. '광고·선전물'이라 함은 사업자 등이 영화 및 비디오물을 소비자에게 알리거나 관련 정보를 제공하기 위한 제작물을 말한다.〈신설 2012.7.31.〉

제3조(범위)

① 이 기준에 의한 영화 및 비디오물의 광고·선전물에 대한 유해성 확인 대상 범위는 다음 각호를 말한다.

1. 해당 비디오물의 예고편〈개정 2010.6.3.〉
2. 해당 영화 및 비디오물의 포스터, 스틸, 신문, 잡지, 전단, 자켓 등 공중에게 배포·게시되는 광고·선전물
3. 정보통신망을 이용하여 공중의 시청에 제공하고자 하는 영화 및 비디오물의 광고·선전물(영상물 형태의 광고를 포함한다.)〈개정 2010.6.3., 2012.7.31.〉
4. 기타 관련 광고·선전물

② 제1항의 규정에도 불구하고 다음 각호의 영화 및 비디오물의 광고·선전물은 유해성 확인을 받지 않을 수 있다.

1. 영비법 제50조 제3항 제1호 내지 제3호에 의한 비디오물의 광고·선전물
2. 청소년에게 유해성이 없다고 확인을 받은 광고·선전물과 동일한 내용의 광고·선전물을 다른 비디오물의 광고·선전물로 이용·제공하고자 하는 내용(장면의 부분 편집 없이 확인받은 내용을 단순히 연속 구성하거나 분리하여 시청 제공하는 경우를 포함한다. 단, 청소년관람

불가 등급의 광고·선전물은 다른 등급의 광고·선전물과 연속해서는 아니된다.)

3. 정보통신망을 통해 시청·제공되는 광고·선전물로 확인받은 내용과 동일한 이미지(내용을 포함한다.)를 다른 웹면에서 제공하고자 하는 내용(장면의 부분 편집 없이 확인받은 내용을 단순히 연속 구성하거나 분리하여 시청 제공하는 경우를 포함한다. 단, 청소년관람불가 등급의 광고선전물은 다른 등급의 광고선전물과 연속해서는 아니된다.)

① 유해성을 확인하는 대상의 범위에는 비디오물의 예고편도 포함이 된다.
② 유해성을 확인하는 대상의 범위에는 영상물 형태의 광고도 포함이 된다.
③ 유해성의 확인을 하는 기준에서 청소년은 「초·중등교육법」의 규정에 따른다.
④ '광고·선전물'은 영화 및 비디오물의 정보를 소비자에게 알리기 위한 제작물을 말한다.
⑤ 청소년관람불가 등급의 광고 선전물은 다른 등급의 광고선전물과 연속해서 제공하더라도 유해성 확인을 받지 않는다.

[23~24] 다음 글을 읽고 물음에 답하시오.

'인문적'이라는 말은 '인간다운(humane)'이라는 뜻으로 해석할 수 있는데, 유교 문화는 이런 관점에서 인문적이다. 유교의 핵심적 본질은 '인간다운' 삶의 탐구이며, 인간을 인간답게 만드는 덕목을 제시하는 데 있다. '인간다운 것'은 인간을 다른 모든 동물과 차별할 수 있는, 그래서 오직 인간에게서만 발견할 수 있는 이상적 본질과 속성을 말한다. 이러한 의도와 노력은 서양에서도 있었다. 그러나 그 본질과 속성을 규정하는 동서의 관점은 다르다. 그 속성은 그리스적 서양에서는 '이성(理性)'으로, 유교적 동양에서는 '인(仁)'으로 각기 달리 규정된다. 이성이 지적 속성인 데 비해서 인은 도덕적 속성이다. 인은 인간으로서 가장 중요한 덕목이며 근본적 가치이다.

'인(仁)'이라는 말은 다양하게 정의되며, 그런 정의에 대한 여러 논의가 있을 수 있기는 하다. 하지만 '인(仁)'의 핵심적 의미는 어쩌면 놀랄 만큼 단순하고 명료하다. 그것은 '사람다운 심성'을 가리키고, 사람다운 심성이란 '남을 측은히 여기고 그의 인격을 존중하여 자신의 욕망과 충동을 자연스럽게 억제하는 착한 마음씨'이다. 이때 '남'은 인간만이 아닌 자연의 모든 생명체로 확대된다. 그러므로 '인'이라는 심성은 곧 "낚시질은 하되 그물질은 안 하고, 주살을 쏘되 잠든 새는 잡지 않는다(釣而不網, 戈不射宿)."에서 그 분명한 예를 찾을 수 있다.

유교 문화가 이런 뜻에서 '인문적'이라는 것은 유교 문화가 가치관의 측면에서 외형적이고 물질적이기에 앞서 내면적이고 정신적이며, 태도의 시각에서 자연 정복적이 아니라 자연 친화적이며, 윤리적인 시각에서 인간 중심적이 아니라 생태 중심적임을 말해준다.

여기서 질문이 나올 수 있다. 근대화 이전이라면 어떨지 몰라도 현재의 동양 문화를 위와 같은 뜻에서 정말 '인문적'이라 할 수 있는가?

나의 대답은 부정적이다. 적어도 지난 한 세기 동양의 역사는 스스로가 선택한 서양화(西洋化)라는 혼란스러운 격동의 역사였다. 서양화는 그리스적 철학, 기독교적 종교, 근대 민주주의적 정치이념 등으로 나타난 이질적 서양 문화, 특히 너무나 경이로운 근대 과학 기술 문명의 도입과 소화를 의미했다. 이러한 서양화가 전통 문화, 즉 자신의 정체성의 포기 내지는 변모를 뜻하는 만큼,

심리적으로 고통스러운 것이었음에도 불구하고, 동양은 서양화가 '발전적·진보적'이라는 것을 의심하지 않았다. 모든 것이 급속히 세계화되어 가고 있는 오늘의 동양은 문명과 문화의 면에서 많은 점이 서양과 구별할 수 없을 만큼 서양화되었다. 어느 점에서 오늘의 동양은 서양보다도 더 물질적 가치에 빠져 있으며, 경제적·기술적 문제에 관심을 쏟고 있다.

하지만 그런 가운데에서도 동양인의 감성과 사고의 가장 심층에 깔려 있는 것은 역시 동양적·유교적, 즉 '인문적'이라고 볼 수 있다. 그만큼 유교는 동양 문화가 한 세기는 물론 몇 세기 그리고 밀레니엄의 거센 비바람으로 변모를 하면서도, 근본적으로 바뀌지 않고 쉽게 흔들리지 않을 만큼 깊고 넓게 그 뿌리를 박고 있는 토양이다. 지난 한 세기 이상 '근대화', '발전'이라는 이름으로 서양의 과학 문화를 어느 정도 성공적으로 추진해 온 동양이 그런 서양화에 어딘가 불편과 갈등을 느끼는 중요한 이유의 하나는 바로 이러한 사실에서 찾을 수 있다.

23 위 글의 내용과 일치하지 않는 것은?

① 동양 문화는 서양화를 통해 성공적으로 발전했다.

② 유교 문화는 내면적이고 정신적이며 자연친화적이다.

③ 유교는 동양인의 감성과 사고의 밑바탕에 깔려 있다.

④ '인'은 사람다운 심성으로, 그 대상이 모든 생명체로 확대된다.

⑤ 인간의 이상적 본질과 속성을 규정하는 관점은 동·서양이 다르다.

24 위 글의 서술 방법을 묶은 것으로 적절한 것은?

● 보 기 ●

㉠ 개념을 밝혀 논점을 드러낸다.
㉡ 주장을 유사한 이론들과 비교한다.
㉢ 문제점을 지적한 후 견해를 제시한다.
㉣ 여러 각도에서 문제를 분석하여 논지를 강화한다.

① ㉠, ㉡   ② ㉠, ㉢

③ ㉡, ㉢   ④ ㉡, ㉣

⑤ ㉢, ㉣

[25~26] 다음 글을 읽고 물음에 답하시오.

전자 상거래는 상품과 서비스의 수요자와 공급자 모두에게 영향을 주고 있다. 우선 수요 측면에서 보면, 소비자들은 종전보다 훨씬 빠르고 쉽게 자신이 원하는 상품을 고를 수 있다. 웹상에서는 즉각적으로 가격을 비교할 수 있으며, 미처 알지 못했던 관련 상품에 관한 정보를 제공받을 수 있다. 제품 사양과 기능에 대한 설명이 훨씬 풍부하고 회사가 제공하지 못하는 실제 사용상의 특성에 대해서도 얼마든지 알 수 있다. 이런 방법으로 소비자들이 공급자에 대하여 ㉠상품에 대한 정보의 비대칭성을 극복하게 되었다. 게다가 공동 구매를 통하여 소비자는 가격에 대해서도 어느 정도의 협상력을 가지게 되었다.

공급 측면에서 보았을 때 가장 중요한 변화는 비용의 감소이다. 부품의 구매에서부터 생산, 출하, 판매까지 전 단계가 자동화되고 네트워크를 통해 관리된다. 그 결과는 대부분 구매, 재고, 물류 비용 절감 효과로 나타난다. 정보 기술은 이렇게 절약을 통한 생산자의 경쟁력 제고를 가능케 하고 있다. 기존의 소매업은 점포의 위치가 매출에 상당히 중요한 요소였으나, 인터넷을 통한 상품 판매는 지리적 여건을 뛰어넘고 있다. 생산자는 소비자와 직거래를 할 수 있게 되면서 거래 단계가 해체됨을 경험하고 있다.

디지털 정보 처리의 특성은 기업들로 하여금 '표준전쟁'을 치르게 하고 있다. 커뮤니케이션을 위해서는 정보를 받는 사람과 주는 사람 모두가 동일한 정보 처리 방법(기술 표준)에 따라야만 의미가 통한다는 특성으로 인해, 기술적으로는 열위에 있지만 표준을 장악하면 시장 지배력을 확보할 수 있다는 역설적 현상이 나타난다. 따라서 멀티미디어 정보의 압축이나 재생 방법, 정보 기록 매체 산업의 기술 표준, 사무용 오피스웨어의 보급 등 광범한 영역에서 치열한 경쟁이 벌어지고 있다.

사이버 공간에서 인간 상호 작용의 경제적 특성은 네트워크에 참여하는 사람의 효용이 자신의 소비에서뿐만 아니라 타인의 참여에 의해서도 증가하는 ㉡망외부성(網外部性)에 기초하고 있다.

이로부터 알 수 있는 것은 인터넷 경제에서는 기본적으로 사람들을 인터넷의 한 특정 공간으로 유인하는 능력, 즉 콘텐츠의 매력이 경쟁력을 의미한다는 것이다. 이는 특별한 정보를 새롭게 만들어내는 창작적 사고보다는 기존의 정보를 매력적으로 가공, 구성할 수 있는 발상의 전환 능력이 중요함을 뜻한다.

또한 디지털 정보 처리 기술은 기업의 거래 비용 절감을 가져온다. 문서 처리가 자동화되고 정보는 네트워크를 통해 모니터링된다. 기업 내부를 흐르는 정보는 마치 사람의 신경처럼 조직화된 망을 통해 유통되며 필요한 순간에 즉각적으로 제공된다. 이것이 비즈니스에 필요한 정보가 생각의 속도로 움직이는 디지털 신경망 시스템을 만들 수 있다는 빌 게이츠의 마찰 없는 경제의 이상을 보여주는 것이다. 그러나 정보화가 진행될수록 인간 사이의 커뮤니케이션의 부재 혹은 마찰에 따른 갈등은 더욱 두드러지고 있으며 이것이 또 다른 거래 비용의 증가 요인으로 작용하고 있다.

25 ㉠을 설명하기 위한 예로 적절하지 않은 것은?

① 상품을 검색하여 상품의 가격, 기능, 특성을 파악한다.

② 상품 공급 회사 홈페이지에 접속하여 상품을 구매한다.

③ 구매하려는 상품의 매출량, 소비자 선호도 등을 조사한다.

④ 인터넷 웹상에서 동호회를 조직하여 상품에 대한 의견을 수렴한다.

⑤ 구매하고자 하는 상품의 안티사이트를 방문하여 사람들의 의견을 참고한다.

26 〈보기〉를 참고하여 ㉡의 개념을 추리한 것으로 가장 적절한 것은?

보기

망외부성(網外部性)에 의한 가입자 쏠림 현상으로 인해 특정 기업의 시장 지배력이 증가하여 공정 경쟁이 제한될 우려가 있다.

① 계층 간의 소득 격차가 디지털미디어의 확산에 의해 더욱 악화되는 것

② 시공간적 제약을 초월하여 전 세계의 소비자를 상대로 한 영업이 가능해진 것

③ 가치에 대한 절대적 판단 기준이 부재한 상태에서 과장 광고에 의해 가치가 평가되는 것

④ 어떤 상품이나 정보를 사용하는 사람이 많으면 많을 수록 상품이나 정보의 가치가 증가하는 것

⑤ 인터넷에 접속할 수 있는 환경만 구비되면 기업이나 개인 누구든지 항상 자유롭게 시장에 참여할 수 있는 것

화학 반응을 통해 당을 분해하여 에너지원인 ATP를 얻는다. 그런데 ATP가 지나치게 생산되어 축적되면 피드백을 통해 화학 반응의 초기 단계에 작용하는 효소를 억제하여 ATP의 생산 속도를 늦춰 ATP의 양을 줄이게 된다.

이와 달리, 양성피드백이란 특정 상황에서 ㉠ 최종 산물을 훨씬 더 많이 생산하기 위해 최종 산물이 화학 반응의 여러 단계 중, 자신의 생산에 관여하는 어느 한 단계의 효소를 더욱 활성화시키는 것을 말한다. 가령, ㉡ 우리 몸에 상처가 나서 피가 날 경우, 체내에서는 피를 응고시키는 데 필요한 최종 산물인 피브린이 생산된다. 이때 양성피드백을 통해 특정 단계의 효소가 활성화되어 피브린이 더 빨리 생산, 축적되며 출혈을 멈추기에 충분한 정도가 될 때까지 최종 산물인 피브린이 생산된다.

[27~28] 다음 글을 읽고 물음에 답하시오.

우리 몸은 일반적으로 체내의 어떤 물질이 필요 이상으로 많거나 적을 때에는 그 물질의 생산을 억제하거나 촉진한다. 이와 달리 특정 상황에서는 체내에 충분히 생산된 물질임에도 그 물질을 더 많이 만들기도 한다. 우리의 체내의 이런 현상은 어떤 과정을 거쳐 일어나게 되는 것일까?

세포 내에서 어떤 물질은 여러 단계의 화학 반응을 거쳐 다른 물질로 바뀌게 된다. 이때 촉매 구실을 하는 특정 단백질인 효소에 의해 화학 반응이 이루어지는데, 각 단계에서 화학 반응을 촉매하는 효소는 각기 다르다. 이러한 과정을 통해 세포 내에서는 산물들이 생기는데, 최종 산물은 체내에서 필요로 하는 요구량보다 많거나 적을 수 있다. 이럴 경우 피드백(feedback)을 통해 체내의 요구량만큼 최종 산물의 양을 조절하게 된다. 피드백은 화학 반응의 최종 산물이 특정 단계로 되돌아가 해당 효소의 활동을 억제하거나 활성화시켜 최종 산물의 양을 조절하는 과정이라 할 수 있다. 이러한 피드백은 체내의 일반적인 상황에서 이루어지는 음성피드백(negative feedback)과 특정 상황에서 이루어지는 양성피드백(positive feedback)이 있다.

음성피드백이란 일정한 상태로 몸을 유지하기 위해 최종 산물의 양이 많아지면 화학 반응 경로의 초기 단계에 작용하는 효소가 억제되고, 반대로 그 양이 적어지면 화학 반응 경로의 초기 단계에 작용하는 효소가 활성화되는 것을 말한다. 예를 들어, 세포는

27 위 글의 제목으로 가장 적절한 것은?

① 피드백의 원리를 이용한 에너지의 생산 과정

② 피드백을 통한 최종 산물의 억제 방법

③ 피드백을 통한 체내 물질의 조정 과정

④ 피드백을 통한 최종 산물의 형태 변화

⑤ 피드백의 유형과 장단점

28 ㉡을 고려하여 ㉠의 이유를 추론한 내용으로 가장 적절한 것은?

① 우리 몸의 기능을 활성화시켜 특정 상황을 유지하기 위해서

② 특정 상황에서 필요한 물질을 다른 물질로 대체하기 위해서

③ 우리 몸이 특정 상황에 처했을 때 신속하게 대처하기 위해서

④ 효소의 활성화를 최소화하여 특정 상황에서 벗어나기 위해서

⑤ 특정 상황에서 필요량보다 더 많은 에너지를 저장하기 위해서

[29~30] 다음 글을 읽고 물음에 답하시오.

우리나라의 전통 음악은 대체로 크게 정악과 속악으로 나뉜다. 정악은 왕실이나 귀족들이 즐기던 음악이고, 속악은 일반 민중들이 가까이 하던 음악이다.

개성을 중시하고 자유분방한 감정을 표출하는 한국인의 예술 정신은 정악보다는 속악에 잘 드러나 있다. 우리 속악의 특징은 한 마디로 즉흥성이라는 개념으로 집약될 수 있다. 판소리나 산조에 '유파(流派)'가 자꾸 형성되는 것은 모두 즉흥성이 강하기 때문이다. 즉흥으로 나왔던 것이 정형화되면 그 사람의 대표 가락이 되는 것이고, 그것이 독특한 것이면 새로운 유파가 형성되기도 하는 것이다.

물론 즉흥이라고 해서 음악가가 제멋대로 하는 것은 아니다. 곡의 일정한 틀은 유지하면서 그 안에서 변화를 주는 것이 즉흥 음악의 특색이다. 가령 판소리 명창이 무대에 나가기 전에 "오늘 공연은 몇 분으로 할까요?"하고 묻는 것이 그런 예다. 이때 창자는 상황에 맞추어 얼마든지 곡의 길이를 조절할 수 있는 것이다. 이것은 서양 음악에서는 어림없는 일이다. 그나마 서양 음악에서 융통성을 발휘할 수 있다면 가령 4악장 가운데 한 악장만 연주하는 것 정도이지 각 악장에서 조금씩 뽑아 한 곡을 만들어 연주할 수는 없다. 그러나 한국 음악에서는, 특히 속악에서는 연주 장소나 주문자의 요구 혹은 연주자의 상태에 따라 악기도 하나면 하나로만, 둘이면 둘로 연주해도 별문제가 없다. 거문고나 대금 하나만으로도 얼마든지 연주할 수 있다. 전혀 이상하지도 않다. 그렇지만 베토벤의 운명 교향곡을 바이올린이나 피아노만으로 연주하는 경우는 거의 없을 뿐만 아니라, 설령 연주를 하더라도 어색하게 들릴 수밖에 없다.

즉흥과 개성을 중시하는 한국의 속악 가운데 대표적인 것이 시나위다. 현재의 시나위는 19세기 말에 완성되었으나 원형은 19세기 훨씬 이전부터 연주되었을 것으로 추정된다. 시나위의 가장 큰 특징은 악보 없는 즉흥곡이라는 것이다. 연주자들이 모여 아무 사전 약속도 없이 "시작해 볼까?"하고 연주하기 시작한다. 그러니 처음에는 서로가 맞지 않는다. 불협음 일색이다. 그렇게 진행되다가 중간에 호흡이 맞아 떨어지면 협음을 낸다. 그러다가 또 각각 제 갈 길로 가서 혼자인 것처럼 연주한다. 이게 시나위의 묘미다. 불협음과 협음이 오묘하게 서로 들어맞는 것이다.

그런데 이런 음악은 아무나 하는 게 아니다. 즉흥곡이라고 하지만 '초보자(初步者)'들은 꿈도 못 꾸는 음악이다. 기량이 뛰어난 경지에 이르러야 가능한 음악이다. 그래서 요즈음은 시나위를 잘 할 수 있는 사람들이 별로 없다고 한다. 요즘에는 악보로 정리된 시나위를 연주하는 경우가 대부분인데, 이것은 시나위 본래의 취지에 어긋난다. 악보로 연주하면 박제된 음악이 되기 때문이다.

요즘 음악인들은 시나위 가락을 보통 '허튼 가락'이라고 한다. 이 말은 그대로 '즉흥 음악'으로 이해된다. 미리 짜 놓은 일정한 형식이 없이 주어진 장단과 연주 분위기에 몰입해 그때그때의 감흥을 자신의 음악성과 기량을 발휘해 연주하는 것이다. 이럴 때 즉흥이 튀어 나온다. 시나위는 이렇듯 즉흥적으로 흐드러져야 맛이 난다. 능청거림, 이것이 시나위의 음악적 모습이다.

29 위 글의 내용을 토대로 알 수 있는 사실은?

① 판소리나 산조는 유파를 형성하기 위하여 즉흥적인 감정을 표출하기도 한다.
② 오늘날 시나위를 잘 계승·보존하기 위해서는 악보를 체계적으로 정리해야 한다.
③ 속악과 마찬가지로 정악도 악보대로 연주하는 것보다 자연발생적인 변주를 중시한다.
④ 불협음과 협음이 조화를 이루는 시나위를 연주하기 위해서는 연주자의 기량이 출중해야 한다.
⑤ 교향곡을 서양 악기 하나로 연주하는 것이 어색하듯, 시나위를 전통 악기 하나로 연주하는 것도 어색하다.

30 위 글에서 설명한 '즉흥성'과 관련 있는 내용을 〈보기〉에서 모두 고른 것은?

●━━━━━━━━━━━ 보 기 ●

㉠ 주어진 상황에 따라 임의로 곡의 길이를 조절하여 연주한다.
㉡ 장단과 연주 분위기에 몰입해 새로운 가락으로 연주한다.
㉢ 연주자들 간에 사전 약속 없이 연주하지만 악보의 지시는 따른다.
㉣ 감흥을 자유롭게 표현하기 위해 일정한 틀을 철저히 무시한 채 연주한다.

① ㉠, ㉡   ② ㉠, ㉢
③ ㉡, ㉢   ④ ㉠, ㉣
⑤ ㉢, ㉣

[31~32] 다음 글을 읽고 물음에 답하시오.

'생명이란 무엇인가'라는 물음은 과학이 도전하고 있는 난제 중 하나이다. 영국의 과학 주간지 〈뉴사이언티스트〉는 지난 특집에서 '생명의 10대 수수께끼'를 다루었다. 이 중 상당수는 해묵은 것들이지만 몇 가지는 오늘날 우리가 생명에 대해 가지고 있는 상(像)이 무엇인지, 그리고 그 상을 떠받치는 가정들이 어떤 것인지 다시 한번 생각하게 해 준다.

먼저 '우리는 지금도 진화하는가'라는 물음에 많은 사람들은 그렇다고 고개를 끄덕일 것이다. 하지만 이 이야기는 어딘지 낯선 느낌을 떨칠 수 없다. 언제부터인지 우리는 진화의 수레바퀴에서 벗어나 스스로의 진화를 제어하고 통제할 수 있는 위치에 올라선 듯한 착각을 하고 있기 때문이다. 그러나 우리 역시 진화의 흐름에서 열외일 수 없다. 다윈은 진화의 두 가지 메커니즘으로 유전 가능한 돌연변이와 자연선택을 꼽았다. 그중에서 변이는 모든 생물들에서 끊임없이 일어나는 것이다. 그런데 선택의 측면에서는 분명 과거와 다른 요인들이 많이 개입한다. 가령 과거에는 적자(適者)가 많은 자손을 남겨서 자신의 유전형을 확산했지만, 오늘날에는 생식기술의 발전과 인위선택이라 불릴 수 있는 숱한 요소들이 그동안 자연선택이라 불리던 것을 대체하고 있다. 그러나 중

요한 것은 아무리 그렇다 하더라도 이 요소들이 또한 인간의 통제에서 벗어나기는 마찬가지라는 사실이다.

다음으로 '유성생식이 왜 필요한가'라는 물음은 복제 시대를 살아가고 있는 오늘날 꼭 되새겨 보아야 한다. 지구상에 생존하는 다세포 생물 중 99.9%가 유성생식을 한다. 이들은 자신의 후손을 더 많이 퍼뜨리기 위해 치열한 경쟁을 벌이고 있는 것이다. ㉠ 유성생식의 과정은 효율성 면에서 보면 무척이나 거추장스럽고 많은 비용이 들어간다. 그렇기에 오늘날 간편하고 효율적인 복제로 우량 품종을 대량 생산하자는 주장이 나오고, 인간도 미래에는 이런 방법으로 생식을 제어할 수 있으리라는 터무니없는 기대가 팽배하고 있다. 하지만 35억 년에 걸친 진화 과정에서 다세포 생물들이 압도적으로 유성생식을 선택했다는 사실을 간과해서는 안 된다. 많은 학자들은 오늘날 풍부한 생물종이 탄생하고, 지능과 같은 인간적 특성들이 발생할 수 있었던 가장 큰 이유로 유성생식을 지적하고 있다.

마지막으로 '인간과 같은 지능의 출현은 필연적이었는가'라는 물음인데, 대부분의 사람들은 인간의 출현이 진화의 궁극적인 목적이었다고 생각한다. 즉, 단세포 생물에서 영장류를 거쳐 인간에 도달한 경로를 유일한 생명의 역사로 간주하는 것이다. 그러나 고생물학자 '스티븐 제이 굴드'는 "생명이라는 테이프를 되감아 다시 돌리면 인간이 등장할 가능성이 있을까"라는 유명한 물음을 제기한다. 아쉽게도 그 답은 '아니다'이다. 인간은 생명의 역사라는 기나긴 여정에서 목적지가 아니라 한 간이역에 불과하다는 것이다. 수천만 년 전 지구를 지배하던 공룡도 순식간에 멸종했고, 그 빈틈을 비집고 우리의 아득한 선조가 번성할 수 있었듯이 우리도 어느 한순간 공룡의 신세가 될 수 있다.

우리는 생명을 둘러싼 수수께끼들을 살펴보면서 이러한 질문들이 계속 변하지 않는 중요한 이유가, 생명에 대한 우리의 접근 방식에 근본적인 문제가 있었기 때문이라는 사실을 발견하게 된다. 간명하게 말해서, '생명이란 무엇인가?'라고 묻기 위해서는 먼저 생명에 대한 우리의 근본적인 생각에 대한 반성적 성찰을 토대로 그 물음에 접근해야 한다는 것이다.

— 김동광, 「게놈 프로젝트 시대에도 유효한 생명에 대한 의문들」 —

31 글쓴이가 〈보기〉의 신문 기사를 읽고 나타냈을 반응으로 가장 적절한 것은?

●━ 보기 ━●

보건복지부는 '생명 윤리 및 안전에 관한 법률'을 시행한 이후 처음으로 배아복제 연구를 공식 승인했다. 이 관계자는 "연구팀의 배아복제 연구기관의 등록 승인 및 신청에 대해 연구실 현장 실태 점검과 서류 검토 작업 등을 거쳐 최종 승인했다."고 말했다. 이로써 이 연구팀은 정부의 관리체계 내에서 배아복제 연구에 박차를 가할 수 있게 됐다.

① 이러한 연구 결과는 우리 사회를 더욱 경쟁적으로 몰아 갈 것임을 유념해야 합니다.

② 이러한 연구가 전혀 예기치 못한 결과를 얻을 수도 있다는 사실을 명심해야 합니다.

③ 민간 차원의 공식 후원금을 조성하여 연구 진행에 부족함이 없도록 지원해야 합니다.

④ 이 연구가 지닌 잠재적인 경제 가치를 고려하여 이것이 해외로 유출되지 않도록 보호해야 합니다.

⑤ 현재 이러한 연구에 부정적인 반응을 보이는 사람들도 많이 있으므로 이들을 먼저 설득해야 합니다.

32 ㉠의 구체적인 사례로 제시할 수 있는 것은?

① 고래는 비록 물속에서 살지만 어류가 아니라 포유류이기에 알이 아니라 새끼를 낳아 기른다.

② 암사자는 힘이 강한 수사자를 중심으로 집단생활을 하면서 먹이가 필요하면 힘을 모아 사냥을 한다.

③ 흔히 미혼자가 오래 살 것이라 생각하는 사람들이 많은데, 실제로는 기혼자가 10년 정도 더 오래 산다.

④ 공작은 포식자의 눈에 잘 띄어 죽을 수 있음에도 불구하고 암컷의 관심을 끌기 위해 화려한 깃털을 자랑한다.

⑤ 부모의 유전자를 반씩 닮아 태어나는 개체는, 세대가 내려갈수록 종이 다양해져서 질병에 대한 면역력이 강해진다.

33 다음 글의 내용과 일치하지 않는 것은?

암각화에는 선조와 요조가 사용되었다. 선조는 선으로만 새긴 것을 말하며, 요조는 형태의 내부를 표면보다 약간 낮게 쪼아내어 형태의 윤곽선을 표현한 것이다. 이러한 점에서 요조는 쪼아 낸 면적만 넓을 뿐이지 기본적으로 선조의 범주에 든다고 하겠다. 따라서 선으로 대상을 표현했다는 점에서 암각화는 조각이 아니라 회화라고 할 수 있다.

한편 조각과 회화의 성격을 모두 띠고 있는 것으로 부조가 있다. 부조는 벽면 같은 곳에 부착된 형태로 도드라지게 반입체를 만드는 것이다. 평면에 밀착된 부분과 평면으로부터 솟아오른 부분 사이에 생기는 미묘하고도 섬세한 그늘은 삼차원적인 공간 구성을 통한 실재감을 주게 된다. 빛에 따라 질감이 충만한 부분과 빈 부분이 드러나서 상대적인 밀도를 지각할 수 있게 되는 것이다. 이처럼 부조는 평면 위에 입체로 대상을 표현하므로 중량감을 수반하게 되고 공간과 관련을 맺는다. 이것이 부조에서 볼 수 있는 조각의 측면이다.

부조는 신전의 벽면을 장식하기 위한 목적으로 제작되기 시작했다. 그리스 신전과 이집트 피라미드 등에서는 부조로 벽면을 장식하여 신비스러운 종교적 분위기를 형성하고 있다. 이처럼 이차원적 제한성에도 불구하고 삼차원적 효과를 극대화한 부조는 제작 환경과 제작 목적에 맞게 최적화된 독특한 조형 미술의 양식이다.

① 요조는 표면보다 낮게 표현한다.

② 선조는 입체감을 강조한 조형 양식이다.

③ 요조는 표현 방법 면에서 회화에 가깝다.

④ 부조는 종교 건축물의 장식에 사용되었다.

⑤ 부조는 공간과 관련을 맺어 조각의 성격을 띤다.

[34~35] 다음 글을 읽고 물음에 답하시오.

세계사는 유목 민족과 정주 민족 간 투쟁의 역사이다. 유목 민족은, 농경을 주업으로 하여 문명에서 앞서간 정주 민족에게 결국 패배하였다. 유럽을 공포로 몰아넣었던 용맹한 유목 민족인 훈족 역시 역사에서 흔적 없이 소멸했다. 그러나 21세기 들어 새로운 유목 민족이 새 역사를 쓰고 있다. 이들은 과거의 기마병이 상상조차 할 수 없는 속도로 세계 거의 모든 나라의 국경을 무너뜨리고 끊임없이 영토를 확장해 나가고 있다. 이처럼 신유목 시대를 열고 있는 종족이 바로 21세기의 화두로 떠오르고 있는 ㉠디지털 노마드*이다. 프랑스의 지성 자크 아탈리는 '21세기는 정보 기술(IT)을 갖추고 지구를 떠도는 디지털 노마드의 시대'라고 예언했다.

신유목 시대는 자본과 노동의 자유로운 이동을 추구하는 세계화와 관련이 있다. 국경을 넘나드는 세계화 시대의 돈과 노동력은 철저하게 유목화한다. 유목민이 말을 타고 새로운 영토를 찾아 끊임없이 이동했듯 21세기의 자본은 더 높은 수익률을, 노동력은 더 나은 삶을 모색하며 쉬지 않고 움직인다. 현대의 유목은 물리적인 현실 공간을 넘어 사이버 공간으로 이동된다. 프랑스의 철학자 피에르 레비는 '현대인에게 움직인다는 것의 의미는 더 이상 지구 표면 한 지점에서 다른 지점으로 이동하는 것만을 뜻하지 않는다.'라고 했다.

신유목 시대의 두 축은 사이버 세계와 유목 행위이다. 과거 유목민이 오아시스라는 허브*를 통해 생존의 네트워크를 만들었듯, 디지털 노마드는 인터넷에서 생존의 조건을 확보한다. 시간과 장소에 구애를 받지 않고 다양하고 새로운 서비스를 받을 수 있는 유비쿼터스*는 새로운 유목민의 환경이다. 유목민은 성을 쌓지 않을 뿐만 아니라 성을 떠난다. 조상과 자신이 출생한 공간은 낡은 사진 이상의 의미를 갖지 못한다. 그들은 모국어를 버리고 이방에서 외국어를 쓰며 생활한다.

신유목 시대에는 국가주의가 퇴조하고 세계시민주의가 확대될 것으로 예상된다. 또한 세계화와 민족주의 사이의 갈등과 불확실성이 더욱 심해질 전망이다. 지구촌은 남북 격차*에 디지털 격차까지 겹쳐 빈익빈부익부 구조가 더욱 심해지고 고착될 수도 있다. 남쪽 세계에 속한 인구는 디지털 노마드로 변신을 꾀하기는커녕, 생존이 가능한 공간을 찾아 흙먼지 길을 전전해야 하는 가난한 유

랑민으로 남게 될지도 모른다. 이를 해결할 수 있는 길은 바로 네트워크를 통한 공동체적 유대를 회복하는 데 있다. 공동체적 유대의 기본 정신은 '박애와 관용'이다. 과학 기술과 네트워크에 인간적 온기를 불어넣을 때, 인간을 소외시켰던 바로 그 과학 기술과 네트워크는 신유목 시대의 미래를 열어가는 정신적 토대로 전환될 수 있다. 1,600여 년 전 세계를 휩쓸었던 유목 민족인 훈족은 새로운 길을 찾지 못하고 역사에서 사라졌다. 21세기의 새로운 유목민도 비슷한 상황을 맞을 수 있다. 그러나 이미 도처에서 자라고 있는 희망의 싹을 잘 키운다면, 디지털 노마드는 인류 역사의 위대한 종족으로 남게 될 수 있을 것이다.

*노마드(nomad) : 유목민
*허브(hub) : 중심에 위치하여 바큇살 모양으로 다른 부분을 접속하는 중계 장치
*유비쿼터스(ubiquitous) : 두루누리. 정보 사용자가 네트워크나 컴퓨터를 의식하지 않고 장소에 상관없이 자유롭게 네트워크에 접속할 수 있는 정보통신 환경
*남북 격차 : 북반구에 있는 나라와 남반구에 있는 나라 사이의 불균형한 경제 관계

34 위 글의 내용과 일치하지 않는 것은?

① 역사적으로 유목 민족과 정주 민족은 갈등을 겪어 왔다.

② 남북의 경제적 격차로 인해 디지털 노마드가 늘고 있다.

③ 디지털 노마드의 생활 양식은 빠른 속도로 확산되고 있다.

④ 과거의 유목민에게 오아시스는 생존의 중요한 조건이었다.

⑤ 유비쿼터스는 디지털 노마드의 생존을 위해 필요한 환경이다.

35 ㉠에 포함될 수 있는 경우를 〈보기〉에서 모두 고른 것은?

●보기●
ㄱ) 전자 회사에 취직하여 최첨단 광통신 장비에 들어갈 부
품을 만드는 노동자
ㄴ) 한국에서 인터넷을 통해 미국의 주식 시장에 실시간으
로 투자를 하는 사람
ㄷ) 해외로 출장 가서 컴퓨터를 통해 인터넷에 접속하여 업
무를 처리하는 회사원
ㄹ) 국제민간기구에 가입하여 제3세계를 돌며 인류 평화를
위해 봉사하는 젊은이

① ㉠, ㉡   ② ㉡, ㉢
③ ㉢, ㉣   ④ ㉠, ㉡, ㉢
⑤ ㉠, ㉢, ㉣

[36~38] 다음 글을 읽고 물음에 답하시오.

최근 들어 화두가 되는 IT 관련 용어가 있으니 바로 클라우드(Cloud)이다. 그렇다면 클라우드는 무엇인가? 클라우드란 인터넷상의 서버를 통해 데이터를 저장하고 이를 네트워크로 연결하여 콘텐츠를 사용할 수 있는 컴퓨팅 환경을 말한다.

그렇다면 클라우드는 기존의 웹하드와 어떤 차이가 있을까? 웹하드는 일정한 용량의 저장 공간을 확보해 인터넷 환경의 PC로 작업한 문서나 파일을 저장, 열람, 편집하고 다수의 사람과 파일을 공유할 수 있는 인터넷 파일 관리 시스템이다. 한편 클라우드는 이러한 웹하드의 장점을 수용하면서 콘텐츠를 사용하기 위한 소프트웨어까지 함께 제공한다. 그리고 저장된 정보를 개인 PC나 스마트폰 등 각종 IT 기기를 통하여 언제 어디서든 이용할 수 있게 한다. 이것은 클라우드 컴퓨팅 기반의 동기화 서비스를 통해 가능하다. 즉 클라우드 컴퓨팅 환경을 기반으로 사용자가 보유한 각종 단말기끼리 동기화 절차를 거쳐 동일한 데이터와 콘텐츠를 이용할 수 있게 하는 시스템인 것이다.

클라우드는 구름[cloud]과 같이 무형의 형태로 존재하는 하드웨어, 소프트웨어 등의 컴퓨팅 자원을 자신이 필요한 만큼 빌려 쓰고 이에 대한 사용 요금을 지급하는 방식의 컴퓨팅 서비스이다. 여기에는 서로 다른 물리적인 위치에 존재하는 컴퓨팅 자원을 가

상화 기술로 통합해 제공하는 기술이 활용된다.

클라우드는 평소에 남는 서버를 활용하므로 클라우드 환경을 제공하는 운영자에게도 유용하지만, 사용자 입장에서는 더욱 유용하다. 개인적인 데이터 저장 공간이 따로 필요하지 않기에 저장 공간의 제약도 극복할 수 있다. 가상화 기술과 분산 처리 기술로 서버의 자원을 묶거나 분할하여 필요한 사용자에게 서비스 형태로 제공되기 때문에 개인의 컴퓨터 가용률이 높아지는 것이다. 이러한 높은 가용률은 자원을 유용하게 활용하는 ㉠그린 IT 전략과도 일치한다.

또한 클라우드 컴퓨팅을 도입하는 기업 또는 개인은 컴퓨터 시스템을 유지, 보수, 관리하기 위하여 들어가는 비용과 서버의 구매 및 설치 비용, 업데이트 비용, 소프트웨어 구매 비용 등 엄청난 비용과 시간, 인력을 줄일 수 있고, 에너지 절감에도 기여할 수 있다. 하지만 서버가 해킹 당할 경우 개인 정보가 유출될 수 있고, 서버 장애가 발생하면 자료 이용이 불가능하다는 단점도 있다. 따라서 사용자들이 안전한 환경에서 서비스를 이용할 수 있도록 보안에 대한 대책을 강구하고 위험성을 최소화할 수 있는 방안을 마련하여야 한다.

36 위의 글을 통해 알 수 없는 것은?

① 클라우드의 개념
② 클라우드의 장점
③ 클라우드의 변천 과정
④ 클라우드의 해결 과제
⑤ 클라우드의 주요 구성 기술

37 '클라우드'를 ㉠으로 볼 수 있는 이유로 적절한 것을 골라 바르게 묶은 것은?

●보기●
ㄱ. 남는 서버를 활용하여 컴퓨팅 환경을 제공함
ㄴ. 빌려 쓴 만큼 사용 요금을 지급하는 유료 서비스임
ㄷ. 사용자들이 안전한 환경에서 서비스를 이용하게 함
ㄹ. 저장 공간을 제공하여 개인 컴퓨터의 가용률을 높임

① ㄱ, ㄴ   ② ㄱ, ㄹ   ③ ㄴ, ㄷ

④ ㄴ, ㄹ   ⑤ ㄷ, ㄹ

38 '클라우드' 서비스를 활용한 사례로 보기 어려운 것은?

① 회사원 A 씨 : 클라우드에 업무 파일을 올려 팀과 자료를 공유해야겠군.

② 연구원 B 씨 : 클라우드에 올려놓은 프레젠테이션 파일을 스마트폰으로 확인할 수 있겠군.

③ 방송인 C 씨 : 제작한 동영상 파일을 소프트웨어를 별도로 구입하지 않아도 볼 수 있겠군.

④ 대학생 D 씨 : 내 과제 파일이 PC에서 삭제된다 해도 클라우드에 저장되어 있으니 걱정하지 않아도 되겠군.

⑤ 기업인 E 씨 : 클라우드의 가상화 기술을 활용하여 사원들의 업무 처리 과정을 실시간으로 살펴볼 수 있겠군.

[39~41] 다음 글을 읽고 물음에 답하시오.

사물을 입체적으로 느낄 수 있도록 하려면 무엇보다 빛과 그림자가 생생히 묘사되어야 한다. 그래서 사실적이고 입체적인 표현을 중시한 서양 회화는 빛에 대해 지대한 관심을 갖고 빛의 표현과 관련한 다양한 실험을 하였다. 사물을 입체적으로 그린다는 것은 결국 그 사물에서 반사되는 빛을 표현하는 것과 다를 바 없기 때문이다.

빛이 물리적 실체로서 본격적으로 묘사되기 시작한 것은 르네상스기에 들어와서이다. 조토의 〈옥좌의 마돈나〉에서는 양감이 느껴진다. 양감이 느껴진다는 것은 빛을 의식했다는 증거이다. 이렇게 시작된 빛에 대한 인식은 조토보다 2세기 뒤의 작가인 미켈란젤로의 〈도니 성가족〉에서 더욱 명료하게 나타난다. 빛의 각도, 거리에 따른 밝기의 차이 등이 이 그림에는 상세히 묘사되어 있다. 이에 따라 입체감과 공간감도 실감나게 표현되어 있다.

17세기 바로크 시대에 들어서면 화가들의 빛에 대한 인식이 보다 심화된다. 빛을 사실적으로 표현하기 위해 노력하는 과정에서 서양화가들은 빛이 사물의 형태를 식별하게 할 뿐 아니라 우리의 마음도 움직이는 심리적인 매체임을 깨달았다. 빛과 그림자의 변화에 따른 감정의 다양한 진폭을 느끼게 된 서양화가들은 이를 적극적으로 연구하고 표현하였다. 그 대표적인 화가가 '빛과 혼의 화가'로 불리는 렘브란트이다. 그는 빛이 지닌 심리적 효과를 탁월하게 묘사하였다. 그는 〈예루살렘의 멸망을 슬퍼하는 예레미야〉라는 작품에서 멸망해 가는 예루살렘이 아니라 고뇌하는 예레미야에게 빛을 비춤으로써 보는 이로 하여금 그림 속 주인공의 슬픔에 깊이 빠져들게 한다. 렘브란트가 사용한 빛은 그림 속 노인뿐만 아니라 그의 실존적 고통까지 선명히 비춘다. 이와 같은 렘브란트의 빛 처리는 그의 작품을 정신적 호소력을 지닌 예술이 되게 하였다.

19세기 인상파의 출현으로 인해 서양미술사는 빛과 관련하여 또 한 번 중요하고도 새로운 전기를 맞게 된다. 인상파 화가들은 광학지식의 발달에 힘입어 사물의 색이 빛의 반사에 의해 생긴 것이라는 사실을 알게 되었다. 이것은 빛의 밝기나 각도, 대기의 흐름에 따라 사물의 색이 변할 수 있음을 의미한다. 이러한 사실에 대한 깨달음은 고정 불변하는 사물의 고유색이란 존재하지 않는다는 인식으로 이어졌다. 이제 화가가 그리는 것은 사물이 아니라 사물에서 반사된 빛이며, 빛의 운동이 되어 버렸다. 인상파 화가들은 빛의 효과를 극대화하기 위해 같은 주황색이라도 팔레트에서 빨강과 노랑을 섞어 주황색을 만들기보다는 빨강과 노랑을 각각 화폭에 칠해 멀리서 볼 때 섞이게 함으로써 훨씬 채도가 높은 주황색을 만드는 것을 선호했다. 인상파 화가들은 이처럼 자연을 빛과 대기의 운동에 따른 색채 현상으로 보고 순간적이고 찰나적인 빛의 표현에 모든 것을 바침으로써 매우 유동적이고 변화무쌍한 그림을 창조해냈다.

지금까지 살펴본 대로, 서양화가들은 빛에 대한 관찰과 실험을 통해 회화의 깊이와 폭을 확장시켰다. 그 과정에서 빛이 단순히 물리적 현상으로서만 아니라 심리적 현상으로도 체험된다는 사실을 발견하였다. 인상파 이후에도 빛에 대한 탐구와 표현은 다양한 측면에서 시도되고 있다. 따라서 빛을 중심으로 서양화를 감상하는 것도 그림이 주는 감동에 젖을 수 있는 훌륭한 방법이 될 수 있다.

39 위 글의 내용과 일치하지 <u>않는</u> 것은?

① 입체감이 느껴지게 하려면 빛과 그림자를 생생히 묘사해야 한다.

② 렘브란트는 빛이 지닌 심리적인 효과를 탁월하게 묘사한 화가이다.

③ 인상파 화가들은 사물이 지닌 고유색을 표현하기 위해 노력하였다.

④ 인상파 이후에도 빛에 대한 연구와 다양한 시도들이 이루어지고 있다.

⑤ 르네상스기에 들어와 빛이 물리적 실체로서 본격적으로 묘사되기 시작하였다.

40 위 글에 대한 설명으로 가장 적절한 것은?

① 빛에 대한 인식을 중심으로 서양 회화의 흐름을 살펴봤다.

② 빛에 대한 상반된 입장을 소개한 후 자신의 입장을 밝혔다.

③ 화가의 삶과 관련하여 개별 작품들에 대한 감상을 서술했다.

④ 빛에 대한 통념을 비판한 후 새로운 시각의 필요성을 주장했다.

⑤ 사실적 표현을 위한 기법을 중심으로 서양 회화의 특징을 분석했다.

41 위 글을 바탕으로 하여 아래의 그림을 감상한 내용으로 가장 적절한 것은?

보기

– 라 투르, 〈두 개의 불꽃 앞의 막달라 마리아〉 –

① 그림의 중심 소재인 여인을 왼쪽에 배치하고 여인의 시선을 거울 속 촛불로 향하게 한 작가의 의도가 궁금해.

② 거울에 비친 촛불의 빛을 이용한 명암의 대비는 입체감뿐만 아니라 자신의 죄를 참회하는 인물의 내면을 잘 드러내고 있어.

③ 막달라 마리아는 성경에 등장하는 인물로 참회의 성인으로 알려져 있으므로 이와 관련해서 작품의 의미를 해석해야 해.

④ 어둠 속에서 빛을 내는 촛불을 소재로 택한 것으로 볼 때, 화가는 부정적 현실을 극복하고자 하는 소망을 표현한 것 같아.

⑤ 그림 속 여인의 무릎에 놓인 해골은 언젠가는 죽을 수밖에 없는 인간의 유한성과 그 원인이 된 죄를 상징하는 것 같아.

[42~43] 다음 글을 읽고 물음에 답하시오.

스크류 없는 배가 바다를 달리는 것이 가능할까? 초전도 선박이라면 가능하다. 1992년 시험 운행을 통해 선을 보인 초전도 선박은 스크류로 인한 소음과 진동이 없으면서도 고속으로 운항할 수 있음을 증명했다. 이런 일이 어떻게 가능했을까? 거기에는 '초전도 현상' 이란 비밀이 담겨 있다.

초전도 현상은 어떤 특정 온도(임계온도) 이하에서 전기저항이 0이 되는 성질을 말한다. 이 현상은 네덜란드의 오네스(Heike Onnes)가 처음 발견했다. 그는 기체인 헬륨을 압축하여 절대온도 4도(섭씨 −269도)의 액체로 만드는 데 성공하였고, 이 액체 헬륨을 이용하여 물질의 온도를 절대온도 0도에 가깝게 냉각시킬 수 있었다. 그는 수은을 냉각시키면서 전기저항을 측정하던 중 절대온도 4.2도 근처에서 수은의 저항이 급격히 사라져 결국 0이 되는 것을 발견했던 것이다.

초전도 현상의 원인에 대한 설명은 반세기가 지나서야 이루어졌는데, 공동 연구자들의 이름 첫 자를 딴 BCS이론이 그것이다. 금속이 저항을 갖는 것은 전자가 흐를 때 금속 이온에 부딪히기 때문인데, 이 이론에 따르면 초전도 상태에서 전자들은 둘씩 짝을 지은 '쿠퍼쌍'을 이룬다. 쿠퍼쌍은 금속 이온의 방해에 관계없이 액체처럼 흐를 수가 있고, 그래서 전기저항이 사라진다는 것이다.

이런 현상이 나타나는 물질을 초전도체라 하는데, 초전도체는 완전한 전기 전도성을 지니고 있기 때문에 아무런 손실 없이 전기를 수송할 수 있으며, 이것으로 만든 코일을 사용하면 대단히 우수한 전자석을 만들 수 있다. 또한 초전도체는 완전 반자성의 성질도 지니고 있다. 완전 반자성이란 주위에 자기장이 있을 때 물질의 표면에 표면 전류가 흘러 그 자기장을 없애 버리고 내부에 자기장이 전혀 들어오지 못하도록 하는 성질을 말한다. 이러한 완전 반자성의 반발 작용을 이용하면, 자석 위에 초전도체를 두어 공중에 떠오르게 하거나 반대로 초전도체 위에 자석을 떠오르게 하는 것이 가능하다.

초전도 현상이 워낙 낮은 온도에서 나타나기 때문에 초전도체의 실용화를 위해서는 그 임계온도를 최대한 높일 필요가 있다. 과학자들은 다양한 초전도 물질의 개발을 통해 임계온도를 꾸준히 높여 가고 있고, 초전도체는 이미 의학을 비롯한 여러 분야에서 활발하게 응용되고 있다. 우리가 흔히 MRI라고 부르는 핵자기공명영상촬영장치에는 강력한 자석이 필요한데, 이 자석은 초전도 전선에 강력한 전류를 흘려 만든다. 미래의 에너지 제조원으로 꼽히는 핵융합 반응을 일으키기 위해서도 초전도 자석이 필요하며, 초전도 자석의 자기부상 효과는 자기부상 열차의 핵심 원리로 사용된다. 앞에서 소개했던 초전도 선박의 힘의 근원도 초전도 자석이다. 선체 밑에 초전도 자석을 설치하여, 이것으로 해수에 자기장을 걸어 주고 전류를 흘리면 플레밍의 왼손 법칙에 따른 전자력이 생기는데, 그 힘을 배가 운항하는 추진력으로 이용하는 것이다.

이제 절대온도 25도 이상에서 초전도 현상이 일어나는 고온 초전도체의 등장이 현실화되면서, 전 세계의 국가들은 조금이라도 더 높은 온도에서 초전도 현상이 일어나는 물질을 만들고 이를 응용하기 위한 무한 경쟁에 나서고 있다.

42 위 글에 사용된 글쓰기 전략과 거리가 먼 것은?

① 물음을 던짐으로써 독자들의 관심을 유발한다.
② 용어의 의미를 설명하여 내용 전개의 바탕으로 삼는다.
③ 과제를 제시하고 그 중요성을 강조하며 논의를 시작한다.
④ 현상이 나타나는 원인에 관한 이론을 소개하여 이해를 돕는다.
⑤ 대상이 응용되는 사례들을 열거하여 실용적 가치를 부각한다.

43 아래의 그래프는 어떤 물질의 온도와 전기저항 사이의 관계를 나타낸 것이다. 위 글의 내용을 참조할 때, 그래프에 대한 설명으로 적절하지 않은 것은?

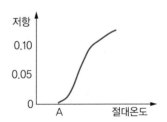

① A 지점은 초전도 현상이 나타나는 임계온도이다.
② 이 물질은 A 지점에서 완전 반자성을 지니게 될 것이다.
③ A 지점에 이르기까지는 온도와 저항이 대체로 비례한다.
④ 이 물질의 전자들은 A 지점에 이르러 '쿠퍼쌍'을 이룰 것이다.
⑤ A 지점에서 모든 초전도 물질의 저항과 온도는 동일할 것이다.

[44~45] 다음 글을 읽고 물음에 답하시오.

유교를 통치 이념으로 정립한 조선 시대에 들어오면서, 선비는 사회의 지도 계층으로서 그 지위가 확립되었다. '선비'라는 말은 '사대부(士大夫)'의 신분에 속하면 아무에게나 붙여 주는 것이 아니라, 학식과 덕망을 갖춘 인물에게 존경의 뜻을 실어서 부르는 호칭이다. 그러므로 '선비'는 타고나는 것이 아니라 오랜 세월 동안 갈고 닦은 학문과 수양을 통해 만들어지는 것이라고 할 수 있다.

선비는 벼슬길에 나가든 산림에 은거하든 상관없이 항상 자신을 선비로서 다듬어야 하는 임무를 지닌다. 선비는 조정에서 임금의 정치를 보좌할 때 선비다운 기개를 발휘하여, 권세와 지위를 이용한 부당하고 불법적인 태도에 맞서서, 그 사회를 정의롭게 만들어야 한다. 혹 벼슬하려는 뜻을 버리고 산림(山林) 속에 은거하여 '처사(處士)'로서 살아가더라도 유교의 도를 강론(講論)하여 밝히고 수호하는 임무를 지닌다. 그리고 선비는 자신이 어디에 있건 상관없이 항상 안빈낙도(安貧樂道)를 생활의 신조로 삼아 세속적·물질적 욕심을 버리고, 그 사회의 가치 기준을 확인하고 제시하며 이를 실천하는 것을 임무로 삼는다. 선비는 이렇게 유교적 도덕 규범을 실천하는 모범을 보임으로써 대중들을 교화하는 사회적 책임을 수행하는 존재인 것이다.

선비의 임무가 이렇게 중대하니 선비는 선비로서 자신을 다듬어 나가기 위해 비상한 노력을 기울이지 않으면 안 되었다. 선비가 자신을 다듬어 가는 방법은 크게 두 가지가 있는데, 하나는 학문을 통해 자신의 식견(識見)을 깊고 바르며 확고하게 정립해 가는 것이다. 즉 선비는 독서를 통해 이치와 의리를 깨닫고 밝혀서 마음에 깊이 젖어들게 함과 동시에 이를 자신의 판단과 행위에 활용해야 한다. 이처럼 선비의 학문은 결코 지식의 양적 축적만을 목적으로 하지 않고 실천의 힘, 행동의 원리로 작용해야 하는 것이었다. 다른 하나는, 수양을 통해 그 마음을 부드러우면서도 굳세고 흔들리지 않게 확립하는 것이다. 선비는 봄바람처럼 온화한 인품과 가을 서리처럼 엄격한 신념, 즉 외유내강(外柔內剛)의 자세를 지녀야 한다. 이러한 선비의 인품과 판단력은 오랜 시간에 걸쳐 마음을 다스리는 수양 공부를 통해 비로소 얻을 수 있는 것이다.

이와 같이 선비의 자기 수련 과정으로서 학문과 수양은 일시적인 단계가 아니라 평생을 지속해 가는 과업이다. 따라서 선비는 평생 동안 독서를 쉬지 않는 '독서인'이며, 독서를 통해 진리의 근원을 통찰하고 현실에 대한 대응 방법을 발견해 내는 '지성인'이라고 할 수 있다.

44 위 글의 중심 내용으로 적절한 것은?

① 선비의 이상과 한계
② 선비 의식의 역사적 배경
③ 선비의 임무와 수련 방법
④ 선비 정신의 현대적 의의
⑤ 선비의 역사 의식과 실천 방법

45 위 글을 통해 이끌어 낸 내용으로 적절한 것은?

① 선비는 학문적 탐구와 육체적 수련을 병행하였다.
② 선비가 한 번 성취한 명성은 일생 동안 지속되었다.
③ 선비의 지도적 지위는 통치 권력의 이념과 관련이 없다.
④ 선비는 도덕적 수양보다 사회적 실천을 중요하게 여겼다.
⑤ 선비는 대중의 교화를 위해 솔선수범의 생활 태도를 실천했다.

[46~48] 다음 글을 읽고 물음에 답하시오.

청과물 상인들은 경험을 통해서, 제한된 공간 내에 가장 많은 과일을 조밀하게 채우는 방법은 육방밀집 쌓기(가운데의 과일을 중심으로 테두리에 6개, 아래와 위로 각각 3개씩의 과일을 배열하는 방법)를 이용하는 것임을 알고 있다. 그러나 수학자들은 다르다. 아무리 오랜 경험을 통해서 얻게 된 사실이라고 해도 엄밀한 과정을 통해서 증명되기 전까지는 옳고 그름에 대한 판단을 유보한다.

수학자들의 이러한 태도를 가장 잘 보여 주는 사례가 '뉴턴과 그레고리의 논쟁'이다. 하나의 구(球)와 접할 수 있는 구의 최대의 수를 두고, 뉴턴은 12개만이 가능하다고 주장했고 그레고리는 13

개까지도 가능하다고 주장했다.

육방밀집 쌓기의 경우, 12개의 구가 가운데 구와 접하고 있을 뿐만 아니라 서로와도 모두 접하고 있기 때문에 추가로 하나의 구가 비집고 들어갈 공간은 전혀 없다. 상식적으로 볼 때 뉴턴의 생각이 당연히 옳은 것처럼 보인다.

하지만 문제가 그렇게 단순하지만은 않다. 12개의 구가 가운데 구와 맞닿아 있으면서도 육방밀집 쌓기와는 본질적으로 다른 배열이 있다. 가운데 구의 적도선의 바로 아래에 5개의 구를 배열한다. 그리고 그 5개의 구들과 엇갈리게 위쪽에 또 다른 5개의 구를 올려놓는다. 꼭대기와 맨 아래쪽에도 하나씩의 구를 놓는다. 이렇게 해서 만들어진 배열에는 12개의 구 사이사이에 여유 공간이 꽤 많이 존재한다.

수학적으로 계산을 해 보면 그 공간들 속으로 구 하나가 추가될 가능성이 좀 더 높아 보인다. 반지름이 1인 여러 개의 구들이 같은 크기의 구를 둘러싸고 있다고 하자. 이 모두를 반지름 3인 커다란 구 안에 넣는다. 가운데 구의 중심에 등불이 있어서 주위에 있는 구들의 그림자가 커다란 구의 표면에 생긴다고 해 보자. 계산을 해 보면, 그림자 각각의 면적은 7.6이고 외부의 커다란 구의 면적은 113.1이다. 113.1을 7.6으로 나누면 14.9가 된다. 이론적으로는 14개의 구까지도 들어갈 만큼 공간이 충분하다는 얘기이므로, 구들이 접할 때 생길 수밖에 없는 낭비되는 공간들을 고려하더라도, 그레고리의 주장이 옳을 것처럼 보이기도 한다.

하지만 당사자인 뉴턴과 그레고리는 각자의 주장을 수학적으로 증명해 보이지 못했기 때문에, 결국 이 문제는 2세기 반 동안이나 증명을 기다리며 미제인 채로 남아 있을 수밖에 없었다.

이 문제의 수학적인 해결은 두 종류의 증명을 통해 비로소 이루어졌다. 쉬테와 바르덴은 공동 연구를 통해 반지름이 1인 13개의 구와 동시에 맞닿을 수 있는 구는 그 반지름이 1보다 클 수밖에 없음(최소 1.04557)을 보였다. 또한 존 리치는 '구면삼각법'이라는 방법을 사용해서 동일한 반경의 구 13개가 같은 반경의 구와 맞닿도록 그물을 짜는 것이 불가능함을 증명해 보였다. 그레고리의 13개의 구에 내려진 사형 선고였다. 결국 뉴턴이 옳았던 것으로 판명이 난 것이다.

이제야 수학자들은 3차원 공간에서 크기가 동일한 한 구에 접할 수 있는 구의 최대의 수는 12라고 말할 수 있게 되었고, 이후부터는 가운데 구와 맞닿을 수 있는 구의 최대의 개수를 '뉴턴 수'라고 부르고 있다.

46 〈보기〉의 의문에 대한 생각들 중 수학자들과 가장 유사한 태도를 보이고 있는 것은?

● 보 기 ●
빨간 사과와 파란 사과가 각각 하나씩 있다. 둘 중 어느 것의 당도(糖度)가 더 높을까?

① 내가 지금까지 먹어 본 바로는 빨간 사과가 더 달았어. 그러니까 빨간 사과의 당도가 더 높을 거야.

② 나는 아직 두 사과의 맛을 본 적이 없어. 직접 먹어 본 후에야 어느 사과의 당도가 높은지 알 수 있을 거야.

③ 나는 두 사과의 당도를 재 보질 않았어. 당도를 정확히 측정하기 전까지는 어느 것의 당도가 높은지 알 수 없어.

④ 나는 두 사과를 직접 먹어 보지는 않았어. 하지만 빨간 사과가 더 달다는 것은 상식이야. 그러니까 빨간 사과의 당도가 더 높을 거야.

⑤ 내가 직접 두 사과의 당도를 재 보지는 않았어. 하지만 지금까지 알려진 바로는 빨간 색의 사과들이 당도가 더 높다고 해. 그러니까 빨간 사과의 당도가 더 높을 거야.

47 위 글의 내용을 참조할 때 〈보기〉의 질문에 대한 대답으로 가장 적절한 것은?

● 보 기 ●
3차원 공간에서의 뉴턴 수가 12라면, 직선 위와 평면 위에서의 뉴턴 수는 어떻게 될까?

① 직선과 평면의 경우 모두 3이다.

② 직선에서는 1, 평면에서는 6이다.

③ 직선에서는 2, 평면에서는 6이다.

④ 직선에서는 2, 평면에서는 12이다.

⑤ 직선에서는 6, 평면에서는 12이다.

48 위 글을 〈보기〉와 같이 정리할 때, 빈칸에 들어갈 내용으로 적절한 것은?

● 보기 ●

〈사례 제시 – 뉴턴과 그레고리의 논쟁〉
• 논쟁의 핵심 소개
• 상식적인 판단
• 다른 가능성의 모색
• (   )
• 논쟁이 미제인 채로 남아 있을 수밖에 없었던 이유
• 증명을 통한 사실의 확인 – 논쟁의 결론

---

① 가능성이 지닌 논리적 모순 지적
② 수학적 계산을 통한 가능성의 확인
③ 구체적 사례들을 통한 가능성의 부정
④ 가능성을 증명하는 다양한 방법 소개
⑤ 가능성의 결함을 암시하는 경험적 사실 제시

[73회] 소나무(조용미)/나무도마(신기섭)

[49~50] 다음 글을 읽고 물음에 답하시오.

(가) ㉠ 내 죽으면 한 개 바위가 되리라.
아예 애련(愛憐)에 물들지 않고
희로(喜怒)에 움직이지 않고
비와 바람에 깎이는 대로
억년(億年) 비정(非情)의 함묵(緘默)에
안으로 안으로만 채찍질하여
드디어 생명도 망각하고
흐르는 구름
㉡ 머언 원뢰(遠雷)
꿈 꾸어도 노래하지 않고
두 쪽으로 깨뜨려져도
소리하지 않는 바위가 되리라.

– 유치환, 「바위」 –

(나) 겨울 나무와
바람
㉢ 머리채 긴 바람들은 투명한 빨래처럼

진종일 가지 끝에 걸려
나무도 바람도
혼자가 아닌 게 된다.

혼자는 아니다
누구도 혼자는 아니다
나도 아니다.
실상 하늘 아래 외톨이로 서보는 날도
하늘만은 함께 있어 주지 않던가.

㉣ 삶은 언제나
은총의 돌층계의 어디쯤이다.
사랑도 매양
섭리의 자갈밭의 어디쯤이다.

㉤ 이적진* 말로써 풀던 마음
말없이 삭이고
얼마 더 너그러워져서 이 생명을 살자.
황송한 축연이라 알고
한 세상을 누리자.

새해의 눈시울이
순수의 얼음꽃,
승천한 눈물들이 다시 땅 위에 떨구이는
백설을 담고 온다.

*이적진 : '이제까지는'의 방언

– 김남조, 「설일」 –

49 (가)와 (나)의 공통점으로 가장 적절한 것은?

① 화자의 내면적 갈등을 드러내고 있다.
② 자신의 삶에 대한 자세를 다지고 있다.
③ 미래에 대한 절망적 인식을 내포하고 있다.
④ 대상에 대한 연민의 감정을 표출하고 있다.
⑤ 자신이 처한 현실을 직접적으로 비판하고 있다.

50 ㄱ~ㅁ에 대한 설명으로 적절하지 않은 것은?

① ㄱ : 극단적인 상황의 가정을 통해 되고자 하는 바를 효과적으로 제시하고 있다.

② ㄴ : 시적 허용과 동일한 의미의 중첩을 통해 거리감을 강조하고 있다.

③ ㄷ : 보이지 않는 대상을 시각화하여 구체적인 모습으로 보여주고 있다.

④ ㄹ : 비유적 표현을 통해 추상적 대상의 특성을 효과적으로 드러내고 있다.

⑤ ㅁ : 반어적 표현을 통해 시적 의미를 강조하고 있다.

[51~52] 다음 글을 읽고 물음에 답하시오.

사람이 사는 곳에는 고통이 존재한다. 칸트는, 고통이 쾌락의 전제가 되고, 쾌락과 쾌락 사이에 개입하여 건강을 유지하는 데 없어서는 안 될 요소라고 보았다. 그런가 하면 라이프니츠는 고통을, 궁극적 선을 이루기 위한 신의 섭리가 실현되는 과정이라고 설명하였다. 비록 고통스러운 과정을 거치기는 하지만 결국에는 신이 설정한 목표에 이른다는 것이다. 고통에 대한 이러한 논의들이 관념적이고 추상적인 목적론에 입각한 것이라고 비판하면서 고통을 인간의 실천 윤리와 관련지은 철학자가 바로 레비나스다. 그렇다면 고통은 어떻게 인간의 윤리적 측면에 관여하는 것일까?

고통을 당하는 사람은 소리를 지르거나 신음 소리를 낸다. 레비나스에 따르면 고통은 자신의 수용 범위를 넘어서는 그 어떤 것이다. 따라서 이 외침과 신음에는 근원적으로 타인의 도움에 대한 요청이 깔려 있다. 이 요청은 곧 타인과의 관계를 연다는 것을 뜻한다. 그러나 이 '열림'은 '절반의 열림'이다. 이것이 '완전한 열림'이 되기 위해서는 고통 받는 사람의 호소에 대한 응답이 있어야 한다. 그런데 육체를 지닌 인간의 자기 중심적인 본성에 비추어 볼 때, 타인의 고통에 대해 응답하는 모순적인 행동은 어떻게 설명할 수 있을까?

레비나스는 인간을 자기 보존성을 지니는 존재인 동시에 타자

(他者)를 지향하는 존재로 본다. 그는 ㄱ '욕구'와 ㄴ '열망'이라는 개념을 대비하여 이를 설명한다. '욕구'는 자신에게 결핍된 것을 얻으려는 인간의 지향을 나타낸다. 이것은 외부의 것을 자신에게 동화, 통합시킴으로써 자신을 유지하려는 생명체의 자기 보존 욕구와 관련된다. 이에 반해 '열망'은 자신의 빈 곳을 채우려는 것이 아니다. 타자를 열망하는 태도는 타자를 자기 안으로 통합시키거나 자기화하는 작용이 아니라 타자를 향하여 자기 자신을 열고 헌신하는 것이다. 이를 통해 인간은 타자와의 윤리적이고 사회적인 관계를 맺을 수 있는 것이다.

고통 받는 자의 호소를 냉정하게 외면하지 못하고 자기를 희생하면서 타자에게 귀 기울이는 존재자를 레비나스는 이기적 자아와 구별하여 윤리적 자아라고 부른다. 내가 타자의 호소를 받아들일수록, 즉 나의 이기심을 버릴수록 나는 타자에 대하여 더욱 큰 책임을 느끼게 되고 그만큼 내 안의 윤리적 자아도 커져 간다. 타자에 대해 도덕적 책임을 감수한다는 것은 본질적으로 타자를 대신하여 고통 받는 것이고 타자를 위해 희생하는 것이다. 레비나스는 이를 '대속(代贖)'이라는 용어로 설명한다. 고통 받는 자의 호소에 반응하는 자아는 끊임없는 자기 결단의 과정에서 어느 누구도 대신할 수 없는 윤리적 주체의 고유성을 확보한다.

우리가 손을 내밀어야 하는 타자는 왕이나 독재자, 부자가 아니라 가난한 자, 고아, 노숙자, 즉 고통 받는 사람들이다. 이들에 대한 대속은 마음의 선물이 아니라 자신이 먹을 빵을 내주는 것이며, 자신의 지갑을 열어 주는 것일 뿐 아니라 자신의 집 문을 열어 주는 것이고, 타인의 고통을 방관하지 않고 자신이 대신 지는 것이다. 이럴 때 비로소 이 세계 안에는 연민과 동정과 자비가 있게 되며 이것이 이 세상을 아래에서 떠받치고 지탱한다.

51 ㉠과 ㉡에 해당하는 예를 가장 잘 짝지은 것은?

① ㉠ 좋아하는 노래가 담긴 음반을 사고자 한다.
　㉡ 노력해서 인기 많은 가수가 되고자 한다.

② ㉠ 더 나은 외모를 위해 성형 수술을 하고자 한다.
　㉡ 새로운 세계를 체험하러 여행을 떠나고자 한다.

③ ㉠ 친구의 고민을 들어 주고 해결해 주려고 한다.
　㉡ 수해를 입은 사람들을 위해 성금을 내고자 한다.

④ ㉠ 가족과 함께 맛있는 음식을 먹으러 가고자 한다.
　㉡ 자신의 고민을 털어놓을 친구를 사귀고자 한다.

⑤ ㉠ 열심히 일을 해서 자기가 살 집을 마련하고자 한다.
　㉡ 시간을 쪼개 사회 봉사활동에 참가하고자 한다.

52 위 글을 바탕으로 〈보기〉의 시를 감상해 보았다. 적절하지 않은 것은?

● 보기 ●

우리가 눈발이라면
허공에서 쭈빗쭈빗 흩날리는
진눈깨비는 되지 말자.
세상이 바람 불고 춥고 어둡다 해도
사람이 사는 마을
가장 낮은 곳으로
따뜻한 함박눈이 되어 내리자.
우리가 눈발이라면
잠 못 든 이의 창문 가에서는
편지가 되고
그이이 깊고 붉은 상처 위에 돋는
새 살이 되자.

– 안도현, 「우리가 눈발이라면」 –

① 화자는 '대속'의 행위를 강조하고 있군.
② 화자는 인간의 '자기 보존성'을 지향하고 있군.
③ 우리가 응답해야 할 '타자'의 모습이 나타나 있어.
④ '절반의 열림'에 해당하는 모습도 형상화되어 있어.
⑤ 화자는 '윤리적 주체성'을 지녀야 한다고 말하고 있군.

[53~54] 다음 글을 읽고 물음에 답하시오.

언어는 정치·경제·문화 중심지로부터 그 주변 지역으로 퍼져 나간다. 전국 각 지역으로부터 사람들이 중심지로 모여들고 이들이 다시 각 지역으로 흩어져 가는 과정이 되풀이되면서 중심지의 언어가 주변 지역으로 퍼져 나가게 되는 것이다.

언어의 전파 과정에 대해 이와 같이 설명하는 것을 수면에 떨어진 물체로부터 파생된 물결이 주위로 퍼져 나가는 것과 같다 하여 '파문설(波紋說)'이라 한다. 이때 중심지로부터 주변 지역으로 퍼져 나가는 언어 세력을 '개신파(改新波)'라고 하고 세력의 중심지를 '방사 원점(放射原點)'이라고 한다. 일반적으로 도시나 저지대가 방사 원점이 되는데 개신파가 퍼져나가는 속도는 지리적 제약에 따라 달라진다. 넓은 평야 지대나 도로가 발달한 지역은 그 속도가 빠른 반면, 높은 산이나 강과 같은 장애물로 둘러싸인 지역은 그 속도가 느리다.

두 개 이상의 방사 원점으로부터 개신파가 확산되어 나갈 때, 개신파들이 부딪쳐서 양쪽 지역의 언어가 섞이는 지역을 '전이 지역(轉移地域)'이라고 한다. 가령 ㉠'벼'를 '베'라고 하는 방언 지역과 '나락'이라고 하는 방언 지역이 있다고 하자. 이때에 '베'와 '나락'이 확산되는 과정에서, '베'만 쓰이는 지역의 방사 원점에서 멀어져 갈수록 '베'의 세력이 점점 약해지고, 다른 쪽의 '나락'만 쓰이는 지역 역시 방사 원점에서 멀어져 갈수록 '나락'의 세력이 약해진다. 그래서 '베'와 '나락'이 거의 같은 세력으로 뒤섞여 쓰이는 지역이 나타난다면 이 두 방언 지역이 만나는 곳이 전이 지역이다. 그런데 '베'와 '나락'이 다 쓰이는 전이 지역에서, '베'는 논에 있을 때의 벼만을 가리키고 '나락'은 볏단에서 턴 다음의 벼만을 가리키는 현상이 나타나는 경우가 있다. 이는 전이 지역에서 의미가 독특하게 나누어지는 현상이라 할 수 있다.

반면에 개신파들이 확산되어 나갈 때에 그중 어떤 영향도 받지 않는 지역이 생길 수도 있다. 이러한 지역을 '잔재 지역(殘滓地域)'이라 한다. 깊은 산중이나 외딴 섬과 같은 지역이 그 예가 될 수 있다. 이러한 지역은 개신파의 영향을 받지 않아 자연히 언어의 옛 형태가 유지되기도 한다. 그래서 관점에 따라서는 잔재 지역을 그 지역 언어의 순수성을 지닌 곳으로 보기도 한다.

파문설은 언어가 전파되는 과정을 잘 보여 준다. 특히 전이 지역과 잔재 지역을 살펴보는 것은, 언어가 전파되는 양상과 그 과정에서 언어가 어떻게 변화되고 유지되는지를 연구하는 데 유용하다.

53 위 글의 내용과 일치하지 않는 것은?

① 잔재 지역과 전이 지역은 일치할 수도 있다.

② 파문설은 언어의 전파를 설명하는 데 유용하다.

③ 사람들의 이동은 언어의 확산을 수반할 수 있다.

④ 지리적 조건이 언어 확산 속도에 영향을 주기도 한다.

⑤ 정치 · 경제 · 문화 중심지는 방사 원점이 될 가능성이 높다.

54 ㉠과 유사한 사례를 〈보기〉에서 고른 것은?

● 보 기 ●

ㄱ. '먼지'를 어떤 지역에서는 '몬득'이라고 하고, 어떤 지역에서는 '구둠'이라고 해.

ㄴ. 우리는 '숙모'를 '아지매'라고 부르는데, 다른 지역 출신 친구는 '형수'를 '아지매'라고 불러.

ㄷ. '하거나 해놓은 좋지 않은 짓'을 뜻하는 '소행'이, 북한에서는 '이미 해놓은 좋은 일이나 행동'을 뜻해.

ㄹ. '새우'를 우리 할머니는 '새뱅이'라고 하시는데, 다른 지역에서 이사 온 옆집 할머니는 '새웅지'라고 하셔.

① ㄱ, ㄴ　　② ㄱ, ㄹ　　③ ㄴ, ㄷ

④ ㄴ, ㄹ　　⑤ ㄷ, ㄹ

[55~57] 다음 글을 읽고 물음에 답하시오.

(가) 사회학에서 소외란 개인이 자신의 통제를 넘어서는 억압적 사회 구조나 제도와 상호 작용할 때 경험하게 되는 무의미감과 무력감을 말한다. 소외는 사회 구성원의 정상적인 사회생활과 인격적 존재로서의 건전한 성장을 가로막는데, 이는 개인의 불행일 뿐 아니라 사회의 유지와 발전을 위협하는 요인으로 작용할 수도 있다. 이런 점에서 소외는 사회적 실천 활동을 통해 반드시 극복해야 하는 과제임이 분명하다.

(나) 이러한 사회적 실천 활동을 구체화한 개념이 '사회복지'이다. 사회복지는 소외 문제를 해결하고 예방하기 위하여, 사회 구성원들이 각자의 사회적 기능을 원활하게 수행하게 하고, 삶의 질을 향상시키는 데 필요한 제반 서비스를 제공하는 행위와 그 과정을 의미한다. 현대 사회가 발전함에 따라 계층 간 · 세대 간의 갈등 심화, 노령화와 가족 해체, 정보 격차에 의한 불평등 등의 사회 문제가 다각적으로 생겨나고 있는데, 이들 문제는 때로 사회 해체를 우려할 정도로 심각한 양상을 띠기도 한다. 이러한 문제의 기저에는 경제 성장과 사회 분화 과정에서 나타나는 불평등과 불균형이 있으며, 이런 점에서 사회 문제는 대부분 소외 문제와 관련되어 있음을 알 수 있다.

(다) ㉠ 사회복지 찬성론자들은 이러한 문제들의 근원에 자유 시장 경제의 불완전성이 있으며, 이러한 사회적 병리 현상을 해결하기 위해서는 국가의 역할이 더 강화되어야 한다고 주장한다. 예컨대 구조 조정으로 인해 대량의 실업 사태가 생겨나는 경우를 생각해 볼 수 있다. 이 과정에서 생겨난 희생자들을 방치하게 되면 사회 통합은 물론 지속적 경제 성장에 막대한 지장을 초래할 것이다. 따라서 사회가 공동의 노력으로 이들을 구제할 수 있는 안전망을 만들어야 하며, 여기서 국가의 주도적 역할은 필수적이라 할 것이다. 현대 사회에 들어와 소외 문제가 사회 전 영역으로 확대되고 있는 상황을 감안할 때, 국가와 사회가 주도하여 사회복지제도를 체계적으로 수립하고 그 범위를 확대해 나가야 한다는 이들의 주장은 충분한 설득력을 갖는다.

(라) 반면, 부정적 입장을 취하는 ㉡ 반대론자들은 사회복지의 확대가 근로 의욕의 상실과 도덕적 해이라는 복지병을 유발하여 오히려 사회 발전에 장애가 될 것이라고 비판하면서, 극빈 계층을 대상으로 제한된 범위 내에서 최소한으로 사회복지를 실시해야 한다고 주장한다. 물론 사회복지가 근로 능력이 있는 사람의 자립

과 자활 의지를 살려내지 못하고 일방적 시혜에 그친다면, 그 개인은 물론이고 사회 전체의 활력을 저해하는 결과를 초래할 수 있다. 그러나 이들은 복지병이 사회복지의 과잉 공급에 의한 것임을 간과하고 있다. 적어도 삶의 질 문제와 인격권의 차원에서 사회복지가 이루어낸 성과를 그 폐단이 가릴 수는 없는 것이다. 사회복지는 자유 시장 경제의 발전에 따라 끊임없이 생겨나는 각종 소외-차별과 불평등 문제를 해결하는 데 있어 여전히 유효한 제도인 것이다.

(마) 우리가 추구하는 것은 소외 계층을 포함하는 모든 국민이 사회에 참여하고 공동체의 발전과 삶의 질 향상에 기여하는 사회이다. 그런데 이러한 사회는 공정한 분배를 통해서 이루어질 수 있다. 분배 정의는 기본적인 생활 보장과 안정적인 경제 성장의 사회적 기초로 작동하게 되는데, 사회복지는 이러한 분배 정의의 가장 기본적인 기능을 수행하게 되는 것이다. 결국 오늘날의 사회복지는 국민 모두의 인간적 삶을 보장하는 제도적 장치를 확립하고 참여와 책임의 공동체를 구현하는 데 그 지향점을 두고 있다고 할 수 있다.

55 (가)~(마)에 대한 설명으로 적절한 것은?

① (가) 논의를 위한 전제로 소외의 개념과 성격을 밝히고 있다.
② (나) 통시적 고찰을 통해 사회복지 개념을 정의하고 있다.
③ (다) 귀납법을 사용하여 찬성론자의 입장을 옹호하고 있다.
④ (라) 찬성론자의 주장을 뒷받침하기 위한 적절한 근거를 들어 찬성론을 강화하고 있다.
⑤ (마) 사회복지가 이루어낸 성과를 이야기하고 있다.

56 위 글을 통해 해결할 수 있는 과제로 적절하지 않은 것은?

① 사회복지가 관심을 갖는 문제는 무엇인가?
② 소외 문제를 어떻게 해결해 나갈 수 있는가?
③ 우리가 바라는 바람직한 사회는 어떤 모습인가?
④ 사회복지 제도를 어떻게 체계적으로 수립해 나갈 것인가?
⑤ 사회복지의 확대를 찬성 또는 반대하는 근거는 무엇인가?

57 위 글을 바탕으로 ㉠과 ㉡이 〈보기〉를 접하고 보일 수 있는 반응으로 적절하지 않은 것은?

> **보기**
>
> 스칸디나비아 3국은 경제적 풍요, 정치적 자유와 함께 공동체적 평등이 보장되어 있는 나라로 잘 알려져 있다. 자유, 평등, 결속을 국가적 지표로 내걸고 있는 이들 세 나라는, 이념적으로 빈부의 격차를 받아들이지 않는다. 국가는 모든 사람들이 자신의 능력을 맘껏 발휘할 수 있도록 기회를 제공하고, 모든 국민은 인간다운 삶을 누릴 수 있는 권리와 의무를 동시에 가진다. 또한 고소득자는 최고 55%의 세금을 내고, 저소득자는 세금을 면제받으며, 실업자는 실업 수당을 지급받는다. 그 결과 개인이 쓸 수 있는 돈은 결국 엇비슷해진다.

① ㉠ 사회적 안전망이 이들 국가의 사회적 안정과 경제적 풍요를 떠받치는 기둥이라 할 수 있습니다.
② ㉡ 고소득자의 부담으로 저소득자를 책임지는 사회체제가 과연 언제까지 지속될 수 있을지 의문입니다.
③ ㉠ 모든 사람들이 능력을 발휘할 수 있는 기회를 제공하기 위한 국가적 노력과 사회적 연대 의식이 인상적입니다.
④ ㉡ 저소득층을 위한 정책의 성공 여부는 고소득층의 소비 자제를 어느 정도로 이끌어낼 수 있느냐에 달려있습니다.
⑤ ㉠ 이 정도의 사회적 안전망과 연대 의식이라면 새롭게 생겨나는 소외 문제에도 원만하게 대처할 수 있을 것입니다.

2교시 제3회 모의고사

🕐 70분/33문항

※ 1번부터 4번까지는 문제와 선택지를 듣고 푸는 문항입니다. 잘 듣고 물음에 답하시오.

01

①   ②   ③
④   ⑤

02

①   ②   ③
④   ⑤

03

①   ②   ③
④   ⑤

04

①   ②   ③
④   ⑤

※ 5번부터 13번까지는 내용을 들은 후, 시험지에 인쇄된 문제와 선택지를 보고 푸는 문항입니다. 잘 듣고 물음에 답하시오.

05 이 수업에서 '단호한 반응'을 보이고 있는 학생은?

① 첫 번째 학생   ② 두 번째 학생
③ 세 번째 학생   ④ 네 번째 학생
⑤ 다섯 번째 학생

06 이 토론을 시청한 사람이 전화를 걸어 의견을 말한다고 할 때, 여자의 의견에 공감하는 말로 가장 적절한 것은?

① "요즈음은 임금 부담 때문에 정말 기업을 운영하기가 힘이 듭니다. 우리 경제 현실을 직시해야 한다고 봅니다."

② "새로운 정책을 시행하기 위해서는 치밀한 준비가 필요합니다. 막연히 좋을 것이라는 생각은 또 다른 문제를 파생시킬 것입니다."

③ "우리가 언제부터 그렇게 잘 살았습니까? 우리는 과거를 너무 쉽게 잊는 경향이 있습니다. 배고팠던 시절이 그리 먼 과거가 아닙니다."

④ "주 5일 근무제는 생산성 향상을 위해 꼭 시행할 필요가 있지만, 우리나라의 경제 사정을 고려하여 시행 시기를 늦추어야 한다고 생각합니다."

⑤ "제도를 시행하다 보면 여러 가지 문제점이 나타나겠지만, 근로자들의 삶의 질을 고려한다면 전면적으로 시행해야 할 훌륭한 제도라고 봅니다."

07 '작가'의 입장에서 이 소설을 광고한다고 할 때, 광고 문구로 가장 적절한 것은?

① 금기를 깬 여성의 도전, 축구 소설로 완성되다.
② 정열의 대명사 축구! 그 매력을 마음껏 보여 주다.
③ 남성 전유물에서 탈피, 여성들 그라운드를 누비다.
④ 전쟁과 축구, 그 복잡하고 미묘한 관계를 파헤치다.
⑤ 전쟁을 부른 '광기의 축구', 정열의 어두운 그림자를 보여 주다.

08 '팔작지붕'에 대한 설명으로 적절한 것은?

① 지붕의 사방을 모두 기와로 덮은 형태이다.
② 지붕은 앞뒤 양면으로 경사를 이루는 형태이다.
③ 지붕은 측면의 모양이 삼각형이고 처마까지 달려 있다.
④ 책을 반쯤 펴서 덮은 모양으로 대웅전이 대표적인 건축물이다.
⑤ 정면에서 보면 사다리꼴 모양으로 숭례문이 대표적인 건축물이다.

09 사회자와 박사의 말하기 방식에 대한 서술로 적절하지 않은 것은?

① 박사는 구체적 사례를 제시하여 시청자들이 쉽게 이해할 수 있도록 하고 있다.
② 사회자는 질문을 제기하는 형식을 통해 박사의 상세한 설명을 이끌어 내고 있다.
③ 박사는 설명의 객관성을 확보하기 위해 자신의 의견을 남의 의견인 것처럼 말하고 있다.
④ 사회자는 시청자들이 품을 만한 의문을 제기함으로써 시청자의 궁금증을 해소해 주려 하고 있다.
⑤ 사회자와 박사는 우리와 친근한 디지털 기기의 부정적인 측면을 부각시켜 시청자의 관심을 유도하고 있다.

10 이 이야기의 내용으로 보아 '기내 상영 영화가 갖춰야 할 조건'에 대해 잘못 이해한 것은?

① '전체 관람가'나 '12세 이상' 등급 위주로 상영한다.
② 특정 국가와 종교를 비하하거나 모독하는 영화는 피한다.
③ 비행기 여행의 특성상 승객들이 가벼운 마음으로 즐길 수 있는 오락 영화를 상영한다.
④ 비행기의 안전한 운항을 위하여 2시간이 넘는 영화의 상영은 자제한다.
⑤ 비행기 공중 납치와 같은 소재의 영화는 상영하지 않는다.

11 다음 중 강연에서 설명하지 않은 동작은?

① 누워서 두 무릎을 세워 발바닥을 바닥에 댄다.
② 누워서 두 손으로 무릎을 감싸 안아 가슴에 댄다.
③ 엎드린 채로 두 손을 바닥에 대고 윗몸을 들어 올린다.
④ 무릎과 손을 바닥에 대고 팔과 다리는 움직이지 않는다.
⑤ 앉아서 다리를 뻗은 채로 허리를 굽혀 손끝을 발끝에 댄다.

12 이 대담의 내용으로 볼 때, 작가와 작품과의 관계를 가장 잘 나타낸 것은?

① 작품은 작가의 정신과 의지를 드러내는 거울이다.
② 훌륭한 작품은 작가의 위대한 업적을 바탕으로 탄생된다.
③ 작가는 작품을 통해 자신의 의도대로 독자를 설득하려 한다.
④ 작품은 온갖 시련과 역경에 굴하지 않은 작가혼의 결정체이다.
⑤ 작품은 시대 상황에 따른 소산물로 작가가 바라보는 사회상을 반영한다.

13 두 사람의 말하기 방식에 대한 설명으로 적절하지 않은 것은?

① 비평가는 작가에게 시종 우호적인 태도를 취하고 있다.

② 진행자는 대담자로부터 심화된 발언을 유도하기도 하고 대담자의 발언을 정리하기도 한다.

③ 비평가는 작품의 표현 구조와 의미 구조를 밝히며 작품을 분석하고 있다.

④ 진행자는 작품의 표현상 특징과 작품 탄생의 시대적 배경에 질문의 초점을 맞추고 있다.

⑤ 진행자는 대담 내용을 바탕으로 문학계의 일부 부정적인 경향에 대해 각성을 촉구하고 있다.

① 주관식 이 대화에서 화제가 되고 있는 언어 표현상의 잘못을 지적하고 그 예를 하나 쓰시오.

----

② 주관식 이 이야기에서 얻을 수 있는 교훈을 한 문장으로 쓰시오.

※ 14번부터는 문제지에 인쇄된 내용을 읽고 푸는 문제입니다. 잘 읽고 물음에 답하시오.

14 다음 중 중의성을 갖는 문장이 아닌 것은?

① 나는 그녀의 편지를 읽었다.

② 키가 큰 아빠의 아들을 만났다.

③ 저기 물 위에 있는 배를 보아라.

④ 그녀의 아름다운 목소리가 들렸다.

⑤ 그녀는 시장에서 늙은 아저씨와 아주머니를 만났다.

15 불필요한 요소의 중복 없이 어법에 맞게 쓴 문장은?

① 우리집은 거실 밖이 확 틔어서 더 환하다.

② 이 사건은 사람들의 무관심 속에 차츰 잊혀져 갔다.

③ 그 사람의 특징은 했던 말을 반복한다는 특징이 있다.

④ 정부가 진실이라고 밝혔던 것은 모두 날조된 조작극이었다.

⑤ 사실이 그릇되게 와전되어 전해지면서 엉뚱한 사람이 피해를 입었다.

16 〈보기〉의 ( ) 안에 알맞은 표기로만 짝지어진 것은?

보기
• 일이 (㉠) 풀기 힘들다.
• 시장에 (㉡) 과일을 샀다.
• 대화는 열기를 (㉢) 시작했다.

	㉠	㉡	㉢
①	얽히고설켜서	들러	띠기
②	얼키고설켜서	들려	띠기
③	얽히고섥혀서	들러	띠기
④	얽키고섥켜서	들러	띠기
⑤	얼키고섥혀서	들러	띠기

17 경어법의 사용이 바른 것은?

① 철수야, 선생님이 오라고 했어.

② 할머니, 자요? 여쭤볼 게 있어서요.

③ 교장선생님의 인사 말씀이 있으시겠습니다.

④ 이 물건은 색상이 블랙과 네이비가 있으십니다.

⑤ 할아버지께서는 흰머리가 많아서 늘 염색을 해야 한다.

19 '백두대간의 생태계를 보존하기 위해 정부의 적극적인 노력이 필요하다.'라는 주제로 글을 쓰기 위해 계획을 세워 보았다. 세부 내용으로 적절하지 않은 것은?

문제 인식	① 자료 조사
백두대간의 심각한 환경 훼손	• 백두대간의 개발 현황 • 백두대간의 생태계 실태

③ 원인 분석	② 구체적 문제점 파악
• 백두대간의 보전 및 관리를 위한 계획 부재 및 정책 빈약 • 생태 환경을 고려하지 않은 무분별한 개발	• 도로, 댐, 송전탑, 채석 광산, 온천, 골프장 등의 난립 • 올벚나무, 사향노루, 하늘다람쥐, 수달 등의 천연기념물과 세계적 희귀 동물이 사라질 위기 초래

④ 해결 방안 제시	⑤ 전개 방향
• 환경 단체의 인식 전환 • 백두대간 관리 전담 기구 구성 • 정부 정책에 대한 국민들의 관심 촉구	실태 파악을 통한 문제 제기 – 원인 분석 – 해결 방법 제시와 노력 촉구

18 다음 중 문장 성분 간의 호응이 자연스러운 문장은?

① 오늘은 잔디밭에서 책과 그림을 그렸다.

② 사람은 모름지기 욕심을 다스릴 줄 안다.

③ 이번 연극에서 영희는 주인공 역할을 맡았다.

④ 그녀는 초보치고는 운전을 썩 잘하지는 못한다.

⑤ 정아의 장점은 웃음으로 상대방을 편하게 한다.

20 다음 글을 바탕으로 〈보기〉와 같이 다양한 유형의 글을 쓰고자 한다. 이에 따른 글쓰기 방향 설정이 적절하지 않은 것은?

● 예 시 ●

키 작은 소년과 키 작은 노인이 대화를 하였다.
소년 : 전 이따금 숟가락을 떨어뜨려요.
노인 : 나도 그렇단다.
소년 : (속삭이듯) 전 이따금 바지에 오줌을 싸요.
노인 : (웃으며) 그것도 나랑 똑같구나.
소년 : 전 자주 울어요.
노인 : (고개를 끄덕이며) 나도 종종 운단다.
소년 : 하지만 가장 나쁜 건 어른들이 나한테 별로 관심을 갖지 않는다는 거예요.
노인 : (주름진 손으로 소년의 손을 잡으며) 나도 네가 무슨 말을 하는지 다 안단다.

– 〈마음을 열어 주는 101가지 이야기〉에서 –

● 보 기 ●

- 한자성어를 활용한 독후감 쓰기
  동병상련(同病相憐)의 심정을 더욱 강조하는 글을 써 볼 거야. — ①
- 현실의 부정적 상황을 비판하는 논설문 쓰기
  노약자층에 대한 제도적 지원책이 미비함을 부각시켜 대책의 시급성을 강조하는 글을 써 볼 거야. — ②
- 통계 자료를 활용하는 설명문 쓰기
  우리나라가 선진국에 비해 저소득층 자녀에 대한 사회적 배려가 크게 뒤떨어진다는 글을 써 볼 거야. — ③
- 위로의 편지글 쓰기
  노인이 자신의 어린 시절의 실수를 소년에게 소개하는 편지를 써서 소년에게 위로와 용기를 주는 장면을 설정할 거야. — ④
- 시점을 바꾼 소설 쓰기
  소년이 늙은 후, 소년 시절 그 노인이 자신을 위로해 준 데에 힘입어, 후에 성공할 수 있었다는 내용의 회고록을 쓰는 장면을 설정한 소설을 써 볼 거야. — ⑤

21 '고령화 사회에 대비하자.'라는 주제로 글을 쓰기 위해 개요 〈가〉를 작성하였다가 〈나〉로 고쳤다. 고친 이유로 가장 적절한 것은?

● 보 기 ●

〈가〉
Ⅰ. 서론 : 고령화 사회로의 진입
Ⅱ. 본론
　1. 고령화 사회의 실태
　　가. 인구 증가율 마이너스
　　나. 초고속 고령화 사회로의 진입
　2. 고령화 사회의 문제점
　　가. 사회 비용 증가
　　나. 인구 감소로 인한 문제 발생
　3. 고령화 사회 해결 방안
　　가. 노인에게 일자리 제공
　　나. 국민 연금제도의 개편
　　다. 법과 제도의 개선
Ⅲ. 결론 : 고령화 사회 대비 강조

〈나〉
Ⅰ. 서론 : 고령화 사회의 심각성
Ⅱ. 본론
　1. 고령화 사회의 실태
　　가. 인구 증가율 마이너스
　　나. 초고속 고령화 사회로의 진입
　2. 고령화 사회의 문제점
　　가. 의료·복지 비용 증가
　　나. 노동력 공급 감소
　　다. 노동 생산성 저하
　3. 고령화 사회 해결 방안
　　가. 노인에게 일자리 제공
　　나. 국민연금 제도의 개편
　　다. 법과 제도의 개선
Ⅲ. 결론 : 고령화 사회 대비 촉구

① 문제 상황을 보는 관점이 다양함을 드러내려고
② 문제 상황을 구체화하여 주제의 설득력을 높이려고
③ 문제 해결과정에 발생할 불필요한 논쟁을 피하려고
④ 논의 대상의 범위를 보다 구체적으로 한정하려고
⑤ 문제 해결책의 범위를 보다 폭넓게 확장하려고

22 〈보기〉의 '조건'이 모두 충족된 표현은?

● 보기 ●

• 상대방의 의견 : 정보 통신의 발달로 세계는 바야흐로 지구촌 시대로 접어들었다. 지구촌 시대에는 정보의 대부분이 다국적 정보 통신망을 통해 교류되고 있는데, 여기서 사용하는 언어는 영어이다. 세계화가 미국 주도로 진행되면서 모든 분야의 의사소통에 영어가 중심이 되었다. 이런 점에서 영어의 공용어화는 이제 미룰 일이 아니다.

〈조건〉
• 상대방의 의견을 일부 인정하면서 시작한다.
• 상대방의 의견에 반대하는 입장을 밝힌다.
• 인과 관계를 통해 설명한다.

① 영어는 국제 경쟁 시대에 우리나라가 살아남기 위해서 꼭 필요하다. 왜냐하면 영어는 국제화 시대에 정치, 경제, 문화적 측면에서의 활발한 교류와 국위 선양에 필수적 요소이기 때문이다.

② 세계화 시대라는 것을 앞세워 영어를 공용어로 삼으려는 것은 우리의 전통 문화를 포기하는 것과 마찬가지이다. 그것은 우리 민족이 지닌 전통적 삶의 양식이 우리가 사용하는 언어 속에 깃들어 있기 때문이다.

③ 영어를 자유롭게 구사하는 일은 새 시대를 살아가는 필수 조건이라 할 수 있다. 하지만 수입종인 황소개구리가 토종 참개구리를 잡아먹은 것과 같이 되지 않으려면, 우리 스스로 우리말을 소중히 여길 줄 알아야 한다.

④ 지구촌 시대에 영어의 중요성을 무시할 수는 없지만 영어를 공용어로 삼는 일은 없어야 한다. 왜냐하면 언어에는 그것을 사용하는 사람들의 정신이 담겨 있으므로 영어를 우리말처럼 사용하면 우리의 의식 구조마저 서구적으로 바뀔 수 있기 때문이다.

⑤ 어느 나라에서든지 영어 구사 능력이 필수 요소가 되고 있는 것은 사실이다. 하지만 우리말과 함께 영어를 공용어로 한다면 커다란 혼란을 초래할 수 있다. 다른 나라의 언어를 사용하다가 자국의 언어를 잃어버린 경우가 그 좋은 예라 할 수 있다.

23 〈보기〉를 고쳐 쓰기 위해 토의한 내용으로 적절하지 않은 것은?

● 보기 ●

원시 시대 사람들은 자신이 속한 공동체 안에서 평등하게 생활하였다. 비록 ㉠ 성과 연령에 따른 계층 간의 분화는 있었지만, 계급에 따른 지배와 피지배라는 불평등 관계는 존재하지 않았다. ㉡ 그들은 자신과 자신이 속한 집단을 운명 공동체로 인식되었다. ㉢ 그러나 자기가 속한 공동체 성원 가운데 한 사람이라도 외부인에 의해 ㉣ 죽거나 부상을 당하면, 그 사람을 대신하여 보복을 해야 했다. 원시 시대 사람들의 이 같은 집단성은 어디에서 연유하는 것일까. 원시 시대 사람들이 속해 있는 공동체는 주로 동일한 혈연을 매개로 구성되었다. 따라서 이들은 공동의 조상신을 숭배하며 일체감을 ㉤ 성취하였던 것이다.

① ㉠ 문장의 의미가 명료해지도록 '성에 따른 남녀 간의 분화와 연령에 따른 계층 간의 분화'로 고치자.

② ㉡ 문장의 호응 관계가 적절하지 않으므로 '~로 인식하였다'로 고치자.

③ ㉢ 앞, 뒤 문장의 내용을 고려하여 '그래서'로 바꾸자.

④ ㉣ 의미가 중복되므로 '죽거나 사상을 당하면'으로 고치자.

⑤ ㉤ 단어의 쓰임이 잘못되었으므로 '형성'으로 바꾸자.

주관식

③ 다음 글을 읽고 밑줄 친 단어의 뜻을 간략하게 쓰시오.

● 보기 ●

몽양 어운형의 항일 독립운동의 당위성 주장에 대해 코가 장관은 일본이 조선을 병합한 것은 서양 세력의 침입으로부터 조선을 보호하기 위한 수단이었다고 말하면서 조선독립은 오히려 동양평화에 위협이 될 뿐이라는 궤변을 늘어놓았다.

- -

- -

- -

- -

4 <주관식>

다음 〈보기〉의 내용을 고려하여 ㉠에 들어갈 내용을 15자 내외로 쓰시오.

● 보 기 ●

주제 : 동아리 활동을 활성화해야 한다.
I. 서론 : 동아리 활동의 실태
       – 형식적으로 이루어짐
II. 본론
  1. 동아리 활동의 의의
    가. 학생들의 사회성을 높일 수 있음
    나. 학생들의 적성과 취미를 계발함
  2. [㉠   ]
    가. 학교
      (1) 전문 강사가 부족함
      (2) 동아리 활동에 수동적인 자세로 참여함
    나. 학생
      (1) 동아리 활동을 학습 방해 요인으로 생각함
      (2) 동아리 활동을 위한 시설이 미비함
  3. 동아리 활동 활성화 방안
    가. 학교 차원의 방안
      (1) 외부 기관과 협조해 전문 강사를 초빙함
      (2) 경제적 지원을 확대함
    나. 학생을 대상으로 한 방안
      (1) 동아리 활동의 학습적 효과를 인식하도록 함
      (2) 동아리 활동에 대한 인식을 변화시킴
III. 결론 : 동아리 활동의 활성화에 대한 관심을 촉구함

----

5 <주관식>

〈예시〉와 같이 〈보기〉의 ①의 빈칸에 들어갈 ㉠-한자성어/속담과 〈보기〉 ②의 빈칸에 공통으로 들어갈 ㉡-단어를 사용하여 한 문장으로 된 짧은 글을 쓰시오.

● 예 시 ●

① 자신의 친구를 욕하는 것은 (누워서 침 뱉기)이다.
② • 자기가 잘못하고서는 (오히려) 큰소리친다.
   • 우리의 도움이 (오히려) 그들에게 해가 되지나 않을지 걱정된다.
   → 누워서 침 뱉기라는 말처럼 남을 해하려 하면 오히려 자기가 해를 입을 수 있다.

● 보 기 ●

① 사람들 중에는 지방을 제거하기 위해 체내의 지방 흡수를 인위적으로 차단하는 비만치료제를 이용하는 이도 있는데, 이러한 비만치료제는 인체 시스템에 악영향을 끼치기도 한다. 만일 이 비만치료제가 몸에 좋은 지방과 그렇지 않은 지방을 구별하는 눈을 가졌다면 권장할 만하다. 하지만 모든 유형의 지방이 우리 몸에 흡수되는 것을 막는 것이 문제다. 게다가 이 비만치료제는 지방질만 제거하는 것이 아니라 지방질과 함께 소화 흡수되어 시력 보호나 노화 방지를 돕는 지용성 비타민까지 걸러 내게 마련이다. (㉠-한자성어/속담)이라는 말처럼, 살을 빼려다가 시력을 떨어뜨리고 노화를 촉진하게 되는 것이다. 그것도 만만찮은 비용까지 부담하면서 말이다.
② • (㉡-단어) 큰일 날 뻔했다.
   • 그는 전차에서 내리면서 발을 헛딛고서 (㉡-단어) 넘어질 뻔했다.

----

6 주관식

〈예시〉의 내용에 이어 쓸 수 있는 시조를 〈보기〉의 조건에 맞도록 쓰시오.

● 예 시 ●

봉선화

비 오자 장독간에 봉선화 반만 벌어
해마다 피는 꽃을 나만 두고 볼 것인가.
세세한 사연을 적어 누님께로 보내자.

● 보 기 ●

• 계절감을 드러낼 것
• 비유적 표현을 사용할 것
• 제시된 시조의 주제를 유지할 것

----

7 주관식

십자말풀이를 참조해 아래의 (   )에 맞는 단어를 쓰시오.

	1. 자		2.	
3.			4.	5. 기
6.	7. 적		8.	
	9.			

[가로 열쇠]

1. 원동기를 장치하여 그 동력으로 바퀴를 굴려서 땅 위를 움직이도록 만든 차
3. 무슨 일을 더디게 끌어 시간을 늦춤
4. 국가 기관이 법정 절차에 따라 등기부에 부동산에 관한 일정한 권리관계를 적는 일
6. 호적법에서, 호적이 있는 지역을 이르던 말 ≒ 본적지
8. 엎드려 청함
9. 그림을 그리는 데 쓰는 종이

[세로 열쇠]

1. 사람의 힘이 더해지지 아니하고 존재하는 것
2. 고르거나 가지런하지 않고 차별이 있음
3. 지구를 본떠 만든 모형
5. 기상 상태를 관측하고 예보하는 사무를 맡아보는 기관
7. 지구의 남북 양극으로부터 같은 거리에 있는 지구 표면에서의 점을 이은 선
8. 행복한 삶

2. 세로 (	)
3. 세로 (	)
8. 가로 (	)
9. 가로 (	)

8 **┃주관식┃** 〈보기〉는 두 가지 음식 문화를 비교하는 글이다. 밑줄 친 곳을 바르게 고쳐 쓰시오.

● **보기** ●

ⓐ <u>음식을 먹는 방식을 나누면 대체로 두 가지 방식으로 나누어 볼 수 있다.</u> 하나는 음식을 한꺼번에 상 위에 올려 놓고 먹는 공간형 방식이고, 다른 하나는 음식이 준비되는 대로 먹는 시간형 방식이다.

공간형 방식은 반찬은 물론 국이나 찌개를 한꺼번에 상 위에 올려놓는 방식이다. 따라서 이 방식은 음식의 양을 조절할 수 없다는 단점이 있다.

ⓑ <u>그렇지만</u> 시간형 방식은 ⓒ <u>음식이 순서에 따라 나오거나 익혀가며 먹는 방식이다.</u> 이 방식은 공간형 방식에 비해 다소 시간이 걸리는 단점이 있다. 하지만, 음식이 나오는 중간 중간에 서로 정담을 나누는 여유를 가질 수 있어 소규모의 친목 모임에 적합하다.

----

9 **┃주관식┃** 다음 〈보기〉의 조건이 모두 충족된 의견을 제시하시오.

● **보기** ●

• 상대방의 의견 : 학력(學歷)은 개인이 노력하여 정당한 경쟁을 통해 획득한 자격이며, 개인의 능력을 예측할 수 있는 중요한 지표이다. 따라서 입사 지원서에 학력 기재란을 삭제하는 것은 바람직하지 않다.

● **조건** ●

• 상대방 주장에 쓰인 논거의 문제점을 비판하며 시작할 것
• 문제점을 비판하는 근거를 제시할 것
• 적절한 대처 방안을 제시할 것
• 어문 규범을 지켜 세 문장으로 쓸 것

----

10 **┃주관식┃** 〈보기〉의 그림을 모두 활용하여 '바람직한 생활 태도'에 대한 표어를 만드시오.

● **보기** ●

제 **4** 회

모의고사

1교시 제4회 모의고사

⏱ 60분/57문항

[73회] 초- [77회] 되- [80회] 민-

01 단어의 형성 방법이 나머지와 다른 것은?

① 큰집 ② 접칼 ③ 풋사과

④ 돌다리 ⑤ 작은아버지

[77회] 느긋하다 : 성마르다

02 두 단어 간의 관계가 나머지와 다른 것은?

① 영겁 : 찰나 ② 직필 : 곡필

③ 과부 : 미망인 ④ 올되다 : 늦되다

⑤ 스스럽다 : 무람없다

[80회] 조달 조리 조율 조인 조합

03 〈보기〉의 뜻풀이에 해당하고 예문의 (   )에 들어갈 단어로 가장 알맞은 것은?

● 보기 ●

[뜻풀이] 떨치어 일어남. 또는 일으킴.
[예문] 산업 (   )에 힘쓰다.
　　　　앞으로 우리 농촌의 (   )을 위해서 진력하겠습니다.

① 발전(發展) ② 번영(繁榮) ③ 진흥(振興)

④ 개발(開發) ⑤ 유행(流行)

[77회] 오붓하다 야멸차다 스스럽없다

04 밑줄 친 단어의 쓰임이 바르지 않은 것은?

① 옆집 아이는 계집애가 착해서 잔망스러운 행동만 한다.

② 얼마나 굶었는지 그는 음식을 걸신스럽게 마구 먹어 대고 있다.

③ 그는 일부러 의뭉스러운 바보짓을 하여 사람들에게 혼란

을 주었다.

④ 그는 그녀에게 사랑한다고 고백하는 것이 쑥스러운 듯 얼굴이 발개졌다.

⑤ 매질이 우악스럽게 모질고 보니, 그는 할 수 없이 사실을 불기 시작했다.

[77회] 달이다 졸이다 간질이다 건드리다 늘이다

05 밑줄 친 단어의 쓰임이 적절하지 않은 것은?

① 검은 구름이 걷힌다.

② 과녁에 맞힌 화살을 뽑다.

③ 반듯이 앉는 습관을 지녀라.

④ 그는 나이가 지그시 들어 보인다.

⑤ 화가 나서 신문을 갈가리 찢어 버렸다.

06 〈보기〉의 (   )에 알맞은 표기로만 짝지어진 것은?

● 보기 ●

• 내가 너에게 (㉠)?
• 날씨가 왜 이리 (㉡)?
• 어머, 그게 바로 (㉢).
• 그것은 제 것이 (㉣).

	㉠	㉡	㉢	㉣
①	질소냐	추울고	오늘일쎄	아니올씨다
②	질소냐	추울꼬	오늘일쎄	아니올시다
③	질소냐	추울꼬	오늘일쎄	아니올씨다
④	질쏘냐	추울꼬	오늘일세	아니올시다
⑤	질쏘냐	추울고	오늘일세	아니올씨다

07 [69회] 집에서 새는 바가지 밖에서도 샌다

〈보기〉의 (   )에 들어갈 속담으로 가장 적절한 것은?

보기

뇌물은 사회 기강을 어지럽히고 부익부 빈익빈을 심화 시킨다. 그래서 어느 시대 어느 나라에서나 뇌물은 범죄다. 그럼에도 뇌물은 흔하다. (   )(한국 속담), 황금이 말하면 모든 혀가 조용해지며(영국 속담), 돈은 귀신과도 통하기(중국 속담) 때문이다. 현재 지구촌에서 오가는 뇌물은 적어도 한 해 1조 달러가 넘는 것으로 추정된다.

---

① 돈이 돈을 벌고

② 돈에 침 뱉는 놈 없고

③ 돈만 있으면 개도 멍첨지고

④ 기름 먹인 가죽이 부드럽고

⑤ 돈은 있다가도 없어지고 없다가도 생기는 법이고

08 [69회] 자업자득(自業自得) [80회] 가렴주구(苛斂誅求)

밑줄 친 말과 바꾸어 쓰기에 적절한 것은?

보기

외국인 투자자들에 의해 주가가 오르고는 있지만, 언제 또 곤두박질칠지 모르기 때문에 요즘 우리나라 증시는 마치 살얼음을 밟는 것 같은 상황이라고 할 수 있다.

---

① 동빙한설(凍氷寒雪)의   ② 빙기옥골(氷肌玉骨)의

③ 빙정옥결(氷貞玉潔)의   ④ 여리박빙(如履薄氷)의

⑤ 환연빙석(渙然氷釋)의

09 [69회] 복장을 뒤집다 [73회] 초 치다 [77회] 귀가 번쩍 뜨이다

밑줄 친 관용구의 뜻풀이가 바르지 않은 것은?

① 그는 다리가 길어서 뭐 먹을 때마다 부르지도 않았는데 나타났다. → 눈치가 빨라 어떤 일을 금세 알아채다.

② 친구들은 그가 어제 한 실수를 도마 위에 올려놓고 열을 올렸다. → 어떤 사물을 문제 삼아 비판하거나 논하다.

③ 아버지의 사업이 망한 뒤로 우리 가족은 바닥을 긁게 되었다. → 생계가 곤란하다.

④ 그의 말은 항상 사개가 맞아 친구들이 모두 고개를 끄덕인다. → 말이나 사리의 앞뒤 관계가 빈틈없이 딱 들어맞다.

⑤ 그는 오늘의 업무량을 맞추기 위하여 고삐를 조였다. → 사태를 조금도 늦추지 않고 긴장되게 하다.

10 밑줄 친 부분을 비슷한 의미의 다른 단어나 표현으로 바꾼 것 중 바르지 않은 것은?

① 봄이 한창이라 들에는 꽃들이 지천으로 피어 있다. → 매우 흔하게

② 학기말이 되면 아이들이 방만하게 행동을 한다. → 제멋대로 풀어져

③ 전혀 낯선 세계의 풍경이 생경한 느낌으로 다가왔다. → 처음 대하지 않는

④ 선생님은 비록 눌변이시지만 열성적인 강의로 우리에게 감동을 준다. → 서툰 말솜씨

⑤ 이 증거물이 미궁에 빠졌던 그동안의 사건을 해결할 수 있을 것이다. → 해결하지 못하게 된 상태

11 밑줄 친 단어의 뜻풀이가 바르지 않은 것은?

① 그들은 자신들의 마을에 들어온 이방인들을 적대시(敵對視)하였다. → 적으로 여겨 봄

② 그간 과학 기술 위주의 교육 때문에 인성 교육이 등한시(等閑視)되어 왔다. → 소홀하게 보아 넘김

③ 우리는 상대방의 공격을 더이상 좌시(坐視)만 할 수는 없다. → 참견하지 아니하고 앉아서 보기만 함

④ 지나치게 개성을 발휘하면 조직 사회 내에서는 도외시(度外視)되거나 밀려날 수도 있다. → 문제를 일으킴

⑤ 그는 고향에 돌아와 사람들로부터 받은 백안시(白眼視)와 수모를 잊지 않았다. → 남을 업신여기거나 무시하는 태도로 흘겨봄

[77회] 필부필부(匹夫匹婦) 장삼이사(張三李四) 초동급부(樵童汲婦)

12 다음 중 나머지 것과 그 의미가 다른 말은?

① 갑남을녀(甲男乙女)

② 장삼이사(張三李四)

③ 재자가인(才子佳人)

④ 필부필부(匹夫匹婦)

⑤ 초동급부(樵童汲婦)

13 〈보기〉에서 밑줄 친 부분의 의미와 가장 유사하게 사용된 것은?

● 보기 ●
올해도 뜰에 봉선화가 지난해처럼 그렇게 소담하게 폈습니다.

① 깜찍하게

② 아름답게

③ 수수하게

④ 세련되게

⑤ 탐스럽게

14 밑줄 친 부분의 표기가 옳지 않은 것은?

① 오늘 청소는 내가 할게.

② 생각건대 공부가 가장 쉽다.

③ 국어 시험이 생각보다 만만찮다.

④ 그의 해쓱한 얼굴을 보니 속상하다.

⑤ 점심을 느지막하게 먹었더니 괜찮다.

15 밑줄 친 단어의 발음이 잘못된 것은?

① 하늘 무서운 줄 모르는데 어쩌면 좋소[조:쏘].

② 마땅히 지켜야 할 바를[할빠를] 가르쳤을 뿐이다.

③ 계돈(鷄豚)은 닭과[닥꽈] 돼지를 아울러 이르는 말이다.

④ 옛 선비들은 바람을 읊고[을꼬] 달을 읊는 것을 즐겼다.

⑤ 결혼한 지 5년 만에 아이를 낳으니[나으니] 아버지가 무척 기뻐하셨다.

16 다음 중 맞춤법에 어긋나는 것은?

① 개굴개굴 개구리

② 기럭기럭 기럭이

③ 삐죽거리는 삐죽이

④ 코가 납작한 코납작이

⑤ 오뚝하니 일어서는 오뚝이

17 밑줄 친 부분의 맞춤법이 옳은 것을 모두 고른 것은?

● 보기 ●
• 거북이가 ㉠ 엉금엉금 기기 시작했다.
• 그는 톱으로 나무를 ㉡ 쓱삭쓱삭 잘랐다.
• 까마귀는 날개를 ㉢ 퍼덕퍼덕하며 날아올랐다.

① ㉠

② ㉠, ㉡

③ ㉠, ㉢

④ ㉡, ㉢

⑤ ㉠, ㉡, ㉢

[80회] 옐로카드(yellow card) 인디언(indian) 차트(chart)

18 밑줄 친 외래어 표기 중 틀린 것은?

① 간식으로 도넛을 먹자.

② 아이섀도를 더 사야겠어.

③ 나는 음악 장르 중 재즈를 좋아한다.

④ 오늘은 어머니 생신이라 케익을 샀다.

⑤ 사진 찍을 때 플래시를 터뜨리면 안 돼요.

19 '렌즈삽입술'을 받으려는 환자가 이해한 것으로 적절하지 않은 것은?

질문1 : 렌즈삽입술은 시력이 나쁜 모든 이들에게 가능한 수술인가요?

답변1 : 안내렌즈삽입술을 하는 대상은 라식, 라섹과는 차이가 있다. 얇은 각막, 초고도근시 등의 이유로 레이저 시력 교정술이 불가능할 경우에 적합하다. 보통 근시 및 난시가 있는 21~45세의 성인 중 기존에 녹내장, 홍채염, 당뇨망막병증 등 각종 안질환이 없던 사람에게 가장 이상적인 수술이다. 수술 전 UBM 생체 현미경 검사를 통해 눈 속의 공간이나 내피세포 등을 파악해야 한다.

질문2 : 수술은 어떻게 진행되나요?

답변2 : 렌즈삽입술을 하기 전, 홍채절개술부터 시행하게 된다. 홍채절개술은 눈 안에 흐르는 물(방수)이 렌즈로 인해 흐름에 방해 받지 않도록 홍채에 구멍을 뚫어주는 수술이다. 이 단계를 거친 후에 개개인의 눈 상태에 맞는 렌즈를 주문하여 하루씩 렌즈삽입을 하게 된다.

질문3 : 안내렌즈삽입술의 장점은 무엇인가요?

답변3 : 무엇보다 라식, 라섹수술처럼 각막을 건드리지 않으므로 각막조직의 손상이나 제거 없이 고도근시 및 난시까지 넓은 범위의 시력교정이 가능하다는 것이다. 렌즈삽입술은 라식, 라섹수술이 불가능한 초고도근시나 얇은 각막을 가진 분들, 각막에 상처가 있는 경우 등에서 가능한 수술이라는 것도 메리트가 될 수 있다. 또한 혹시라도 수술 후 시력의 변화가 생기거나 문제가 생길 경우 렌즈를 교체하거나 쉽게 제거할 수 있다는 점도 장점이라 할 수 있다.

질문4 : 수술 전후로 주의해야 할 사항은 무엇인가요?

답변4 : 안내렌즈삽입술을 하기 전에는 소프트렌즈는 1주 이상, 하드렌즈는 2주 이상 착용을 중단하고 정밀검사를 받아야 한다. 정밀검사 시에는 굴절검사, 각막두께 측정, 안구길이, 안구전방 깊이, 안저검사, 안압검사 등 다양한 검사가 요구된다. 특히 UBM 초음파 생체현미경 검사는 렌즈삽입술을 위한 필수 검사로 꼽는다.

또한 렌즈삽입술은 눈 안에 특수렌즈를 삽입하는 만큼 더 안전하게 진행이 되어야 한다. FDA 안전기준을 준수하는지, 수술 담당의는 숙련된 전문의인지 확인을 해 볼 것을 권한다.

수술 후에는 당일 날 바로 퇴원이 가능하다. 수술 중엔 가벼운 국소점안 마취를 하기 때문에 약간의 불편함이 있을 수 있지만 별다른 큰 통증은 없는 편이다. 안과에서 보호안대와 약을 처방 받은 뒤 수술 다음날 안과에 다시 방문해 수술 결과를 검사해봐야 한다.

① 수술 전에 생체 현미경 검사를 통한 필수 검사를 해야 한다.

② 전신 마취를 해야 하는 수술이므로, 마취 부작용을 확인해야 한다.

③ 레이저로 시력교정술이 불가능한 환자 중에서 안질환이 없어야 가능한 수술이다.

④ 렌즈삽입술을 하기 전 홍채절개술을 받고, 이후 개인의 눈 상태에 맞는 렌즈를 삽입하게 된다.

⑤ 수술 후에는 당일 퇴원을 하여 안과에서 보호 안대와 약을 처방받고, 다음날 수술 결과를 검사해야 한다.

[20~21] 다음 글을 읽고 물음에 답하시오.

현대 사회에서 스타는 대중문화의 성격을 규정짓는 가장 중요한 열쇠이다. 스타가 생산, 관리, 활용, 거래, 소비되는 전체적인 순환 메커니즘이 바로 스타 시스템이다. 이것이 자본주의 대중문화의 가장 핵심적인 작동 원리로 자리 잡게 되면서 사람들은 스타가 되기를 열망하고, 또 스타 만들기에 진력하게 되었다.

스크린과 TV 화면에 보이는 스타는 화려하고 강하고 영웅적이며, 누구보다 매력적인 인간형으로 비춰진다. 사람들은 스타에 열광하는 순간 스타와 자신을 무의식적으로 동일시하며 그 환상적 이미지에 빠진다. 스타를 자신들이 스스로 결여하고 있다고 느끼는 부분을 대리 충족시켜 주는 대상으로 생각하기 때문이다. 그런 과정이 가장 전형적으로 드러나는 장르가 영화이다.

영화는 어떤 환상노 쉽게 먹혀들어 갈 수 있는 조건에서 상영되며 기술적으로 완벽한 이미지를 구현하여 압도적인 이미지로 관객을 끌어들인다. 컴컴한 극장 안에서 관객은 부동자세로 숨죽인 채 영화에 집중하게 되며 자연스럽게 영화가 제공하는 이미지에 매료된다. 그리고 그 순간 무의식적으로 자신을 영화 속의 주인공과 동일시하게 된다. 관객은 매력적인 대상과 자신을 동일시하면서 자신의 진짜 모습을 잊고 이상적인 인간형을 간접 체험하게 되는 것이다.

스크린과 TV 화면에 비친 대중이 선망하는 스타의 모습은 현실적인 이미지가 아니라 허구적인 이미지에 불과하다. 사람들은 스타 역시 어쩔 수 없는 약점과 한계를 안고 사는 한 인간일 수밖에 없다는 사실을 아주 쉽게 망각해 버리곤 한다. 이렇게 스타에 대한 열광의 성립은 대중과 스타의 관계가 기본적으로 익명적일 수밖에 없다는 데서 가능해진다.

자본주의의 특징 가운데 하나는 필요 이상의 물건을 생산하고 그것을 팔기 위해 갖은 방법으로 소비자들의 욕망을 부추긴다는 것이다. 스타는 그 과정에서 소비자들의 구매 욕구를 불러일으키는 가장 중요한 연결고리 역할을 함과 동시에 그들도 상품처럼 취급되어 소비되는 경향이 있다. 스타 시스템은 대중문화의 안과 밖에서 스타의 화려하고 소비적인 생활 패턴의 소개를 통해 사람들의 욕망을 자극하게 된다. 또한 스타들을 상품의 생산과 판매를 위한 도구로 이용하며, 끊임없이 오락과 소비의 영역을 확장하고 거기서 이윤을 발생시킨다. 이 모든 것이 가능한 것은 많은 대중이 스타를 닮고자 하는 욕구를 가지고 있어 스타의 패션과 스타일, 소비 패턴을 모방하기 때문이다.

스타 시스템을 건전한 대중문화의 작동 원리로 발전시키기 위해서는 우선 대중문화 산업에 종사하고 싶어 하는 사람들을 위한 활동 공간과 유통 구조를 확보하여 실험적이고 독창적인 활동을 다양하게 벌일 수 있는 토양을 마련해 주어야 한다. 나아가 이러한 예술 인력을 스타 시스템과 연결하는 중간 메커니즘도 육성해야 할 것이다.

20 위 글을 바탕으로 〈보기〉를 이해한 내용으로 적절하지 않은 것은?

●━ 보 기 ━●

인간은 자기에게 욕망을 가르쳐주는 모델을 통해 자신의 욕망을 키워 간다. 이런 모델을 ⓐ '욕망의 매개자' 라고 부른다. '욕망의 매개자' 가 존재한다는 사실은 욕망이 '대상-주체' 의 이원적 구조가 아니라 '주체-모델-대상' 의 삼원적 구조를 갖고 있음을 보여준다. ⓑ 욕망의 주체와 모델은 ⓒ '욕망 대상' 을 두고 경쟁하는 ⓓ '욕망의 경쟁자' 이다. 이런 경쟁은 종종 욕망 대상의 가치를 실제보다 높게 평가하게 된다. 이렇게 과대평가된 욕망 대상을 소유한 모델은 주체에게는 ⓔ '우상적 존재' 가 된다.

① ⓐ는 ⓑ가 무의식적으로 자신과 동일시하는 인물이다.
② ⓑ는 스타를 보고 열광하는 사람들을 말한다.

③ ⓒ는 ⓑ가 지향하는 이상적인 대상이다.
④ ⓒ는 ⓐ를 지향하며 닮고 싶어 한다.
⑤ ⓔ는 ⓑ의 진짜 모습을 잊게 하는 환상적인 인물이다.

21 위 글에 대한 비판적 이해로 가장 적절한 것은?

① 대중과 스타의 관계가 익명적 관계임을 근거로 대중과 스타의 관계를 무의미한 것으로 치부하고 있어.
② 스타 시스템이 대중문화를 대변하고 있다는 데 치중하여 스타 시스템의 부정적인 측면을 간과하고 있어.
③ 스타 시스템과 스타가 소비 대중에게 가져다 줄 전망만을 주로 다룸으로써 대책 없는 낙관주의에 빠져 있어.
④ 스타를 스타 시스템에 의해 조종되는 수동적인 존재로만 보고, 그들도 주체성을 지니고 행동한다는 사실을 간과하고 있어.
⑤ 대중이 스타를 무비판적으로 추종하는 면을 지적하여 그런 욕망으로부터 벗어나기 위한 방법을 제시하기에 급급하고 있어.

[22~23] 다음 글을 읽고 물음에 답하시오.

(가) 많은 사람들은 의사소통에 대해서 음성언어를 통해 언어적 메시지를 전달하고 수용하는 과정이라고 말한다. 그렇지만 의사소통이 언어적 메시지만으로 이루어지는 것은 아니다. 사람들은 의사소통 과정에서 언어적 메시지뿐만 아니라 음성언어에 수반되는 강세, 어조, 억양 등의 반언어적 특질, 몸짓이나 얼굴 표정 등의 비언어적인 특질 등에 의해서 표현되는 화자의 느낌, 태도라는 메타메시지(meta-message)를 함께 전달한다. '메타메시지' 란 문자 그대로 메시지에 대한 메시지라는 뜻으로 실제 대화 내용, 대화 시기와 장소, 분위기, 화자의 상대방에 대한 태도 등을 포괄해서 전해지는 메시지를 의미한다. 언어적 메시지가 '무엇을' 에 해당하는 의사소통의 내용적 측면이라면 메타메시지란 '어떻게' 에 해당하는 의사소통의 방법적 측면이라 할 수 있다.

[A] 실제 의사소통의 상황에서 메시지를 수용하는 수신자는 어떤 면에서 언어적 메시지보다는 메타메시지에 더 민감한 반응을 보인다. 상대방의 말을 들을 때 그 사람이 무슨 말을 했는가보다는 얼마나 진지하고 예절 바르게 말하는가, 자신에 대해서 얼마나 호의적인가 등을 중심으로 그 사람을 판단한다. 만약 말로 인해 갈등을 겪거나 상처를 받는 사람이 있다면, 그것은 대개 상대방이 무슨 말을 했는가 하는 말의 내용 때문이라기보다는 상대방이 어떤 식으로 말하는가 하는 방식이나 태도 때문이다. 같은 말이라도 떠벌리는 태도로 지나치게 크게 말한다거나, 상대방을 바라보지 않고 다른 곳을 응시하며 말하는 경우에는 참여자들 사이에 신뢰가 형성될 수 없다. 아무리 도움이 되는 말이라도 직접 면전에서 듣는 것보다 다른 누군가를 통해서 전해 듣는 것이 기분 나쁜 이유는 말하는 상황 자체에서 전달되는 메타메시지를 공유할 수 없기 때문이다.

(나) 사람들은 자신이 거짓말을 하고 있다는 신호를 다양한 방식으로 드러낸다. 실험 결과 거짓말을 할 때는 단순한 손짓의 횟수가 감소하였고, 얼굴에 손을 대는 자기 접촉의 횟수가 증가하였다. 특히 자신의 코를 만진다든지 입을 가리는 행위가 자주 발견되었다. 그리고 거짓말을 하는 동안에 몸을 움직이는 횟수 또한 늘어났다. 하지만 거짓말을 할 때의 표정은 진실한 말을 할 때의 표정과 거의 구별할 수 없었다.

이러한 실험을 통해 알 수 있는 사실은 어느 누구도 온몸을 사용하여 거짓말을 하기는 어렵다는 것이다. 가령, 신경질이 나거나 긴장할 때, 놀랄 때라도 다른 사람 앞에서 행복한 얼굴을 할 수가 있다. 그리고 주먹을 쥔 채로 웃고 있는 사람이 있다면 자신의 감정을 숨기고 싶어 하거나, 감정을 조절하지 못하고 있다는 점을 알려주는 것이다.

따라서 정말 중요한 일 때문에 거짓말을 해야 한다면 전화로 하는 것이 좋다. 아니면 후진으로 자동차를 주차하거나 바늘에 실 꿰기 등을 하는 것이 좋다. 왜냐하면 사람들은 우리 몸의 작은 동작만으로도 거짓말을 알아차릴 수 있기 때문이다. 만약 진정한 거짓말의 달인이 되기를 원한다면 목소리나 얼굴뿐만 아니라 온몸으로 거짓 동작을 반복하는 연습을 하는 것이 필요하다.

---

22 (가)와 (나)를 통해 이끌어 낼 수 있는 진술로 가장 적절한 것은?

① 음성보다는 동작이 더 많은 정보를 전달한다.

② 발화의 의미는 구체적인 장면과 상황에 따라 달라진다.

③ 언어는 사회적 약속이면서 동시에 자의적 기호의 체계이다.

④ 효과적인 의사소통은 화자와 청자의 관계에 의해 결정된다.

⑤ 인간의 언어는 창의적 생산 과정을 통해 끊임없이 발전한다.

---

23 [A]를 고려하여 '효과적인 설득 전략'이라는 주제로 강연을 하려고 한다. 강연의 요지로 적절한 것은?

① 대화에 주도적으로 참여하라. 듣기보다는 말하기에 더 많은 시간을 배정하라.

② 목소리를 조절하라. 친밀감을 주기 위해서는 커다란 목소리로 힘 있게 말하라.

③ 적극적으로 대응하라. 상대방이 다양한 사례로 자신을 비판한다면 즉각 반격하라.

④ 예절 바르게 말하라. 말하는 내용보다 전달하는 자세가 중요하다는 점을 기억하라.

⑤ 여유를 갖도록 하라. 상대방의 주변을 살펴보며 상황에 따라 적절한 몸동작을 활용하라.

[24~25] 다음 글을 읽고 물음에 답하시오.

저기압의 특징은 공기가 상승한다는 것이다. 저기압은 크게 온대 저기압과 열대 저기압으로 분류되는데, 온대 저기압은 중위도 지방에서 찬 공기가 더운 공기를 밀어 상승시켜 발생하고, 열대 저기압은 저위도 지방에서 고온의 공기가 밀도가 작아 상승하여 발생한다. 특히 열대 저기압 중 중심 풍속이 17m/s를 넘으면 태풍이라고 하는데 지역에 따라 부르는 이름은 다양하다.

흔히 '태풍의 눈'이라고 불리는 태풍의 중심에서는 하강 기류가 형성되어 구름이 발생하지 않는다. 하지만, 태풍의 중심 부근에서는 공기가 상승하고 강한 바람이 불며, 태풍의 중심에서 멀어질수록 기압이 높아지고 바람의 세기도 약해진다. 그리고 태풍은 그 주변부에서 태풍의 눈을 향해, 북반구에서는 반시계 방향으로, 남반구에서는 시계 방향으로 바람이 불어 들어 와 상승한다. 또한 태풍 중심 부근에는 공기의 상승으로 인한 구름이 만들어져 많은 비가 오게 된다.

태풍은 주변으로부터 뜨거운 수증기를 빨아들이며 성장하는데, 지구온난화의 영향으로 뜨거운 바다가 늘어나 태풍의 위력도 커지게 되었다. 태풍은 주로 공기의 온도가 높고 수증기가 많은 적도 부근에서 발생한다. 단, 적도에서는 지구 자전 효과가 적어 소용돌이가 발생하기 어렵기 때문에 주로 위도 5~25도의 바다에서 발생한다.

대부분의 태풍은 북반구의 중위도 지방에 이르게 되면 남서풍인 편서풍을 따라 올라온다. 이 때 태풍 진행방향의 오른쪽은 태풍의 바람 방향과 편서풍의 바람방향이 같아서 더욱 강한 바람이 불기 때문에 위험반원이라고 한다. 반대로 태풍 진행방향의 왼쪽은 편서풍의 바람 방향이 태풍의 바람 방향과 반대가 되어서 바람이 약하게 불기 때문에 가항반원이라고 한다. 특히, 위험반원에서는 강한 바람이 불고 폭우가 내려 가옥의 파손이나 침수가 나타나기도 한다.

하지만 우리가 경험하는 태풍이 미운 짓만 하는 것은 아니다. 1988년과 2001년은 태풍이 우리나라를 비켜가 '태풍 없는 해'로 기록되었지만 적조가 유난히 극성을 부린 해이기도 했다. 또한 태풍은 강한 바람으로 피해를 주기도 하지만, 오염물질을 멀리 날려버리는 역할도 해 준다. 올해도 우리는 ㉠ 두 얼굴을 가진 태풍을 만나게 될 것이다.

24 위 글로부터 알 수 있는 사실로 적절한 것은?

① 태풍은 바다보다 육지에서 발생할 가능성이 크다.
② 태풍은 편서풍을 만나 바람의 방향이 반대로 바뀐다.
③ 지구온난화가 가속화되면 태풍의 위력은 더욱 커진다.
④ 태풍은 공기의 밀도가 높은 적도 근처에서 만들어진다.
⑤ 온대 저기압의 중심 풍속이 17m/s를 넘으면 태풍으로 변한다.

25 ㉠과 유사한 사례가 아닌 것은?

① 가옥의 파손 및 침수를 일으키는 장맛비는, 공기 중의 미세먼지를 씻어준다.
② 지열발전을 가능하게 하는 화산활동은, 온천욕을 즐길 수 있는 따뜻한 물을 제공해 준다.
③ 농작물이 잘 자라는 것을 방해하는 강의 홍수는, 삼각주에 토사를 쌓아 농지를 비옥하게 한다.
④ 인간에게 호흡기 질환을 일으키는 봄철 황사는, 알칼리성의 흙을 이동시켜 토양의 산성화를 방지한다.
⑤ 선박을 난파시키기도 하는 큰 파도는, 바다를 깨끗하게 만들어 어류들이 살기 좋은 환경을 만들어준다.

[26~27] 다음 글을 읽고 물음에 답하시오.

1950년대 후반 추상표현주의의 주관성과 엄숙성에 반대하여 팝아트(pop art)가 시작되었다. 팝아트는 매스미디어와 대중문화의 시각 이미지를 적극적으로 수용하고자 했다. 팝송이 대중에 의해 만들어진 것이 아니라 전문가가 만들어 대중에게 파급시켰듯이, 팝아트도 그렇게 대중에게 다가간 예술이다.

팝아트는 텔레비전, 상품 광고, 쇼윈도, 교통 표지판 등 복합적이고 일상적인 것들뿐만 아니라, 코카콜라, 만화 속의 주인공, 대중 스타 등 평범한 소재까지도 미술 속으로 끌어들였다. 그 결과 팝아트는 순수 예술과 대중 예술이라는 이분법적 구조를 불식시켰다. 이런 점에서 팝아트는 당시의 현실을 미술에 적극적으로 수용했다는 긍정적인 측면이 있다. 그러나 팝아트는 다다이즘에서 발원한 반(反)예술 정신을 미학화시켰을 뿐, 상품 미학에 대한 비판적 대안을 제시하기보다는 오히려 소비문화에 굴복했다는 비판을 받기도 했다.

이러한 팝아트는 직물 무늬 디자인에 영향을 끼쳤다. 목 주위로 돌아가면서 그려진 구슬 무늬, 벨트가 아니면서 벨트처럼 보이는 무늬, 뒤에서 열리지만 마치 앞에 달린 것처럼 찍힌 지퍼 무늬 등이 그것이다. 이처럼 착시 효과를 내는 무늬들은 앤디 워홀이 실크스크린으로 찍은 캠벨 수프 깡통, 실제 빨래집게를 크게 확대한 올덴버그의 작품이나, 존스가 그린 성조기처럼 평범한 사물을 확대하거나 그대로 옮겨 그린 것과 그 맥을 같이한다.

한편, 옵아트(optical art)는 순수한 시각적 미술을 표방하며 팝아트보다 다소 늦은 1960년대에 등장했다. 옵아트를 표방하는 사람들은 옵아트란 아무런 의미도 담지 않은 순수한 추상미술을 추구하기 위해 탄생된 미술이라고 주장한다. 이를 위해 그들은 가장 단순한 선, 형태, 명도 대비, 색, 점들을 나란히 놓아서 눈이 어지러운 시각적 효과를 만들어냈다. 그들은 옵아트가 색과 형태의 정적인 힘을 변화시켜 동적인 반응을 유발하고, 이를 통해 시각의 기능이 활성화된다고 주장했다.

또한 옵아트는 기존의 조화와 질서를 중시하던 일반적인 미술이나 구성주의적 추상 미술과는 달리, 사상이나 정서와는 무관하게 원근법상의 착시, 색채의 장력(張力)*을 통하여 순수한 시각적 효과를 추구했다. 그리고 빛이나 색, 또는 형태를 통하여 3차원적인 다이나믹한 움직임을 보여 주기도 했다. 그러나 옵아트는 지나치게 지적이고 조직적이며 차가운 느낌을 주기 때문에 인문과학보다는 자연과학에 더 가까운 예술이다. 이러한 특성 때문에 옵아트 옹호자들은 옵아트가 시각적 경험에 대한 과학적인 연구를 바탕으로 한 결과라고 주장한다.

옵아트는 특히 직물의 무늬 디자인에 상당한 영향을 끼쳤다. 줄무늬나 체크무늬 등 시각적 착시를 일으키는 디자인 가운데는 옵아트의 직접적인 영향을 받은 것이 상당수 있다. 한편 옵아트는 사고와 정서가 배제된 계산된 예술이고 오로지 착시를 유도하여 수수께끼를 즐기는 것에 불과하다는 비판을 받기도 했다.

*장력(張力) : 당기거나 당겨지는 힘

26 위 글을 통해 내용을 확인할 수 없는 질문은?

① 팝아트의 소재는 무엇인가?
② 팝아트에 대한 평가는 어떠한가?
③ 옵아트는 어떤 경향을 띠고 있는가?
④ 옵아트의 대표적 예술가는 누구인가?
⑤ 옵아트는 어떤 분야에 영향을 미쳤는가?

27 위 글의 중심 화제와 관련이 없는 것은?

①

②

③

④

⑤

28 다음 안내문의 내용과 일치하지 않는 것은?

스포츠 바우처 이용 안내문

국민 기초 생활 수급 가정의 유소년 및 청소년들에게 스포츠 바우처 카드(신용 카드 또는 체크 카드)를 지급하여 전국의 스포츠 시설 이용 시 수강료를 일정 부분 지원 받을 수 있도록 하는 강좌 바우처와 스포츠 복지 사각 지대인 기초 생활 수급 가정에 국내 프로 스포츠(농구, 축구, 배구, 야구) 관람 비용의 일부를 보조하는 관람 바우처로 분류됩니다.

- 지원대상
▷ 국민기초생활보장법에 따른 수급권자로 만 5세~만 19세 유소년 및 청소년(1994년 1월 1일 이후 ~ 2008년 12월 31일 이전 출생자)
- 신청자가 없을 경우, 개별법에 근거한 차상위 계층(동일 연령대)까지 확대 가능
- 지원가능한 차상위 계층 범위(본인부담경감 대상자/자활근로대상자/장애인/한부모가족)
- 조기 혹은 지체 입학자 : 시, 군, 구에서 기초 수급자 여부 확인 후 스포츠 바우처 회원가입 신청서와 재학증명서를 해당 시, 군, 구에서 작성 후 공단으로 송부
- 지원내역
▷ 지원금액 : 스포츠 강좌 월 최대 7만 원 지원(카드에 강좌 한도로 부여됨)
▷ 지원기간 : 시, 군, 구에서 부여한 한도기간만큼 사용(최대 12개월)
- 처음 스포츠 바우처 대상자로 선정된 경우 스포츠 바우처 카드 발급기간을 고려해 신청일 익월부터 사용할 수 있음 - 지원내역의 지원금액과 지원기간은 해당 시, 군, 구에서 결정

[출처 : 국민체육진흥공단]

① 카드 발급일이 2015년 1월인 경우 2015년 2월부터 스포츠 바우처 카드를 사용할 수 있다.
② 스포츠 바우처 카드를 발급받은 김지연 양은 7만 원 씩 12개월 동안 스포츠 강좌 수강료를 지원받을 수 있다.
③ 국민 기초 생활 수급 가정의 박소영 양은 초등학교에 1년 늦게 입학하였으므로 스포츠 바우처 이용 대상자에 포함된다.
④ 박선우 군은 기초 생활 수급자가 아니지만 한부모가족이므로 축구 경기의 관람 비용을 보조받을 수 있다.
⑤ 소득이 최저 생계비 이하인 권정은 씨는 강좌 바우처로 1995년생 아들의 야구 강좌 비용을 지원받을 수 있다.

[29~30] 다음 글을 읽고 물음에 답하시오.

해수를 깊이에 따른 온도 변화에 따라 3개 층으로 구분할 수 있다. 표면부터 수심 200m까지는 혼합층대, 200~1,000m 사이는 수온약층대, 그리고 1,000m 이상을 심해층대라고 하는데 그 분포 깊이는 대략적인 것으로 위도에 따라 변화가 많다. 이 중에서 심해층대는 전체 해양의 80%를 차지하며, 수심에 관계없이 일정한 온도, 염도 및 밀도를 유지하고 있다. 이런 거대한 심해층대는 아주 느린 속도로 전 대양을 이동한다.

먼저 심해층대에 있는 심층해수가 생성되는 원리에 대해 알아보자. 일반적으로 열과 염분은 물의 밀도를 변화시킨다. 해양 중에서 차고 염분 함유량이 많은 지역의 해수는 밀도가 높아져 하강 현상이 일어나며, 반면에 따뜻하고 염분이 적은 지역의 해수는 밀도가 낮아져 용승(湧昇)* 작용이 일어난다.

지구의 해양 중에서 가장 큰 규모의 하강 현상이 일어나는 지역은 북대서양 지역으로 래브라도 반도 지역과 그린랜드 지역이다. 이곳의 차가운 공기와 빙하는 해수면을 급격히 냉각시켜 해수의 밀도를 증가시킨다. 거기에다 해수에 포함된 물이 얼면서 얼음 덩어리가 커질수록 해수에서 순수한 물이 없어지게 된다. 그러면 자연히 해수에 포함된 염분 농도는 증가하게 되고, 차가운 북쪽의 공기에 의해 밀도가 높아진 해수는 심해층대로 가라앉게 된다. 무거워진 해수는 수심 200m에서 최고 4,000m 깊은 바다 속으로 내려가 심해층대를 형성하게 된다.

[A] 북대서양에 위치한 래브라도 반도의 차가운 해수가 심해로 가라앉으면 혼합층대에 빈자리가 생기고, 카리브해에서 열대성 바람으로부터 추진력을 얻은 따뜻한 해류가 이동하여 이곳을 채운다. 그리고 래브라도 반도에서 생성된 심층해수는 대서양의 심해층대를 천천히 이동하여 남극해에 도달한다. 이곳에서 남극에서 생성되어 하강하는 심층해수와 합류하여 인도양 또는 태평양까지 이동한다. 그린랜드에서 하강한 해수가 남극해에 도달할 때까지는 약 2,000년이 걸리며, 남극해를 거쳐서 태평양 또는 인도양에 들어가면서 하루에 1cm 정도의 속도로 상승하여 표층에 도달하기까지 2,000년 정도 걸린다. 그린랜드와 남극해에서 하강하는 해수의 양은 1초에 약 40메가톤(4,000만톤)이 되는 엄청난 양이다. 이와 같은 거대한 흐름으로 인해 심층해수가 인도양 또는 태평양으로 천천히 이동하게 되고 그 힘으로 표층으로 상승한다. 표층에 도달한 해수는 전 대양으로 이동하며 이중 일부는 다시 북대서양으로 흘러 들어가 심층해수가 된다.

이와 같이 표층수가 온도와 밀도 차이에 의하여 아래로 하강하거나 심해층대의 해류가 표면으로 올라오는 것이 심층대순환의 원리이다. 하지만 실제적인 해류 순환의 원리는 한두 가지만으로 설명할 수 없을 만큼 복잡하다. 작은 해류의 순환들이 거미줄처럼 얽혀 거대한 해류의 순환을 형성하기 때문이다. 그래서 과학자들은 이런 조각들을 합쳐서 지구의 해류 순환 모형을 완성해 가고 있다.

*용승(湧昇) : 해양에서 연직운동(鉛直運動) 때문에 하층의 물이 표면으로 올라오는 현상

29 위 글의 내용과 일치하는 것은?

① 심해층대에서는 수심이 깊을수록 수온이 낮다.

② 그린랜드 지역에서는 해수의 밀도가 낮아진다.

③ 해수의 대부분은 수심 1,000m 이내에 존재한다.

④ 해류 순환의 속도는 느리지만 점차 빨라지고 있다.

⑤ 해수가 심해로 가라앉으면 그 자리로 따뜻한 해류가 이동한다.

30 [A]를 바탕으로 해수의 순환을 정리한 것으로 적절한 것은?

① 해수의 하강 → 인도양 → 남극해 → 해수의 용승 → 북대서양

② 해수의 하강 → 남극해 → 인도양 → 해수의 용승 → 북대서양

③ 해수의 용승 → 남극해 → 태평양 → 해수의 하강 → 북대서양

④ 해수의 용승 → 태평양 → 남극해 → 해수의 하강 → 북대서양

⑤ 해수의 하강 → 태평양 → 남극해 → 해수의 용승 → 북대서양

[31~32] 다음 글을 읽고 물음에 답하시오.

한국어를 모국어로 사용하는 화자라면 의성어나 의태어가 어떤 말을 가리키는지 직관적으로 이해할 수 있고 금방이라도 예 몇 개쯤은 들 수 있다. 표준국어대사전에 따르면 의성어는 사람이나 사물의 소리를 흉내 낸 말로 '멍멍', '우당탕' 등을, 의태어는 사람이나 사물의 모양이나 움직임을 흉내 낸 말로 '엉금엉금', '번쩍번쩍' 등을 그 예로 들고 있다. 이런 의성어·의태어는 의미나 실제 사용되는 상황적 맥락에서 다른 어휘 부류와는 구별되는 몇 가지 특성을 가지고 있다.

의성어·의태어는 그 의미가 감각적이며 함축적이고 은유적이다. 감각적이라는 것은 소리나 모양, 움직임을 직접 들려주고 보여주는 것처럼 표현한다는 것이다. 이를테면 '종소리가 들렸다.'라고 하는 대신 소리를 바로 들려주고, '화살이 날아갔다.' 라고 하는 대신 날아가는 모양을 바로 보여 주어야 하는데, 글자에서는 소리가 나거나 모양이 보이지 않으므로 대신 '땡' 이라는 의성어나 '획' 이라는 의태어를 쓰는 것이다. 이와 같은 의미 기능은 문장에서 직접인용의 형식으로 극대화된다.

또한 의성어·의태어는 한자어에 비길 만큼이나 응축된 의미를 표현할 수 있다. 본래 국어는 조사나 어미에 의해 품사가 바뀌

거나 문장 성분이 달라지는데 이를 국어의 첨가어적 특징이라 한다. 이것은 한자어가 특별히 붙는 말 없이 그 자체로 문장 성분이 되는 것과 비교된다. 그런데 의성어·의태어는 서술이나 서술격 조사 없이도 서술적 기능을 할 수 있다. 이러한 점에서 의성어·의태어는 우리말에서 독특한 지위를 차지한다고 할 수 있다.

　의성어·의태어는 대체로 호응하는 주어, 서술어가 한정되어 있다. 예를 들어 '아장아장'이라는 의태어가 아기가 걷는 모습을 표현하면 어울리지만 할아버지에 쓰면 어색해지는 경우이다. 그러나 이런 의성어·의태어의 제한은 은유적 확대를 통해 극복될 수 있다. 은유란 실제적으로 참이 아닌 사실을 말할 때, 청자(독자) 입장에서 화자(필자)의 의도를 추리하여 해석하는 과정이다. 예를 들면, '철수는 늑대다.'라고 했을 때 실제로는 '철수'가 늑대가 아닌 사람이므로 왜 화자가 그러한 표현을 사용했을까 하고 그 의도를 추리해서 해석하는 것을 가리킨다. 의성어·의태어는 감각을 표현하는 어휘 부류로서, 시각을 청각으로, 혹은 청각을 촉각으로 표현하는 것과 같은 공감각적 표현이라든지, ㉠ 비감각적인 추상적 대상을 감각화해서 표현하는 과정에서 은유가 발생한다. 예컨대 다리를 가진 동물에 쓸 수 있는 '껑충'이라는 의태어를 '물가(物價)'와 같은 추상명사에 적용하면 물가가 갑자기 많이 올랐다는 의미가 발생하게 되는 것이다.

31　위 글의 내용과 일치하지 않는 것은?

① 의성어·의태어는 대부분의 주어, 서술어와 함께 사용할 수 있다.
② 의성어·의태어는 언어의 응축된 의미를 표현하는 데 한자어만큼 뛰어나다.
③ 대부분의 한국인은 의성어·의태어를 사용하는 데 큰 어려움을 느끼지 않는다.
④ 의성어·의태어는 은유적 확대를 통해 한정적인 사용에서 벗어나 폭넓게 쓸 수 있다.
⑤ 움직임을 보여주는 것처럼 표현하기 위해 의태어를 쓸 때 직접인용을 하면 효과적이다.

32　㉠의 구체적 사례로 적절하지 않은 것은?

① 한반도 통일설 왜 '솔솔' 나오나
② 대회 일정에 차질, 종일 '삐걱삐걱'
③ 수학 퍼즐 풀다보면 수리력이 '쑥쑥'
④ 공공화장실 수도꼭지 망가져 물 '줄줄'
⑤ 고등학교 학생들의 학구열 '활활' 타올라

[33~34] 다음 글을 읽고 물음에 답하시오.

　문신(文身)은 말 그대로 몸에 새기는 무늬이다. 문신 문화에 관한 고고학이나 인류학, 그리고 역사학의 자료를 참조하면 문신은 특정 문화권에 한정된 현상이 아니라 인류 보편의 문화 현상이었다. 알프스에서 발견된 5천여 년 전 청동기 시대의 사냥꾼 미라에도 문신이 있었고 19세기 또는 20세기 초까지 석기시대의 삶을 살고 있었던 남태평양의 섬이나 중국 서남부의 여러 민족들도 문신 습속을 지니고 있었다. 우리 역시 삼한 시대에 문신 습속이 있었다.

　인류 문화의 보편적 현상인 문신은 고통스러운 신체 장식술을 통해 특정한 사회적 의미를 표현한다. 역사서의 기록이나 구술 전승에 따르면 문신은 어로·수렵 등 생산 활동 중에 있을 수 있는 동물들의 공격으로부터 신체를 보호하는 주술적 기능을 수행했다. 또 문신에는 문신을 하지 않거나 다른 형태의 문신을 한 종족과 동일 문신의 종족을 구별해주는 종족표지 기능도 있었다. 그리고 문신은 위치나 형태를 통해 신분의 고하(高下)나 결혼의 유무 등 사회적 신분을 표시하는 기능도 수행하는데, 이때 문신하기는 일종의 통과의례이다. 그러나 문신에는 이와 같은 종교적·실용적 기능 외에도 미적 기능이 있다. 옷이 신분을 드러내는 표지이면서 동시에 아름다움의 표현이듯이 문신 역시 문신 사회에서는 아름다움의 표현이었다.

　오늘날에도 원시 사회의 문신이 지니고 있던 이런 기능들은 축소되거나 변형된 채 여전히 지속되고 있다. 집단적 성격을 가지고 있던 주술문신은 늘 승부에 몸을 던지는 스포츠 선수들의 몸 위에 남아 있다. 그들은 문신을 통해 심리적 위안을 얻고 승리를 기원한다. 문신의 미적 기능 역시 눈썹을 그리는 미용문신의 이름으로 여성들의 신체에 남아 있으며, 예술문신이라는 이름의 새로운 장르로 태어나고 있는 중이다. 한편, 종족표지의 기능을 수행하던 문신은 범죄 집단에서 구성원들의 결속력을 강화하기 위한 수단으로 왜곡되어 나타나기도 한다.

우리 사회에서 문신은 죄의 대가로 새기는 형벌문신의 영향과 유가적(儒家的) 신체관의 유산 때문에 반사회적·반윤리적 이미지를 불러일으키는 불온한 상징물로 간주된다. 하지만 다른 한편에서 그것은 유가적 신체관으로부터 자유로운 세대들의 자의식을 드러내는 도전적 상징물이고, 몸을 화폭으로 삼아 새겨내는 전위적 예술이기도 하다. 문신에 대한 부정적 인식에 바탕을 두고 특정한 문신 시술을 범법 행위로 처벌하는 것이 오히려 일부 새로운 세대들에게 문신에 대한 호기심을 자극하기도 한다.

중세와 근대를 거치면서 그간 우리 사회에서는 신체를 부모와 가족을 매개로 국가에 연계된 것으로 인식해왔다. 몸을 잘 간수하는 것이 효(孝)의 시작이었고, 필요하면 몸을 산화(散花)하는 것이 충(忠)의 표현이었다. 그러나 새로운 세대들에게 몸은 더 이상 그런 관계 속에 있지 않다. 그들에게는 '이것은 나의 몸'이라는 의식이 있기 때문이다. 문신을 비롯한 피어싱·보디페인팅과 같은 신체 장식술과 변형술은 바로 이런 의식을 반영한 것이다. 이들의 의식 안에서 문신은 윤리의 차원을 벗어나 개인적 취향의 문제로 재탄생할 것이다. 21세기 우리 사회에서 문신은 '차이들의 원만한 공존'을 재는 상징적 지표의 하나이다.

33 위 글의 내용과 일치하지 않는 것은?

① 문신은 인류 문화의 보편적 현상이다.
② 미용문신은 문신의 미적 기능과 연관된다.
③ 문신은 특정한 사회적 의미를 표현할 수 있다.
④ 원시 사회의 문신의 기능은 점점 확대되어 현대에도 지속되고 있다.
⑤ 우리 사회에서 문신의 부정적 이미지는 유가적 신체관에 기인한다.

34 위 글을 읽은 학생들의 반응 중 글쓴이의 궁극적 의도를 가장 잘 이해한 것은?

① 개성의 표현인 문신의 중요성을 알게 되었어.
② 문신에 대한 규제를 더욱 강화할 필요가 있어.
③ 문신이 현대에도 계승되는 현상은 바람직하다고 생각해.
④ 문신이 특정 집단의 소속감을 나타낸다니 정말 뜻밖이야.
⑤ 문신을 통해 상대방의 다름을 인정해 주는 다양성이 존중되는 사회를 말하고 있어.

[35~36] 다음 글을 읽고 물음에 답하시오.

사람들은 음악을 소리로써 무언가를 표현하는 언어에 비유하곤 한다. '음악은 언어다'라는 말에 담겨진 다양한 의미는 오랜 역사를 통해 여러 관점에서 연구되었다. 언어가 어떤 내용을 전달하는 것처럼 음악도 무언가를 표현한다고 여겼고 이런 점에서 특히 '음악은 감정을 표현하는 언어다'라는 측면이 부각되었다.

16세기 르네상스 시대에 들어서면서 고대 그리스 철학자들이 중시했던 음악의 도덕적·윤리적 작용보다는 음악이 지닌 감정적 효과에 관심을 가지기 시작했으며 이는 언어, 즉 가사를 통해 사람의 마음 상태나 사물 혹은 환경 등을 음악적으로 잘 묘사하려는 구체적인 시도로 나타났다. 시인과 음악가들의 문예 모임인 피렌체의 카메라타는 고대 그리스 비극에서처럼 연극과 음악이 결합된 예술을 지향했다. 이를 위해서는 음악이 가사의 내용을 잘 전달할 수 있어야 했다. 그래서 이전까지의 여러 성부가 동시에 서로 다른 리듬으로 노래하는 다성음악 양식은 그에 적합하지 않다고 여겼다. 그 대신 그들은 가사를 잘 전달할 수 있는 단선율 노래인 모노디 양식을 고안하였다. 이는 후에 오페라의 탄생에 영향을 주었으며 당시 음악에서 가사와 그것이 나타내는 감정의 표현에 대한 관심이 증대되었음을 보여주는 것이었다.

17세기 바로크 시대에 이르러 음악이 감정을 표현한다는 생각은 '감정 이론'으로 체계화되었다. 이것은 우리의 마음 상태를 '기쁨', '분노', '비통함' 등의 단어로 표현하듯이, 특정한 정서가 그것을 연상시키는 음정, 화성, 선율, 리듬과 템포 등을 통해 재현

될 수 있다고 믿는 것이었다. 여기서 중요한 점은 작곡자는 자신의 감정을 드러내는 사람이기보다는 다른 사람의 감정을 그리는 화가에 비유될 수 있다는 것인데, 이때 음악에서 묘사되는 감정은 자신의 내면과 관련된 개인적이고 주관적인 감정이 아니라 공동체를 기반으로 한 유형화된 감정이었다.

그렇지만 그 영향력은 점차 약화되어 18세기 중반에 이르러, 감정 표현은 '서술 원리'에서 ㉠ '표출 원리'로 변하였다. 철학자 헤겔은 음악의 본질적 특성을 '주관적 내면성'으로 보았는데, 이것은 누구나 느낄 수 있는 객관적인 감정과는 달리 자신의 내면에서 나오는 추상적인 감정이기 때문에 규정할 수 없는 것이다. 바로 그 점 때문에 그는 가사를 가진 음악이 더 낮다고 생각했다. 즉 기악이 만들어 내는 추상성은 더 구체적이고 명료한 표상으로 나아가기 위해 언어로 보완될 필요가 있었던 것이다.

35 위 글의 내용과 일치하지 않는 것은?

① 음악에는 인간의 감정이나 의사를 전달하는 기능이 있다.

② 내용 전달 목적의 노래에서는 다성음악 양식이 효과적이다.

③ 고대 그리스 철학자들은 음악의 도덕적 기능을 중시하였다.

④ 르네상스 음악은 인간의 마음을 가사로 전달하고자 하였다.

⑤ 고대 그리스 비극은 연극과 음악이 결합된 예술 양식이었다.

36 위 글의 맥락을 고려할 때, ㉠이 의미하는 바는?

① 화성과 선율로 인간의 보편적인 감정을 표현하는 것

② 공동체를 기반으로 한 유형화된 감정을 표현하는 것

③ 자신의 내면과 관련된 개인적인 감정을 표현하는 것

④ 기악이 만들어 내는 추상적인 아름다움을 표현하는 것

⑤ 내용과는 무관한 형식 자체의 아름다움을 표현하는 것

[37~39] 다음 글을 읽고 물음에 답하시오.

텔레비전의 프로그램 제작자가 시청자의 수준을 어떻게 평가하는가? 여기에는 극단적 평가가 공존하는 것을 발견할 수 있다. 한 극단에서는 시청자가 매우 현명하고 합리적인 존재라고 생각한다. 시청자들은 독자적인 판단 능력을 지니고 있어 자신의 이익에 가장 부합하도록 행동한다는 것이다. 오락 프로그램 제작자들이 흔히 이런 주장을 펼치고는 한다. ㉠ 그들은 높은 시청률을 제시하며 자신들이 시청자들의 욕구에 부응하는 프로그램을 만들고 있다는 믿음을 갖고 싶어 한다. 반면, ㉡ 다른 극단에서는 시청자가 방송사의 덫에 걸린 존재이며 합리적인 판단력을 제대로 갖추지 못한 존재라고 생각한다. 아무런 사회적 의미도 지니지 않고 있는 가벼운 오락 프로그램의 강세, 상대적으로 수준 높은 프로그램의 낮은 시청률이 그들이 제시한 근거들이다.

시청자들의 수준에 대한 평가를 쉽고 객관적으로 확인하기는 간단한 문제가 아니다. 그렇다고 이 양 극단 사이 어딘가에 진실이 있다는 식의 애매한 절충주의를 주장하고 싶은 생각은 없다. 다만, 시청자의 수준을 평가할 때 몇 가지 요건들을 고려할 필요가 있다. 먼저 시청자들이 프로그램을 만들고 편성하는 권리를 갖고 있지 않다는 점이다. ㉢ 그들은 언제나 이미 만들어진 프로그램을 시청할 수밖에 없다. 따라서 시청자들의 절대적인 선택권을 주장하는 사람들의 논리는 그다지 설득력이 없다. 시청자들의 욕구라는 개념이 모호하기는 하지만 어쨌든 현 상황에서 시청자들이 정말 원하는 프로그램을 가져본 적은 한 번도 없기 때문이다.

두 번째로 시청자들은 결코 동질적인 존재가 아니라는 점도 기억할 필요가 있다. 텔레비전 시청자 가운데는 계급과 성뿐 아니라 학력과 연령, 취향 면에서 다양한 층이 존재한다. 그리고 시청자의 수준이 이들 모든 시청자들의 수준을 단순히 평균한 것이 아님은 명백하다. 텔레비전은 대중매체이고 따라서 많은 시청자들을 동시에 만족시켜야 한다. 그렇다면 텔레비전에 더 많이 편성된 특정 종류의 프로그램으로 시청자의 전반적 수준을 평가하기는 곤란할 것이다.

마지막으로 텔레비전이 사회 성원들의 생활 속에서 차지하는 위치를 고려해 보아야 한다. 많은 사람들이 텔레비전을 오락 매체로 인식하고 있는데, 이런 인식은 텔레비전의 일상적 성격과 결합되어 텔레비전을 더욱 가볍게 만드는 데 공헌한다. 이처럼 많은

시청자들이 텔레비전을 가벼운 오락 수단으로만 여기고 있다면 그들이 택하는 수단의 수준을 근거로 전반적인 시청자의 수준을 평가하는 데는 문제가 있다. 평소에는 근엄한 사람이라도 여흥을 즐길 때에는 가벼운 오락 수단을 택하는 경우가 적지 않기 때문이다. 즉, 현재 텔레비전의 수준이 반드시 시청자의 수준을 대변하는 것은 아니며, 텔레비전의 수준이 낮다면 그것은 텔레비전이 하찮은 오락의 도구로만 취급되는 현재의 상황에 더 큰 원인이 있다는 말이다.

37 위 글의 내용 전개상 특징으로 가장 적절한 것은?

① 예상되는 반론을 반박하면서 주장을 강조하고 있다.

② 가설을 설정하고 자료를 제시하여 이를 검증하고 있다.

③ 상반된 주장을 소개하고 둘을 절충하여 결론을 내리고 있다.

④ 여러 특수한 사례를 나열한 다음, 보편적 이론을 이끌어 내고 있다.

⑤ 대상에 대한 대립적 견해를 소개한 뒤, 대상을 판단하기에 앞서 고려해야 할 조건을 제시하고 있다.

38 ⓛ이 ㉠을 비판할 때, 가장 적절한 것은?

① 남의 위세를 업고 호가호위(狐假虎威)하고 있군.

② 작은 것을 탐내다 큰 것을 잃는 소탐대실(小貪大失)의 잘못을 범하고 있군.

③ 아전인수(我田引水)격으로 시청률을 자신들에게 유리하게만 해석하고 있어.

④ 높은 곳에 오를수록 겸손해야 하는 등고자비(登高自卑)의 자세를 지녀야겠어.

⑤ 제작자와 시청자는 떨어질 수 없는 수어지교(水魚之交)의 관계임을 알아야겠어.

39 ⓒ을 뒷받침할 수 있는 예로 가장 적절한 것은?

① 시청자에게 인기 있는 연예인은 여러 프로그램에 중복 출연하고 있다.

② 방송국 홈페이지에 시청자들이 의견을 주고받을 수 있는 게시판이 있다.

③ 시청자가 참여하여 내용 전체를 이끌어 가는 형식의 프로그램이 증가하고 있다.

④ 지방 방송국에서는 지역 주민의 의견을 수렴하여 지역 문제를 다룬 프로그램을 제작했다.

⑤ 모 방송사는 시청률이 저조하다는 이유로 'ㅇㅇ 드라마'를 시청자들의 의사와 관계없이 조기에 마쳤다.

[40~41] 다음 글을 읽고 물음에 답하시오.

현대 의학에서는 노화를 생명체가 가지는 어쩔 수 없는 노쇠 현상이라는 생각에서 벗어나, 하나의 '질병'으로 인식하게 되었다. 노화가 운명이라면 순응할 수밖에 없지만, 만약 질병이라면 이에 대처할 수 있는 가능성이 열리게 된다. 아직까지 노화의 정확한 원인은 모르지만, 노화에 대처할 수 있는 여러 가능성들을 찾아내게 되었는데, 그 이론들을 요약하면 다음과 같다.

첫째, 인간의 생체를 기계에 비유하는 소모설이 있다. 기계를 오래 쓰면 부품이 마모되고 접합부가 낡아서 고장이 잦아지는 것과 같이 인간도 세월의 흐름에 부대끼다 보면 아무래도 여기저기가 낡고 삐걱대기 마련인데, 이게 노화라는 것이다. 생체를 너무 오래, 그리고 험하게 쓰면 가동률이 떨어져서 늙어버리고 결국은 죽게 된다는 것이 이 주장의 요지인데, (㉠)을 완전히 무시하고 있다.

둘째, 생체는 태어날 때 이미 어느 정도의 한계 에너지를 가지고 있다는 생체 에너지설이 있다. 곤충이나 파충류들의 경우, 겨울잠을 자는 동안에는 대사율을 극소화하여 생명을 연장하지만, 실제로 활동을 시작하면 고작 며칠, 또는 길어야 몇 달 후에는 생명이 소진되어 죽는 종류가 많다는 점이 이 가설을 뒷받침해 준다. 그러나 인간의 경우에는 예외가 많아서 확실하지 않은 '가설'일 뿐이다.

셋째, DNA 에러설이다. 우리 몸의 세포는 끊임없이 분열을 한다. 세포가 분열할 때마다 DNA 역시 복제되는데, DNA의 염기쌍은 각 염색체마다 적게는 5천만 개에서 많게는 2억 5천만 개쯤 존재한다. 물론 DNA 합성 효소의 에러 발생율은 1천만분의 1 정도로 낮은데다가 프루프 리딩(proof reading)이라고 하여 복제상의 에러 발생을 다시 확인하여 고치는 기능도 갖고 있지만, 워낙 많은 숫자를 복제하다 보니 어쩔 수 없이 에러가 생기게 마련이라는 것이다. 사람이 나이를 먹으면 먹을수록 세포 분열 횟수도 늘어나고, 그만큼 DNA에 에러가 많이 축적되므로 결국은 그 스트레스를 이기지 못하고 세포가 죽게 되며, 그만큼의 수명이 줄어든다는 것이다. 또한 이런 DNA 에러들은 담배나 석면, 탄 음식 등에 섞여 있는 발암 물질, 각종 공해 물질, 방사선 등 외부의 해로운 물질에 많이 노출되면 훨씬 늘어나게 되는데, 이런 유해 물질에 되도록 적게 노출되면 그만큼의 DNA 에러를 줄일 수 있어서 수명을 연장시킬 수 있다는 것이다. 담배를 끊고, 맑은 공기를 마시고, 생식을 하면 건강해져 노화를 지연시킬 수 있다는 말은 이 설에 근거를 둔 이야기이다.

넷째, 유해한 산소가 체내의 단백질을 산화시켜서 세포에 치명적인 영향을 준다는 유해 산소설이 있다. 인간은 호흡으로 들이마신 산소를 가지고 음식을 산화시켜 에너지를 만들어 내는데, 그 과정에서 불가피하게 유독 물질인 유해 산소가 발생하여 우리 몸에 손상을 입히게 된다. 다행히 인체는 유해 산소를 처리할 수 있는 능력이 있지만, 체내의 방어 능력으로는 처리하지 못할 정도의 과다한 유해 산소가 발생한다면 문제는 심각해진다. 공해 물질, 담배, 과도한 약물, 화학 처리가 된 가공식품 등의 '이물질'이 들어가면 유해 산소가 더 많이 발생한다. 이물질이 들어오면 인간의 몸은 이를 처리하기 위해 장기간 가동을 하게 되고, 어쩔 수 없이 대사 과정의 부산물인 유해 산소도 필요 이상으로 생성된다. 또한, 식물성보다는 동물성 음식을 섭취할 때, 그리고 과식을 하거나 스트레스를 많이 받을 때에도 에너지를 많이 발산하기 때문에 유해 산소의 양이 그만큼 늘어난다는 것이다. 이 경우, 유해 산소의 양을 줄일 수 있다면 노화를 방지할 수 있다.

40 논지의 흐름으로 보아 ㉠에 들어갈 내용으로 적절한 것은?

① 생체는 유전자를 생성해 낸다는 것
② 생체의 기능이 서서히 노화된다는 것
③ 생체는 돌연변이를 일으켜 진화한다는 것
④ 생체는 기계와 달리 재생 능력이 있다는 것
⑤ 생체에는 노화를 억제하는 호르몬이 있다는 것

41 위 글의 논지 전개 과정에서 주로 사용한 글쓰기 전략은?

① 여러 주장을 바탕으로 새로운 주장을 내세우고 있다.
② 여러 주장을 소개하면서 자신의 입장을 덧붙이고 있다.
③ 하나의 가설을 세우고 이를 증명하는 방식을 취하고 있다.
④ 다양한 견해의 장점을 언급하면서 자신의 주장을 설득력 있게 펼치고 있다.
⑤ 반론의 근거들이 지닌 논리적 결함을 지적하면서 자신의 주장을 밝히고 있다.

[77회] 책을 읽는다고 말하지 않겠다(맹문제)/도사관은 없다(최금진)

[42~43] 다음 글을 읽고 물음에 답하시오.

(가) 집을 치면, 정화수(靜華水) 잔잔한 위에 아침마다 새로 생기는 물방울의 선선한 우물 집이었을레. 또한 윤이 나는 마루의, 그 끝에 평상(平床)의, 갈앉은 뜨락의, 물냄새 창창한 그런 집이었을레. 서방님은 바람 같단들 어느 때고 바람은 어려올 따름, 그 옆에 순순(順順)한 스러지는 물방울의 찬란한 춘향이 마음이 아니었을레.

하루에 몇 번쯤 푸른 산 언덕들을 눈 아래 보았을까나. 그러면 그때마다 일렁여오는 ㉠ 푸른 그리움에 어울려, 흐느껴 물살짓는 어깨가 얼마쯤 하였을까나. 진실로, 우리가 받들 산신령(山神靈)은 그 어디 있을까마는, 산과 언덕들의 만리 같은

물살을 굽어보는, 춘향은 바람에 어울린 수정(水晶)빛 임자가
ⓛ 아니었을까나.

　　　　　　　　　　　　　　　　　　- 박재삼, 「수정가(水晶歌)」-

(나) 향단(香丹)아 ⓒ 그넷줄을 밀어라
　　머언 바다로
　　배를 내어 밀듯이,
　　향단아.

　　이 다수굿이 흔들리는 수양버들 나무와
　　베갯모에 뇌이듯한 풀꽃데미로부터,
　　자잘한 나비새끼 꾀꼬리들로부터
　　아주 내어밀듯이, 향단아.

　　산호(珊瑚)도 섬도 없는 저 ② 하늘로
　　나를 밀어 올려다오
　　채색(彩色)한 구름같이 나를 밀어 올려다오
　　이 울렁이는 가슴을 밀어 올려다오!

　　서(西)으로 가는 달 같이는
　　나는 ⑩ 아무래도 갈 수가 없다.

　　바람이 파도(波濤)를 밀어 올리듯이
　　그렇게 나를 밀어 올려다오
　　향단아.

　　　　　　　- 서정주, 「추천사(鞦韆詞)-춘향의 말 1」-

(다) 심청일 웃겨 보자고 시작한 것이
　　술래잡기였다.
　　꿈 속에서도 언제나 외로웠던 심청인
　　오랜만에 제 또래의 애들과
　　뜀박질을 하였다.

　　붙잡혔다.
　　술래가 되었다.
　　얼마 후 심청은
　　눈가리개 헝겊을 맨 채

한동안 서 있었다.
술래잡기 하던 애들은 안됐다는 듯
심청을 위로해 주고 있었다.

　　　　　　　　　　　　　- 김종삼, 「술래잡기」-

42 (가)~(다)를 묶어 평론을 쓰려고 할 때, 그 제목으로 가장 적절한 것은?

① 유랑의 애수와 낭만
② 현실 인식과 역사의식
③ 부정적 현실에 대한 비판
④ 전통의 시적 변용과 미적 효과
⑤ 자연의 이미지와 생명에 대한 성찰

43 ⊙~⑩에 대한 설명으로 적절하지 않은 것은?

① ⊙ : 추상적 정서를 시각적 이미지를 통해 구체화하고 있다.
② ⓛ : 종결어미 '-까나'를 통해 화자의 의지를 효과적으로 드러내고 있다.
③ ⓒ : 이상을 추구하면서도 현실에서 벗어날 수 없는 인간의 운명을 상징적으로 드러내고 있다.
④ ② : 일상에서 벗어난 공간으로, '머언 바다'와 더불어 화자가 도달하고 싶은 이상적 세계를 나타내고 있다.
⑤ ⑩ : 소망이 좌절된 데서 생겨난 인간의 운명적 한계에 대한 인식과 슬픔을 드러내고 있다.

[44~46] 다음 글을 읽고 물음에 답하시오.

'과학이냐, 아니냐' 하는 것은 결론에 의해서가 아니라, 그 결론을 이끌어 내는 과정에 의해서 가려내야 한다. 어떤 결론이 과학적이기 위해서는 그 결론이 유도되는 과정이 합리적이어야 한다는 것이다. 합리적이라 함은 정상적인 이성을 가진 사람을 납득시킬 수 있다는 뜻이다. 과학을 과정의 학문이라고 하는 것은 이 때문이다.

이때 결론을 이끌어 내기 위해 사용하는 것이 바로 과학 방법이다. 과학 방법은 귀납법과 연역법이라고 하는 큰 틀을 기본으로 하고 있다. ㉠ 귀납법은 실험, 관찰, 통계와 같은 방법으로 개별적 사실로부터 일반 원리를 발견해 가는 과정이다. 반면에 연역법은 우리가 확연히 알 수 있는 공리에서부터 출발하여 논리적 추론에 의해 결론을 이끌어 내는 방법이다.

또한 과학을 이야기할 때 꼭 언급하고 지나가야 할 문제는 '㉮ 과학적인 방법으로 얻어진 결과를 어느 정도 신뢰할 수 있느냐?' 하는 문제이다. 과학은 인간의 이성으로 진리를 추구해가는 가장 합리적인 방법이기에 그 결론은 우리가 얻을 수 있는, 가장 신뢰할 수 있는 결론이라고 해야 할 것이다. 그러나 이것은 인간의 이성으로 얻은 결론이므로 ㉯ 인간이라는 한계를 뛰어넘을 수는 없다. 인간의 지식이나 이성이 완벽하지 못하다는 것은 누구나 인정하고 있는 사실이다. 따라서 과학적인 방법으로 얻어낸 결론도 완벽하다고 할 수는 없다. 과학 발전의 과정에서 많은 이론이나 학설들이 새로운 이론이나 학설에 의해 부정되었다. 인류가 알아낸 가장 완벽한 자연 법칙이라고 생각했던 뉴턴 역학도, 상대성 이론도 양자론에 의해 수정되고 보완되어야 했다.

충실하게 과학 방법을 적용하여 얻어낸 결론도 이와 같은 한계가 있을 수밖에 없으므로 과학 방법을 적용하지 않고 얻어낸 결론이 오류의 가능성을 가지고 있는 것은 당연하다고 할 수 있을 것이다. 통제된 실험을 할 수 없는 분야에서 상반된 결론들이 나와 사람들을 어리둥절하게 하는 경우를 볼 수 있는데, 그것은 그 분야의 특성상 엄밀하게 과학 방법을 적용할 수 없기 때문에 생기는 일이다. 특히 인간을 대상으로 하는 분야에서 이런 오류가 자주 빚어지는 것은 사람을 실험 대상으로 사용하는 데는 한계가 있을 수밖에 없기 때문이다. 과학을 이해하기 위해서는 과학이 가지고 있는 이러한 한계도 이해해야 할 것이다.

44 위 글의 내용을 강연으로 전달하고자 할 때 제목과 부제로 가장 적절한 것은?

① 과학의 발전 방향에 대한 예측
　　– 학설과 이론을 근거로 주장해야
② 과학적인 결론을 얻기 위한 방안
　　– 귀납법과 연역법을 먼저 이해해야
③ 무에서 유를 창조하는 과학의 힘
　　– 인간의 생활을 송두리째 흔들 수도
④ 과학의 이해를 위한 올바른 접근 방안
　　– 선입견을 불식하고 한계를 이해해야
⑤ 과학적 지식이 갖는 한계의 근본적 원인
　　– 완벽을 추구하나 오류는 피할 수 없어

45 ㉠의 방법으로 결론을 이끌어 내고 있는 것은?

① 생명을 지닌 모든 존재는 죽는단다. 네가 아끼고 사랑하는 고양이도 생명체니까 언젠가 죽을 거야.
② 제도란 사회 구성원의 다수가 합의한 약속이다. 법은 제도적 규범의 하나이다. 그러므로 법이 효력을 지니기 위해서는 사회 구성원의 합의 과정이 필요하다.
③ 이번 시험을 잘 보면 어머니가 휴대 전화를 사 주신다고 약속하셨는데, 시험을 망쳐 버렸어. 정말 가지고 싶었는데 올해도 휴대 전화를 갖기는 틀린 거 같아.
④ 거리에 넘쳐날 정도로 외래어의 남용이 심각하다. 언어는 언중들의 의식을 반영한다고 했기에 이는 우리나라 사람들이 외래어를 선호하고 있음을 보여주는 것이다.
⑤ 강아지는 오줌을 누어서, 하마는 물속에 배설물을 풀어서, 곰은 나무에 상처를 내서 자신들의 영역 표시를 한다. 이로 볼 때, 동물들은 영역 수호의 본능이 있을 것이다.

46 글쓴이가 생각하는 ⓐ와 ⓑ의 의미, 관계에 대한 설명으로 가장 적절한 것은?

① ⓑ가 있기에 ⓐ를 얻을 수 있다.

② ⓑ가 있기에 ⓐ를 믿어서는 안 된다.

③ ⓑ의 부족한 점을 ⓐ가 보완해 준다.

④ ⓑ를 인정하면서 ⓐ를 수용해야 한다.

⑤ ⓑ를 극복했을 때 ⓐ를 얻을 수 있다.

[47~49] 다음 글을 읽고 물음에 답하시오.

(가) 사회복지 정책을 비판하는 논리 중 하나는 사회복지 정책이 개인의 자유를 침해한다는 것이다. 일반적으로 시장에서의 거래에 의한 자원의 배분(配分)은 거래 당사자들의 자유로운 선택의 결과인 반면, 사회복지 정책에 의한 자원의 배분은 개인의 자유로운 선택을 제한하여 이루어지는 경향이 있기 때문이다. 하지만 기본적으로 사회복지 정책은 특정한 사람들의 자유를 제한할 수도 있는 반면, 다른 사람들의 자유를 증진시킬 수도 있다.

(나) 사회복지 정책이 사람들의 자유를 침해(侵害)한다는 논리 가운데 하나는, 사회복지 정책 추진에 필요한 세금을 많이 낸 사람들이 이득을 적게 볼 경우, 그 차이만큼 불필요하게 개인의 자유를 제한한 것이 아니냐는 것이다. 일반적으로 사회복지 정책이 제공하는 재화와 서비스는 공공재적 성격을 갖고 있어, 이를 이용하는 데 차별(差別)을 두지 않는다. 따라서, 강제적으로 낸 세금의 액수와 그 재화의 이용을 통한 이득 사이에는 차이가 존재할 수 있고, 세금을 많이 낸 사람들이 적은 이득을 보게 될 경우, 그 차이만큼 불필요하게 그 사람의 사유를 제한하였다고 볼 수 있다.

(다) 그러나 이러한 자유의 제한은 다음과 같은 측면에서 합리화될 수 있다. 사회복지 정책을 통해 제공하는 재화는 보편성을 가지고 있기 때문에, 사회 전체를 위해 강제적으로 제공하는 것이 개인들의 자발적인 선택의 자유에 맡겨둘 때보다 그 양과 질을 높일 수 있다. 예를 들어, 각 개인들에게 민간 부문의 의료 서비스를 사용할 수 있는 자유가 주어질 때보다 모든 사람들이 보편적인 공공 의료 서비스를 받을 수 있을 때, 의료 서비스의 양과 질은 전체적으로 높아진다. 왜냐하면, 모든 사람을 대상으로 하는 의료 서

비스의 양과 질이 높아져야만 개인에게 돌아올 수 있는 서비스의 양과 질도 높아질 수 있기 때문이다. 이러한 경우 세금을 많이 낸 사람이 누릴 수 있는 소극적 자유는 줄어들지만, 사회 구성원들이 누릴 수 있는 적극적 자유의 수준은 전반적으로 높아지는 것이다.

(라) 자유 민주주의 사회에서는 자아의 사회적 실현을 위하여 개인의 자유를 최대한으로 보장(保障)해야 한다. 그러나 무제한의 자유를 모든 사람에게 보장하기는 불가능한 일이므로 우리가 추구해야 할 자유는 제한적일 수밖에 없다. 사회복지 정책이 시장에서의 거래에 의한 자원 배분에 개입하여 개인들의 자유로운 선택의 기회를 제한할 때는 소극적 자유를 침해하는 것이다. 반면에 사회복지 정책을 통하여 빈자(貧者)들이 자신이 원하는 바를 할 수 있는 능력을 갖게 할 때에는 적극적인 자유를 신장(伸張)시키는 것이다. 이처럼 사회복지 정책은 특정한 사람들의 소극적 자유를 줄이는 반면 다른 사람들의 적극적 자유는 증가시키는 방향으로 결정되는 경우가 많다.

(마) 적극적 자유를 높이는 것이 소극적 자유를 줄이는 것보다 사회적으로 더 바람직할 수 있다. 이를 지지하는 근거는 소극적 자유로부터 감소되는 효용이 적극적 자유로부터 증가되는 효용보다 적을 수 있다는 것이다. 이렇게 볼 때, ㉠ 소극적 자유의 제한이 적극적 자유를 확대하여 인간이 인간답게 살 수 있는 사회적 가치를 실현하는 데 용이하다면 이를 사회적으로 합의·인정하지 않을 수 없을 것이다.

47 위 글의 중심 화제로 가장 적절한 것은?

① 사회복지 정책의 한계

② 사회복지 정책의 양면성

③ 사회복지 정책의 발전 과정

④ 사회복지 정책의 근본적 개념

⑤ 사회복지 정책이 나아가야 할 방향

48 (나)와 (다)의 논지 전개 구조를 가장 잘 설명한 것은?

① (나)에서 논의한 것을 (다)에서 사례를 들어 보완하고 있다.

② (나)에서 서로 대립되는 견해를 소개한 후, (다)에서 이를 절충하고 있다.

③ (나)에서 문제의 원인을 분석한 후, (다)에서 해결 방안을 모색하고 있다.

④ (나)에서 반대 의견을 소개한 후, (다)에서 반론의 근거를 마련하고 있다.

⑤ (나)에서 제기한 의문에 대해 (다)에서 새로운 관점을 내세워 해명하고 있다.

49 ㉠을 뒷받침하는 사례로 적절하지 않은 것은?

① 교실에서 면학 분위기를 조성하기 위해 휴대 전화 사용을 금지한다.

② 다수 국민들의 건강 증진을 위해 공공장소에서의 흡연을 단속한다.

③ 골목길에서 승용차가 지나가도록 하기 위해 사람들의 통행을 제한한다.

④ 고속도로에서 응급 상황에 효과적으로 대비하기 위해 갓길 통행을 제약한다.

⑤ 교통의 소통을 원활하게 하기 위해 날짜별로 자가용 승용차 운행을 통제한다.

[50~51] 다음 글을 읽고 물음에 답하시오.

근대 초기의 여성상은, 가족의 생계 부양자이자 가장으로서의 남성상을 보완하는 모습이었다. 모성, 의존, 감정, 사랑스러움 등이 그 여성상의 내용을 이룬다. 그러나 후기로 가면서 여자들이 고등교육의 기회를 얻고 경제 활동에 대거 참여하게 되자, 이런 변화는 '근대적 여성성'의 위기로 이어졌다. 여자들은 효율성을 중시하는 일터에서는 여성적이기보다 중성적이기를 요구받으면서도, 가정에 들어가면 남편의 요구를 충실히 들어 주는 종전의 여성성을 그대로 갖추고 있어야 했던 것이다.

이러한 근대적 여성성의 위기는 20세기 말에 들어서면서 크게 완화되었다. 20세기 초반부터 여성 중심의 남녀평등주의자들은 남성과 여성의 차이는 있지만, ㉠ 그 차이는 대부분 통계적인 차이이지 절대적인 차이는 아님을 강조해 왔다. 만일 성에 따른 생득적 차이가 있다면 그 차이는 그냥 두어도 드러날 것이니, 미리 성별에 따라 다르게 사회화시킬 필요가 없다는 주장이었다. 이렇게 여성들이 여성성을 스스로 규정하는 운동을 펼친 결과, 여성들은 가정과 일터 모두에서 스스로의 자신 있는 모습을 그대로 드러낼 수 있게 되었다. 가장 선진적 조직인 벤처 회사들의 탁월한 최고경영자(CEO) 가운데 상당수가 여성이라는 사실은 이러한 변화를 시사한다.

여성들이 스스로 여성성을 새롭게 규정하기 시작하면서 '여성성의 딜레마'를 나름대로 극복해 갈 즈음, 남자들은 남성성의 위기를 겪게 된다. 영국의 경우, 전통적으로 책임감 있고 용감한 신사들이 급격히 사라지는 한편, 책임을 회피하고 감상적이며 나약한 '신종 남자'들이 생기고 있다는 것이다. 이들 '신세대' 남자는 남자됨을 자랑스러워 하기는커녕 기피하거나 거부하려 든다. 사회로부터 분리되고 아늑한 공간인 가정을 더 이상 유지하기 어려운 고실업 시대로 접어들면서 가장이 되는 꿈을 꾸던 남자들이 위기를 느끼기 시작한 것이다.

새로운 시대에 가장 큰 거부감을 드러내는 집단은 전통적인 남성성에 자존심을 걸고 있는 보수적 남성들이다. 자신의 존재 가치를 여자를 보호하는 '강한 자' 또는 가장이라는 점에서 찾았던 남자들은, 여성이 더 이상 보호의 대상이 되고 싶어 하지 않는 상황에서 큰 혼란을 경험하게 된다. 자존심이 상한 남자는 무리한 방식으로 자신의 남성성을 회복해 보려 하게 되는데, 남성들의 폭력은 상당 부분 이런 근대적 남성성의 붕괴 현상과 관련이 있다.

50 〈보기〉는 글쓴이가 위 글의 논지를 토대로 강연을 하기 위해 작성한 원고의 도입부이다. [A]에 들어갈 내용으로 적절한 것은?

● 보 기 ●
> 저는 오늘 '여성성과 남성성'에 내포된 진정한 의미에 대해 말씀을 드리고자 합니다. 먼저 제가 말씀드리는 사례가 무엇을 의미하는 것인지 한번 생각해 보시기 바랍니다. 뉴기니의 챔불리족 남자들은 화려하게 치장을 한 채 여자들 앞에서 자신의 아름다움을 뽐내기를 좋아한다고 합니다. 그런가 하면, 중국 운남성의 루그호 주변에 사는 모소족은 여자들이 생업에 종사하면서 가장으로서 가족을 이루고 산답니다. 이런 사례는 무엇을 의미할까요? 네, 그렇습니다.
> [A]

① 여성성과 남성성은 문화적 상황에 따라 달라지는 상대적인 것입니다.

② 우리 사회에서도 이런 사람들을 찾는 것은 그리 어렵지 않게 되었습니다.

③ 여성성과 남성성은 음양의 질서에 따라 생성된 보편적이고 절대적인 것입니다.

④ 우리 사회도 여성성과 남성성에 관해 이미 새롭게 정의를 내리고 있는 것입니다.

⑤ 이제 우리 사회는 시대적 상황의 변화에 걸맞게 남성성을 해체해야 할 시점에 와 있는 것입니다.

51 ㉠과 같은 입장에서 〈보기〉의 원인을 분석한 내용으로 적절한 것은?

● 보 기 ●
> 한국 여성들의 정치 참여 현황은 지극히 열악하다. 국회의원의 경우, 여성이 차지하는 비율이 15대 국회까지는 평균 2.3%에 불과했고, 16대 국회에서는 약 6%였다. 그리고 유엔 통계에 따르면 우리나라는 여성 권한 척도에서 64개 나라 중 61위에 불과하다.

① 우리나라 여성들은 남성들에 비해 정치를 별로 좋아하지 않는 성향을 지니고 있기 때문이다.

② 정치의 타락과 불투명성이 우리 국민들에게 정치에 관한 불신감과 혐오감을 심어 주었기 때문이다.

③ 여성들의 자금 동원 능력이 떨어져 선거 비용이 많이 드는 현실적 제약을 여성들이 극복할 수 없었기 때문이다.

④ 우리나라에는 여성 공천 할당제와 같이 사회적 약자로서의 여성을 배려하는 제도가 마련되어 있지 않기 때문이다.

⑤ 정치는 여성들이 할 일이 아니라는 그릇된 사회적 인식이 우리나라 여성들의 정치 참여에 부정적 영향을 끼쳤기 때문이다.

[52~54] 다음 글을 읽고 물음에 답하시오.

인간이 삶을 영위하는 가운데 갖게 되는 가치관의 형태는 무수히 많다. 이러한 가치관은 인간의 삶을 인간답게 함에 있어서 미적 판단, 지적 판단, 기능적 판단 등의 기능을 갖게 된다. 우리는 판단을 할 때 하나의 시점에서 판단을 고정시키는 속성이 있다. 그런데 바로 이런 속성으로 인하여 우리가 우(愚)를 범하는 것은 아닐까?

장자가 명가(名家, 논리학의 발달에 많은 영향을 끼친 제자백가의 하나로 분류되는 친구 혜자와 한참 이야기를 하고 있는데, 혜자가 장자에게 "자네의 말은 다 쓸데없는 말이야."라면서 반박하였다. 이에 장자는 그에게 "자네가 쓸데없음을 알기에 내 얘기는 '쓸데 있는' 것이네. 예를 들어 이 큰 대지 위에 자네가 서 있는 자리, 즉 설 수 있는 것은 겨우 발바닥 밑부분뿐이지. 그렇다고 나머지는 필요 없는 것이라 하여 발바닥 이외의 땅을 다 파 버리면 자네가 선 땅덩어리는 존재 가치가 있다고 여기는가?"라고 말하였다. 자신이 서 있는 자리의 땅을 제외하고 모두 파내면, 자신은 오도 가도 못함은 물론이려니와 땅이 밑으로 무너지는 것은 당연한 일일 것이다.

㉠ 결국, 쓸모 있음[有用]은 쓸모 없음[無用]의 기초 위에 세워지는 것이다. 무용과 유용, 유용과 무용은 인간관계에도 적용시킬 수 있을 것이다. 자신과의 관계에서 무용이라고 생각되었던 사람이 어느 시점에서는 유용의 관점에 있는 경우를 경험해 보았을 것이다. 하나의 예로 우리가 만남이란 관계를 유지하고 있을 때는 서로 상대에 대한 필요성이나 절대성을 인식하지 못하다가도 만

남의 관계가 단절된 시점에서부터 상대의 필요성과 절대적 가치에 대한 인식이 달라지게 되는 것은 아닐까? 가까이 있던 사람의 부재(不在), 그것은 우리에게 유용의 가치에 대한 새로운 자각을 하게 하기도 한다. 우리는 장자의 예화에서 세속의 가치관을 초월하여 ⓛ 한 차원 높은 가치관에 대한 인식을 할 수 있다. 즉, 타인의 존재 가치를 한 방향의 관점에서만 바라보고 있는 것은 아닌지, 또한 자기중심적 사고방식만을 고집하여 아집에 빠져들고 있는 것은 아닌지를 우리는 늘 자문해 보아야 할 것이다.

52 위 글에서 '혜자'가 '장자'를 비판할 수 있는 말로 가장 적절한 것은?

① 사물의 본질을 상대적으로 바라보는 태도가 필요하겠네.
② 사물의 핵심을 이해하기 위해서는 다양한 관점이 필요하겠네.
③ 인위적인 요소를 배제하고 자연의 법칙에서 진리를 찾아야 하네.
④ 불필요한 영역까지 진리의 밑바탕이 될 수 있다는 생각은 잘못이네.
⑤ 체험과 사색을 통해 진리의 본질에 접근할 수 있다는 것을 알기 바라네.

53 ㉠과 표현 방법이 유사한 것은?

① 내일은 무지개 찬란한 아침이 올 것입니다.
② 아이구, 잘한다 잘해! 하는 일마다 그 모양이니.
③ 인생은 끝없는 목표를 향해 돌진하는 마라톤입니다.
④ 현실의 고통이 심할수록 미래의 행복에 가까워집니다.
⑤ 태백준령을 따라 꿈틀거리는 통일의 기운이 솟구칩니다.

54 ⓛ에 해당하는 사례로 적절하지 않은 것은?

① 교통사고 현장을 목격하여 진실을 증언해 주고 싶었으나 개인적인 일이 바쁘다는 핑계로 모른 체하게 되었다.
② 복권에 당첨된 사람은 한없이 기쁠 수도 있겠지만, 이로 인해 상대적 박탈감을 갖는 사람도 있음을 생각해야 한다.
③ 사슴은 자신의 우아한 뿔을 세상에 자랑했지만, 후에 사냥꾼에게 쫓길 때는 그 뿔이 나무에 걸려 사로잡히게 되었다.
④ 변방의 노인 아들이 말을 타다가 다리가 부러진 것은 불행이었으나 후에 전쟁에 참가할 수 없어 목숨을 보존한 것은 행운이었다.
⑤ 신용카드의 편리함을 이용해 맘껏 쓸 때는 좋았으나 무절제한 사용으로 신용불량자가 되어 고통스런 생활을 할 수도 있음을 생각해야 한다.

[55~57] 다음 글을 읽고 물음에 답하시오.

(가) 인간이 누리는 정신적인 경험의 폭과 깊이는 다른 동물에 비해 월등하다. 이는 인간의 두뇌가 다른 동물에 비해 발달해 있기에 가능하게 된 것이다. 그런데 해면과 같은 하등 동물에서부터 인간에 이르기까지 모든 동물들의 신경계가 거의 동일한 형태의 세포들로 구성되어 있다는 것은 실로 경이로운 사실이다. (㉠) 것처럼, 배열된 구조와 서로 연결된 패턴 그리고 사용된 세포의 수에 따라서 기능이 판이한 신경 체계가 만들어지는 것이다.

(나) 독립된 형태와 기능을 갖춘 신경 세포의 시초는, 원시 후생 동물이 운동을 시작해 앞으로 움직이기 시작할 때 이 동물의 표피를 구성하는 세포의 일부가 신경 세포로 변한 데서 찾을 수 있는 것으로 보인다. 동물이 앞으로 움직일 때 표피 세포는 환경상의 변화로 인해 제공되는 여러 자극에 부딪히게 되며, 일부 표피 세포는 환경 자극에 대해 보다 민감해져서 세포 내부를 흥분 상태로 변하게 하는 성질을 획득한다. 이 중 일부는 표피 내부로 들어가 세포 형태를 변화시키고 다른 세포와 연결을 형성하게 되며, 표피

에 남은 신경 세포는 감각을 수용하는 역할을 한다. 내부로 들어간 신경 세포는 양쪽으로 가지를 만들어 가지의 한쪽은 표피에 남아 감각을 수용하는 세포와 연결되고, 다른 한쪽은 운동을 일으키는 반응 기관과 연결된다. 신경계와 피부가 발생학적으로 동일한 기원을 가진다는 사실은 신경 세포의 진화 과정에 대한 이러한 추측을 간접적으로 지지한다.

(다) 동물의 신경 세포에 의해 감각 기관과 반응 기관이 연결되면, 먹이에서 발산되는 화학 물질이나 빛 에너지 등 환경을 구성하는 요소들이 감각을 자극함에 따라 신경 세포는 흥분하게 되고, 이 흥분이 반응 기관에 전달된다. 감각 정보가 반응 기관으로 전달되면 동물은 반사적인 운동을 일으킬 수 있게 된다. 이처럼 환경 자극을 탐지할 수 있게 되면 먹이를 찾고 위험을 피하는 과제들을 수행하는 데 훨씬 효율적이고 경제적인 운동을 할 수 있게 된다.

(라) 그러나 '감각'과 '반응'이 직접 연계될 경우, 상황에 따른 유연한 행동은 불가능해진다. 동일한 자극에 대해서도 경우에 따라서는 상반되는 반응을 수행해야 생존에 유리할 수 있기 때문이다. 예컨대 전방에 탐지된 물체는 접근해야 할 먹이일 수도 있지만 회피해야 할 천적일 수도 있다. 감각 정보에 의해 운동 반응이 반사적으로 결정되는 신경계를 가진 동물은 이 딜레마를 해결할 수 없다.

(마) 문제의 해결을 위해서는 입력된 환경의 감각 정보를 처리하는 단계가 요구되며, ⓛ 감각 기관과 반응 기관 사이를 매개하는 처리를 담당할 세포 집단이 발달하게 된다. 단순한 '감각 – 반응' 단계에서 '감각 – 처리 – 반응'의 단계로 진화가 이루어지는 것이다. 이 변화를 가능하게 한 핵심은 신경계의 진화이다.

(바) 개체의 생존에 중요한 신호를 처리하는 기관인 뇌는 감각 기관과 반응 기관 사이에서 처리를 담당하는 기능을 가진 신경 세포들이 신체의 한곳으로 모여 서서히 진화한 결과물이다. 인간의 신경 체계 역시 '감각 – 처리 – 운동'의 단계를 따르고 있으며, 뇌는 신경 체계의 핵심에 해당한다고 할 수 있다. 결국 인간을 포함한 모든 동물의 두뇌는 진화의 산물이다.

55 ㉠에 들어갈 비유적 표현으로 적절한 것은?

① 동일한 벽돌로 여러 형태의 집을 지을 수 있는
② 철로가 놓여 있지 않은 곳은 열차를 운행할 수 없는
③ 고무공에 힘을 가하면 여러 모양으로 변형할 수 있는
④ 경사면에 물을 부으면 물이 위에서 아래로 흘러내리는
⑤ 눈 알갱이를 들여다보면 육각형 속의 육각형이 반복되고 있는

56 ⓛ의 개념을 유추의 방법으로 설명하기에 가장 적절한 것은?

① 대학 합격 여부를 알려주는 자동 응답 전화
② 페달을 밟는 정도에 따라 속도가 달라지는 자전거
③ 범행이 발생하기 쉬운 장소에 설치한 폐쇄 회로 TV
④ 화재가 발생했을 때 단추를 눌러야 작동하는 경보기
⑤ 교신을 통하여 비행기의 안전 착륙을 유도하는 관제탑

57 위 글의 관점에 따라 〈보기〉의 자료를 해석한 것 중 타당하지 않은 의견은?

> **보기**
>
> 군인인 만득이는 / ㅏ /를 [아]로 발음하지 못하여 [이]로 발음한다. 만득이는 진지로 돌아가는 중이었다. 보초병이 만득이를 발견했는데, 만득이가 속한 부대의 암호는 '고구마'였다.
> 보초병 : (위협적으로) 손 들어! 움직이면 쏜다. 암호!
> 만득이 : 고구미!
> 보초병 : (이상하다는 표정을 지으며 다시) 암호!
> 만득이 : 고구미!
> "땅!" 보초병의 총에 맞은 만득이는 쓰러지면서 말했다.
> 만득이 : 으윽! 고구미리니까~.

① 진지로 들어오는 만득이는 보초병을 '딜레마'의 상황에 처하게 했겠어.
② 보초병은 상대방의 대답이 어떤 것이냐에 따라 '반응'을 달리하는 모양이야.
③ '감각' 단계를 거치지 않았다면, 보초병이 만득이에게 암호를 묻는 것이 불가능했겠지?
④ 보초병이 이상하다는 표정을 짓는 것은 만득이의 정체에 관해 '처리'하고 있음을 뜻하는 거야.
⑤ 만득이의 형체는 보초병에게 '자극'이 될 수 있었지만, 만득이의 말소리는 그렇지 않았던 것 같아.

2교시 제4회 모의고사

⏱ 70분/33문항

※ 1번부터 4번까지는 문제와 선택지를 듣고 푸는 문항입니다. 잘 듣고 물음에 답하시오.

01

듣기

①   ②   ③
④   ⑤

02

듣기

①   ②   ③
④   ⑤

03

듣기

①   ②   ③
④   ⑤

04

듣기

①   ②   ③
④   ⑤

※ 5번부터 13번까지는 내용을 들은 후, 시험지에 인쇄된 문제와 선택지를 보고 푸는 문항입니다. 잘 듣고 물음에 답하시오.

05 영화 '타이타닉'의 감동을 일상생활에 적용할 때, 그 사례로 보기 어려운 것은?

① 일손이 바쁜 어머니의 심부름을 간다.
② 화재가 났을 때 노약자를 먼저 대피시킨다.
③ 주변에서 난치병을 앓는 어린이를 찾아 돕는다.
④ 할머니께서 무거운 짐을 들고 가시면 가서 들어 드린다.
⑤ 버스에서 아기를 업은 아주머니를 보았을 때 자리를 양보한다.

06 '예보관'이 강조한 '국지성 호우'의 대비책과 거리가 먼 것은?

① 기상청 예산을 늘려 기상 장비를 더욱 첨단화한다.
② 건설 공사 시 홍수에 대비한 시설 설치를 의무화한다.
③ 가정마다 홍수에 대비한 기구나 약품 등을 비치한다.
④ 기상재해 시에도 활용하도록 민방위 체제를 정비한다.
⑤ 지방자치단체 간의 재해 방지 체제를 유기적으로 연결시킨다.

07 독서에 대한 스승의 생각이 가장 잘 나타난 것은?

① 책은 빨리 읽는 것보다 많이 읽는 것이 좋다.
② 어떤 책을 즐겁게 읽으려면 그 책의 내용을 대강 알고 있어야 한다.
③ 독서를 하는 데 시간이 없다고 하는 사람은 시간이 있어도 독서를 하지 않는다.
④ 아무리 어려운 글이라도 일백 번 되풀이하여 읽으면 그 참뜻을 스스로 깨쳐 알게 된다.
⑤ 천하를 준다 해도 독서의 즐거움과는 바꿀 수 없는 것이니 독서는 평생을 두고 할 만한 좋은 일이다.

08 이 강의에서 강사가 그릴 그래프로 가장 적절한 것은?

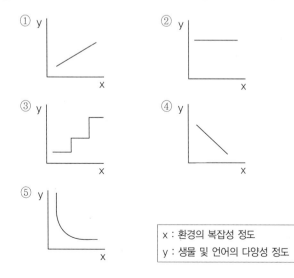

x : 환경의 복잡성 정도
y : 생물 및 언어의 다양성 정도

09 이 좌담에서 '김 박사'와 '노 박사'가 공통적으로 인정하고 있는 것은?

① 영어를 공용어로 정하는 것이 세계적 추세이다.
② 세계화 시대를 맞아 영어의 중요성이 커지고 있다.
③ 영어를 사용하지 않으면 선진국으로 진입하기 힘들다.
④ 국가 경쟁력을 기르기 위해서는 영어 학습을 강화해야 한다.
⑤ 영어를 공용어로 정하지 않으면 세계화 시대에 살아남기 어렵다.

10 이 좌담의 사회자에 대한 평가로 가장 적절한 것은?

① 논점을 정확하게 알지 못해 답변 유도에 실패했다.
② 중립적인 입장에서 좌담을 원만하게 진행하고 있다.
③ 다양한 사례를 제시하면서 청취자의 이해를 돕고 있다.
④ 개인적인 친분 관계에 얽매여 편파적인 태도를 보였다.
⑤ 자신이 생각하고 있는 결론을 이끌어 내려 하고 있다.

11 실험의 결과를 응용한 사례로 적절한 것은?

① 식당에서는 서비스에 대해 고객이 불만을 제기하면 음식의 값을 환불해 준다.
② 항공사에서는 예약 부도율을 낮추기 위해 예약 불이행 시 수수료를 부과한다.
③ 비만치료센터에서는 고객이 친구나 애인에게 감량 목표치를 직접 알리게 한다.
④ 금연 학교에서는 다양한 프로그램 중에서 담당 의사가 적합한 방법을 선택해 준다.
⑤ 상품 광고에서는 제품 자체의 품질보다는 이미지를 부각시켜 소비자의 관심을 끌게 한다.

12 곤충 박물관에서 안내원의 설명을 듣고 메모한 내용이다. 잘못된 것은?

① 장수풍뎅이의 몸 전체는 단단하다.

② 장수풍뎅이의 명칭은 울음소리에서 연유했다.

③ 장수풍뎅이는 머리, 가슴, 배로 구분할 수 있다.

④ 장수풍뎅이는 우리나라에 사는 풍뎅이 중 가장 크다.

⑤ 장수풍뎅이의 수컷과 암컷은 모두 광택이 있는 것이 아니다.

13 두 민요에 나타나 있는 공통점으로 적절한 것은?

① 민요 속에는 주술성이 담겨 있다.

② 민요가 사회의 흐름을 변화시킬 수 있다.

③ 민요의 내용은 주어진 환경과 관계가 깊다.

④ 민요 내용에 자연에 대한 경외감이 반영되었다.

⑤ 민요에는 사회를 풍자하는 내용이 나타나 있다.

주관식

1 〈보기〉의 ㉠에 들어갈 내용으로 가장 적절한 것은?

● 보기 ●

이 이야기를 통해 선생님은 학생들에게 (㉠)을 말하려는 거야.

주관식

2 이 방송 뉴스의 핵심 내용을 100자 내외로 서술하시오.

※ 14번부터는 문제지에 인쇄된 내용을 읽고 푸는 문제입니다. 잘 읽고 물음에 답하시오.

14 불필요한 요소의 중복 없이 어법에 맞게 쓴 것은?

① 가까운 근방에서 만나자.

② 열심히 일해서 많은 부채를 갚자.

③ 집에 가서 다시 복습하도록 해라.

④ 남녀차별은 완전히 근절해야 한다.

⑤ 이 과목은 혼자 독학하면 절대 안 된다.

15 문장이 두 가지 의미로 풀이될 가능성이 가장 적은 것은?

① 정훈이와 가인이는 결혼했다.

② 귀여운 수지의 고양이를 보았다.

③ 예쁜 그녀의 목소리를 듣고 싶다.

④ 아직도 학생들이 아무도 모이지 않았다.

⑤ 나는 아빠와 언니를 백화점에서 만날 예정이다.

16 밑줄 친 부분의 소리의 길이가 나머지와 다른 것은?

① 이번 선거는 꼭 해야 한다.

② 더워서 선풍기를 하나 사야겠다.

③ 그는 출발하자마자 선두로 나섰다.

④ 한국의 선박 제조 기술은 뛰어나다.

⑤ 대학 때 선배들의 도움을 많이 받았다.

17 다음 중 표현이 어색하지 않은 문장은?

① 그 사람은 선각자에 다름이 아니다.

② 우리 내일 오후에 회의를 갖도록 하자.

③ 나는 학생들에게 많은 관심을 기울이고 있다.

④ 불조심하는 것은 아무리 강조해도 지나치지 않는다.

⑤ 직원회의에 있어 진지하게 참여하는 것이 중요하다.

18 다음 중 문장 성분이 제대로 갖추어진 문장은?

① 나는 철수에게 책을 주었다.

② 그러고 보니 영희는 많이 닮았다.

③ 사람은 남을 속이기도 하고 때로 속기도 한다.

④ 공사가 언제부터 시작되고, 언제 개통될지 모른다.

⑤ 지난여름부터 하루도 거르지 않고 열심히 하고 있다.

19 다음 내용에 대한 뒷받침 문장으로 적절한 것은?

> **보기**
>
> 학교별로 학교 폭력에 대한 예방 및 대책의 실태를 조사한 결과 예상보다 심각한 수준이었다. 무엇보다 학교 폭력 문제를 담당하는 전담 기구 및 보건 교사, 책임 교사가 구성되어 있지 않았다. 또한 _____

① 교육감으로 하여금 학교 폭력 실태를 의무적으로 조사하도록 하였다.

② 가해 학생이 학교장의 조치를 거부할 경우 전학 처분을 받을 수 있었다.

③ 학교 폭력에 대한 조사 결과 학생들의 인권이 보장되어야 한다는 생각이 반영되었다.

④ 학교 폭력 사태를 인지한 경우 지체 없이 전담 기구에서 사실 여부를 확인하도록 하였다.

⑤ 학교에서 가해 학생을 조치할 때 가해 정도나 보복 여부 등에 대한 마땅한 기준이 없어 경미한 조치에 그치는 경우가 많았다.

20 '청소년의 인터넷 음란물 중독 예방'에 대한 글쓰기 계획으로 적절하지 않은 것은?

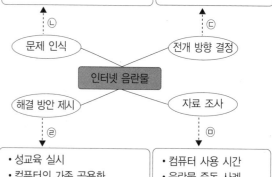

① ㉠

② ㉡

③ ㉢

④ ㉣

⑤ ㉤

21 '진도 아리랑'의 일부분이다. 〈보기〉의 [조건]을 충족시켜 완성한 것은?

> **보기**
>
> 문경 새재는 웬 고개인고 구비야 구비야 눈물이 난다.
> (후렴) 아리아리랑 쓰리쓰리랑 아라리가 났네.
> 　　아리랑 응응응 아라리가 났네.(줄마다 후렴구 반복)
> 　　만나니 반가우나 이별을 어이해 이별을 허라거든 왜 만났던고
> 　　날 다려 가거라 날 다려 가거라 무정한 우리님아 날 다려 가거라.
> 　　(　　　　　　　　　　　　　　　　　　)
> [조건] • 내용의 통일성을 갖출 것
> 　　　 • 대구를 통해 리듬감을 드러낼 것

① 배 떠난 부두엔 연기만 나고 님 떠난 방 안엔 향내만 난다.

② 저기 가는 저 기럭아 말 물어 보자 우리네 갈길이 어드메뇨.

③ 높은 봉 상상봉 외로 선 소나무 외롭다 허여도 나보담은 낫네.

④ 산천초목은 달이 달달 변해도 우리들의 먹은 마음 변치를 말자.

⑤ 날 다려 갈 때는 사정도 많더니 날 다려다 놓고는 잔말도 많네.

22 〈보기〉의 ㉠~㉤을 고치기 위한 의견으로 적절하지 않은 것은?

● 보 기 ●

고등학교 졸업 후 반 년 만에 선생님께 연락드린 후 댁으로 찾아갔다. 선생님 댁으로 가는 언덕길이 ㉠가파라서 힘들었지만 오랜만에 선생님을 뵙는다는 생각에 마음만은 가벼웠다. 대문 밖에 나와 기다리시던 선생님께서는 ㉡너무 반가워하시며 내 손을 잡아 주셨다. 앞뜰의 ㉢꽃에 물을 주시던 사모님께서도 반겨주셨다. 사모님께서는 반가운 제자가 왔다고 ㉣살찐 생선으로 끓인 먹음직한 찌개로 저녁상을 차려 주셨다. 나는 대학 생활의 시작이 ㉤성공적이였다고 선생님께 말씀드렸다. 선생님께서는 잔잔한 미소를 지으며 내 이야기에 귀를 기울여 주셨다.

① ㉠의 기본형 '가파르다'는 '르' 불규칙 용언이므로 '가팔라서'로 고쳐야 해.

② ㉡에서 '너무'는 부정적인 어감을 지니고 있으므로 '무척'으로 바꾸는 것이 좋겠어.

③ ㉢의 대상은 움직임이 없는 것이기에 '에'가 아니라 '에게'로 바꾸는 것이 좋겠어.

④ ㉣의 '살찐'은 동사이기에, 의미에 맞게 형용사인 '살진'으로 바꾸어야겠어.

⑤ ㉤의 '-였-'은 '-이었-'이 준 형태인데 앞에 '-이-'가 있으므로 '-었-'으로 수정하는 것이 좋겠어.

23 '학교 폭력 예방'에 대한 글을 쓰기 위해 개요를 작성해 보았다. 개요 수정을 위한 생각으로 적절하지 않은 것은?

● 보 기 ●

○ 제 목 : 학교 폭력 빠른 시일 안에 근절해야

○ 주제문 : 학교 폭력의 예방과 대책은 무엇인가? ❶

Ⅰ. 서론 : 최근의 학교 폭력 양상과 문제 제기

Ⅱ. 본론

  1. 학교 폭력의 실태

    (1) 신체적 폭력

    (2) 정서적 폭력 ❷

  2. 학교 폭력의 원인

    (1) 가정환경 요인 : 기본 인성에 대한 가정 교육 미흡

    (2) 학교 요인 : 입시 위주의 교육 풍토

    (3) 사회 요인 : 선정적이고 폭력적인 문화

  3. 학교 폭력의 예방 및 대책 ❸

    (1) 가정 : 자녀와의 대화를 통한 교육

    (2) 학교 : 미술관, 공연장과 같은 청소년 문화공간 확충 ❹

    (3) 사회 : 유해 환경 대폭 정비 ❺

Ⅲ. 결론 : 가정, 학교, 사회가 협력하여 학교 폭력을 예방해야 한다.

① 주제를 분명히 드러내기 위해 주제문을 수정한다.

  – 학교 폭력의 원인을 파악하고 예방 대책을 마련한다.

② 폭력 실태 항목을 추가한다.

  – (3) 집단 따돌림을 당하는 학생들의 특징

③ 본론 2와 3에 항목을 추가하여, 논지를 보강한다.

  – 2. (4) 개인 요인 : 이기적인 태도

  – 3. (4) 개인 : 공동체 의식 함양

④ 세부 내용을 수정한다.

  – '올바른 심성을 기르기 위한 인성 교육 강화'로 대체

⑤ 논지를 구체화한다.

  – 음란·폭력 영상물 유통 근절

  – 청소년의 유해업소 출입 금지

③ **주관식**
다음 〈보기〉의 관계를 고려하여 이와 같은 관계의 단어를 나열하시오.

● 보기 ●

흰색 – 회색 – 검은색

---

④ **주관식**
밑줄 친 '지천이다'와 바꾸어 쓸 수 있는 말을 쓰시오.

● 보기 ●

봄이 한창이라 들에는 꽃들이 지천이다.

---

⑤ **주관식**
'우리 사회의 문제점'에 대해 글을 쓰고자 한다. 그림 B가 갖는 의미를 고려하여 A의 문제를 해결할 수 있는 방안을 한 문장으로 쓰시오.

A		B		내용
부정 부패	➡	✂	➡	

---

⑥ **주관식**
〈보기〉의 표준 발음법 규정을 참고하여 제시된 단어의 발음을 쓰시오.

● 보기 ●

제10항 겹받침 'ㄳ', 'ㄵ', 'ㄼ', 'ㄽ', 'ㄾ', 'ㅄ'은 어말 또는 자음 앞에서 각각 [ㄱ, ㄴ, ㄹ, ㅂ]으로 발음한다. 다만, '밟–'은 자음 앞에서 [밥]으로 발음하고, '넓–'은 '넓–죽하다'와 '넓–둥글다'의 경우에 [넙]으로 발음한다.
제11항 겹받침 'ㄺ', 'ㄻ', 'ㄿ'은 어말 또는 자음 앞에서 각각 [ㄱ, ㅁ, ㅂ]으로 발음한다. 다만, 용언의 어간 말음 'ㄺ'은 'ㄱ' 앞에서 [ㄹ]로 발음한다.

① 넓다 [   ]   ② 묽고 [   ]
③ 맑다 [   ]   ④ 읊고 [   ]

⑦ **주관식**
십자말풀이를 참조해 아래의 (   )에 맞는 단어를 쓰시오.

	1.	차	2.	
3.			4. 지	5.
기				
6.	7.		8. 사	
	9. 씨			

[가로 열쇠]
1. 개가 먹는 음식인 똥이라는 뜻으로, 언행이 몹시 더러운 사람을 속되게 이르는 말
3. 여러 사람이 모여서 의견을 주고받으며 비평함
4. 지구 표면의 상태를 일정한 비율로 줄여, 이를 약속된 기호로 평면에 나타낸 그림
6. 주책없이 능청맞고 수선스럽게 변덕을 부리는 짓
8. 석가모니나 성자의 유골. 후세에는 화장한 뒤에 나오는 구슬 모양의 것만 이름
9. 동물의 씨를 거두어 마련하는 일

[세로 열쇠]

1. 노름이나 내기 따위에서 남이 가지게 된 몫에서 조금 얻어 가지는 공것
2. 장식으로 손가락에 끼는 고리
3. 맨손이나 단도, 검, 창, 봉(棒) 따위를 써서 하는 호신술
5. 다 익지 못한 채로 저절로 떨어진 풋열매를 이르는 순우리말
7. 온도 단위의 하나. 얼음이 녹는점을 0℃, 물이 끓는점을 100℃로 하여 그 사이를 100등분한 단위. (　　)온도, 화씨온도
8. 한곳에서 다른 곳까지, 또는 한 물체에서 다른 물체까지의 거리나 공간

1. 가로 (　　　　　　　　　　)
3. 가로 (　　　　　　　　　　)
5. 세로 (　　　　　　　　　　)
6. 가로 (　　　　　　　　　　)

주관식

8 **〈보기〉에서 주어진 진술을 비유와 예시를 사용하여 적절하게 구체화하여 한 문장으로 쓰시오.**

보기

사랑은 구원이다.

주관식

9 **〈보기〉의 ㉠~㉥에 들어갈 바른 말을 순서대로 쓰시오.**

보기

- 축제가 (㉠)인 교정을 (㉡) 동안 거닐었다.
- 어머니가 아이를 의자에 (㉢), 밥솥에 쌀을 (㉣).
- 젓갈을 (㉤) 항아리에 (㉥) 오래 보관하면 좋다.

주관식

10 **'인터넷 미디어 교육의 활성화 방안'에 대한 글을 쓰기 위해 개요를 작성하였다. (　　)에 들어갈 내용을 작성하시오.**

보기

Ⅰ. 서론
- 사이버 범죄의 급격한 증가
- 유해 정보의 범람

Ⅱ. 본론
1. 인터넷 미디어 교육의 필요성
   - 사이버 범죄의 예방과 대처
   - 올바른 사용 자세 배양
   - 사이버 시민 의식의 고양
2. 인터넷 미디어 교육의 장애 요소
   - 교육의 중요성에 대한 인식 부족
   - 컴퓨터 이용 기술에 치우친 교육
   - 교육 프로그램의 부재
3. 인터넷 미디어 교육의 활성화 방안
   - 미디어 교육의 중요성 이해
   - 사이버 윤리 및 예절 교육의 강화
   - (　　　　　　　　　　)

Ⅲ. 결론
- 인터넷 미디어 교육의 중요성 강조

제 **5** 회

모의고사

[69회] -내기

01 밑줄 친 부분의 의미가 나머지 넷과 다른 것은?

① 풋내기
② 뜨내기
③ 산골내기
④ 신출내기
⑤ 여간내기

[73회] 농축(濃縮)-압축(壓縮) [80회] 건조(建造)-해체(解體)

02 다음 중 '요체(要諦) – 핵심(核心)'의 관계와 유사한 것은?

① 자전거(自轉車) – 바퀴
② 접경(接境) – 경계(境界)
③ 팽창(膨脹) – 수축(收縮)
④ 식물(植物) – 동물(動物)
⑤ 자연 과학(自然科學) – 생물학(生物學)

[69회] 알력 [73회] 사유 [77회] 유입 [80회] 조율

03 〈보기〉의 뜻풀이와 예문의 (   )에 가장 알맞은 단어는?

● 보 기 ●

[뜻풀이] 액체나 기체 따위가 밖으로 새어 나옴. 또는 그렇게 함
[예문] 방사능 (   ) 사고가 일어났다.

① 노출
② 누출
③ 방출
④ 분출
⑤ 송출

04 다음 중 밑줄 친 단어를 고친 결과가 적절하지 않은 것은?

① ○○전자는 최근 전 세계 휴대 전화 부분(部分)에서 시장 점유율 1위를 차지하였다. → 부문(部門)
② 그는 국왕이 명실상부하게 정치를 주도하는 체계(體系)를 구축하고자 노력하였다. → 체제(體制)
③ 진정한 공동체를 향한 새롭고 진지한 모색(摸索)을 바로 지금부터 시작해야 합니다. → 탐색(探索)
④ 환경오염은 당면한 현실 문제라고 그가 지적한 것에 대해서는 나 역시 동감(同感)이 갔다. → 공감(共感)
⑤ 전쟁으로 인한 비극의 현장을 전 세계에 고소(告訴)하려는 기자들의 노력은 사실 대단했다. → 고발(告發)

[69회] 분리-분양-분할 [73회] 표명-규명-변명-해명

05 〈보기〉의 ㉠~㉢에 들어갈 단어를 바르게 연결한 것은?

● 보 기 ●

• 현재 국제 정세에 큰 (㉠)이 일어나고 있다.
• 이번 전시회에서는 의복의 (㉡)을 한눈에 볼 수 있다.
• 그 물건은 심하게 (㉢)을 겪어서 원래 형태를 찾아볼 수 없다.

	㉠		㉡		㉢
①	변동	–	변형	–	변천
②	변천	–	변동	–	변형
③	변형	–	변동	–	변천
④	변천	–	변형	–	변동
⑤	변동	–	변천	–	변형

06 [69회] 발 [77회] 생각

다음 중 밑줄 친 '길'의 문맥적 의미로 적절한 것은?

● 보기 ●

이런 문화 전파 현상은 한 사회 집단으로 하여금 문화 발전의 단계를 뛰어넘게도 하고, 때로는 큰 오류를 범하게 하여 결국은 멸망의 길로 접어들게도 한다.

① 그녀는 표현할 길이 없는 감동을 느꼈다.
② 그는 숲 속에서 길을 잃고 한참을 헤맸다.
③ 그는 학교에서 돌아오는 길에 물장난을 하였다.
④ 역사학자는 인류 문명이 발전해 온 길을 되돌아본다.
⑤ 김 선생은 올바른 스승의 길을 가겠다는 다짐을 했다.

07 [69회] 잡다 [73회] 빠지다

〈보기〉에서 밑줄 친 부분의 의미와 가장 유사하게 사용된 것은?

● 보기 ●

한 밑천 잡은 친구를 보니 부러운 마음이 들었다.

① 우리는 공사 기간을 길게 잡아 손해를 많이 봤다.
② 그녀가 왜 찾아왔는지 도무지 감을 잡을 수 없었다.
③ 그는 떠나려는 손님을 잡아 하루 더 묵어가게 하였다.
④ 앞으로 이태만 더 고생하면 논 몇 마지기는 잡을 수 있을 것 같다.
⑤ 우리는 최종 입장을 찬성으로 잡고 적극적으로 상대를 설득하기로 하였다.

08 [73회] 사념-사모-사료-사변-사유

〈보기〉의 밑줄 친 부분의 의미와 가장 유사한 것은?

● 보기 ●

펌프는 처음에 물을 넣고 여러 번 자아야 물이 올라온다.

① 단수(斷水)　　② 급수(給水)
③ 인수(引水)　　④ 양수(揚水)
⑤ 방수(防水)

09 [69회] 하룻강아지 범 무서운 줄 모른다 [77회] 다 된 죽에 코 풀기

〈보기〉의 빈칸에 들어갈 속담으로 가장 적절한 것은?

● 보기 ●

사건 전에 A후보는 가장 당선이 유력한 후보였다. 투표권이 있는 마을 어른 대부분이 무난한 B후보보다는 성실하고 밝은 A후보에게 호감을 갖고 있었다. 그저 그렇게 가만히 두었으면 될 것을, ＿＿＿＿＿＿＿＿＿＿＿ 며 B후보의 흉을 흘리고 다니더니 결국 사달이 났다. 완벽하자고 벌인 일에 마을 사람들이 돌아섰고, 결국 선거에서는 B후보가 당선된 것이다.

① 구복이 원수라
② 자라나는 호박에 말뚝 박는다
③ 감나무 밑에 누워도 삿갓 미사리를 댄다
④ 사공이 많으면 배가 산으로 간다
⑤ 서울에 가야 과거도 본다

10 〈보기〉의 ( )에 들어갈 한자성어로 가장 적절한 것은?

● 보기 ●

중국 무협 영화는 스토리가 뻔해서 앞만 보면 뒤를 줄줄 꿰뚫을 수가 있다. 짐작건대 이런 영화는 엔트로피가 '0'에 가깝다. 모든 것이 뻔하기 때문이다. 이러면 아무도 극장에 가지 않을 것이다. 사람들의 흥미를 끌려면 영화에 엔트로피를 창출해서 사건을 예측하기 어렵게 만들어야 한다. 작품을 참신하게 하려고 엔트로피를 늘리는 건 예술이 오랫동안 사용해 온 해묵은 수법이다. 물론 ( )(이)라는 말처럼 무조건 복잡하다고 좋은 작품이 되는 것은 아니다. 예측 불가능성이 지나치게 크면 그런 정보는 사람들에게 충격을 주게 된다.

① 과유불급(過猶不及)
② 설상가상(雪上加霜)
③ 점입가경(漸入佳境)
④ 금상첨화(錦上添花)
⑤ 연목구어(緣木求魚)

[80회] 엄습(掩襲) 절멸(絕滅) 정제(整齊)

11 밑줄 친 단어의 뜻풀이가 바르지 않은 것은?

① 한편에서는 복권이 사행심(射倖心)만을 조장한다고 비판한다. → 요행을 바라는 마음

② 그는 그 약의 효과에 대해 의구심(疑懼心)을 떨쳐버릴 수 없었다. → 믿지 못하고 두려워하는 마음

③ 겨울철 화재 기사는 불에 대한 경각심(警覺心)을 일깨워 주었다. → 정신을 차리고 주의 깊게 살피어 경계하는 마음

④ 그는 한 치의 사심 없이 공명심(公明心)을 가지고 공직 생활을 했다. → 공을 세워 자기의 이름을 널리 드러내려는 마음

⑤ 아이가 밤이 늦도록 들어오지 않자 어머니는 노파심(老婆心)에 안절부절못하였다. → 필요 이상으로 남의 일을 걱정하고 염려하는 마음

[77회] 귀가 번쩍 뜨이다 [80회] 차 떼고 포 떼고

12 〈보기〉의 (가), (나)에 들어갈 관용어를 바르게 짝지은 것은?

> ● 보기 ●
> • 다소 노골성을 비치는 일이 전무한 것은 아니지만, 대체로 그 초점을 때리지 않고 (가), 은근한 가운데 함축성 있는 표현을 주로 하였다.
> • 그때 (나) 오리발만 내밀던 녀석의 소행머리를 생각하니 속에서 다시 열불이 치밀어 오르는 것이었다.

	(가)	(나)
①	변죽을 울리며	딴죽을 걸며
②	변죽을 울리며	본때를 보이며
③	변죽을 울리며	시치미를 떼며
④	시치미를 떼며	본때를 보이며
⑤	시치미를 떼며	변죽을 울리며

13 다음 중 나머지 것과 그 의미가 다른 말은?

① 풍전등화(風前燈火) ② 누란지세(累卵之勢)

③ 전전반측(輾轉反側) ④ 사면초가(四面楚歌)

⑤ 일촉즉발(一觸卽發)

14 다음 밑줄 친 단어 중 띄어쓰기가 잘못된 것은?

① 못살게 굴지 마라.

② 거짓말 하면 못써.

③ 얼굴이 못쓰게 상하다.

④ 제 명대로 못살 거라고 했다.

⑤ 못사는 형편에 낭비해서는 안 된다.

15 다음 밑줄 친 단어 중 맞춤법에 어긋난 것은?

① 끓인 물을 식힌다.

② 고개를 반듯이 들어라.

③ 여러 선수를 제치고 우승했다.

④ 그렇게 큰일을 치뤘으니 몸살이 날 만도 하다.

⑤ 석류껍질을 찢어 벌기면, 보석이 주루루 쏟아지겠다.

16 밑줄 친 부분의 표기가 옳은 것은?

① 온몸이 으시시 떨린다.

② 물건을 좀채 구할 수가 없다.

③ 한 번 사용하는 데 자그만치 만 원이다.

④ 그는 눈에 띄는 외모의 소유자이다.

⑤ 감기에 된통 걸려 하루 종일 집에만 있었다.

[80회] 붙이다-부치다

17 밑줄 친 부분의 맞춤법이 옳은 것을 모두 고른 것은?

> ● 보 기 ●
>
> • 많은 사람 속을 ㉠ 헤치고 앞으로 나아갔다.
> • 콩나물이 짓이겨지지 않도록 살살 ㉡ 무쳐라.
> • 인용을 하면 반드시 각주를 ㉢ 부쳐야 한다.

① ㉠

② ㉠, ㉡

③ ㉠, ㉢

④ ㉡, ㉢

⑤ ㉠, ㉡, ㉢

[80회] 옐로카드(yellow card) 인디언(indian) 차트(chart)

18 밑줄 친 외래어가 바르게 표기된 것은?

① 어제 후라이드 치킨(fried chicken)을 먹었다.

② 그가 좋아하는 케잌(cake)을 사서 집으로 갔다.

③ 사무실에서 입을 가디건(cardigan)이 필요하다.

④ 그는 같이 일한 스탭(staff)에게 감사의 인사를 했다.

⑤ 그녀는 식사 후에 요구르트(yogurt)를 즐겨 마신다.

19 다음 글의 내용과 일치하지 않는 것은?

컴퓨터로 작업을 하다가 전원이 꺼져 작업하던 데이터가 사라져 낭패를 본 경험이 한 번쯤은 있을 것이다. 이는 현재 컴퓨터에서 주 메모리로 D램을 사용하기 때문이다. D램은 전기장의 영향을 받으면 극성을 띠게 되는 물질을 사용하는데 극성을 띠면 1, 그렇지 않으면 0이 된다. 그런데 D램에 사용되는 물질의 극성은 지속적으로 전원을 공급해야만 유지된다. 그래서 D램은 읽기나 쓰기 작업을 하지 않아도 전력이 소모되며, 전원이 꺼지면 데이터가 모두 사라진다는 문제점을 안고 있다.

이러한 D램의 문제를 해결할 수 있는 차세대 램 메모리로 가장 주목을 받고 있는 것은 M램이다. M램은 두 장의 자성 물질 사이에 얇은 절연막을 끼워 넣어 접합한 구조로 되어 있다. 절연막은 일반적으로 전류의 흐름을 막는 것이지만 M램에서는 절연막이 매우 얇아 전류가 통과할 수 있

다. 그리고 자성 물질은 자석처럼 일정한 자기장 방향을 가지는데, 아래 위 자성 물질의 자기장 방향에 따라 저항이 달라진다. 자기장 방향이 반대일 경우 저항이 커져 전류가 약해지지만 자기장 방향이 같은 경우 저항이 약해져 상대적으로 강한 전류가 흐르게 된다. M램은 이 전류의 강도 차이를 감지해 전류가 상대적으로 약할 때 0, 강할 때 1로 읽게 된다. 자성 물질은, 강한 전기 자극을 가하면 자기장 방향이 바뀌는데 이를 이용해 한쪽 자성 물질의 자기장 방향만 바꿈으로써 쓰기 작업도 할 수 있다.

자성 물질의 자기장 방향은 전기 자극을 가해주지 않는 이상 변하지 않기 때문에 M램에서는 D램에서처럼 지속적으로 전원을 공급할 필요가 없다. 그렇기 때문에 D램에 비해 훨씬 적은 양의 전력을 사용하면서도 속도가 빠르며, 전원이 꺼져도 데이터를 잃어버릴 염려가 없다. 이런 장점들로 인해 M램이 일반화되면 컴퓨터뿐만 아니라 스마트폰이나 태블릿 PC와 같은 모바일 기기들의 성능은 크게 향상될 것이다.

그러나 M램이 일반화되기 위해서는 기술적 과제들도 많다. M램은 매우 얇은 막들을 쌓은 구조이기 때문에 이러한 얇은 막들이 원하는 기능을 하도록 제어하는 것은 기존의 반도체 공정으로는 매우 어렵다. 그리고 현재 사용하고 있는 자성 물질을 고도로 집적할 경우 자성 물질의 자기장이 인접한 자성 물질에 영향을 주는 문제도 있다. 이러한 문제를 해결할 수 있는 새로운 재료의 개발과 제조 공정의 개선이 이루어진다면 세계 반도체 시장의 판도도 크게 바뀔 것으로 보인다.

① D램과 M램 모두 0 또는 1로 정보를 기록한다.

② M램은 자성 물질의 자기장이 강할수록 성능이 우수하다.

③ M램에서는 전류의 강도 차이를 감지해 데이터를 읽는다.

④ D램은 전원을 공급해주지 않으면 0의 값을 가지게 된다.

⑤ D램에서는 읽기나 쓰기 작업을 하지 않아도 전력이 소모된다.

[20~21] 다음 글을 읽고 물음에 답하시오.

경제학의 세계에서 삶을 영위하는 인간은 성직자나 철학자가 상대하는 인간이나 우리가 경험적으로 아는 인간과는 크게 다른 존재다. '경제인(經濟人, homo economicus)'이라고 불리는 이 존재는 '자기의 쾌락을 극대화하는 데 삶의 초점을 맞추는 합리적인 인간'이다.

이는 '경제인'의 특징이 '합리성(合理性)'에 있다는 것을 의미한다. 합리성은 경제학의 대상을 규정짓는 가장 강력한 기준일 뿐만 아니라 경제학에서 추구하는 '올바른 선택'의 전제 조건이기도 하다. 그렇다면 '합리적 인간'이 지닌 구체적 특성들은 무엇인가?

[A] ┌ '합리적 인간'은 자기의 이익에 철저한 이기적인 인간이다.
│ 그는 오직 두 개의 가치에만 관심을 기울이는데, 하나는 쾌
│ 락이요 다른 하나는 고통이다. '합리적 인간'은 언제나 자
│ 기의 쾌락을 추구하고 자기의 고통을 회피하려 한다. 무엇
└ 이 쾌락이고 무엇이 고통인지는 오로지 그 자신만 안다.

또 '합리적 인간'은 효율성을 추구한다. 여기서 효율성이란 최소의 비용으로 최대의 성과를 얻는 것을 의미한다. 이때, '합리적 인간'의 태도는 윤리·도덕과는 아무 상관이 없다. 오로지 자기 자신의 행복에만 관심이 있고, 주어진 조건 아래서 언제나 최소의 비용으로 최대의 성과를 얻으려고 노력하는 사람, 이것이 바로 '합리적 경제인'이다. 그러므로 그의 이기적인 선택 또한 언제나 '합리적'이다.

현대의 경제학자들은 이와 같은 내용을 '효용함수(效用函數)'라는 것에 담아놓았다. 가장 단순하게는 U=f(C)로 표기하는 효용함수는 행복의 수준(U, utility)과 재화소비량(C, consumption) 사이의 관계를 수학적으로 표현한 것이다. 이를 공식대로 해석하면, 나의 재화 소비량이 증가하면 나의 행복이 증가하고 소비량이 감소하면 행복도 감소한다는 것으로, 나 아닌 다른 사람이 얼마만큼을 소비하느냐는 나의 행복에 전혀 영향을 미치지 않으며 나의 소비량 또한 다른 사람의 행복에 전혀 영향을 주지 않는다는 의미를 담고 있다. 그런데 과연 그럴까? 우리는 그렇지 않다는 것을 안다. 이는 일정한 양의 재화를 소비하는 데서 내가 얻는 만족이 다른 사람이 소비하는 재화의 양에 영향을 받는다는 것을 의미한다.

경제학 세계의 인간은 자기의 행복을 키우는 데 철두철미한, 이기적이고 고립된 존재이다. 현실에는 자신을 희생하면서까지

남을 위하는 이타적 심성을 가진 사람이 많이 있지만 '합리적 경제인'의 관점에서 보면 그의 행동은 불합리한 것이 된다. 경제학자들은 이런 사람을 '이타주의적 효용함수'를 가진 사람으로 규정한다. 그의 행동이 아무리 감동적이라 할지라도 경제학은 이 예외적인 인간을 연구 대상으로 삼을 수는 없다. 경제학의 세계에서 인간은 이기적으로 생각하고 행동한다. 경제학자들이 만들어낸 수많은 정리(定理) 또는 이론들은 바로 '이기적 인간'을 토대로 삼아 엄정한 수학적 증명 과정을 거쳐 확립된 것이다. 그러므로 경제학을 이해하기 위한 가장 기본적인 태도는 ㉠ 경제인의 개념을 정확히 받아들이고 경제인 스스로 내리는 모든 종류의 경제적 선택은 '합리적'이라고 인정하는 것이다.

20 '㉠ 경제인'의 관점에서 다음에 나타난 '나'의 행위를 해석한 것으로 적절하지 않은 것은?

> 보기
>
> 상다리가 휘어지게 잘 차린 밥상을 받았을 때, 마침 우리 집 문간에 며칠을 굶은 사람이 힘들게 앉아 있는 모습이 떠올랐다. 마음이 불편해서 진수성찬이 자꾸만 목에 걸렸다. 결국 나는 밥상을 대문 앞의 걸인에게 내주었다. 그로 인해 나는 물과 밥과 김치만 먹었지만 마음은 편안해졌다.

① '나'는 평균적인 인간이 아니라 이타주의적 효용함수가 큰 인물이군.

② '나'는 이기적이고 합리적인 보통 사람이라면 하지 않았을 일을 했어.

③ '나'는 자신의 소비량을 줄이고 남의 소비량을 늘림으로써 더 행복해졌군.

④ '나'의 행복은 타인의 소비량과는 상관없이 자신의 소비량에 달려 있는 거야.

⑤ '나'의 물질적 소유량이 손실되었으므로 '나'의 행동은 비합리적이라 할 수 있어.

21 다음을 참고하여 [A]의 내용을 이해한 것으로 가장 적절한 것은?

> ● 보기 ●
>
> 우연히 백만 원의 돈을 얻게 된 세 명의 사람이 있다. 그 돈으로 무엇을 할 것인지 고민하다가, '갑'은 그동안 읽고 싶었던 책들을 모두 사들여 마음껏 읽겠다며 콧노래를 불렀다. '을'은 '갑'이 왜 그렇게 돈을 들여가면서까지 자기 학대를 하는지 모르겠다며 친한 친구들을 불러 밤새워 맛있는 음식을 먹고 마시며 즐겁게 놀았다. '병'은 그 돈으로 여러 차례 미뤘던 값비싼 피부 마사지와 미용 관리를 받을 생각에 흥분을 감추지 못하였다.

① 사람마다 이익을 추구하기 위한 합리적 선택 기준이 다르다.

② 쾌락의 비율을 최대화하기 위해서는 고통을 감내해야 한다.

③ 물건을 구입하는 것보다는 자신에게 투자하는 것이 낫다.

④ 이익을 위해서는 철저히 이기주의적 인간이 되어야 한다.

⑤ 나 자신의 이익을 남에게 공개하는 것은 바람직하지 않다.

22 다음 글을 통해 알 수 있는 내용으로 적절하지 않은 것은?

물은 상온에서 액체 상태이며, 100℃에서 끓어 기체인 수증기로 변하고, 0℃ 이하에서는 고체인 얼음으로 변한다. 만일 물이 상온 상태에서 기체이거나 또는 보다 높은 온도에서 끓어 고체 상태라면 물이 구성 성분의 대부분을 차지하는 생명체는 존재하지 않았을 것이다.

생물체가 생명을 유지하기 위해서 물에 의존하는 것은 무엇보다 물 분자 구조의 특징에서 비롯된다. 물 1분자는 1개의 산소 원자(O)와 2개의 수소 원자(H)가 공유 결합을 이루고 있는데, 2개의 수소 원자는 약 104.5℃의 각도로 산소와 결합한다. 이 때 산소 원자와 수소 원자는 전자를 1개씩 내어서 전자쌍을 만들고 이를 공유한다. 하지만 전자쌍은 전자친화도가 더 큰 산소 원자 쪽에 가깝게 위치하여 산소 원자는 약한 음전하(-)를, 수소는 약한 양전하(+)를 띠게 되어 물 분자는 극성을 가지게 된다. 따라서 극성을 띤 물 분자들끼리는 서로 다른 물 분자의 수소와 산소 사이에 전기적 인력이 작용하는 결합이 형성된다.

물 분자가 극성을 가지고 있어서 물은 여러 가지 물질을 잘 녹이는 특성을 가진다. 그래서 우리 몸에서 용매 역할을 하며, 각종 물질을 운반하는 기능을 담당한다. 물은 혈액을 구성하고 있어 영양소, 산소, 호르몬, 노폐물 등을 운반하며, 대사 반응, 에너지 전달 과정의 매질 역할을 하고 있다. 또한 전기적 인력으로 결합된 구조는 물이 비열이 큰 성질을 갖게 한다. 비열은 물질 1g의 온도 1℃를 높일 때 필요한 열량을 말하는데, 물질의 고유한 특성이다. 체액은 대부분 물로 구성되어 있어서 상당한 추위에도 어느 정도까지는 체온이 내려가는 것을 막아 준다. 특히 우리 몸의 여러 생리 작용은 효소 단백질에 의해 일어나는데, 단백질은 온도 변화에 민감하므로 체온을 유지하는 것은 매우 중요하다.

① 물 분자는 극성을 띠어 전기적 인력을 가진다.

② 물의 분자 구조는 혈액의 역할에 영향을 미친다.

③ 물은 물질의 전달 과정에서 매질의 역할을 한다.

④ 물 분자를 이루는 산소와 수소는 전자를 공유한다.

⑤ 물의 비열 변화는 단백질의 기능에 영향을 미친다.

[23~25] 다음 글을 읽고 물음에 답하시오.

역사학에 관한 크로체의 유명한 언명(言明) 중 하나는 '모든 역사는 현대사'라는 말이다. 역사학자 E. H. 카는 '역사란 역사가와 사실 사이의 상호 작용의 부단한 과정이며 과거와 현재 사이의 끊임없는 대화이다.'라고 정의한 바 있다. 그런데 이 말은 역사의 ⓐ 객관성(客觀性)에 대해 끊임없이 문제를 제기하는 한 요인이 되기도 한다. '역사는 객관적인가'라는 질문은 '역사는 과연 공정한가'라는 의문을 담고 있다. '역사는 승자의 기록'이라는 말은 바로 역사의 ⓑ 공정성(公正性)에 대한 의심에서 생겨난 말이기 때문이다.

역사가 승자의 기록이 될 수 있는 한 예가 사도세자의 경우이다. 일반인들이 지닌 사도세자에 대한 인식은 그 부인 혜경궁 홍씨가 쓴 '한중록'에 의해 생기게 되었다. 수많은 역사 소설이나 텔레비전 드라마, 영화 등이 이 책을 기본 텍스트로 삼고 있다. 그러나 '한중록'이 사도세자의 죽음을 애도하기 위해서 쓴 책이 아니라는 사실을 간파하지 못했기 때문에 모두 '한중록'의 트릭에 걸리고 말았다. '한중록'의 주제는 간단하다. 사도세자의 죽음은 정신병자인 사도세자와 정신병자에 가까운 그 부친 영조 사이의 충돌의 결과 한 정신병자가 죽었다는 것인데, 여기서 중요한 한 세력이 빠져 있다. 그것은 바로 혜경궁 홍씨의 친정아버지 홍봉한이 이끌었던 노론이라는 세력이다.

'한중록'의 주장이 거짓이라는 사실은 사도세자의 아들인 정조가 즉위하자마자 사도세자를 죽인 주범이 홍봉한이라는 상소가 빗발쳤고 결국 홍씨의 친정은 쑥대밭이 되었던 사실에서도 알 수 있다. 이는 혜경궁 홍씨가 '한중록'을 쓴 이유를 짐작하게 해 준다. 그녀는 자신의 친정이 사도세자의 죽음과 관련이 없다는 사실을 자신의 손자인 순조에게 전하기 위해 '한중록'을 쓴 것이다. 사도세자가 죽고 정조까지 죽어버린 상황에서 가장 오래 살아남았던 혜경궁 홍씨의 '한중록'은 승자의 기록이 되어 오늘날까지 살아남아 있다.

그러나 역사의 진실은 때로는 몇 백 년, 어느 경우는 몇 천 년 이후에 드러난다. 물론 '사실은 그렇지 않을 것이다.'라는 막연한 상상력만으로 진실이 드러나지는 않는다. '역사가와 사실 사이의 부단한 상호 작용'을 하기 위해서는 사료가 반드시 필요하다. 이를 위해서 영조실록, 정조실록은 물론 당시의 세자를 직접 모셨던 세자궁 관원의 수기 등 여러 사료를 참고해 새로운 역사적 해석을

할 수도 있는 것이다.

역사가 항상 승자의 기록인 것만은 아니다. 때로 역사는 현실에서는 패배했으나 추구하는 방향이 옳았던 세력의 손을 들어주기 때문에 '직필(直筆)'이란 평가를 받는다. 그러나 그것은 쉬운 일이 아니다. 현실의 권력에 맞서야 하기 때문이다. 조선 중기의 ㉠ 사화(士禍)를 때로는 '사화(史禍)'라고도 부르는데, 그 이유는 사관들이 많은 피해를 입었기 때문이다. 사관 김일손과 권경유가 연산 4년 무오사화 때 사형을 당한 것은 역사의 객관성을 지키는 일이 얼마나 어려운 일인가를 잘 보여준다. 이들은 수양대군이 단종의 왕위를 빼앗고 끝내 목숨까지 빼앗은 사실을 후대에 전하려다가 사형을 당한 것이다.

이처럼 어떤 역사 기록은 객관적일 수도 그렇지 않을 수도 있다. 따라서 후자를 위한 최소한의 안전장치로 ㉢ 개연성이 필요하다. 역사는 상식의 체계이기 때문에 개연성의 틀 내에서 서술된다면 상당 부분은 객관적일 수 있다. 따라서 역사적 진실을 알기 위해서는 개연성에 의거한 객관적인 시선을 갖추고, 이를 통해 허위를 꿰뚫는 식견과 자료의 잘못을 판별할 수 있는 훈련이 필요하다.

23 〈한중록〉을 읽은 독자의 반응 중 글쓴이의 관점과 가장 가까운 것은?

① 승자의 기록이므로 그것을 중심으로 사료를 보완해야 해.

② 다른 기록을 참고하여 역사적 진실성을 검증하고 밝혀내야 해.

③ 과거와 현재를 연결함으로써 새로운 가치를 인정받은 기록이야.

④ 처음에는 바른 기록이 아니었지만 세월이 흘러 진실성이 입증되었어.

⑤ 승자의 기록이지만 대상에 대해 부정적이므로 역사 서술에서 배제해야 해.

24 ⓐ, ⓑ, ⓒ의 관계에 대한 설명으로 옳은 것은?

① ⓐ가 있어야 ⓑ와 ⓒ가 있을 수 있다.
② ⓑ가 있어야 ⓐ와 ⓒ가 있을 수 있다.
③ ⓒ가 있어야 ⓐ와 ⓑ가 있을 수 있다.
④ ⓐ와 ⓑ가 있어야 ⓒ가 있을 수 있다.
⑤ ⓐ와 ⓒ가 있어야 ⓑ가 있을 수 있다.

25 다음의 내용을 참고할 때, ㉠에 대한 판단으로 적절하지 않은 것은?

● 보 기 ●

사화(士禍)는 원래 가해 측인 훈신·척신 계열에서는 '난'으로 규정하였으나 피해 측인 사림 계열은 정론을 펴던 현사(賢士)들이 죄 없이 화를 당한 것이라고 하여 '사림의 화'라는 표현을 썼는데, 사림계가 정치적으로 우세해진 선조(宣祖) 초부터는 '사화(士禍)'라는 용어로 규정되기 시작하였다. 그러나 척신 정치가 일단 종식된 뒤부터는 정치적인 분쟁과 축출이 있어도 그것을 사화(士禍)라고 지칭하지 않았다.

① 사화(士禍)와 '사화(史禍)'가 밀접하게 관련된 것임을 보여준다.
② 사화(士禍)라는 명칭도 가치 개념이 개입된 것임을 알 수 있다.
③ 사화(士禍)라는 명칭을 통해 사림의 정치적 위상을 알 수 있다.
④ 사림을 기반으로 한 선비들이 역사를 분쟁에 이용하였음을 알 수 있다.
⑤ 역사에 기록된 사화(士禍)가 당시의 정치적 상황 변화와 관련이 깊음을 알 수 있다.

[26~28] 다음 글을 읽고 물음에 답하시오.

언어가 귀중한 문화유산이라는 주장에 대해서 이의를 제기할 사람은 없을 것이다. 언어는 인류의 보편적인 언어 요소에 의한 구조적 측면과, 어느 한 언어권의 오랜 생활 전통 속에서 이루어지는 정신 활동의 소산으로서의 문화적 측면, 이렇게 양면성을 가진 존재다. 사람이 언어 능력을 가졌다는 것은 사람됨의 한 징표이며, 언어마다 다른 어휘 체계와 표현 방식을 가졌다는 것은 각 언어가 해당 언어 사회의 문화와 사고방식을 반영하고 있다는 것을 뜻한다.

이러한 점에서 언어는 그 사회의 고유한 문화적 유산이라고 할 수 있다. 문자가 문화유산이라는 데 대해서는 쉽게 수긍을 하면서도 말이 문화적 유산이라는 데 대해서는 아무도 주의를 기울이지 않는다. 새로운 문물제도가 생겨나면 그에 따라서 그것을 표현하는 말도 생겨나고, 그러한 문물제도가 시간의 흐름과 함께 변하면 그것들을 표현하던 말도 변화하거나 과거의 유물이 되어 버려 더는 쓰이지 않게 되기도 한다. 그렇지만 이들은 지난날의 다양한 생활 풍습, 삶의 모습 등 과거의 문화적 양상을 넓게 그 속에 담아서 당시의 모습을 보여 준다. 이러한 의미에서 선인들이 쓰던, 또는 우리가 그들로부터 물려받아 쓰고 있는 말은 그대로 문화유산이요, 무형의 문화재라 할 수 있다. 그런 점에서 과거의 언어는 고고학적 유물과 동등한 가치를 지닌다고 할 수 있다.

그런데 오늘날 우리말이 겪고 있는 변화는 전례 없이 그 폭이 크다. 어휘 체계의 변화는 이루 지적하기 어려울 정도이다. ㉠불과 몇 십 년 사이에 젊은이들은 개화기의 인쇄물조차 제대로 읽지 못하고 있다. 늘어만 가는 외래어의 유입, 끊임없이 만들어지는 새말로 인해 세대 간의 대화가 어려울 정도이다. 일반적으로 변화의 속도가 느린 말소리, 문법 분야의 변화도 예외가 아니다. 장단음의 구분이 없어지고, 억양이 크게 달라지고 있으며, 존대법은 과거의 모습을 찾을 수 없을 정도로 변하고 있다.

그러한 변화 중에서 오늘과 같은 표준어의 고른 보급은 광복 후 지금까지 반세기 동안의 힘든 노력의 결실로서 환영할 만한 일이다. 그러나 그에 비례하여 후대에 전수되지 않고 빠르게 사라져 가기만 하는 많은 양의 방언은 그대로 방치해도 좋은가? 언어가 과연 귀중한 문화유산이고, 소중한 문화재라면 소실된 말들을 수집·보존하고, 더는 잃지 않도록 보호할 방책을 시급히 세우지 않으면 안 된다.

말이 변하는 것은 자연스러운 일이어서 막을 수도 없고 반드시 막아야 할 까닭도 없다. 다만, 급격한 언어의 변화는 언어 규범의 파괴를 가져와 혼란을 초래할 위험이 있어 완급을 조절하는 등 어느 정도의 제약을 가할 필요는 있다. 그리고 앞에서 언급한 바와 같이 과거의 언어는 우리의 옛 모습을 보여주는 역사적 유물이기 때문에 언어 변화의 궤적을 끊임없이 추적하고 그 자료들을 보존해야 할 절대적인 필요가 있다.

26 위 글의 내용 전개 과정을 가장 잘 정리한 것은?

① 대상의 개념 정의 → 다양한 사례 제시 → 문제 현상 비판

② 대상의 성격 규정 → 문제 상황 제시 → 대책 마련의 필요성 제시

③ 대상에 대한 가설 설정 → 문제 상황 제시 → 문제 현상의 원인 분석

④ 특수한 사례 제시 → 공통적 성격 추출 → 대상의 보편적인 성격 일반화

⑤ 대상에 대한 통념 제시 → 시간적 순서에 따른 변화과정 분석 → 대책의 필요성 제시

27 위 글의 논지를 심화 · 발전시키기 위해서 의문을 제기한 것으로 가장 적절한 것은?

① 문화재나 문화유산의 범위는 어디까지인가?

② 우리말을 순화하기 위한 바람직한 방향은 무엇인가?

③ 언어를 고유의 문화유산으로 보는 근거는 무엇일까?

④ 언어에 반영되는 사회상은 어떻게 유형화할 수 있을까?

⑤ 사라진 우리말을 수집 · 보존할 방책에는 어떤 것들이 있을까?

28 ㉠에 대해 글쓴이가 취할 수 있는 입장으로 가장 적절한 것은?

① 근래 우리말이 겪고 있는 변화의 폭이 커서 과거의 언어와 질적 · 양적으로 달라진 것은 큰 문제 중의 하나라고 생각합니다.

② 소중한 문화유산인 우리말 어휘가 소실되어 가는 상황에서 우리 문화가 살아 숨 쉬는 귀중한 자료를 읽기 위한 노력이 필요하지 않을까요?

③ 일상생활에서 젊은이들의 외래어 사용이 불가피한 일일지라도 그들이 귀중한 문화유산인 과거의 언어 자료를 외면하는 것을 정당화할 수는 없습니다.

④ 기성세대와의 대화가 어려워진 것은 젊은이들에게도 일부 책임이 있을 것입니다. 세대 간의 대화를 위해 외래어보다는 우리말을 사랑해야 하지 않겠습니까?

⑤ 문화는 본질적으로 변화하는 것입니다. 오늘날과 같은 급격한 문화 변동의 시기에 젊은이들이 과거의 언어 자료를 제대로 읽지 못하는 것은 어쩔 수 없는 양상입니다.

[29~31] 다음 글을 읽고 물음에 답하시오.

현재의 인공 지능 컴퓨터는 한정된 범위의 지식 영역에서는 전문가에 견줄 만한 지적 능력을 보여 주고 있다. 그러나 상식을 이용한 추론이나 인간이 매일 겪는 문제와 상황에 대한 이해 및 감각 정보의 처리 등에서는 이렇다 할 성과를 거두지 못하고 있다.

현재 인공 지능을 연구하는 사람들은 컴퓨터 프로그램의 문제 해결 능력이 프로그램 자체의 구성 방법보다는 프로그램이 가지고 있는 지식의 양에서 비롯된다고 본다. 그들에 따르면 컴퓨터 프로그램은 정보와 지식을 많이 지닐수록 지능적인 것이 된다. 따라서 현재 인공 지능의 가장 중요한 문제는 컴퓨터가 지니고 있는 지식의 양이라고 할 수 있다. 어느 인공 지능 연구자에 따르면, 현실 세계에서 컴퓨터의 인공 지능이 제대로 작동하기 위해서는 약 10만 개 이상의 정보와 지식이 필요하다고 한다.

그러나 컴퓨터가 이 정도로 많은 정보와 지식을 보유하더라도, 이들을 빠른 시간 내에 검색할 수 있게 구성하는 일은 쉽지 않다. 반면에 인간은 엄청난 양의 정보를 기억하고 있으며, 상황 변화에 따라 기억하고 있는 방대한 양의 지식과 [A] 상식을 빠르게 검색할 수 있다. 뿐만 아니라, 다른 범주의 지식까지 끌어들여 상황을 올바르고 신속하게 이해할 수 있는 능력을 갖고 있다. 또한 인공 지능 컴퓨터와는 달리 지식의 사용 규칙을 특별히 의식하지 않고도 많은 형태의 지식을 사용할 수 있다.

따라서 인간과 비슷한 컴퓨터 시스템을 개발하는 것은 현재로서는 역부족이라고 할 수밖에 없다. 다만 인간이 행하는 몇 가지 형태의 지적 행위들을 제한된 범위에서 흉내 낼 수 있을 뿐이다. 이러한 측면에서 보았을 때, 진정한 의미에서 인간의 지능을 컴퓨터로 실현하려는 꿈은 아직 갈 길이 멀다고 할 수 있다.

하지만 과거에는 상상 속에만 있던 자동차, 비행기, 컴퓨터 등이 오늘날 그대로 실용화되어 인간의 생활을 윤택하게 하고 있고, 과학 기술의 발전으로 상상의 세계가 점차 빠르게 현실화되고 있다. 그러므로 오늘날 인공 지능에 대한 상상이 내일에는 현실로 다가올 수 있으리라고 기대해도 좋을 것이다. 상상을 현실로 바꾸기 위해서는 인공 지능 연구가 지향하는 목표를 가로막고 있는 장애 요인들을 다시 살펴보고, 현재보다 더 많은 연구자들이 인공 지능에 대한 관심과 열의를 가져야 할 것이다.

현재 인공 지능을 통해 우리가 얻고자 하는 목표에 이르기 위해서 해결해야 하는 장애물은 수없이 많다. 하지만 이들을 해결함으로써 부분적이지만 인간의 지능을 모방한 컴퓨터가 인간의 생활을 윤택하게 할 수 있도록 해야 한다. 또한 새로운 유형의 컴퓨터 개발, 인간의 감각 기관과 유사한 센서의 개발, IC 소자의 집적화·소형화·대용량화 등의 하드웨어적 한계를 극복하기 위한 노력과 인간의 지능에 대한 연구도 지속되어야 할 것이다. 소설이나 영화에서 보는 미래의 세계는 단순한 가상의 세계가 아니다. 그러한 미래는 인공 지능 컴퓨터와 같은 과학 기술의 발전에 따라 예측할 수 있는 우리의 미래인 것이다.

29 위 글의 내용과 일치하지 않는 것은?

① 인간의 지능을 컴퓨터로 실현하려는 꿈을 성취하려면 더 많은 연구가 필요하다.
② 현재 인공 지능 컴퓨터는 상황 변화에 따라 정보와 지식을 빠르게 검색할 수 있다.
③ 인공 지능 컴퓨터의 능력은 그것이 가지고 있는 정보와 지식의 양에 따라 좌우된다.
④ 인공 지능 컴퓨터의 한계를 극복하기 위해서는 인간의 지능에 대한 연구를 지속할 필요가 있다.
⑤ 인공 지능 연구의 목표는 인간의 지능을 모방한 컴퓨터를 통해 인간의 삶을 윤택하게 하는 데 있다.

30 다음은 '인공 지능'을 소재로 한 영화 줄거리의 일부이다. 이 영화를 본 관객이 위 글을 읽고 수용하는 과정에서 보일 수 있는 반응으로 가장 적절한 것은?

보기

컴퓨터 프로그래머 토머스 앤더슨은 네오라는 이름으로 활동하는 해커이다. 어느 날 그는 전설적 해커인 모피어스로부터 충격적인 이야기를 듣는다. 그가 1999년으로 알고 있는 현재가 사실은 2199년이며, 인공 지능 컴퓨터 AI가 가상현실을 담은 '매트릭스'라는 프로그램을 이용하여 인간을 가축처럼 사육하면서 인간의 생체 에너지를 자신의 동력원으로 쓰고 있다는 것이다. AI에게 사육되는 인간들의 비참한 현실을 확인한 토머스는 매트릭스를 탈출하여 인류를 구원하기 위한 사이버 전사가 되기로 결심한다.

① 인공 지능 컴퓨터와 해커의 관계를 고려하지 않았군.
② 인공 지능 컴퓨터의 미래에 대한 인간의 불안감을 반영하고 있군.
③ 인공 지능 컴퓨터의 가능성에만 주목하여 그 위험성을 간과하고 있군.
④ 컴퓨터가 인간을 초월할 수 있으니 인공 지능에 대한 연구를 중단해야겠어.
⑤ 인공 지능 컴퓨터가 인간을 지배하는 것은 불가피한 일이라고 전제하고 있어.

31 [A]와 같은 방식으로 전개하기에 가장 적절한 글감은?

① 평생 교육의 개념과 실제

② 도시 교통난의 원인과 대책

③ 3 · 1 운동의 발생 및 진행 과정

④ 서양 건축과 동양 건축의 차이점

⑤ 방송 언어에서의 우리말 파괴 실태

[32~34] 다음 글을 읽고 물음에 답하시오.

광고는 다른 대중문화 상품에 대해 리더십을 행사하고 있다. 예컨대, 광고와 드라마를 비교해 보자. 한 편의 광고와 드라마에 들어가는 인력과 돈은 비슷하다. 그러나 시청자에게 미치는 영향에 있어서 드라마는 결코 광고의 적수가 되지 못한다. 광고는 모든 자본과 인력과 테크놀로지를 15초 내지 30초의 시간에 집약시키는 반면 드라마는 30분 내지 1시간에 집약시키기 때문이다. 또 방송사나 광고대행사 모두 이익을 가능한 한 많이 올려야 한다는 자본 논리의 지배를 받지만, 그 정도에 있어선 비교할 바가 못된다. 광고대행사의 자본 논리가 방송사의 그것에 비해 훨씬 더 치열하고 집요하다. 물론 시청자의 느낌이나 인식에 있어서 드라마는 광고와는 비교할 수 없을 정도로 유리한 입장에 놓여있긴 하다. 드라마를 일부러 보려고 하는 사람은 많지만 광고를 일부러 보려고 애쓰는 사람은 거의 없다는 뜻이다. 그러나 광고는 그 불리함을 상쇄하기에 충분할 만큼 몇 개월을 두고 끊임없이 반복해 방영된다. 반면에 드라마는 1회용이다.

드라마가 누리는 인기의 핵심은 스타 시스템이다. 그러나 스타 시스템의 철두철미함에 관한 한 드라마는 결코 광고를 넘볼 수 없다. 광고는 오로지 '스타의, 스타에 의한, 스타를 위한' 영상 이미지의 압축이라고 해도 과언이 아니다. 그리고 광고는 장르의 제약으로부터도 자유롭다. 그래서 드라마식 광고도 나오고 뉴스를 흉내 낸 광고도 나온다.

[A] 광고가 우리 시대 '문화 혁명'의 원동력으로서 사회 전반에 미치고 있는 영향력을 감안한다면 광고주나 광고대행사들이 어떤 방법과 규칙으로 경쟁을 하는가는 대단히 중요한 의미를 갖게 된다. 광고인들이 단지 돈을 벌기 위해 광고를 만든

다면 광고는 말할 것도 없고 대중문화의 발전도 기대하긴 어려울 것이다. 소비자들의 의식 변화도 필요하다. 광고가 전반적인 대중문화의 방향과 내용에 미치는 엄청난 영향을 인정한다면, 광고는 '어쩔 수 없는 것'이라고 서둘러 포기하는 자세는 결코 현명치 못하다는 것을 절감할 수 있을 것이다.

광고도 수용자 운동의 대상으로 삼아야 한다. 광고의 지나친 성(性) 묘사 따위를 문제 삼는 기존의 소극적 자세에서 광고에 무언가를 요구하는 적극적 자세로 전환해야 할 것이다. 진정 '소비자가 왕'이라면 왜 '왕'이 '신하'에게 정당한 요구를 할 수 없단 말인가? 광고인들의 문화적 리더십을 인정하고 그들에게 사회적 책임과 사명을 요구하는 것은 대중문화 발전은 물론 전반적인 사회 발전을 위해서도 절대적으로 필요하다.

32 위 글에 대한 설명으로 적절한 것은?

① 광고 영향력을 분류한 후 그 차이점을 밝혀 서술하고 있다.

② 광고와 대중매체의 문제점을 제시하고 해결책을 밝히고 있다.

③ 대중문화 발전을 위한 광고와 드라마의 필요성을 강조하고 있다.

④ 광고의 중요성을 제시하고 이에 대한 관심과 이해를 호소하고 있다.

⑤ 광고와 드라마의 영향력을 비교하여 제시하고 독자의 대응책을 촉구하고 있다.

33 [A]의 관점에서 〈보기〉의 '친구'가 '동료'에게 할 수 있는 말로 적절한 것은?

● 보기 ●

광고회사에 다니는 친구에게 들은 하소연이다. 주문받은 상품의 광고 제작을 위해 나름대로 아이디어를 짜내고 새로운 것을 만들어 보려고 했는데, 초안을 본 광고주는 고개를 젓더니 외국에서 가져온 비디오테이프를 내밀며 이것과 똑같이 만들어 달라고 요구하더라는 것이다. 황당해진 그를 더욱 화나게 한 것은 '이럴 수가 있느냐'며 분개하는 그에게 옆의 동료가 '우리가 예술을 하려는 것이 아니라 돈을 벌려는 것이 아니었느냐'며 위로하더라는 것이다.

① 오지랖도 넓다.
② 불난 집에 부채질한다.
③ 모로 가도 서울만 가면 된다.
④ 개같이 벌어서 정승같이 산다.
⑤ 못된 송아지 엉덩이에 뿔이 난다.

34 위 글에 대한 이해를 심화시키기 위해 탐구 과제를 설정한다고 할 때, 적절하지 않은 것은?

① 광고인들이 창의성을 발휘하여 광고를 제작하고 있는지 살펴봐야겠어.
② 광고가 경제 정의와 합리성에 입각해서 제작되고 있는지 알아봐야겠어.
③ 광고주들이 교육적 측면을 고려하여 광고를 의뢰하고 있는지 알아봐야겠어.
④ 광고인들에게 한국의 문화적 자존과 자립을 위해 노력하고 있는지 물어봐야겠어.
⑤ 광고인들에게 유명 연예인 위주의 광고 모델 활용 체계를 바꿀 용의가 없는지 물어봐야겠어.

[35~36] 다음 글을 읽고 물음에 답하시오.

(가) 대개의 경우 우리는 그림을 볼 때 당연히 "무엇을 그린 것인가?"라고 묻게 된다. 우리의 일상적인 언어 습관에 따르면, '그리다'라는 동사 자체가 이미 그려지는 대상을 함축하고 있기 때문이다. 이어서 우리는 그림을 현실 혹은 허구 속의 대상과 동일시한다. 아리스토텔레스는 이것만으로도 '재인식'의 기쁨을 맛볼 수 있다고 했다. 하지만 미로의 〈회화〉와 같은 작품에는 우리가 그림을 볼 때 당연히 기대하는 것, 즉 식별 가능한 대상이 빠져 있다. 도대체 무엇을 그린 것인지 아무리 찾아봐도 소용없는 일이다.

(나) '대상성의 파괴'로 지칭되는 이러한 예술 행위는 형태와 색채의 해방을 가져온다. 이제 형태와 색채는 대상을 재현할 의무에서 해방되어 자유로워진다. 대상성에서 해방되어 형태와 색채의 자유로운 배열이 이루어질수록 회화는 점점 더 음악을 닮아간다. 왜냐하면, 음악 역시 전혀 현실을 묘사하지 않는 음표들의 자유로운 배열이기 때문이다. 실제로 〈지저귀는 기계〉와 같은 클레의 작품은 음악성을 띠고 있어, 섬세한 감성을 가진 사람은 그림의 형태와 색채에서 미묘한 음조를 느낄 수 있다고 한다. 시인 릴케는 어느 편지에서 "그가 바이올린을 연주한다고 얘기하지 않았더라도, 저는 여러 가지 점에서 클레의 그림들이 음악을 옮겨 적은 것임을 알 수 있었다."라고 말한 바 있다.

(다) 추상화가인 칸딘스키는 〈예술에서 정신적인 것에 대하여〉라는 그의 저서에서 "노란색, 오렌지색, 붉은색은 환희와 풍요의 관념을 일깨우고 표상한다는 사실을 누구나 알고 있다."라는 들라크루아의 견해, 회화는 이른바 통주저음(通奏低音)을 가져야 한다는 괴테의 견해를 소개하면서 '음악과 회화는 깊은 연관성을 지닌다'고 설명한다. 칸딘스키에 따르면 회화는 그러한 상황에서 추상적 의미로 성장하여 순수한 회화적 구성에 도달하게 되는 계기를 마련하였으며, 이 구성을 위해 색채와 형태라는 두 가지 수단이 사용된다는 것이다. 칸딘스키는 특히 점, 선, 면을 회화의 세 가지 요소로 보았다. 미술가 레오나르도 다 빈치는 점, 선, 면, 체를 얘기한 바 있었다. 칸딘스키가 '체'를 제외한 사실은 그의 생각으로는 더 이상 점, 선, 면이 합하여 이루어진 형태가 구체적 대상을 재현할 필요가 없었다는 것을 시사한다.

(라) 대상을 재현하려 했던 고전적 회화는 재현 대상을 가리키는 일종의 '기호'였지만 재현을 포기한 현대 미술은 더 이상 그

무언가의 '기호'이기를 거부한다. 기호의 성격을 잃은 작품이 논리적으로 일상적 사물과 구별되지 않고, 그 자체가 하나의 아름다운 사물이 되어 버리는 경우도 존재하며, 여기서 현대 예술의 오브제화가 시작된다. ㉠'오브제'란 예술에 일상적 사물을 그대로 끌어 들이는 것을 말한다. 예술 자체가 하나의 사물이 되어, 작품과 일상적 사물의 구별은 이제 사라지게 된 것이다.

(마) 현대 미술은 그림 밖의 어떤 사물을 지시하지 않는다. 지시하는 게 있다면 오직 자기 자신뿐이다. 여기서 의미 정보에서 미적 정보로의 전환이 시작된다. 미술 작품의 정보 구조를 둘로 나눌 수 있는데, 미술 작품의 내용이나 주제에 관련된 것이 '의미 정보'에 해당한다면 색과 형태라는 형식 요소 자체가 가진 아름다움은 '미적 정보'에 해당한다. 고전 회화에서는 의미 정보를 중시하는 데 반해, 현대 회화에서는 미적 정보를 중시한다. 현대 미술 작품을 보고 "저게 뭘 그린 거야?"라고 물으면 실례가 되는 것은 이 때문이다.

35 ㉠의 구체적 사례로 적절한 것은?

① 라우션버그는 '침대'라는 작품에서 침대를 그리는 대신, 실제 침대에 페인트칠을 해서 벽에 걸어놓았다.

② 드 쿠닝은 그의 작품 '회화'에서 채 마르지 않은 물감이 흘러내리도록 하여 표현성을 한층 더 강화하였다.

③ 에드워드 하퍼는 '이른 일요일 아침'이라는 작품에서 미국 중서부 어느 지방 도시의 일요일 아침 이른 시간 아무도 없는 거리의 풍경을 묘사하였다.

④ 잭슨 폴록은 커다란 화폭을 바닥에 놓고 그 주변이나 위를 걸어 다니면서 물감을 뿌리고, 던지고 튕겨 대는 방법을 사용하여 '작품 14번'을 완성하였다.

⑤ 마그리트는 그의 작품 '우아함의 상태'에서 타고 있는 담배 위에 자전거가 놓여 있는 모습을 그렸는데, 평소에는 만날 수 없는 두 사물을 붙여 놓는 표현적 효과를 거두었다.

36 위 글의 글쓰기 전략을 단락별로 추리해 보았다. 적절하지 않은 것은?

① (가) 일상적 경험과 화제를 결부지어 독자들의 흥미를 유발하고 싶어.

② (나) 설득력을 높이기 위해 예시와 인용의 방법을 활용하면 좋겠군.

③ (다) 특정 관점이 시사하는 바가 드러나도록 서술하고 싶어.

④ (라) 예상되는 반론을 비판함으로써 주장을 강화해야겠어.

⑤ (마) 대조적인 개념을 활용하여 화제에 대한 논의를 마무리해야겠어.

[37~38] 다음 글을 읽고 물음에 답하시오.

1920년대 세계 대공황의 발생으로 아담 스미스 중심의 ㉠고전학파 경제학자들의 '보이지 않는 손'에 대한 신뢰가 무너지게 되자 경제를 보는 새로운 시각이 요구되었다. 당시 고전학파 경제학자들은 국가의 개입을 철저히 배제하고 '공급이 수요를 창출한다'는 세이의 법칙을 믿고 있었다. 그러나 이러한 믿음으로는 재고가 쌓이고 실업률이 증가하는 이 경제 침체 상황을 설명할 수 없었다.

이때 새롭게 등장한 것이 케인즈의 유효수요이론이다. '유효수요이론'이란 공급이 수요를 창출하는 것이 아니라, 유효수요, 즉 물건을 살 수 있는 확실한 구매력이 뒷받침 되는 수요가 공급 및 고용을 결정한다는 이론이다. 케인즈는 세계 대공황의 원인이 이 유효수요의 부족에 있다고 보았다. 유효수요가 부족해지면 기업은 생산량을 줄이고, 이것은 노동자의 감원으로 이어지며, 구매력을 감소시켜 경제의 악순환을 발생시킨다는 것이다.

㉡케인즈는 불황을 해결하기 위해서는 가계와 기업이 소비 및 투자를 충분히 해야 한다고 주장했다. 그는 소비가 없는 생산은 공급 과다 및 실업을 일으키며 궁극적으로는 경기 침체와 공황을 가져온다고 하였다. 절약은 분명 권장되어야 할 미덕이지만 소비가 위축되어 경기 침체와 공황을 불러올 경우, 절약은 오히려 악덕이 될 수도 있다는 것이다. 또한 케인즈는 민간의 소비나 투자가 여력

이 없다면 정부가 대규모 지출을 늘리는 재정 정책을 통해 유효수요를 창출하고, 적극적으로 불황을 탈출해야 한다고 주장했다.

이러한 케인즈 이론이 수용되면서 점차 안정되어 가던 경제 상황은 1970년대 스태그플레이션의 발생으로 또 한 번의 고통을 겪게 된다. 케인즈의 이론으로는 물가와 실업률이 동시에 상승하는 이 현상을 설명할 수 없었고, 정부의 개입이 효율적인 시장의 기능을 저해한다는 주장이 다시금 등장했다. 이러한 주장은 고전학파 경제학의 명맥을 유지해 오던 ⓒ 신고전학파 경제학자들에 의해 제기되었다. 이들은 정부의 역할을 일부 인정하면서도 정부의 적극적인 개입은 반대하고 시장의 자동 조절 기능의 회복을 주장하였다.

37 위 글의 내용을 가장 잘 반영한 표제와 부제는?

① 경제 발전의 주역이 된 경제학자
 – 수요공급이론의 효과 및 의의
② 시장과 정부의 끝나지 않은 경쟁
 – 불황을 극복하기 위한 정부의 노력
③ 불황에 대처하는 실물 경제의 특징
 – 시민들을 위한 합리적인 소비 방법
④ 경제 상황에 따른 경제학자들의 처방
 – 사회 변화에 따른 경제학의 변천 과정
⑤ 시대를 앞서간 경제학자들의 몰락과 부활
 – 경제학사로 살펴보는 세계 근현대사

38 ㉠~㉢에 대한 설명으로 가장 적절한 것은?

① ㉠과 ㉢은 정부의 개입을 완전히 배제했다.
② ㉡과 ㉢은 동일한 경제 현상 때문에 등장했다.
③ ㉡과 달리, ㉢은 시장의 보이지 않는 조절 기능을 강조하고 있다.
④ ㉢과 달리, ㉡은 경기 침체의 원인을 공급에서 찾고 있다.
⑤ ㉠~㉢은 경제 이론들이 규칙적인 주기에 따라 순환됨을 보여준다.

[39~40] 다음 글을 읽고 물음에 답하시오.

(가) 현대 도시는 공업화의 산물이다. 현대 공업 문명의 상징물로서 거대 도시는 '진보의 신화'를 구현한 것으로 여겨진다. 그러나 보드리야르는 "늑대 소년이 늑대들과 함께 생활하여 마침내 늑대가 된 것처럼, 우리들도 또한 서서히 기능적 인간이 되고 있다. 우리들은 사물의 시대에 살고 있다."라고 주장하였다. 도시의 편리한 삶은 결국 수많은 사물들의 도움을 받아 이루어지는 삶으로 기계화된 현대 사회의 일상이란 분명히 현대 도시의 일상을 가리킨다. 현대인들은 하루 24시간 동안 도시 내의 모든 곳에서 기계의 도움을 받으면서 기계와 함께 살아간다. 그 결과 현대인들은 기계의 기능에 의존할 뿐만 아니라, 그 자신도 익숙해진 기능에 의해 스스로 사회적 기계로 전락하고 만다.

(나) 풍요의 문제도 역시 가난이나 공해와 같은 또 다른 체계의 위험으로 연결된다. 이에 대해서 다시 보드리야르는 "빈곤과 공해를 없앨 수 없다면, 그것은 그 원인이 사회 경제적 구조 속에 있기 때문이다."라고 주장하였다. 이런 의미에서 도시의 생활이란 기계와 함께 살아가는 것일 뿐만 아니라 빈곤과 공해를 견디며 살아가는 것이기도 하다. 물론 이 경우의 빈곤은 전통적인 의미의 경제적 빈곤에만 국한되지 않고 도시화라는 풍요의 어두운 이면으로, 근대적 의미의 빈곤을 내포하는 것이다.

(다) 도시와 관련해서 특히 두드러지는 근대적 빈곤으로는 공간의 부족을 들 수 있다. 이와 관련하여 1960년대 프랑스의 일상생활을 분석한 르페브르는 "예전에는 빵이 부족하고 공간은 무제한으로 있었지만, 지금은 빵이 풍족하고 그 대신 공간이 점점 부족해지며, 시간도 점점 부족해진다."라고 하였다. 공간의 부족은 우선 토지의 경제적 가치를 상승시키는 것으로 나타난다. 이에 따라 투기가 발생하기 시작하면 공간의 부족은 한층 더 심해진다. 이 때문에 도시의 건물은 갈수록 하늘을 향한다. 거대 도시의 마천루들은 공학의 위대한 성과이기 이전에 사적 소유의 경제학에서 비롯된 현대의 악몽이다.

(라) ㉠ 이러한 문제들에도 불구하고 근대화의 전개와 더불어 도시는 세계 전역에서 번성해 왔다. 도시화는 수많은 볼거리를 제공하고 장관(壯觀)으로서 사람들에게 다가온다. 문제는 우리 자신이 이러한 볼거리의 관찰자에 그치는 것이 아니라 다른 참여자들과 함께 무대 위에 올라 볼거리가 된다는 것이다. 우리 스스로 장

관의 구성 요소가 된다는 것은 현실주의의 포로가 된다는 것을 뜻하기도 한다. 이에 대해 드보르는 장관의 사회학적 의미에 대해 "장관이라는 용어 자체에서 알 수 있듯이, 외양의 지배를 선언하며, 모든 인간적 삶, 즉 사회적 삶이 한갓 외양일 따름이라고 단언하는 것이며, 이는 삶에 대한 시각적 부정이자 삶에 대한 부정의 시각화"라고 주장한다.

(마) 도시에서는 고요를 대신하여 소음이, 어둠을 대신하여 불빛이 세상을 지배한다. 이렇게 해서 인간은 24시간 생활할 수 있게 되었지만, 그 대신에 우리가 존중해야만 하는 자연의 요청을 무시하게 되었다. 그 결과 도시에서 우리의 삶은 갈수록 '사이보그'화되어 간다. 삶의 환경이 점점 더 인공화되기 때문에, 자연의 산물로서 인간이 설 자리는 점점 더 줄어들게 되는 것이다. 따라서 우리 자신이 인공화되어야 할 필요가 커지고, 실제로 인간의 인공화가 빠르게 일상의 현실이 되어 가고 있다. 이에 비해 비도시 지역의 삶은 생태적이라고 할 수 있지만 도시의 지배력은 더욱더 강화되어 간다. 생태화가 새로운 도시화의 방향으로서 제시되기도 하지만, 실상은 도시의 확장 혹은 확산이 더 지배적인 상황이다. 우리의 일상은 그만큼 더 위태로워지고 있다.

39 ㉠이 지시하는 내용으로 적절하지 않은 것은?

① 도시화에 따른 농촌 문제
② 공간의 부족에 따른 문제
③ 도시 공업화에 따른 문제
④ 구조적 모순에 따른 빈곤 문제
⑤ 사회적 일상의 기계화에 따른 문제

40 위 글에 〈보기〉의 내용을 추가하여 활용하기 위한 방안으로 가장 적절한 것은?

> 보기
>
> 현대의 거대 도시를 자연의 위협에 완벽히 면역된 인공 공간으로 만들려고 하는 목표는 꿈일 뿐이다. 1979년에서 1998년 사이에 파주, 문산 지역의 농지 978헥타르와 산림 667헥타르가 도시화에 따른 주택과 도로 건설 등으로 사라졌다. 이로써 해마다 950만 톤의 물을 저장하거나 흡수할 수 있는 기능이 사라져서 이 지역의 자연적인 홍수 조절 기능이 지속적으로 약화된 것으로 분석되었다.

① (가)에서 공업화의 타당성을 입증하는 자료로 쓴다.
② (나)에서 공해의 심각성을 부각시키는 자료로 제시한다.
③ (다)에서 공간 부족의 원인을 보여주는 예시 자료로 활용한다.
④ (라)에서 외양에 치우쳐 삶의 본질을 부정하는 자료로 쓴다.
⑤ (마)에서 도시화의 위험성을 뒷받침하는 근거 자료로 활용한다.

[41~43] 다음 글을 읽고 물음에 답하시오.

그리스 인과 로마 인들이 지어낸 수많은 신화는 그들의 사고 방식과 예술 작품을 이해하는 데 역사만큼이나 중요하다. 인간이 경험할 수 있는 범위를 뛰어넘은 것도 있기는 하지만, 그들의 신화는 그리스와 로마의 사회 제도 및 구조와 매우 복잡하게 얽혀 있기 때문이다.

만약 이들 신화가 없었다면 현대인들은 그리스·로마 시대 이후의 문화를 이해하기가 무척 어려웠을 것이다. 고대 상상력의 산물인 이러한 신화들은 후대의 독창적 작품에 영감을 불어넣는 데 끊임없이 이용되어 왔고, 이러한 작품들은 세계의 전체 문화유산에서 매우 중요한 부분을 차지하고 있다. 때로는 개작한 작품들과 응용 작품들이 등장인물과 작품의 진의(眞意)면에서 원전의 전통과 아주 동떨어진 것처럼 보일 때도 있지만, 그 작품들 역시 고대의 원전에 직접적으로 뿌리를 둔 것이며 원전 없이는 생각하기 힘들다.

현대에 와서 많은 국가들은 그들의 국가에 적합한 신화를 만들어내고 있는데, 이것은 예전에는 결코 상상하지도 못했던 일이다. 또한 20세기 작가들은 비극으로부터 신문의 연재만화에 이르기까지 참신하고 역동적인 작품을 창작하고 있다. 그리고 이렇게 형성된 신화와 작품의 뿌리에는 고대 신화의 원형들이 존재한다. 이처럼 끊임없는 탐구 과정을 거쳐 작품으로 변용되어 온 고대 신화들은 다원화된 세상에서 인간이 추구하는 삶의 보편적 진실들을 찾아가는 실마리가 되고 있다.

그리스·로마 신화가 전달해 주는 신비롭고 낭만적인 분위기는 인간의 삶을 한 단계 고양시켜 준다. 그 이유는 그것이 인간들에게 견디기 힘든 일상으로부터의 탈출구를 제공함으로써 새로운 힘을 주기 때문이다. 그렇다고 해서 이것이 흔히 말하는 현실도피와 같은 것은 아니다. 이것이 인간의 평범한 삶을 지배하는 실재보다 훨씬 인상적인 다른 실재로 안내해 주기 때문이다. 때로 이 신화들을 받아들이는 자세가 능동적일 경우에는 신화들은 강력하게 작용하여, 빛나는 보편적인 진실들을 만들어내고 발산시키기도 한다. 현대인들이 인식하고 있는 한 그러한 진실들이 그리스 인이나 로마인들이 자신의 신화에서 보았던 종교적인 진실들은 물론 아니다. 그러나 그것들은 때로는 거센 힘으로 사상과 감정에 여전히 영향을 주고, 인간 삶의 여러 국면들을 조명하는 진실로서 가치가 있다.

그리스·로마 신화는 현실성이 부족하고 시사성(時事性)도 떨어지기 때문에 합리성에 의존한 논리적인 인식 수단으로 파악하기는 매우 어렵다. 그렇다고 이를 한 시대의 유물로 고착시키는 것은 잘못된 일이다. 왜냐하면 신화는 현재와 관련이 있는 만큼 다른 시대와도 관련이 있기 때문이다. 물론 신화가 먼 과거의 어떤 틀 안에서 다루어지고 있는 것은 사실이지만, 신화는 여전히 다른 시대에 지속적으로 강력한 영향을 미치고 있다. ㉠ 그리스·로마 신화는 기원이나 형태는 고대의 것이지만 그것이 인간과 맺고 있는 연관성은 현재에도 여전히 강력하다.

신화가 지니는 이미지들은 일단 인간의 지각을 자극하면, 시간의 제약을 넘어 눈에 보이지 않는 새로운 차원의 것으로 바뀐다. 우리는 그리스·로마 신화를 읽음으로써 그리스 인과 로마 인들이 만들어 놓은 흥미롭고 초자연적인 차원의 세계를 경험할 수 있게 된다. 이 신화의 세계는 끝이 없는 광대한 바다이며, 시간과 공간이 사라진 무차원의 광장이다.

41 그리스·로마 신화에 대한 글쓴이의 견해로 적절하지 않은 것은?

① 힘든 일상을 극복할 수 있는 힘을 준다.
② 삶의 진실을 깨닫는 실마리를 제공한다.
③ 그리스와 로마의 문화 이해에 도움을 준다.
④ 사회 현실에 대한 비판적 관점을 제시한다.
⑤ 적극적 수용자에게는 강력한 영향을 미친다.

42 ㉠의 구체적인 예로 적절하지 않은 것은?

① 태양계 행성에서 가장 밝게 빛나는 금성을 비너스라고 부른다.
② 남해안의 많은 지역에서는 아직도 풍어제나 기우제를 지내고 있다.
③ 사랑에 빠진 사람을 비유적으로 큐피드의 화살을 맞았다고 표현한다.
④ 헤라클레스나 아킬레스 이야기를 담은 만화나 영화가 인기를 끌고 있다.
⑤ 세계적인 스포츠 용품 제조 회사 중에는 이름을 승리의 여신에서 따온 것이 있다.

43 〈보기〉를 읽은 독자가 위 글에 대해 보일 수 있는 반응으로 가장 적절한 것은?

● 보기 ●

로마의 신 중에는 그리스 신화에는 등장하지 않는 '콘코르디아'란 신이 있다. 조화, 융화, 협조란 뜻의 여신인 '콘코르디아'는 로마에서 귀족계급과 평민계급이 화해한 것을 계기로 만들어졌다. 또 '비리프라카'란 신은 부부싸움을 관장하는 여신인데, 이 여신상 앞에서 부부가 한 사람씩 자기 주장을 말하면서 서로의 주장을 들으면 자신의 잘못을 깨닫는다고 한다. 부부싸움이라는 실생활을 주관하는 여신을 만든 로마 인의 생각이 매우 독특하다. 그리고 그리스와는 달리 로마의 신은 윤리를 주관하지는 않는다. 물론 나쁜 사람에게 신이 벌을 준다는 신화는 있지만, 말 그대로 신화에 불과하다. 로마에서 윤리는 신화보다는 강한 영향력을 가지고 있었다.

---

① 다른 지역의 신화와 그리스·로마 신화에 나타난 공통점을 언급하지 않았군.

② 문학 작품이 그리스와 로마 인의 가치관 형성에 끼친 영향을 탐색하지 않았군.

③ 사회 계층에 따라 신화의 내용에 접근하는 태도가 다르다는 것을 놓치고 있군.

④ 그리스와 로마의 문화 차이로 인해 나타난 두 신화의 차이점을 고려하지 않았군.

⑤ 그리스·로마 신화가 현대인에게 주는 긍정적 측면만을 지나치게 강조하고 있군.

[44~45] 다음 글을 읽고 물음에 답하시오.

일본의 한 완구 회사가 개발한 '바우링걸'은 개 짖는 소리를 인간의 언어로 번역하는 기계이다. 이런 기계를 제작하려면 동물들이 어떻게 자신의 의사를 표현하는지를 알아야 하는데, 이에 관한 연구는 동물행동학에서 가장 중심이 되는 부분이다. 동물행동학 학자들은 동일한 상황에서 일관되게 반복되는 동물의 행동을 관찰한 경우, 일단 그것을 동물의 의사 표현으로 본다. 물론 그 구체적인 의미를 알아내는 것은 상황을 다양하게 변화시켜 가며 반복 관찰하고 그 결과를 분석한 후에야 가능하다. 이것이 가능하려면 먼저 동물들이 어떻게 의사를 표현하는지를 알아야 한다. 그렇다면 동물들은 어떤 방법으로 의사를 표현할까?

먼저 시각적인 방법부터 살펴보자. 남미의 열대 정글에 서식하는 베짱이는 우리나라의 베짱이와는 달리 머리에 뿔도 나 있고 다리에 무척 날카롭고 큰 가시도 있다. 그리고 포식자가 가까이 가도 피하지 않는다. 오히려 가만히 서서 자신을 노리는 포식자에게 당당히 자기의 모습을 보여준다. 이 베짱이는 그런 모습을 취함으로써 자기를 건드리지 말라는 뜻을 전하는 것이다. 또 열대의 호수에 사는 민물고기 시칠리드는 정면에서 보면 마치 귀처럼 보이는 부분이 있는데, 기분 상태에 따라 이곳에 점이 나타났다 사라졌다 하면서 색깔이 변한다. 이 부분에 점이 생기면 지금 기분이 안 좋다는 의사를 드러내는 것이다.

모습이나 색깔을 통해 의사를 표현하는 정적인 방법도 있지만 행동을 통해 자신의 의사를 표현하는 동적인 방법도 있다. 까치와 가까운 새인 유럽산 어치는 머리에 있는 깃털을 얼마나 세우느냐에 따라서 마음 상태가 다르다고 한다. 기분이 아주 좋지 않거나 공격을 하려고 할 때 머리털을 가장 높이 세운다고 한다.

소리를 이용하여 자신의 의사를 표현하는 동물들도 있다. 소리를 이용하는 대표적인 방법은 경보음을 이용하는 것이다. 북미산 얼룩다람쥐 무리에는 보초를 서는 개체들이 따로 있다. 이들은 독수리 같은 맹금류를 발견하면 날카로운 소리로 경보음을 내어 동료들의 안전을 책임진다. 그리고 갈고리모양나방 애벌레는 다른 애벌레가 자신의 구역에 침입하면 처음에는 노처럼 생긴 뒷다리로 나뭇잎을 긁어 진동음으로 경고 메시지를 보낸다. 침입자가 더 가까이 접근하면 입으로 나뭇잎을 긁어 짧고 강한 소리를 계속 만들어낸다.

냄새를 통해 자신의 의사를 전달하는 방법도 있다. 어떤 동물은 먹이가 있는 장소를 알리거나 자신의 영역에 다른 무리가 들어

오는 것을 막기 위한 수단으로 냄새를 이용하기도 한다. 둥근 꼬리 여우원숭이는 다른 놈이 자신의 영역에 들어오면 꼬리를 팔에 비빈 후 흔든다. 그러면 팔에 있는 기관에서 분비된 냄새를 풍기는 물질이 꼬리에 묻어 그 침입자에게 전달된다.

동물들은 색깔이나 소리, 냄새 등을 통해 자신의 의사를 표현한다. 그러나 동물들이 한 가지 방법만으로 자신의 의사를 표현하지는 않는다. 상황에 따라 우선적으로 선택하는 것도 있지만 대부분의 경우에는 이것들을 혼용한다. 현재까지 알려진 동물의 의사표현 방법은 양적이나 질적인 면에서 인간의 언어와 비교할 수 없을 정도로 단순하고 초라하지만 동물행동학의 연구 성과가 폭넓게 쌓이면 현재 개발된 '바우링걸'보다 완벽한 번역기가 등장할 수도 있을 것이다.

44 위 글에서 '동물의 의사 표현 방법'으로 언급되지 않은 것은?

① 행동을 이용하는 방법
② 냄새를 이용하는 방법
③ 소리를 이용하는 방법
④ 보호색을 이용하는 방법
⑤ 모습이나 색깔을 이용하는 방법

45 위 글에 대한 독자의 반응으로 적절하지 않은 것은?

① 동물의 의사를 번역할 수 있는 기계를 언급하여 독자의 흥미를 유발하고 있군.
② 동물의 의사 표현을 어떻게 파악할 수 있는지에 대해서도 언급하여 도움이 되었어.
③ 동물들이 의사를 표현하는 방법에 대한 다양한 사례를 제시하여 이해하기가 쉽군.
④ 동물행동학에 대한 깊이 있는 연구가 축적되기를 기대하며 글을 마무리하고 있어.
⑤ 동물의 의사 표현 수단이 갖는 장단점을 대비하며 서술하여 차이점을 파악하기 쉽군.

[46~47] 다음 글을 읽고 물음에 답하시오.

㉠ 신화는 본래 국가라는 체제를 갖추지 않은 사회에서 발생하여 발달해 왔다. 신화에서는 신과 인간 그리고 동물 사이에 뛰어넘을 수 없는 벽은 없었다. 신과 동물은 인간처럼 행동했고, 인간의 말을 사용했으며, 그들은 서로 결혼할 수도 있었다. 즉 신화에는 세계를 구성하는 존재들 사이에 '대칭'적인 관계가 구축되어 있었다. 따라서 이러한 신화를 지닌 사회에서는 인간이 동물에 비해 일방적인 우위에 있거나, 절대적 권력 같은 것이 인간에게 강압적으로 힘을 휘두르거나 하는 일은 일어나지 않았다.

신화를 가지고 있는 대칭성 사회에서 인간은 '문화'를 가지고 살아가며 동물은 '자연' 상태 그대로 살아가는 것으로 생각되었다. '문화' 덕택에 인간은 욕망을 억누르고 절제된 행동을 하며, 사회의 합리적인 운행을 위한 규칙을 지키면서 살 수 있었다. 하지만 그렇다고 해서 '문화'가 '자연'의 우위에 있다고 생각하지 않았다. 인간은 동물이 '자연' 상태 그대로 살고 있어서, 그 덕분에 인간이 쉽게 접할 수도, 손에 넣을 수도 없는 '자연의 힘'의 비밀을 쥐고 있다고 생각했다. 즉 이 세계의 진정한 권력을 쥐고 있는 것은 오히려 동물이라 생각했던 것이다. 왜냐하면 인간은 생존을 위해서 동물과 더불어 살아야 했고, 자연에서 생존하는 그들의 삶을 배워야 했기 때문이다. 그래서 인간은 신화나 제의를 통해서 동물과의 유대 관계를 회복·유지하면서 '자연의 힘'의 비밀에 접근하고자 했다. 또한 이런 대칭성의 관계가 깨어지는 것을 경계하기 위해 신화를 이용하기도 했다.

그런데 국가가 형성되면서 대칭성의 관계가 깨지고 만다. 국가라는 체제 속에서 살게 된 인간은 자신들이 가진 '문화'를 과시하면서 동시에 원래는 동물의 소유였던 '자연의 힘'의 비밀마저도 자신의 수중에 넣으려고 했다. '자연'과 대칭적인 관계에서 가치를 지니던 '문화'는 이제 균형을 상실한 '문명'으로 변하고 말았다. 그러면서 '문명'과 '야만'을 차별적으로 인식하게 되었다. 인간은 상대가 동물이든 인간이든, 그 상대에 대해 야만스럽다고 비난하기도 하고, 그에 비해 자신들이 문명적이라며 우쭐대기도 한다. '비대칭'과 '차별'이 인류의 '문명'을 가져왔다고 여기면서, 신화로부터 탈피하는 것이 진보라는 식으로 떠들어대다가 결국 동물에 대한 인간의 지배를 자연의 섭리인 것처럼 생각하게 되었다. 이런 비대칭성 사회는 '문명'과 '야만'이라는 이분법적 사고로 차별을 정당화하며, 권력이나 부의 불균형을 가져왔다.

현대 사회가 가져온 여러 문제들에 직면한 오늘날, 신화적 사고는 이런 비대칭적 사고에서 벗어나 새로운 사고로의 인식 전환을 위한 계기를 마련해 준다. 인간과 인간, 인간과 동물이 더 이상 힘의 우위를 따지면서 경쟁 관계에 있는 것이 아니라, 서로의 존재로 인하여 더욱 조화로운 삶과 사회를 만들 수 있는 대칭적인 관계가 되어야 함을 역설하는 것이다.

46 위 글로 미루어 알 수 있는 내용으로 적절하지 않은 것은?

① 대칭성 사회에서 신화는 중요한 의의를 지니고 있다.
② 비대칭성 사회에서는 인간이 자연의 힘을 소유하려 했다.
③ 대칭성 사회에서 인간은 자신의 욕망을 절제할 수 있었다.
④ 비대칭성 사회에서의 진보는 동물과 구별된 삶을 전제한다.
⑤ 대칭성 사회에서 제의는 힘에 의한 경쟁을 정당화하는 역할을 했다.

47 위 글의 내용으로 볼 때, ㉠으로부터 추리할 수 있는 것으로 가장 적절한 것은?

① 신화는 문명 사회로의 이행을 촉진시킨다.
② 체제의 정비를 위해서 신화의 규범화가 필요하다.
③ 국가는 신화에 나타난 이상 세계를 실현한 것이다.
④ 신화를 가진 사회는 인간과 동물의 경계에 속한다.
⑤ 국가가 지향하는 것과 신화가 지향하는 것은 서로 대립된다.

[48~49] 다음 글을 읽고 물음에 답하시오.

(가) 기술은 그 내부적인 발전 경로를 이미 가지고 있으며, 따라서 어떤 특정한 기술(혹은 인공물)이 출현하는 것은 '필연적'인 결과라고 생각하는 사람들이 많다. 이러한 통념을 약간 다르게 표현하자면, 기술의 발전 경로는 이전의 인공물보다 '기술적으로 보다 우수한' 인공물들이 차례차례 등장하는, 인공물들의 연쇄로 파악할 수 있다는 것이다. 그리고 기술의 발전 경로가 '단일한' 것으로 보고, 따라서 어떤 특정한 기능을 갖는 인공물을 만들어 내는 데 있어서 '유일하게 가장 좋은' 설계 방식이나 생산 방식이 있을 수 있다고 가정한다. 이와 같은 생각을 종합하면 기술의 발전은 결코 사회적인 힘이 가로막을 수 없는 것일 뿐 아니라 단일한 경로를 따르는 것이므로, 사람들이 할 수 있는 일은 이미 정해져 있는 기술의 발전 경로를 열심히 추적해 가는 것밖에 남지 않게 된다는 결론이 나온다.

그러나 다양한 사례 연구에 의하면 어떤 특정 기술이나 인공물을 만들어 낼 때, 그것이 특정한 형태가 되도록 하는 데 중요한 역할을 하는 것은 그 과정에 참여하고 있는 엔지니어, 자본가, 소비자, 은행, 정부 등의 이해관계나 가치체계임이 밝혀졌다. 이렇게 보면 기술은 사회적으로 형성된 것이며, 이미 그 속에 사회적 가치를 반영하고 있는 셈이 된다. 뿐만 아니라 복수의 기술이 서로 경쟁하여 그중 하나가 사회에서 주도권을 잡는 과정을 분석해 본 결과, 이 과정에서 중요한 역할을 하는 것은 기술적 우수성이나 사회적 유용성이 아닌, 관련된 사회집단들의 정치적 · 경제적 영향력인 것으로 드러났다고 한다. 결국 현재에 이르는 기술 발전의 궤적은 결코 필연적이고 단일한 것이 아니었으며, '다르게' 될 수도 있었음을 암시하고 있는 것이다.

(나) 기술의 발전이 사회에 영향을 준다는 것은 부인할 수 없는 사실일 것이다. 하지만 기술과 사회의 관계에 대한 통념은 기술이 사회에 영향을 미친다는 정도를 넘어 그것이 사회의 형태와 변화 방향을 '결정'한다는 견해로까지 나아가는 경우가 많다. 새로운 동력 기술이 자본주의를 낳았다는 주장, 새로운 정보 기술이 과거의 산업사회와는 근본적으로 다른 사회를 낳는다는 주장 등이 그 사례가 될 것이다. 실제로 우리의 일상에서는 새로운 기술의 도입으로 사회적 관계와 행동 양식이 바뀌어 나가는 경우가 많기에 이러한 주장은 상당히 그럴듯하게 들린다.

그러나 기술이 사회적인 영향력을 갖는다는 것과 기술이 사회를 결정한다는 주장은 분명히 구분되어야 한다. '기술이 사회를 결정한다'는 주장의 근저에는 기술을 스스로 진화하는 실체로 여기는 사고가 놓여 있다. 그러나 앞서 살펴보았듯이 기술은 결코 독자적으로 발전하는 실체가 아니며 '사회적인 영향력 속에서 구성되는' 존재이다. 물론 특정한 기술의 발전 궤적을 들여다보면, 그것이 사회로부터 영향을 받기보다는 사회에 거의 결정적인 영향을 주는 것처럼 여겨지는 것들도 있다. 핵 발전 기술처럼 이미 우리 사회 속에 깊숙이 자리 잡은 거대 기술시스템들은 사회 구성원들의 통제를 벗어난 자율적 실체로 보이지 않는가? 이러한 지적은 얼핏 보기에는 타당한 것 같다. 그러나 이러한 경우에도 기술이 사회로부터 벗어나 완전히 자율적인 실체가 되는 것은 아니라는 점을 강조하지 않을 수 없다. 거대 기술 시스템을 지탱하는 요소 역시 궁극적으로는 사회적인 이해관계의 총체임에 분명하기 때문이다.

48 위의 글이 수업을 위한 원고의 일부라고 할 때, 〈보기〉의 밑줄 친 부분에 해당하는 내용으로 가장 적절한 것은?

> ● 보기 ●
> 수업의 개요와 목표 – 현대 사회의 대중들에게 널리 퍼져 있는 과학 기술에 대한 통념들을 비판적으로 살펴보고 인식의 전환을 유도함으로써, 이를 바탕으로 실천을 위한 이론적 전제를 모색한다.

① 과학 기술은 일상생활에 영향을 미친다.
② 과학 기술을 사회적으로 통제하는 것은 가능하다.
③ 과학 기술은 과학과 기술로 구분되어야 하는 개념이다.
④ 과학 기술의 발전이 항상 긍정적으로 작용할 수는 없다.
⑤ 과학 기술은 사회 현실과 중립적인 거리를 유지해야 한다.

49 (가)와 (나)에서 비판의 대상이 되고 있는 견해의 공통점으로 적절한 것은?

① 기술을 독립적이고 자율적인 실체로 여긴다는 점
② 기술 발전이 사회 변화의 동력임을 강조한다는 점
③ 기술 발전의 경로를 예측할 수 있다고 생각한다는 점
④ 기술의 사회적 영향력이 증대되어야 한다고 생각한다는 점
⑤ 기술 발전의 속도가 사회 발전 속도와 비례한다고 본다는 점

[50~51] 다음 글을 읽고 물음에 답하시오.

우리 민족은 처마 끝의 곡선, 버선발의 곡선 등 직선보다는 곡선을 좋아했고, 그러한 곡선의 문화가 곳곳에 배어 있다. 이것은 민요의 경우도 마찬가지이다. 가령 서양 음악에서 '도'가 한 박이면 한 박, 두 박이면 두 박, 길든 짧든 같은 음이 곧게 지속되는데 우리 음악은 '시김새'에 의해 음을 곧게 내지 않고 흔들어 낸다. 시김새는 어떤 음높이의 주변에서 맴돌며 가락에 멋을 더하는 역할을 하는 장식음이다.

시김새란 '삭다'라는 말에서 나왔다. 시김새는 김치 담그는 과정과 유사하다. 김치를 담글 때 무나 배추를 소금에 절여 숨을 죽이고 갖은 양념을 해서 일정 기간 숙성시켜 맛을 내듯, 시김새 역시 음악가가 손과 마음으로 삭여냈을 때 맛이 드는 것과 비슷하기 때문이다. 더욱이 같은 재료를 썼는데도 집집마다 김치 맛이 다르고, 지방에 따라 양념을 고르는 법이 달라 다른 맛을 내듯 시김새는 음악 표현의 질감을 달리하는 핵심 요소이다.

시김새는 음가를 짧게 쪼개는 것뿐만 아니라, 본래의 음높이를 흐리게 만드는 요소도 갖고 있다. 이것은 '끌어올리는 소리', '끌어내리는 소리', '미끄러져 내리는 소리', '떠는 소리'를 말한다. 이런 음들은 음정적으로 규정하기 어려운 불분명한 음들이다. 이 음들은 어느 높이에 그냥 머물러 있지 않고 위 아래로 향하려는 움직임이 있다.

이처럼 시김새는 불분명한 음높이를 가지고 있어 악보에 기록할 때 정확한 기록을 어렵게 한다. 그래서 일정한 음높이와 무관한 기호들로 기록되는 경우가 대부분이다. 이는 시김새의 즉흥성 때문

이다. 시김새의 이러한 즉흥성은 우리 음악의 맛을 한층 더해준다.

그러나 시김새의 진미를 금방 알아채는 일은 쉽지 않다. '먹어본 사람이 맛을 안다'는 말처럼 우리는 여러 종류의 국악을 여러 음악가를 통해 만나면서 각자에게 맞는 맛을 찾을 수 있다. 시김새의 맛을 알기 위한 좋은 방법은 입문자(入門者)의 음악과 노련한 음악가의 음악을 비교하거나 또는 동일 음악가의 녹음 자료를 시대별로 비교해 보는 것이다.

50 '시김새'에 대한 설명으로 적절한 것은?

① 소리의 질감을 다르게 하는 요소이다.

② 음을 지속적으로 곧게 내는 소리이다.

③ 음악가의 타고난 능력에 의해 가능하다.

④ 음악을 들을 때 쉽고 분명하게 알 수 있다.

⑤ 일정한 음높이와 관련 있는 기호들로 기록된다.

51 위 글의 시김새와 〈보기〉의 재즈가 지닌 공통점으로 적절하지 않은 것은?

● 보 기 ●

재즈는 미국 대중음악의 한 장르로서 활력과 창조력을 지닌 음악이다. 활력은 율동감에서 나오며, 창조력은 즉흥 연주에서 나온다고 할 수 있다. 즉흥 연주란 작곡하면서 연주하는 것이다. 즉 창조하면서 연주하는 것이다. 악보에 그려진 것이 아니라 연주자의 기분이나 관객의 반응에 따라 얼마든지 달라질 수 있다. 이는 자유를 갈망하던 미국의 흑인 문화와 무관하지 않다.

① 문화의 특징이 예술에 반영된 결과이다.

② 즉흥적이어서 악보에 대한 의존성이 낮다.

③ 한 음을 장식하여 그 느낌을 전달하는 것이 목적이다.

④ 한번 공연하고 나면 똑같이 재생하는 것은 쉽지 않다.

⑤ 같은 곡이라도 음악가의 감흥에 따라 그 표현이 달라진다.

[52~54] 다음 글을 읽고 물음에 답하시오.

영상 매체는 문자가 아닌 이미지의 언어로 이루어져 있다. 오늘날 영상 이미지의 사용은 점점 더 일반화되고 있으며, 우리는 일상적으로 이미지를 사용하고 해독한다. 특히 매체의 영상은 언제 어디서나 흘러넘치는 이미지로서 일상적 삶의 한 부분이 되어버렸다. 그러나 이미지를 만드는 사람들은, 우리의 순진함을 이용하여 우리를 조종하고 은밀히 자신의 의도를 주입시킬 수도 있다.

광고에서 펼쳐지는 이미지는 결코 현재 우리의 삶이 어떠한가를 말하지 않는다. 그보다는 상품을 구입할 경우, 달라질 세련되고 매력적인 미래의 삶에 대해 이야기한다. 처음에는 이러한 이미지를 자신의 미래 이미지로 받아들이지 않을지라도 반복해서 보게 되면 자신도 모르는 사이에 자연스럽게 광고 이미지 전체를 자신의 미래 이미지로 받아들이게 된다. 이렇게 ⊙ 광고는 초라한 일상의 나에서 벗어나 환상적인 미래의 나로 변신하고 싶다는 욕망을 자극한다.

광고 속의 이미지가 현실을 왜곡하고, 보는 이의 욕망을 자극하듯이 드라마나 영화도 마찬가지다. 드라마나 영화에 제시되는 삶의 모습 또한 ⓒ 현실의 삶을 있는 그대로 반영하기보다는 보는 이의 시선을 끌 만한 상황을 제시하는 경우가 많다. 또한 ⓒ 설정된 인물들의 성격이나 직업 등은 극적인 재미를 극대화하기 위해 현실 생활과는 다르게 왜곡되기 일쑤여서 시청자들로 하여금 편견을 갖게 한다.

문제는 이런 이미지에 길들여지면 이미지의 세계를 현실 세계로 여기게 된다는 점이다. 드라마에서 어떤 배우가 한 머리 모양이 인기를 끌고 광고 카피가 속담이나 격언보다 위력을 떨치며, 영화를 통한 모방 범죄 심리가 생기는 것도 이와 같은 이미지의 영향력 때문이다. 그리하여 이미지 사회에서는 사람들이 논리적이고 합리적인 사고를 통해 주체적인 삶을 살기보다는 이미지에 의해 연출된 삶을 감각적으로 소유하고, 현실과 다른 환상적인 행복을 추구하는 경우도 많이 생기게 된다.

그렇다고 해서 이미지가 사람들로 하여금 환상적인 세계 속에 젖어들게 하여 현실을 망각하고 자신의 정체성을 위협하는 위험성만 가지고 있는 것은 아니다. 이미지를 제대로 이해하고, 바르게 받아들인다면, 자유로운 상상력을 키워주는 긍정적인 기능도 있다.

이미지란 어떤 사건이나 대상을 구체적으로 보여주는 것이다. 이 과정에는 상상력이 절대적으로 필요하다. 특히, ⓔ 비현실적인 것을 형상화한 이미지는 고도의 상상력을 거쳐 탄생하기 마련이며 이것을 보는 것만으로도 사고의 영역을 확대할 수 있다. 그리고 ⓜ 살아 있는 이미지는 기존의 선입견이나 고정관념을 바꿀 수도 있다.

이미지가 팽배한 시대를 살아가기 위해서는 범람하는 이미지의 흐름에 자신을 맡긴 채 내버려 둘 것이 아니라, 이미지를 주체적으로 수용하는 자세가 무엇보다 중요하다. 우리는 이미지 속에 빠져드는 것이 아니라 그것을 읽어 내야 한다.

⑤ ⓜ '포돌이' 캐릭터는 근엄한 경찰과 천진한 어린이라는 이질적인 이미지를 서로 결합시킴으로써 경찰을 친근한 대상으로 느끼게 한다.

52 위 글의 논지 전개 방법으로 적절한 것은?

① 예상되는 반론을 제기하고 논거를 들어 반박하고 있다.

② 다양한 이론을 소개한 후 새로운 대안을 제시하고 있다.

③ 가설을 제시하고 구체적인 자료를 통해 이를 검증하고 있다.

④ 쟁점에 대한 상반된 견해를 소개하고 절충안을 도출하고 있다.

⑤ 대상을 대비적으로 분석한 후 올바른 수용 태도를 제시하고 있다.

53 위 글의 ㉠~㉤의 예로 적절하지 않은 것은?

① ㉠ 미모의 배우가 등장하는 화장품 광고를 보고 그 화장품을 사서 쓰면 자신도 그 배우처럼 예뻐질 것으로 믿게 된다.

② ㉡ 시청률이 높은 시간대에 다큐멘터리 프로그램을 편성하여, 현실 문제에 대한 관심을 높이고 사회의식을 고취한다.

③ ㉢ 영화에서 폭력장면을 합리화하고 미화하여 폭력에 대한 가치를 혼란하게 한다.

④ ㉣ 공상 과학 영화의 주인공이 타임머신을 타고 과거, 현재, 미래를 오감으로써 시청자들에게 시공을 초월한 세계를 경험하게 한다.

54 위 글을 바탕으로 〈보기〉를 이해한 것으로 적절하지 않은 것은?

> ● 보기 ●
>
> 요괴 세이렌은 반은 여자, 반은 새의 형상을 하고 있었는데, 배가 자신들의 섬 근처를 지나가면 아름다운 목소리로 노래를 불러 유혹한 다음 ⓐ 선원들을 잡아먹곤 했다. 그녀들의 유혹에 대해 미리 알고 있던 ⓑ 오디세우스는 부하들에게 그들의 귀를 밀초로 막으라고 하고, 자신은 귀를 막지 않고 돛대에 꽁꽁 묶어 달라고 하였다. 아내도 자식도 다 잊게 한다는 그들의 ⓒ 노랫소리가 어떤 것인지 한번 들어 보고 싶어서였다. 하지만 견딜 수 없이 아름다운 ⓓ 세이렌의 목소리가 들려오자 오디세우스는 자신을 풀어달라고 난동을 피웠다. ⓔ 부하들은 그 소리를 듣지 못하므로 계속 노를 저어갔다.

① ⓐ – 이미지에 희생된 사람이야.

② ⓑ – 이미지의 영향력을 읽어낸 사람이야.

③ ⓒ – 이미지 그 자체야.

④ ⓓ – 이미지가 주는 허상이야.

⑤ ⓔ – 이미지의 영향권 밖의 사람이야.

[55~57] 다음 글을 읽고 물음에 답하시오.

유럽에서 1455년 금속활자 인쇄술이 생겨나기 이전의 책은 주로 필경사들의 고단하고 지루한 필사 작업을 통해서 제작되었다. 당시의 책은 고위층이 아니면 소유하거나 접근하기 힘든 대상이었다. 그러나 인쇄술의 보급 이후 반세기 동안에 유럽인들은 무려 천만 권이 넘는 서적을 손에 쥘 수 있었다. 유럽 사회를 근대 사회로 탈바꿈하게 한 마틴 루터의 종교 개혁도 이 기술의 보급이 아니었다면 (㉠)(으)로 끝나고 말았으리라는 것이 학계의 일반적인 평가이다. 지난 1천 년 역사에서 가장 영향력 있었던 발명으로 간주되고 있는 이 금속활자 인쇄술은 어떻게 발명된 것일까?

금속활자 인쇄술을 고안하고 실용화하는 데 성공한 사람은 독일의 구텐베르크(Gutenberg)로 알려져 있다. 구텐베르크는 귀족 출신이었으나 금속 공예에 종사한 기술자이기도 했고, 자신이 고안한 인쇄 기술을 상업화한 상인이기도 했다. 역사적으로 성공한 모든 기술들이 그렇듯이 구텐베르크의 인쇄술도 서적을 인쇄하는 데 필요한 인쇄 시스템 전체를 구성하는 기술적 요소들이 충족됨으로써 가능했다. 물론 가장 중요한 기술은 필요한 활자를 손쉽게 복제해서 제작할 수 있는 기술과 인쇄 상태를 우수하게 유지하면서 대량으로 인쇄해 낼 수 있는 기술이었다.

우선 활자를 복제하는 기술은 펀치와 모형, 그리고 수동주조기라고 불리는 것으로 구성되었다. 작고 뾰족하며 강한 금속 조각에 줄이나 끌로 문자를 볼록하게 돋을새김을 하는데, 이것을 일명 '펀치'라고 한다. 이 펀치에 연한 금속 조각을 올려놓고 두드려 각인을 해서 모형을 만든다. 수동주조기에 이 모형을 장착하여 손쉽고 빠르게 활자를 주조해 내었다. 이 기술은 인쇄를 많이 하면 활자가 닳아서 쓸모가 없어지더라도 계속해서 필요한 활자를 쉽고 빠르게 주조해 낼 수 있었다.

인쇄 상태를 우수하게 유지하면서 대량으로 찍어 내는 기술은 '프레스'라 불리는 압축기의 고안으로 해결되었다. 구텐베르크가 고안한 프레스는 오밀조밀하고 울퉁불퉁한 활판의 전면에 균일한 압력을 동시에 가해 종이에 찍어내는 압축기를 말한다. 이것은 고대부터 쓰이던 포도주의 압착기를 변형하여 만들어 낸 것이다. 그 밖에도 램프 그을음과 아마씨 기름을 혼합한 새로운 잉크의 개발, 주석과 납 그리고 안티몬 등을 합성한 내구성 있는 활자의 개발, 그리고 압축기의 압력에도 견디고 잉크도 적당하게 먹는 종이의 개발 등이 어우러져 하나의 인쇄 시스템이 탄생하였다.

그런데 놀랄 만한 것은 이러한 기술이 대단히 짧은 기간에 구축되었다는 점이다. 이보다 앞선 시기에 세계 최고 수준의 인쇄 기술을 보유하고 있던 우리나라의 경우 위와 비슷한 수준의 기술을 완성하는 데 무려 200여 년의 세월이 걸렸다. 1234년의 동활자(銅活字) 인쇄, 세계 최초의 금속활자본으로 공인된 1377년의 직지심경을 거쳐 1434년 세종 때 갑인자 금속활자 인쇄가 이루어진 것이었다. 그러나 구텐베르크는 10년이라는 짧은 기간 동안 기술을 완성해 냈다. 금속활자 인쇄술에 대한 노하우가 전무했던 유럽의 상황에서 이는 실로 불가사의에 가까운 것이었다.

55 위 글의 내용과 일치하지 않는 것은?

① 대량 인쇄 기술은 '프레스'라 불리는 압축기의 고안으로 해결되었다.
② 구텐베르크의 발명 이전에는 부유층이 아니면 책을 접하기 어려웠다.
③ 책을 간행할 때 가장 중요한 기술은 활자 제작 기술과 대량 인쇄 기술이다.
④ 세종 대의 갑인자 이전에 유럽은 이미 금속활자 인쇄술에 대한 노하우가 있었다.
⑤ 구텐베르크는 활자의 모형을 만들어서 활자를 손쉽고 빠르게 대량으로 주조하였다.

56 위 글의 내용을 바탕으로 추론한 진술 중 적절하지 않은 것은?

① 인쇄 기술의 영향 – 새로운 기술은 사회의 변혁에 커다란 영향을 끼치기도 한다.
② 인쇄 시스템의 탄생 – 개별적인 기술이 유기적으로 운용될 때 효율성을 발휘할 수 있다.
③ 포도주 압착기를 변형시킴 – 기존에 있던 기술이 새로운 영역의 기술에 응용되기도 한다.
④ 금속 조각에 문자를 새김 – 기술은 인공을 가미해 새롭게 사물을 만들어 내는 능력에 해당한다.
⑤ 단기간에 금속활자 인쇄술이 완성됨 – 신속한 기술의 발전은 외래의 선진 기술 도입을 통해 이루어진다.

57 ㉠에 들어갈 비유적 표현으로 가장 적절한 것은?

① 찻잔 속의 태풍　　② 온실 속의 화초
③ 트로이의 목마　　④ 물 위의 기름
⑤ 속 빈 강정

2교시 제5회 모의고사

⏱ 70분/33문항

※ 1번부터 4번까지는 문제와 선택지를 듣고 푸는 문항입니다. 잘 듣고 물음에 답하시오.

01 🎧 듣기

①   ②   ③
④   ⑤

02 🎧 듣기

①   ②   ③
④   ⑤

03 🎧 듣기

①   ②   ③
④   ⑤

04 🎧 듣기

①   ②   ③
④   ⑤

※ 5번부터 13번까지는 내용을 들은 후, 시험지에 인쇄된 문제와 선택지를 보고 푸는 문항입니다. 잘 듣고 물음에 답하시오.

05 이 강연으로부터 알 수 없는 사실은?

① 상품의 색상이 가격 경쟁력 이상으로 중요하다.
② 색상의 선호도는 각국의 문화와 연관되어 있다.
③ 나라별로 각기 좋아하는 색과 싫어하는 색이 있다.
④ 붉은색은 전반적으로 모든 나라들이 좋아하는 색깔이다.
⑤ 기업에서는 마케팅의 성공을 위해 색상 연구에 관심을 가져야 한다.

06 '인터넷 등급제의 도입'이라는 주제로 글을 쓰기 위해 뉴스 내용을 정리하였다. 잘못 정리한 부분은?

찬성	①	무분별한 정보가 해악을 끼침
	②	해로운 정보로부터 청소년을 보호해야 함
	③	해로운 정보에 접근하기 쉬움
반대	④	표현의 자유를 제약함
	⑤	자유로운 정보 제공이라는 인터넷의 특성을 살려야 함

07 뉴스를 전하는 취재 기자의 보도 태도로 가장 적절한 것은?

① 상반된 주장을 균형 있게 전달하고 있다.
② 한쪽의 의견만을 집중적으로 제시하고 있다.
③ 자신의 가치 판단에 따라 내용을 전달하고 있다.
④ 여론을 의식하여 보수적인 입장을 고집하고 있다.
⑤ 학계의 의견이나 여론에 자신의 의견을 덧붙이고 있다.

08 안내자가 제시한 옛 그림 감상법이 아닌 것은?

① ㉠
② ㉡
③ ㉢
④ ㉣
⑤ ㉤

09 여자의 태도에 대한 비판으로 적절한 것은?

① 상대방의 발언을 주관적으로 해석하고 있다.
② 암시적 표현으로 토론의 방향을 오도하고 있다.
③ 주관적 논거로 논리의 객관성을 떨어뜨리고 있다.
④ 상황에 맞지 않는 속담을 들어 논지를 흐리고 있다.
⑤ 불분명한 주장으로 자신의 입장을 정립하지 못하고 있다.

10 이 토론을 들은 청취자의 반응으로 적절하지 않은 것은?

① 홈쇼핑에서 판매하는 물품을 구매해서 사용하고 있는데 상표 값을 하는 것 같아.
② 과장이 심하지 않다면 TV 프로그램 속에 특정 상표가 등장하는 것에 개의치 않아.
③ 드라마 속의 광고가 상거래를 활성화시키는 역할을 한다면 군이 막을 필요는 없다고 봐.
④ 드라마나 쇼프로그램에서 내용과 상관없는 상표를 계속 보는 것은 생각만 해도 짜증스러워.
⑤ 제작비를 지원한 회사의 상표를 화면에 빈번하게 보여주면서 부각시키는 것은 문제가 있어.

11 두 사람의 대담에 대한 설명으로 옳은 것은?

① 현상 판단도 일치하고, 원인 판단도 일치한다.
② 원인 판단도 일치하고, 해결 방안도 일치한다.
③ 현상 판단은 일치하지 않지만, 해결 방안은 일치한다.
④ 현상 판단은 일치하지만, 해결 방안은 일치하지 않는다.
⑤ 원인 판단은 일치하지만, 해결 방안은 일치하지 않는다.

12 광고가 호소하는 내용으로 가장 적절한 것은?

① 우리 사회의 잘못된 모습을 고치려면 생각한 것을 과감하게 실천에 옮기는 용기가 필요하다.
② 사회가 유지되기 위해서는 법의 타당성 여부를 떠나 법을 지키려는 자세가 요구된다.
③ 개인보다는 사회를 우선적으로 생각하는 가치관을 가져야 한다.
④ 선진 사회를 이루려면 민주 시민 의식을 함양해야 한다.
⑤ 국가를 위해 자신의 의무를 다해야 한다.

13 이 대담에 대한 비평으로 적절하지 않은 것은?

① 시각적인 대상을 말로만 설명하고 있어 전달 효과가 높지 않다.

② 고도의 읽기 전략만을 설명하고 있어 오히려 어렵게 만들고 있다.

③ 진행자가 자신의 의견을 내세우고 있어 흐름이 자연스럽지 못하다.

④ 제작자의 입장에서만 말하고 있어 대담의 취지를 살리지 못하고 있다.

⑤ 시청자의 이해를 돕기보다는 대담자의 논지 전달에 중점을 두고 있다.

※ 14번부터는 문제지에 인쇄된 내용을 읽고 푸는 문제입니다. 잘 읽고 물음에 답하시오.

14 〈보기〉와 같은 표현상의 오류를 범한 문장은?

보기
아버지는 울면서 들어오는 딸에게 심부름을 시켰다.

① 애도와 명복을 빕니다.

② 나는 이렇게 생각되어진다.

③ 나는 영수와 미수를 만났다.

④ 합격자 발표는 정문에서 발표한다.

⑤ 학생은 공부를 절대로 열심히 해야 한다.

주관식
1 남성 발표자의 마지막 발언에 이어 여성 질문자가 제기할 수 있는 적절한 반론을 100자 이내로 쓰시오.

주관식
2 화자가 말하고자 하는 내용을 한 문장으로 쓰시오.

----

15 필요한 성분을 모두 갖추어 어법에 어긋나지 않는 것은?

① 그가 합격한 것은 자랑이 되었다.

② 어머니는 나를 사랑하셨고, 나 또한 사랑하였다.

③ 건물을 새로 지으려면 많은 노력과 비용, 그리고 긴 시간이 걸린다.

④ 지구를 파괴하는 탐욕과 이기심으로 스스로 몰락해 가는 어리석은 동물이다.

⑤ 일부 비평가들은 소설가의 화려한 문체에 대해 지나치게 현학적이라고 지적한다.

16 문장이 두 가지 의미로 풀이될 가능성이 가장 적은 것은?

① 그가 준 점수가 제일 높았다.

② 나는 어제 영수와 영희를 만났다.

③ 선생님이 보고 싶은 친구들이 많다.

④ 형은 나보다 게임하는 것을 더 좋아한다.

⑤ 키가 큰 사람이 영철이를 밀지 않았어요.

17 불필요한 요소의 중복 없이 어법에 맞게 쓴 것은?

① 두 논리는 서로 상충한다.

② 그 사업은 우리들의 숙원이다.

③ 어릴 때 겪은 경험을 이야기하자.

④ 죽은 시체를 직접 본 것은 처음이다.

⑤ 다른 것은 생각하지 말고 앞으로 전진하자.

18 높임 표현이 잘못된 것은?

① 어머니께서 나를 부르신다.

② 사장님의 말씀이 계시겠습니다.

③ 할아버지께 생신 선물을 드렸다.

④ 할머니, 아버지가 지금 갔습니다.

⑤ 동생은 아버지를 모시고 병원에 갔다.

19 〈보기〉의 우화를 애니메이션 시나리오로 창작한 다음, 창작 의도를 고려하여 미흡한 장면을 보완하려고 한다. 그 전략으로 적절하지 않은 것은?

> ● 보 기 ●
>
> '까마귀' 한 마리가 고깃덩어리를 물고 하늘 높이 날아올랐다. 그러자 수많은 '까마귀들'이 그것을 빼앗아 먹기 위해 달려들었다. 까마귀들은 고기를 물고 달아나는 까마귀를 뒤쫓아 마구 쪼아댔다. 견디다 못한 까마귀는 물고 있던 고기를 땅에 떨어뜨렸다. 까마귀들은 일제히 땅으로 떨어진 고기 한 점을 향해 앞을 다투어 날아갔다. 그들이 모두 사라지자 이윽고 파란 하늘에는 까마귀만 남게 되었다. 까마귀는 고기를 서로 차지하기 위해 부리와 깃을 세우며 다투는 까마귀들을 내려다보며 중얼거렸다.
>
> "휴, 고기를 빼앗기긴 했지만, 마음껏 날 수 있는 드넓은 하늘을 이제야 보게 되었어. 이제 하늘은 내 차지야!"

창작 의도	장면	보완 전략
[의도 Ⅰ] 까마귀의 욕망 부각	S# 3 고깃덩어리를 물고 있는 한 마리 까마귀 까마귀 : (혼잣소리로) 그동안 먹이가 없어 고생했는데… 내 화려한 비행술로 고기를 얻을 수 있어 기뻐.	➡ 까마귀가 고기를 물고 외딴 곳으로 혼자 날아가는 장면으로 전환하고, 고기에 대한 까마귀의 집착을 분명하게 드러내는 대사로 수정하는 것이 좋겠어. – ㉠
[의도 Ⅱ] 까마귀들의 치열한 경쟁심 강조	S# 12 까마귀들의 공격 한 마리 까마귀를 일제히 쪼아대며 고깃덩어리를 빼앗는 까마귀들 까마귀들 1 : (까마귀를 쪼아대며) 삶은 치열한 경쟁 속에서 더욱 강해지는 거야. 이리 내! 까마귀들 2 : 고기를 빼앗기기 전에 양해를 구했어야 했어. 하지만 이미 엎지른 물이니 함께 나눠 먹자.	➡ 눈앞의 이익을 위해 서로 다투는 모습을 선명하게 드러내기 위해 까마귀들 2의 대사를 치열하게 경쟁하는 모습이 잘 드러나도록 수정하는 것이 좋겠어. – ㉡
[의도 Ⅲ] 까마귀의 새로운 인식 제시	S# 17 홀로 남은 까마귀 뒤로 펼쳐진 푸른 하늘 드넓은 하늘과 흰 구름 속을 유유히 날아다니는 한 까마귀 까마귀 : (혼잣소리로) 친구들을 잃은 것보다 놓친 고기가 더 아까워. (한숨) 그러나 후회한들 무슨 소용이람. 다시 고기를 찾아 봐야지.	➡ 비록 손해를 보긴 했으나 그것을 계기로 새로운 세계를 인식하는 소중한 체험을 얻게 되었다는 내용으로 대사와 지문을 보완하는 것이 바람직해. – ㉢
[의도 Ⅳ] 까마귀와 까마귀들의 삶의 방식 대조	S# 18 서로 다투는 까마귀들 뒤로 넓게 펼쳐진 하늘과 까마귀 한 마리 까마귀들 3 : (고기에 달려들며) 저리 비켜! 이건 내 거야! 까마귀들 4 : (고기를 가로채며) 뭐! 아니야! 내 거야! 까마귀 : (창공에서 이를 내려다보며) 욕심을 버리고 나니 오히려 난 편안해졌어.	➡ 삶의 방식의 차이점을 부각하기 위해서는 '고기 탈취 과정에 참여한 까마귀들에게는 고기를 공평하게 분배해야 돼.'라고 주장하는 '까마귀들 5'의 대사를 추가하는 것이 좋겠어. – ㉣
[의도 Ⅴ] 까마귀 이야기의 종합적 평가	S# 38 파란 하늘과 유유히 흐르는 구름 서술자 : (배경 음악에 맞추어) 이 한 까마귀의 이야기는 우리들에게 많은 생각을 하게 합니다. 어쩌면 우리들의 모습도 까마귀 떼의 모습과 비슷하지 않을까요?	➡ 새로운 세계를 발견한 까마귀를 통해 현대인들이 이익에만 급급해 정신적 가치의 소중함을 잊고 살아가고 있음을 덧붙여 해설한다. – ㉤

① ㉠　　　　　② ㉡　　　　　③ ㉢

④ ㉣　　　　　⑤ ㉤

20 '지역 산업 육성'에 대한 글을 쓰기 위해 개요를 작성한 후 새로운 글감을 접하였다. 글감의 활용 및 개요의 수정 방안으로 적절하지 않은 것은?

개요	새로 접한 글감
• 주제문 : 지역 산업을 활성화하자. Ⅰ. 서론 : 지역 경제의 실태 Ⅱ. 본론 　1. 지역 산업 활성화가 필요한 이유 　　(1) 지역 고용의 창출 　　(2) 지역 경제 재도약 　2. 지역 산업의 문제점 　　(1) 지역 산업 구조의 취약성 　　(2) 지역 산업 관련 재정의 비효율적 사용 　3. 지역 산업 활성화를 위한 방안 　　(1) 지역 상품 특화 및 개발 　　(2) 지방 재정의 효율적 사용 Ⅲ. 결론 : 지역 경제를 활성화하기 위해 국가와 지역 자치 단체가 협력할 수 있는 종합 계획을 수립·실행하여야 한다.	㉠ 태백시는 '눈꽃 축제'라는 지역 특화 상품을 개발하여 많은 관광객을 유치함으로써 지역 경제를 활성화시켰다. ㉡ 부산의 신발 산업, 대구의 섬유 산업 등 지방의 노동 집약 산업이 경쟁력을 잃었는데도, 지역 경제 환경의 열악함으로 인해 현재로서는 대체 산업을 찾기 어렵다. ㉢ 지방 자치 단체 예산 중, 지역 산업 경제 육성 재원은 전체의 3%뿐이다. ㉣ 정부가 귀금속 가공업을 익산 자유 무역 지역의 수출 특화 산업으로 지정한 이후 많은 기업이 입주하여 귀금속 산업이 익산 지역 특화 산업으로 자리잡았다. ㉤ 지역별로 외국인 전용 산업 단지를 확대하고, 지역 경제 파급 효과가 높은 국내 기업에 대해서도 혜택을 부여한다.

① '서론'에서는 낙후된 지역 경제의 실태를 보여 주기 위해 ㉡의 상황이 나타난 통계 자료를 인용하여 이해를 돕는다.

② '본론-1-(1)'에서는 ㉠을 활용하여 지역 간 교류가 고용 창출 효과가 있음을 강조한다.

③ '본론-2-(2)'는 ㉢의 내용을 고려하여 '지역 재정의 비효율적 편성'으로 수정한다.

④ '본론-3-(1)'에서 ㉣을 정부와 지방 자치 단체가 협력하여 일궈 낸 지역 특화 산업 성공 사례로 제시하여 바람직한 방안을 알린다.

⑤ '본론-3'에 '(3) 투자 유치 방안 수립'이라는 항목을 추가하고, ㉤을 국내·외 기업의 투자 유치 방안을 모색할 수 있는 자료로 활용한다.

21 〈보기〉의 조건을 모두 반영하여 표현한 것은?

> ● 보기 ●
>
> • 일반적 관점 : 규범은 사회를 유지하기 위해 존재한다. 일탈은 정해진 규범에서 벗어난 잘못된 행위를 말한다. 따라서 사회를 유지하기 위해서는 일탈 행위에 대한 제재가 필요하다.
> • 조건
> 　- 위의 '일반적 관점'에 대해 새로운 관점을 제시한다.
> 　- 구체적 사례를 활용한다.
> 　- 속담을 적절히 활용한다.

① 일탈이라고 해서 모두 나쁜 것은 아니다. 물론 사회 질서를 어지럽히는 일탈은 문제가 된다. 하지만 답답한 일상에서 벗어나는 가벼운 일탈 행위는 생활의 활력소가 될 수도 있다.

② '모로 가도 서울로 가면 된다.'라는 말이 있다. 결과가 중요하지 과정은 중요하지 않다는 말이다. 일탈 행위가 당장 문제가 되더라도 결과가 훌륭하다면 굳이 제재를 가할 필요가 없다.

③ 모두 차례를 잘 지키는데 혼자만 편하자고 새치기를 하는 경우가 있다. 그러면 너도나도 새치기를 하게 되어 질서가 깨지게 된다. 한 마리의 미꾸라지가 웅덩이 물을 흐리는 일이 있어서는 안 되겠다.

④ 모난 돌이 정 맞듯이 박지원의 글은 당대에도 일탈로 인식되어 탄압을 받았다. 하지만 그의 글은 후대에 훌륭한 창조 행위로 평가받고 있다. 그러므로 일탈 행위로 보일지라도 성급하게 배척해서는 안 된다.

⑤ 일탈도 보기에 따라서 긍정적인 면이 있기는 하다. 그렇다고 일탈을 멋으로 생각하며 일탈을 일삼는 일부 젊은이들은 반성해야 한다. '못된 송아지 엉덩이에 뿔난다.'라는 말이 있듯이 젊은이들의 일탈 행위는 경계해야 한다.

22 〈보기〉에서 착상하여 글을 쓰기 위해 구상한 내용으로 적절하지 않은 것은?

●보기●

- 새끼 코끼리가 조그마한 말뚝에 발이 묶여 있는 모습
- 코끼리가 성장하여 말뚝을 뽑을 수 있는 힘이 있는데도 여전히 말뚝에 묶여 있는 모습

글쓰기의 의도 : 청소년들을 대상으로 바람직한 삶의 자세를 깨우치는 글을 쓴다.

① 제목 – '네 마음속에 잠들어 있는 거인을 깨워라.' 를 제목으로 삼아 주제를 인상적으로 전달한다.

② 도입 방식 – 그림의 상황을 현실 상황과 관련지어 화제를 제시함으로써 독자의 흥미를 유발한다.

③ 문체 – 인생 경험이 풍부한 선생님이 제자에게 들려주는 듯한 문체로 서술하여 설득력을 강화하도록 한다.

④ 서술 방식 – 매사에 소극적인 태도를 지닌 사람과 적극적으로 인생에 도전하는 사람을 대조하여 주제를 강조한다.

⑤ 예화 제시 – 자신의 적성과 무관한 진로를 선택했다가 후회하는 학생의 이야기를 소개하여 독자와 문제의식을 공유하도록 한다.

23 〈보기〉의 글을 쓴 다음 고쳐 쓰기를 위해 자기 평가를 해 보았다. 자기 진단 결과가 적절하지 않은 것은?

●보기●

우리들의 제안 : 휴지 대신 손수건을 쓰자

나는 부모님을 따라서 작년부터 손수건을 쓰기 시작했다. 처음에는 다소 번거로웠지만 지금 와서 보니 전혀 불편하지 ㉠ 않을뿐만 아니라, 그만큼 종이를 아껴서 환경을 보호하는 데 기여했다는 생각에 뿌듯한 기분을 갖게 된다. ㉡ 우리는 ㉢ 관습적으로 휴지를 마구 뽑아 쓴다. 그것도 한 장도 아닌 두 장, 석 장씩이나 뽑아 쓴다. ㉣ 손 닦으려고 한 장, 입 닦으려고 한 장, 칫솔 닦으려고 한 장 이런 식이다. 집안에 잠자고 있는 손수건이 적지 않을 것이다. ㉤ 우리는 단지 조금 귀찮다는 이유로 갖고 다니지 않았다. 이제부터 우리 모두 손수건을 한 장씩 주머니에 넣고 다니자.

	평가 항목	자기 진단 결과
①	내용의 보완·삭제	㉣ 다음에 다른 일회용품의 무분별한 사용 사례를 덧붙여야겠어.
②	문단의 구분	㉡ 이후에서 앞부분과 내용이 달라지니 여기서 문단을 나누어야겠지.
③	문장의 성분	㉤에는 목적어가 없어 어색하므로 '손수건을' 이라는 목적어를 넣는 게 좋겠어.
④	어휘의 쓰임	㉢은 '습관적으로' 로 고쳐야겠지.
⑤	띄어쓰기	㉠은 띄어쓰기가 잘못되었으므로 '않을 뿐만' 으로 고쳐야겠어.

3 〈보기〉의 [㉠]과 [㉡]에 알맞은 접속어를 쓰시오.

● 보기 ●

통일의 기능은 분리(分離)의 기능이기도 하다. 서로 같은 말을 쓰는 사람끼리는 의사소통이 잘 되고, 그만큼 더 친밀한 감정을 느끼게 된다. [㉠   ] 이 말을 바꾸어 보면, 서로 다른 말을 쓰는 사람들과는 의사소통도 불편하고, 정다운 느낌도 그만큼 덜 가지게 된다는 말이 된다. 이는, 같은 재외 동포라 하더라도, 모국어(母國語)인 우리말을 모르는 사람을 만나면 거리감을 느끼게 되는 예 등을 통해서 쉽게 깨달을 수 있다. 이런 점에서 볼 때, 언어는 통일의 기능을 가지고 있는 동시에 분리의 기능도 가지고 있다.

그런데 우리나라에서는 이러한 표준어의 우월의 기능이 제대로 인식되어 있지 않은 듯하다. 지도층(指導層)에 있는 인사(人士)들조차 공식 석상에서 사투리를 쓴다든가, 또 그것을 별로 부끄럽게 여기지 않는 현상 같은 것이 그 예이다. 학교에서의 표준어 교육이 철저(徹底)하지 못한 탓도 있겠지만 사투리를 남용하는 일은 표준어 공부를 제대로 하지 않은 사람이라는 것을 스스로 광고하고 다니는 것이나 마찬가지라는 사실을 제대로 모르기 때문일 것이다. [㉡   ] 우리 국민이라면 누구를 막론하고 부지런히 우리의 표준어를 익혀, 여러 사람 앞에서 자신 있게 표준어를 구사할 수 있어야 할 것이다.

4 '학생들의 봉사활동을 내실화하자'는 주제로 글을 쓰기 위해 생각해 본 내용을 정리한 것이다. 논지 전개 과정을 보고 [A]에 들어갈 내용을 50자 내외의 한 문장으로 쓰시오.

● 보기 ●

논지 전개 과정	주요 내용
무엇이 문제인가?	학생들이 봉사활동을 형식적으로 하고 있다.
문제의 원인은?	• 봉사활동을 평가하는 기준에 문제점이 있다. • 학생들이 봉사활동의 가치를 알지 못하고 있다.
문제 해결을 위한 방향은?	• 기존의 봉사활동 평가가 가지고 있는 문제점을 보완한다. • 학생들이 스스로 봉사활동의 가치를 깨닫도록 한다. • 봉사활동의 가치를 알리는 홍보활동과 교육활동을 전개한다.
구체적인 방안은?	[A]

5 주관식

다음 〈보기〉의 ⊙과 가장 관계가 깊은 한자성어를 쓰시오.

● 보 기 ●

옛날 혼인식 때 신랑이 들어서면 재(간혹 볶은 콩)를 뿌린 풍습이 있었다. 깨끗하게 차려입고 대례석에 들어서는 신랑에게 어찌하여 재나 볶은 콩을 뿌린 것일까? ⊙ 좋은 일에는 나쁜 일이 끼어들기 쉽다. 기쁜 일, 웃는 일, 바쁜 일 중에는 사람들의 마음이 들뜨게 되어 흉마귀(凶魔鬼)가 좀처럼 발각되지 아니한다. 그렇다고 내버려 두어서는 안 될 일이 아닌가? 그 예방으로서 재와 콩을 뿌린 것이다. 이들은 불맛을 보았다는 점에서 공통성이 있는 것이다.

6 주관식

다음 속담의 뜻을 쓰고 유사한 속담을 제시하시오.

● 보 기 ●

굿 못하는 무당 장구 타박한다.

7 주관식

십자말풀이를 참조해 아래의 (　　　)에 맞는 단어를 쓰시오.

	1.	외	2.	
3.			4. 공	5.
가				
6.	7.		8.	
	9.	치		

[가로 열쇠]

1. 상관하지 아니하거나 무시함
3. 해가 뜸
4. 공포를 느끼도록 윽박지르며 을러댐. '거짓말'을 속되게 이르는 말
6. 어떤 사물이나 현상에 대한 자기의 의견이나 생각
8. 사람이 어떤 입장에서 마땅히 행하여야 할 바른 길
9. 질서 없이 함부로 덤벼들거나 생각 없이 덮어놓고 하는 짓

[세로 열쇠]

1. 판단이나 결론 따위를 이끌어 냄
2. 시간과 공간을 아울러 이르는 말
3. 어떤 문제에 대하여 독자적인 경지나 체계를 이룬 견해
5. 물건 따위를 잘 정리하거나 간수함. 일을 처리하여 마무리함
7. 질문이나 의문을 풀이함. 또는 그런 것
8. 붉은 진흙으로 만들어 볕에 말리거나 약간 구운 다음, 오짓물을 입혀 다시 구운 그릇

1. 가로 (	)
3. 가로 (	)
5. 세로 (	)
6. 가로 (	)

8 〈보기〉는 어느 학생이 쓴 자기 소개서의 일부이다. ㉠~㉤ 중에서 잘못된 부분을 바르게 고쳐 쓰시오.

● 보기 ●

저는 중학교 2학년 때부터 해외 펜팔을 했습니다. 그 이유는 학창 시절에 무엇인가 의미 있는 추억을 ㉠ 만들고 싶었습니다. 지금도 뉴질랜드와 스위스에 있는 두 명의 친구들과 편지를 주고받고 있습니다.

뉴질랜드에 사는 제인은 편지를 보낼 때마다, 뉴질랜드의 아름다운 풍경이 담긴 사진을 보내 주거나 뉴질랜드 문화에 대해 자세히 ㉡ 소개시켜 주었습니다. 또한 작년에는 뉴질랜드의 동전과 지폐를 종류별로 보내 주어 뛸 듯이 기뻐했던 기억이 있습니다.

㉢ 그러나 스위스의 모니카와는 지난여름에 만난 적이 있습니다. 처음 만나 악수를 했을 때, 나의 손을 잡았던 모니카의 손아귀 힘이 얼마나 ㉣ 세던지 나는 지금도 그때가 생각납니다.

해외 친구들과의 교류를 통해서 저는 다른 나라의 문화를 접해 볼 기회를 가질 수 있었고, 이로 인해 세상을 보는 눈이 ㉤ 넓어지게 되었습니다.

9 다음에 주어지는 단어를 시작으로 끝말잇기를 하시오(단, 고유어나 고유명사를 제외한 한자어 명사만 이용, 'ㄹ 두음 법칙' 허용).

● 보기 ●

• 시험 – (　　　) – (　　　) – (　　　) – (　　　)

• 국어 – (　　　) – (　　　) – (　　　) – (　　　)

10 '사이버 중독의 문제점과 대책'이라는 주제로 글을 쓰기 위하여 생각을 정리해 보았다. 논지 전개상 (　　)에 들어갈 내용을 쓰시오.

● 보기 ●

논지 전개 과정	주요 내용
무엇이 문제인가?	• 현실과 가상 세계를 구분하지 못하여 범죄나 사고가 발생한다. • 컴퓨터에 접속하지 못하면 불안해하고 안절부절못하는 금단 현상이 발생한다.
문제의 원인은 무엇인가?	• 사이버 공간은 인간의 욕망을 자극하는 요소를 갖추고 있어 '권력욕'과 '소영웅 심리'를 부추긴다. • 사이버 공간에 지나치게 의존하는 사람들이 갈수록 늘고 있다.
문제의 해결책은 무엇인가?	(　　　　　　　　　　　)

표준어 규정

〈2011~2018년 수정된 표준어 목록〉

1. 현재 표준어와 같은 뜻을 가진 표준어로 인정한 것

• 2011년

추가된 표준어	현재 표준어	추가된 표준어	현재 표준어
간지럽히다	간질이다	세간살이	세간
남사스럽다	남우세스럽다	쌉싸름하다	쌉싸래하다
등물	목물	토란대	고운대
맨날	만날	허접쓰레기	허섭스레기
못자리	묏자리	흙담	토담
복숭아뼈	복사뼈		

• 2014년

추가된 표준어	현재 표준어	추가된 표준어	현재 표준어
구안와사	구안괘사	삐지다	삐치다
굽신	굽실	초장초	작장초
눈두덩이	눈두덩		

• 2015년

추가된 표준어	현재 표준어	추가된 표준어	현재 표준어
마실	마을	찰지다	차지다
이쁘다	예쁘다	−고프다	−고 싶다

• 2018년

추가된 표준어	현재 표준어	비고
꺼림직이 꺼림직하다	꺼림칙이 꺼림칙하다	• '꺼림칙이', '꺼림칙하다'의 북한어로 설명하던 부분 삭제. • 뜻풀이 수정: 마음에 걸려서 언짢고 싫은 느낌이 있다.
께름직하다	께름칙하다	• '꺼림칙하다'의 북한어로 설명하던 부분 삭제. • 뜻풀이 수정: 마음에 걸려서 언짢고 싫은 느낌이 꽤 있다.
추켜세우다	치켜세우다	• '치켜세우다'의 '정도 이상으로 크게 칭찬하다' 뜻 추가
추켜올리다 치켜올리다	추어올리다	• '추어올리다'의 '실제보다 과장되게 칭찬하다' 뜻 추가

2. 현재 표준어와 뜻이나 어감이 차이가 나는 별도의 표준어로 인정한 것
  • 2011년

추가된 표준어	현재 표준어	뜻 차이
~길래	~기에	• ~길래 : '~기에'의 구어적 표현
개발새발	괴발개발	• 괴발개발 : 고양이의 발과 개의 발 • 개발새발 : 개의 발과 새의 발
나래	날개	• '나래'는 '날개'의 문학적 표현
내음	냄새	• 내음 : 향기롭거나 나쁘지 않은 냄새로 제한됨
눈꼬리	눈초리	• 눈초리 : 대상을 바라볼 때 눈에 나타나는 표정 • 눈꼬리 : 눈의 귀 쪽으로 째진 부분
떨구다	떨어뜨리다	• 떨구다 : 시선을 아래로 향하다
뜨락	뜰	• 뜨락 : 추상적 공간을 비유하는 뜻이 있음
먹거리	먹을거리	• 먹거리 : 사람이 먹는 음식을 통틀어 이름
메꾸다	메우다	• 메꾸다 : 시간을 그럭저럭 흘러가게 하다.
손주	손자(孫子)	• 손자 : 아들의 아들 또는 딸의 아들 • 손주 : 손자와 손녀를 아울러 이르는 말
어리숙하다	어수룩하다	• 어수룩하다 : 순박함/순진함의 뜻이 강함 • 어리숙하다 : 어리석음의 뜻이 강함
연신	연방	• 연신 : 반복성 강조 • 연방 : 연속성 강조
휭하니	힁허케	• 힁허케 : '휭하니'의 예스러운 표현
걸리적거리다	거치적거리다	• 자음 또는 모음의 차이로 인한 어감 및 뜻 차이 존재
끄적거리다	끼적거리다	
두리뭉실하다	두루뭉술하다	
맨숭맨숭/맹숭맹숭	맨송맨송	
바둥바둥	바동바동	
새초롬하다	새치름하다	
아웅다웅	아옹다옹	
야멸차다	야멸치다	
오손도손	오순도순	
찌뿌둥하다	찌뿌듯하다	
추근거리다	치근거리다	

• 2014년

추가된 표준어	현재 표준어	뜻 차이
개기다	개개다	• 개기다 : (속되게) 명령이나 지시를 따르지 않고 버티거나 반항함 • 개개다 : 성가시게 달라붙어 손해를 끼치다.
꼬시다	꾀다	• 꼬시다 : '꾀다'를 속되게 이르는 말 • 꾀다 : 그럴듯한 말이나 행동으로 남을 속이거나 부추겨서 자기 생각대로 꿈
놀잇감	장난감	• 놀잇감 : 놀이 또는 아동 교육 현장 따위에서 활용되는 물건이나 재료 • 장난감 : 아이들이 가지고 노는 여러 가지 물건
딴지	딴죽	• 딴지 : 일이 순순히 진행되지 못하도록 훼방을 놓거나 어기대는 것 • 딴죽 : 이미 동의하거나 약속한 일에 대하여 딴전을 부림을 비유적으로 이르는 말
사그라들다	사그라지다	• 사그라들다 : 삭아서 없어져 감 • 사그라지다 : 삭아서 없어짐
섬찟	섬뜩	• 섬찟 : 갑자기 소름이 끼치도록 무시무시하고 끔찍한 느낌이 드는 모양 • 섬뜩 : 갑자기 소름이 끼치도록 무섭고 끔찍한 느낌이 드는 모양
속앓이	속병	• 속앓이 : ① 속이 아픈 병 또는 그 속에 병이 생겨 아파하는 일. ② 겉으로 드러내지 못하고 속으로 걱정하거나 괴로워하는 일 • 속병 : ① 몸속의 병을 통틀어 이르는 말. ② '위장병'의 일상적 말. ③ 화가 나서 속이 상해 생긴 마음의 심한 아픔
허접하다	허접스럽다	• 허접하다 : 허름하고 잡스러움 • 허접스럽다 : 허름하고 잡스러운 느낌이 있음

• 2015년

추가된 표준어	현재 표준어	뜻 차이
꼬리연	가오리연	• 꼬리연 : 긴 꼬리를 단 연 • 가오리연 : 가오리 모양으로 만들어 꼬리를 길게 단 연
의론(되다, 하다)	의논(되다, 하다)	• 의론 : 어떤 사안에 대하여 각자의 의견을 제기함 또는 그런 의견 • 의논 : 어떤 일에 대하여 서로 의견을 주고 받음
이크	이키	• 이크 : 당황하거나 놀랐을 때 내는 소리 • 이키 : 당황하거나 놀랐을 때 내는 소리
잎새	잎사귀	• 잎새 : 나무의 잎사귀. 주로 문학적 표현으로 씀 • 잎사귀 : 낱낱의 잎. 주로 넓적한 잎을 이름
푸르르다	푸르다	• 푸르르다 : '푸르다'를 강조 • 푸르다 : 맑은 가을 하늘이나 깊은 바다, 풀의 빛깔과 같이 밝고 선명함

• 2016년

추가된 표준어	현재 표준어	뜻 차이
실뭉치	실몽당이	• 실뭉치 : 실을 한데 뭉치거나 감은 덩이 • 실몽당이 : 실을 풀기 좋게 공 모양으로 감은 뭉치
걸판지다	거방지다	• 걸판지다 : ① 매우 푸지다. ② 동작이나 모양이 크고 어수선하다. • 거방지다 : ① 몸집이 크다. ② 하는 짓이 점잖고 무게가 있다. ③ =걸판지다①
겉울음	건울음/강울음	• 겉울음 : ① 드러내 놓고 우는 울음. ② 마음에도 없이 겉으로 만 우는 울음 • 건울음 : =강울음 • 강울음 : 눈물 없이 우는 울음
까탈스럽다	까다롭다	• 까탈스럽다 : ① 조건, 규정 따위가 복잡하고 엄격하여 적응하 거나 적용하기에 어려운 데가 있다. ② 성미나 취향 따위가 원 만하지 않고 별스러워 맞춰 주기에 어려운 데가 있다. • 까다롭다 : ① 조건 따위가 복잡하거나 엄격하여 다루기에 순탄하지 않다. ② 성미나 취향 따위가 원만하지 않고 별스럽게 까탈이 많다.

3. 두 가지 표기를 모두 표준어로 인정한 것

• 2011년

추가된 표준어	현재 표준어	추가된 표준어	현재 표준어
택견	태견	짜장면	자장면
품새	품세		

• 2015년 (현재 표준적인 활용형과 용법이 같은 활용형으로 인정한 것)

추가된 표준형	현재 표준형	추가된 표준형	현재 표준형
말아 말아라 말아요	마 마라 마요	노랗게 동그랗네 조그맣네	노라네 동그라네 조그미네

• 2016년

추가된 표준형	현재 표준형	추가된 표준형	현재 표준형
엘랑 (에설랑, 설랑, −고설랑, −어설랑, −질랑)	에는	주책이다	주책없다

자주 출제되는 맞춤법

1. 사이시옷

(1) 순우리말로 된 합성어로서 앞말이 모음으로 끝난 경우
- 뒷말의 첫소리가 된소리로 날 때 예 깃발, 귓밥, 나뭇가지, 맷돌, 모깃불, 바닷가, 뱃길, 부싯돌, 조갯살, 쇳조각, 아랫집, 찻집, 햇볕, 혓바늘
- 뒷말의 첫소리 'ㄴ, ㅁ' 앞에서 'ㄴ' 소리가 덧날 때
  예 냇물, 빗물, 아랫니, 아랫마을, 잇몸
- 뒷말의 첫소리 모음 앞에서 'ㄴㄴ' 소리가 덧날 때
  예 깻잎, 나뭇잎, 뒷일, 베갯잇

(2) 순우리말과 한자어로 된 합성어로서 앞말이 모음으로 끝난 경우
- 뒷말의 첫소리가 된소리로 날 때
  예 귓병, 샛강, 전셋집, 자릿세, 찻잔, 탯줄, 햇수
- 뒷말의 첫소리 'ㄴ, ㅁ' 앞에서 'ㄴ' 소리가 덧날 때
  예 제삿날, 훗날, 툇마루
- 뒷말의 첫소리 모음 앞에서 'ㄴㄴ' 소리가 덧날 때
  예 예삿일, 훗일

(3) 한자말끼리 어울린 합성어에는 위와 같은 환경에서도 사이시옷을 넣지 않는다.
  예 초점(焦點), 소장(訴狀), 대가(代價)
  [예외] 곳간(庫間), 셋방(貰房), 숫자(數字), 찻간(車間), 툇간(退間), 횟수(回數)

(4) 한 낱말 아래에 다시 된소리나 거센소리가 나는 낱말이 이어질 경우에는 사이시옷을 넣지 않는다.
  예 갈비뼈, 위쪽, 아래쪽, 뒤편, 위층, 뒤처리
  [예외] 셋째, 넷째

2. 준말 쓰기

(1) 'ㅚ' 뒤에 '-어, -었-'이 어울려 줄면 'ㅙ, ㅛ'으로 쓴다.
  예 시간이 돼서(되어서), 인간이 돼라(되어라)
  물이 괬다(괴었다), 벌에 쐤다(쐬었다)

(2) '-지 않'은 '-잖'으로 '-하지 않'은 '-찮'으로 준다.
  예 그렇잖아도(그렇지 않아도), 적잖은(적지 않은), 만만찮다(만만하지 않다), 변변찮은(변변하지 않은)

(3) '-하-'의 경우
  예 간편케(간편하게), 흔치(흔하지), 연구토록(연구하도록)
  [비교] 거북지, 깨끗지, 넉넉지, 생각건대, 섭섭지, 익숙지

(4) '아니'의 준말은 '안'이고, '않-'은 '아니하-'의 준말이다.
  예 밥을 안 먹는다. 공부를 안 한다.
  밥을 먹지 않는다. 날씨가 좋지 않다.

3. 된소리 쓰기

(1) '-(으)ㄹ까? -(으)ㄹ꼬? -(스)ㅂ니까? -(으)리까? -(으)ㄹ쏘냐?'와 같이 의문형 어미의 경우만 된소리로 적고 그 외에는 예사소리로 적는다.
  예 내가 할게. / 내가 치울게. / 그게 맞을 걸세.
  내가 할까? / 내가 치울까? / 그게 맞을 쏘냐?

(2) 한 낱말 안에서 'ㄱ, ㅂ' 받침 뒤에서 나는 된소리는 같은 음절이나 비슷한 음절이 겹쳐 나는 경우가 아니면 된소리로 적지 아니한다.

  예 국수, 깍두기, 법석, 몹시, 뚝배기
  [비교] 곱빼기

(3) 다음과 같은 접미사는 된소리로 적는다.
  예 심부름꾼, 익살꾼, 지게꾼, 일꾼, 장난꾼, 장꾼, 때깔, 빛깔, 성깔, 귀때기, 볼때기, 판자때기, 뒤꿈치, 팔꿈치, 이마빼기, 코빼기, 고들빼기, 객쩍다, 멋쩍다, 겸연쩍다, 해망쩍다, 맥쩍다
  [비교] 맛적다 ☞ '적다(少)'의 뜻이 유지됨

4. 부사의 끝음절 '-이'와 '-히'의 구별

(1) 발음이 분명히 '이'로만 나는 것은 '-이'로 적고 그 외의 것은 '-히'로 적는다.
  예 극히, 작히, 엄격히, 열심히, 솔직히, 고요히, 꼼꼼히

(2) 어근의 끝소리가 'ㅅ'인 경우 '-이'로 적는다.
  예 깨끗이, 반듯이, 산뜻이, 의젓이, 지긋이, 버젓이

(3) 'ㅂ' 불규칙 용언의 어간 뒤에는 '-이'를 적는다.
  예 가벼이, 가까이, 새로이, 외로이, 즐거이, 기꺼이

(4) '-하다'가 붙을 수 없는 형용사 뒤에는 '-이'를 적는다.
  예 같이, 굳이, 길이, 깊이, 높이, 많이, 실없이
  [비교] 도저히, 가만히, 무단히, 열심히 ☞ 형용사 아님

(5) 첩어 또는 준첩어인 명사 뒤에는 '-이'를 적는다.
  예 간간이, 겹겹이, 땀땀이, 살살이, 틈틈이, 앞앞이
  [비교] 섭섭히 ☞ 첩어가 아닌 독립한 하나의 낱말임

(6) 부사에 붙을 때는 '-이'를 쓰고, 원형을 밝혀 적는다.
  예 곰곰이, 더욱이, 일찍이, 오똑이, 삐죽이

5. 기타 주의할 것들

(1) 고유어 · 외래어 다음에 두음 법칙을 적용하는 경우
  율/률(律) : 모음, 'ㄴ'받침 + 율 예 계율, 반사율, 운율
  　　　　　 그 외 받침 + 률 예 법률, 육률, 음률
  양/량(量) : 한자어 + 량 예 분량, 분자량, 수량
  　　　　　 고유어, 외래어 + 양 예 구름양, 소금양, 알칼리양
  난/란(欄) : 한자어 + 란 예 가정란, 광고란, 투고란
  　　　　　 고유어, 외래어 + 난 예 가십난, 스포츠난

(2) 한자어 · 외래어 · 고유어 다음에 두음 법칙을 적용하지 않는 경우
  역/력(力) : 한자어 · 외래어 · 고유어 다음에 모두 '력'
  　　　　　 예 경제력, 군사력, 마찰력
  노/로(爐) : 한자어 · 외래어 · 고유어 다음에 모두 '로'
  　　　　　 예 가스로, 원자로, 전기로
  논/론(論) : 한자어 · 외래어 · 고유어 다음에 모두 '론'
  　　　　　 예 경험론, 실제론, 유기체론
  유/류(類) : 한자어 · 외래어 · 고유어 다음에 모두 '류'
  　　　　　 예 금속류, 식기류, 야채류
  누/루(樓) : 한자어 · 외래어 · 고유어 다음에 모두 '루'
  　　　　　 예 경회루, 부벽루, 촉석루

개정 문장 부호

1988년 「한글 맞춤법」 규정의 부록으로 처음 선을 보였던 〈문장 부호〉가 26년 만에 새 옷을 입었다. 문화체육관광부(장관 김종덕, 이하 문체부)는 2014년 10월 27일 〈문장 부호〉 용법을 보완하는 것을 주요 내용으로 하는 「한글 맞춤법」 일부개정안을 고시했다. 시행은 2015년 1월 1일부터다.

새 〈문장 부호〉의 주요 내용을 정리하면 다음과 같다.

주요 변경 사항	이전 규정	설명
가로쓰기로 통합	세로쓰기용 부호 별도 규정	그동안 세로쓰기용 부호로 규정된 '고리점(。)'과 '모점(、)'은 개정안에서 제외, '낫표(「 」, 『 』)'는 가로쓰기용 부호로 용법을 수정하여 유지.
문장 부호 명칭 정리	'.'는 '온점' ','는 '반점'	부호 '.'와 ','를 각각 '마침표'와 '쉼표'라 하고 기존의 '온점'과 '반점'이라는 용어도 쓸 수 있도록 함.
	〈 〉, 《 》 명칭 및 용법 불분명	부호 〈 〉, 《 》를 각각 '홑화살괄호, 겹화살괄호'로 명명하고 각각의 용법 규정.
부호 선택의 폭 확대	줄임표는 '……'만	컴퓨터 입력을 고려하여 아래에 여섯 점(......)을 찍거나 세 점(…, ...)만 찍는 것도 가능하도록 함.
	가운뎃점, 낫표, 화살표 사용 불편	− 가운뎃점 대신 마침표(.)나 쉼표(,)도 쓸 수 있는 경우 확대. − 낫표(「 」, 『 』)나 화살괄호(〈 〉, 《 》) 대신 따옴표(' ', " ")도 쓸 수 있도록 함.
조항 수 증가 (66개 → 94개)	조항 수 66개	소괄호 관련 조항은 3개에서 6개로, 줄임표 관련 조항은 2개에서 7개로 늘어나는 등 전체적으로 이전 규정에 비해 28개가 늘어남. ※ (조항 수): [붙임], [다만] 조항을 포함함.

행운이란 100%의 노력 뒤에 남는 것이다.

- 랭스턴 콜먼 -

한자 자격증 도서

상공회의소 한자

- 대한상공회의소 시행 한자 시험 대비서
- 알기 쉽게 풀이한 배정 한자
- 시험 유형이 한눈에 보이는 출제 유형별 한자
- 빈출 한자만 모아 정리한 빅데이터 합격 한자 특별부록 제공

진흥회 한자자격시험

- 한자교육진흥회 시행 한자 시험 대비서
- 3박자 연상 암기법으로 완벽 암기
- 최신 기출문제 5회분과 자세한 정답 및 해설
- 필수 암기 합격 한자 특별부록 제공

어문회 한자능력검정시험

- 한국어문회 시행 한자 시험 대비서
- 3박자 연상 암기법으로 완벽 암기
- 출제 경향을 완벽 분석한 기출 동형 실전 모의고사
- 필수 암기 합격 한자 특별부록 제공

한자 도서 시리즈

- 易知 상공회의소 한자 1급 기본서
- 易知 상공회의소 한자 2급 기본서
- 易知 상공회의소 한자 3급 기본서
- 易知 상공회의소 한자 2급 최종모의고사
- 易知 상공회의소 한자 3급 최종모의고사
- 易知 중국어와 한자

- 어문회 한자능력검정시험 2급 한 권으로 끝내기
- 어문회 한자능력검정시험 3급 한 권으로 끝내기
- 어문회 한자능력검정시험 4급 한 권으로 끝내기
- 어문회 한자능력검정시험 5급 한 권으로 끝내기
- 어문회 한자능력검정시험 6급 한 권으로 끝내기

- 진흥회 한자자격시험 2급 한 권으로 끝내기
- 진흥회 한자자격시험 3급 한 권으로 끝내기

- 한자암기박사1 / 쓰기 훈련 노트
- 한자암기박사2
- 일본어 한자암기박사1 상용한자 기본학습 / 쓰기 훈련 노트
- 일본어 한자암기박사2 상용한자 심화학습 / 쓰기 훈련 노트

- 중국어 한자암기박사1
- 중국어 한자암기박사2
- 한중일 한자암기박사
- 시니어 한자암기박사

※ 도서의 이미지 및 세부사항은 변경될 수 있습니다.

KBS
한국어능력시험 도서

KBS 한국어능력시험 한 권 합격

- 영역별 기출 유형 한 권으로 완전 학습
- 출제 비중에 따른 전략적 영역별 구성
- 30분 만에 정리하는 어휘 · 어법 소책자

KBS 한국어능력시험 유형으로 2주 합격

- 28회분 기출 빅데이터로 빈출 유형 완벽 분석
- 초단기 고득점을 위한 유형별 3 STEP 학습법
- 핵심이론 + 확인문제 + 모의고사

KBS 한국어능력시험 고난도 모의고사

- 기출 변형 단계별 모의고사로 실전 완벽 대비
- 기본 모의고사 2회분 + 고난도 모의고사 2회분
- 변별력 높은 신유형으로 1 · 2급 집중 공략

KBS 한국어능력시험 도서 시리즈

- KBS 한국어능력시험 한 권 합격
- KBS 한국어능력시험 고난도 모의고사
- KBS 한국어능력시험 유형으로 2주 합격
- 어휘 · 어법 · 국어문화 고득점 벼락치기

※ 도서의 이미지 및 세부사항은 변경될 수 있습니다.

기출 동형 모의고사로 5회 만에 토클 완벽 대비!

국어능력
인증시험

5회 만에 끝내는 모의고사

감수 | 김신성 · 박소영   편저 | 국어능력인증시험연구회

정답 및 해설

듣기 영역 MP3 다운로드 | www.sdedu.co.kr

(주)시대고시기획

정답 및 해설

MP3 다운로드 안내

SD에듀 홈페이지 접속
(www.sdedu.co.kr)

↓

학습자료실 – MP3 카테고리 클릭

↓

'ToKL' 검색 후
'ToKL 국어능력인증시험
5회 만에 끝내는 모의고사' MP3 파일 클릭

SD에듀   **끝까지 책임진다! SD에듀!**

QR코드를 통해 도서 출간 이후 발견된 오류나 개정법령, 변경된 시험 정보, 최신기출문제, 도서 업데이트 자료 등이 있는지 확인해 보세요! **시대에듀 합격 스마트 앱**을 통해서도 알려 드리고 있으니 구글 플레이나 앱 스토어에서 다운받아 사용하세요.

또한, 파본 도서인 경우에는 구입하신 곳에서 교환해 드립니다.

편집진행 구설희 · 김서아 | **표지디자인** 김도연 | **본문디자인** 안시영 · 장성복

제 **1** 회

정답 및 해설

1교시 제1회 정답 및 해설

01	02	03	04	05	06	07	08	09	10	11	12
⑤	④	③	④	②	⑤	④	②	⑤	⑤	②	②
13	14	15	16	17	18	19	20	21	22	23	24
③	④	①	⑤	③	④	①	④	②	①	④	⑤
25	26	27	28	29	30	31	32	33	34	35	36
⑤	⑤	④	⑤	③	③	③	⑤	⑤	②	③	③
37	38	39	40	41	42	43	44	45	46	47	48
④	⑤	⑤	③	①	③	①	③	③	①	⑤	③
49	50	51	52	53	54	55	56	57			
⑤	①	③	④	②	④	③	①	②			

01 밑줄 친 부분의 의미가 다른 것은?

① 전쟁 통에 가족과 <u>생</u>이별을 했다.
② 지나가는 사람들에게 <u>생</u>트집을 걸었다.
③ 학교에 갔다가 <u>생</u>고생만 하고 돌아왔다.
④ 그에게 <u>생</u>떼라도 쓰고 싶었지만 참았다.
⑤ 출퇴근 시간에 지하철 안은 <u>생</u>지옥이다.

정답 ⑤

해설 ①, ②, ③, ④의 접두사 '생–'은 '억지스러운, 공연한'의 뜻으로, ⑤의 접두사 '생–'은 '지독한, 혹독한'의 뜻으로 쓰였다.

알아두기 '생지옥'은 '살아서 겪는 지옥'이라는 뜻으로, 아주 괴롭고 힘든 곳 또는 그런 상태를 비유적으로 이르는 말이다.

02 두 단어 간의 관계가 나머지와 다른 것은?

① 바다 : 서해
② 과일 : 귤
③ 전통놀이 : 연날리기
④ 얼굴 : 귀
⑤ 포유류 : 개

정답 ④

해설 ①, ②, ③, ⑤는 단어의 상하 관계에 해당하지만, ④는 전체–부분 관계의 예이다.

03 〈보기〉의 뜻풀이에 해당하고 예문의 (   )에 들어갈 단어로 가장 알맞은 것은?

보기

[뜻풀이] 수레바퀴가 삐걱거린다는 뜻으로, 서로 의견이 맞지 아니하여 사이가 안 좋거나 충돌하는 것을 이르는 말
[예문] 파벌 간의 (   )이/가 끊일 날이 없다.

① 견제
② 대립
③ 알력
④ 분쟁
⑤ 불화

정답 ③

해설 파벌 간의 알력(軋轢)이 끊일 날이 없다.

오답풀이
① 견제(牽制) : 일정한 작용을 가함으로써 상대편이 지나치게 세력을 펴거나 자유롭게 행동하지 못하게 억누름
② 대립(對立) : 의견이나 처지, 속성 따위가 서로 반대되거나 모순됨. 또는 그런 관계
④ 분쟁(紛爭) : 말썽을 일으키어 시끄럽고 복잡하게 다툼
⑤ 불화(不和) : 서로 화합하지 못함. 또는 서로 사이좋게 지내지 못함

04 다음 중 의미가 나머지 넷과 다른 하나는?

① 말이 많으면 쓸 말이 적다.
② 살은 쏘고 주워도, 말은 하고 못 줍는다.
③ 범은 가죽을 아끼고, 군자는 입을 아낀다.
④ 고기는 씹어야 맛이고, 말은 해야 맛이다.
⑤ 가루는 칠수록 고와지고, 말은 할수록 거칠어진다.

정답 ④

해설 ①, ②, ③, ⑤는 말을 삼가라는 뜻이지만 ④는 할 말은 해야 한다는 뜻이다.

05 〈보기〉에서 밑줄 친 부분의 의미와 가장 유사하게 사용된 것은?

● 보기 ●

나는 부모님이 맞벌이를 하셔서 할머니 손에서 자랐다.

① 아주머니는 내 손에 용돈을 쥐어 주셨다.
② 김장은 손이 많이 간다.
③ 그 집에는 늘 자고 가는 손이 많다.
④ 손 없는 날을 택해 이사를 했다.
⑤ 도둑은 형사의 손이 미치지 않는 곳으로 도망쳤다.

정답 ②

해설 〈보기〉의 '손'은, '어떤 일을 하는 데 드는 사람의 힘이나 노력, 기술'을 뜻한다.
② 손 : 어떤 일을 하는 데 드는 사람의 힘이나 노력, 기술

오답 풀이 ① 손 : 사람의 팔목 끝에 달린 부분
③ 손 : 다른 곳에서 찾아온 사람
④ 손 : 날짜에 따라 방향을 달리하여 따라다니면서 사람의 일을 방해한다는 귀신
⑤ 손 : 어떤 사람의 영향력이나 권한이 미치는 범위

06 밑줄 친 단어에 대한 뜻풀이가 바르지 않은 것은?

① 부부가 열심히 일하더니, 생활이 스런스런해졌다. → 살림살이가 넉넉하여 풍족하다.
② 옴니암니 따지느라 한 시간이면 끝낼 일을 세 시간이나 걸려 마무리했다. → 자질구레한 일에 대하여까지 좀스럽게 셈하거나 따지는 모양
③ 이 책은 손어림으로 대략 300장은 되는 것 같았다. → 손으로 만지거나 들어 보아 대강 헤아림
④ 그 아이는 잠시 궁싯거리다가 나에게 인사를 했다. → 어찌할 바를 몰라 이리저리 머뭇거리다.
⑤ 그와 나는 스스러운 사이이다. → 조심스럽거나 부끄러운 마음이 없다.

정답 ⑤

해설 스스럽다 : ① 서로 사귀는 정분이 두텁지 않아 조심스럽다. ② 수줍고 부끄러운 느낌이 있다.

07 밑줄 친 관용구의 뜻풀이가 바르지 않은 것은?

① 그는 한순간의 실수로 모든 일을 허방 치고 말았다. → 바라던 일이 실패로 돌아가다.

② 그는 회사에 발이 묶여 며칠간을 집에 오지 못했다. → 몸을 움직일 수 없거나 활동할 수 없는 형편이 되다.
③ 동네 아이들이 집 앞에 진을 치고 있었다. → 자리를 차지하다.
④ 그는 함부로 난장을 치고 다니다가 호되게 당했다. → 말이나 행동을 거칠고 사납게 하다.
⑤ 작년까지 도박에 빠져 살았던 그는 올해부터 손을 씻고 착실하게 살아가고 있다. → 부정적인 일이나 찜찜한 일에 대하여 관계를 청산하다.

정답 ④

해설 ④ 난장을 치다 : 함부로 마구 떠들다.

08 〈보기〉의 (   )에 들어갈 한자성어로 가장 적절한 것은?

● 보기 ●

실업자가 늘고 있는 상황에서 소비 심리가 개선되기를 바라는 것은 (   )(이)나 마찬가지다.

① 감탄고토(甘呑苦吐)   ② 연목구어(緣木求魚)
③ 누란지위(累卵之危)   ④ 수주대토(守株待兎)
⑤ 순망치한(脣亡齒寒)

정답 ②

해설 연목구어는 나무에 올라가서 물고기를 구한다는 뜻으로, 도저히 불가능한 일을 굳이 하려 함을 비유적으로 이르는 말이다.

오답 풀이 ① 감탄고토 : 달면 삼키고 쓰면 뱉는다는 뜻으로, 자신의 비위에 따라서 사리의 옳고 그름을 판단함을 이르는 말
③ 누란지위 : 층층이 쌓아 놓은 알의 위태로움이라는 뜻으로, 몹시 아슬아슬한 위기를 비유적으로 이르는 말
④ 수주대토 : 한 가지 일에만 얽매여 발전을 모르는 어리석은 사람을 비유적으로 이르는 말
⑤ 순망치한 : 입술이 없으면 이가 시리다는 뜻으로, 서로 이해관계가 밀접한 사이에 어느 한쪽이 망하면 다른 한쪽도 그 영향을 받아 온전하기 어려움을 이르는 말

09 밑줄 친 단어의 쓰임이 옳지 않은 것은?

① 비로소 모래성이 완성되었다.
② 집에 오는 길에 은행에 들렀다.
③ 열심히 하노라고 한 결과물이다.
④ 맑게 갠 날씨로 인해 공원에 사람이 많다.
⑤ 집에 혼자 있을 때는 현관문을 잘 잠궈야 한다.

정답 ⑤

해설 잠궈야 → 잠가야

· 잠그다: 여닫는 물건을 열지 못하도록 자물쇠를 채우거나 빗장을 걸거나 하다.

---

10 문맥상 (   ) 안에 공통적으로 들어갈 말로 가장 적절한 것은?

● 보기 ●

개인은 생존을 위해서 어떤 집단에 '참여'할 필요는 있으나 아무 집단에도 (   )될 필요는 없다. 어떠한 개인도 정상적 심리 상태에서 집단에 (   )되기를 자원하지 않을 것이며, 타인에게 (   )되기를 더욱 바라지도 않을 것이다. 그리고 원하지 않는 (   )을 강요할 수 있는 권리를 가진 사람도, 그러한 강요를 정당화할 만한 이유도 전혀 없다.

① 집중(集中)　　　② 접촉(接觸)
③ 존립(存立)　　　④ 정착(定着)
⑤ 예속(隷屬)

정답 ⑤

해설 예속 : 남의 지배나 지휘 아래 매임

오답풀이
① 한 가지 일에 모든 힘을 쏟아 부음
② 서로 맞닿음
③ 국가 · 제도 · 단체 따위가 존재함
④ 일정한 곳에 자리를 잡고 삶

---

11 밑줄 친 단어의 쓰임이 바르지 않은 것은?

① 이러나저러나 죽기는 일반(一般)이다.
② 그는 땅장사로 일개(一介) 거부가 되었다.
③ 그는 일종(一種)의 확신에 가득 차 있었다.
④ 그녀는 재산 일체(一切)를 학교에 기부하였다.
⑤ 명당을 얻기 위해 관음봉 일대(一帶)에 묻힌 유골은 헤아려 낼 수도 없을 정도였다.

정답 ②

해설 '일개(一介)'는 '보잘것없는 한 낱'이라는 뜻이므로 '지위, 등급, 가격 따위가 단번에 높이 뛰어오르는 모양'이라는 뜻의 '일약(一躍)'을 넣는 것이 더 자연스럽다.

오답풀이
① 일반 : 한모양이나 마찬가지의 상태
③ 일종 : 어떤 것을 명시적으로 밝히지 않고 '어떤, 어떤 종류의'의 뜻을 나타내는 말

---

④ 일체 : 모든 것
⑤ 일대 : 일정한 범위의 어느 지역 전부

---

12 다음 〈보기〉의 내용에 해당하는 속담은?

● 보기 ●

잘못을 저지른 쪽에서 오히려 남에게 성냄을 비꼬는 말

① 말이 씨가 된다.
② 방귀 뀐 놈이 성낸다.
③ 목마른 놈이 우물 판다.
④ 가는 방망이 오는 홍두깨
⑤ 집에서 새는 바가지는 들에 가도 샌다.

정답 ②

해설 자기가 방귀를 뀌고 오히려 남보고 성낸다는 뜻의 ②가 답이다.

오답풀이
① 늘 말하던 것이 마침내 사실대로 되었을 때를 이르는 말
③ 제일 급하고 일이 필요한 사람이 그 일을 서둘러 하게 되어 있다는 말
④ 자기가 한 일보다 더 가혹한 갚음을 받게 되는 경우를 비유적으로 이르는 말
⑤ 본바탕이 좋지 아니한 사람은 어디를 가나 그 본색을 드러내고야 만다는 말

---

13 〈보기〉의 ㉠~㉢에 들어갈 단어를 바르게 연결한 것은?

● 보기 ●

· 내가 쓴 소설이 학교 신문에 (㉠)되었다.
· 이번 일만큼은 네가 변명할 (㉡)가 아니니 말하지 마라.
· 이번 과제는 변수가 (㉢)되어 있어 실패할 수 있다.

	㉠	㉡	㉢		㉠	㉡	㉢
①	개재	계제	게재	②	계제	개재	게재
③	게재	계제	개재	④	개재	게재	계제
⑤	게재	개재	계제				

정답 ③

해설
· 게재(揭載) : 글이나 그림 등을 신문이나 잡지 등에 실음
· 계제(階梯) : 어떤 일을 할 수 있게 된 형편이나 기회
· 개재(介在) : 어떤 것들 사이에 끼여 있음

14 밑줄 친 부분의 맞춤법이 바르지 않은 것은?

① 한낮의 소나기가 더위를 <u>식혀</u> 주었다.
② 온 집 안이 보약 <u>달이는</u> 냄새로 진동했다.
③ 그는 쌀을 여러 번 씻은 뒤 냄비에 <u>안쳤다.</u>
④ 마을 이장이 소에게 <u>밭쳐서</u> 꼼짝을 못한다.
⑤ 인권 침해 책임자를 재판에 <u>부쳐</u> 처벌하였다.

정답 ④

해설 같은 발음으로 들려도 단어의 뜻에 따라 구별하여 적어야 하므로 ④는 '받혀서'로 적어야 한다.

15 밑줄 친 부분의 표기가 옳은 것은?

① 밤이기에 망정이지 <u>하마터면</u> 큰일 날 뻔했다.
② 나는 이 세상에서 아빠의 <u>팔벼개</u>가 가장 편하다.
③ 그 일이 있은 후에야 부모님의 마음을 <u>깨닳았다.</u>
④ 갑자기 추워진 날씨에 사람들이 몸을 잔뜩 <u>움추리고</u> 걸었다.
⑤ 그는 약자에게는 <u>으시대고</u> 강한 자에게는 굽실대는 나쁜 버릇이 있다.

정답 ①

오답풀이 ② 팔베개 ③ 깨달았다 ④ 움츠리고 ⑤ 으스대고

16 〈보기〉의 ( ) 안에 알맞은 표기로만 짝지어진 것은?

> ━●보기●━
> • 계곡물이 (㉠) 위험하다.
> • 발목이 (㉡) 걸을 수가 없다.
> • 아무래도 (㉢) 라면은 맛이 없다.
> • 오늘은 적금을 (㉣) 지 3년이 되는 날이다.

	㉠	㉡	㉢	㉣
①	불어	붇어서	부은	불은
②	붇어	부어서	부은	부은
③	붇어	붇어서	불은	부은
④	불어	부어서	부은	불은
⑤	불어	부어서	불은	부은

정답 ⑤

해설 ㉠ 붇다 : 분량이나 수효가 많아지다.
㉡ 붓다 : 살가죽이나 어떤 기관이 부풀어 오르다.
㉢ 붇다 : 물에 젖어서 부피가 커지다.
㉣ 붓다 : 불입금, 이자 등을 일정한 기간마다 내다.

17 밑줄 친 단어의 표기가 바르지 않은 것은?

① 네 죄를 네가 <u>알렷다.</u>
② 음식 맛이 참 <u>좋구먼.</u>
③ 오늘은 이제 안 <u>할련다.</u>
④ 이제 밥을 <u>먹으려고</u> 한다.
⑤ 이번 휴가는 <u>사흘이어서</u> 괜찮다.

정답 ③

해설 할련다 → 하련다
① 알렸다 → 알렷다　② 좋구만 → 좋구먼
④ 먹을라고 → 먹으려고　⑤ 사흘이여서 → 사흘이어서

18 밑줄 친 외래어 표기 중 틀린 것은?

① 오늘 간식은 <u>도넛</u>이다.
② 너무 더우면 <u>에어컨</u>을 틀어라.
③ <u>슈림프</u> 피자가 주문순위 1위다.
④ 조카 선물로 <u>로봇</u>를 준비했다.
⑤ 어머니 생신이라 <u>케이크</u>를 구입했다.

정답 ④

해설 로봇(robot)

오답풀이 ① 도넛(doughnut)　② 에어컨(air-conditioner)
③ 슈림프(shrimp)　⑤ 케이크(cake)

19 다음 글의 설명 방식으로 적절한 것은?

> 언어의 습득은 인종(人種)이나 지능(知能)과 관계없이 누구에게나 비슷한 수준으로 이루어진다. 그리고 하나의 언어를 일단 배우고 난 뒤에는 그것을 일상 생활에서 자유자재로 구사할 수 있다. 마치 자전거나 스케이트를 한번 배우고 나면 그 뒤에는 별다른 신경을 쓰지 않고 탈 수 있는 것과 같다.
> 우리는 언어를 이처럼 쉽게 배우고 또 사용하고 있지만, 언어 사용과 관련하여 판단을 내리는 과정의 내면을 살펴보면, 그것이 그리 단순하지 않다는 사실을 알 수 있다. 지극히 간단한 언어 표현에 관한 문법성을 판단하기 위해서만도 엄청난 양의 사고 과정(思考過程)이 요구되는 것이기 때문이다. 예컨대, 우리는 "27의 제곱은 얼마인가?"와 같은 계산을 위해서는 상당한 시간을 소모하지 않으면 안 되면서도,
> "너는 냉면 먹어라. 나는 냉면 먹을게."
> 와 같은 문장은 어딘가 이상한 문장이라는 사실, 어떻게 고쳐야 바른 문장이 된다는 사실을 특별히 심각하게 따져보지 않고도 거의 순간적으로 파악해 낼 수 있다. 그러나 막상 이 문장이

틀린 이유가 무엇인지 설명하라고 하면, 일반인으로서는 매우 곤혹스러움을 느끼게 된다. 이를 논리적으로 설명해 내기 위해서는 국어의 문법 현상에 관한 상당한 수준의 전문적 식견이 필요하기 때문이다.

… (중략) …

언어는 개방적이고 무한한 체계이기 때문에 우리는 언어를 통해서 반드시 보았거나 들은 것, 존재하는 것만을 이야기하는 데 그치지 않고 '용, 봉황새, 손오공, 유토피아……' 같이 현실에 존재하지 않는 상상의 산물이나, 나아가서는 '희망, 불행, 평화, 위기……' 라든가, '의문, 제시, 제한, 효과, 실효성……' 등과 같은 관념적이고 추상적인 개념까지를 거의 무한에 가깝게 표현할 수가 있다.

① 구체적인 사례를 들어 정보를 전달하고 있다.
② 대상 간의 차이점을 중심으로 서술하고 있다.
③ 상위 단위를 하위 단위로 나누어 설명하고 있다.
④ 대상의 변화 과정에 초점을 맞추어 전개하고 있다.
⑤ 권위자의 말을 끌어들여 신빙성을 높이고 있다.

정답 ①

해설 제시된 글은 언어의 일반적인 특성인 '언어 습득의 균등성, 언어 판단의 직관성, 언어의 개방성' 등을 구체적인 사례를 들어 독자의 이해를 돕고 있다.

오답풀이 ②는 대조, ③은 구분, ④는 과정, ⑤는 인용에 관련된 설명이다.

---

20 다음 제품 설명서를 잘못 이해한 것은?

와플 메이커 제품 설명서

• 주 전원 연결
  제품은 반드시 규정에 따라 설치된 접지 콘센트에 연결해야 합니다. 공급전압이 장치의 정격표시 라벨에 표기된 전압에 해당하는지 확인하십시오. 이 제품은 적용되는 모든 CE 라벨 부착 지침을 준수합니다.
• 세척방법
  – 전원 콘센트에 연결된 플러그를 뽑고 제품을 열고 제품이 충분히 식혀질 때까지 기다린 다음 세척하면 됩니다.
  – 감전의 위험을 방지하기 위하여 물로 제품을 직접 닦거나 물에 담그면 안 됩니다.
  – 연마제나 강한 세제를 사용하지 마십시오.
  – 제품 외부를 마르거나 약간 젖은 보풀 없는 천으로 닦으면 됩니다.
• 중요 안전수칙
  – 작동 중에 제품이 뜨거워져 화상의 위험이 있으니 주의하셔야 합니다.
  – 제품을 사용하기 전에 본체뿐만 아니라 모든 부착물에 결함이 있는지 철저히 확인해야 합니다.

– 제품이 딱딱한 표면에 떨어진 경우에나 어떠한 손상이 발생될 경우 더 이상 사용하지 않아야 합니다. 보이지 않는 손상이라도 제품 작동상의 안전에 역효과를 줄 수 있기 때문입니다.
– 제품 사용 중에 곁을 떠나지 않아야 하며, 뜨거운 표면에 접촉되거나 열원 또는 인화성 물질에 노출되지 않아야 합니다.
– 전원코드가 제멋대로 늘어져 있지 않도록 주의해야 하며, 제품의 뜨거운 부분으로부터 충분히 떨어져 있어야 합니다.
– 전원코드는 규칙적으로 손상유무를 검사해야 하며, 손상이 발견되면 더 이상 사용하시면 안 됩니다.
– 벽에 부착된 전원 콘센트에서 플러그를 제거할 때는 다음 사항을 확인해야 합니다.
  : 고장 났을 경우, 세척할 경우
– 벽에 부착된 전원 콘센트에서 플러그를 뽑을 때는 절대로 전원코드를 잡아당기지 말고 항상 플러그를 잡으십시오.
– 이 제품은 신체적·감각적 또는 정신적 능력이 부족하거나 경험이나 지식이 부족한 사람(어린이 포함)이 주위의 도움 없이 직접 사용하지 못하도록 주의해야 합니다.
– 안전규정을 준수하고 위험을 방지하기 위하여 전기제품의 수리는 자격 있는 인원에 의하여 수행되어야 합니다. 수리가 필요한 경우에는 해당 장치를 당사의 A/S 센터로 발송해 주시기 바랍니다. 회사 주소는 이 설명서의 부록에 표시되어 있습니다.

① 전원코드에 손상이 있으면 사용을 중단해야겠군.
② 감전의 위험이 있으니 물 세척 대신 마른 수건으로 닦아야겠군.
③ 플러그에서 전원코드를 분리할 경우 항상 플러그를 잡아야겠군.
④ 약간의 손상이 있더라도 제품 사용에 아무런 문제가 되지 않겠군.
⑤ 제품 작동 중에는 옆에서 지켜보며 제대로 작동이 되는지 살펴봐야겠군.

정답 ④

해설 중요 안전수칙에 보이지 않는 손상이라도 제품 작동상에 문제를 발생시킬 수 있으므로 사용을 중단해야 한다고 명시하였다.

[21~22] 다음 글을 읽고 물음에 답하시오.

오늘날 의학계에서 사용하고 있는 기술과 도구는 수없이 많다. 그중에서 가장 알맞은 것을 선택하여 사용하는 것은 의료인의 지혜요, 능력이며 그러한 혜택을 제한 없이 ㉠ 누리는 것이 인류의 행복이라고 할 수 있다. 그러나 의학 기술과 도구를 구분해놓고 서로 상대방의 것을 사용하지 않으려는 배타적인 태도를 보이는 사회에 사는 것은 불행한 일이라 아니할 수 없다.

의학은 기술의 일종이다. 다시 말해서 의술은 고치는 기술인 것이다. 동서양을 막론하고 의학에 얽힌 현상들을 이해하기 위해 예로부터 많은 기술과 이론을 동원하였다. 어떤 때는 무속의 의식을 이용하기도 하였고, 어떤 때는 종교적 설명을 ㉡ 이끌어 들이기도 하였다. 여기서 철학적이며 형이상학적인 것을 의술에 접합시킨 것이 동양 의학이요, 과학과 기술을 이용하여 형성된 것이 서양 의학이다.

서양 의학에서는 인체의 기본 단위를 세포로 본다. 모든 세포가 정상적인 상태를 유지하고 있으면 '건강'이라고 부르고 세포들이 비정상적인 상태라면 '병'이라고 부른다. 그리하여 모든 병의 근원을 세포에서 찾는다. 세포의 수가 비정상적으로 ⓒ 늘어나거나 줄어드는 것이 병적인 상태이며, 또 세포의 수는 변하지 않으면서 낱개의 세포가 비정상적으로 비대해지거나 위축되는 것도 병적인 상태이다.

이러한 세포의 변화를 종양, 결손, 염증, 퇴행성 변화로 ⓔ 나누어 이런 병명이 어디서 생기느냐에 따라 임상적 병명을 붙이게 된다. 예를 들어 염증이 관절에 생기면 관절염이요, 신장에 생기면 신장염이라 부르는 것이다. 이처럼 병에 대한 서양 의학적 관점은 다분히 해부학적이며 과학적이다.

그렇다면 동양 의학의 관점은 어떠한가? 우리 몸 안에는 항상 몸의 상태를 정상적으로 유지시키려는 자연 치유 에너지가 내재해 있는데 이 에너지가 바로 '기(氣)'다. 기의 기능이 정상적이면 이를 '건강'이라고 부르고, 기의 기능이 비정상적이면 이를 '병'이라고 부른다.

기가 건강하게 조화를 이루고 있는 상태를 제1단계, 기의 부조화 상태를 제2단계, 기질적 변화를 제3단계라고 한다면, 제2단계인 기의 부조화 상태가 바로 건강하지 않은 상태이다. 이것이 병에 대한 동양 의학적 관점으로 다분히 가설적이며 철학적임을 알 수 있다.

병의 발생 과정은 가스 파이프에 비유할 수 있다. 처음에는 파이프가 깨끗하고 단단한 상태이나(제1단계), 가스 파이프에 녹이 슬거나 구멍이 뚫리면 가스가 새게 되고(제2단계), 이 상태가 지속되면 언젠가는 화재가 ⓜ 일어나게 될 것이다(제3단계).

병인(病因)과 치료 면에서 제2단계를 중시하는 것이 동양 의학이요, 제3단계를 중시하는 것이 서양 의학이라 할 수 있다. 따라서 서양 의학과 동양 의학은 병인을 보는 관점과 그에 대한 치료방법이 다른 것일 뿐 별개의 존재로 볼 수 없는 것이다.

지금 우리나라에는 동양 의학과 서양 의학을 별도로 인정하는 의료 제도가 정착되어 있다. 그러나 앞에서 보았듯이 동양 의학과 서양 의학은 서로 별개의 것이 아니다.

… (중략) …

서양 의학과 동양 의학은 동전의 앞뒷면과 같은 것으로서 그저 한 의학의 두 측면일 뿐이다. 그러므로 서양 의학과 동양 의학은 새의 양 날개와 같이 서로 조화를 이루어 동시에 펄럭거리는 날갯짓을 할 때 비로소 새로운 종합 의학으로 비상하게 될 것이다.

21 위 글의 주제로 가장 적절한 것은?

① 현대 의학의 특징
② 우리 의학이 나아갈 방향
③ 동양 의학의 현대화 방안
④ 동양 의학과 서양 의학의 관계
⑤ 동양 의학과 서양 의학의 장점과 단점

정답 ②

해설 글쓴이는 전반부에서 의학 기술과 도구를 구분해 놓고 서로 상대방의 것을 사용하지 않으려는 배타적인 태도는 바람직하지 않다는 점을 전제로 하여 동양 의학과 서양 의학의 특징을 설명하고 있다. 그리고 후반부에서는 동양 의학과 서양 의학이 조화를 이룬 종합 의학으로 나아가야 한다는 점을 강조하고 있다.

22 ㉠~㉤을 바꿔 쓴 것 중 적절하지 않은 것은?

① ㉠ – 공유(共有)하는
② ㉡ – 도입(導入)하기도
③ ㉢ – 증가(增加)하거나
④ ㉣ – 분류(分類)하여
⑤ ㉤ – 발생(發生)하게

정답 ①

해설 '공유(共有)하다'는 '두 사람 이상이 한 물건을 공동으로 소유하다.'라는 뜻이므로 '누리는'과 바꿔 쓸 수 있는 한자어로 적절하지 않다. '향유(享有)하다'가 적절하다.

23 다음 글에서 ㉠의 사례로 가장 적절한 것은?

원탁 토의는 10명 내외의 소수의 사람들이 자유로운 분위기에서 주어진 토의 문제를 분석하고 진단하며 나아가 그에 대한 해결 방법을 모색하는 토의 방식이다. 원탁 토의는 비공개적 자유 토의의 대표적 형태로서 대화 형식으로 진행되기 때문에 참여자들이 적극 참여할 수 있어 주어진 토의 문제에 대한 의사 결정을 쉽게 얻을 수 있다는 것이 장점이다. 그러므로 어떤 문제의 해결 방안을 결정하는 데 적합하며 여러 사람들이 공동 문제를 정확히 진단하고 이해하는 데도 많이 사용된다.

㉠ 패널 토의는 주어진 토의 문제에 대한 전문 지식을 지닌 몇 사람(대체로 3~6인)의 토의자들이 사회자의 진행에 따라, 일반 청중 앞에서 토의 문제에 대한 정보나 지식, 의견이나 견해 등을 나누는 공개적 토의이다. 토의가 끝난 뒤에는 청중으로부터 질문을 받고 그에 대하여 토의자들이 답변하는 질의·응답 시간이 주어진다. 따라서 이 토의는 시사 또는 학술 문제 등에 관한 정보나 의견 등을 청중 참여자들에게 알려주면서 그 문제를 이해하고, 해결 방안을 모색하기 위한 토의에 많이 이용된다.

심포지엄은 패널 토의와 그 방식이 비슷하다. 그러나 토의 문제에 전문적 지식을 지닌 몇 사람이 토의하는 대신, 토의 문제를 여러 측면(대체로 4~5개)으로 나누어 각 토의자가 각 측면에 대한 정보나 자기의 견해 등을 연설, 강연 등의 형식으로 간단히 발표(10분 이내)한 뒤, 청중과 질의·응답식 토의를 벌이는 것이 패널 토의와 다르다. 이와 같은 심포지엄에서는 각 토의자가 서로 다른 측면이나 관점에서 이야기해야 하며, 토의자는 각 측면의 전문가나 대표자를 선정해야 한다. 예를 들어, 대학 입시 제도 문제에 관한 심포지엄을 할 경우, 첫 번째 토의자는 이것에 관한 발제를 해도 좋으나, 두 번째 토의자는 대학의 자율성 위축, 세 번째 토의자는 입시 과열과 사회 문제에 대하여, 그리고 네 번째 토의자는 교육과학기술부의 입장에서, 다섯 번째 토의자는 시민의 입장에서 이야기하도록 해야 한다.

① '안락사, 허용해야 하는가'에 대한 각계 대표들의 입장 발표
② '상반기 매출 증가 방안은 무엇인가'에 대한 회사 임원들의 논의
③ '샛강을 살리려면 어떻게 해야 하는가'에 대한 환경 전문가들의 연설

④ '한미 FTA의 올바른 방향과 대책은 무엇인가' 에 대한 정책 전문가들의 논의

⑤ '합리적인 에너지 확보 방안은 무엇인가' 에 대한 원자력 전문가들의 주제 발표

정답 ④

해설 2문단에서 패널 토의는 해당 분야의 전문가들이 시사나 학술 문제의 정보를 공유하고 해결 방안을 찾는 공개적 토의 형식임을 설명하고 있고, 3문단에서는 패널 토의와 심포지엄의 차이점을 언급하고 있다. 이를 바탕으로 패널 토의의 사례를 찾으면 시사적인 주제를 바탕으로 해당 전문가들이 논의를 벌이는 ④가 가장 적절하다.

오답풀이 ① 각계 대표들이 입장발표를 하는 것은 '심포지엄' 의 사례이다.

② 청중이 필요 없는 비공개적 토의 형식으로 '원탁 토의' 의 사례이다.

③, ⑤ 패널 토의와 주제 면에서는 유사하나 이를 연설과 발표를 통해 토의한다는 점에서 '심포지엄' 의 사례가 된다.

[24~26] 다음 글을 읽고 물음에 답하시오.

석유, 천연가스, 석탄 등은 주로 탄소와 수소로 구성된 탄화수소인데, 이러한 연료들은 오래 전에 살았던 동·식물이 땅 속 깊이 묻혀 화학적으로 변해서 만들어진 것이므로 그 기원은 생물에 있는 것이다. 그러므로 오늘날 생물의 몸을 구성하고 또 에너지원으로 이용되고 있는 모든 유기물은 직접적 또는 간접적으로 식물이 생산한 유기물에 바탕을 두고 있는 것이다.

한편, 광합성이란 생물 중에서 오직 식물만이 가지고 있는 유일한 시스템으로 무기물인 물(H_2O)과 이산화탄소(CO_2)로부터 유기물인 탄수화물을 합성하는 기능이다. 식물이 광합성을 통해 무기물로부터 유기물을 합성할 때에는 많은 양의 에너지가 필요한데, 식물은 이때 필요한 에너지를 햇빛으로부터 얻고 있다. 지구상에 널리 산재해 있는 삼림이나 농경지에서 매년 약 450억 톤의 이산화탄소가 광합성 작용을 통해 유기물로 전환되며, 이것보다 많은 양의 이산화탄소가 강과 바다에 있는 식물성 플랑크톤의 광합성 작용을 통해 유기물로 고정된다. 이처럼 많은 양의 이산화탄소가 매년 소비되지만 이것은 대기에 들어있는 이산화탄소의 0.04%에 불과하며, 이는 매년 동물의 호흡이나 미생물에 의한 부패 등으로 발생하는 이산화탄소의 양과 거의 비슷한 양이다.

ⓐ 식물의 광합성과 ⓑ 동물의 호흡 사이에는 오묘한 자연의 이치가 개입되어 있다. 식물은 광합성을 통해 유기물을 만들어 내는 과정에서 이산화탄소를 소비하는 대신 산소를 내보내게 된다. 이때 발생하ⓒ 는 산소는 공기 중으로 섞여 나가게 된다. 그리고 동물들은 대기 중에 섞여 있는 산소를 빨아들여, 음식을 통해 섭취한 유기물을 산화시켜 에너지를 얻고, 이 과정에서 다시 이산화탄소를 배출하게 되며, 이것은 다시 식물의 광합성 작용에 이용된다.

식물의 광합성을 통해 생산되는 유기물의 양은 지상에 서식하는 생물체에 들어 있는 것만도 1조 5천억 톤 이상이 되는 것으로 추정된다. 이 정도면 지구상의 모든 생명체가 충분히 소비하고도 남을 만한 양이다. 그러나 식물의 광합성에서는, 이처럼 막대한 양의 유기물을 확보하기 위해, 지구 표면에 도달하는 햇빛의 1만 분의 1 정도만을 사용하고 있을 뿐이다.

요즘 과학자들은 에너지 문제를 해결하기 위하여 태양 에너지에 주목하고 있다. 물론 여기에서 말하는 에너지는 전기나 연료와 같은, 생활에서 필요로 하는 에너지를 말한다. 그러나 인간은 아직 태양 에너지를 제대로 이용하지 못하고 있다. 무진장한 태양 에너지를 이용하는 데 있어 인간의 과학은 식물의 광합성에 비해 그 효율성이 매우 떨어지는 것이다. 따라서 깨끗한 에너지를 충분히 얻기 위해서는 ⓛ 광합성에 대한 보다 치밀한 연구가 활성화되어야 할 것이다. 광합성이 지닌 효율성만 배울 수 있다면 우리도 무한에 가까운 태양 에너지를 이용하여 깨끗하고 풍부한 에너지를 얻을 수 있을 것이기 때문이다.

---

24 위 글을 바탕으로 할 때, 〈보기〉에 나타난 인간의 행태에 대해서 할 수 있는 말로 가장 적절한 것은?

[보기]

현재 지구상의 사막 지대의 면적은 식물이 무성한 삼림 지대의 넓이와 맞먹는다. 그런데 인간으로 인해 삼림 지대는 갈수록 줄어들고 사막 지대는 점점 늘어나고 있다. 목재를 얻기 위하여 나무를 벌채하거나 도시 문명을 확장하기 위해 산을 깎음에 따라 하루에도 지구상에서 여의도 면적에 해당하는 만큼의 삼림 지대가 사막으로 변해가고 있다.

① 우물에서 숭늉 찾는 셈이야.

② 방귀 뀐 놈이 성내는 꼴이군.

③ 소 잃고 외양간 고치는 격이야.

④ 아랫돌 빼서 윗돌 괴는 격이군.

⑤ 제 무덤을 제가 파고 있는 꼴이군.

정답 ⑤

해설 모든 생명체가 존속하기 위해서 광합성이 매우 중요하다는 것은, 인간이 생존하기 위해서는 광합성을 하는 식물이 매우 중요하다는 것을 의미한다. 그럼에도 불구하고 〈보기〉에 나타난 인간은 식물을 파괴하는 행태를 벌이고 있다. 이로 보아 〈보기〉에 나타난 인간은 제 무덤을 스스로 파는 사람이라고 할 수 있다.

오답풀이 ① 일의 순서를 모르고 성급하게 덤비다.

② 자기가 잘못해놓고 오히려 남을 탓하다.

③ 일을 그르친 뒤에 뉘우쳐도 소용없다.

④ 일이 몹시 급하여 임시방편으로 이리저리 둘러맞추다.

25 ㉠의 내용을 고려할 때 'ⓐ : ⓑ'와 유사한 관계를 지니고 있는 것은?

① 연극은 궁극적으로 누군가에게 보여주기 위한 예술이다.
② 작은 물방울이 모여 시내가 되고 시내가 모여 강을 이룬다.
③ 범죄를 저질렀으면 그에 상응하는 처벌을 받는 것이 당연하다.
④ 축구와 야구는 모두 현대인들을 사로잡고 있는 스포츠라는 점에서 공통적이다.
⑤ 나비는 꽃에 있는 꿀을 먹이로 삼고, 꽃은 나비의 몸에 꽃가루를 묻혀 종족을 유지한다.

정답 ⑤

해설 ⓐ와 ⓑ는 상보적인 관계를 갖는다. 즉, ⓐ를 위해서는 ⓑ가 필요하고, ⓑ를 위해서는 ⓐ가 필요한 관계인 것이다. ⑤에 나타나 있는 나비와 꽃도 이런 관계에 놓여 있다.

오답풀이 ① '연극'과 '예술'은 상하 관계이다.
② '시내'와 '강'은 부분과 전체의 관계이다.
③ '범죄'는 원인이고 '처벌'은 결과가 된다.
④ '축구'와 '야구'는 대등 병렬의 관계이다.

26 ㉡의 구체적인 내용으로 적절한 것은?

① 동물의 세포에서도 광합성을 일으킬 수 있는 방안에 관한 연구이다.
② 식물들이 보다 많은 햇빛을 광합성에 이용할 수 있게 하는 연구이다.
③ 광합성 과정에서 이산화탄소의 소비량을 줄일 수 있는 방안에 관한 연구이다.
④ 광합성을 통해 만들어지는 유기물을 다양한 분야에 활용하는 방안에 관한 연구이다.
⑤ 광합성의 원리를 적용하여 태양 에너지를 효율적으로 활용하는 방안에 관한 연구이다.

정답 ⑤

해설 ㉡ 뒤에 이어지는 내용을 보면 ㉡은 결국 광합성의 효율성을 인간의 에너지 개발에 이용하자는 것이다. 그리고 ㉡의 앞에서는 광합성이 햇빛의 일만 분의 일만을 사용하면서도 많은 유기물을 만들어 낸다는 내용을 통해, 광합성의 효율성을 강조하고 있다. 따라서 ㉡의 구체적 내용은 광합성의 원리와 이치를 배워 인간의 에너지 개발에 적용해 보자는 것이 된다.

[27~28] 다음 글을 읽고 물음에 답하시오.

고대 희랍의 누드 조각, 르네상스의 누드화, 인상파, 로댕, 피카소 등에 이르기까지 서양의 에로티시즘은 생명을 새롭게 파악하여 현실의 여러 의미를 보여 준다. 발가벗은 인체를 예술의 소재로 삼는다는 것은 우리 인간의 생명의 비밀을 직시하려는 태도의 표명이며, 삶의 근원을 찾아내려는 모색의 과정이다. 또한 에로티시즘의 조형화(造形化)는 삶의 단순한 향유가 아니라 현실의 재확인이다. 그러므로 대중들이 즐기고 욕망하는 현실 감정이 가장 쉽게 그리고 직접적으로 누드에 반영된다.

우리의 미술사에서도 어느 정도 이러한 점을 확인할 수 있다. 성(性)을 경원시하고 남녀유별(男女有別)에 철저했던 유교적 도덕으로 무장한 조선의 풍토에서 혜원 신윤복의 존재는 무엇을 말해주는가? 왜 혜원의 춘의도(春意圖)가 그 시대 산수도보다 대중들에게 잘 수용되었던가? 그것은 그가 당대의 사회적 풍토로 인해 억압되어 있던 (㉠   )을 잘 드러냈기 때문이다.

그런데 ㉡ 근래의 우리 누드 화가들은 어떠한가? 누드를 통해 어떤 현실을 인식시키고 어떤 진실을 표현하려 하였던가? 가령 김인승의 〈나부(裸婦)〉를 놓고 보자. 이국적(異國的)인 용모를 지닌 풍요한 여체가 옆면으로 등을 보이면서 소파 위에 앉아 있다. 주위의 실내 배경은 서구 스타일의 장식으로 간략히 정돈된 고전풍이다. 그에 따라 나부가 효과적으로 중심을 드러낸다. 기법은 인상주의 이전의 사실주의 수법으로 객관미를 표출하고 있다. 그럼에도 그의 누드는 우리에게 위화감(違和感)을 불러일으킨다. 무엇 때문인가?

우리는 그의 누드 속의 인물, 즉 이국적 호사 취미에 알맞은 장식적 인물에서 그 단서를 발견할 수 있다. 우리가 보아온 누드 어디에 그 같은 취향이 있었던가? 이 누드의 풍요성과 같은 안정된 현실을 어느 시대에서 향유할 수 있었단 말인가? 결국 그의 누드에 담긴 장식적 현실은 부르주아적 모방 취미가 아닐 수 없다. 그런 누드화는 부유층(富裕層)의 수요에 의하여 생산되는 사치품에 불과하다. 이처럼 근래의 우리 누드화는 민중의 현실 속으로 파고들지 못했다.

… (중략) …

예술의 각 사조는 특정한 역사적 현실 위에서, 특정한 이데올로기를 표현하기 위하여 등장한다. 따라서 특정한 예술 사조를 받아들일 때, 그 예술의 형식 뒤에 숨은 이데올로기를 충분히 소화하고 있느냐가 문제가 된다. 그렇지 못한 모방 행위는 형식 미학 내지 관념 미학이 갖는 오류에서 벗어나지 못한다. 가령 어느 예술가가 인상파의 영향을 받았다면, 동시에 그는 그것의 시대적 한계와 약점까지 추적하여야 한다. 그리고 그것을 자신이 살고 있는 시대에 접목(接木)하고 이식하였을 경우 현실의 문화적 풍토 위에서 성장할 수 있는가를 가늠해야 한다. 그런데 우리 누드 화가들은 과연 그러하였는가?

이국산 화초는 아름다울지라도 풍토가 적합하지 못하면 고사(枯死)한다. 물론 그 화초를 온실 속에서 키울 수 있을지 모르나, 그것이 우리의 산야(山野)를 아름답게 빛내지는 못할 것이다. 그것은 어디까지나 온실 안의 화초로서 특수층의 수요에 응하여 존재할 따름이다.

27 문맥으로 보아 ㉠에 들어갈 내용으로 가장 적절한 것은?

① 도덕적 불감증
② 전통적인 가치관
③ 지배층의 물질적 욕망
④ 보편적인 감정의 진실
⑤ 사회 체제에 대한 불만

[정답] ④

[해설] 본문에는 남녀 간의 애정이나 성적 욕망에 대해 조선 사회가 지나치게 경직되어 있었음을 지적하고 있다. 그런 사회에서 신윤복의 그림이 호응을 받았다는 점은 이러한 경직성을 극복했기 때문에 가능했다는 것을 짐작할 수 있으며, 그것은 곧 남녀 간의 애정이나 성적 욕망을 그대로 인정했다는 것을 의미한다.

28 ㉡의 창작 태도에 대한 글쓴이의 비판의 핵심을 가장 잘 파악한 것은?

① 예술가는 모험 정신을 가져야 하는데 이들은 그렇지 못했어.
② 예술적인 미감보다는 지나치게 이데올로기만을 강조하고 있어서 문제야.
③ 예술가에게도 돈은 필요하지만 돈을 좇아서 예술을 한다는 것은 말이 안 되지.
④ 서양화의 역사에 나타나는 기법의 새로운 변화 방향에 대해 너무 무지한 것 같아.
⑤ 형식 속에 내재한 이데올로기를 이해하지 못해서 민중의 현실에 파고들지 못했어.

[정답] ⑤

[해설] 이 글에서 중요하게 다루는 것은 예술의 형성과 예술 사조의 수입에 대한 글쓴이의 관점이다. 하나의 예술 형식은 특정한 역사적 현실 속에서 형성되며, 예술 형식을 받아들일 때는 그러한 이면의 것들도 충분히 이해해야 함을 글쓴이는 강조하고 있다. 그러나 우리의 화가들은 누드를 통해 현실을 표현하지 못했고, 바탕에 깔린 이데올로기도 제대로 이해하지 못했으므로 비판의 대상이 되는 것이다.

[29~30] 다음 글을 읽고 물음에 답하시오.

유추는 '알고자 하는 특성의 확정 – 알고 있는 대상과의 비교 – 결론 내리기'의 과정을 통해 이루어진다. 동물원에 가서 '백조'를 처음 본 어린 아이가 그것이 날 수 있는가의 여부를 판단하는 과정을 생각해보자. 이 경우 '알고자 하는 대상'과 '알고자 하는 특성'을 확정하면 '백조가 날 수 있는가'가 된다. 그런데 그 아이가 자신이 이미 알고 있는 '비둘기'를 떠올리고 백조와 비둘기 사이에 '깃털이 있다', '다리가 둘이다', '날개가 있다' 등의 공통점을 발견하였다. 이렇게 공통점을 발견하는 것이 바로 비교이다. 그 다음에 '비둘기는 난다'의 특성을 다시 확인한 후 '백조가 날 것이다'로 결론을 내리면 유추가 끝난다.

많은 논리 학자들은 유추가 판단을 그르치게 한다고 폄하한다. 유추를 통해 알아낸 것이 옳다는 보장이 없기 때문이다. 위의 경우 '백조가 난다'는 것은 옳다. 그런데 똑같은 방법으로 '타조'에 대해 '타조가 난다'라는 결론을 내렸다면, 이는 사실에 어긋난다. 이는 공통점이 많은 대상을 비교 대상으로 선택하지 못했기 때문이다. 이렇게 유추를 통해 알아낸 것은 옳을 가능성이 있다고는 할 수 있어도 틀림없다고는 할 수 없다.

결국 유추를 통해 옳은 결론을 내릴 가능성을 높이는 것이 중요한데, '범위 좁히기'의 과정을 통해 비교할 대상을 선정함으로써 그 가능성을 높일 수 있다. 만약 어린아이가 수많은 새 중에서 비둘기 말고, 타조와 더 많은 공통점을 갖고 있는 것, 예를 들면 '몸통에 비해 날개 크기가 작다'는 공통점을 하나 더 갖고 있는 '닭'을 가지고 유추를 했다면 '타조는 날지 못할 것이다'라는 결론을 내렸을 것이다.

우리 인간은 모든 것을 알고 태어나지 않았을 뿐만 아니라 어느 한 순간에 모든 것을 알아 내지는 못한다. 그런데도 인간이 많은 지식을 갖게 된 이유는 유추와 같은 사고법을 가지고 있기 때문이다. 그러므로 (㉠)

29 위 글의 내용과 일치하지 않는 것은?

① 유추는 인간에게 많은 지식을 제공해준다.
② 유추를 통해 알아낸 것이 모두 옳은 것은 아니다.
③ 아이가 비둘기와 백조의 공통점을 발견했다면 이는 유추가 된다.
④ 유추가 올바른 것이 되려면 공통점이 많은 비교 대상이 필요하다.
⑤ 유추를 통해 옳은 결론을 내리려면 '범위 좁히기' 과정이 필요하다.

[정답] ③

[해설] 1문단에서 아이가 비둘기와 백조의 공통점을 발견하는 것은 '비교'라고 했다.
①은 4문단에, ②는 2문단에, ④와 ⑤는 3문단에 제시되어 있다.

30 ⊙에 들어갈 내용으로 가장 적절한 것은?

① 옳은 결론을 내리기 위해서 유추는 필요하다.
② 일상 생활의 지식을 넓히기 위해서는 유추가 필요하다.
③ 지식의 더 많은 공통점을 찾기 위해서는 유추가 필요하다.
④ 인간이 모든 것을 알고 태어나는 것이 아니므로, 유추는 필요하다.
⑤ 옳지 않은 결론을 내릴 가능성을 안고 있음에도 불구하고 유추는 필요하다.

정답 ⑤

해설 1~3문단의 내용에서 유추는 옳지 않은 결론을 내릴 가능성이 있으므로, 범위 좁히기를 통해 이를 보완해야 한다고 했다. 그러므로 그런 가능성을 가지고 있지만, 유추는 인간에게 많은 지식을 주기 때문에 필요한 것이라는 결론을 내릴 수 있다.

[31~33] 다음 글을 읽고 물음에 답하시오.

(가) 어휘력을 풍부하게 하기 위해서는 무엇보다도 다양한 영역의 책을 많이 읽어야 한다. 독서를 하는 도중에 모르는 단어가 나왔을 때는 사전을 찾아보아야 한다. 한자어로 된 단어인 경우에는 단어를 이루고 있는 한자들의 의미를 통해 단어의 뜻을 유추할 수 있다. 순수한 우리말인 경우에도 합성어나 파생어인 경우에는 어근과 접사의 의미로부터 단어의 뜻을 짐작해 볼 수 있다. 그렇게 유추한 의미가 문맥 속에서 뜻이 통하는지를 확인해 보면 단어의 의미는 한층 분명해질 것이다. 새로운 단어를 문맥을 통해 접하고 익히면 그만큼 활용할 수 있는 단어의 양이 풍부해진다. 특히, 전문 용어나 학술 용어, 고사성어나 한자성어에 익숙한 사람은 전문 분야의 글이나 깊이 있는 내용의 글을 이해하는 데 훨씬 유리하다.

(나) 단어는 이처럼 문장 안에서 다른 단어와의 관련성 속에서만 의미를 온전하게 드러낸다. 문장은 단어들이 맺고 있는 관계를 통해 이루어지고, 이 관계는 일차적으로는 문법적인 관련성을 뜻한다. ⊙ 주어와 그에 해당하는 서술어, 수식어와 피수식어 등 문법적인 연결 관계를 파악하는 것은 특히 복잡한 문장을 이해하는데 매우 중요하다.

(다) 단어가 지닌 상식적이고 일반적인 뜻을 지시적 의미라고 한다. 단어를 알고 있다는 것은 우선 단어의 지시적 의미를 안다는 뜻이다. 그러나 지시적 의미를 아는 것만으로는 충분하지 않다. 문장 속에서 단어는 함축적이고 비유적인 의미를 지닐 수도 있기 때문이다. 같은 단어라도 어떤 문장 속에 놓이느냐에 따라 함축적 의미, 비유적 의미, 문맥적 의미는 달라질 수 있다.

〈투명하다〉

A. 이 그릇은 투명한 유리로 되었다.
B. 그의 논리는 매우 투명했다.
C. 나는 투명한 대기 속을 경쾌하게 걸었다.

A에서 투명하다는 말은 '물체가 빛을 잘 통과시켜 속이 들여다보이는 상태'를 뜻하는 지시적 의미이다. 그런데 B와 C는 함축적인 의미로 해석

되어야 한다. 곧, B는 문장에서는 불확실하고 애매한 부분이 없이 분명하고 정연하다는 뜻이고, C는 맑고 깨끗하고 신선하다는 의미이다. 또 '세상의 빛과 소금이 되어라.' 라는 문장에서 '소금' 은 세상에 꼭 필요한 존재를 뜻하는 비유적 의미이다. 그리고 '눈은 마음의 창이다.' 에서 '창' 이라는 단어도 비유적 의미로 사용되고 있다.

---

31 (가)에 대한 반응으로 적절하지 않은 사람은?

① 송이 – 단어의 뜻을 잘 몰랐던 이유를 알게 되었어. 그동안 책을 많이 읽지 않았던 거야.
② 경미 – 그래, 나도 이제부터는 모르는 단어가 나올 때마다 사전을 찾는 습관을 길러야겠어.
③ 경민 – 한자로 된 단어들은 왜 그렇게 알아보기 힘든지. 난 우리가 읽는 책에 한자로 된 말이 나오지 않았으면 좋겠어.
④ 지훈 – 우리말 가운데에도 낯선 것들이 많더라고. 그런 때는 앞뒤 문맥의 흐름을 통해 뜻을 파악하는 방법도 좋은 것이라고 해.
⑤ 정석 – 단어를 많이 알수록 어려운 책을 잘 읽어낼 수 있다고 하니 앞으로 책도 많이 읽고 단어도 많이 익히고 그래야 할 것 같아.

정답 ③

해설 한자어로 된 단어가 나올 때는 단어를 이루고 있는 한자들의 의미를 통해 단어의 뜻을 유추해 보는 태도가 필요하다.

---

32 (나)의 ⊙에서 말하고 있는 연결 관계가 문법적으로 바르게 나타난 것은?

① 아름다운 그녀의 친구가 나에게 말을 걸었다.
② 본격적인 공사가 언제 시작되고, 언제 개통될지 모른다.
③ 아버지께서는 나에게 열심히 공부하고 독서하기를 권하셨다.
④ 한번 오염된 환경이 다시 깨끗해지려면, 많은 비용과 노력, 그리고 긴 시간이 든다.
⑤ 용감한 그의 아버지는 적군을 향해 돌진했다.

정답 ③

오답풀이
① '아름다운' 이 꾸며주는 말이 그녀인지 친구인지 정확하지 않다.
② 개통되는 것의 주어는 '도로' 인데 주어가 나타나 있지 않다.
④ 많은 비용과 노력이 들고 긴 시간이 걸린다.
⑤ '용감한' 이 꾸며주는 말이 그인지 아버지인지 정확하지 않다.

33 다음 중 (다)의 A와 같이 단어의 지시적 의미로 쓰인 것은?

① 우리 집에 우편물이 날아오는 일은 거의 없다.

② 전기세 고지서가 며칠째 편지함에서 자고 있었다.

③ 우리 동네 우체통은 늘 배가 고픈 듯 입을 벌리고 있다.

④ 피로는 건강의 적이므로 피로가 쌓이지 않도록 유의해야 한다.

⑤ 영화가 끝나지 않았지만 우리는 극장의 비상구를 통해 밖으로 나왔다.

정답 ⑤

해설 비상구 : 지시적 의미. 급작스런 사고가 있을 때 급히 피할 수 있도록 특별히 마련한 출입구

오답 풀이

① 날아오다 : 함축적 의미. 우편물, 고지서 따위가 배달되다.

② 자다 : 함축적 의미. 발견한 사람이 없이 묵혀 있다.

③ 입 : 함축적 의미. 편지함의 투입구

④ 적 : 함축적 의미. 어떤 것에 해를 끼치는 요소를 비유적으로 이르는 말

[34~35] 다음 글을 읽고 물음에 답하시오.

플라톤은 최선의 세계를 만들기 위해서 무엇보다 먼저 이 세계에 있는 모든 대상들이 지닌 성질을 정확하게 인식해야만 한다고 보았다. 그런데 대상은 규정되어 있지 않은 것이다. 인간뿐만 아니라 신도 마음대로 어쩌지 못하는, 그 자신만의 고유한 성질을 지니고 있다. 따라서 인간의 이성은 그 대상을 인식하기 위하여, 우선 ㉠ 명확히 설명할 수 있는 부분을 오려 내어 하나의 고정치로 확정지어야 한다. 대상의 바로 이런 고정화된 모습을 플라톤은 이데아(idea)라 부른다.

플라톤의 이데아는 초기 작품에서는 '개별적 사물의 공통된 모습'으로, 원숙기의 작품에서는 '진정한 존재, 영원불변한 어떤 실체'로 규정된다. '개별적 사물의 공통된 모습'은 무엇을 의미하는가? 인간을 예로 들어 보자. 우리는 인간이 무엇인가를 규정하기 위하여 학생·농부·사업가·정치가 등과 같은 특정한 사람에 대해서가 아니라, 그러한 사람들 모두에 공통적인, 즉 일반적인 인간에 대해서 살펴보게 된다. 따라서 '개별적 사물의 공통된 모습'으로서의 이데아에 대한 규정은 보편자 개념을 통한 규정이고, 그러한 규정은 대상을 단순히 감각적 차원에서 한 번만 경험하고 흘려보내는 일시적인 것이 아니라, 이성적 차원에서 ㉡ 개념 체계의 좌표를 통해 파악하고 정리해 두려는 학문적 인식의 출발점이 된다.

그렇다면 이러한 의미에서의 이데아, 즉 한 사물의 보편적 성질만 알면 그 사물에 대해 완전하게 인식하게 되는 것인가? 물론 그렇지 않다. 개별적 사물에 대해 완전히 알기 위해서는 그 사물의 이데아에 대해서도 알아야 할 뿐만 아니라, 그 사물만이 고유하게 갖고 있는 개별적 특수성에 대해서도 알아야 한다. 사실 플라톤의 초기 작품에 나오는 이데아에 대한 앎은 한 사물의 본질에 대한 학문적 차원에서의 앎은 제공해 줄 수 있어도, 그것의 고유성까지 꿰뚫는 완벽한 앎은 제공해 주지 못한다. 그래서 플라톤은 그의 원숙기에 속하는 작품에서부터 개별자와 연관을 맺고 있는 이데아에 대

해 주로 고찰하게 된다. 그런데 이러한 배경에서 나온 새로운 차원의 이데아론은 이데아와 현상계에 대한 비유적 표현 때문에 철학사적으로 가장 심각한 오해를 받아 왔다.

사실 이데아는 영원불변한 실체이고, 현상계의 개체는 그것의 그림자라는 비유적 표현은 일반인들에게는 잘못 이해될 수 있는 소지를 충분히 안고 있다. 인식론적 관점에서 볼 때, 이데아를 안다는 것은 하나의 대상을 학문적 인식 체계 속에서 그 대상이 속해 있는 유개념을 파악했음을 의미하는 것이고, 이데아의 그림자인 개별자를 안다 함은 이데아라는 보편적 성질과 함께하고 있는 개별자 자체의 고유한 특성에 대한 앎을 의미하는 것이다. 따라서 그의 이데아론에는 보편자에 대한 개념적 파악과 개별적 특수성에 대한 내용적 파악을 동시에 해낼 수 있는 이중적 시선이 작용하고 있다. 바로 이러한 사실을 깨달아야만, 우리는 플라톤의 이데아론이 학문적 인식 체계에서 차지하는 진정한 의의를 알 수 있게 된다.

---

34 위 글로 보아 ㉠과 ㉡의 관계를 바르게 설명한 것은?

① ㉠은 ㉡의 구성 요소이다.

② ㉠은 ㉡의 전제이다.

③ ㉡은 ㉠의 수단이다.

④ ㉡은 ㉠의 원인이다.

⑤ ㉡은 ㉠을 일반화한 것이다.

정답 ②

해설 ㉠은 대상의 고유한 성질을 인식하기 위해 대상을 고정화하여 이데아로 규정하는 것을 의미한다. ㉡이 속한 문장 전체를 보면 이데아에 대한 규정은 대상을 이성적 차원에서 ㉡과 같이 인식하는 출발점이 된다고 했으므로 ㉠은 ㉡이 이루어지기 위한 출발점, 즉 ㉡처럼 인식하기 위한 전제에 해당한다고 볼 수 있다.

---

35 위 글을 바탕으로 강연을 한다고 할 때, 강연의 제목으로 가장 적절한 것은?

① 플라톤 철학의 위대성 – 플라톤의 업적을 중심으로

② 플라톤 철학에 대한 인식의 변화 – 이데아 개념을 중심으로

③ 플라톤 철학에 대한 올바른 이해 – 이데아론을 중심으로

④ 사물 간의 관계에 대한 탐구 – 보편성과 개별성을 중심으로

⑤ 인간의 본성에 대한 올바른 이해 – 플라톤의 이데아론을 중심으로

정답 ③

이 글은 플라톤의 이데아론에 대한 설명을 통해 플라톤의 이데아론의 올바른 이해와, 플라톤 철학이 학문적 인식 체계 속에서 차지하는 진정한 의의를 밝히려는 내용을 담고 있다. 따라서 ③이 제목으로 적절하다.

오답풀이 ① 플라톤 철학의 위대성에 초점을 맞추고 있지는 않다.
② 플라톤의 초기 작품에서와 원숙기 작품에서의 이데아의 개념에 대한 설명이 나와 있기는 하지만, 플라톤 철학에 대한 인식의 변화에 대한 설명이 글의 핵심 내용이라 하기는 어렵다.
④ 보편성과 개별성의 개념이 제시되어 있기는 하지만 사물 간의 관계를 탐구하는 것이 글의 핵심이라 하기는 어렵다.
⑤ 인간의 본성에 대해 다루고 있지 않다.

[36~37] 다음 글을 읽고 물음에 답하시오.

아무리 튤립이 귀하다 한들 알뿌리 하나의 값이 요즈음 돈으로 쳐서 45만 원이 넘는 수준까지 치솟을 수 있을까? 엄지손가락만한 크기의 메추리알 하나의 값이 달걀 한 꾸러미 값보다도 더 비싸질 수 있을까? 이 두 물음에 대한 대답은 모두 '그렇다'이다. 역사책을 보면 1636년 네덜란드에서는 튤립 알뿌리 하나의 값이 정말로 그 수준으로 뛰어오른 적이 있었다. 그리고 그 때를 기억하는 사람은 알겠지만, 실제로 1950년대 말 우리나라에서 한때 메추리알 값이 그렇게까지 비쌌던 적이 있었다.

어떤 상품의 가격은 기본적으로 수요와 공급의 힘에 의해 결정된다. 시장에 참여하고 있는 경제 주체들은 자신이 갖고 있는 정보를 기초로 하여 수요와 공급을 결정한다. 이들이 똑같은 정보를 함께 갖고 있으며 이 정보가 아주 틀린 것이 아닌 한, 상품의 가격은 어떤 기본적인 수준에서 크게 벗어나지 않을 것이라고 예상할 수 있다. 예를 들어 튤립 알뿌리 하나의 값은 수선화 알뿌리 하나의 값과 비슷하고, 메추리알 하나는 달걀 하나보다 더 쌀 것으로 짐작해도 무방하다는 말이다.

그러나 현실에서는 사람들이 서로 다른 정보를 갖고 시장에 참여하는 경우가 많다. 어떤 사람들은 특정한 정보를 갖고 있는데 거래 상대방은 그 정보를 갖고 있지 못한 경우도 있다. 뿐만 아니라 이들 사이에 거래에 참여하는 목적이나 재산 등의 측면에서 큰 차이가 존재하는 것이 보통이다. 이런 경우에는 어떤 상품의 가격이 우리의 상식으로는 도저히 이해하기 힘든 수준까지 일시적으로 뛰어오르는 현상이 나타날 가능성이 있다. 이런 현상은 특히 투기의 대상이 되는 자산의 경우에 자주 목격되는데, 우리는 이를 '거품(bubbles)'이라고 부른다.

일반적으로 거품이란 것은 어떤 상품—특히 자산—의 가격이 지속적으로 급격히 상승하는 현상을 가리킨다. 이와 같은 지속적인 가격 상승이 일어나는 이유는 애초에 생긴 가격 상승에 추가적인 가격 상승의 기대로 이어져 투기 바람이 형성되기 때문이다. 어떤 상품의 가격이 올라 그것을 미리 사 둔 사람이 재미를 보았다는 소문이 돌면 너도나도 사려고 달려들기 때문에 가격이 천정부지로 뛰어오르게 된다. 물론 ⊙ 이 같은 거품이 무한정 커질 수는 없고 언젠가는 터져 정상적인 상태로 돌아올 수밖에 없다. 이 때 거품이 터지는 충격으로 인해 경제에 심각한 위기가 닥칠 수도 있다.

---

36 위 글의 내용과 일치하지 않는 것은?
① 거품은 투기의 대상이 되는 자산에서 주로 일어난다.
② 거품이 터지면 경제에 심각한 위기를 초래할 수 있다.
③ 거래에 참여하는 사람의 목적이나 재산에 큰 차이가 없다면 거품이 일어날 수 없다.
④ 상품의 가격이 일반적인 상식으로 이해되지 않는 수준까지 일시적으로 상승할 수도 있다.
⑤ 일반적으로 시장에 참여하고 있는 경제 주체들은 자신의 정보를 바탕으로 수요와 공급을 결정한다.

정답 ③

해설 3문단의 '거래에 참여하는 사람들은 목적이나 재산 등의 측면에서 큰 차이가 존재하는 것이 보통이고, 이를 통해 거품이 일어나는 것'이므로, 잘못된 설명이다.
①은 3문단, ②는 4문단, ④는 3문단, ⑤는 2문단에서 확인할 수 있다.

---

37 ⊙의 사례로 가장 적절한 것은?
① ○○회사는 신기술이 적용된 휴대폰을 개발하여 기존의 휴대폰보다 가격을 3배 올려서 판매하기 시작했다.
② 지난봄에는 수요에 비해 공급이 부족하여 배추 가격이 한 포기에 2천 원에서 1만 4천 원까지 올랐다가 가을이 되어 본래 가격으로 돌아왔다.
③ 경제 개발로 석유의 수요가 지속적으로 늘어나고 있는 상황에 중동 전쟁까지 겹쳐 원유 수입이 어려워지자 A 석유 회사는 석유 가격을 50% 인상했다.
④ 1990년대 일본에서는 땅을 사면 돈을 번다는 소문 때문에 너도나도 땅을 사기 시작하자, 상상하기 힘든 수준까지 땅값이 치솟았다가 얼마 후 급격히 떨어져 경제가 어렵게 되었다.
⑤ 생고무 생산국인 브라질에 기상 이변이 일어나자 B 회사는 이미 수입한 생고무로 타이어를 만들어 기존의 가격보다 2배나 올려 판매하다가 1년이 지나서야 정상적인 가격으로 환원했다.

정답 ④

해설 거품 현상은 어떤 상품의 가격이 우리의 상식으로는 도저히 이해하기 힘든 수준까지 일시적으로 뛰어오르는 현상으로, 주로 투기의 대상이 되는 자산의 경우에 자주 목격된다고 했다.

오답풀이 ①은 신기술이 적용되어 가격이 인상된 것이고, ②, ③, ⑤는 모두 공급이 부족하여 가격이 인상된 사례이다.

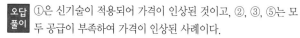

[38~39] 다음 글을 읽고 물음에 답하시오.

중년 사내에겐 산다는 일이 그저 벽돌담 같은 것이라고 여겨진다. 햇볕도 바람도 흘러들지 않는 폐쇄된 공간. 그 곳엔 시간마저도 아무런 흔적을 남기지 않는다. 마치 이 작은 산골 간이역을 빠른 속도로 무심히 지나쳐 가버리는 특급열차처럼…… 사내는 그 열차를 세울 수도 탈 수도 없다는 것을 잘 알고 있다. 그러면서도 여전히 기다릴 도리밖에 없다는 것, 그것이 바로 앞으로 남겨진 자기 몫의 삶이라고 사내는 생각한다.

농부의 생각엔 삶이란 그저 누가 뭐라 해도 흙과 일뿐이다. 계절도 없이 쳇바퀴로 이어지는 노동. 농한기라는 겨울철마저도 융자금 상환과 농약값이며 비료값으로부터 시작하여 중학교에 보낸 큰아들놈의 학비에 이르기까지 이런런 걱정만 하다가 보내고 마는 한숨철이 되고 만 지도 오래였다.

… (중략) …

서울 여자에겐 돈이다. 그녀가 경영하고 있는 음식점 출입문을 들어서는 사람들은 모조리 그녀에겐 돈으로 뵌다. 어서 오세요. 입에 붙은 인사도 알고 보면 손님에게가 아니라 돈에게 하는 말일 게다. 그래서 뚱뚱이 여자는 식사를 마치고 나가는 손님들에게 결코 안녕히 가세요라는 말은 쓰지 않는다. 또 오세요. 그녀는 가난을 안다. 미친 듯 돈을 벌어서, 가랑이를 찢어 내던 어린 시절의 배고픈 기억을 보란 듯이 보상받고 싶은 게 그녀의 욕심이다. 물론, 남자 없이 혼자 지새워야 하는 밤이 그녀의 부대자루 같은 살덩이를 이따금 서럽게 만들기도 한다.

… (중략) …

춘심이는 애당초 그런 골치 아픈 얘기는 생각하기도 싫어진다. 산다는 게 뭐 별것일까. 아무리 허덕이며 몸부림을 쳐 본들, 까짓것 혀 꼬부라진 소리로 불러대는 청승맞은 유행가 가락이나 술 취해 두들기는 젓가락 장단과 매양 한 가지일 걸 뭐. 그래서 춘심이는 술이 좋다. 아무것도 생각나지 않게 해 주는 술님이 고맙다. 그래도 춘심이는 취하면 때로 울기도 하는데 그 까닭이야말로 춘심이는 모를 일이다.

대학생에겐 삶은 이 세상과 구별할 수 없는 그 무엇이다. 스물 셋의 나이인 그에게는 세상 돌아가는 내력을 모르고, 아니 모른 척하고 산다는 것은 절대로 용서할 수 없다. 그런 삶은 잠이다. 마취 상태에 빠져 흘려보내는 시간일 뿐이라고 청년은 믿고 있다. 하지만 그는 얼마 전부터 그런 확신이 조금씩 흔들리기 시작하는 걸 느끼고 있다. 유치장에서 보낸 한 달 남짓한 기억과 퇴학. 끓어오르는 그들의 신념과는 아랑곳없이 이루어지고 있는 강의실 밖의 질서…… 그런 것들이 자꾸만 청년의 시야를 어지럽히고 혼란을 일으키고 있는 중이다.

– 임철우, 「사평역」 –

---

38 다음 〈보기〉와 같은 접근방식을 통해 이 글을 감상한 것은?

〈보기〉

'소설은 현실의 반영'이라는 관점을 취하면, 당대의 상황에 관한 외적 정보를 끌어들여 작품의 의미를 이끌어 낼 수 있다.

① 등장인물들의 모습을 병렬적으로 제시하고 있을 뿐 인물 간의 외적 갈등이 형성되어있지 않아 아쉽다.

② 인물들 간의 구체적인 관계나 주변 인물들의 태도 자체가 명시적으로 드러나지 않아 그 의미가 반감된다.

③ 눈발이 날리는 겨울밤의 시골역이라는 배경을 통해 인물들의 처지와 정서가 상징적으로 형상화되고 있어 인상적이다.

④ 소외된 자들의 삶에서도 아늑함과 평화로움을 발견할 수 있다는 것, 결국 인간의 삶이란 평등하고 소중한 가치를 지니는 것임을 일깨워 준 작품이다.

⑤ 기다려도 오지 않는 막차를 기다리고 있는 인물들의 모습은 1970~1980년대 당시 산업화 과정에서 소외당한 채 고단한 삶을 살아야 했던 사람들의 전형을 보여주고 있다.

 정답 ⑤

해설 〈보기〉에서 설명하고 있는 것은 외재적 접근 방법 중 반영론적 관점에 대한 설명이다. ⑤에서 1970~1980년대 당시 산업화 과정에서 소외당한 채 고단한 삶을 살아왔던 사람들이라 한 것은 당대의 사회 현상에 주목한 것이므로 〈보기〉의 관점에 해당된다.

알아두기 ①~③은 작품 그 자체만 가지고 감상하는, 내재적 접근 방법으로 작품을 감상한 것이고, ④는 외재적 접근 방법 중 효용론적 관점으로 작품을 감상한 것이다. 효용론적 관점은 문학 작품이 독자에게 어떠한 영향을 주느냐를 중시하여 그것을 가치 판단의 기준으로 내세우는 관점을 말한다.

---

39 이 글을 읽고, 다음과 같이 감상 노트를 만들어 보았다. 적절하지 않은 것은?

① 중년 사내의 '특급열차' – 부질없는 희망이기에 소외감을 심화시키는 역할

② 농부의 '융자금, 농약값, 비료값, 학자금' – 반복되는 고달픈 현실

③ 서울 여자의 '또 오세요' – 돈에 대한 욕심

④ 춘심의 '술' – 시름 해소의 수단이지만 결과적으로는 오히려 슬픔을 심화시키는 대상물

⑤ 대학생의 '강의실 밖의 질서' – 대학생의 머릿속에 관념적으로만 존재하는 건강하고 정의로운 세계

정답 ⑤

해설 '강의실 밖의 질서'는 대학생이 생각하는 건강하고 정의로운 세계가 아닌 실제 바깥 세상에서 이루어지고 있는 부조리한 삶의 현실을 의미한다.

[40~41] 다음 글을 읽고 물음에 답하시오.

　낭만 발레는 19세기 초 프랑스에서 기틀이 잡혔는데, 목가적 분위기의 무대를 배경으로 요정을 사랑한 인간, 시골 처녀의 비극적인 사랑 등의 낭만적인 줄거리가 전개된다. 낭만 발레는 어스름한 조명 아래 창백하고 가녀린 요정들이 공중을 떠다니듯이 춤추는 환상적이고 신비로운 장면으로 연출되어, 정교한 구성보다는 주인공인 여성 무용수를 돋보이게 하는 안무가 우선시되었다. 이 시기 발레의 주역은 여성 무용수들이었고, 남성 무용수들은 대개 여성 무용수를 들어 올렸다 내리거나 회전의 지지대 역할을 하는 보조자에 불과했다. 요정들이 하늘을 둥둥 떠다니는 느낌을 연출하기 위해 발끝을 수직으로 세우고 춤을 추는 '포인트 동작'이 등장했고, 여성 무용수들은 '로맨틱 튀튀'라고 부르는 하늘하늘하고 여러 겹으로 된 발목까지 오는 긴 의상을 입어서 움직일 때마다 우아한 느낌을 주었다.

　19세기 후반 유럽에서 낭만 발레의 인기가 시들해진 가운데 러시아에서 고전 발레가 꽃을 피운다. 고전 발레는 전설이나 동화를 바탕으로 한 낭만적인 줄거리를 지니고 있다는 점에서는 낭만 발레와 비슷하다. 하지만 화려하고 입체적인 무대 장치를 배경으로 정형화된 아름다움을 구현하였다. 무용수의 화려한 기교를 다채롭게 보여주기 위해 발레에 일정한 규칙과 절차가 도입되었고, 정교하고 정확한 동작을 바탕으로 안무가 정해졌다. 고전 발레는 남녀 주인공들이 화려한 기교를 보여주는 2인무인 '그랑 파드되', 여러 명의 솔리스트들이 차례로 등장하여 다채로운 1인무를 보여 주는 '디베르티스망' 등이 필수적인 구성 요소로 자리 잡았다. 남성 무용수들도 다양한 기교를 구사하는 무대의 주인공이 될 수 있었고, 여성 무용수들은 화려한 발동작이나 도약, 회전 등이 잘 보이도록 다리를 드러내는 짧고 빳빳한 '클래식 튀튀'를 주로 입었다.

　20세기에는 기존 발레에서 반복되었던 정형화된 형식을 벗어난 모던 발레가 등장한다. 모던 발레는 특별한 줄거리 없이 특정 장면의 이미지나 주제를 무용수의 움직임 자체로 표현하는 것이 특징이다. 정해진 줄거리가 없기 때문에 무용수의 성별에 따른 역할 구분이 약화되고, 다양한 형태의 동작과 몸의 선 자체의 아름다움을 강조하다 보니 무대 장치나 의상도 점차 간결해졌다.

위 글을 바탕으로 〈보기〉와 같이 프레젠테이션 자료를 제작하려고 한다. 40번과 41번의 두 물음에 답하시오.

〈보기〉

　제목: ㉮
　　- 19세기 초 ⓐ
　　- 여성 무용수가 주인공
　　- 환상적이고 신비로운 장면 연출

　낭만 발레

　고전 발레
　　- 19세기 후반 러시아
　　- 남성 무용수의 역할 ⓑ
　　- 정형화된 아름다움 구현

　모던 발레
　　- 20세기 이후
　　- 무용수의 성별에 따른 역할 구분 약화
　　- ⓒ

-1-　　-2-　　-3-　　-4-

40 프레젠테이션의 제목 ㉮에 들어갈 내용으로 적절한 것은?

① 발레의 기원
② 발레의 숨은 매력
③ 발레의 사조별 특징
④ 발레의 예술적 가치
⑤ 발레 용어와 동작의 이해

정답 ③

해설 〈보기〉는 이 글을 바탕으로 제작된 소개 자료라는 점을 고려할 때, ㉮에는 이 글 전체의 제목이 드러나야 한다. 전체 흐름을 고려할 때 ㉮에 들어갈 적절한 제목은 '발레의 사조별 특징'이다.

41 ⓐ~ⓒ에 들어갈 내용이 바르게 짝지어진 것은?

	ⓐ	ⓑ	ⓒ
①	프랑스	확대	정형화된 형식 탈피
②	유럽	축소	정교한 무대 구성
③	러시아	확대	정형화된 형식 탈피
④	프랑스	확대	정교한 무대 구성
⑤	유럽	축소	다양한 극적 구성

정답 ①

해설 〈보기〉에 제시된 프레젠테이션 화면의 내용은 낭만 발레와 고전 발레, 모던 발레의 세부적 특징들을 정리한 것이다. ⓐ는 낭만 발레의 배경이 된 국가를 묻고 있는데, 2문단 첫 문장에서 '프랑스'임을 확인할 수 있다. ⓑ의 낭만 발레 시대에는 '남성 무용수들은 ~ 보조자에 불과했다'고 언급된 데 비해 고전 발레에서 '남성 무용수들도 ~ 무대의 주인공이 될 수 있었다'고 한 점으로 보아 남성 무용수의 역할이 고전 발레에서는 '확대'되었다고 할 수 있다. 모던 발레의 대표적인 특징으로 4문단 첫 문장에서 '기존 발레에서 반복되었던 정형화된 형식을 벗어난' 점을 들고 있으므로, ⓒ에 들어갈 내용은 '정형화된 형식 탈피'가 적절하다.

[42~44] 다음 글을 읽고 물음에 답하시오.

H₂O. 산소 원자 하나에 수소 원자 두 개가 결합된 것. 물은 이처럼 간단한 화합물이지만, 이 세상에서 가장 놀라운 화합물이기도 하다.

우선, 물은 비정상적이라고 할 만큼 끓는점이 높다. 일반적으로 같은 족에 속하는 원소들은 화학적으로 유사한 성질을 지니며, 그들의 끓는점은 원자량이 증가할수록 높아진다. 이는 산소족에 속하는 원소들의 경우에도 마찬가지이다. 즉, 산소, 황, 셀레늄, 텔루르 등의 순으로 끓는점이 높아진다. 이들은 동일한 방식으로 수소와 결합하여 물, 황화수소, 셀레늄화수소, 텔루르화수소 등의 수소화합물을 이루며, 이들 화합물의 끓는점은 대체로 구성 원소의 원자량이 증가할수록 높아진다. 그런데 유독 물의 경우에는 끓는점이 비정상적으로 높다. 황의 수소화합물인 황화수소(H₂S)의 끓는점이 −59.6℃인 데 비해 산소족 원소들 중에서 원자량이 가장 적은 산소의 수소화합물인 물은 끓는점이 100℃나 되는 것이다. 단순히 원칙대로만 따지면, 물의 끓는점은 −80℃ 정도여야 한다. 뿐만 아니라 물은 다른 물질들에 비해 1℃의 온도를 올리기 위해 필요한 열량, 즉 비열이 대단히 높다. 어떤 물질의 온도를 높이기 위해 많은 양의 열이 필요하다는 말은, 온도가 내려갈 때 그만큼 많은 열 에너지를 방출한다는 의미도 된다.

이렇게 물의 끓는점이 높고 비열이 큰 이유는 물 분자들 사이의 강한 결합력 때문이다. 물의 단독 분자를 찾으려고 하는 것은 소용없는 일이라는 말이 있을 정도로, 물 분자들은 강한 결합력을 바탕으로 집단을 이루고 있기 때문에 온도를 높이는 데 많은 열이 필요하며 쉽게 기화되지 않는 것이다.

또한 물은 가장 뛰어난 용매이기도 하다. 물질들을 물속에 넣으면 그 물질의 원자나 분자 사이에 작용하던 힘이 매우 약해져서 쉽게 녹아 버린다. 물이 이렇게 뛰어난 용해력을 갖는 것은 물 분자가 자기끼리 결합하는 힘뿐만 아니라 다른 물질의 원자나 분자를 자기 쪽으로 끌어당기는 힘도 역시 매우 강하기 때문이다.

물이 지닌 이러한 힘의 원천은 무엇일까? 그것은 ⊙ 물 분자가 '극성 공유 결합'의 형태로 존재하는 것에서 찾을 수 있다. 일반적인 공유 결합으로 이루어진 분자의 두 핵은 그 사이에 있는 전자들을 동등하게 공유하지만, 극성 공유 결합을 한 분자의 경우에는 전자들이 한쪽의 핵에 더 강하게 끌리게 된다. 이 때문에 분자의 한쪽 끝은 약간의 양전하를 띠게 되고 다른 쪽 끝은 약간의 음전하를 띠게 된다. 양전하를 띠는 부분과 음전하를 띠는 부분이 쉽게 결합한다는 것은 상식이다. 이러한 결합 방식 덕분에, 물 분자들끼리의 결합력이 다른 물질의 분자들에 비해 강할 뿐만 아니라, 다른 물질들과도 쉽게 극성 공유 결합을 이룸으로써 그 물질을 용해시킬 수 있는 것이다.

물의 이러한 성질은 생명 현상에 매우 유익한 결과들을 초래한다. 물 분자들의 결합력 덕분에 물은 상온에서 기체 상태가 아니라 액체와 고체 상태로도 존재할 수 있는 것이고, 더불어 물을 생명 유지의 근간으로 삼고 있는 우리 생물체들도 존재할 수 있는 것이다. 게다가 물은 비열이 높기 때문에 온도에 민감하지 않다. 즉, 항상성이 크다. 그 덕분에 대부분이 물로 채워진 생물체와 지구는 급격한 변화를 겪지 않고 항상성을 유지할 수 있다. 생물체내에서 이루어지는 다양한 신진대사 역시 물의 강한 용해력이 없다면 불가능한 일이다.

42 위 글의 논지에 따를 때, 〈보기〉의 견해에 대한 해석으로 가장 타당한 것은?

> ● 보기 ●
> 일반적으로 물 분자는 산소 원자 하나에 수소 원자 두 개가 결합되었다는 것을 의미하기 위해 'H₂O'로 나타낸다. 그러나 물을 가장 정확하게 표현할 수 있는 분자식은 '(H₂O)n'이라고 할 수 있다.

① 물 분자들만이 지닌 용해력을 강조하기 위한 견해이다.
② 물 분자의 구성 요소들을 분명히 밝히기 위한 견해이다.
③ 물 분자들의 결합력이 매우 강함을 강조하기 위한 견해이다.
④ 물 분자의 성질이 매우 불확실함을 강조하기 위한 견해이다.
⑤ 물 분자가 형성되는 독특한 과정을 강조하기 위한 견해이다.

정답 ③

해설 셋째 문단의 내용에 따르면, 물 분자가 단독으로 존재하는 것을 찾으려는 것은 소용없는 일이라고 할 정도로 물 분자들은 강한 결합력을 바탕으로 집단을 이루고 있다. 〈보기〉의 '(H₂O)n'은 바로 물 분자들의 이런 특징을 표현한 것이다. '(H₂O)n'에서 'n'은 여러 개의 분자들을, '(H₂O)n'은 그들의 결합을 나타내는 것이다. 결국, 물을 정확하게 표현할 수 있는 분자식이 '(H₂O)n'이라는 말은 물 분자들의 강한 결합력을 강조하는 표현인 것이다.

오답풀이 ① 물 분자들이 강한 용해력을 지니고 있는 것은 사실이지만, 그것은 물 분자들끼리의 결합에 의한 것이 아니고 다른 극성 물질과 결합하는 힘이 강해서 나타나는 것이다.
⑤ 물 분자 자체를 나타내는 분자식은 'H₂O'이다. 이를 괄호로 묶고, 정수를 나타내는 'n'을 뒤에 붙인 것은 물 분자가 복수로 뭉쳐 있다는 뜻으로 이해해야 한다.

43 위 글의 논지 전개 과정으로 가장 적절한 것은?

① 대상의 특성 제시 → 원인 분석 → 수반되는 효과 제시
② 과제 제시 → 관련 실험의 결과들 소개 → 하나의 이론으로 종합
③ 주요 개념 제시 → 현상에 적용한 결과 설명 → 개념의 의미 구체화
④ 상반된 이론 제시 → 체험적 사례들에 적용 → 이론들의 타당성 검증
⑤ 화제와 관련된 의문점들 제시 → 전문가의 설명 소개 → 의문점 해소

정답 ①

해설 이 글은 물이 지니고 있는 특성을 제시하고, 그러한 특성이 생기는 원인을 설명해 보인 후 그에 수반되어 나타나는 효과를 제시하는 방식으로 내용을 전개하였다. 즉, 분자들의 강한 결합력으로 인해 물의 끓는점과 비열이 매우 높다는 점과 용해력이 크다는 점을 제시하고, 그런 강한 결합력과 용해력은 물 분자들이 극성 공유 결합을 하고 있기 때문임을 알려 주었다. 그리고 글의 마지막 부분에서는 이러한 물의 특성으로 인해 생기는 결과를 생물체의 생존에 초점을 맞추어 설명하고 있다.

---

44 ㉠을 설명하기 위한 보조 자료로 가장 적절한 것은?

① 전류를 흘려주면 빛을 내는 발광 다이오드
② 햇빛을 흡수하여 전기를 생산하는 태양전지
③ 다른 극끼리 서로 당기는 성질을 지닌 막대자석
④ 운동 에너지를 전기 에너지로 바꾸어 주는 발전기
⑤ 전기가 흐르는 도체와 흐르지 않는 부도체의 중간 성질을 지닌 반도체

정답 ③

해설 ㉠은 물 분자가 극성 공유 결합의 형태로 존재한다는 것인데, 이런 결합을 한 분자의 경우 분자의 한쪽 끝은 양전하를 띠고 다른 쪽 끝은 음전하를 띠기 때문에 분자 간의 결합력이 강하고 다른 극성 물질과도 쉽게 결합한다. 이는 상반된 전하를 가진 부분이 쉽게 결합하는 성질에서 비롯된 것이다. 막대자석의 경우에도 한쪽은 양의 극성을 띠고 다른 쪽은 음의 극성을 띠기 때문에, 상반된 극끼리 강하게 결합하려 할 뿐만 아니라 극성을 지닌 다른 물질을 끌어당겨 결합하려는 성질을 지니고 있으므로, ㉠을 설명하기 위해 사용할 보조 자료로 가장 적절하다.

 ①의 '발광 다이오드'와 ②의 '태양전지', ④의 '발전기' 등은 어떤 에너지를 다른 종류의 에너지로 전환시키는 것이나.

[45~48] 다음 글을 읽고 물음에 답하시오.

음악은 비물질성을 가지고 있다. 이러한 비물질성은 음악을 만드는 소리가 물질이 아니며 외부에 존재하는 구체적 대상도 아니라는 점에 기인한다. 소리는 물건처럼 눈에 보이는 곳에 있지 않고 냄새나 맛처럼 그 근원이 분명하게 외부에 있지도 않다. 소리는 어떤 물체의 진동 상태이고 그 진동이 공기를 통해 귀에 전달됨으로써만 성립한다. 음악의 재료인 음(音) 역시 소리이기 때문에 음악은 소리의 이러한 속성에 묶여 있다.

소리의 비물질성은 인간의 삶과 문화에 많은 영향을 남기게 된다. 악기가 발명될 무렵을 상상해 보자. 원시인은 줄을 퉁기거나 서로 비빔으로써, 나뭇잎을 접어 붊거나, 가죽을 빈 통에 씌워 두드림으로써 소리를 만들었다. 이때 그들은 공명되어 울려 나오는 소리에 당황했을 것이다. 그 진원지

에서 소리를 볼 수 없기 때문이다. 지금은 공명 장치의 울림을 음향학적으로 설명할 수 있지만, 당시에는 공명 장치 뒤에 영적인 다른 존재가 있다고 믿었을 것이다. 따라서 소리의 주술성은 소리의 진원이 감각으로 확인되지 않았기 때문에 시작된 것으로 보아야 한다. 음악 역시 주술적인 힘을 가진 것으로 믿었다. 고대 수메르 문명에서는 ㉠ 풀피리소리가 곡식을 자라게 하고, 북 소리가 가축을 건강하게 만든다고 믿었다. 풀피리는 풀로, 북은 동물의 가죽으로 만들어졌기 때문에 그런 힘을 가졌다고 생각한 것이다. 재료를 통한 질료적 상징이 생겨나게 된 것이다.

이러한 상상과 믿음은 발전하여 음악에 많은 상징적 흔적을 남기게 된다. 악기의 모양과 색깔, 문양뿐 아니라 시간과 공간에 이르기까지 상징적 사고가 투영되었다. 분묘와 종묘의 제사 때에 쓰이는 제례악의 연주는 악기의 위치와 방향 그리고 시간을 지키도록 규정되어 있으며, 중국이나 우리나라 전통 음악에서의 음의 이름[음명(音名)]과 체계는 음양오행의 논리적 체계와 연관되어 있다. 일반적으로 타악기는 성적 행위를 상징하는데, 이로 인해 중세의 기독교 문명권에서는 타악기의 연주가 금기시되기도 하였다.

소리와 음이 비물질적이라는 말은, 소리가 우리의 의식 안의 현상으로서만 존재한다는 뜻이기도 하다. 따라서 의식 안에만 있는 소리와 음은 현실의 굴레에서 벗어나 있다. 소리는 물질의 속박인 중력으로부터 자유로운 반면, 춤은 중력의 속박으로부터 벗어나고 싶어 한다. 춤은 음악의 가벼움을 그리워하고 음악은 춤의 구체적 형상을 그리워한다. 따라서 음악은 춤과 만남으로써 시각적 표현을 얻고 춤은 음악에 얹힘으로써 가벼움의 환상을 성취한다.

음악의 비물질성은 그 자체로서 종교적 위력을 가진 큰 힘이기도 하였다. 악기를 다루는 사람은 정치와 제사가 일치되었던 시기에 권력을 장악했을 것이다. 소리 뒤에 영혼이 있고 그 영혼의 세계는 음악가들에 의해 지배될 수 있었기 때문이다. 제정일치의 정치 구조가 분열되어 정치와 제사가 분리되고 다시 제사와 음악이 분리되는 과정을 거쳤던 고대 이집트 문명에서 우리는 이를 확인할 수 있다.

---

45 위 글의 내용과 일치하지 않는 것은?

① 음악의 비물질성은 그 재료의 비물질성에서 비롯된다.
② 음악의 상징성은 음악의 비물질성에 그 근원을 두고 있다.
③ 음악에 대한 고대인들의 믿음은 논리적 체계를 이루고 있었다.
④ 장르적 속성으로 보아 음악과 춤은 상보적인 관계를 이루고 있다.
⑤ 제정일치 사회에서 음악가는 영혼의 세계를 지배하는 존재로 여겨졌다.

정답 ③

해설 고대인들은 실체를 볼 수 없는 소리와 음악에 주술적인 힘이 있는 것으로 믿었다. 질료적 상징이 생겨난 것도 같은 이유에서이다.
④ 넷째 문단에 의하면 음악은 가볍지만 형상을 가지지 못하고 있으며, 춤은 형상을 가지고 있지만 중력의 속박에 얽매여 있다. 그러기에 두 장르는 서로가 서로를 필요로 하게 된다.

46 위 글의 서술 전략과 관련이 없는 것은?

① 개념의 변화 과정을 분석하여 가설을 입증한다.
② 비유적 진술과 대조를 통해 표현의 효과를 살린다.
③ 다양한 사례를 제시하여 견해의 타당성을 제고한다.
④ 핵심 개념을 설명하고 그에 근거하여 논의를 전개한다.
⑤ 상상을 통해 추정하여 내린 결론을 사례를 통해 입증한다.

정답 ①

해설 둘째, 셋째 문단에서 주술성과 관련된 개념의 변화 과정을 부분적으로 확인할 수 있으나, 가설의 설정 혹은 그것의 입증 과정을 찾을 수는 없다.
② 넷째 문단에서는 음악(소리)과 춤의 기본적 속성과 그것의 결합을 비유적 진술과 대조를 통해 서술하고 있다.
④ 이 글에서는 먼저 소리(음악)의 '비물질성' 이라는 핵심 개념에 대해 설명한 후, 이를 전제로 그것이 인간의 삶과 문화에 남긴 영향을 살펴보고 있다.

47 ㉠으로 보아 '질료적 상징' 에 가장 가까운 것은?

① 장례식에서는 엄숙한 곡조의 음악을 연주한다.
② 상을 당한 사람은 흰색이나 검은색의 옷을 입는다.
③ 병을 치료하기 위해 건강한 사람의 초상화를 그린다.
④ 어떤 원시 부족은 사냥을 나가기 전에 모두 모여 춤을 춘다.
⑤ 사냥할 때의 두려움을 없애기 위해 호랑이 발톱을 지니고 다닌다.

정답 ⑤

해설 소리가 가지는 상징성은 그런 소리의 진원이 된 물질에 대한 주술적 믿음에서 비롯된 것이다. 이런 점에서 질료적 상징이 생겨나게 된다. 풀피리의 소리는 그것이 풀로 만들어졌기 때문에 곡식을 자라게 한다는 상징성을 갖는다. ⑤는 호랑이 발톱이라는 물질(재료)을 지니면 호랑이와 같은 용맹이 생겨 두려움을 없앨 수 있다는 주술적 믿음과 관련이 있다.

48 〈보기〉는 인도 설화의 내용이다. 위 글과 관련지어 바르게 감상한 것은?

> **• 보기 •**
>
> 위대한 가수 탄센은 황제 악바르의 측근이다. 그는 동료의 미움을 사게 되고 그의 적들은 그를 제거할 계획을 세운다. 그들은 황제에게 간청하여 탄센이 등불의 라가*인 '라가 디팍' 을 부르게 한다. 탄센은 감히 황제의 명령을 거역하지 못하고 라가 디팍을 부른다. 궁중의 등불은 하나씩 켜지기 시작하고 탄센은 몸이 너무 뜨거워져서 강물 속으로 옮겨 연주를 계속한다. 곧이어 강물이 끓기 시작했고 탄센은 끓는 물에 삶겨 죽을 지경에 이르게 되었다. 그때 탄센의 친구가 탄센의 연인에게 달려가 이 위급한 상황을 전했고, 그녀는 즉시 비의 라가인 '라가 말라르' 를 연주하였다. 그러자 하늘에서 억수같이 비가 쏟아져 그를 구했다.
>
> *라가 : 고대 인도의 음악

① 음악에 대한 주술적 믿음이 종교로 발전하고 있음을 짐작케 해.
② 현실에서 자유로운 음악의 속성을 상징적으로 드러낸 것으로 보여.
③ 음악은 실재 세계를 상징한다는 사고가 반영되어 있는 것으로 보여.
④ 음악 세계의 논리가 현실의 논리에 기초하고 있음을 보여 주는 것 같아.
⑤ 제정일치의 정치 구조가 분열되면서 제사와 음악이 분리되는 과정을 보여 주고 있어.

정답 ③

해설 〈보기〉의 설화에는 현실과 비현실이 혼재되어 있다. 정적의 제거와 그 위기 탈출이 전자에 해당한다면, 음악이 불을 켜고, 비를 내리게 하는 등은 후자의 예라 할 수 있다. 이 설화는 환상적이면서도 사실적인 느낌을 준다. 이는 특정한 라가가 특정한 실재와 관련되어 있다는 상징적 사고가 개입되어 있기 때문에 가능한 것이다. 즉, '라가 디팍' 과 '라가 말라르' 는 각각 불과 비를 대신하고 있고, 그것이 이야기 전개와 마무리의 핵심 축이 되고 있다. 이러한 상징성에 대한 이해가 없으면 이 설화는 허무맹랑한 이야기에 불과할 수도 있다. 그리고 이는 본문에서 설명한 음악 또는 소리에 투영된 상징적 사고의 또 다른 예라 할 수 있다.

[49~51] 다음 글을 읽고 물음에 답하시오.

　과학자들에게 있어 물수제비는 회전하는 물체가 중력을 이기고 유체를 치고 나가는 역학 문제를 푸는 것이었다. 지난 2002년 프랑스의 보케 교수는 물수제비 횟수는 돌의 속도가 빠를수록 증가하며, 최소 한 번 이상 튀게 하려면 시속 1km는 돼야 한다는 실험 결과를 발표하면서 수평으로 걸어 준 회전이 또한 중요한 변수라고 지적했다. 즉, 팽이가 쓰러지지 않고 균형을 잡는 것처럼 돌에 회전을 걸어 주면 돌이 수평을 유지하여 평평한 쪽이 수면과 부딪칠 수 있다. 그러면 돌은 물의 표면장력을 효율적으로 이용해 위로 튕겨 나간다는 것이다.

　물수제비 현상에서는 또 다른 물리적 원리를 생각할 수 있다. 단면(斷面)이 원형인 물체를 공기 중에 회전시켜 던지면 물체 표면 주변의 공기가 물체에 끌려 물체와 동일한 방향으로 회전하게 된다. 또한 물체 외부의 공기는 물체의 진행 방향과는 반대 방향으로 흐르게 된다. 이때 베르누이의 원리에 따르면, 물체 표면의 회전하는 공기가 물체 진행 방향과 반대편으로 흐르는 쪽은 공기의 속도가 빨라져 압력이 작아지지만, 물체 진행 방향과 동일한 방향으로 흐르는 쪽의 공기는 속도가 느려 압력이 커지게 되고, 결국 회전하는 물체는 압력이 낮은 쪽으로 휘어 날아가게 된다. 이를 '마그누스 효과'라고 하는데, 돌을 회전시켜 던지면 바로 이런 마그누스 효과로 인해 물수제비가 더 잘 일어날 수 있는 것이다. 보케 교수는 또한 공기의 저항을 줄이기 위해 돌에 구멍을 내는 것도 물수제비 발생에 도움이 될 것이라고 말했다.

　최근 프랑스 물리학자 클라네 박사와 보케 교수가 밝혀낸 바에 따르면 물수제비의 핵심은 돌이 수면을 치는 각도에 있었다. 이들은 알루미늄 원반을 자동 발사하는 장치를 만들고 1백 분의 1초 이하의 순간도 잡아내는 고속 비디오카메라로 원반이 수면에 부딪치는 순간을 촬영했다. 그 결과 알루미늄 원반이 물에 빠지지 않고 최대한 많이 수면을 튕겨 가게 하려면 원반과 수면의 각도를 20°에 맞춰야 한다는 사실을 알아냈다. 클라네 박사의 실험에서 20°보다 낮은 각도로 던져진 돌은 일단 수면에서 튕겨 가기는 하지만 그 다음엔 수면에 맞붙어 밀려가면서 운동 에너지를 모두 잃어버리고 물에 빠져 버렸다. 돌이 수면과 부딪치는 각도가 45°보다 크게 되면 곧바로 물에 빠져 들어가 버렸다.

[A]
　물수제비를 실제로 활용한 예도 있다. 2차 대전이 한창이던 1943년, 영국군은 독일 루르 지방의 수력 발전용 댐을 폭파해 군수 산업에 치명타를 가했다. 고공 폭격으로는 댐을 정확하게 맞추기 어렵고 저공으로 날아가 폭격을 하자니 폭격기마저 폭발할 위험이 있었다. 그래서 영국 공군은 4t 무게의 맥주통 모양 폭탄을 제작하여 18m의 높이로 저공비행을 하다가 댐 약 800m 앞에서 폭탄을 분당 500회 정도의 역회전을 시켜 투하시켰다. 포탄은 수면을 몇 번 튕겨 나간 다음 의도한 대로 정확히 댐 바로 밑에서 폭발했다.

　이러한 물수제비 원리가 응용된 것이 성층권 비행기 연구다. 즉, 이륙 후 약 40km 상공의 성층권까지 비행기가 올라가서 엔진을 끈 후 아래로 떨어지다가 밀도가 높은 대기층을 만나면 물수제비처럼 튕겨 오르게 된다. 이때 엔진을 다시 점화해 성층권까지 올라갔다가 또 다시 아래로 떨어지면서 대기층을 튕겨 가는 방식을 되풀이한다. 과학자들은 비행기가 이런 식으로 18번의 물수제비를 뜨면 시카고에서 로마까지 72분에 갈 수 있을 것으로 기대하고 있다. 과학자들은 ㉠ 우리 주변에서 흔히 보는 물수제비를 바탕으로 초고속 비행기까지 생각해냈다. 그 예지가 참으로 놀랍다.

49 위 글의 내용과 부합하는 것은?

① 돌이 무거울수록 물수제비 현상은 더 잘 일어난다.
② 돌의 표면이 거칠수록 물의 표면장력은 더 커진다.
③ 돌을 회전시켜 던지면 공기 저항을 최소화할 수 있다.
④ 돌의 중력이 크면 클수록 물수제비 현상이 잘 일어난다.
⑤ 수면에 부딪친 돌의 운동 에너지가 유지되어야 물수제비가 일어난다.

정답 ⑤

해설 본문에 의하면 물수제비 발생에는 던진 돌의 세기와 적절한 각도 그리고 회전이 중요한 변수가 됨을 알 수 있다. 물론 물의 표면장력과 공기의 저항도 변수가 될 수 있다. 넷째 문단의 내용으로 미루어 볼 때, 돌이 수면에 부딪친 후, 운동 에너지가 계속 유지되면 돌에 가한 힘이 계속 살아 있으므로 물수제비가 잘 일어난다는 것을 알 수 있다.

오답풀이 ① 돌의 무게가 물수제비 횟수와 비례한다고 볼 수 없다.
② 돌의 표면과 물의 표면장력과의 관계를 유추할 수 있는 근거가 없다.
③ 회전이 공기 저항과 관련은 있을 수 있지만 최소화한다는 진술은 잘못이다. 왜냐하면 회전의 방향에 따라 공기 저항이 커질 수도 있기 때문이다.
④ 첫째 문단에서 회전하는 물체가 중력을 이기고 수면을 치고 나가는 역학 문제를 푸는 것이 물수제비를 바라보는 과학자들의 생각이라고 했으므로 중력과 물수제비 횟수가 비례한다고 볼 수는 없다.

50 ㉠과 유사한 사례로 볼 수 없는 것은?

① 프리즘을 통해 빛이 분리되는 것을 알고 무지개 색을 규명해냈다.
② 새가 날아갈 때 날개에 양력이 생김을 알고 비행기를 발명하게 되었다.
③ 푸른곰팡이에 세균을 죽이는 성분이 있음을 알고 페니실린을 만들어냈다.
④ 물이 넘치는 것을 통해 부력이 존재함을 알고 거대한 유조선을 바다에 띄웠다.
⑤ 수증기가 올라가는 현상을 통해 공기가 데워지면 상승한다는 것을 알고 열기구를 만들었다.

정답 ①

해설 ①에서 자연 현상이 아닌 프리즘이라는 발명품을 통해 빛을 분리하고 그것을 이용하여 무지개의 빛깔을 규명해냈다는 것은 발명품을 활용한 정도로 볼 수 있으므로 ㉠과 본질적으로 성격이 다르다.

㉠은 물수제비라는 생활 주변의 자연 현상에서 그 원리를 찾아 내 발명으로 연결시킨 경우를 말한다. 이런 관점에서 볼 때 ②, ③, ④, ⑤는 그 속성과 경우가 유사하다.

---

51 [A]를 그림으로 나타낸 〈보기〉에 대해 추론한 내용으로 적절하지 않은 것은?

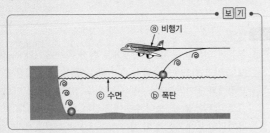

● 보 기 ●

ⓐ 비행기
ⓒ 수면
ⓑ 폭탄

① ⓐ에서 투하된 ⓑ의 속도의 세기가 튕겨지는 횟수에 영향을 미쳤을 것이다.
② ⓑ의 위쪽이 아래쪽보다 압력이 더 낮았을 것이다.
③ ⓑ의 아래쪽 공기의 흐름이 위쪽보다 빨랐을 것이다.
④ ⓑ의 회전이 반대였더라면 ⓑ가 목표 지점에 도달하지 못했을 것이다.
⑤ ⓑ와 ⓒ가 만나는 각도에 따라 튕겨지는 횟수가 달랐을 것이다.

정답 ③

해설 제시문의 내용을 통해 비행기에서 쏜 포탄은 물수제비의 돌과 같이 생각할 수 있으므로, ⓐ에서 ⓑ가 발사되는 세기와 ⓑ와 ⓒ가 만나는 각도, 그리고 ⓑ의 회전력과 그 회전의 방향이 물수제비 횟수와 깊은 상관이 있다. 그리고 회전과 관련해서 본문의 '베르누이 원리'와 '마그누스 효과'를 바탕으로 생각해 보면 그림에서 ⓑ의 회전 방향대로라면 포탄의 윗부분은 공기의 흐름이 포탄의 진행 방향과 반대로 흘러 포탄 주변의 회전하는 공기의 방향과 일치한다. 따라서 공기의 속도가 빨라져 압력이 낮아진다. 아랫부분은 그 반대가 되므로 공기의 흐름이 위쪽보다 느려질 수밖에 없다. 만일 ⓑ의 회전이 반대라면 당연히 포탄의 아랫부분은 공기의 속도가 빠르고 압력이 낮지만, 위쪽은 공기의 속도가 느리고 압력이 커져 ⓑ가 목표 지점에 도달하지 못했을 것이다.

[52~54] 다음 글을 읽고 물음에 답하시오.

자연의 생명체가 보여 주는 행동이나 구조, 그들이 만들어내는 물질 등을 연구해 모방함으로써 인간 생활에 적용하려는 기술이 생체모방이다. 원시 시대 사용되던 칼과 화살촉은 육식 동물의 날카로운 발톱을 모방해서 만들었고, 레오나르도 다빈치는 비행기 도면을 설계할 때 새를 관찰하고 모방하였다. 그러나 '생체모방'을 공학이라고 부르게 된 것은 나노기술의 발전과 극소량의 물질을 대량으로 생산해내는 유전공학 등 관련 분야의 발달로 비로소 가능해졌다.

바다에 사는 홍합은 심한 파도에도 바위에서 결코 떨어지는 법이 없다. 홍합의 '교원질 섬유 조직'은 바위에 자신의 몸을 붙이는 데 사용되는 생체 물질로, 물에 젖어도 떨어지지 않는 첨단 접착제로 주목받고 있다. 이 조직은 근육을 뼈에 부착시키는 사람의 건섬유보다 5배나 질기고, 잡아당길 때 늘어나는 신장력은 16배나 크며, 인체에 사용하여도 면역 거부 반응이 없다. 그래서 의학적으로 사용되어 의사가 환자를 수술한 후 상처를 실로 꿰맬 필요 없이 접착제를 바르기만 하면 되고, 기존의 화상 환자는 이식 수술을 받아도 다른 부위의 살을 떼어내야 하기 때문에 흉터가 남지만, 홍합이 만들어 내는 '교원질 섬유 조직'을 이용해 인공 피부를 이식하면 이러한 문제들을 해결할 수 있다.

또 하나, 바다 밑바닥에 사는 거미불가사리는 밝은 곳에서는 물론이고, 어둠 속에서도 적의 접근이나 은신처를 매우 빨리 알아내 정확하게 이동하는 것으로 알려져 있다. 미국의 한 연구소에서 연구한 결과에 따르면, 거미불가사리의 몸통과 팔을 연결하는 부위에는 탄화칼슘으로 이루어진 방해석이라는 미세한 수정체들이 무수히 박혀 있으며, 이 수정체들은 작은 빛도 받아들여 이것을 광학적 신호로 전환해 신경망으로 전달한다고 한다. 이 수정체가 마이크로 렌즈의 역할을 하는 것인데, 이를 모방하여 사람 머리카락 지름의 10분의 1 정도 크기의 패턴을 갖는 방해석 단일 결정체를 만들어낼 수 있었다. 이 결정체는 인간의 기술로 개발된 어떤 렌즈보다 훨씬 더 작으면서도 아주 정확하게 빛에 초점을 맞추는 기능을 가진 것으로 알려졌다. 거미불가사리의 둥근 초소형 수정체와 신경망 작동 시스템은 주변 상황 변화에 적응하는 고성능 광학렌즈는 물론 최신형 초고속 광통신망의 개발에도 도움을 줄 수 있을 것으로 보인다.

한편, 비가 오더라도 연잎에 물방울이 스며들지 않고 오히려 굴러 떨어지는 것이 연잎 위에 올록볼록하게 돋은 수백 나노미터 크기의 수많은 돌기 덕분이라는 사실이 밝혀짐에 따라 이것을 '연잎 효과'라고 부르게 되었다. 이 효과로 인해 연잎에는 먼지가 닿아도 먼지가 잎에 붙지 않고 얹혀 있는 상태가 된다. 그래서 아주 작은 힘만 가해도 먼지를 제거할 수 있다. 이런 능력을 응용하면, 비만 오면 저절로 깨끗해지는 유리창, 물만 한 번 내리면 깔끔해지는 변기 등을 만들 수 있다.

52 위 글의 서술 방식과 효과에 대한 설명으로 가장 적절한 것은?

① 전문가의 이론을 소개하여 자신의 견해를 강화하고 있다.
② 대상의 상호 관계를 분석하여 그 성격을 드러내고 있다.
③ 서로 다른 이론을 대비하여 특정 이론을 부각시키고 있다.
④ 다양한 사례를 제시하여 대상의 속성과 의의를 밝히고 있다.
⑤ 추상적 개념을 친숙한 사물에 빗대어 독자의 이해를 돕고 있다.

정답 ④

해설 전체적으로 이 글은 생체모방공학이라는 이론을 홍합이나 거미불가사리, 연잎의 구체적인 사례를 들어 알기 쉽게 설명하고 또한 생체모방공학의 특성과 그 응용 범위 및 의의에 대해 밝히고 있다.

53 위 글의 내용을 적용한 사례로 가장 적절한 것은?

① 종균배양법으로 야생 버섯의 품종을 개량하여 재배한다.
② 벌집의 육각형 구조를 본떠서 건축물을 튼튼하게 짓는다.
③ 유전자를 변형시킨 옥수수 품종을 개발하여 수확량을 늘린다.
④ 진드기의 천적인 무당벌레를 이용하여 무공해 배추를 생산한다.
⑤ 오리를 논농사에 이용하여 농약을 사용하지 않고 유기농 쌀을 수확한다.

정답 ②

해설 본문에 의하면 생체모방공학은 자연 생명체의 행동이나 구조, 물질 등을 연구·모방하여 인간 생활에 적용하려는 기술을 말한다. ②는 벌집의 육각형 구조를 모방하여 튼튼하고 효율적인 건축물을 만든 경우이므로 생체모방공학의 한 예라고 할 수 있다.

오답풀이 ① 종균배양법으로 야생 버섯 품종을 개량하는 것은 품종 자체를 바꾸는 방법이다.
③ 유전자 변형을 통해 옥수수 자체의 성질을 변형시키는 방법이다.
④ 농약의 사용 대신 천적인 무당벌레가 진드기를 잡아먹게 하여 농약 사용 없이 무공해 농작물을 수확하는 방법을 말한다.
⑤ 논농사에 오리를 이용하여 잡초 및 해충을 제거하는 방법을 사용하는 것은 무농약 유기농법을 말하는 것이다.
이렇게 볼 때, ①, ③, ④, ⑤는 생체모방공학의 개념과는 거리가 멀다.

54 위 글에 제시된 내용을 다음과 같이 정리해 보았다. (가)~(다)에 들어갈 내용을 바르게 짝지은 것은?

구분	홍합	거미불가사리	연잎
모방 대상	교원질 섬유 조직	(나)	돌기
특성	(가)	감각성 발달	비접착성
장점	면역 거부 반응 없음	빛을 감지함	(다)
적용	수술용 접착제	마이크로 렌즈	특수 유리

	(가)	(나)	(다)
①	회복력이 빠름	빛	정화 능력
②	회복력이 빠름	신경망	재생 능력
③	흡착성이 좋음	신경망	흡수 능력
④	흡착성이 좋음	방해석	정화 능력
⑤	신장력이 좋음	방해석	흡수 능력

정답 ④

해설 홍합의 특성은 '떨어지지 않는 첨단 접착제'로 주목받고 있다는 내용에서 흡착성이 좋음을 알 수 있으며, 거미불가사리는 미세한 빛을 감지하는 '방해석'을 지니고 있기 때문에 이를 마이크로 렌즈에 응용할 수 있다. 연잎은 올록볼록하게 돋은 돌기의 '비접착성' 때문에 먼지가 붙어 있을 수 없는 뛰어난 정화 능력이 있는데, 이를 응용한 것이 오염 물질을 쉽게 제거할 수 있는 특수 유리다.

[55~57] 다음 글을 읽고 물음에 답하시오.

우리 현대인은 대인 관계에 있어서 가면을 쓰고 살아간다. 물론 그것이 현대 사회를 살아가기 위한 인간의 기본적인 조건인지도 모른다. 어빙 고프만 같은 학자는 사람이 다른 사람과 교제를 할 때, 상대방에 대한 자신의 인상을 관리하려는 속성이 있다는 점을 강조한다. 즉, 사람들은 대체로 남 앞에 나설 때에는 가면을 쓰고 연기를 하는 배우와 같이 행동한다는 것이다.

왜 그런 상황이 발생하는 것일까? 그것은 주로 대중문화의 속성에 기인한다. 사실 20세기의 대중문화는 과거와는 다른 새로운 인간형을 탄생시키는 배경이 되었다고 할 수 있다. 특히, 광고는 내가 다른 사람의 눈에 어떻게 보일 것인가 하는 점을 끊임없이 반복하고 강조함으로써 ㉮ 사람들에게 조바심이나 공포감을 불러일으키기까지 한다. 그중에서도 외모와 관련된 제품의 광고는 개인의 삶의 의미가 '자신이 남에게 어떤 존재로 보이느냐?' 라는 것을 무수히 주입시킨다. 역사학자들도 '연기하는 자아' 의 개념이 대중문화의 부상과 함께 더욱 의미 있는 것이 되었다고 말한다. 그들은 적어도 20세기 초부터 '성공' 은 무엇을 잘하고 열심히 하는 것이 아니라 '인상 관리' 를 어떻게 하느냐에 달려 있다고 한다. 이렇게 자신의 일관성을 잃고 상황에 따라 적응하게 되는 현대인들은 대중매체가 퍼뜨리는 유행에 민감하게 반응하는 과정에서 자신의 취향을 형성해 가고 있다.

이렇듯 현대인의 새로운 타자 지향적인 삶의 태도는 개인에게 다른 사람들의 기대와 순간의 욕구에 의해 채워져야 할 빈 공간이 될 것을 요구했다. 현대 사회에서 각 개인은 사회 적응을 위해 역할 수행자가 되어야 하고, 자기 스스로 자신의 연기를 모니터하면서 상황에 따라 편리하게 '사회적 가면' 을 쓰고 살아가게 되었다. 이는 세련되었다는 평을 받는 사람들의 경우에 더욱 그러하다. 흔히 거론되는 '신세대 문화' 의 특성 중 하나도 '사회적 가면' 의 착용이라고 볼 수 있다. 물론 신세대는 구세대에 비해 훨씬 더 솔직하고 가식이 없다는 장점을 지니고 있다. 여기서 '가면' 은 특정한 목적을 위해 자기를 감추거나 누구를 속인다는 부정적인 의미만을 갖고 있는 것은 아니다. 다만, 신세대는 남에게 보이는 자신의 모습에서 만족을 느끼는 정도가 크기 때문에 그런 만족을 얻기 위해 기울이는 노력이 크고, 그것은 자신의 자아를 돌아볼 여유도 없이 '가면' 에만 충실하게 되는 것이다.

㉠ 과거를 향유했던 사람들은 비교적 사람의 내면세계를 중요시했다. 겉으로 드러나는 모습은 허울에 불과하다고 믿었기 때문이다. 그러나 ㉡ 현 시대를 살아가는 사람들의 모습을 보면 인간관계에 있어, 그 누구도 타인의 내면세계를 깊이 알려고 하지 않거니와 사실 그럴만한 시간적 여유도 없는 경우가 많다. 그런 이유로 무언가 '느낌' 으로 와 닿는 것만을 중시하며 살아간다. 그 '느낌' 이란 것은 꼭 말로 설명할 수는 없다 하더라도 겉으로 드러난 모습에 의해 영향을 받게 마련이다. 옷차림새나 말투 하나만 보고도 금방 그 어떤 '느낌' 이 형성될 수도 있는 것이다. 사람을 단지 순간적으로 느껴지는 겉모습만으로 판단한다는 것은 위험하기 짝이 없는 일임에도 불구하고, 현대인들은 겉모습에서 주어지는 인상에 의해 상대방을 파악하고 인식하는 것을 거부하지 못하는 데에 문제가 있다.

55 위 글에서 글쓴이가 궁극적으로 말하고자 하는 것은?

① 현대인들은 세대 간에 이해의 폭을 넓혀야 한다.
② 현대인들은 자아 중심적 세계에서 벗어나야 한다.
③ 현대인들은 자신의 내면적 가치를 추구해야 한다.
④ 현대인들은 남과 더불어 사는 삶을 추구해야 한다.
⑤ 현대인들은 긍정적 세계관을 지니도록 노력해야 한다.

정답 ③

해설 글쓴이는 현대인들이 사람을 판단할 때, 순간적으로 느껴지는 겉모습보다 자신의 내면적 가치를 소중히 해야 한다고 말하고 있다.

56 ㉠의 입장에서 ㉡을 비판할 수 있는 속담으로 가장 적절한 것은?

① 뚝배기보다 장맛이다.
② 겉이 고우면 속도 곱다.
③ 같은 값이면 다홍치마다.
④ 장님 코끼리 만지기 식이다.
⑤ 보기 좋은 떡이 먹기도 좋다.

정답 ①

해설 본문에서는 사람들의 내면세계를 중요시하던 '과거를 향유했던 사람' 이 내면보다는 겉모습의 느낌을 중시하는 '현 시대를 살아가는 사람' 을 비판하고 있다. 이럴 경우 보기 좋게 꾸며진 겉보다는 실속 있는 내면이 더 중요하다는 속담으로 비판할 수 있을 것이다. ①은 겉보기보다는 속이 더 중요하다는 말로, 이는 형식보다 내용이 중요함을 강조한 표현으로 이해할 수 있다. 따라서 '과거를 향유했던 사람' 의 입장에서 '현 시대를 살아가는 사람' 을 비판할 수 있는 속담으로는 ①이 적절하다.

 ②, ③, ⑤는 겉모습이 좋아야 내면도 좋을 수 있다는 것으로 겉모습의 중요성을 말하고 있다.

57 ㉮의 사례로 적절하지 않은 것은?

① 홈쇼핑 광고를 보던 주부가 쇼핑 도우미의 말을 듣고 그 물건을 사지 않으면 자기만 손해를 보는 것 같아 상품을 주문하였다.

② 여학생이 납량 특집 영화에서 화장실에 귀신이 나오는 장면을 본 후로는, 화장실 가기가 무서워 꼭 친구들과 함께 가게 되었다.

③ 한 소녀가 살을 빼는 식품 광고에 나오는 다른 소녀의 마른 모습을 본 후, 자신은 살이 많이 쪘다고 생각하여 살을 빼려고 운동을 시작했다.

④ 텔레비전 오락 프로그램에 나온 연예인들이 입고 있는 멋진 옷을 본 사람이 그 옷을 입지 않으면 유행에 뒤떨어질 것이라고 생각하여 그 옷을 샀다.

⑤ 잡지에서 '건강하게 오래 사는 가구 배치 방법'이라는 기사를 읽은 사람이 그렇게 하지 않으면 금방 병이 날 것처럼 생각되어 가구를 다시 배치하였다.

정답 ②

해설 글쓴이는 현대인들이 대중문화 속에서 '내가 다른 사람의 눈에 어떻게 보일까?'에 대해 '조바심과 공포감'을 가지고 있으며, 이것은 특히 광고에 의해 많이 생겨난다고 말한다. 하지만 ②의 '극장에서 공포영화를 보고 화장실에 가기를 무서워한다.'는 내용은 단순한 공포심을 나타내고 있을 뿐이다.

①, ③, ④, ⑤는 대중매체를 통해 정보를 얻고, 그 정보대로 실행하지 않으면 남들보다 열등한 상태에 놓이게 될 것으로 여겨 대중매체가 요구하는 대로 행동하는 사례들이다.

2교시 제1회 정답 및 해설

제1회 2교시 정답

01	02	03	04	05	06	07	08	09	10	11
②	⑤	③	⑤	⑤	③	⑤	②	②	⑤	①

12	13	14	15	16	17	18	19	20	21	22
⑤	③	⑤	⑤	①	⑤	①	①	④	①	②

23
③

주1	남자는 자신의 주장을 논리적으로 피력하지 못하고 상대방의 주장에 감정적으로 대응하고 있다.
주2	시기심을 버리자.
주3	간접 광고에 대한 주체적 해석이 / 간접 광고에 대한 자주적 수용이
주4	• 일본에게 → 일본에 • 책임이다라고 → 책임이라고
주5	떡줄 사람은 생각지도 않는데 김칫국부터 마신다.
주6	〈보기〉는 중의적인 문장이다. '아버지는 웃으면서, 들어오는 아들에게 심부름을 시켰다.'와 '웃으면서 들어오는 아들에게 아버지는 심부름을 시켰다.'로 해석할 수 있다.
주7	2. 세로 : 기차 3. 세로 : 장마철 8. 가로 : 도루 9. 가로 : 벽난로
주8	㉠ 전자오락의 폐해와 대책 ㉡ 전자오락에 지나치게 매달리지 않도록 유도해야 한다.
주9	국가 경쟁력 강화를 위한 획기적인 교육 개혁의 필요성
주10	폭력적인 내용의 영화가 청소년에게 나쁜 영향을 끼친다는 말이 많지만 우리에게 행복이나 희망 같은 정서적 만족감을 주는 영화도 많다.

01 뉴스를 들려 드립니다. 잘 듣고 물음에 답하십시오.

> 떨어져만 가던 유럽 각국의 출산율이 다시 상승세로 돌아섰습니다. 유럽 연합 통계국이 발표한 통계 자료를 보면, EU 15개국 여성의 평균 출산율은 지난 95년 1.43명으로 최저를 기록한 뒤, 지난해 1.44명으로 늘었다는 것을 알 수 있습니다. 그러나 국가별 출산율은 심한 격차를 보이고 있으며, 유럽 북부 지역 국가들이 남부 지역 국가들보다 높게 나타나고 있습니다. 유럽에서 전통적으로 출산율이 높은 국가인 아일랜드는 1.91명으로 이번에도 1위를 기록했습니다. 그 뒤를 이어 핀란드와 룩셈부르크가 1.76명, 프랑스 1.72명, 영국 1.7명으로, 주로 북부 지역 국가들이 상위권에 포함됐습니다. 반면 이탈리아는 1.22명, 스페인은 1.15명으로 최하위를 기록했습니다. EU의 평균 출산율은 일본의 1.41명과 비슷하지만, 2명이 조금 넘는 미국과 3명 이상인 제3세계 국가들에 비해서는 현저히 낮은 수치입니다. EU의 총인구는 지난 한 해 동안 출산율 증가에 따라 총 30억 7,359만 1,200명에 이르고 있습니다. EU의 평균 수명은 전체적으로 여자가 80.5세, 남자가 74세이나, 국가별로 차이가 크게 나고 있습니다. 평균 수명이 가장 긴 사람은 프랑스 여성으로 81.9세, 가장 짧은 사람은 포르투갈 남성으로 71세였습니다.

잘 들으셨죠? 이 뉴스 해설의 내용에 부합하는 것은 무엇입니까?

① 경제 선진국일수록 출산율이 낮아지는 경향이 있다.
② 유럽 북부 지역 국가들의 출산율이 남부보다 높다.
③ EU의 출산율은 동양 국가들과 비슷한 수준이다.
④ 출산율의 증가에 따라 평균 수명이 늘고 있다.
⑤ 유럽에서는 여자보다 남자가 더 오래 산다.

정답 ②

 ① 경제 선진국들의 출산율 증감의 경향을 이 뉴스 해설만으로는 일반화시킬 수 없다는 점에서 정답이 될 수 없다.
③ EU의 출산율이 일본과 비슷하다는 것으로 동양 국가들과 비슷한 수준이라고 보는 것은 논리적 비약이다.
④ 출산율과 평균 수명의 관계에 대해서는 언급하고 있지 않다.
⑤ 유럽에서 여자보다 남자가 오래 산다는 것은 내용에 배치된다.

02 다음은 어느 강연의 일부를 들려 드립니다. 잘 듣고 물음에 답하십시오.

> 한국의 전래 동화 중에 늙고 병든 아버지를 헌 지게에 지고 가서 산속에다 내다버리는 사나이에 대한 이야기가 있습니다. 할아버지를 내다버리는 데 함께 갔던 그 사나이의 아들은 헌 지게를 다시 짊어지고 산에서 내려옵니다. 의아하게 생각한 사나이가 묻자, 아들은 다음에 아버지가 늙고 병들면 산속에다 버릴 때 다시 쓰기 위해 가져간다고 대답합니다. 이에 사나이는 자신의 잘못을 깨닫고 다시 산에 올라가서 아버지께 무릎을 꿇고 용서를 빌게 됩니다.
>
> 또 이런 이야기도 있습니다. 성미 고약한 원님이 있어, 자기 휘하의 벼슬아치인 좌수에게 한겨울에 산딸기가 먹고 싶으니 구해 오라고 명령합니다. 어쩔 도리가 없어 고민하던 좌수는 몸져눕게 됩니다. 아버지가 어떤 이유로 몸져눕게 되었나를 알게 된 좌수의 아들은 원님을 찾아가, 아버지가 산딸기를 따다 독사에게 물려 집에 누워 있다고 말합니다. 겨울에 독사가 어디 있느냐고 화를 내는 원님에게 좌수의 아들은 원님의 말대로라면 이 겨울에 산딸기가 어디 있겠느냐고 반문합니다. 이에 원님은 자기의 잘못을 뉘우치게 됩니다.
>
> 이와 같은 이야기들이 의미하는 것은 무엇일까요?
>
> 늙고 병든 아버지를 버리는 사나이나, 산딸기를 가져오라고 명령한 원님은 바로 우리 자신일 수 있습니다. 우리가 남의 허물을 탓할 때 우리들 자신은 그러한 허물과는 관계없는 양 행동하는 경우가 많기 때문입니다. 동시에 그 사나이나 원님은 우리의 실제 모습이 아닌, 이상화된 모습일 수도 있습니다. 그 이유는 아버지에게 용서를 비는 사나이나 잘못을 뉘우치는 원님과는 달리, 우리는 스스로 허물을 인정해야 할 때에도 좀처럼 자신의 허물을 보지 못하기 때문입니다.

잘 들으셨죠? 이 강연에서 화자가 말하고자 하는 바를 가장 잘 정리한 것은 무엇입니까?

① 우리는 남의 허물보다는 그의 장점을 말하는 데 익숙해야 한다.
② 우리는 남의 잘못을 지적해 줄 수 있는 용기를 가져야 한다.
③ 우리는 잘못을 범하지 않기 위해 항상 노력해야 한다.
④ 우리는 남의 잘못을 말할 때에 우리 자신이 그만한 위치에 있는가를 반성해야 한다.
⑤ 우리는 잘못을 범했을 때 그것을 인정할 줄 아는 태도를 지녀야 한다.

정답 ⑤

해설 강연의 마지막 부분에서 사나이나 원님이 그들의 잘못을 인정한 점을 높이 사고 있는 것으로 보아, 화자는 우리(현대인)에게 이와 같은 점이 부족하다는 점을 일깨워 주기 위해 이 이야기를 인용했다고 볼 수 있다.

03 이번에는 어느 설명의 일부를 들려 드립니다. 잘 듣고 물음에 답하십시오.

> 여름날 창문이나 대청에 펴서 햇볕을 가리는 데 쓰는 물건을 발이라고 합니다. 때로는 땅에 펴서 농작물을 말리는 데 쓰기도 합니다. 햇볕을 가리는 데 쓰는 발은 갈대 또는 대오리를 삼끈이나 실로 엮어 만드는데, 바람이 잘 통합니다. 발은 대의 마디를 무늬로 하여 엮기도 하며 한복판에 쌍 희(囍) 자나 목숨 수(壽) 자, 또는 복(福) 자 무늬를 놓고 주위에 완자를 놓으며, 완자 바깥쪽에는 다시 남색 천으로 선을 두르기도 합니다. 발에 놓는 무늬는 일정하지 않아서 소나무, 용, 사슴 등의 무늬를 놓기도 합니다. 또한 치장을 위해 매듭을 꼬아 덧걸어 두기도 합니다. 발을 본디 목적 이외에 장식용으로도 쓰는 것은 이처럼 글자와 무늬, 매듭이 이루는 조화가 매우 아름다운 까닭에서입니다. 이밖에 '가마발'이라 하여 발을 작게 짜서 가마의 앞뒤와 좌우 창문에 늘이기도 하였습니다. 예전에는 남녀가 내외하는 데에 이용한 일도 있습니다. 수렴청정(垂簾聽政)이라는 말이 그것을 단적으로 드러내 주는데, 이 말은 본래 왕대비가 조신을 접견할 때 앞에 발을 치고 대화를 나누었던 데에서 유래한 것입니다. 그러나 이 말은 뜻이 바뀌어서 임금이 나이가 어려 등극하였을 때 그의 어머니나 할머니가 대리 정치를 하는 것을 가리키게 되었습니다. 일제 강점기에는 대로 엮은 발을 '조선발'이라고 따로 불렀으며, 근대 구미 각국에서는 블라인드 대용으로 쓰기도 합니다. 현재는 비닐이나 합성수지로 만든 것도 생산됩니다. 고추나 목화 따위의 농산물을 널어 말리는 발은 주로 싸리로 엮으며, 달풀의 줄기나 대, 또는 겨릅대로 만들기도 합니다. 특히, 목화를 말릴 때 발의 양 끝을 아무데나 걸쳐 놓으면 위아래로 바람이 통해서 쉬 마릅니다. 발은 비를 맞히지 않으면 오래 쓸 수 있으며, 겨울철에는 방 윗목에 둥글게 세워 놓고 감자나 고구마를 갈무리하는 데 쓰기도 합니다.

잘 들으셨죠? 이 설명을 듣고 알 수 있는 내용이 아닌 것은 무엇입니까?

① 발의 재료(材料)　　② 발의 용도(用度)
③ 발의 유래(由來)　　④ 발이 무늬
⑤ 발의 종류(種類)

정답 ③

 오답풀이
① 갈대 또는 대오리를 삼끈이나 실로 엮어 만듦
② 햇볕을 가리거나 농작물을 말리는 데 씀
④ 희(囍), 수(壽) 등의 문자를 놓거나, 소나무, 용, 사슴 등의 무늬를 놓기도 함
⑤ 가마발, 조선발 등이 있음

04 다음은 교사와 학생 기자의 인터뷰입니다. 잘 듣고 물음에 답하십시오.

> 학 생 : 오늘은 철학을 담당하고 계신 홍길동 선생님을 모시고 말씀을 나눠 보도록 하겠습니다. 선생님, 안녕하십니까?
>
> 교 사 : 안녕하십니까?
>
> 학 생 : 저희 학생들은 대개 철학을 실제 생활과 별 관계가 없다고 생각합니다. 철학 수업 내용도 어렵다고 생각하고요.
>
> 교 사 : 보통, 학생들은 철학을 자신과 관계가 없고 어렵다고 생각하죠. 사실은 그렇지 않아요. 철학을 하고 있어요. 학생들은 사춘기를 맞아 많은 고민을 하고 있어요. 어른이 되기 위한 관문을 통과하는 의례라고 할 수도 있죠. 이 시기에는 삶에 대해서 진지하게 생각하는 모습을 볼 수 있습니다. 삶이란 무엇인지, 어떻게 살 것인지, 장래 무엇을 할 것인지 등에 대해 고민하고, 친구와 대화를 나누기도 하고, 책을 읽어 보기도 하죠. 소설을 읽으면서 그 속에 담긴 삶에 대해 찬양하기도 하고 비판하기도 합니다. 이런 행위들이 바로 철학을 하는 것입니다. 그런데 나이가 들면서 생활에 매달리다 보면 이런 고민을 사치라고 생각하는 사람이 많아집니다. 그렇지만 이런 생각은 철학을 잘못 이해하기 때문에 생긴 겁니다.
>
> 학 생 : 좀 더 구체적으로 말씀해 주세요.
>
> 교 사 : "나무는 보고 숲은 보지 못한다."라는 말은 들어 봤죠? 물론 그 뜻도 알고 있겠습니다마는, 부분만을 봐서는 안 되고 전체를 봐야 한다는 뜻이죠. 그런데 이런 교훈은 일상생활에서 나온 겁니다. 살아가면서 얻은 교훈을 비유적으로 표현한 것이고요. 나무는 다른 나무와 관계를 가지면서 숲을 이루고 있어요. 철학은 이처럼 단편적인 사실들이 서로 어떤 관계에 있는가를 주목하는 겁니다. 우리는 살아가는 과정에서 순간순간 선택을 하기 위해 생각을 하게 되죠? 우리는 바로 이런 장면에서 철학을 하는 겁니다. 선택의 기준은 자신의 생활신조이고요, 이 신조는 우리의 생활 체험 속에서 스스로 얻은 것이고요.

잘 들으셨죠? 이 인터뷰의 중심 화제로 가장 적절한 것은 무엇입니까?

① 철학의 역할
② 철학자의 임무
③ 철학의 연구 과제
④ 철학이 어려운 이유
⑤ 철학과 일상생활의 관계

정답 ⑤

해설 학생은 첫 발언에서 철학을 화제로 삼았다. 교사는 삶과 철학을 연결시켰고, 학생은 두 번째 발언에서 철학의 의미를 삶과 연결시켜 한정하였으며, 교사는 다시 철학을 일상생활과 관련시켰다. 이 과정을 볼 때 두 사람은 대화의 화제를 점차 철학과 일상생활의 관계로 좁히고 있음을 알 수 있다.

05 이번에는 어느 강연의 일부를 들려 드립니다. 잘 듣고 물음에 답하십시오.

> 여행이란 여행지 주민들의 일상생활에 낯선 사람들이 침입을 하는 것이라고 볼 수도 있습니다. 따라서 여행을 할 때는 방문 국가에 대한 사전 지식을 갖추고, 그들의 문화나 풍습을 최대한도로 존중해 주는 태도를 지니는 것이 무엇보다 필요합니다. 예를 들어 소를 숭상하는 나라인 인도에서는 찻길에 소가 누워 길을 막고 있더라도 절대 경적을 울리는 일이 없습니다. 소가 스스로 일어나 움직일 때까지 기다리고 있다고 합니다. 그러나 우리나라의 경우 길에 가축이 누워 있다면 경적을 울려 움직이도록 하는 것이 당연할 것입니다. 이런 생각으로 인도에 간 우리나라 사람들이 누워 있는 소에게 경적을 울렸다면 그 나라 사람들은 무척 불쾌해 할 것입니다.
>
> 이렇게 그 나라 문화를 모르고 한 행동은 자신뿐 아니라 우리 국민 모두를 욕되게 할 것입니다. 해외여행을 하는 사람은 개개인이 민간 외교관이라는 생각을 갖고 방문국의 문화와 역사를 존중하고, 한편으로 우리의 문화를 조심스럽게 소개하는 자세를 가져야 할 것입니다. 이러한 마음가짐이 없다면 그 여행은 시간과 돈의 낭비만 초래할 뿐입니다. 해외여행을 계획하는 사람들은 이러한 점을 명심해야 할 것입니다.

05 강연자가 말하고자 하는 바를 요약적으로 제시한 것은?

① 세 살 버릇 여든까지 간다.
② 게으른 새 황혼녘에 바쁘다.
③ 부뚜막의 소금도 넣어야 짜다.
④ 못된 송아지 엉덩이에 뿔난다.
⑤ 로마에 가면 로마의 법을 따라야 한다.

정답 ⑤

해설 강연자는 여행을 하는 사람이 방문국의 문화나 관습을 존중하고 그것에 따르는 것이 문화 시민으로서의 자세라고 강조하고 있다.

06 다음은 남녀의 대화를 들려 드립니다. 잘 듣고 물음에 답하십시오.

> 여학생 : 우리 동네 앞으로 산을 뚫고 새 도로가 난다는 말 들었니? 동네 사람들은 환경 보호 차원에서 새 도로 건설을 반대한다는데, 이건 그 길이 갖는 실질적인 이득을 도외시한 행위 같아. 길이 없어 멀리 돌아갈 수밖에 없었던 차들이 그 길을 이용하게 되면 얼마나 큰 도움이 되겠니?

Test of Korean Language

남학생 : 너는 그 산이 갖는 환경적 의미를 잘 모르기 때문에 그런 말을 하는 거야. 가뜩이나 녹지 공간이 모자라 답답한데 그 산자락마저 파괴된다면 우리 동네가 얼마나 삭막해지겠니? 그 산이 없어진다면 우리가 자연과 접할 수 있는 유일한 공간이 사라지는 것이나 다름없어. 나는 동네 사람들이 반대하는 심정을 충분히 이해할 수 있을 것 같아.

여학생 : 물론 일부 산자락이 잘려 나가기 때문에 녹지 공간이 훼손되는 건 사실이야. 그렇다고 그 산이 전부 없어지는 건 아니잖니? 그보다는, 심각한 교통 문제를 해결한다는 점을 생각해 볼 때 그 길이 우리에게 주는 현실적인 이익이 훨씬 더 커. 녹지 공간이 우리에게 필요한 것은 사실이지만 그 도로도 현실적으로 우리에게 필요한 것이잖아. 어느 하나를 잃는 대신에 다른 하나를 포기하는 건 당연하다고 생각해.

남학생 : 나도 그 길이 갖는 현실적인 이익을 부정하는 건 아니야. 그렇지만 눈앞의 이익을 위해 기본 생존권과 관계되는 자연 환경을 파괴한다는 건 잘못된 일이야. 한번 훼손된 환경은 복원시키기가 좀처럼 쉬운 일이 아니잖아.

여학생 : 그런 식으로 이야기한다면 이제 더 이상의 도로 건설이나 주택 건설은 있을 수 없는 것 아니겠니? 우리가 살고 있는 이 아파트 단지도 따지고 보면 원래는 녹지 공간이었어. 필요에 따라서 같은 녹지 공간임에도 불구하고 어떤 것은 파괴될 수 있고 또 어떤 것은 파괴되어서는 안 된다는 것은 우리 동네 사람들이 너무 이기적으로 생각하는 것 아니니?

06 여학생의 마지막 말에 대해 남학생이 해 줄 수 있는 충고로 가장 알맞은 것은?

① 자가당착이 되어서는 안 된다.
② 원인과 결과를 혼동해서는 안 된다.
③ 논점에서 벗어난 말을 하면 안 된다.
④ 감정에 호소해서 일을 처리할 수는 없다.
⑤ 부분과 전체의 속성을 구분해야 한다.

정답 ③

해설 두 학생이 벌인 논쟁의 초점은 환경 보전과 개발의 당위성에 있다. 그런데 여학생의 경우, 마지막 대화에서 논점에서 벗어나 동네 사람들의 이기심을 문제 삼고 있다. 즉 논점 일탈의 오류를 범하고 있는 것이다.

07 이번에는 어느 강연의 일부를 들려 드립니다. 잘 듣고 물음에 답하십시오.

현재 대체 에너지원으로 거론되는 것에는 태양열, 조력, 원자력 등이 있습니다. 그런데 태양열 발전은 아직까지 태양 전지 개발에 어려움이 크고 초기 투자비가 많이 드는 단점이 있습니다. 또 조력을 이용한 발전 역시 장소가 한정적이고 투자비에 비해 생산이 너무 미흡한 실정이며 원자력은 불안정성과 공해, 엄청난 설치비로 인해 대체 에너지로서의 대량 보급화는 현실적으로 어려운 점이 많습니다. 그런데 바람을 이용한 풍력 발전은 설치비도 저렴하고 전 세계 어느 지역이든 설치가 가능하며 현재 화석 연료를 사용하는 발전기보다도 훨씬 싸기 때문에 대체 에너지 중 가장 유망하다고 하겠습니다.

사실 우리 인간은 불을 이용한 역사만큼이나 오래 전부터 바람을 이용해 왔습니다. 기록에 의하면 고대 중국의 황하 연안에 양수기로 활용했던 천진 풍차가 있었으며 기원전 2백 년경 페르시아에서는 바람의 힘을 곡식 쌓는 기계의 에너지원으로 사용한 흔적이 있습니다. 또, 유럽인들은 19세기 말까지 바람을 이용한 범선을 타고 5대양을 횡단하였습니다. 이 외에도 도처에서 바람을 이용한 흔적은 허다합니다.

원리가 간단한 풍력 발전은 시설에 있어서도 큰 어려움이 없습니다. 송전탑 같은 거대한 탑 위에 바람개비를 달아 놓기만 하면 바람에 의해 바람개비가 돌면서 그 힘으로 전기를 생산하게 되는 겁니다. 따라서 바람개비는 재질이 가볍고 비바람에 오래 견딜 수 있어야 합니다. 또 바람개비를 매단 탑은 쓰러져서는 안 되므로 튼튼해야 하며, 발전기는 약한 바람에도 작동할 수 있어야 합니다. 그런데 이런 문제점은 하루가 다르게 개선되고 있기 때문에 풍력 발전은 전망이 더욱 밝다고 하겠습니다.

더군다나 우리나라는 자연 조건에 있어 더욱 풍력 발전에 유리합니다. 풍력 발전기를 작동시키기에 알맞은 초속 3.8m의 미풍에서부터 초속 13m에 이르는 순풍까지, 바람이 4계절 끊임없이 불어 주는 계절풍대에 위치했기 때문입니다.

07 다음 중 이 강연에서 풍력 발전이 대체 에너지원으로 적합하다는 주장을 뒷받침하기 위한 근거로 사용하지 않은 것은?

① 우리나라 기후 조건에 적합하다.
② 다른 것에 비해 설치비용이 저렴하다.
③ 설치할 장소를 선정하는 데 제한을 받지 않는다.
④ 시설과 설비에 대한 문제도 계속 개선되고 있다.
⑤ 원리가 간단하므로 별다른 기술 개발이 필요 없다.

정답 ⑤

해설 풍력 발전의 원리나 시설이 간단하다는 내용은 언급되었으나, 기술 개발이 필요 없다는 내용은 있지 않다.

제1회 모의고사 정답 및 해설 27

08 두 사람의 대담을 들려 드립니다. 잘 듣고 물음에 답하십시오.

남 자 : 오랫동안 만화는 유치한 것, 저질의 것, 아이들이나 보는 것으로 생각되어 왔습니다. 하지만 이제 그 만화에 대한 개념이 많이 바뀌어 가고 있습니다. 대본소용만으로 제작되던 만화가 서점의 한 자리를 차지하고, 만화가가 다른 전문인들과 함께 광고 모델로 활동하게 된 사실에서 알 수 있듯이 이제 만화는 우리 생활 곳곳에서 당당하게 한 부분을 차지하게 된 것입니다. 이와 같이 만화는 점차로 그 중요성이 커지고 있습니다. 우선 만화는 고부가 가치를 만들어 내는 첨단 산업으로 인정받고 있습니다. 만화 비디오, 만화를 이용한 컴퓨터 게임, 팬시 용품, 만화 광고 등 활용 범위는 끝이 없습니다. 그리고 만화는 비교적 값이 싸면서도 전달하고자 하는 정보를 효과적으로 전달할 수 있는 다양한 장치들을 지니고 있기 때문에 특히 설득과 정보 전달을 중요시하는 오늘날에는 그 이용 범위가 점점 넓어지고 있습니다. 즉, 매체로서의 만화의 우수성을 보여주는 거라 할 수 있지요. 또한 만화는 그 개방성으로 우리의 상상력을 무한히 길러 준다는 점에서도 가치가 있습니다.

여 자 : 그렇습니다. 지금 말씀하신 그런 면도 있음을 부인할 수는 없습니다. 그러나 우리의 현실은 이와는 아주 많이 다르다고 할 수 있습니다. 요즘 만화를 보면 내용이나 그림에 있어서 비교육적인 것들이 더 많습니다. 많은 만화에서 어린이가 부모나 선생님 또는 다른 사람을 공격한다든지, 흉악한 범죄를 저지르거나 폭력을 휘두르는 내용들이 나옵니다. 만화가 상업성을 띠게 되면서 내용에 있어서도 흥미 위주의 폭력적, 자극적인 내용 일색이 되어 버렸습니다. 특히 일본 만화의 무분별한 수입은 우리 어린이들의 정서를 해치기도 합니다. 게다가 그 같은 불량 만화를 읽기 위해 소비하는 막대한 시간과 돈, 관심의 낭비 등도 지나쳐 버릴 수 없는 문제입니다.

09 이번에는 어느 발표의 일부를 들려 드립니다. 잘 듣고 물음에 답하십시오.

우리는 지금 필요한 식량의 30%도 국내에서 자급하지 못하고 70% 이상을 해외에서 들여오고 있습니다. 만약 긴급 사태가 나서 식량을 수입할 수 없는 상황이 된다면, 국민 대부분이 기아에 허덕이게 될 것입니다.

필요하면 언제라도 원하는 만큼 식량을 조달하면 되지 않느냐고 생각할 수도 있지만, 유감스럽게도 그 대답은 부정적입니다. 먼저 국제 곡물 시장이 심상치 않습니다. 기상 이변으로 세계 곡물 생산량이 크게 줄고 곡물 재고가 적정 수준을 크게 밑돌면서 국제 곡물 가격이 폭등하고 있는 실정입니다.

그래서 지난 70년대 초와 같은 식량 위기가 몇 년 안에 도래할 것이라는 경고의 목소리도 나오고 있습니다. 뿐만 아니라 21세기 세계 식량 수급의 장기적 전망도 밝지 않으며, 개도국의 인구 증가와 소득 증대로 곡물 수요가 빠르게 늘어나는 반면 지구 환경의 악화로 생산 증가는 오히려 둔화되는 경향을 보이고 있어, 국제적으로 식량 부족 사태는 심각해질 전망입니다. 이런 추세대로라면 2011년에는 국제 곡물 가격이 지금보다 두 배 가량 상승할 것입니다.

그러나 그보다 더욱 심각한 문제는 나라 밖보다는 안에 있습니다. 국제 식량 사정이 좋지 않다면, 국내의 식량 생산 능력을 강화해야 함에도 불구하고 우리의 현실은 오히려 그 반대입니다. 1994년 우리나라의 전체 식량 자급률은 29%였으나, 2011년에는 25% 이하로 떨어질 것으로 전망됩니다. 특히 주목해야 할 것은 주식인 쌀의 자급 기반이 최근 급속히 와해되고 있다는 점입니다. 5년 연속 쌀 자급률이 100%에 미치지 못하고 특히 2004년 말에 국내의 쌀 비축량은 국민 소비량의 20일 분에도 미치지 못하는 2백만 섬 이하로 줄어들어 유엔 식량 농업 기구가 권고하는 적정 비축량보다 턱없이 모자란 수준입니다. 이처럼 쌀의 자급 기반이 급속히 무너져 간 이유는 한치 앞을 내다보지 못한 농정 당국이 한때 쌀이 남아돈다고 이를 천덕꾸러기 취급을 했기 때문입니다.

08 이 두 사람의 대담을 듣고 내릴 수 있는 판단으로 적절하지 않은 것은?

① 오늘날 만화는 중요한 산업의 하나로 인식된다.
② 만화의 참된 가치는 정보 전달의 효율성에 있다.
③ 만화가 어린이들에게 미치는 영향력은 매우 크다.
④ 만화를 고를 때에는 세심한 주의를 기울여야 한다.
⑤ 오늘날은 저질의 만화와 꿈을 길러 주는 만화가 공존한다.

정답 ②

해설 정보 전달의 효율성을 만화의 긍정적 측면으로 보고는 있지만 이것이 만화의 참된 가치인지는 알 수 없다.

09 이 발표를 듣고 질문할 수 있는 내용으로 적절하지 않은 것은?

① 정부의 농업 정책에 잘못이 있다고 하셨는데, 좀 더 구체적으로 지적해 주실 수 있습니까?
② 식량 자급을 못하고 있다고 하셨는데, 우리 국민의 주식이 쌀에서 어떤 농산물로 바뀌고 있습니까?
③ 식량 생산의 자급률이 30%에 밑돌고 있다고 하셨는데, 식량 생산을 증가시키는 방안은 없을까요?
④ 현재 우리나라는 식량의 70% 이상을 해외에서 들여오고 있다고 하셨는데, 주로 어느 나라에 의존하고 있습니까?

⑤ 국내의 쌀 비축량이 유엔 식량 농업 기구가 권고하는 적정 비축량보다 턱없이 모자란다고 하셨는데, 유엔 식량 농업 기구가 권고하는 적정 비축량은 얼마입니까?

정답 ②

해설 우리 식량 수급 사정이 전반적으로 취약해져 가고 있으며, 이에 대한 원인 분석을 중심으로 발표가 진행되고 있다. 5년 연속 쌀 자급률이 100%에 미치지 못하고 있다는 언급은 있으나, '주식(主食)'이 바뀌고 있다는 지적은 없으며, 발표의 중심 내용과도 거리가 멀다.

10 손자와 할아버지의 대화를 들려 드립니다. 잘 듣고 물음에 답하십시오.

손　자 : 할아버지, 재미있는 옛날이야기 좀 해 주세요.

할아버지 : 음, 무슨 이야기가 좋을까? 내가 전에 들은 얘긴데, 옛날에 유명한 목수 한 사람이 큰집의 대들보감이 될 만한 나무를 구하려고 전국을 돌아다녔더란다. 3년을 돌아다녀도 구하지를 못했지. 그런데 어느 날 산 속을 지나가다가 작은 소나무 한 그루가 가시나무 덩굴 사이에 끼어서 제대로 자라지 못하는 것을 보고는 안타까워하면서 말했어. "이 나무의 모양을 보니 제대로 자라면 뒷날 훌륭한 대들보감이 되겠는데 이렇게 덩굴 속에 갇혀 있으니 참 애석하구나." 그때 마침 옆에 나무를 하고 있던 나무꾼이 "여보시오. 그렇게 안타까워할 게 아니라 그 나무를 칭칭 감고 있는 덩굴을 뽑아 버리시구려. 그러면 나무가 잘 자라 훗날 좋은 재목감이 될 게 아니요? 그러면 베어다 쓰면 되잖소?" 하고 말했어. 그랬더니 그 목수가 "아니, 이 세상 어디 간들 대들보감이 될 수 있는 큰 나무를 못 구하겠소? 그런데 지금 이 나무를 언제 기르고, 또 기다린단 말이요?" 하고는 돌아보지도 않고 가 버렸어.

손　자 : 그래서요?

할아버지 : 그런데 그 목수는 온 천하를 돌아다니며 자기가 필요로 하는 대들보감을 찾으려 했지만 끝내 못 찾았단다. 그러다가 삼십여 년이 흐른 어느 날 그 목수는 다시 그 골짜기까지 왔단다. 그런데 옛날 덩굴이 칭칭 감고 있던 소나무는 덩굴을 헤치고 하늘을 뚫을 듯이 우뚝 자라 큰 재목감으로 변해 있었어. 그래 그 목수는 비로소 자기가 찾아 헤매던 대들보감을 드디어 찾았다고 만족해하며, 그것을 벨 준비를 했단다. 그때 옛날에 만났던 그 나무꾼이 나타나서 말했단다.

10 이 이야기의 끝에 이어질 나무꾼의 말로 가장 적절한 것은?

① 재목을 그렇게 열심히 찾다 보면 어디에고 있는 법이오.

② 대들보감이 될 만한 나무는 아무 데나 있는 것이 아니오.

③ 대들보감과 같이 좋은 나무는 오랜 세월 동안 자라야 하는 법이오.

④ 집을 지을 때 재목을 적재적소에 쓰는 것은 훌륭한 목수가 할 일이라오.

⑤ 재목을 구하면서 그 재목을 기르지 않는 것은 훌륭한 목수의 태도가 아니오.

정답 ⑤

해설 나무꾼이 한 말을 근거로 추리할 수 있다. 나무꾼의 주장은 자기가 쓸 나무를 잘 가꾸고 키워 쓰라는 것이다.

11 어느 강연의 일부를 들려 드립니다. 잘 듣고 물음에 답하십시오.

좋은 컴퓨터란 무조건 비싼 컴퓨터를 말하는 것은 아닙니다. 돈이 있다고 해서 여러 가지 기능이 첨가된 비싼 컴퓨터를 들여 놓고도 제대로 사용하지 못한다면 그건 낭비일 뿐입니다. 오히려 자신의 능력이나 용도에 맞는 컴퓨터를 선택하여 그 기능을 100% 활용하는 것이 컴퓨터 사용자에게 이익입니다. 이렇게 좋은 컴퓨터란 자신에게 도움을 줄 수 있고 자신이 사용하고자 하는 목적에 맞는 컴퓨터입니다.

그러므로 좋은 컴퓨터를 구입하기 위해서는 컴퓨터 매장에서 상담을 하거나 컴퓨터를 잘 아는 주위 사람에게 부탁을 할 때 자신이 어떤 목적으로 컴퓨터를 구입하는지 정확하게 설명하는 것이 좋습니다. 용도만 정해지면 컴퓨터는 돈에 맞춰서 얼마든지 만들 수가 있기 때문입니다.

컴퓨터와 부품의 종류는 요지경 속이라서 신문 광고나 잡지 광고에 나오는 컴퓨터가 진부라고 생각하면 안 됩니다. 부품이 국산이냐 외제냐에 따라, 어느 회사 제품이냐에 따라, 하드 디스크의 용량과 램의 크기에 따라 다양한 가격의 컴퓨터를 만들 수 있습니다. 거기에다 모뎀, 사운드 카드, 영상 카드 등 주변기기가 얼마나 부착되는가에 따라서도 컴퓨터의 가격은 달라지게 마련이거든요.

그리고 처음부터 무조건 비싼 것을 구입하기보다는 자신의 능력에 맞는 것을 고르도록 해야 합니다. 즉 처음에는 그저 편하게 배울 수 있는 정도로 시작을 하고, 컴퓨터를 알게 되어 자유자재로 다룰 수 있게 되면, 그때부터는 업무와 재미를 함께 느낄 수 있는 컴퓨터를 스스로 만들어 나가면 되는 것입니다.

11 이 강연은 어떤 질문에 대한 답변이라고 할 수 있다. 질문의 내용으로 적절한 것은?

① 좋은 컴퓨터를 구입하는 방법은 무엇입니까?
② 현대인에게 컴퓨터는 반드시 필요한 것입니까?
③ 컴퓨터를 싸게 구입하려면 어떻게 해야 합니까?
④ 컴퓨터를 구입하는 시기는 언제가 가장 좋습니까?
⑤ 컴퓨터의 기능에 따라 가격의 차이는 얼마나 납니까?

정답 ①

해설 강연자는 전반부에서 좋은 컴퓨터란 자신의 능력과 목적에 맞는 것이라고 정의를 하고 있다. 그리고 이를 전제로 하여 좋은 컴퓨터를 구입하기 위해서는 목적을 자세히 설명해 주어야 하며, 처음에는 편하게 배울 수 있는 것을 구입한 다음 컴퓨터를 수월하게 다룰 수 있게 되면 업무와 재미를 느낄 수 있는 컴퓨터를 스스로 만들어 가야 한다고 말하고 있다.

12 이번에는 어느 대담을 들려 드립니다. 잘 듣고 물음에 답하십시오.

갑 : 최근의 대중문화는 지나치게 상업적이라는 생각이 들어요. 뭐 세세한 부분에서는 차이가 있겠지만, 전체적으로 볼 때 서구의 자본주의 상품 문화가 그대로 침투한 것이 아닌가 여겨져요. 우리의 민족 문화를 점검하고 현대화하는 작업을 제대로 하지 않은 결과가 아닌가 생각합니다.

을 : 글쎄요, 좀 더 근본적인 이유는 역사적인 데에 있지 않겠습니까? 현대가 시작되는 시기에 식민지 경험을 했고, 해방 후에도 우리의 대중문화는 주로 미국 문화의 영향을 받았는데, 이런 것들이 결국은 역사적으로 주체적 근대화를 실현하지 못한 결과라고 생각됩니다. 그래서 대중문화의 식민지 현상과 더불어 상품화 현상이 일어나고 있다고 생각합니다.

병 : 꼭 옛것이 좋은 것은 아니겠지만, 최근 대중문화의 양상을 보면 뿌리가 없는 것이라 할 수 있어요. 물론 자본주의 문화 중에서도 긍정적인 측면은 받아들여야겠지만, 그 중심은 어디까지나 우리의 민족 문화가 되어야 바람직할 것입니다. 문화를 상업적으로 접근하다 보면, 삶을 격상시키는 차원에서의 진정한 문화가 퇴색하고 말 것입니다.

12 이 대담에서 세 사람이 공통으로 전제하고 있는 것은?

① 민족 문화를 원형대로 보존하여야 한다.
② 민족 문화에 대한 재평가 작업이 있어야 한다.
③ 현대의 대중문화는 식민지적 성격을 띠고 있다.
④ 대중문화의 발전을 위해 획기적인 투자가 필요하다.
⑤ 대중문화는 자본주의 상품 문화에 기반을 두고 있다.

정답 ⑤

해설 세 사람은 대중문화가 상품화되었다는 점과 이런 현상이 자본주의 상품 문화에 기인하고 있다는 점에 대해 동의하고 있다.

13, 주 1 이번에는 토론 내용의 일부를 들려 드립니다. 잘 듣고 물음에 답하십시오.

사회자 : 지금까지 인터넷 종량제가 대두된 배경에 대해서 알아봤습니다. 이제부터는 인터넷 종량제 실시에 대한 의견을 나눠보도록 하겠습니다. 먼저, 여성 분부터 말씀해 주시죠.

여 자 : 네, 저는요, 사람들이 인터넷 종량제에 반대하는 이유를 모르겠어요. 인터넷을 많이 쓰는 사람은 요금을 많이 내고, 적게 쓰는 사람은 적게 내는 제도니까, 저같이 적게 쓰는 사람에게는 분명히 이익이거든요. 회사나 PC방에서 전용선을 쓰는 분들은 종량제와는 아예 상관이 없고요.

남 자 : 아니 그렇게 자기 생각만 하면 됩니까? 초고속인터넷 이용량이 기하급수적으로 늘어나는 이 시대에 전체 이용자들의 경제적 부담이 얼마나 늘어날지 생각해 보셔야죠. 또 인터넷을 이용한 상거래에 미칠 영향은요? 이건 분명히 이용자를 무시한 기업 측의 억지라구요.

여 자 : 인터넷 종량제에 대해 나쁘게만 말씀하시는데요, 분명히 좋은 점도 있어요. 인터넷 종량제를 도입하면 아무래도 불법 내려 받기로 인한 저작권 문제가 꽤 줄어들 수 있을 걸로 봐요. 저작권 침해는 결국 창작 활동에 걸림돌이 되고, 창작물이 줄면 소비자가 다양한 문화를 누릴 권리도 상대적으로 줄어들게 되지요. 그러니 만약 불법 내려 받기가 줄어 저작권으로 인한 시비가 줄어들게 되면, 제작자들의 권익이 보호받게 되고, 결국 우리들에게는 문화를 누릴 수 있는 권리가 주어지게 되겠죠. 그러니 이 제도는 결국 우리 이용자를 위한 거죠.

남 자 : 아니, 인터넷 종량제가 이용자를 위한 것이라니 자꾸 왜 그러세요? 혹시 인터넷 회사에서 무슨 부탁 받은 거 아닙니까?

사회자 : 저, 사회자로서 말씀드리겠는데요, 다투듯 하지 마시고 인터넷 종량제 실시를 왜 반대하시는지 객관적 근거를 들어 말씀해 주셨으면 합니다.

남 자 : 나 참! 답답도 하시네요. 그럼 어디 그쪽부터 객관적 근거를 들어 말씀해 보시지요.

여 자 : 그러죠. 요즘에 인터넷을 통해 미디어 파일이나 방송 등을 보고 듣는 일이 급속도로 증가하고 있잖아요. 이럴 때는 일반 정보를 검색할 때보다 수백 배의 용량을 이용해야 돼요. 그러면 어떤 현상이 일어날까요? 인터넷 서비스 제공업체에서 운영 중인 장비의 용량이 부족해집니다. 그러다 보면 장애가 발생하기 마련이죠. 그

걸 막으려면 적절한 방법으로 인터넷 사용을 통제해야 하지 않겠어요? 인터넷 사용이 통제되면 불필요한 사용에서 오는 과다한 요금 지출도 줄어들고 접속 장애도 사라질 테니 결국 인터넷 종량제는 이용자를 위한 제도인 거죠.

남 자 : 아니죠. 그게 바로 이용자를 위하는 척하면서 결국은 이용자들의 부담만 늘리겠다는 속셈 아니겠어요? 요금을 적게 내면 서비스를 줄이겠죠. 안 봐도 뻔하지 않습니까? 그래서 인터넷 종량제는 안 된다는 겁니다.

---

13 토론을 들은 청취자의 반응으로 적절하지 않은 것은?

① 음반 제작자들이 불법 내려 받기로 인해 손해 보는 일은 줄겠군.
② 인터넷 관련 서비스의 질이 좋아질 거라고 확신할 수는 없겠군.
③ 인터넷 쇼핑을 할 때 인터넷 사용 요금을 고려할 필요는 없겠군.
④ 인터넷 접속 장애가 줄어들게 된다면 편리한 제도라고 봐야겠군.
⑤ 불필요한 인터넷 사용이 줄면 인터넷 속도에도 영향을 미치겠군.

정답 ③

해설 토론의 중심 내용은 인터넷 종량제를 실시할 경우, 인터넷 사용 시간이 적은 자신의 경우를 예로 들어 요금이 낮아질 것을 기대하는 여성의 찬성론과 기업 경영 논리를 들어 결국 이용자 부담이 늘어날 것을 우려하는 남성의 반대론으로 정리할 수 있다. 인터넷 종량제 요금은 인터넷 사용 시간에 비례하는 것이라고 말하고 있으므로, ③은 토론의 내용을 이해하지 못한 사람의 반응이다.

① 종량제가 시행되면 요금 부담을 느낀 이용자들이 용량이 큰 미디어 파일의 불법 내려받기를 조심하게 될 것이란 말에서, 그렇게 되면 적어도 불법 내려받기로 인한 음반 제작자의 손해가 줄어들 것이란 반응이 나올 수 있다.

② 남성은 인터넷 이용 요금이 줄어들면 서비스 역시 줄 것이라고 말하고 있는데 이에 동의하는 청취자라면, 요금 인상분은 이용자를 위한 권익의 증가로 이어질 것이라는 여자의 의견에 회의적 반응을 보일 수 있다.

④·⑤ 요금 부담으로 인해 불필요한 인터넷 접속 및 사용 시간이 줄어들면 사용자의 인터넷 접속 장애가 줄 것이라고 주장하는 여성의 말에서 인터넷 종량제에 대해 ④, ⑤와 같은 긍정적 반응이 나올 수 있다.

주1 남성 토론자의 문제점이 무엇인지 한 문장으로 쓰시오.

정답 남자는 자신의 주장을 논리적으로 피력하지 못하고 상대방의 주장에 감정적으로 대응하고 있다.

해설 남자는 답답하다거나 어떤 회사의 입장을 대변하는 것이 아니냐고 되묻는 등 상대방에게 '감정적 태도'로 대응하고 있다.

주2 어느 글의 일부를 들려 드립니다. 잘 듣고 물음에 답하십시오.

내가 바로 보았는지 모르지만, 오늘 우리 사회를 대표하는 지도자가 세워지지 않은 것은 지도자가 없다는 것이 이유가 될 수 없습니다. 이밖에 다른 이유가 많다고 하겠지만 가장 큰 이유는 우리 민족의 가장 큰 원수라고도 할 수 있는 시기심 때문입니다.

우리는 지도자를 세우고 후원하기에 힘쓰기는커녕 지도자가 세워질까 봐 두려워하여 지도자가 될 만한 사람은 쓰러뜨려 지도자가 못 되게 노력하는 듯합니다.

우리 역사상 이순신 장군은 그런 경우에 있어서 가장 비참한 예가 될 것입니다. 반드시 그를 지도자로 삼고 후원해야 할 처지였건만 당대의 사람들은 오히려 그를 시기하고 모함하여 쓰러뜨리고 말았으며, 근대에도 유길준 선생 같은 어른은 우리의 지도자가 되기에 합당하였건만 그를 지도자로 삼지 않고 핍박하고 무시하다가 마침내 그의 불우한 일생이 끝난 때에야 성대한 장례식이나 치르는 것을 보고 나는 슬펐습니다.

언제고 이런 현상이 없어져야만 그 후에 우리 민족이 민족다운 운동의 길에 들어설 수 있을 것입니다.

주2 이 글을 통해 전달하고자 한 핵심 내용을 청유형의 한 문장으로 쓰시오.

정답 시기심을 버리자.

해설 지도자가 없는 이유를 '시기심'으로 파악하고 있다. 이순신 장군의 경우도 당시 사람들의 '시기심' 때문에 지도자가 되지 못했다는 것이다. 오히려 지도자가 될 만한 사람들이 죽고 난 다음에야 '성대한 장례식'을 치르는 잘못을 범했다고 지적한다.

---

14 문장 성분 간의 호응이 적절한 것은?

① 뜰에 핀 꽃이 여간 탐스러웠다.
② 확실한 사실은 그가 성실하게 살아 왔다.
③ 인간은 자연에 복종하고, 지배도 하며 살아간다.

④ 내가 지금 원하는 것은 친구들과 함께 여행을 갔으면 한다.

⑤ 그녀는 어려움 속에서 겪은 고통의 의미를 깨닫고, 자신을 반성했다.

정답 ⑤

오답풀이
① 뜰에 핀 꽃이 여간 탐스럽지 않았다.

② 확실한 사실은 그가 성실하게 살아 왔다는 것이다.

③ 인간은 자연에 복종도 하고, 자연을 지배도 하며 살아간다.

④ 내가 지금 원하는 것은 친구들과 함께 여행을 가는 것이다.

---

15 〈보기〉와 같은 표현상의 오류를 범한 것은?

> ─────────────── 보기 •
> 내가 그를 만난 것은 결코 우연한 일이었다.

① 이것은 나의 책이오, 저것은 그의 연필이다.

② 도서관에서 얼굴이 예쁜 그의 누나를 만났다.

③ 그는 길을 가다가 우연치 않게 하영이를 만났다.

④ 나는 휴가 때 할머니를 데리고 온천에 가기로 했다.

⑤ 그 사람은 외모는 몰라도 성격은 별로 변한 것 같다.

정답 ⑤

해설 〈보기〉에서 부사어 '결코' 는 '~하지 않는다' 처럼 부정의 서술어와 호응을 해야 하기 때문에 '내가 그를 만난 것은 결코 우연한 일이 아니었다.' 로 고쳐 써야 한다.

⑤의 부사어 '별로' 도 이처럼 부정의 서술어와 호응해야 한다. 즉, '그 사람은 외모는 몰라도 성격은 별로 변한 것 같지 않다.' 로 고쳐야 맞다.

오답풀이
① 연결어미는 '~이요', 종결어미는 '~이오' 이므로 '이것은 나의 책이요,~' 로 고쳐야 한다.

② '예쁜' 이 '그' 인지 '누나' 인지 알 수 없는 중의적인 문장이다.

③ '우연치 않게' 를 '우연히' 로 고쳐야 한다.

④ 내가 데리고 가는 대상이 '할머니' 이기 때문에 '데리고' 를 '모시고' 로 고쳐야 맞다.

---

16 밑줄 친 사동사 중 사동 접미사가 이중으로 사용되지 않은 것은?

① 어머니께서 동생에게 옷을 입히셨다.

② 아기를 재우는 데는 자장가가 제일이다.

③ 콩쥐가 밑 빠진 항아리에 물을 가득 채웠다.

④ 우리에게는 새로운 역사를 세워야 할 사명이 있다.

⑤ 콩나물시루에는 빛을 막기 위해 까만 천을 씌운다.

정답 ①

해설 '재우다' , '채우다' , '세우다' , '씌우다' 에는 사동 접미사 '-이-' 와 '-우-' 가 중복해서 쓰였다.

---

17 다음 글에서 퇴고해야 할 부분을 바르게 지적한 것은?

> ─────────────── 보기 •
> 선생님, 그간 안녕하신지요.
> 일전에 치아가 좋지 ㉠ 않으셔서 고생하신다는 말을 들었는데 이 제는 ㉡ 괜찮으신지요.
> 우선 그동안 지도해 주신 은혜에 대한 감사의 ㉢ 말씀을 올리겠습니다. 선생님의 자상하신 지도 덕분에 이번 여름 방학을 맞아 자 그마한 전시회를 개최하게 되었답니다. 미술 대학을 다니는 큰오빠가 방학을 맞아 ㉣ 내려와서 많은 도움을 주기도 하였습니다.
> 방학 전의 종업식에서 매사에 용기를 가지고 최선을 다하라던 교장 선생님의 말씀도 ㉤ 계시고 해서 용기를 낸 것이지요.
> 꼭 한 번 방문하셔서 격려해 주시기를 바랍니다. 언제나 선생님의 격려 말씀은 저에게 큰 힘이 되곤 했으니까요. 자세한 일정은 추후에 다시 연락드리겠습니다.
> 안녕히 계십시오.

① ㉠ 않으셔서 → 않아서

② ㉡ 괜찮으신지요→ 괜찮은지요

③ ㉢ 말씀 → 말

④ ㉣ 내려와서 → 내려오셔서

⑤ ㉤ 계시고 → 있으시고

정답 ⑤

해설 우리말에서 '계시다' 와 '있으시다' 는 주체가 누구인지에 따라 구별하여 사용해야 한다. 우선 '계시다' 는 "어머님이 집에 계시다."의 경우와 같이 주체를 직접 높여 줄 때 쓰는 말이고, '있으시다' 는 "교장 선생님의 말씀이 있으시겠습니다."와 같이 주체가 교장 선생님의 '말' 이기 때문에 직접 높임의 대상은 아니지만 교장 선생님과 밀접한 대상이므로 높여 주는 간접 높임에서 쓰는 말이다.

오답풀이
① '치아' 는 직접 높임의 대상은 아니지만 높임의 대상인 선생님의 신체의 일부이므로 간접 높임법에 따라 높여야 한다.

② 주체를 선생님으로 보아야 하므로 주체 높임법의 대상이다.

③ '말씀' 은 높임말과 낮춤말의 두 가지로 쓸 수 있다. 여기에서는 자신의 말을 낮추는 의미로 쓰였다.

④ 서술 주체인 오빠보다 청자인 선생님이 더 높여야 하는 대상이므로 높임법이 적용되지 않는다.

---

18 중복 표현이 없는 올바른 문장은?

① 회사는 많은 손해를 보았다.
② 식당을 미리 예약해 두었다.
③ 거의 대부분 주말을 기다린다.
④ 여러 가지 다양한 과자 종류가 있다.
⑤ 부동산 계약서에는 양도 날짜를 분명히 명시해야 한다.

정답 ①

② '예약'은 '미리 약속함, 미리 정한 약속'을 뜻하므로, '미리'와 의미가 중복된다.
③ '대부분'은 '절반이 훨씬 넘어 전체량에 거의 가까운 정도'를 뜻하므로, '거의'와 의미가 중복된다.
④ '다양한'은 '모양, 빛깔, 형태, 양식 따위가 여러 가지로 많음'을 뜻하므로, '여러 가지'와 의미가 중복된다.
⑤ '명시'는 '분명하게 드러내 보임'을 뜻하므로, '분명히'와 의미가 중복된다.

---

19 〈보기〉의 자료를 바탕으로 글을 쓰기 위해 내용을 정리하여 보았다. 정리한 내용과 자료 활용 방안이 적절하지 않은 것은?

●─ 보기 ─●

[자료 1] 홈쇼핑에서 물건을 구매하게 된 이유

이유	빈도(%)
우연히 프로그램을 보다가 필요할 것 같아서	42.8
가격이 저렴하고 구입이 편리해서	30.1
부가적 혜택(무이자 할부, 사은품 등)이 있어서	20.2
시중에서는 구하기 힘든 상품이어서	6.9

[자료 2] 홈쇼핑에서 물건 구매 시 불만 유형(중복 응답)

유형	빈도(%)
TV 내용과 실제 상품이 상이함	46.5
상품의 품질 불량	35.4
색상, 사이즈 등 주문한 것과 다른 상품이 배달됨	22.3
교환, 반품 등 A/S 지연	10.9
배달 지연	9.3

[자료 3] 최근 홈쇼핑 시장은 전년 대비 152% 증가하였다. 한편 업체 간 경쟁이 치열해지면서 각 업체는 경품 및 사은품 제공, 할인 혜택 등 각종 방법을 동원하여 소비자의 구매 욕구를 자극하고 있으며, 이런 유혹에 빠져 불필요한 소비를 하는 소비자들이 늘어나고 있다. 또 실제 구매한 물건의 품질이 방송 내용과는 다른 경우가 많아 소비자들의 불만도 늘어나고 있다.

• 홈쇼핑 소비 증가로 인한 부작용
　쇼핑 중독자 양산, 이로 인한 가정불화 등 각종 사회 문제 발생
　　●─── 자료 3 ①
• 부작용이 생기는 원인
　– 소비자의 충동구매 ●─── 자료 1 ②
　– 홈쇼핑 업체의 허위 과장 광고와 자극적 판매 전략
　　　　●─── 자료 2, 3 ③
• 이를 개선할 수 있는 방법
　– 소비자는 상품 구매 전 충분한 정보 탐색 필요
　　　　●─── 자료 1, 3 ④
　– 업체에서는 상품에 대한 올바른 정보 제공을 통한 합리적 소비 유도
　　　　●─── 자료 2, 3 ⑤

정답 ①

해설 [자료 3]에 불필요한 소비를 하는 소비자들이 늘어나고 있다는 내용이 있으나, 불필요한 소비를 하는 것이 반드시 쇼핑 중독자가 된다는 의미로 보기에는 무리가 있다. 또 쇼핑 중독으로 인해 각종 사회 문제가 발생한다는 내용은 [자료 3]에 언급되어 있지 않다.

---

20 동물을 소재로 짧은 글을 써보았다. 〈보기〉의 조건을 모두 충족시킨 것은?

●─ 보기 ─●

가. 유추를 적절히 사용할 것
나. 교훈적 의미가 드러나도록 할 것
다. 의문의 형식을 통해 내용을 강조할 것

① 소쩍새는 한(恨)의 정서를 나타내는 소재로 자주 사용되는데, 사실 소쩍새는 다른 새의 둥지에 알을 낳고 사라지는 이기적인 새라고 한다. 그럼에도 불구하고 왜 소쩍새를 한의 정서를 나타내는 소재로 사용하는 것일까?
② 돼지는 미련한 동물로 알려져 있지만 호랑이도 밀어붙일 수 있는 강한 힘을 지니고 있다. 사람 중에는 자신의 진정한 모습을 발견하지 못하고 자기비하만을 일삼는 사람이 있다. 그러나 장점이 없는 사람이 있을 수 있을까?
③ 머리가 나쁘기로 유명한 닭도 자기 새끼를 아끼고 사랑으로 돌본다고 한다. 그런데 만물의 영장인 사람 중에는 경제적인 이유로 자식의 양육을 포기하는 사람들이 있다고 한다. 이런 사람들은 모성애가 강한 닭에게 배워야 할지도 모른다.
④ 백수의 제왕 사자는 열 번 중에 아홉 번을 실패한다고 해도 한 번을 성공하기 위해 사냥을 멈추지 않는다. 인간의 삶도 마찬가지이다. 인생을 살다 보면 좌절하는 경우가 많다. 만물의 영장인 인간이 한두 번의 실패에 좌절해서야 되겠는가?

⑤ 배고픔을 참아 가며 보초를 서는 미어캣의 희생이 없다면 다른 미어캣들이 편안히 먹이를 먹을 수 없는 것처럼 전방을 지키는 국군 장병들의 희생이 없다면 국민들이 편안한 삶을 누릴 수 없을 것이다.

정답 ④

해설 유추는 두 대상의 유사성을 바탕으로 한다. ④는 인간의 바람직한 삶의 태도를 실패에도 좌절하지 않는 사자의 태도에 빗대어 설명하고 있으므로 유추로 볼 수 있다. 또 마지막 문장에서는 수사 의문문의 형식을 취하여 한두 번의 실패에 좌절해서는 안 된다는 교훈적인 내용을 강조하고 있다.

오답 풀이
① '가' 와 '나' 조건을 반영하지 않았다.
② '나' 조건을 반영하지 않았다.
③ '다' 조건을 반영하지 않았다.
⑤ '가' 와 '나' 조건을 반영하지 않았다.

---

21 '현금 영수증 제도의 활성화 방안' 에 대한 글쓰기 계획을 세워 보았다. (가)에 들어갈 내용으로 적절하지 않은 것은?

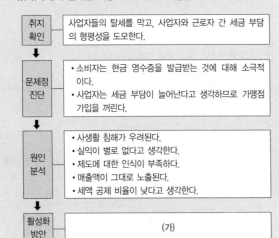

① 매출액이 투명하게 밝혀진 사업자에게는 세금 면제 혜택을 준다.
② 영수증을 발급받는 것이 소비자에게 이익이 된다는 점을 홍보한다.
③ 사업자의 가맹점 가입을 촉진하기 위하여 세액 공제 비율을 조절한다.
④ 영수증을 발급받을 때 신분이 노출되지 않도록 기술적 대안을 강구한다.
⑤ 현금 영수증 발급을 꺼리는 사업자들의 인식을 개선할 수 있는 방안을 마련한다.

정답 ①

해설 ①에서 '세금 면제' 혜택을 사업자에 부여하는 것은 사업자와 근로자 간의 세금 부담 형평성 도모라는 취지와 상충하므로 적절한 방안이 아니다.
②·③ '실익이 별로 없다' 는 원인과 관련된 적절한 방안이다.
④ 사생활 침해 우려에 대한 방안이다.
⑤ 현금 영수증 발급을 꺼리는 사업자에게 제도에 적극적으로 참여하도록 유도하는 방안을 마련하는 것은 제도의 활성화 방안으로 적절하다.

---

22 〈보기〉는 어느 학생의 미술관 관람 소감문의 일부이다. ㉠∼㉤을 고쳐 쓰기 위한 의견으로 알맞지 않은 것은?

> **보기**
>
> **추사 김정희 명품전을 다녀와서**
>
> 깊어 가는 가을이다. 나는 어제 친구와 함께 추사 김정희의 「세한도」 가 ㉠ 소장되어져 있는 ○○미술관을 다녀왔다. 이 미술관은 2층 양옥으로 ㉡ 지어진 개인 소유의 미술관이었다. ㉢ 나는 예전부터 보고 싶었는데, 실제로 보니 무척 기뻤다. 그리고 추사 김정희의 한글 편지 몇 점을 보고 매우 놀랐다. ㉣ 물론 한자로만 글을 쓰셨을 것 같은 추사 선생께서, 한글 편지를 쓰셨다는 사실은 나에게 신선한 감동을 주었기 때문이다. 추사 김정희의 한글 편지는 매우 아름다운 ㉤ 글씨체였다. 나는 한글 필체의 아름다움에 대해 깊이 생각해 보게 되었고, 내가 혹시 한글을 아무렇게나 갈겨쓰지 않았는지 반성해 보았다.

① ㉠은 피동 표현을 중복 사용하였으므로 '소장되어 있는' 으로 바꾸는 게 좋겠어.
② ㉡은 문맥적 의미상 '설계된' 으로 바꾸는 것이 좋겠어.
③ ㉢은 '보다' 가 목적어를 필요로 하는 동사이므로 '보고' 앞에 '세한도를', '보니' 앞에 '그것을' 을 삽입하는 것이 좋겠어.
④ ㉣은 문장의 호응 관계를 고려하여 '왜냐하면' 으로 바꾸는 것이 좋겠어.
⑤ ㉤은 주어와 서술어의 관계가 어색하므로 '글씨체였다' 를 '글씨체로 씌어 있었다' 로 바꾸는 것이 좋겠어.

정답 ②

해설 ㉡의 '지어진' 은 문맥적 의미로 볼 때 그대로 두는 것이 좋다. ②와 같이 '설계된' 으로 바꿀 경우 현재 2층 양옥으로 있는 건물임을 고려할 때 적절하지 않다.

23 〈보기〉의 개요에 대한 수정 방안으로 적절하지 않은 것은?

━━● 보기 ●━━

주제문 : ㉠ 학교 급식 문제의 해법은?
Ⅰ. 서론 : 학교 급식에 대한 문제 제기
　－ 급식 재료에 수입 농산물의 비중이 크다.
Ⅱ. 본론
　1. 수입 농산물 사용의 문제점
　　가. ㉡ 유전자 조작 농산물의 안전성에 대한 우려
　　나. 미래 우리 국민의 입맛과 농업 구조에 미칠 영향
　2. 문제 발생의 원인
　　가. ㉢ 비용에 대한 부담으로 저렴한 수입 농산물 구매
　　나. 급식 재료의 중요성에 대한 사회적 인식 부족
　3. 문제 해결의 방안
　　가. 급식 재료에 우리 농산물 사용 확대
　　나. ㉣ 학생들에 대한 올바른 식습관 교육
　　다. 급식 운영에 대한 국가적 지원 확대
Ⅲ. 결론 : 수입 농산물 사용 자제 촉구

① ㉠ 주제가 분명히 드러나도록 '학교 급식 재료에 우리 농산물 사용을 늘리자.'로 진술한다.
② ㉡ 범주가 다르므로 '수입 농산물'로 교체한다.
③ ㉢ 논지 전개상 어색하므로 '본론 1'의 하위 항목으로 옮긴다.
④ ㉣ 논지와 무관한 내용의 항목이므로 삭제한다.
⑤ 글의 완결성을 고려하여 '본론 3'에 '급식 재료의 중요성에 대한 사회적 인식 제고'라는 하위 항목을 추가한다.

정답 ③

해설 본론 'Ⅱ-2-가'의 '비용에 대한 부담으로 저렴한 수입 농산물 구매'는 학교 급식에서 수입 농산물을 재료로 많이 사용하는 이유와 관련되는 항목이다. 그런데 ③과 같이 ㉢을 본론 'Ⅱ-1'의 '수입 농산물 사용의 문제점'의 하위 항목으로 옮기는 것은 적절하지 않다.

주3 다음 글을 읽고 빈칸에 들어갈 내용을 〈조건〉에 맞게 쓰시오.

━━● 보기 ●━━

요즘 시청자들은 자신도 모르는 사이에 간접 광고에 수시로 노출되어 광고와 더불어 살아가는 환경에 놓이게 됐다. 방송 프로그램의 앞과 뒤에 붙어 방송되는 직접 광고와 달리 PPL(product placement)이라고도 하는 간접 광고는 프로그램 내에 상품을 배치해 광고 효과를 거두려 하는 광고 형태이다. 간접 광고는 직접 광고에 비해 시청자가 리모컨을 이용해 광고를 회피하기가 상대적으로 어려워 시청자에게 노출될 확률이 더 높다.
이처럼 시청자의 인식 속에 연연 중 파고드는 간접 광고에 적절히 대응하기 위해서는 시청자들에게 　　　　　　　　 요구된다. 미디어 이론가들에 따르면, 사람들은 자기 나름의 프레임을 갖고 있어서 미디어 콘텐츠를 수동적으로만 받아들이는 것은 아니다. 이것이 간접 광고를 분석하고 그것을 비판적으로 수용하는 미디어 교육이 필요한 이유이다.

━━● 조 건 ●━━

• '수용', '해석' 중 한 단어를 활용하여 쓰되 뒤에 서술된 내용을 반복하지 말 것
• 어문 규정에 맞게 뒷부분과 자연스럽게 이어지도록 쓸 것

정답 간접 광고에 대한 주체적 해석이 / 간접 광고에 대한 자주적 수용이

해설 뒷부분에 '수동적으로 받아들이다', '비판적으로 수용' 등의 내용이 나온 것으로 보아 빈칸에는 시청자들에게 요구되는 올바른 간접광고 수용법이 들어감을 알 수 있다.

주4 다음 문장을 어법에 맞게 고쳐 쓰시오.

━━● 보기 ●━━

• 정부는 이 문제를 일본에게 강력히 항의하였다.
• 사람들은, 그것은 선수들보다 관중의 책임이다라고 지적하였다.

정답 • 일본에게 → 일본에　　• 책임이다라고 → 책임이라고

해설 • 조사의 사용 : '에게'는 사람·동물에만 쓰이고 무생물에는 쓸 수 없다.
• '책임이라고'가 맞는 표현이다.

주5 다음 (　　　)에 들어갈 적절한 속담을 쓰시오.

━━● 보기 ●━━

우리나라 속담에 '(　　　　　　　　　)'는 말이 있는데, 여기서 말하는 '김칫국'은 '나박김치'를 말하는 것이지 일반 김치의 국물을 말하는 것이 아니다. 그러나 요즘음 '나박김치'의 뜻을 알고 먹는 이는 거의 없는 것 같다. 어원적으로 '나박'은 '무'를 뜻하니, '나박김치'는 무로 만든 김치를 말하는 것이다.

정답 떡 줄 사람은 생각지도 않는데 김칫국부터 마신다.

해설 해 줄 사람은 생각지도 않는데 미리부터 다 된 일로 알고 행동한다는 말이다. 비슷한 속담으로는 '김칫국부터 마신다.', '떡 방아 소리 듣고 김칫국 찾는다.'를 들 수 있다.

주6 다음 문장의 표현상의 오류가 무엇인지 두 문장으로 쓰시오.

━━● 보기 ●━━

아버지는 웃으면서 들어오는 아들에게 심부름을 시켰다.

정답 〈보기〉는 중의적인 문장이다. '아버지는 웃으면서, 들어오는 아들에게 심부름을 시켰다.'와 '웃으면서 들어오는 아들에게 아버지는 심부름을 시켰다.'로 해석할 수 있다.

주7 십자말풀이를 참조해 아래의 (   )에 맞는 단어를 쓰시오.

	1. 전		2.	
3.			4.	5. 용
6.	7. 새		8.	
	9.			

[가로 열쇠]
1. 말소리를 전파나 전류로 바꾸었다가 다시 말소리로 환원시켜 공간적으로 떨어져 있는 사람이 서로 이야기할 수 있게 만든 기계
3. 국악에서 쓰는 타악기의 하나
4. 돈이나 물건 따위를 빌려 씀
6. 철을 따라 이리저리 옮겨 다니며 사는 새
8. 야구에서, 주자가 수비의 허술한 틈을 타서 다음 베이스까지 가는 일
9. 벽에 설치한 난로

[세로 열쇠]
1. 전류를 통하여 빛을 내는 기구
2. 여객차나 화물차를 연결하여 궤도 위를 운행하는 차량 ≒ 기관차
3. 장마가 지나가는 철
5. 지붕 가운데 부분에 있는 가장 높은 수평 마루
7. 먼동이 트려 할 무렵
8. 사람, 차가 잘 다닐 수 있도록 만들어 놓은 비교적 넓은 길

2. 세로 ( )	3. 세로 ( )
8. 가로 ( )	9. 가로 ( )

정답 2. 세로 : 기차, 3. 세로 : 장마철, 8. 가로 : 도루, 9. 가로 : 벽난로

해설

	전	화	기	
장	구		차	용
마				마
철	새		도	루
	벽	난	로	

주8 〈보기〉의 개요에서 제목과 결론에 들어갈 내용을 쓰시오.

〈보기〉

제목 : (㉠   )
서론 : 요즘 전자오락에 몰두하는 학생들이 많다.
본론 : 1. 시간과 용돈의 낭비가 심하고 학업 의욕을 저하시킨다.
　　　2. 습관성과 중독성이 심하고 폐쇄적인 성격이 되기 쉽다.
　　　3. 일정 시간 동안만 전자오락을 하는 자제력을 길러야 한다.
　　　4. 전자오락 외의 건전한 취미를 갖도록 해야 한다.
결론 : (㉡   )

정답 ㉠ 전자오락의 폐해와 대책
㉡ 전자오락에 지나치게 매달리지 않도록 유도해야 한다.

해설 본론에서 전자오락 때문에 발생하는 폐해와 그 대책을 제시하고 있으므로 이를 담고 있는 제목이 들어가야 하며, 결론은 전자오락에 지나치게 매달리지 않도록 촉구하는 내용으로 구성하는 것이 적당하다.

주9 〈보기〉의 서론, 본론의 개요를 통해 결론에 들어갈 내용을 작성하시오.

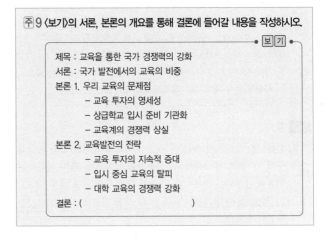

〈보기〉

제목 : 교육을 통한 국가 경쟁력의 강화
서론 : 국가 발전에서의 교육의 비중
본론 1. 우리 교육의 문제점
　　　－ 교육 투자의 영세성
　　　－ 상급학교 입시 준비 기관화
　　　－ 교육계의 경쟁력 상실
본론 2. 교육발전의 전략
　　　－ 교육 투자의 지속적 증대
　　　－ 입시 중심 교육의 탈피
　　　－ 대학 교육의 경쟁력 강화
결론 : (   )

정답 국가 경쟁력 강화를 위한 획기적인 교육 개혁의 필요성
해설 서론에서 교육 문제를 국가 발전의 차원에서 생각해 보자고 했으므로 제목이나 결론에도 국가 발전과 관련된 내용이 반영되어야 한다.

주10 다음 단어를 이용하여 〈보기〉의 조건에 맞게 쓰시오.

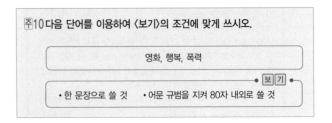

영화, 행복, 폭력

〈보기〉

• 한 문장으로 쓸 것　　• 어문 규범을 지켜 80자 내외로 쓸 것

정답 폭력적인 내용의 영화가 청소년에게 나쁜 영향을 끼친다는 말이 많지만 우리에게 행복이나 희망 같은 정서적 만족감을 주는 영화도 많다.

제 **2** 회

정답 및 해설

1교시 제2회 정답 및 해설

01	02	03	04	05	06	07	08	09	10	11	12
①	①	④	④	⑤	①	③	①	⑤	⑤	④	④
13	14	15	16	17	18	19	20	21	22	23	24
⑤	⑤	②	⑤	④	④	③	④	③	①	⑤	④
25	26	27	28	29	30	31	32	33	34	35	36
②	⑤	①	④	④	⑤	②	②	⑤	②	①	③
37	38	39	40	41	42	43	44	45	46	47	48
⑤	⑤	②	⑤	④	③	⑤	④	④	⑤	②	②
49	50	51	52	53	54	55	56	57			
③	⑤	④	⑤	④	③	④	④	③			

---

01 밑줄 친 부분의 의미가 다른 것은?

① 한겨정 ② 한겨울 ③ 한복판
④ 한밤중 ⑤ 한가운데

정답 ①

해설 ②, ③, ④, ⑤의 '한'은, '정확한' 또는 '한창인'의 뜻을 더하는 접두사이다. ①의 '한'은 '큰'의 뜻을 더하는 접두사이다.

---

02 두 단어 간의 관계가 나머지 넷과 다른 하나는?

① 절색(絕色) : 일색(一色)
② 빈궁(貧窮) : 부유(富裕)
③ 비난(非難) : 옹호(擁護)
④ 음독(音讀) : 훈독(訓讀)
⑤ 선임(先任) : 후임(後任)

정답 ①

해설 다른 보기의 단어들은 반의 관계이지만 ①의 '절색'과 '일색'은 각각 '뛰어난 미인'과 '견줄 데 없이 빼어나게 아름다운 여자'를 뜻하는 말로 모두 '아름다운 여자'를 일컫는 유의 관계이다.

---

03 〈보기〉의 뜻풀이와 예문의 ( )에 가장 알맞은 단어는?

> ● 보기 ●
> [뜻풀이] 계약이나 조약 따위를 공식적으로 맺음
> [예문] 두 나라 사이에 조약이 ( )되다.

① 단결 ② 동결 ③ 직결
④ 체결 ⑤ 타결

정답 ④

해설 두 나라 사이에 조약이 체결(締結)되다.

오답풀이
① 단결(團結) : 많은 사람이 마음과 힘을 한데 뭉침
② 동결(凍結) : 자산이나 자금 따위의 사용이나 이동이 금지됨
③ 직결(直結) : 사이에 다른 것이 개입되지 아니하고 직접 연결됨
⑤ 타결(妥結) : 의견이 대립된 양편에서 서로 양보하여 일을 마무름

---

04 밑줄 친 ㉠의 문맥적 의미와 가장 거리가 먼 것은?

> ● 보기 ●
> 모든 일은 첫술에 배부를 수가 없다. 그 방면의 서적 중에서 우선 적당하다고 생각되는 것을 내용과 차례 등에 ㉠ 의하여 선택해서 읽어 볼 일이다. 이와 같이 하기를 수삼 권(數三券)하면, 자연히 그 양부(良否)를 판단하여 가려 낼 수 있게 될 것이다.

① 참고하여 ② 참작하여
③ 고려하여 ④ 추측하여
⑤ 감안하여

정답 ④

해설 추측(推測) : 미루어 생각하여 헤아림

05 밑줄 친 ⑦과 뜻이 같은 말은?

▸보기◂

이러한 변화들은 우리 생활이 모든 영역에 걸쳐 장기적이고 포괄적인 영향을 끼치고 있기 때문에, 18세기 산업 혁명과 ⑦ 어깨를 나란히 할 수 있을 정도의 변화로 받아들여지고 있다. 이러한 변화에 따라 우리 사회의 모습이 바뀌리라는 생각에는 의문의 여지가 없지만, 그 변화의 결과가 어떠할 것이냐에 대해서는 논란이 있다.

① 비교(比較)할 ② 대조(對照)할
③ 상대(相對)할 ④ 대립(對立)할
⑤ 비견(比肩)할

정답 ⑤

해설 '비견(比肩)하다'는 '어깨를 나란히 하다'라는 뜻이므로, 정답으로 알맞다. '어깨를 나란히 하다'는 '동등하다, 같다' 등의 의미이기 때문에 '상대(相對)하다, 대립(對立)하다'와 같은 마주 겨루는 의미를 갖는 어휘와는 바꾸어 쓰기 어렵다.

06 밑줄 친 단어의 뜻풀이가 바르지 않은 것은?

① 그는 이번 사태에 대해 고식적(姑息的) 태도를 취하고 있다. → 융통성이 없는
② 대중들은 현학적(衒學的) 표현을 많이 쓴 작품을 어렵게 느낀다. → 학식이 있음을 자랑하는
③ 삼강오륜은 인간이 마땅히 지켜야 할 당위적(當爲的) 명제였다. → 마땅히 그렇게 하거나 되어야 하는
④ 글을 쓸 때에는 최대한 작위적(作爲的) 요소를 억제하는 것이 좋다. → 자연스럽지 못하고 일부러 꾸며서 한 듯한
⑤ 일제 강점기 작가들은 검열을 피하기 위해 작품에 풍자적(諷刺的) 방법을 썼다. → 다른 것에 빗대어 비웃으면서 폭로하거나 비판하는 성격을 띤

정답 ①

해설 '고식적'은 '근본적인 대책을 세우지 아니하고 임시변통으로 하는'의 뜻을 가진다.

07 〈보기〉의 ⑦과 ⓛ에 들어갈 단어가 바르게 짝지어진 것은?

▸보기◂

• 회사는 해변을 외부 사람들에게 (⑦)했고, 점포나 숙박 시설 등이 지어졌다.
• 주택 자금을 7년 (ⓛ)(으)로 상환하다.

	⑦	ⓛ
①	분리	분할
②	분양	분리
③	분양	분할
④	분할	분리
⑤	분할	분양

정답 ③

해설 • 분리 : 서로 나뉘어 떨어짐. 또는 그렇게 되게 함
• 분양 : 토지나 건물 따위를 나누어 팖
• 분할 : 나누어 쪼갬

08 ⑦과 같은 상황을 비판하기에 가장 적절한 속담은?

▸보기◂

우리 만화가 일본 만화를 베끼는 이유는 간단하다. 양국 간의 역사나 지리적 환경이 비슷한 데서 두 나라의 문화 정서는 동화(同化)된 상태이며, 특히 만화 등 대중문화 상품의 선호에 있어서는 거의 같은 입맛을 가지고 있다는 것이다. 때문에 ⑦ 일본에서 히트한 만화라면 무조건 우리나라에서도 인기를 끌고, 그래서 만화 작가들도 기를 쓰고 일본의 최근 인기 만화 창작 경향을 사냥하게 된다는 것이다.

① 우선 먹기는 곶감이 달다.
② 말 타면 경마 잡히고 싶다.
③ 구더기 무서워 장 못 담글까.
④ 송충이가 갈잎을 먹으면 떨어진다.
⑤ 남의 잔치에 감 놓아라 배 놓아라 한다.

정답 ①

해설 ① 그다지 실속은 없으나 당장 좋으니 취할 만하다는 말

오답풀이 ② 사람의 욕심이란 한이 없음을 이르는 말
③ 다소의 장애가 있더라도, 해야 할 일이나 하고 싶은 일은 하게 마련이라는 말
④ 분수에 맞지 않는 일을 하다가는 낭패를 보게 된다는 말
⑤ 쓸네없이 남의 일에 잠견함을 이르는 말

09 다음 중 의미가 다른 하나는?

① 이심전심(以心傳心) ② 염화미소(拈華微笑)
③ 불립문자(不立文字) ④ 교외별전(敎外別傳)
⑤ 인지상정(人之常情)

정답 ⑤

해설 인지상정 : 사람이면 누구나 가지는 보통의 인정

①, ②, ③, ④ 마음과 마음으로 서로 통함을 이르는 말

---

10 다음 글에서 제3자의 입장에서 남학생이 처한 상황을 표현하는 말로 알맞은 것은?

──● 보기 ●──

여자 : 네가 어제 시험에서 종현이에게 답안지를 보여 주었지?

남자 : 넌 어떻게 내가 종현이에게 답안지를 보여 주었다고 단정 짓니?

여자 : 그건 종현이가 선물한 만년필을 보면 알 수 있지. 너에게 선물을 한 뒤 종현이 성적이 껑충 뛰어올랐잖아?

① 등잔 밑이 어둡군.
② 제 논에 물 대기군.
③ 도둑이 제 발 저리는 격이군.
④ 소 잃고 외양간 고치는 격이군.
⑤ 까마귀 날자 배 떨어지는 격이군.

정답 ⑤

해설 ⑤ 아무 뜻 없이 한 일이 다른 일과 공교롭게 때가 일치하여, 무슨 관계가 있는 것처럼 의심을 받게 되는 경우를 비유하여 이르는 말

---

11 다음 중 ㉠과 유사한 의미로 사용된 것은?

──● 보기 ●──

그는 눈을 다섯 손가락으로 꽉 움켜 짚고, 떨리는 다리를 바로잡아 가며 일어섰다. 그리고 한 걸음 한 걸음, 정확히 걸음을 옮겼다. 눈은 의지적인 신념으로 차가이 빛나고 있었다. 본부에서 몇 마디 주고받은 다음, 준비 완료 보고와 집행 명령이 뒤이어 ㉠ 떨어졌다.

① 나쁜 짓을 많이 하면 지옥에 떨어진다.
② 미국 유학으로 인해 부모님과 떨어져 살게 되었다.
③ 쌀값이 크게 떨어져서 농민들의 걱정이 많아지고 있다.
④ 사장님의 지시가 떨어지자 모두들 그 일에 매달리게 되었다.
⑤ 모두의 예상과 달리 대학 입시에 떨어진 형은 몹시 실망하고 있다.

정답 ④

해설 제시된 글에서 '떨어졌다'는 '명령이나 지시 사항이 결정되어 내려졌다.'는 의미로 사용되었다. '떨어지다'가 이와 같은 의미로 쓰인 것은 ④이다.

**오답
풀이** ① 어떤 상태나 처지에 빠지다.
② 관계가 끊어지거나 헤어지다.
③ 값이 낮아지거나 내려가다.
⑤ 시험, 선발 따위에 응하여 뽑히지 못하다.

---

12 밑줄 친 관용구의 뜻풀이가 바르지 않은 것은?

① 그는 항상 어려운 일이 생기면 키를 잡고 해결하려고 했다. → 일이나 가야 할 곳의 방향을 잡다.
② 그는 답답한 말과 행동으로 나의 복장을 뒤집어 놓았다. → 성이 나게 하다.
③ 약속 장소에서 눈이 가매지도록 그를 기다렸지만 결국 그는 오지 않았다. → 몹시 기다리는 모양을 비유적으로 이르는 말
④ 그의 눈에 먹물 먹은 사람들은 순진하기보다는 어리석어 보였다. → 세상 물정에 어둡다.
⑤ 그녀는 코가 높아서 상대하기 쉽지 않다. → 잘난 체하고 뽐내는 기세가 있다.

정답 ④

해설 ④ 먹물 먹다 : 책을 읽어 글공부를 하다.

---

13 〈보기〉에서 밑줄 친 부분의 의미와 가장 유사하게 사용된 것은?

──● 보기 ●──

나뭇가지를 때리는 바람 소리가 칼처럼 날카롭게 허공을 가르고 있었다.

① 잘잘못을 가르다.
② 편을 셋으로 가르다.
③ 결투로 잘잘못을 가르던 때도 있었다.
④ 마을 사람들은 여자와 남자로 편이 갈렸다.
⑤ 배는 기우뚱거리며 물이랑을 가르기 시작했다.

정답 ⑤

해설 〈보기〉의 '가르다'는 '물체가 공기나 물을 양옆으로 열며 움직이다.'의 뜻으로 이와 같은 뜻으로 쓰인 것은 ⑤이다.

**오답
풀이** ①과 ③은 '옳고 그름을 따져서 구분하다', ②와 ④는 '쪼개거나 나누어 따로따로 되게 하다'의 뜻으로 쓰였다.

---

14 밑줄 친 부분의 표기가 옳은 것은?

① 성공하려면 힘든 일이라도 꺼려하지 말아라.
② 요컨데, 내 말은 열심히 공부해야 한다는 것이다.
③ 초등학교 시절 친구에게 오랜만에 편지를 붙인다.
④ 그녀는 오지랖을 걷고 우는 딸아이에게 젖을 물렸다.
⑤ 계속되는 그의 설득에 아버지는 마지못해 허락하였다.

정답 ⑤

오답
풀이 ① 꺼지지 ② 요컨대 ③ 부친다 ④ 오지랖

---

15 밑줄 친 부분의 맞춤법이 옳지 않은 것은?

① 언니는 찢어진 옷을 곱게 기웠다.
② 비눗물에 빨래를 한참 담궜다가 빨아라.
③ 그 쉬운 생각을 까맣게 하지 못하고 있었다.
④ 이 그릇은 깨지기 쉬우니 취급에 주의해야 한다.
⑤ 유성이 그 하늘 끝을 그으며 소리 없이 떨어져 내렸다.

정답 ②

해설 '담그다' 는 '담가, 담갔다' 로 활용하므로 '담갔다가' 로 써야 한다.

---

16 밑줄 친 부분의 맞춤법이 바르지 않은 것은?

① 시험이 코앞인데 맨날 놀기만 해?
② 씀바귀는 쌉싸름한 맛으로 먹는다.
③ 요즘 사람들은 전통 먹거리에 관심이 많다.
④ 말이 두루뭉술하여 도통 알아들을 수가 없다.
⑤ 그녀는 자신의 고집을 좀체로 굽히지 않았다.

정답 ⑤

해설 '좀처럼' 이나 '좀체' 로 써야 한다.
  (관련 규정 : 표준어 규정 제26항)

---

17 밑줄 친 부분의 띄어쓰기가 잘못된 것은?

① 밥을 먹는데 숟가락이 떨어졌다.
  밥을 먹는 데 한 시간이 걸렸다.
② 교실 밖에는 벌써 학생들이 뛰어다닌다.
  더위를 식힐 곳이 교실밖에 없다.
③ 지금 먹을 수 있는 것은 감자뿐이다.
  모두 바라만 볼 뿐 다가지 않았다.
④ 회사를 다닌지 벌써 1년이 되었다.
  다른 의견은 없는 지 더 조사해보자.
⑤ 틈나는 대로 운동을 해야 한다.
  대표의 의견대로 일이 진행되었다.

정답 ④

해설 • 회사를 다닌 지 벌써 1년이 되었다. : 의존명사 '지'
  • 다른 의견은 없는지 더 조사해보자. : 어미 '–는지'
① 어미 '–는데' / 의존명사 '데'
② '안' 과 반대의 의미 / '그것 이외에는' 의 의미(조사)
③ '그것만이고 더는 없음' 의 의미(조사) / 의존명사 '뿐'
⑤ 의존명사 '대로' / '앞에 오는 말에 근거함' 의 의미(조사)

---

18 〈보기〉의 외래어 표기법에 따를 때 잘못 표기한 것은?

⟶ 보기 •

제2항 유성 파열음 [b], [d], [g]
어말과 모든 자음 앞에 오는 유성 파열음은 '으' 를 붙여 적는다.

① bulb[bʌlb] → 벌브   ② land[lænd] → 랜드
③ signal[signəl] → 시그널   ④ bulldog[búldɔːg] → 불독
⑤ zigzag[zigzæg] → 지그재그

정답 ④

해설 bulldog[búldɔːg] → 불도그

---

19 다음 글의 내용과 일치하지 않는 것은?

단청의 가장 대표적인 기법으로는 '빛넣기', '보색대비', '구획선 긋기' 등이 있다. 빛넣기는 문양에 백색 분이나 먹을 혼합하여 적절한 명도 변화를 주는 것으로, 한 계열에서 명도가 가장 높은 단계를 '1빛', 그보다 낮은 단계를 '2빛' 등으로 말한다. 빛넣기를 통한 문양의 명도 차이는 시각적 율동성을 이끌어 내어 결과적으로 단순한 평면성을 탈피하는 시각적 효과를 얻을 수 있다. 즉 명도가 낮은 빛은 물러나고 명도가 높은 빛은 다가서는 듯한 느낌을 주게 된다.

보색대비는 더운 색 계열과 차가운 색 계열을 서로 잇바꾸면서 색의 층을 조성함으로써 색의 조화를 이끌어내는 것을 말한다. 예를 들어 오색구름 문양을 단청할 때 더운 색과 차가운 색을 엇바꾸면서 대비시키는 방법이 그것인데, 이것을 통해 색의 조화를 이끌어 낼 수 있으며 문양의 시각적 장식 효과를 높일 수 있다.

구획선 긋기는 색과 색 사이에 흰 분으로 선을 그은 것을 말하는데, 특히 보색대비가 일어나는 색과 색 사이에는 빠짐없이 구획선 긋기를 한다. 이 기법을 사용하면 문양의 색조를 더욱 두드러지게 하는 효과를 얻을 수 있다.

① 명도가 높을수록 가까이 있는 듯한 느낌을 준다.
② 색의 계열을 바꾸면 색의 조화를 끌어낼 수 있다.
③ 문양의 명도 차이는 문양의 색조를 더욱 두드러지게 한다.
④ 보색대비가 일어나는 곳에는 빠짐없이 '구획선 긋기'를 한다.
⑤ 문양의 시각적 장식 효과를 얻기 위해서는 '보색대비'의 기법을 쓴다.

정답 ③

해설 1문단에서 '빛넣기'를 통해 문양의 명도 차이는 단순한 평면성을 탈피한다고 했다. 문양의 색조를 두드러지게 하는 효과는 3문단의 '구획선 긋기'를 통해 얻을 수 있다.
　① 1문단에서 명도가 높은 빛은 다가서는 듯한 느낌을 준다고 했다.

[20~21] 다음 글을 읽고 물음에 답하시오.

(가) 오늘날과 같이 자본주의가 꽃을 피우게 된 가장 결정적인 이유는 생산력의 증가에 있었다. 그 시초는 16세기에서 18세기까지 지속된 영국의 섬유 공업의 발달이었다. 그 시기에 영국 섬유 공업은 비약적으로 생산력이 발달하여 소비를 빼고 남은 생산 잉여가 과거와는 비교할 수 없을 만큼 엄청난 양으로 증가되었다. 생산량이 증대했음에도 불구하고 소비는 과거 시절과 비슷한 정도였으므로 생산 잉여는 당연한 것이었다.

(나) 물론 그 이전에도 이따금 생산 잉여가 발생했지만 그렇게 남은 이득은 대개 경제적으로 비생산적인 분야에 사용되었다. 이를테면 고대에는 이집트의 피라미드를 짓는 데에, 그리고 중세에는 유럽의 대성당을 건축하는 데에 그것을 쏟아 부었던 것이다. 그러나 자본주의 시대의 서막을 올린 영국의 섬유 공업의 생산 잉여는 종전과는 달리 공업 생산을 더욱 확장하는 데 재투자되었다.

(다) 더구나 새로이 부상한 시민 계급의 요구에 맞춰 성립된 국민 국가의 정책은 경제 발전에 필수적인 단일 통화 제도와 법률 제도 등의 사회적 조건을 만들어 주었다. ㉠ 자본주의가 점차 사회적으로 공인되어 감에 따라 그에 맞게 화폐 제도나 경제와 관련된 법률 제도도 자본주의적 요건에 맞게 정비되었던 것이다.

(라) 이러한 경제적·사회적 측면 이외에 정신적인 측면에서 자본주의를 가능하게 한 계기는 종교 개혁이었다. 잘 알다시피 16세기 독일의 루터(M. Luther)가 교회의 면죄부 판매에 대해 85개조 반박문을 교회 벽에 내걸고 교회에 맞서 싸우면서 시작된 종교 개혁의 결과, 구교에서부터 신교가 분리되기에 이르렀다. 가톨릭의 교리에서는 현실적인 부, 즉 재산을 많이 가지는 것을 금기시하고 현세에서보다 내세에서의 행복을 강조했다. 그러면서도 막상 내세와 하느님의 사도인 교회와 성직자들은 온갖 부정한 방법으로 축재하고 농민들을 착취했으니 실로 아이러니가 아닐 수 없었다.

(마) 당시의 타락한 가톨릭교회에 대항하여 청교도라 불린 신교 세력의 이념은 기도와 같은 종교적 활동 외에 현실에서의 세속적 활동도 하느님의 뜻에 어긋나는 것이 아니라고 가르쳤다. 특히, 정당한 방법으로 재산을 모은 것은 근면하고 부지런하게 살았다는 증표이며, 오히려 하느님의 영광을

나타내 보인다는 것이었다. 기업의 이윤 추구는 하느님이 '소명'하신 것이며, 돈을 빌려주고 이자를 받는 일도 부도덕한 것이 아니었다. 재산은 중요한 미덕이므로 경제적 불평등은 정당화될 수 있었다. 근면한 사람은 부자인 것이 당연하고 게으른 사람은 가난뱅이일 수밖에 없다고 생각했던 것이다. 이러한 이념은 도시의 상공업적 경제 질서를 옹호해 주었으므로 한창 떠오르고 있는 시민 계급의 적극적인 호응을 받았다. 현세에서의 성공이 장차 천국의 문으로 들어갈 수 있는 입장권이라는 데 반대할 자본가는 아무도 없었다.

20 (마)의 내용에 대한 독자의 반응으로 적절하지 않은 것은?

① 당시 사회의 청교도들은 근면을 최대의 덕목으로 강조했군.
② 청교도들은 내세에서의 삶뿐만 아니라 현세에서의 성공도 중시했겠군.
③ 종교 개혁 당시 가난한 사람들은 게으르다는 비난을 받기 십상이었겠군.
④ 자본주의 하에서 모든 사람은 어느 정도의 부를 누리는 평등함을 가질 수 있겠군.
⑤ 자본주의 하에서 자본가들은 자신의 이윤 추구를 위해 최대한의 노력을 경주했겠군.

정답 ④

해설 자본주의에서 경제적 불평등은 정당화된다고 하였으므로 ④는 잘못된 반응이다.

21 ㉠의 상황을 비유적으로 적절하게 표현한 것은?

① 기관사도 없는데 열차가 움직이기를 바라는 격이다.
② 칼로 쪼갠다고 물이 산소와 수소로 나뉠 수는 없는 것 아닌가.
③ 부쩍 자란 몸에 예전의 옷을 억지로 꿰맞춰 입을 수는 없는 법이다.
④ 대세가 된 의견에 그 외 사람들의 의견도 따라가야 하는 법이 아닌가.
⑤ 지금까지 교통사고가 나지 않았으니 앞으로도 나지 않을 거라고 믿는 격이다.

정답 ③

해설 ㉠은 자본주의가 사회적으로 성숙해졌으므로, 이에 걸맞게 법률이나 제도가 고쳐질 수밖에 없다는 것이다. 내용이 변화하면 형식도 그에 맞게 변해야 한다는 의미를 담고 있다.

[22~23] 다음 글을 읽고 물음에 답하시오.

진행자 : 최근 인터넷 지식 검색을 두고 논란이 벌어지고 있습니다. 오늘은 전문가 두 분을 모시고 이 문제에 대해 말씀을 들어보기로 하겠습니다. 안녕하십니까?

남자 · 여자 : 안녕하세요.

진행자 : 먼저 박정연 교수님 말씀부터 들어볼까요?

여 자 : 네. 오늘날과 같은 인터넷 시대에서 지식은 더 이상 과거와 같이 엄격한 논리와 체계를 갖춘 것만을 의미할 수 없습니다. 지식은 실용성을 그 바탕에 두어야 한다고 생각합니다. 실생활에서 쓸모가 있는 것이라면 그것도 충분히 지식이라 할 수 있습니다. 그런 점에서 인터넷 지식 검색은 지식의 대중화가 이미 막을 수 없는 추세임을 보여주는 것이라 생각합니다. 인터넷 시대의 지식은 네트워크로 연결된 수많은 개인들이 물어 놓은 정보로 이루어진 거대한 산이라고도 할 수 있을 것입니다.

진행자 : 말씀 잘 들었습니다. 이번에는 윤상인 교수님께서 말씀해 주시죠.

남 자 : 네. '지식 검색'이라고 하셨는데, 저는 그 말부터가 문제라고 생각합니다. 인터넷 지식 검색창에 올라온 질문과 답변 내용을 보면 잡학이나 생활의 지혜에 불과한 것이 대부분입니다. 지식이라면 마땅히 그것이 공인을 받는 절차를 거쳐야 하고, 그래야만 책임 소재도 분명하게 됩니다. 수많은 정보를 재조직하고 논리를 세워 체계화한 지식을 생산하는 행위가 단편적 정보를 제공하는 것과 어떻게 같을 수 있겠습니까? 아무리 인터넷 시대라 하더라도 변해서는 안 될 것도 분명히 있는 것입니다.

진행자 : 인터넷의 지식 검색은 지식의 생산 · 유통과 관련하여서도 논란이 되고 있는데요, 이 문제와 관련하여 말씀해 주시죠. 먼저 박정연 교수님.

여 자 : 과거에는 지식의 생산과 보급을 특정 계층이 독점했고, 그에 따라 지적인 훈련을 거치지 못한 대중들이 지식에 접근한다는 것은 어렵고도 부담스러운 일이었습니다. 그러니 대중들은 소외될 수밖에 없었습니다. 그러나 오늘날의 대중들은 다릅니다. 대중 스스로가 지식 생산과 유통의 주체가 되고 있습니다. 인터넷 지식 검색은 기존의 지식 생산과 유통의 맹점을 보완하는 새로운 도구로 활용될 수 있다고 생각합니다.

진행자 : 이번에는 윤상인 교수님 말씀을 들어 보겠습니다.

남 자 : 인터넷이라는 대중 매체는 많은 사람들이 정보를 생산하여 유통시키고, 공유할 수 있게 했습니다. 그런 점에서 저도 이러한 현상을 매우 긍정적으로 평가합니다. 그러나 모든 사람이 지식의 생산과 유통에 직접 참여할 수는 없습니다. 새로운 지식을 발견하고 창조해 내기 위해서는 오랜 기간의 혹독한 자기 훈련이 필요합니다. 다양한 독서와 주체적인 사고를 통해 체험과 정보를 조직하고 논리와 체계를 세워야 합니다. 또한 지식의 생산과 유통은 서로 밀접하게 연관되어 있다는 것을 생각해 보면, 그런 연마 과정을 거친 전문가만이 지식을 올바르게 전수할 수 있는 것입니다.

진행자 : 예, 고맙습니다. 여기서 잠시 토론을 멈추고 방청객들의 의견을 들어보도록 하겠습니다.

22 두 학자 간의 의견 대립이 생겨나게 된 근본적 원인은?

① 지식의 개념을 다르게 인식하고 있기 때문에
② 대중 매체의 효용성에 대한 평가가 다르기 때문에
③ 지식의 생산과 유통의 관계에 대한 인식이 다르기 때문에
④ 인터넷 지식 검색의 활용 방안에 대한 입장이 다르기 때문에
⑤ 인터넷을 통해 유통되는 지식의 질적 수준에 대한 평가가 다르기 때문에

정답 ①

해설 이 토론에서 여자 학자는 지식을 '과거와 같이 엄격한 논리와 체계를 갖춘 것'만으로 한정할 수는 없으며, '실생활에서 쓸모가 있는 것'이라면 충분히 지식이라 할 수 있다고 말한다. 이에 비해 남자 학자는 지식은 '공인을 받는 절차를 거쳐 책임 소재가 분명한 것'이어야 하며, '정보를 재조직하고 논리를 세워 체계화한 것'이라고 한다. 이처럼 두 학자는 '지식의 개념'에 대해 서로 다른 입장을 가지고 있다. 그리고 이러한 차이로 인해 지식의 생산이나 유통의 주체, 토론의 대상이 되고 있는 인터넷 지식 검색을 두고 견해의 차이를 보인다.

23 여교수의 견해를 지지하는 방청객의 의견은?

① 인터넷 지식 검색에서의 권위는 자신의 답변이 얼마나 많이 선택되었는가에 달려 있습니다.
② 인터넷 지식 검색은 양면성이 있다고 생각합니다. 쓸만한 정보도 있지만 그렇지 못한 것들도 있지요.
③ 인터넷 지식을 과연 지식이라 할 수 있을까요? 이러다간 지식의 하향평준화 현상이 나타나지 않을까 우려됩니다.
④ 책과 인터넷이 반드시 대립되는 것은 아니라고 봅니다. 책을 통해서는 지식을, 인터넷에서는 정보를 얻으면 되니까요.
⑤ 인터넷 지식 검색은 지식을 얻는 효율적 수단입니다. 내가 아는 지식을 다른 사람에게 나누어주는 통로가 되기도 하고요.

정답 ⑤

해설 여교수는 정보도 지식이라는 전제 아래, 오늘날의 대중들은 스스로가 지식 생산과 유통의 주체가 되고 있으며, 이러한 점에서 인터넷 지식 검색은 기존의 지식 생산과 유통의 맹점을 보완하는 새로운 도구로 활용될 수 있다고 말한다. 따라서 ⑤가 여교수의 주장을 지지하는 의견으로 알맞다.

24 다음 강의에서 제시된 대화에 대한 평가가 잘못 이루어진 것은?

오늘은 남을 질책할 때의 말하기 방식에 대해 말씀 드리겠습니다. 질책은 잘못하면 인간관계마저 나빠지게 하는 결과를 초래할 수 있으므로 유의해야 합니다. 일반적으로 다음과 같은 단계를 따르는 것이 좋습니다.

먼저 '접근 단계' 입니다. 질책을 위해 상대방에게 말을 거는 단계로, 일상적인 대화나 상대방의 근황을 묻는 말로 시작하여 상대방의 거부감을 제거하는 것이 좋습니다. 다음은 상대방의 잘못을 지적하는 '질책 단계' 입니다. 상대방의 잘못을 지적할 때는 상대방이 잘못을 정확히 파악할 수 있도록 간단명료해야 하며, 직접적이어야 합니다. 그 다음은 상대방으로 하여금 잘못을 수정했을 때에 오는 이익을 인식할 수 있도록 하여 태도를 변화시키는 '대안 제시 단계' 입니다. 이 단계는 일반적으로 제시한 대안을 행동으로 실행하도록 촉구하는 '행동 촉구 단계'로 이어집니다. '행동 촉구 단계' 는 실행을 직접적으로 요구한다는 점에서 '대안 제시 단계' 와는 구별이 됩니다. 마지막은 '위로 단계' 로, 상대방을 질책만 하면 인간관계가 소원해질 우려가 있으므로 상대방을 따뜻하게 위로하고 격려하는 단계입니다.

다음 대화에서 질책의 말하기 방식이 제대로 이루어지고 있는지 평가해 봅시다.

선생님 : 철수야, 수능시험이 얼마 남지 않았는데, 공부는 열심히 하고 있지? 얼굴이 수척해 보이네. 요즘 많이 피곤하니?
학　생 : 예-에. 좀 피곤해요.
선생님 : 그런데 철수야, 너 오늘도 수업 시간에 잠을 자더구나. 아무리 피곤하다고 해도 수업 시간에 잠을 자는 것은 바람직하지 못한 행동이란다.
학　생 : 밤늦게까지 공부하다 보니 어쩔 수 없어요.
선생님 : 공부의 효율성을 높이기 위해서는 잠은 충분히 자고, 깨어있는 시간에 집중해서 공부하는 것이 필요해. 그러면 밤에 공부하고 수업 시간에 자는 것보다는 훨씬 더 좋은 성적을 기대할 수 있을 거야.
학　생 : 예.
선생님 : 그래도 우리 철수가 3학년이 되더니 밤늦도록 공부도 하고 많이 변했어.

말하기 단계	담화 단계에 대한 평가표	평가 결과	
		그렇다	아니다
① 접근 단계	상대방의 거부감을 제거하며 대화를 시작하고 있는가?	○	
② 질책 단계	잘못을 간단명료하고 직접적으로 지적하고 있는가?	○	
③ 대안 제시 단계	잘못을 수정할 수 있는 대안을 제시하고 있는가?	○	
④ 행동 촉구 단계	제시한 대안을 행동으로 실행하도록 촉구하고 있는가?	○	
⑤ 위로 단계	상대방에 대한 위로와 격려의 말이 제시되어 있는가?	○	

정답 ④

해설 강의에서 제시된 대화에는 대안 제시 단계는 제시되어 있으나 행동 촉구 단계는 드러나지 않고 있다. 행동 촉구 단계는 실행을 직접적으로 요구한다는 점에서 대안 제시 단계와 구별되는데, 강의에서 제시된 대화에는 실행을 직접적으로 요구하는 내용은 나타나지 않았다.

[25~27] 다음 글을 읽고 물음에 답하시오.

이성에 바탕을 둔 합리성을 추구하는 현대인의 사고방식으로 본다면, 신화는 인류가 지난날 한때 만들어낸 허구적 창안물에 불과하다. 더구나 자연물에 인격성, 나아가 신성을 부여하는 신화적인 발상은 현대인의 사고방식에서는 미신으로 치부(置簿)된다. 하지만 신화는 현대 사회의 탈마법화라는 구호에도 불구하고 현대인들에게 강력한 영향력을 행사하고 있으며, 심지어 신화적인 세계를 갈망하게 만들기도 한다. 신화에 어떤 힘이 있기에 이런 현상이 나타나는 것일까?

신화의 힘은 무엇보다도 나와 인류, 나아가 우주에 대한 근원적인 진실을 보여준다는 데에 있다. 한 신화학자의 표현을 빌리자면, 신화는 삶의 무수한 다양성을 보여주며 역사와 신성의 밀접한 관계를 알게 해준다. 신화 속의 신들은 인간 세계에서 원초적 의미를 갖고 있는 총체적 경험을 형상화한 것이다. 인간은 신화를 통해 삶의 뿌리를 찾으며 고립된 개체를 넘어선 집단적 정체성을 부여받기에 이른다.

우리가 오늘날 과거의 신화를 뒤적이는 것은 허황한 전설에 대한 탐닉(耽溺)이 아니라 현실을 바로 보고 비판하기 위해 늘 대조하고 참고하지 않으면 안 될 전거의 확보라는 의미를 지니고 있다. 고대 그리스 신화가 문학·철학·인류학·정신분석학·사회학 등 여러 분야에서 계속 소진(消盡)될 줄 모르는 해석과 논쟁의 진원지 역할을 해 온 사실이 이를 잘 뒷받침해 준다. 패륜아 오이디푸스는 현대 심리학에서 다시 부활하였고, 자신을 본 남자들을 돌로 변하게 하는 메두사는 현대 페미니즘 담론(談論)의 발전을 이끌어왔다. 신화는 이처럼 인류 정신문화의 토양을 형성하며 끊임없이 확대 재생산되고 있다.

신화가 지니는 또 다른 힘은 신화가 현대인의 사고방식과 다른 인식의 틀을 지니고 있다는 것이다. 자신은 누구인지, 이 우주는 어떻게 만들어졌으며 어떻게 움직이고 있는지에 대해 과학적이고 합리적인 사고는 아주 부분적인 해답을 내놓을 뿐이다. 현대인의 심리 근저에 자리 잡고 있는 자기 존재에 대한 불안감은 여기에서 연유한다. 그런 면에서 뇌성과 더불어 번쩍이는 번갯불에서 제우스를 보고, 기다리던 봄의 도래에서 페르세포네의 귀환을 보았던 고대 그리스인들이 현대인들보다 더 풍성하고 총체적인 인식의 틀을 갖추고 있었던 셈이다. 신화적 인식은 비(非)이성적인 것이 아니라 전(前)이성적이라거나, 신화는 생명 연대 의식을 바탕으로 하고 있다는 신화학자들의 언급은, 과학적이고 합리적인 사고의 틀만으로 불안하게 버티고 있는 현대인들로 하여금 그동안 자신들이 비워두었던 인식의 틀이 무엇인지를 되돌아보게 한다.

신화는 인간 역사를 재조명하고 반대로 인간 역사는 시간의 흐름 속에 침전(沈澱)되어 신화가 된다. 독선과 불안이 만연한 현대 사회에서 신화적 인식은 우리들에게 근원적 반성의 기회를 제공해 준다. 또한 갖가지 병폐를 만들어 내고 있는 인간 중심적인 관점에서 벗어나 생명 연대 의식을 바탕으로 한 총체적인 시각을 아울러 제시해 주며, 하나의 틀로만 세계를 바라보던 인간들에게 균형 잡힌 인식의 틀을 잡아줄 것이다.

해설 제시된 글은 신화가 오늘날 우리에게 어떤 가치가 있는가에 대한 것이다. 본문에서 신화는 우리에게 근원적인 진실을 보여 주고 총체적인 인식의 틀을 제공하고 있다고 밝히고 있다. 따라서 ⑤가 본문의 논지와 가장 밀접한 관련이 있다.

---

25 위 글의 내용과 일치하지 않는 것은?

① 인간의 이성적 사고는 한계를 지니고 있다.
② 신화는 민족성을 형성하는 핵심적인 요소이다.
③ 현대인들은 신화에 대해 이중적인 태도를 보인다.
④ 신화적인 인식의 틀과 현대인의 인식의 틀은 다르다.
⑤ 신화는 다양한 분야에서 참고해야 할 전거로 활용되고 있다.

정답 ②

해설 ②의 신화가 민족성을 형성한다는 것은 본문에 언급되지 않은 내용이다.
①과 ④는 넷째 문단과 다섯째 문단에서, ③은 첫째 문단에서, ⑤는 셋째 문단에서 확인할 수 있는 내용이다.

---

26 다음은 그리스 신화를 소재로 책을 쓴 어느 저자와의 대화이다. 위 글의 논지와 가장 밀접한 관련이 있는 부분은?

보기

㉮ 독자 : 신화라는 것을 한마디로 말하면요?
저자 : 재미있는 이야기입니다. 또한 신성한 이야기이지요.
㉯ 독자 : 신화를 어떻게 분류할 수 있을까요?
저자 : 일반적으로 신화는 우주 기원 신화, 인류 기원 신화, 문화 기원 신화 등으로 분류합니다.
㉰ 독자 : 신화를 해석하는 관점이 다른 사람과 좀 다르다고 하는 의견도 있는데요?
저자 : 한 가지로만 해석된다면 그것은 이미 신화가 아니지요. 신화는 다양한 해석이 가능한 것입니다.
㉱ 독자 : 그리스 신화에 담긴 세계관을 간략히 말씀하신다면요?
저자 : 혼란에 대한 긍정입니다. 혼란은 피해야 할 것이 아닙니다. 그것은 새로운 질서를 찾아가는 과정이지요.
㉲ 독자 : 신화가 만들어진 이야기라면 참이 아니라는 얘긴데, 과연 신화가 우리에게 의미가 있을까요?
저자 : 객관적인 사실만이 진리인 것은 아니지요. 신화는 우리의 삶에 영향을 주는 원형적 진리를 담고 있습니다.

① ㉮　　② ㉯　　③ ㉰
④ ㉱　　⑤ ㉲

정답 ⑤

---

27 위 글을 바탕으로 할 때, 〈보기〉에 대한 해석으로 적절하지 않은 것은?

보기

'트로이'는 그리스 신화를 바탕으로 한 호머의 서사시 '일리아드'를 소재로 만든 영화이다. 이 영화에서 신에 의지하는 트로이의 왕과 사제들은 신적인 존재에 냉소적인 그리스 군에 의해 비참한 최후를 맞는다. 사랑하는 여인을 되찾아 오려다 촉발된 것으로 알려진 이 트로이 전쟁은 20세기 초 역사학계의 조사 결과 역사적으로도 실재했을 것으로 추정되고 있다.

① 트로이 전쟁은 신화적인 세계에 대한 그리스인의 갈망이 표출된 것이라고 볼 수 있지.
② 서사시 '일리아드'는 역사와 신성이 함께 담겨 있는 신화의 속성을 뒷받침할 수 있겠네.
③ 영화의 소재로도 활용된다는 것은 신화가 오늘날까지 문화적인 토양이 된다는 것을 보여 주는 것이지.
④ 한 여인을 둘러싼 사랑과 그로 인한 전쟁 등은 신화가 다양한 삶의 장면을 담고 있다는 것을 보여 주는 거야.
⑤ 신에 의지하지 않는 인물들이 신에 의지하는 인물들을 제압한다는 것은 탈마법화라는 현대인의 관점에서 사건을 해석한 것이라고 할 수 있지.

정답 ①

해설 〈보기〉의 트로이 전쟁은 신화적 세계에 대한 갈망과는 관련이 없으므로 ①은 적절하지 않다. 나머지 예항들은 본문의 내용과도 일치하며 〈보기〉에 대한 해석도 적절하다.

[28~29] 다음 글을 읽고 물음에 답하시오.

(가) 아무도 그에게 수심(水深)을 일러 준 일이 없기에
　　흰 나비는 도무지 바다가 무섭지 않다.

　　청 무밭인가 해서 내려갔다가는
　　어린 날개가 물결에 절어서
　　공주(公主)처럼 지쳐서 돌아온다.

　　삼월달 바다가 꽃이 피지 않아서 서거픈*
　　나비 허리에 새파란 초승달이 시리다.

(나) 매운 계절(季節)의 채찍에 갈겨
　　마침내 북방(北方)으로 휩쓸려 오다.

　　하늘도 그만 지쳐 끝난 고원(高原),
　　서릿발 칼날진 그 위에 서다.

　　어디다 무릎을 꿇어야 하나
　　한 발 재겨 디딜 곳조차 없다.
　　이러매 눈 감아 생각해 볼밖에
　　겨울은 ⊙ 강철로 된 ⓒ 무지갠가 보다.

(다) 지금은 남의 땅 – 빼앗긴 들에도 봄은 오는가?
　　나는 온몸에 햇살을 받고,
　　푸른 하늘 푸른 들이 맞붙은 곳으로,
　　가르마 같은 논길을 따라 꿈 속을 가듯 걸어만 간다.

　　입술을 다문 하늘아, 들아,
　　내 맘에는 나 혼자 온 것 같지를 않구나.
　　네가 끌었느냐, 누가 부르더냐. 답답워라, 말을 해 다오.

(라) 나 두 야 간다.
　　나의 이 젊은 나이를 눈물로야 보낼 거냐.
　　나 두 야 가련다.

　　아늑한 이 항군들 손쉽게야 버릴 거냐.
　　안개같이 물어린 눈에도 비치나니
　　골짜기마다 발에 익은 묏부리 모양
　　주름살도 눈에 익은 아아 사랑하는 사람들.
　　버리고 가는 이도 못 잊는 마음
　　쫓겨 가는 마음인들 무어 다를 거냐.
　　돌아보는 구름에는 바람이 희살짓네.*
　　앞 대일 언덕인들 마련이나 있을 거냐.

　　나 두 야 가련다.
　　나의 이 젊은 나이를
　　눈물로야 보낼 거냐.
　　나 두 야 간다.

　　　　　　*서거픈 : '서글픈'의 방언 *희살짓네 : 훼방을 놓네

28 (가)~(라)의 공통점으로 옳은 것은?

① 자연과 인간의 조화를 지향하고 있다.
② 자연물로부터 삶의 교훈을 이끌어 내고 있다.
③ 현실 속의 자아를 새롭게 정립하려고 하고 있다.
④ 시적 자아와 현실의 관계가 갈등을 일으키고 있다.
⑤ 현실의 고통에서 벗어나 영원으로 초월하려고 한다.

정답 ④

해설 (가) 김기림, 「바다와 나비」 : 나비는 현실과 대립하다가 좌절
　　　 하고 있다.
　　(나) 이육사, 「절정」 : 시적 화자는 현실과의 갈등을 보인다.
　　(다) 이상화, 「빼앗긴 들에도 봄은 오는가」 : 시적 화자는 지금
　　　 은 남의 땅이기 때문에 갈등하고 있다.
　　(라) 박용철, 「떠나가는 배」 : 화자는 어쩔 수 없이 자기가 살고
　　　 있는 곳에서 쫓겨 가고 있는데, 이 역시 현실과 갈등하는
　　　 모습이다.

29 '⊙ 강철'과 'ⓒ 무지개'의 속성과 내포적 의미를 설명한 것으로 적절하지 않은 것은?

	속 성	내포적 의미
	⊙ : ⓒ	⊙ : ⓒ
①	유형의 물질 : 무형의 물질	폐쇄성 : 개방성
②	추락 지향성 : 비상 지향성	구속 : 자유
③	고밀도 금속 : 저밀도 기체	축소 지향성 : 확대 지향성
④	고체 : 기체	정신성 : 물질성
⑤	단순한 빛깔 : 여러 가지 빛깔	획일성 : 다양성

정답 ④

해설 (나)의 4연은 극한적 한계 상황을 역설적으로 초극하는 모습을
보여 준다. 이때, 강철과 무지개의 상반된 이미지로 보아 역설
적 표현이라는 것을 알 수 있다. 강철과 무지개는 각기 상반된
속성과 내포적 의미를 갖고 있으며, ④의 경우 강철은 물질성,
무지개는 정신성을 갖는다고 보는 것이 적절하다.

[30~31] 다음 글을 읽고 물음에 답하시오.

　　미켈란젤로의 다비드상에서 보듯이 인체는 완벽한 좌우 대칭을 이루고
있는 미적 대상이다. 왜 그럴까? 그 이유는 미적인 요소뿐만 아니라 좌우
대칭이 인간 생존에 있어 매우 중요하기 때문이다. 한쪽은 신을 신고 한쪽
은 맨발인 채 걸어 보라. 굽 높이가 2~3cm에 불과한 신이라도 상당한 불
편을 느낄 것이다. 이 상태로 오래 걷다보면 척추나 근육에 상당한 부담이

느껴질 것이다. 어떤 사람은 인체를 자세히 본 후 눈은 짝짝이고 손가락의 길이도 다르다고 말할 수 있겠지만, 이런 사실을 가지고 우리 몸이 본질적으로 좌우 비대칭이라고 말할 수는 없다. 그것은 수정란이 분화하는 과정이나 성장 과정에서 환경의 요인으로 생긴 차이일 뿐이다. 만일 탄생 환경이 안정돼 있다면 동일한 유전자는 몸의 대칭되는 부분에서 동일한 결과를 낸다. 이를 발생 안정성이라 부른다. 즉, 발생 안정성이 클수록 더 대칭적인 외모를 갖는다.

하지만 뱃속 사정은 전혀 다르다. 인간을 포함한 많은 척추동물에서 심장과 위는 왼쪽, 간과 맹장은 오른쪽에 자리 잡고 있다. 반면 대부분의 무척추동물은 심장이 왼쪽에 있지 않고 심혈관계가 비대칭적 구조가 아니다. 예를 들어 지렁이는 심장에 해당하는 기관이 몸의 여러 마디에 걸쳐 정중앙에 놓여 있다. 곤충이나 가재 같은 갑각류도 대칭적인 구조의 심장이 몸 가운데 놓여 있다. 심장을 비롯한 장기의 비대칭은 척추동물에서부터 본격적으로 나타나기 시작한 것이다. 왜 이런 진화가 일어났을까?

그것은 동물의 크기가 커지는 방향으로 진화하는 과정에서의 불가피한 선택 때문이다. 몸이 커지려면 두 가지 문제를 해결해야 한다. 첫째는 중력을 이겨내 몸의 형태를 유지하는 문제인데, 동물은 진화 과정에서 척추를 축으로 한 내부 골격을 고안해 이 문제를 해결했다. 동물의 내부 골격에 부착된 많은 근육은 몸을 유지하고 움직이게 해 준다. 둘째는 몸의 구석구석에 산소를 제대로 공급해야 하는 문제이다. 이를 해결하기 위해서 동물의 심장은 몸 전체에 피가 돌게 하기 위해 더 커지고 효율적인 구조를 갖게 됐다. 심장이 몸 한가운데 대칭적인 구조로 존재한다면, 혈류량이 많을 때 흐름이 막혀 문제가 생긴다. 이 경우 혈관이 나선 모양으로 배치돼야 피의 흐름이 원활해진다. 나선은 비대칭 구조이므로 심장 역시 비대칭이 될 수밖에 없다. 그리고 장기가 몸 정중앙에 일렬로 놓이면 불필요한 공간이 많이 생겨 많은 영양분을 필요로 하는 고등 동물에게 대장이나 소장의 길이가 충분히 확보되지 않는다. 그래서 장기는 일직선보다 나선형으로 배치하는 것이 효과적이라 할 수 있다.

또한, 척추동물은 몸의 안과 밖이 모두 비대칭인 원시 생물체에서 진화했기 때문이라는 설도 있다. 진화 과정에서 겉은 좌우 대칭성을 회복했지만, 내장은 그대로 비대칭으로 남았다는 주장이다. 영국의 고생물학자인 리처드 제퍼리스 박사는 5억 년 전 생존했던 동물이 오늘날 극피동물과 척추동물의 조상이라고 주장한다. 그는 그 증거로 가장 대칭적인 동물로 꼽히는 불가사리를 제시한다. 불가사리 성체는 별처럼 오각형의 방사 대칭이지만 유생은 좌우 비대칭이다. 이것이 불가사리가 원래 비대칭이었던 원시 극피동물에서 진화했음을 시사한다는 것이다.

앞에서 언급된 경우에서 확인할 수 있듯이 인간 내부는 분명 비대칭을 이루고 있다. 과학 세계에서 비대칭보다는 대칭이 더 과학적이라는 것은 분명한 사실이다. 그러나 경우에 따라서는 인체 내부처럼 비대칭이 더 효율적이고 더 과학적일 때도 있는 것이다.

---

30 위 글에 대한 설명으로 가장 적절한 것은?

① 화제의 범위를 한정하여 반론을 이끌어 내고 있다.
② 다양한 견해를 제시하여 문제점을 부각시키고 있다.
③ 대응되는 견해를 비교하여 절충안을 모색하고 있다.
④ 원인과 결과의 관계 규명을 통해 의견을 강화하고 있다.
⑤ 가설을 소개하여 현상의 원인에 대한 이해를 심화하고 있다.

정답 ⑤

해설 글의 내용은 인간은 일반적으로 대칭적 동물이라고 생각하지만 몸의 장기가 비대칭 구조를 이루고 있다는 학설을 소개하는 것이다. 이 글은 가설의 방법을 사용하여 독자의 이해를 심화시키고 있다.

오답풀이
① 반론을 이끌어 내지 않는다.
② 다양한 견해를 제시하지 못하고 있다.
③ 절충안을 모색하지 않고 있다.
④ 원인 결과의 관계 규명을 통해 의견을 강화하지 못하고 있다.

---

31 위 글에서 확인할 수 없는 항목을 〈보기〉에서 고르면?

〈보기〉
㉠ 우리가 일반적으로 미적인 감각을 느끼는 것은 대칭이 주는 안정감 때문이다.
㉡ 중력의 힘을 덜 받기 위해 척추동물의 심장은 왼쪽으로 치우치게 되었다.
㉢ 척추동물의 외형과 내장은 좌우 비대칭에서 대칭으로 회복되었다.
㉣ 인간은 환경과 밀접한 관련이 있고, 환경의 영향 속에서 살고 있기 때문에 다시 한번 환경의 중요성이 강조되고 있다.
㉤ 존재했던 동식물 중에서도 인간이 아직까지 살아남은 것은 생존을 위해서 스스로 진화의 과정을 거쳐 왔기 때문이다.

① ㉠, ㉡   ② ㉡, ㉢
③ ㉢, ㉣   ④ ㉣, ㉤
⑤ ㉠, ㉤

정답 ②

해설 ㉡은 본문의 셋째 문단에서 확인할 수 있다. 척추동물의 심장이 왼쪽으로 치우친 이유는 중력의 힘을 덜 받기 위해서가 아니라 혈액의 순환을 위해 나선형 구조를 취하게 되었기 때문이라고 설명한다. ㉢은 넷째 문단에서 확인할 수 있다. 척추동물은 진화 과정에서 외형은 좌우 대칭성을 회복했지만 내장은 그대로 비대칭으로 남아있다고 설명한다.

[32~33] 다음 글을 읽고 물음에 답하시오.

대합실 안은 예상보다 훨씬 많은 인파로 붐비고 있었다. 방송실의 왕왕거리는 마이크 소리와 개찰원의 고함, 거기에다 홀의 중앙에는 텔레비전까지 놓여 있었다. 번쩍이는 긴 칼과 요란한 기합술, 검객들의 질풍 같은 솜씨에 사람들이 우와 탄성을 올렸다. 그쪽에 비하면 출입문 근처의 매점 앞은 한산한 편이었다. 비어 있는 의자도 여럿 있었다. 그는 출입문 쪽을 바라보며 빈 의자에 앉았다. 열려진 문으로 들어오는 찬바람이 썰렁했지만 못 견딜 정도로 추운 것은 아니었다.

우선 의자가 마련되어 있다는 것이 그를 안심시켰다. 누군가가 그의 ⊙ 빈 옆자리를 채워주기만 하면 되었다. 그 사람에게 다만 이십 분 정도의 시간 여유만 있다면 더욱 안심이었다. 그 사람은 누구여야 좋을까, 그는 주위의 한 사람 한 사람을 자세히 둘러본다.

겸을 씹고 있는 청년의 빨간 넥타이가 얼른 눈에 들어온다. 서넛이 함께 뭉쳐 깔깔 웃고 있는 여학생들, 그리고 토끼털 목도리를 두른 할머니도 있었다. 여학생들은 저희끼리만 알고 있는 비밀을 나누어 가지면서 즐겁게 웃어댄다. 할머니는 누구를 기다리는 듯 잔뜩 초조해 하면서 손에 들고 있는 차표를 연신 들여다보고 있다.

탐탁지 않다, 라고 그는 머리를 저었다. 그들은 모두 적당치가 않았다. 정말로 ⓒ 실습 상대에 불과한, 단순히 그의 말을 고분고분 들어주기만 할 누군가는 그들이 아니었다.

바로 그때, 비워놓은 그의 옆자리에 웬 사내가 털썩 주저앉으며 휴우, 긴 숨을 몰아쉬었다. 감색 작업복에 어울리잖게도 밤색 털모자를 꾹 눌러 쓴 사내는 앉자마자 주머니에서 부스럭부스럭 무언가를 찾는 눈치더니 그에게 불 가진 게 있느냐고 말을 건네왔다. 거칠고 투박투박한 손에 들려 있는, 희고 가느다란 ⓒ 담배 한 개비가 유독 선명하게 도드라졌다. 자세히 들여다보니 사내는 하차장에서 정류장까지 짐을 운반해주는 터미널 소속의 짐꾼이었다. 그의 작업복 등짝에는 그가 무슨무슨 회사 소속 포터인 것이 분명히 박혀 있었다. 사내가 짐꾼에 불과하다는 사실이 그를 실망시킨 것은 아니었다. 생각해 보면 실습 상대로서는 아주 적합했다. 그는 바짝 긴장했다. 사내가 또 한 차례 휴우, 긴 숨을 쉬면서 가슴을 쓸어내렸다.

… (중략) …

실습은 끝났다. 빠뜨린 대사는 하나도 없었다. 봉투 안에 팸플릿을 집어넣고 그는 이마에 밴 땀을 닦아내었다. 사내도 털모자를 꾹 눌러쓰고는 일어설 채비를 하였다.

"지루한 이야기를 다 들어주셔서 고맙습니다. 정말 감사합니다, 아저씨."

그가 담배 한 대를 사내에게 권했다. 사내가 손을 내저으며 펄쩍 뛰었다.

"어이구 그게 무슨 소립니까. 입만 아프게 해드리고 그냥 일어서려니까 내가 되려 미안스런 판에……. 그럼 많이 파시구려."

사내가 출입문을 향해 걸어갔다. 이제 실습은 끝난 것이다. 그는 꿈에서 깨어난 듯 멍멍한 시선으로 주위를 돌아보았다. 텔레비전의 무협 영화는 아직 끝나지 않았고 개찰구 주변의 혼잡도 여전했다. 뭔가 미진한 느낌에서 빠져나오지 못하고 있는 그의 옆자리에 다시 누군가가 앉았다. 돌아보니 아까의 그 짐꾼이었다.

"가다가 생각해보니 아무래도 찜찜해서. 그 촉대라든가 ⓔ 촛대라는 거 그거 하나 사겠소. 제상에 촛불 켤 때 쓰면 딱 좋겠던데, 비싼 것은 못 사주더라도 그게 제일 값도 헐하니까 내 형편에 만만하고 내가 이래 살아도 권씨 문중의 종손이라 제사가 사흘거리로 돌아오는 몸이라오."

사흘거리로 돌아오는 제상에 놓을 촛대를 주문한 고객 앞에서 그는 잠시 말을 잃었다. 아까의 그 쏟아져 나오던 말은 어디론가 다 사라져버렸고 이번에는 짐꾼이 자신의 대사를 쏟아놓기 시작하였다.

"짐보따리 날라다 주며 먹고 살긴 하지요. 조상 대접만은 깍듯이 하며 살지요. 물려받은 논마지기 다 날려 보내고 자식 농사나 지어볼라고 서울 와서 이 고생이오. 한때는 나도 ⓜ 시골 유지였다오. 행세깨나 한다는 집안에서 태어나 큰소리치고 살았는데……. 나이 오십이 다 되어가는 마당에 참 창피한 말이지만 여태 집 한 칸도 없는 신세라오. 한 푼이라도 더 벌어보겠다고 안 해본 짓이 없어요. 아이들은 자꾸 굶어지지, 모아놓은 재산은 없지……. 이거 참, 권 아무개 하면 고향 동네서는 모르는 이가 없었는데……. 이 서울 바닥에선 그냥 짐꾼 권씨로 통한다오……."

짐꾼 권씨의 대사도 어지간히 길었다. 사내가 그렇게 했듯이 그 또한 사내의 말을 열심히, 고개까지 끄덕여가며 들어주었다. 사람들은 끊임없이 들락거리고 있었다. 김제에서 올라온 누구누구 엄마는 빨리 방송실까지 와 달라는 여자의 코맹맹이 음성을 넘어서, 짐꾼의 이야기는 계속 이어졌다.

– 양귀자, 「불씨」 –

32 위 글의 서술상 특징으로 적절한 것은?

① 대화를 통해 인물 간의 갈등을 부각하고 있다.
② 사투리를 사용하여 사실적인 느낌을 살리고 있다.
③ 작품 밖 서술자를 통해 인물의 심리가 서술되고 있다.
④ 잦은 장면 전환을 통해 긴박한 분위기를 조성하고 있다.
⑤ 짧은 문장을 반복하여 사건을 속도감 있게 진행하고 있다.

정답 ③

해설 작품 밖 서술자가 인물의 심리를 직접 서술하고 있는 전지적 작가 시점이다.

오답풀이 ① 대화를 나누는 '그'와 '사내'는 서로의 처지에 대해서 공감을 하고 있을 뿐, 갈등은 없다.

33 ⊙~ⓜ 중 상징적 의미가 〈보기〉의 ⓐ와 가장 유사한 것은?

> **[보기]**
>
> 행보사진관. 행복의 '복' 자에서 기역 받침이 날아가버리고 없었다. 한시라도 빨리 받침을 찾아 제자리에 붙여 놓지 않으면 영영 달아나버릴 행복이기나 한 것처럼 그의 가슴이 서늘해졌다. … (중략) … 센 바람에 그깟 받침 하나는 이미 십 리 밖으로 날아갔을 것이었다. 받침 조각 찾는 것을 포기하고 그는 다시 한번 자신의 간판을 올려다보았다. 행보사진관. 글자들 사이로 여자의 얼굴이 다가왔다. 여자가 떠나거나 떠나지 않거나 간에, ⓐ 날아가버린 기억 받침을 다시는 찾을 수 없으리라. 그는 어깨를 늘어뜨린 채 기운 없이 사진관 안으로 들어갔다. 바람은 억세게도 불어댔다.
>
> – 양귀자, 「찻집 여자」 –

① ⊙   ② ⓒ   ③ ⓒ   ④ ⓔ   ⑤ ⓜ

정답 ⑤

해설 '행복'의 기역 받침이 떨어져 나간 후 '행보'가 되어버린 〈보기〉 속 사진관의 간판은 '행복'은 사라지고 쓸쓸하고 외롭게 살아 가야 할 '그'의 힘든 현실을 의미한다. 그러므로 ⓐ는 '행복에 대한 그의 상실감'이라는 상징적 의미를 가지며, ⓜ도 현재 짐 꾼인 '사내'가 누렸던 과거의 영화(榮華)에 대한 상실감을 의미 한다.

[34~35] 다음 글을 읽고 물음에 답하시오.

사회 현상을 볼 때는 돋보기로 세밀하게, 그리고 때로는 멀리 떨어져서 전체 속에 어떻게 위치하고 있는가를 동시에 봐야 한다. 숲과 나무는 서로 다르지만 따로 떼어 생각할 수 없기 때문이다. 현대 사회 현상의 최대 쟁점인 과학 기술에 대해 평가할 때도 마찬가지이다. 로봇 탄생의 숲을 보면, 그 로봇 개발에 투자한 사람과 로봇을 개발한 사람들의 의도가 드러난다. 그리고 나무인 로봇을 세밀히 보면, 그 로봇이 생산에 이용되는지 아니면 ⓐ 감옥의 죄수들을 감시하기 위한 것인지 그 용도를 알 수가 있다. 이 광범한 기술의 성격을 객관적이고 물질적이어서 가치관이 없다고 쉽게 생각하면 ⓑ 로봇에 당하기 십상이다.

자동화는 자본주의의 실업을 늘려 실업자에 대해 생계의 위협을 가하는 측면뿐 아니라, 기존 근로자에 대한 감시를 더욱 효율적으로 해내는 역할도 수행한다. 자동화를 적용하는 기업 측에서는 자동화가 인간의 삶을 증대시키는 이미지로 일반 사람들에게 인식되기를 바란다. 그래야 자동화 도입에 대한 노동자의 반발을 무마하고 기업가의 구상을 관철시킬 수 있기 때문이다. 그러나 자동화나 기계화 도입으로 인해 실업을 두려워하고, 업무 내용이 바뀌는 것을 탐탁해 하지 않았던 유럽의 노동자들은 ⓒ 자동화 도입에 대해 극렬히 반대했던 경험들을 갖고 있다.

지금도 자동화·기계화는 좋은 것이라는 고정관념을 가진 사람들이 많고, 현실에서 이러한 고정관념이 가져오는 파급 효과는 의외로 크다. 예를 들어 은행에 현금을 자동으로 세는 기계가 등장하면 은행원들이 현금을 세는 작업량은 줄어든다. 손님들도 기계가 현금을 재빨리 세는 것을 보고 감탄해 하면서 행원이 세는 것보다 더 많은 신뢰를 보낸다. 그러나 현금 세는 기계의 도입에는 이익 추구라는 의도가 숨어 있다. 현금 세는 기계는 행원의 수고를 덜어 준다. 그러나 현금 세는 기계를 들여옴으로써 실업자가 생기고 만다. 사람이 잘만 이용하면 잘 써먹을 수 있을 것만 같은 ⓓ 기계가 엄청나게 혹독한 성품을 지닌 프랑켄슈타인으로 돌변하는 것이다.

자동화와 정보화를 추진하는 핵심 조직이 기업이란 것에서도 알 수 있듯이 기업은 이윤 추구에 도움이 되지 않는 행위는 무가치하다고 판단한다. 그러므로 자동화는 그 계획 단계에서부터 기업의 의도가 스며들어가 탄생된다. 또한 그 의도대로 자동화나 정보화가 진행되면, 다른 한편으로 의도하지 않은 결과를 초래한다. 자동화와 같은 과학 기술이 풍요를 생산하는 수단이라고 생각하는 것은 하나의 고정관념에 불과하다.

채플린이 제작한 영화 〈모던 타임즈〉에 나타난 것처럼 초기 산업화 시대에는 기계에 종속된 인간의 모습이 가시적으로 드러날 수밖에 없었다. 그래서 이러한 종속에 저항하고자 하는 인간의 노력도 적극적인 모습을 보였다. 그러나 현대의 자동화기기는 그 첨병이 정보 통신 기기로 바뀌면서

문제는 질적으로 달라진다. 무인 생산까지 진전된 자동화나 정보 통신화는 인간에게 단순 노동을 반복시키는 그런 모습을 보이지 않는다. 그래서인지는 몰라도 ⓔ 정보 통신은 별 무리 없이 어느 나라에서나 급격하게 개발, 보급되고 보편화되어 있다. 그런데 문제는 이 자동화기기가 생산에만 이용되는 것이 아니라, 노동자를 감시하거나 관리하는 데도 이용될 수 있다는 것이다. 오히려 정보 통신의 발달로 이전보다 사람들은 더 많은 감시와 통제를 받게 되었다.

34 위 글에 대한 비판적 반응으로 가장 적절한 것은?

① 기업의 이윤 추구가 사회 복지 증진과 직결될 수 있음을 간과 하고 있어.
② 기계화·정보화가 인간의 삶의 질 개선에 기여하고 있음을 경 시하고 있어.
③ 기계화를 비판하는 주장만 되풀이할 뿐, 구체적인 근거를 제시 하지 않고 있어.
④ 화제의 부분적 측면에 관계된 이론을 소개하여 편향적 시각을 갖게 하고 있어.
⑤ 현대의 기술 문명이 가져다 줄 수 있는 긍정적인 측면을 과장 하여 강조하고 있어.

정답 ②

해설 ②는 기계화·정보화의 긍정적인 측면보다는 부정적인 측면을 부각시키고 있는 본문을 통해 기계화·정보화가 인간의 삶의 질 개선에 기여하고 있음을 경시한다고 지적한다.

35 ⓐ~ⓔ 중 성격이 다른 것은?

① ⓐ   ② ⓑ   ③ ⓒ
④ ⓓ   ⑤ ⓔ

정답 ①

해설 ⓑ, ⓒ, ⓓ, ⓔ는 모두 과학 기술이 가져다 줄 수 있는 양면성과 관련되지만, ⓐ는 과학 기술과는 무관하다.

36 다음 글에서 알 수 있는 내용으로 적절하지 않은 것은?

모래시계는 위쪽과 아래쪽으로 용기가 나누어져 있고, 두 용기 사이는 좁은 구멍으로 연결되어 있다. 모래를 용기 윗부분에 위치하도록 모래시계를 뒤집어 놓으면 중력에 의해 윗부분에 있던 모래가 아래로 떨어진다. 모래가 떨어지는 시간이 일정하도록 조절해 놓았기 때문에, 모래시계는 모래가 다 떨어지는 데 걸리는 시간이 항상 같다. 제법 정밀하게 만든 모래시계는 초 단위까지 정확하다. 이로써 모래시계가 1회 모래를 떨어뜨리는 시간을 이용하여 일상생활에서 일정 단위의 시간을 측정할 수 있다. 앞서 모래시계의 윗부분에 있는 모래는 중력에 의해 아래로 떨어진다고 하였다. 여기서 모래시계 윗부분에 존재하는 모래의 질량을 m이라고 하면, 모래가 받는 중력(F)은 '모래의 질량(m)×중력가속도(g)'가 된다. 모래가 단위시간 동안에 일정량만큼 떨어지면 △m(윗부분의 모래 질량 변화량)이 일정하기 때문에 중력(F)의 크기도 일정하게 줄어든다.

그렇다면 모래시계에서 모래가 빠져 나갈수록 중력(F)이 줄어들어 속도가 느려져야 할 것이다. 그런데 모래시계는 모래가 아래로 흘러내려 모래가 줄어들어도, 계속 일정한 양이 흘러나와 정확한 시간이 측정된다. 어떻게 속도가 느려지지 않는 것일까? 그것은 바로 마찰력 때문이다. 모래시계에서 모래가 떨어질 때, 모래시계 벽면에 붙어있는 마찰력이 약한 모래층만 흘러내리고 그 외의 부분은 고정된 것과 마찬가지다. 벽면 가까이 있는 모래가 구멍을 따라 떨어지고 나면, 다시 그 벽면과 닿는 모래의 마찰력이 감소하여 구멍을 따라 떨어지게 된다. 따라서 모래시계에서 모래가 떨어지는 속도는 윗부분 모래들이 누르는 압력과 관계가 없다.

모래의 유출 속도는 모래시계 안에서는 시간에 따라 변하지 않고 일정하다. 그렇기 때문에 유출되는 구멍의 단면적과 모래의 양, 이 두 가지를 다르게 조절하면 다양한 주기의 모래시계를 만들 수 있게 된다. 구멍의 단면적이 넓을수록 유출되는 모래의 양은 많아지므로 모래시계의 주기가 짧아진다. 그리고 모래의 양이 많으면 오랜 시간에 걸쳐 떨어지므로 모래시계의 주기가 길어진다. 그렇기 때문에 모래시계의 주기를 늘이려면 유출되는 구멍의 크기를 줄이고 모래의 양을 늘려주면 된다. 이때 모래는 알갱이의 크기가 일정하고, 습기를 완전히 제거한 상태여야 좋다. 정동진에 세워져 있는 모래시계는 한 번 모래가 다 떨어지는 데 1년의 시간이 걸리도록 설계되었다. 또한 정확도를 위해 모래 대신에 일정한 크기의 고분자물질을 사용하였다.

① 모래시계의 벽면 가까이에 있는 모래가 먼저 아래로 떨어진다.
② 모래 알갱이의 크기가 일정할수록 모래시계의 정확도는 높아진다.
③ 모래시계의 윗부분에 있는 모래의 양과 중력의 크기는 반비례한다.
④ 모래시계에서 모래가 다 떨어지는 데 걸리는 시간은 항상 일정하다.
⑤ 모래시계의 윗부분 모래들이 누르는 압력은 모래가 떨어지는 속도에 영향을 주지 않는다.

정답 ③

해설 1문단에서 모래시계 윗부분에 있는 모래가 아래로 떨어질수록 중력의 크기는 줄어든다고 했다. 그러므로 윗부분에 있는 모래의 양이 많을수록 중력의 크기는 크다고 할 수 있다. 이것은 비례관계로 볼 수 있다.
② 3문단에서 시계의 정확도를 위해 일정한 크기의 고분자 물질을 사용한다고 했다. 따라서 모래 알갱이 크기도 일정할수록 정확도는 높아진다고 할 수 있다.
⑤ 2문단에서 모래가 떨어지는 속도는 윗부분 모래들이 누르는 압력과 관계가 없다고 했다.

[37~38] 다음 글을 읽고 물음에 답하시오.

왜 사람들은 더 좋은 대학을 가려고 할까? 전문직 종사자들이 고급 승용차를 타려는 이유는 무엇일까? 경제학자 스펜스는 이러한 현상을, 개별 경제 주체들이 상호 간 정보 보유량의 격차가 있는 시장에 참여하면서 그 문제를 조정해 가는 과정으로 분석하였다. 그에 따르면, 정보량이 풍부한 쪽은 정보량이 부족한 쪽에게 자신의 정보를 전달하기 위해 노력하며, 그 결과 위와 같은 현상이 일어난다는 것이다.

경제학에서는 이처럼 경제 주체의 속성을 알려주는 인지 가능한 행위나 형태를 '신호'라고 하며, 신호를 보내거나 받는 측을 각각 발신자와 수신자라 일컫는다. 이때 발신자는 수신자에게 자신들이 신호를 보낼 능력이 있음을 보여줌으로써, 신호를 보낼 수 없는 다른 이들에게 핸디캡이 생기도록 만들며, 이를 통해 시장에서 유리한 위치를 선점한다는 것이다.

발신자가 보내는 신호는 그 성격에 따라 평가 신호와 관례 신호로 나뉜다. 먼저 평가 신호는 신호를 만들기 위해 높은 비용이 수반되는 신호를 말한다. 또한 신호와 발신자의 속성 간에 내적 연관이 요구된다. 따라서 수신자에게 높은 신뢰도를 줄 수 있다. 구직자들이 좋은 직장에 취업하기 위하여 시간과 비용을 투자하여 박사 학위를 취득하는 경우가 좋은 예이다.

반면 관례 신호는 신호를 만들기 위한 비용이 거의 들지 않으며, 신호와 발신자의 속성 간에 아무런 관계가 없는 신호를 말한다. 관례 신호는 발신자가 신호를 만들기 위하여 그러한 특성을 보유하지 않아도 된다는 점에서 신뢰성이 약하다. 그럼에도 불구하고 이 신호는 발신자 입장에서는 적은 비용으로 신호를 보낼 수 있다는 점에서 자신의 핸디캡을 감추기 위한 방편으로 자주 사용된다. 지식인처럼 보이기 위해 그 내용을 알지 못하는 전문 서적을 들고 다니는 경우가 이에 해당된다.

이러한 평가 신호와 관례 신호 모두 기만에 노출되어 있다. 기만이란 신호와 관련된 속성을 갖지 못한 발신자들이 마치 그러한 속성을 갖고 있는 것처럼 신호를 조작하는 행위를 말한다. 자기 소개서를 허위로 작성한다거나, 학력을 위조하는 경우가 이에 해당된다. 수신자 입장에서 기만으로 인한 피해가 미미하다면, 발신자의 기만 행위는 크게 문제되지 않는다. 그러나 기만을 하기 위해 필요한 비용이 기만을 적발 당했을 때 지불해야 할 비용보다 낮다면 기만이 지나치게 확산될 수 있다. 그럴 경우 ⊙ 수신자는 발신자들의 신호를 더 이상 신뢰할 수 없게 되며, 그 결과 정직한 신호를 보낸 발신자가 피해를 보게 된다.

37 위 글의 내용과 일치하는 것은?

① 관례 신호는 평가 신호보다 신뢰성이 높다.
② 경제 주체들이 보유하고 있는 정보량에는 차이가 없다.
③ 관례 신호는 평가 신호에 비하여 높은 비용이 요구된다.
④ 정보량이 부족한 쪽일수록 시장에서 유리한 위치를 선점한다.
⑤ 평가 신호는 관례 신호와 달리 발신자의 속성과 밀접한 관련을 지닌다.

정답 ⑤

해설 3문단에서 평가 신호는 발신자의 속성과 관련된 신호 유형이라고 했다. 관례 신호는 평가 신호에 비하여 발신되는 정보의 신뢰성이 낮으며, 또한 높은 비용이 요구되지도 않는다. 따라서 정답은 ⑤번이다.

오답풀이 ① 4문단에서 관례 신호는 평가 신호보다 신뢰성이 약하다고 했다.
② 1문단에서 정보 주체들 간에 보유한 정보량은 차이가 있다고 했다.
③ 4문단에서 적은 비용으로 신호를 보낼 수 있다고 했다.
④ 1문단에서 정보량이 풍부한 쪽이 시장에서 유리한 위치를 선점한다고 했다.

38 ㉠의 구체적 사례로 가장 적절한 것은?

① 인터넷 서점이 발달하자 학교 앞에서 서점을 운영하는 박 씨는 매출액이 줄어 울상을 짓고 있다.
② 조류 독감이 유행하여 가금류의 소비가 크게 줄자, 양계장 주인 이 씨는 운영의 어려움을 겪고 있다.
③ 제약 회사에서 제품 설명서를 지나치게 작은 글씨로 작성하여, 소비자가 약품의 사용 방법을 파악하기 어렵다.
④ 고급 외제 차량의 사고 발생률이 증가하여 보험 업계의 손실이 커지자 국산 차량 소유자의 보험료가 인상되었다.
⑤ 값싼 수입산을 비싼 국내산으로 속여서 판매한 일부 음식점이 적발되자, 국내산 음식을 판매하는 자영업자들의 매출이 하락하였다.

정답 ⑤

해설 ㉠은 기만 신호를 보낸 일부의 발신자 때문에, 정직한 신호를 보낸 발신자들이 피해를 보는 경우이다. ⑤에서는 국내산 음식을 판매하는 정직한 발신자가 값싼 수입산을 비싼 국내산으로 속인 발신자의 기만으로 인해 매출이 감소하는 피해를 보고 있다.

[39~41] 다음 글을 읽고 물음에 답하시오.

LBS*는 어떤 플랫폼을 통해 사용자의 위치 정보를 파악할 수 있게 해 주는 모든 서비스를 포괄하는 개념이다. 즉, 인공위성을 이용해 사용자의 현재 위치를 파악하는 GPS*나 디지털 지도 데이터베이스를 활용해 주변 위치와 상세한 부가 정보를 알아내는 GIS* 등의 기반 기술들을 활용하여 사용자의 위치를 파악하고 부가 서비스를 제공하는 총체적인 시스템을 LBS라고 한다. 원래 LBS는 대형 유통 업체에서 차량이나 화물 운송 추적 등을 위해 사용되었으나, 최근에는 사람 찾기, 실시간 교통 정보, 현재 위치의 날씨 정보 등 일반인을 위한 서비스로 확대되고 있다.

… (중략) …

LBS 시스템에서 위치를 파악하는 핵심적인 기술은 바로 GPS다. GPS는 인공위성을 이용해 위치와 시간을 정확하게 알아내는 항법기술로 1973년 미국 국방부에서 군사적 목적으로 사용되어 오다가 최근 일반화되었다. GPS는 우주, 사용자, 관제 등 크게 세 부분으로 이루어져 있다. 먼저 우주 부분은 전체 27개의 위성으로 구성되어 2만km 고도에서 일정한 간격을 두고 지구 주위의 원형 궤도면을 따라 돌고 있는데, 지구상 어떤 위치에서도 4개 이상의 위성이 보이도록 설계되어 있다. 각각의 위성은 궤도와 시간 정보를 개별 위성의 고유 코드와 함께 지상으로 송출한다. 사용자 부분은 GPS 위성 신호를 수신하는 안테나, 위치와 시간을 계산하는 수신기, 그리고 응용 장치로 구성되어 위성에서 보내온 신호가 도달한 시간을 계산함으로써 위성과 사용자 사이의 거리를 알아낸다. 이렇게 삼각형의 원리가 3차원으로 확대된 것이 GPS다. 위성이 보내온 신호에는 위성의 위치 데이터가 들어 있는데, 이것은 미리 알고 있는 점에 해당한다. 위성과 사용자 사이의 거리는 전파가 전달되는 데 걸리는 시간에 빛의 속도를 곱하면 구할 수 있다. 3차원 공간이므로 3대의 위성 위치와 거리를 파악하면 사용자의 위치를 계산할 수 있다. 한편, GPS 위성과 사용자 사이의 거리를 계산할 때 가장 중요하게 여기는 것이 시계의 정확성이다. 매우 작은 차이라 해도 빛의 속도(36만km/초)를 곱하면 차이가 엄청나게 커지기 때문에 값싼 GPS 수신기로는 해결될 문제가 아니다. 그래서 이 한계를 극복하기 위해 수신기는 3차원 방정식을 계산할 미지수(x, y, z), 그리고 시간(t)까지 고려해서 계산해야 한다. 결국 미지수가 4개이므로 사용자의 정확한 위치 파악을 위해 최소 4개 이상의 위성으로부터 신호를 받아야 한다. 관제 부분은 위성의 궤도에 대한 감독 및 위성 궤도의 정보를 계산하여 위성에 보내주는 등 위성들을 관리하는 역할을 한다.

*LBS : 위치 기반 서비스, Location-Based Service
*GPS : 위성 항법 장치, Global Positioning System
*GIS : 지리 정보 시스템, Geographical Information System

39 위 글의 제목으로 가장 적절한 것은?

① 위치 기반 서비스의 장점
② 위치 기반 서비스의 원리와 응용
③ 위치 기반 서비스와 GPS와의 차이
④ 위치 기반 서비스의 개발 배경과 전망
⑤ 위치 기반 서비스를 이용한 실생활의 혜택

정답 ②

해설 위치 기반 서비스의 개념을 설명한 후 위치 기반 서비스의 중요한 시스템인 GPS와 GIS 등에 대해 소개하고, 핵심 기술인 GPS 시스템의 작동원리와 적용에 대해 설명하고 있다.

40 다음은 GPS를 이해하기 위한 자료이다. 각 부분에 대한 학생의 반응으로 적절하지 않은 것은?

① A – GPS 수신기에서 무엇보다 중요한 것은 시계의 정확성이겠지.
② A – GPS 수신기에 위성에서 보내온 시간을 계산할 프로그램이 내장되어 있겠지.
③ B – 3개의 위성만으로는 사용자의 정확한 위치 파악이 어려울 수 있겠군.
④ B – 위치 확인을 위한 위성의 수가 많으면 많을수록 좋겠지.
⑤ C – 위성으로부터 수신된 정보를 GPS 수신기로 전달하는 역할을 하겠군.

정답 ⑤

해설 GPS에는 위성으로부터 수신한 정보를 계산할 프로그램이 내장되어 있는 점과 거리 계산을 위한 시계의 중요성을 강조하고 있다. 위성은 정보를 GPS에 송신하는 역할을 한다. 한편 관제 부분은 위성의 궤도에 대한 감독 및 위성 궤도 정보를 계산하여 위성에 보내주는 역할을 하지만, 사용자 부분에 위성으로부터 수신된 정보를 전달하지는 않는다.

41 위 글의 내용을 바탕으로 위치 기반 서비스를 이용할 수 있는 사례로 볼 수 없는 것은?

① 시청으로 가는 가장 빠른 길을 알아봐야겠어.
② 거기 119죠? 등산하다가 길을 잃었어요. 빨리 와주세요!
③ 현장 체험 학습이 있는 날의 날씨를 미리 알아봐야겠어.
④ 도착할 항구까지의 거리가 얼마나 되는지 알아봐야겠어.
⑤ 현재 아군이 위치한 지점에 보급품을 투하해 주기 바람.

정답 ③

해설 위치 기반 서비스는 현재의 위치 및 날씨 정보, 실시간 교통 정보 등을 제공하는 시스템을 말한다. 이 시스템을 적용할 수 있는 것은 지름길 찾기, 구조 요청, 거리 확인, 위치 추적 등이 있다. 미래에 대한 정보를 요구할 수 없으므로, ③처럼 현장 체험 학습이 있는 날의 날씨를 위치 기반 서비스로는 알 수가 없다.

[42~44] 다음 글을 읽고 물음에 답하시오.

의사소통 과정에서 화자의 의도를 제대로 파악하기 위해서는 우선 발화의 맥락을 이해하지 않으면 안 된다.

문장이란 어떤 의미를 가진 '소리의 연쇄'이다. '소리의 연쇄'란 곧 기호의 연쇄인데, 그것을 해독하여 어떤 의미를 얻을 수 있기는 하지만, 이렇게 해독된 의미 속에 화자의 의도가 모두 표현되는 것은 아니다. 예컨대 "나 내일 올게."라는 문장에서 기호의 해독만 가지고는 '나'가 누구를 가리키는지, '내일'이 언제를 가리키는지 알 수 없다. 이런 요소를 해독하기 위해서는 발화가 이루어진 맥락에 대한 이해가 필요하다. 즉, 이 문장을 제대로 이해하려면 기호 외적인 정보가 필요한 것이다.

의사소통에서는 추론의 역할 또한 중요하다. 가령 '철수'가 '영수' 네 집에 놀러 왔을 경우, "영수야, 전화 왔어. / 응, 철수야, 나 화장실에 있어."라는 대화는 언뜻 들으면 동문서답과 같지만, 이것은 충분한 메시지를 전달하고 있다. 철수는 이 대화에서 영수가 전화를 받을 수 없다는 메시지를 추론 과정을 통하여 순식간에 이해할 수 있다. 영수가 "내가 화장실에 있어서 전화를 받을 수 없으니까 네가 대신 받아."라고 이야기하지 않는 이유도 철수의 추론 능력을 신뢰하기 때문이다.

그런데 이러한 대화의 바탕에는 철수와 영수가 공유하는 어떤 특정한 인지 환경이 존재함을 알 수 있다. 즉, 위의 대화는 (㉠)는 환경 내용을 철수와 영수가 모두 알고 있을 때만 성립한다. 이러한 대화가 진행되면서 인지 환경은 더욱 확대되어 나간다.

인간은 의사소통에서 적은 비용을 들여 가능한 한 많은 정보를 얻으려고 하는데, 어떤 새로운 정보가 어떤 환경 속에서 최대의 증식 효과를 일으킬 때, 우리는 그것을 적합하다고 말한다. 어떤 환경 속에 정보가 던져졌을 때, 우리는 그것을 그 환경에 가장 적합한 것이 되도록 해석한다. 특히 그러한 적합성은 어떤 신정보와 구정보가 연결되고 그것이 추론의 전제로서 사용될 때 극대화된다.

한 소녀가 외국 여행을 하고 있다고 가정해 보자. 소녀가 산책하기 위해 숙소 밖으로 나갔는데, 근처 벤치에 앉아 있던 한 노인이 의도된 행위로서 하늘을 올려다본다. 그 소녀도 따라서 하늘을 올려다본다. 소녀는 하늘에서 구름 몇 점을 발견한다. 그리고는 구름이 많아지면 비가 올 것이라는 생각을 하게 된다. 그런 생각은 아주 상식적이며 아마 첫 번째로 떠오르는 생각일 것이다. 소녀는 그 노인이 자신의 주의를 구름 쪽으로 끌어서 앞으로 비가 올 것이라는 사실을 자신에게 알리려고 했다는 결론에 이른다. 이 추론에서 소녀는 적합성의 가정하에 그 노인의 행동에서 어떤 정보를 창출해 낸 것이다.

대부분의 ㉡ 발화 행위에서 사람들은 적합성을 추구하며, 하나의 메시지로부터 최다의, 최적의 정보를 찾아내려고 한다. 이것이 바로 의사소통 행위의 본질이다.

42 글의 흐름상 ㉠에 들어갈 문장으로 가장 적절한 것은?

① 철수와 영수는 서로 좋아하는 사이다.
② 철수가 사는 집의 화장실에는 전화기가 없다.
③ 영수는 화장실에 있을 때 전화를 받지 않는다.
④ 철수와 영수가 만날 때면 자주 전화가 걸려온다.
⑤ 철수는 영수의 말을 매우 잘 들어주는 착한 친구다.

정답 ③

해설 대화의 맥락에서 '어떤 특정한 인지 환경'은 대화에 참여하는 화자와 청자가 서로 공유하는 환경 내용이 있어야만이 의사소통이 가능하다. 철수와 영수의 대화에서 '영수는 화장실에 있어 전화를 받을 수 없는 상황(환경)' 내용을 서로 인지하고 있을 때에 의사소통이 이루어진다.

43 다음을 ㉡의 관점에서 반영한 내용으로 가장 적절한 것은?

┌─────────────────────────── 보기 ───┐
│ 요즘은 경기가 불황이다 보니 우리 체육관을 이용하는 고객들이 예 │
│ 전과는 달리 자꾸 빠져나가고 있습니다. 경제가 어려울수록 건강이 │
│ 중요하다는 내용의 광고를 하고자 합니다. 체육관 입구에 "건강은 │
│ 재산입니다."라는 문구를 붙이려고 하는데 여러분 의견은 어떠신지 │
│ 요? │
└────────────────────────────────────┘

① 직원 A – 체육관이라는 맥락과 관련성이 적은 정보를 제공하여 정보의 적합성을 추구할 수 없으므로 다른 문구로 바꾸면 어떨까요?
② 사장 – 표현이 너무 간단해서 정보의 증식 효과를 가져 올 수 없겠지?
③ 직원 B – 그렇다면 만화를 삽입하여 기호 외적인 정보를 보충해주는 것이 좋을 듯합니다.
④ 사장 – 아니야, 만화 삽입보다는 "운동을 해서 재산을 늘립시다."라는 문구를 넣는 게 어떨까?
⑤ 직원 C – 아닙니다. 인간은 생략된 정보를 추론할 수 있는 능력을 가지고 있습니다. 그러니 원래대로 "건강은 재산입니다."라는 문구를 붙이는 것이 더 좋다고 생각합니다.

정답 ⑤

해설 ㉡에서 발화행위의 적합성은 최소의 메시지로부터 최다의, 최적의 정보를 찾아내야 한다고 했으므로 체육관 문에 붙일 광고문에서 길게 설명할 필요가 없다.

44 위 글의 내용과 일치하는 것은?

① 화자들은 하나의 메시지로부터 하나의 정보를 얻으려 한다.
② 화자의 발화 의도는 발화의 기호 외적인 정보와는 무관하다.
③ 의사소통의 적합성은 신·구정보를 연결하지 않더라도 극대화될 수 있다.
④ 발화의 맥락과 관계없이 연쇄된 기호 체계로 화자의 의도를 파악할 수 있다.
⑤ 화자는 일반적으로 의사소통 행위에서 최소의 발화로 최대의 정보를 얻고자 한다.

정답 ⑤

해설 (나)의 첫째 문단과 마지막 문단에서 확인할 수 있다. "인간은 의사소통에서 적은 비용을 들여 가능한 한 많은 정보를 얻으려고 하는데, 이것이 의사소통 행위의 본질"이라고 하였다.

 ① (나)의 마지막 문단 "사람들은 하나의 메시지로부터 최다의 정보를 찾아내려 한다."에서 확인할 수 있다.
② (가)의 "화자의 의도를 파악하기 위해서는 발화의 맥락, 즉 기호 외적 정보가 필요하다."에서 확인할 수 있다.
③ (나)의 첫째 문단 "특히 그러한 적합성은 어떤 신정보와 구정보가 연결되고 그것이 추론의 전제로 사용될 때 극대화될 수 있다."에서 확인할 수 있다.
④ (가)의 첫째·둘째 문단 "화자의 의도를 파악하기 위해서는 연쇄된 기호 체계가 발화 맥락 속에서 이루어질 때 가능하다."에서 확인할 수 있다.

[45~46] 다음 글을 읽고 물음에 답하시오.

생태계 위기와 관련된 문제는 환경과 생태계를 인간이 어떤 철학적 관점으로 바라보는가 하는 것과 연관되어 있다. '환경'은 인간을 둘러싼 삶의 조건을 가리키며 '생태계'는 '전체'를 고려하고 모든 생명체를 살아 있는 체계로 간주하는데, 이러한 용어의 차이에도 자연을 바라보는 세계관의 차이가 반영되어 있다. 이와 같이 자연을 바라보는 인간의 철학적 관점은 인간 중심주의, 생명 중심주의, 생태 중심주의 등이 있다.

먼저 인간 중심주의는 인간을 자유 의지를 지닌 인식의 주체로 보며, 인간 이외의 존재들을 인식의 대상으로 본다. 모든 생명체는 인간에게 인식될 때 의미가 있고, 인간이 관심을 갖는 한에서 가치를 지닌다는 것이다. 인간 중심주의에 따르면, 인간만이 윤리적으로 가치 있는 존재가 되며, 따라서 다른 생명체나 자연을 인간이 도구로 이용하는 것은 윤리적으로 정당하다. 물론 인간 중심주의자들도 생태계 보전을 이야기한다. 그러나 그 이유는 생태계가 잘 유지되어야 인류가 좀 더 오래 살아남고 행복해지기 때문이다. 이렇게 볼 때 인간 중심주의에서 다른 생명체는 '인간을 위한 도구'이고, 생태계는 '인간을 위한 환경'이라고 할 수 있다.

㉠ 생명 중심주의는 생명체가 생존과 번식의 욕구를 지닌다는 점에서

생명체를 도구적 가치가 아닌 내재적 가치를 지닌 존재로 파악한다. 모든 생명체는 살려는 의지를 가진 존재이기 때문에 그런 의지 자체를 꺾는 것은 '악'이다. 따라서 인간을 포함한 모든 생명체는 각각 윤리적 의의를 지니며, 인간이 다른 생명체를 도구나 수단으로 이용하는 일은 정당화될 수 없다. 생명 중심주의 입장에서 보면 모든 생명체는 보호되어야 할 대상이다.

그러나 인간을 포함한 모든 생명체는 살려고 하는 의지를 가진 존재로 둘러싸여 있다. 따라서 어떤 존재도 생명체인 한, 먹이사슬의 그물에서 벗어날 수 없다. 그런데 먹이사슬을 인정한다면, 모든 생명체가 동등한 생명 가치를 지닌다는 생각을 포기해야 한다. 그리고 생존과 번식 욕구를 가진 것만이 내재적 가치를 지니고, 그런 존재들만이 윤리적 대상이 된다면, 개별 생명체로 구성된 생명종이나 생명종들이 모여 구성하는 커다란 생태계 자체는 윤리적 관심의 대상에서 제외돼야 한다.

생태 중심주의는 이러한 생명 중심주의의 한계를 극복하기 위해 출발하였다. 이 관점은 생태계를 하나의 유기체로 파악하고, 모든 생명체가 시공간적으로 서로 연관되어 있으며, 생태계는 관계성, 순환성, 다양성 등의 특징을 지니는 것으로 본다. 생명 중심주의가 개체를 중시한다면, 생태 중심주의는 전체를 강조하며 도가(道家) 철학이 자연의 순리에 따른 삶을 중시하듯, 생태주의자들은 생태학 원리에 따른 삶과 제도를 가장 이상적이라고 생각한다.

최근에는 환경오염이나 생태계 보전을 위한 철학적 관점으로 생태 중심주의가 많은 지지를 얻고 있다. 따라서 생태 중심주의가 지닐 수 있는 문제를 극복하면서 전체 생태계 보존을 이루는 것은 현재 인간이 해결해야 할 시급한 과제라고 할 수 있다.

45 다음은 '환경오염'에 관한 글의 일부이다. 이에 대한 인간 중심주의자(A), 생명 중심주의자(B), 생태 중심주의자(C)의 대화 내용으로 적절하지 않은 것은?

▶ 보기 ◀

1912년 12월 3일, 런던은 겨울이었지만 날씨는 포근했고 바람도 상쾌했다. 그러다 북쪽에서 불어오던 바람이 방향을 바꾸더니 기온이 내려가고 공기 중의 습도가 증가하기 시작했다. 그때 낮은 구름이 음산하게 깔렸다. 그것은 바로 수많은 공장과 가정의 석탄난로에서 나온 스모그였다. 12월 6일, 짙은 안개가 도시를 휘감았다. 비행기는 물론 자동차들의 발이 묶였고, 도시에는 바람 한 점 불지 않았다. 캄캄한 거리에서 장님처럼 허우적거리던 사람들이 찾은 곳은 병원이었다. 스모그가 런던을 덮고 있던 5일 동안 무려 4,000여 명이 죽었다.

당시 영국은 산업혁명 이후, 급속한 산업화로 인한 경제 발전을 추진하고 있었고, 주된 에너지로 석탄을 사용하고 있었다. 스모그는 엄청난 충격을 가져왔으며, 인류에게 환경오염의 심각성을 일깨워 주었다.

① A - 인간의 생명은 그 무엇보다도 중요하므로 석탄 사용을 금지해야 합니다.

② B - 네, 석탄 사용을 금지하는 것은 인간뿐만 아니라 가축이나 야생 동물도 보호할 수 있는 방안이니까요.

③ C - 장기적인 안목에서는 생태계를 보존하는 것까지 관심의 폭을 넓혀야 하겠지요.

④ A - 또한 무분별한 도시 집중화로 인해 생태계의 먹이사슬이 붕괴되는 것을 막아야 합니다.

⑤ C - 예, 생물들의 삶의 공간을 훼손하는 것은 생태계 교란을 야기하므로 이에 대한 대책을 마련해야 하겠지요.

정답 ④

해설 〈보기〉는 영국 런던의 스모그 현상이 가져온 치명적인 결과와 그 원인인 석탄 소비의 이유를 설명하고 있다. ④의 입장은 생태 중심주의의 입장이므로 적절하지 않다. 인간 중심주의의 입장이라면 인간을 위해 필요한 도시 집중화는 당연한 현상이므로 생태계의 먹이사슬은 고려의 대상에서 제외된다.

46 위 글로 미루어 보아, ㉠의 한계를 보여 주는 사례로 가장 적절한 것은?

① 식물원에서는 경제적 가치가 있는 식물을 선택하여 재배하고 있다.

② 동물원에서 다양한 동물들은 인간에게 즐거움을 주기 위해 사육되고 있다.

③ 농촌에서 농사일을 보조하는 소가 닭보다 더 좋은 여건에서 사육되고 있다.

④ 어촌에서 소득 증대를 위해 값이 높은 물고기만 양식하고 있다.

⑤ 겨울에 먹이를 구하지 못하는 산토끼를 보호하다가 봄에 다시 산으로 돌려보낸다.

정답 ⑤

해설 생명 중심주의의 한계는 "생명 중심주의 입장에서 보면 모든 생명체는 보호해야 할 대상이지만, 먹이사슬을 인정한다면 모든 생명체가 동등한 생명 가치를 지닌다는 생각을 포기해야 한다. 또한 개별 생명체로 구성된 생명종이나 생명종들이 모여 구성하는 커다란 생태계 자체는 윤리적 관심의 대상에서 제외되어야 한다."에서 확인이 가능하다. ⑤는 먹이를 구하지 못하는 산토끼를 보호하지만 산토끼를 잡아먹을 여우같은 야생 동물의 존재를 고려하지 않고 있으므로 '생명 중심주의'의 한계라고 볼 수 있다.

오답풀이 ①, ②, ③, ④는 '인간 중심주의'의 입장이다.

[47~48] 다음 글을 읽고 물음에 답하시오.

19세기 일부 인류학자들은 결혼이나 가족 등 문화의 일부에 주목하여 문화 현상을 이해하고자 하였다. 그들은 모든 문화가 '야만 → 미개 → 문명'이라는 단계적 순서로 발전한다고 설명하였다. 그러나 이 입장은 20세기에 들어서면서 어떤 문화도 부분만으로는 총체를 파악할 수 없다는 비판을 받았다. 문화를 이루는 인간 생활의 거의 모든 측면은 서로 관련을 맺고 있기 때문이다.

20세기 인류학자들은 이러한 사실에 주목하여 문화 현상을 바라보았다. 어떤 민족이나 인간 집단을 연구할 때에는 그들의 역사와 지리, 자연 환경은 물론, 사람들의 체질적 특성과 가족제도, 경제체제, 인간 심성 등 모든 측면을 서로 관련지어서 고찰해야 한다는 것이다. 이를 총체적 관점이라고 한다.

오스트레일리아의 여요론트 부족의 이야기는 총체적 관점에서 인간과 문화를 이해해야 하는 이유를 잘 보여준다. 20세기 초까지 수렵과 채집 생활을 하던 여요론트 부족사회에서 돌도끼는 성인 남성만이 소유할 수 있는 가장 중요한 도구였다. 돌도끼의 제작과 소유는 남녀의 역할 구분 사회의 위계질서 유지, 부족 경제의 활성화에 큰 영향을 미쳤다. 그런데 백인 신부들이 여성과 아이에게 선교를 위해 선물한 쇠도끼는 성(性) 역할, 연령에 따른 위계와 권위, 부족 간의 교역에 혼란을 초래하였다. 이로 인해 여요론트 부족사회는 엄청난 문화 해체를 겪게 되었다.

쇠도끼로 인한 여요론트 부족사회의 문화 해체 환경은 인간 생활의 모든 측면이 서로 밀접한 관계가 있음을 보여 준다. 만약 문화의 발전이 단계적으로 이루어진다는 관점에서 본다면 쇠도끼의 유입은 미개사회에 도입된 문명사회의 도구이며, 문화 해체는 (㉠).

하지만 이러한 관점으로는 쇠도끼의 유입이 여요론트 부족에게 가지는 의미와 그들이 겪은 문화 해체를 제대로 이해하고 그에 대한 올바른 해결책을 제시하기가 매우 어렵다. 그래서 총체적 관점은 인간 사회의 다양한 문화 현상을 이해하는 데 매우 중요한 공헌을 했다.

47 '여요론트' 부족에 대해 이해한 내용으로 적절한 것은?

① 문명사회로 나아가기 위해 쇠도끼를 수용했다.
② 돌도끼는 성인 남자의 권위를 상징하는 도구였다.
③ 쇠도끼의 유입은 타 부족과의 교역을 활성화시켰다.
④ 자기 문화를 지키기 위해 외부와의 교류를 거부했다.
⑤ 백인 신부들이 선물한 쇠도끼는 남녀의 역할 구분을 강화하였다.

정답 ②

해설 3문단의 내용을 보면 돌도끼는 여요론트 부족사회에서 성인 남자의 권위를 상징하는 도구였다는 것을 알 수 있다.

48 글의 흐름을 고려할 때, ㉠에 들어갈 내용으로 가장 적절한 것은?

① 문화 발전을 퇴보시키는 원인으로 이해할 것이다.
② 사회 발전을 위해 필요한 과도기로 이해할 것이다.
③ 사회 질서를 유지하기 위한 과정으로 이해할 것이다.
④ 사회가 혼란스러워져 문화 발전이 지연되는 단계로 이해할 것이다.
⑤ 현재 문화를 미개 사회의 문화로 회귀시키는 현상으로 이해할 것이다.

정답 ②

해설 문화의 발전이 단계적으로 이루어진다는 관점에서는 쇠도끼가 미개사회에 도입된 도구이므로, 여요론트 부족의 문화 해체는 사회 발전을 위해 필요한 과도기로 볼 수 있다.

[49~51] 다음 글을 읽고 물음에 답하시오.

원소번호 1번, 원자량 1.0079에 불과한 수소는 가볍고 잘 타는 기체다. 산소와 혼합하면 쉽게 불이 붙고 때론 강한 폭발을 일으키기도 한다. 또한 수소가 산소와 섞여 연소하면 에너지와 물이 나온다. 반대로 전기를 이용해 수소를 생산할 수도 있다. 무엇보다 수소의 장점은 연소할 때 이산화탄소와 같은 공해물질이 생기지 않는다는 사실이다. '깨끗하고 효율 좋은 에너지'라는 별명도 이처럼 수소의 독특한 성질에서 유래했다.

수소를 처음 발견한 사람은 영국의 과학자 헨리 캐번디시다. 캐번디시는 1776년 영국 왕립학회에서 전기 불꽃으로 수소와 산소를 결합하여 물 생성에 성공한 실험 결과를 발표했다.

당시까지만 해도 물을 구성하는 성분들의 이름이 정해지지 않은 터라 캐번디시는 그중 하나를 '생명 유지 기체', 다른 하나를 '가연성 기체'라고 불렀다. 프랑스 출신 화학자 앙투안 로랑 라부아지에는 1785년 캐번디시의 실험을 재현하는 데 성공한 뒤 '생명 유지 기체'를 산소로, '가연성 기체'를 수소로 명명했다.

이러한 수소가 에너지로 주목받기 시작한 것은 최근의 일이다. 수소는 1980년대만 하더라도 공업용 암모니아 제조와 제련, 메탄올 제조에 쓰였을 뿐 에너지원으로서는 찬밥신세였다. 이는 폭발 가능성에 대한 막연한 두려움이 가져온 결과였다.

그러나 산업의 발전과 더불어 화석연료가 고갈되고 여기에 지구 온난화의 문제가 불거지면서 수소가 새로운 에너지로 주목받게 된 것이다. 그 이유는 우선 그 자원이 무궁무진하다는 점이다. 수소는 물과 화석연료, 생물체 등 지구 어디에든 존재할 뿐만 아니라 지구의 3분의 2를 뒤덮고 있는 물로부터 무한정 공급받을 수 있다. 또한 에너지로 사용 후엔 물로 되돌아간다는 매력도 지닌다. 여기에 전자를 방출했다가 흡수하는 반응을 반복하면서 전기를 무한대에 가깝게 생산할 수 있다는 점도 주목할 만하다.

수소를 생산하는 방법은 다양하다. 그중 가장 오래된 방식은 1백 년 전에 개발되어 지금까지 쓰이는 전기분해법이다. 하지만 이 방식은 투입되는 에너지에 비해 산출되는 수소량이 너무 적어 비효율적이다. 그중에서도 ㉠특히 화석연료로 생산한 수소는 차세대 에너지로서는 낙제점일 수밖에 없다.

이를 극복한 것이 풍력이나 지열 등을 이용하여 수소를 만드는 방법이다. 그러나 이 방식도 어려움이 많다. 현재의 기술로는 생산비용이 지나치게 높아 비경제적이라는 것이다.

이런 점 때문에 현재는 천연가스와 물을 고온에서 반응시켜 수소를 생산하는 방식이 과도기적으로 고려되고 있다. 이 방식은 약간의 부산물이 나오지만 화석연료를 사용하는 전기분해방식보다 상용화 가능성이 높다. 열과 금속산화물을 촉매로 수소를 생산하는 열화학적 방식이나 원자력을 이용한 수소 생산도 적극 고려되고 있다. 특히 원자로로 생산한 고온 가스나 전기로 수소를 만드는 원자력 수소 생산에 거는 기대는 매우 크다. 교육과학부와 원자력연구소는 오는 2019년까지 국내 하루 석유소비량의 20%(8만 5천 배럴)를 대체할만한 양의 수소를 생산하는 상용로를 도입할 계획이다. 이렇게 생산된 수소는 기존 가스 공급망이나 탱크로리를 타고 각 가정과 건물, 발전소, 충전소 등에 공급될 예정이다.

---

49 위 글에서 확인할 수 없는 것은?

① 수소의 장점은 무엇인가?
② 수소를 어떻게 발견했을까?
③ 수소를 저장하는 방법은 무엇인가?
④ 수소를 새로운 에너지로 주목한 이유는 무엇인가?
⑤ 수소가 화학적으로 반응하면 어떤 현상이 일어날까?

정답 ③

해설 ①은 첫째 문단에서,
②는 둘째 문단에서,
④는 넷째 · 다섯째 문단에서,
⑤는 첫째 문단에서 확인할 수 있다.

---

50 위 글과 〈보기〉의 내용을 참고하여 수소 에너지가 상용화될 때 나타날 수 있는 문제를 가장 잘 지적한 것은?

> ● 보기 ●
> 우리의 미래는 수소에 달려 있다. 수소 에너지가 보편화되면 인류의 삶의 질이 향상될 수 있기 때문이다. 그러나 수소가 아무리 청정 에너지라 하더라도 그 사용의 권한이 골고루 부여될지는 의문이다. 이런 점에서 수소의 사용 권한을 어떻게 정하느냐는 수소 경제의 미래를 결정하고 나아가서는 정치, 사회 환경에도 근본적 변화를 가져올 것이다.

① 수소는 무한한 자원인가, 유한한 자원인가.
② 수소 에너지 활용을 규제할 것인가, 허용할 것인가.
③ 수소를 주에너지로 쓸 것인가, 보조에너지로 쓸 것인가.
④ 수소가 사회 발전에 미치는 영향은 긍정적인가, 부정적인가.
⑤ 수소를 공유 재산으로 볼 것인가, 사유 재산으로 볼 것인가.

정답 ⑤

해설 〈보기〉는 '수소의 지위를 어떻게 정하느냐'의 문제에 대해 그 사용의 권한을 어떻게 나눌 것인가를 의문으로 제기하고 있다. 수소는 화석연료와 달리 지구 어디에든 존재하는 자원이기는 하나 에너지로 활용될 경우, 정치적 · 경제적으로 매우 민감한 사안은 수소를 누가, 어떻게 이용할 것이냐는 문제이다. 그러므로 수소 에너지가 상용화될 때 나타날 수 있는 가장 큰 문제는 바로 수소 에너지의 소유 문제가 된다.

---

51 ㉠과 같이 말할 수 있는 이유로 가장 적절한 것은?

① 화석연료를 직접 사용하는 것이 더 경제적이기 때문에
② 화석연료를 써서 생산한 수소는 산출량이 적기 때문에
③ 화석연료에서 수소를 생산하는 방식은 위험하기 때문에
④ 화석연료를 쓰지 않고 수소를 생산하는 것이 목적이기 때문에
⑤ 화석연료로 전기를 생산하는 기술이 일반화되지 않았기 때문에

정답 ④

해설 수소 에너지가 새로운 에너지로 주목받게 된 이유 중 하나는 화석연료의 고갈에 대비하기 위해서이다. 그런데 화석연료를 사용하여 수소를 생산하는 것은 화석연료의 고갈에 대비한다는 목적에 배치되는 것일 뿐 아니라 글 전체의 맥락에서도 벗어나는 것이다.

[52~54] 다음 글을 읽고 물음에 답하시오.

플래시(Flash)라는 컴퓨터 프로그램을 이용한 동영상 애니메이션들이 인터넷에 떠돌며 네티즌들에게 미소를 전달한다. 업무용으로 쓰이던 시청각 프레젠테이션이 인문학 관련 학술 대회에서도 딱딱한 활자들을 대체하기 시작하였다. 2차원의 평면만을 빼곡하게 채우던 단어들이 하이퍼텍스트*로 연결되어 전 세계 네트워크를 종횡무진한다.

지금 우리는 '말'의 시대를 지나 '글'의 시대를 거쳐 '이미지'의 시대를 살아간다. ㉠ 글의 시대에 정보 저장과 전달의 효율성을 위하여 의도적으로 억압되었던 '형상성'은 이미지의 시대에 다시 그 모습을 드러내고 있다. 언어를 통해서만 세계를 개념화하고 사고를 논리적으로 전개할 수 있다는 주장은 설득력을 잃었다. 언어의 기술적 한계를 인간 사고의 특성으로 알았던 오해가 풀린 것이다.

시각 정보를 문자 기호화해서 저장 · 전달하고 다시 문자를 시각 이미지로 재생하는 과정은 의사소통과 사고의 과정에서 점차 생략된다. 시각 이미지는 문자와 함께 정보 전달의 효율성에 따라 적절히 배합되며 공존한다. 다음 단계는 이미지의 가상 현실화, 그 다음은 가상 현실의 물질적 구현일지 모른다. 정보의 정확한 기억, 기표(記標)*와 기의(記意)*의 명료한 연결, 논리의 선형적 전개, 이런 문자 시대의 미덕은 잊혀 간다. 정보는 데

이터베이스에 얼마든지 쌓여 있고, 기표는 다의적 함축성을 가지며 논리 전개의 길은 ⓛ 하이퍼텍스트를 통하여 무한히 열려 있다.

물론 간단명료함은 의사 전달의 필수 요건이다. 하지만 우리가 사용하는 언어를 조금만 둘러보아도 문자 시대 의사 전달의 경제성은 언어로부터 '다의성'을 추방하지 못하였음을 알 수 있다. 한자어 '離(리)'는 '헤어지다', '떨어지다'의 뜻과 '둘이 함께 있다', '붙다'의 뜻을 동시에 갖는다. '시간'이란 개념은 '길다', '짧다', '지루하다', '쏜살같다' 등의 모순된 이미지들을 안고 돌아다닌다. 언어가 살아 있는 역사의 생동감을 담는 한, 다의성은 언어의 운명이다. 이런 다의성으로도 세상의 미묘함을 다 담아내지 못하는 언어의 한계를 한탄하다가 '空(공)' 또는 '無(무)'라는 극단적 다의어를 만들어 내기도 하였다. 아예 아무 것도 지칭하지 않는 개념으로 온 우주를 담으려는 역설적 발상이었다.

하이퍼텍스트 기법은 이런 언어의 다의성과 문자 시대의 선형적 사고가 만나 만들어 낸 타협안이다. 〈직지심경(直指心經)〉으로부터 600여 년, 구텐베르크로부터 약 550년. 문자의 탄생 후 금속 활자의 발명 이래 인간이 축적하여 온 문자 시대의 풍성한 비전(秘傳)은 형상성과 다의성을 회복하며 다양한 감각을 이용한 표현 방식과 결합한다. 하지만 이 종이 위의 조그마한 공간에 '문화'를 담으려 한다면 정보 전달 수단 중 제1순위는 역시 한 줌의 문자다. 적어도 당분간은.

*하이퍼텍스트 : 사용자에게 비순차적인 검색을 할 수 있도록 제공되는 텍스트로 문서 속의 특정 자료가 다른 자료나 데이터베이스와 연결되어 있어 서로 넘나들며 원하는 정보를 얻을 수 있다.
*기표(記標) : 언어로 표현되는 형식(표현 기호)
*기의(記意) : 언어에 담긴 내용(표현하는 의미)

52 위 글을 〈보기〉와 같이 정리해 보았다. ⓐ~ⓒ에 들어갈 내용으로 적절한 것은?

'말'의 시대 | '글'의 시대 | '이미지'의 시대

정보 전달의 중심축 | 음성 ➡ ⓐ ➡ ⓑ ─ ⓒ
현재

	ⓐ	ⓑ	ⓒ
①	음성	문자	이미지
②	음성	문자	문자
③	문자	이미지	이미지
④	음성	음성	문자
⑤	문자	문자	이미지

정답 ⑤

해설 필자는 글의 끝부분에서 아직도 문자는 가장 중요한 정보 전달의 수단이며, 가장 정교한 의사소통 방식이라고 밝힌다. 오늘날 많은 사람들이 인터넷을 이용하여 의사소통을 하고 있지만, 그 속에서 가장 강력하고 효과적인 도구가 문자라고 말한다.

53 위 글의 내용과 일치하지 않는 것은?
① 문자 시대에는 이미지 사용이 상대적으로 부족하였다.
② 인간의 사고와 의사소통은 이미지를 통해서도 가능하다.
③ 언어는 다의성을 가지지만 세계를 다 담아내지는 못한다.
④ 효율적 정보 전달을 위해서 이미지의 형상성은 필수적이다.
⑤ 이미지를 결합시켜 재구성한 문서가 사고를 쉽고 편하게 한다.

정답 ④

해설 문자 시대에 상대적으로 위축되었던 이미지가 인간 사고와 의사소통의 수단으로 대두되었다. 이러한 이미지가 문자와 결합된 하이퍼텍스트는 인간의 사고를 쉽고 편리하게 해주고 있다. 그러나 이러한 이미지가 아직까지는 의사소통을 위한 필수 요소가 된 것은 아니다. 어디까지나 문자를 보완해주는 기능을 할 뿐이다.

54 ㉠과 ㉡의 차이점에 대한 설명으로 적절하지 않은 것은?
① ㉠은 논리 전개의 방식이 선형적이고, ㉡은 입체적이다.
② ㉠은 형상성을 억압하려 했고, ㉡은 드러내고 있다.
③ ㉠은 의사 전달의 경제성을 중시하고, ㉡은 중시하지 않는다.
④ ㉠은 문자로만 의사소통이 되고, ㉡은 이미지만으로도 가능하다.
⑤ ㉠은 문자 위주로, ㉡은 문자·그림·사진 등이 결합된 문서이다.

정답 ③

해설 하이퍼텍스트 문서의 특징은 그 구성 성분부터 글과 다르다. 문서는 문자를 포함하여 그림, 사진, 동영상으로 이루어져 있고 이미지만으로도 정보의 전달이 가능하다. 정보를 검색하는 것은 다양한 경로를 통해 가능하다는 측면에서 입체적이며, 제작자나 방문자에 의해서 쉽게 수정·보완될 수 있는 장점을 가지고 있다. 의사 전달의 경제성은 모든 매체에서의 공통적 요소라 할 수 있다.

[55~57] 다음 글을 읽고 물음에 답하시오.

혁신의 확산 이란 특정 지역이나 사회 집단의 문화나 기술, 아이디어가 시간의 경과에 따라 다른 지역 또는 사회 집단으로 전파되는 과정을 말한다. 지리학에서는 혁신의 확산이 시공간적인 요인에 따라 이루어진다고 보고 시간에 따른 공간 확산 과정을 발생기, 확산기, 심화·포화기의 3단계로 설명한다. 혁신의 발생기에는 혁신 발생원과 가까운 지역에서 혁신이 이루어지는 반면, 먼 지역에서는 혁신이 이루어지지 않기 때문에 혁신 수용률에서 지역 간의 격차가 크게 나타난다. 확산기에는 초기의 혁신 수용 지역에서 먼 지역까지 혁신의 확산이 일어난다. 심화·포화기에는 최초 발생원과의 거리에 관계없이 전 지역에서 혁신의 확산이 이루어지고 수용률에서 지역 간의 격차가 점차 사라진다.

혁신의 공간적 확산은 전염 확산과 계층 확산으로 설명된다. 혁신 발생원과 잠재적 수용자 간의 거리가 가까울수록 혁신 확산이 빠르게 이루어진다는 인접 효과에 의해 나타나는 것이 전염 확산이다. 발생원과 수용자 간의 거리가 가까우면 대면접촉의 기회가 많아지게 되어, 혁신의 확산이 ㉠ 대중 매체보다 주로 개인 간의 의사소통에 의해 이루어진다. 한편 도시 규모가 클수록 혁신 확산이 잘 이루어진다는 계층 효과에 의해 나타나는 것이 계층 확산이다. 계층 확산에 의해 규모가 큰 도시로부터 그보다 규모가 작은 도시로 혁신이 전파된다. 그런데 실제 상황에서는 전염 확산과 계층 확산이 동시에 이루어질 수도 있다. 가령 거대 도시에서 발생한 혁신은 먼 거리의 대도시로 전파되면서 동시에 거대 도시 주변의 중소 도시에도 전파될 수 있다.

혁신의 수용자 수는 시간에 따라 변화를 보인다. 초기에는 혁신 수용자의 수가 완만하게 증가하다가 어느 시점에서 급격하게 증가하기 시작하여 결국에는 포화 상태를 이루게 된다.

이는 개별 수용자들이 혁신을 수용하는 시기에 차이가 있기 때문이다. 혁신 수용자는 혁신을 수용하는 시간적 순서에 따라 네 집단으로 나뉜다. 즉 혁신을 가장 먼저 받아들이는 소수의 혁신자, 일정 기간 심사숙고하여 혁신을 수용하는 다수의 전기 수용자, 다른 사람들이 혁신을 수용하는 것을 보고 수용하는 다수의 후기 수용자, 새로운 것을 시도하기를 꺼려서 한참 지나서야 혁신을 수용하는 소수의 지각자가 그것이다.

55 혁신의 확산 에 대한 설명으로 적절하지 않은 것은?

① 수용자의 수용 시기에는 차이가 있다.
② 도시 규모가 혁신 확산에 영향을 미친다.
③ 혁신의 수용자 중에는 소극적인 수용자들도 있다.
④ 수용자 수는 시간의 경과에 따라 일정하게 증가한다.
⑤ 심화·포화기의 수용률은 거리에 따른 차이가 거의 없다.

정답 ④

해설 셋째 문단에서 혁신의 수용자 수는 초기에는 완만하게 증가하다가 어느 시점에서 급격하게 증가하기 시작하여 결국에는 포화 상태를 이루게 되는 과정을 보인다. 따라서 수용자 수가 시간의 경과에 따라 일정하게 증가한다고 할 수 없다.

56 ㉠에 해당하는 사례로 적절하지 않은 것은?

① 최신 미용 기법이 미용 관련 텔레비전 프로그램보다 주로 미용사들의 지역 모임을 통해 전파되었다.
② 새로 출시된 금융 상품의 가입자가 경제 뉴스가 아닌 직장동료들의 추천에 의해 크게 증가하였다.
③ 신개발 농산품의 구매자 수가 증가한 것은 신문 광고가 아니라 직거래 구매자들의 입 소문에 의한 결과였다.
④ 새로운 여행 상품의 예약 폭주는 주 고객층에 초점을 맞춘 여행사의 인터넷 광고보다 텔레비전 광고의 결과였다.
⑤ 새로운 음식 메뉴를 개발한 전문 식당의 분점이 급속히 퍼진 것은 라디오 광고보다 주로 손님들의 호평 덕택이었다.

정답 ④

해설 새로운 여행 상품의 예약이 폭주한 이유는 여행사의 '인터넷 광고' 보다 '텔레비전 광고' 때문이다. 그런데, '인터넷 광고'와 '텔레비전 광고' 두 가지는 모두 대중 매체로 인한 것이므로 ㉠의 '대중 매체' 보다 '개인 간의 의사소통'이 확산에 더 큰 영향을 준 사례라고 할 수 없다.

57 위 글에 비추어 볼 때, 〈보기〉에서 타당한 것끼리 묶인 것은?

● 보기 ●

ㄱ. 한 미술관에서 매년 같은 내용의 기획 전시를 하는 것은 혁신 확산의 예이다.

ㄴ. 거대 도시에서 유행하는 최신 패션이 멀리 떨어져 있는 대도시로 전파된 것은 계층 확산의 예이다.

ㄷ. 대도시 부유층의 전유물이었던 전화기가 이제 어디서나 사용되는 것은 전화기의 확산이 심화·포화기에 이르렀음을 보여 준다.

ㄹ. 노트북 컴퓨터가 처음 시장에 나오자마자 이를 구입한 사람은 전기 수용자로 볼 수 있다.

① ㄱ, ㄴ
② ㄱ, ㄷ
③ ㄴ, ㄷ
④ ㄴ, ㄹ
⑤ ㄷ, ㄹ

정답 ③

해설 둘째 문단에서 계층 확산은 도시 규모가 클수록 혁신 확산이 잘 이루어지는 계층 효과에 의해 나타나며, 규모가 큰 도시로부터 그보다 규모가 작은 도시로 혁신이 전파되는 양상을 띤다. 그러므로 거대 도시에서 유행하는 최신 패션이 멀리 떨어져 있는 대도시로 전파된 것은 계층 확산이 이루어진 것으로 볼 수 있다. (ㄴ) 또한 첫째 문단에서 혁신의 공간 확산은 발생기, 확산기, 심화·포화기를 거친다고 설명하고 있다. 따라서 전화기를 대도시의 부유층만이 소유하고 있었던 것은 발생기로, 어디서나 전화기가 사용되고 있는 것은 심화·포화기로 '전화기'의 확산 과정을 설명할 수 있다. (ㄷ)

2교시

제2회 정답 및 해설

● 제2회 2교시 정답

01	02	03	04	05	06	07	08	09	10	11
①	①	④	⑤	①	③	①	①	③	④	③

12	13	14	15	16	17	18	19	20	21	22
①	①	④	②	③	④	①	③	④	④	③

23
④

주1 사람이 마실 물을 확보하는 것이 더 중요하다.

주2 법은 누구나 알기 쉽게 고쳐져야 한다.

주3 스무 가구 정도가 옹기종기 모여사는 작은 마을에서 인물이 났다.

주4 언어를 통해서 문화의 여러 특징을 파악할 수 있다.

주5 ㉠ 또다른 → 또 다른, ㉡ 생겨지기도 한다 → 생기기도 한다, ㉢ 그리고 → 왜냐하면, ㉣ 곰곰히 → 곰곰이

주6 동물은 몸집이 커지면 그에 맞게 신체 구조도 함께 바뀌어야 하는 것이다.

주7 2. 가로 : 수평
4. 세로 : 파장
5. 가로 : 생장
7. 세로 : 부양력

주8 게시판 댓글란을 유지하되, 본래의 목적에서 벗어난 댓글에 대한 대처 방안을 모색한다.

주9
• 게임을 즐기는 사람을 중심으로 동호회를 조직하고 회원 수를 늘려 나간다.
• 국산 온라인 게임 프로그램을 외국에 수출하기 위해 관련 규정을 완화한다.
• 많은 사람들이 게임에 참여할 수 있도록 서버의 용량을 늘리는 방안을 연구한다.
• 일부 청소년만의 전유물로 전락하지 않도록 신문과 방송을 통하여 홍보를 강화한다.

주10 지구촌 시대에 영어의 중요성을 무시할 수는 없지만 영어를 공용어로 삼는 일은 없어야 한다. 왜냐하면 언어는 그것을 사용하는 사람들의 정신이 담겨 있으므로 영어를 우리말처럼 사용하면 우리의 의식 구조마저 서구적으로 바뀔 수 있기 때문이다.

---

01 이야기 두 편을 들려 드립니다. 잘 듣고 물음에 답하십시오.

> 해설자 : 어느 날 한 노인이 아들 집으로 갔습니다. 할아버지와 활쏘기 대회에 참가하기로 약속했던 손자를 위해서였죠. 그런데 당연히 있을 줄 알았던 손자는 집에 없었습니다. 별로 하는 일도 없이 지내던 손자는 며칠 후에야 돌아왔고, 할아버지가 추궁하자 머뭇거리면서 말했습니다.
>
> 손   자 : 발길 닿는 대로 그냥 돌아다니다가……
>
> 할아버지 : 따라오너라.
>
> 해설자 : 노인은 손자를 빈 활터로 데리고 갔습니다. 노인은 시위를 당기며 호흡을 멈추는 듯하더니, 어느 순간 갑자기 활을 쏘아 버리고는 말했습니다.
>
> 할아버지 : 그만 가야겠다. 화살을 찾아오너라.
>
> 해설자 : 손자는 과녁을 향해 뛰어갔지만 화살은 거기 꽂혀 있지 않았습니다. 화살의 행방을 묻는 손자에게 노인은 말했습니다.
>
> 할아버지 : 얘야. 허공에 대고 쏜 화살은 과녁을 맞추기가 어려운 거란다.
>
> ─시그널 뮤직─
>
> 해설자 : 인생을 강물에 비유해 봅시다. 대부분의 사람들은 구체적인 결정을 하지 않은 채, 그냥 인생의 강물에 뛰어듭니다. 얼마 내려가지 않아서 그들은 예기치 않은 상황에 맞닥뜨리게 됩니다. 더 큰 강으로 흘러가는 분기점에서도 어디로 가길 바라는지, 또는 어느 방향으로 가야 좋을지조차 결정하지 못한 채 그저 물줄기만을 따라 흘러갑니다. 그러다가, 어느 날 불과 몇 미터 앞에 폭포가 있다는 것을 알게 됩니다. 하지만 때는 이미 늦어서 그들은 물과 함께 낭떠러지로 추락하게 되고 맙니다.

잘 들으셨죠? 두 이야기를 통해 얻을 수 있는 교훈으로 가장 적절한 것은 무엇입니까?

① 목표를 정하고 인생을 살아야 한다.
② 머뭇거리지 말고 기회를 잡아야 한다.
③ 성공하려면 약속을 소중히 여겨야 한다.
④ 흐르는 강물처럼 순리에 맞게 살아야 한다.
⑤ 위기에 처했을 때 결단력을 발휘해야 한다.

정답 ①

해설 첫 번째 이야기에서 할아버지는 정처 없이 방황하고 돌아온 손자에게 교훈을 주기 위해 허공을 향해 화살을 쏘았다. 과녁을 향해 쏘지 않은 화살은 과녁에 맞지 않는다는 사실을 손자에게 보여줌으로써 목적을 정하고 살아가는 삶의 중요성을 강조하고 있다. 두 번째 이야기에서는 구체적인 삶의 향방을 정하지 않은 채 인생의 강물을 따라 대책 없이 살아가는 사람의 예를 통해 삶의 방향을 상실한 태도를 비판하고 있다. 두 이야기에 공통적으로 나타난 교훈은 목표를 정한 삶의 중요성이다.

오답풀이 ③ '약속의 중요성'은 첫 번째 이야기에, ⑤ '위기에 처했을 때의 결단력'은 두 번째 이야기에서만 드러나는 교훈이다.

02 이번에는 어떤 드라마 작가의 강의 일부를 들려 드립니다. 잘 듣고 물음에 답하십시오.

예전에 어떤 신인 작가가 청춘남녀의 방황이 테마라고 하면서 원고를 한 편 가져왔습니다. 그런데 그 원고는 의미 없는 일상의 반복만을 그려내고 있을 뿐 아니라 시종일관 우울과 허무주의, 냉소주의로 가득 차 있었습니다. A4용지로 1백 장 가까운 분량이었지만 대사와 행동을 통한 의미 전달에는 실패했다고 보이더군요. 그 신인 작가는 자신의 작품에 상당히 공을 들였을 텐데, 왜 이런 결과가 나왔을까요?

그것은 바로 소재를 요리할 줄 몰랐기 때문입니다. 요리로 치자면 너무 짜거나 매워서 먹을 수 없게 된 요리인 셈이죠. 맛있는 요리는 특정한 한 가지 맛만으로 만들 수 있는 것이 아닙니다. 매운탕이 맵기만 해서는 먹을 수 없지 않겠습니까? 다양한 재료들이 어우러져 우러나온 국물 속에서 매운탕의 참맛을 맛볼 수 있는 것이지요. 드라마도 마찬가지입니다. 가령 하나같이 착한 사람만 등장하는 드라마가 있다고 합시다. 당연히 보기 좋은 일들만 일어나겠죠. 그런데 그것이 몇 회에 걸쳐 계속된다고 생각해 보세요. 관객의 입장에서 계속해서 재미를 느낄 수 있을까요? 착한 인물이 착한 일을 할 때보다는 못된 인물이 어느 날 갑자기 착한 일을 하면 더 호기심을 갖게 되죠. 반대로 세상의 고통에 너무나도 시달리던 착한 인물이 한순간에 악행을 저지르게 된다면 사람들은 그 행위를 비판하면서도 그 처지를 동정할 것입니다.

이런 면에서 본다면 드라마는 다양한 색깔을 알맞게 배분해야 하는 색동저고리와도 비슷합니다. 붉은색이나 파란색이 너무 과다하게 들어간 저고리는 이미 색동저고리라고 볼 수 없겠죠. 마찬가지로 한 편의 좋은 드라마가 탄생되기 위해서는 소재가 지닌 독특한 여러 가지 색깔이 잘 드러나도록 해야 합니다. 그 색깔들이 조화롭게 섞이는 과정이 바로 깊은 감동을 만들어 가는 과정인 것입니다.

잘 들으셨죠? 이 강의에서 강조하고자 하는 것은 무엇입니까?

① 다양한 소재의 조화　　② 독특한 주제의 구현
③ 시청자의 기호 파악　　④ 참신한 소재의 발굴
⑤ 비판적 사회의식의 반영

정답 ①

해설 화자는 드라마의 소재를 매운탕과 색동저고리에 비유하고, 여러 가지 다양한 소재들이 모여 전체적인 조화를 이루어야 좋은 드라마를 만들 수 있다고 강조하고 있다.

03 이번에는 윤동주 님의 '십자가'란 시를 들려 드리겠습니다. 잘 듣고 물음에 답하십시오.

쫓아오던 햇빛인데
지금 교회당 꼭대기
십자가에 걸리었습니다.

첨탑이 저렇게도 높은데
어떻게 올라갈 수 있을까요.

종소리도 들려 오지 않는데
휘파람이나 불며 서성거리다가

괴로웠던 사나이
행복한 예수 그리스도에게처럼
십자가가 허락된다면

모가지를 드리우고
꽃처럼 피어나는 피를
어두워가는 하늘 밑에
조용히 흘리겠습니다.

잘 들으셨죠? 이 시에 드러난 서정적 자아의 태도와 관계 깊은 한자 성어는 무엇입니까?

① 적반하장(賊反荷杖)　　② 전전긍긍(戰戰兢兢)
③ 자포자기(自暴自棄)　　④ 살신성인(殺身成仁)
⑤ 와신상담(臥薪嘗膽)

정답 ④

해설 서정적 자아는 예수의 십자가가 인류를 구원했듯이 자신이 그러한 십자가를 짊어짐으로써 억압받고 핍박받는 사람들을 구원하고자 한다. 이러한 자기희생의 결의는 '괴로웠던 사나이, 행복한 예수 그리스도'에서 볼 수 있듯이 자신에게는 괴롭고 아픈 희생일지라도 절망의 상황을 구원할 수 있다면 가장 가치 있고 행복한 의미를 깨달을 수 있다는 순교자 의식, 즉 살신성인(殺身成仁)의 자세를 드러내고 있다.

오답풀이
① 잘못한 사람이 도리어 잘한 사람을 나무람
② 위기감에 절박해진 심정
③ 스스로 자신을 학대하고 돌보지 않음
⑤ 원수를 갚거나 마음먹은 일을 이루기 위하여 온갖 어려움과 괴로움을 참고 견딤

---

04 다음은 어느 강의의 일부입니다. 잘 듣고 물음에 답하십시오.

> 진리 탐구의 전당이라는 대학 사회에는 그 구성원의 다양한 목소리만큼이나 여러 가지 매체들이 공식·비공식적으로 존재하고 있습니다. 이 중 대학 신문은 매체의 영향력과 공신력을 대표하는 공식 매체로서 학내 구성원들에게 많은 관심과 사랑을 받아왔습니다. 하지만 대학 신문이 읽혀지지 않는다는 우려의 목소리와 함께 대학 신문이 변해야 한다는 대명제 아래 대학 신문의 새로운 위상과 역할에 대한 논의가 다양하게 진행되고 있는 실정입니다.
>
> 과거 정치적으로 어두웠던 시절 대학 신문은 그 어둠에 저항하는 투쟁의 매개체로 존재함으로써 자연스럽게 대항 언론의 성격을 체질화했습니다. 기성 언론들이 정권에 예속되어 있을 때 민주화 운동을 대변하고 지원하는 역할을 수행했던 것은 필연적 귀결이었으며, 그 공헌도 또한 높이 평가받을 만한 것이었습니다.
>
> 그러나 사회적 상황의 변화는 대학 신문도 그에 따라 형식과 내용이 변해야 한다는 새로운 과제를 안겨 주었습니다. 권위적 권력과 억압적 메커니즘이 사라졌으며, 나아가 대학 구성원들의 의식이 변했습니다. 또 대학이 대중 사회에 편입되어 대학 주변 환경에 많은 변화가 초래되었습니다. 이런 점들을 간과해서는 안 될 것입니다.
>
> 이상과 같은 관점에서 대학 신문은 자본의 영리 추구에서 벗어나 기존의 삶 속에 은폐되어 있는 모순을 지적하고 이에 대한 대안을 제시하는 형태가 되어야 할 것입니다. 나아가 이 같은 공개의 장을 대학 내에만 한정시킬 게 아니라 지역 사회나 동문을 포괄하는 대학 공동체로 확대할 필요가 있습니다.

잘 들으셨죠? 대학 신문의 변화를 강조하는 논거로 제시하지 않은 것은 무엇입니까?

① 권위적 권력의 소멸
② 대학의 대중 사회 편입
③ 억압적 메커니즘의 소멸
④ 대학 구성원들의 의식 변화
⑤ 대학 신문의 제작 주체의 변화

정답 ⑤

해설 대학 신문의 역할이 대항 언론의 성격에서 대안을 제시하는 언론으로 변모해야 한다는 점을 강조하기 위해 권위적 권력의 소멸, 대학의 대중 사회 편입, 억압적 메커니즘의 소멸, 대학 구성원들의 의식 변화 등을 그 근거로 들고 있다.

---

05 다음은 어느 수업 시간의 한 장면입니다. 잘 듣고 물음에 답하십시오.

> 교　사 : 안녕하세요?
> 학생들 : 안녕하세요, 선생님.
> 교　사 : 좀 덥죠? 오늘은 우리나라 도깨비에 대해 알아보겠어요. '산도깨비' 라는 노랩니다. 들어 볼까요.
>
> 노래(E) '달빛 어스름 한밤중에 깊은 산길 걸어가다 머리에 뿔 달린 도깨비가 방망이 들고서 에루화 둥동 깜짝 놀라 바라보니 틀림없는 산도깨비 에고야 정말 큰일 났네 두 눈 꼭 감고 에루화 둥동…'
>
> 교　사 : 호호호! 재밌죠? 여러분은 '도깨비' 하면 어떤 생각이 먼저 떠오르나요?
> 남학생 : '도깨비 방망이' 가 먼저 생각이 납니다. 번쩍이는 금은 보화를 쏟아내는 방망이요.
> 여학생 : 도깨비는 심술꾸러기예요. 논에 개똥을 가져다 놓고, 밤사이에 가구를 엎어 놓고, 국수를 산에다 버리기도 한대요.
> 남학생 : 도깨비 하면 개암 깨무는 소리에 놀라서 도망갔다는 도깨비가 생각나요. 도깨비는 겁쟁이예요.
> 여학생 : 맞아요. 도깨비는 팥죽을 무서워한대요. 팥죽은 정말 맛있는데, 그걸 무서워하다니 도깨비는 정말 바본가 봐요.
> 남학생 : 그렇게 생각하지 않아요. 도깨비는 장난도 좋아하고 씨름도 좋아하는 장난꾸러기지만, 한번 은혜를 입으면 잊지 않고 꼭 갚았대요.
> 교　사 : 그래요, 여러 학생들이 많은 이야기를 해 주었어요. 자, 지금까지 한 이야기를 정리해 볼까요.

---

05 이 장면에 이어질 수업 내용으로 가장 적절한 것은?

① 도깨비는 어떤 존재인가?
② 도깨비는 어떤 재주가 있나?
③ 도깨비란 말은 어디에서 왔나?
④ 도깨비가 좋아하는 음식은 무엇인가?
⑤ 도깨비는 어떤 신체적 특징이 있는가?

정답 ①

해설 학생들은 도깨비를 심술꾸러기, 겁쟁이, 장난꾸러기 등 다양한 모습으로 이해하고 있다. 따라서 '도깨비가 어떤 존재인가' 라는 주제로 이를 정리하는 수업이 이어질 수 있다.

06 이제 민화 전시회에서 나눈 두 사람의 대화를 들려 드립니다. 잘 듣고 물음에 답하십시오.

> 여 자 : 안녕? 비 오는데 먼 길 오느라 고생했겠네, 오빠.
> 남 자 : 아냐. 길이 막히지 않아 금방 올 수 있었어.
> 여 자 : '조선시대 민화전!' 민화에 대해 배우긴 했지만 이렇게 전시회에 와 보기는 처음이야.
> 남 자 : 그래? 공부도 중요하지만 이런 문화생활에도 관심을 가져야지.
> 여 자 : 어! 이 그림 좀 봐. 정면에서 보고 그린 것 같기도 하고 옆에서 보고 그린 것 같기도 해. 어디에다 시선을 고정시키고 봐야 할지 혼란스러운데?
> 남 자 : 피카소 같은 입체파 화가들의 그림도 시선을 한곳에 고정시키지 않았어. 물론 민화와는 생각의 뿌리가 다르지만.
> 여 자 : 맞아! '아비뇽의 처녀들' 이란 그림에서도 정면과 측면의 모습이 동시에 나타났던 거 같아.
> 남 자 : 정면과 측면, 오른쪽 측면과 왼쪽 측면, 이렇게 다양한 시점이 혼재하는 것이 바로 민화의 양식적 특징 중 하나인 '다시점' 기법이라는 거야. 그리는 사람을 중심으로 특정한 시점이 나타나는 것을 일시점이라고 한다면, 이렇게 시점을 자유롭게 이동해 가는 것을 다시점이라고 하지.
> 여 자 : 그런데 오빠, 저기 두 번째 그림 좀 봐. 그림 속 어떤 대상은 지나치게 과장되어 실제보다 훨씬 크게 그려져 있어. 전문 화가의 그림이 아니어서 그런가?
> 남 자 : 좋은 지적이야. 민화는 네가 말한 것처럼 한 화면 속에서 사물들의 실제적인 크기와 비례 관계가 종종 무시되었는데, 그건 꼭 그림을 못 그려서가 아니야.
> 여 자 : 그럼 왜 그런 건데?
> 남 자 : 민화는 원근법에 의해서가 아니라 그리는 사람의 의도에 따라 사물의 크기가 정해지곤 했거든. 그림을 통해 강조하려는 것이 무엇이냐에 따라 대상을 유달리 크게 그리거나 작게 그렸던 거지. 그래서 그림을 잘 들여다보면 당시 민중들이 무엇을 중요하게 생각했는지 알 수 있어.
> 여 자 : 야! 미대생이라 다르네! 역시 아는 만큼 보이나 봐.
> 남 자 : 부끄럽게 왜 그래.

06 두 사람이 나눈 대화의 내용으로 적절하지 않은 것은?

① 입체파 화가는 시선을 한곳에 고정시키지 않고 그림을 그렸다.
② 민화는 사물의 실제 크기와 비례 관계가 종종 무시되기도 한다.
③ 민화는 일정한 시점으로 그려져 이를 '일시점' 기법이라고 한다.
④ 민화는 강조하려는 것을 유달리 크게 그리거나 작게 그려 표현된다.
⑤ 민화는 그리는 사람의 의도에 따라서 사물의 크기가 정해질 수 있다.

정답 ③

해설 남자는 민화도 입체파 화가들처럼 다양한 시점이 혼재하는데 이것을 '다시점' 기법이라고 하였다.

07 어느 대담을 들려 드립니다. 잘 듣고 물음에 답하십시오.

> 남 자 : 요즘 한국화라는 말을 쓰는 데 대해 회의하는 사람들이 많은 것 같습니다. 굳이 이런 용어를 쓸 필요가 없다는 것이지요. 그런 사람들은, 이미 지금은 한국화, 동양화, 서양화라는 개념의 한계가 모호해진 시대라고 보고 있는 듯합니다. 저는 이런 견해와는 생각이 다릅니다. 한국화는 엄연히 그 세계가 따로 있습니다. 다만 한국화를 하시는 분들이 최근에 밀려오고 있는 서양의 사조에 대해 둔감한 데 비해 중국 화법을 지나치게 맹신하는 것은 문제라고 봅니다. 그래서 채색보다는 수묵을 중시하는 경향이 나타나는데, 이런 경향만을 고집한다면 다른 작업에 대한 관용과 외국의 미술 사조를 우리 것으로 동화시킬 수 있는 힘이 사라지게 될지도 모릅니다. 그리고 한국화를 하시는 분들이 먹을 검은 물감으로 보지 않고 어떤 정신적인 것으로 보는 것도 문제가 있다고 생각하는데, 이런 문제들에 대해 선생님은 어떻게 생각하십니까?
> 여 자 : 우리의 미술 전통에 바탕을 둔 우리만의 특색이 드러나는 그림이라면 그것은 다른 동양화나 서양화와는 다른 그림이기 때문에, 한국화라는 말은 분명한 개념을 가진 말로 구별되어야 합니다. 다만 한국화만이 지닌 특성이 무엇인가는 분명히 해 둘 필요가 있겠지요. 그런 면에서

지금은 한국화만의 가치관 정립이 요구되는 시기라고 볼 수 있습니다. 따라서 채색보다는 수묵을 중시하는 건 한국화가 제자리를 찾아가는, 너무나도 당연한 일이 아닌가 합니다. 아무래도 채색보다는 수묵이 우리의 정서에 부합할 수 있는 요소가 많기 때문이죠. 그리고 수묵 중심이라고 외국의 미술 사조를 우리 것으로 동화시킬 수 없다는 건 잘못된 생각입니다. 그들의 기법을 얼마든지 수용할 수 있는 것이 먹의 포용력이기 때문입니다. 또 먹을 단순한 재료로 보고 화선지에만 그려야 한다는 것은 창작의 면에서 볼 때 자유를 제한하는 것이 아닐까요? 한국화가 탈바꿈하려면 이러한 제한들로부터 자유로워질 때 이루어질 수 있을 겁니다. 먹에다 어떤 정신적 의미를 부여하는 건 그런 맥락에서 이해할 수 있는 일입니다.

럼 부서져 깡충거리고 나가서 요정이 생겨났다고도 하지요.

여러분은 요정을 믿으세요? 너무 오랫동안 요정을 잊고 살지는 않았나요? 요정을 이야기에나 나오는 상상 속의 존재라고 생각하는 현대인들에게 이 세상은 얼마나 삭막한가요? 우리의 어린 시절이 꿈으로 가득 찰 수 있었던 것은 그때 우리의 마음에 요정이 살아 있었기 때문이지요. 우리가 마음속에 요정을 다시 품을 수만 있다면 이 세상은 지금보다 훨씬 아름다워지지 않을까요? 요정 팅커벨이 피터팬 대신 후크 선장이 몰래 넣은 독약을 먹고 죽어가자 피터팬이 갑자기 외치던 말을 기억하실지 모르겠군요?

"여러분은 요정이 있다는 걸 믿으세요? 믿는다면 모두 손뼉을 쳐서 팅커벨이 죽지 않도록 해주세요."

[일동 박수]

□7 이 대담의 양상을 가장 잘 설명한 것은?

① 남자가 문제를 제기하고, 여자가 답변하는 형식으로 이루어지고 있다.
② 남자가 개인적 의견만을 제시한 반면, 여자는 객관적인 검증을 하고 있다.
③ 남자는 현상의 원인을 중시하고 있고, 여자는 현상의 결과를 중시하고 있다.
④ 남자는 대상에 감상적으로 접근하고 있고, 여자는 논리적·이성적으로 접근하고 있다.
⑤ 남자는 대상에 대해 긍정적인 태도를 취하는 데 반해, 여자는 비판적인 태도를 취하고 있다.

정답 ①

해설 남자는 한국화가 지향하고 있는 수묵 중심의 화풍과, 먹에 대한 정신적 의미 부여에 대해 문제를 제기하고 있다. 이에 대해 여자는 긍정적인 입장에서 설명·답변한다.

□8 이 강좌를 바탕으로 노래 가사를 만들 때, 강사의 의도를 가장 잘 반영한 것은?

① 신비한 요정의 나라, 우리 모두 갈 수 있어.
　함께 꿈꾸어 봐요. 아름다운 세상을.
② 동화의 나라, 원하는 건 무엇이나 볼 수 있어.
　숨어 있는 요정들이 밤이면 눈을 뜨는 신비한 세상.
③ 두 눈을 감아요. 네 머리 위에 네 잎 클로버.
　보이지 않던 것들이 보일 거야.
　조용히 속삭여 봐. 비밀의 주문을.
④ 아기의 첫 웃음이 부서져 요정이 되었네.
　아기는 웃음을 찾아 길을 떠나네.
　바람이 다가와 말을 걸었네. 내가 너의 웃음이야.
⑤ 우리 앞에 펼쳐진 오늘만이 우리가 살아야 할 세상.
　과거는 한낱 꿈일 뿐. 잊어 버려요.

정답 ①

해설 동화 속 요정을 화제로 제시해 꿈을 잃어버린 현대인들의 삭막한 삶을 돌아보게 하고, 그 꿈을 회복함으로써 아름다운 세상을 만들어 갈 것을 권하고 있다.

□8 이번에는 라디오 교양 강좌를 들려 드립니다. 잘 듣고 물음에 답하십시오.

여러분! 동화에 나오는 요정들을 기억하세요? 요정이라면 대부분 나비 날개를 가진 손바닥만 한 존재를 떠올립니다. 그러나 요정은 인간의 키만 한 것에서 개미처럼 작은 것까지 다양할 뿐만 아니라, 용모 또한 매혹적인 모습에서 추악한 괴물에 이르기까지 여러 종류입니다. 대체로 요정들은 자신의 모습을 보여 주는 것을 꺼려해 특별한 날에만 마을 근처로 나온다고 하는데, 올리브기름, 장미꽃잎 등으로 만든 약을 눈꺼풀에 바르고 네잎 클로버를 머리에 얹으면 이들을 볼 수 있다고 합니다. 전하는 이야기에는 새로 태어난 아기가 처음으로 웃을 때 그 웃음이 가루처

□9 이번에는 과학 다큐멘터리의 한 부분을 들려 드립니다. 잘 듣고 물음에 답하십시오.

진행자 : '나노'는 10억 분의 1을 나타내는 단위로, '나노 기술'은 이와 같이 정밀도를 요구하는 극미세 과학 기술을 가리키는 말입니다. 이 나노 기술은 21세기의 첨단 기술로 각광받고 있지만 실상은 새로운 것이라기보다 우리 주변에 있어 왔던 작은 세상의 재발견인 셈입니다. 이 시간에는 자연 속에 있는 여러 가지 나노 현상

중에서 연꽃잎이 감추고 있는 티끌처럼 작은 세계를 소개하고자 합니다.

내레이터 : 아침 이슬이 연꽃잎에 청아하게 맺혀 있습니다. 연꽃잎이 다른 나뭇잎과 달리 물에 젖지 않는 이유는 무엇일까요? 표면이 물에 젖느냐 아니냐는 친수성과 소수성, 즉 물체가 물과 친하냐 혹은 아니냐 하는 성질로 말할 수 있습니다. 보시는 모습처럼 연꽃잎에 물방울이 맺혀 있는 이유는 기본적으로 표면이 소수성을 띠고 있기 때문입니다. 여기에 바로 나노 세상의 비밀이 숨어 있습니다. 연꽃잎 표면을 육안으로 보면 다른 잎들보다 훨씬 매끄럽게 보이지만, 원자현미경을 이용해 나노 스케일을 볼 수 있을 만큼 크게 확대시키면 티끌만큼이나 작은 돌기들로 덮여 있는 것을 알 수 있습니다. 이처럼 나노 크기의 미세한 돌기 때문에 나타나는 소수성은 정도가 더 심하다는 뜻으로 '초소수성'이라고 합니다. 나노 크기의 돌기로 덮여 있는 연꽃잎의 초소수성 표면에서 미세한 돌기보다 100만 배 이상 큰 물방울은 공 모양이 됨으로써 표면적을 최소화합니다. 이처럼 접촉하는 면적이 작아지면 표면 위에서 물방울이 자유롭게 돌아다닐 수 있게 되지요. 넓은 연꽃잎이 바람에 흔들릴 때 잎 위에 있던 물방울은 모이고 합쳐져서 굴러 떨어집니다. 이때 물방울이 잎에 앉은 먼지나 티끌을 머금고 함께 떨어져서 연꽃잎은 항상 청아한 녹색 자태를 뽐낼 수 있게 되는 것입니다. 연꽃잎이 가진 이러한 특징을 '연꽃잎 효과'라고 합니다.

09 여성 내레이터의 말이 동영상과 함께 진행된다고 할 때, 제시될 수 있는 〈보기〉의 장면들을 순서대로 바르게 배열한 것은?

─ 보 기 ─

연꽃잎 표면을 원자 현미경으로 확대한 모습 - ㉠	연꽃잎 표면에 물방울이 맺혀 있는 모습 - ㉡
물방울이 연꽃잎 위에서 굴러 떨어지는 모습 - ㉢	나노 스케일 돌기에 의한 초소수성 표면의 물방울 모습 - ㉣

① ㉠ → ㉣ → ㉢ → ㉡
② ㉡ → ㉣ → ㉠ → ㉢
③ ㉡ → ㉠ → ㉣ → ㉢
④ ㉢ → ㉣ → ㉠ → ㉡
⑤ ㉢ → ㉡ → ㉠ → ㉣

정답 ③

해설 내레이터는 물방울이 맺혀도 젖지 않는 연꽃잎의 청아한 모습을 먼저 제시하고(㉡), 그 이유를 설명하기 위해 원자 현미경으로 확대한 나노 스케일 돌기를 보여 주면서(㉠), 초소수성 표면

에서 물방울이 표면적을 최소화하는 모습(㉣)을 설명하였다. 마지막으로 연꽃잎 표면에서 먼지를 머금고 굴러 떨어지는 물방울의 모습(㉢)을 통해 '연꽃잎 현상'을 설명하고 있다.

10 이번에는 베개에 대한 인터뷰 내용을 들려 드립니다. 잘 듣고 물음에 답하십시오.

리포터 : 안녕하세요? 건강 리포터 김미진입니다. 저는 지금 시청 앞에 나와 있는데요, 어젯밤에는 오늘 아침 방송 때문에 긴장하고 잠자리에 들어서인지 잠을 설쳤습니다. 그런데요, 잠을 잘 잤느냐 못 잤느냐는 베개와도 밀접한 관련이 있다고 합니다. 그래서인지 사람마다 베개에 대한 생각이 다르다는군요. 어떠세요? 여러분은 간밤에 잘 주무셨습니까? 먼저 베개에 대한 네 분의 말씀 들어 보시죠.

연구원 : 저희 연구소에서는 베개의 높이가 사람이 누웠을 때의 어깨 높이와 상관 관계가 있다는 그러한 연구 결과를 얻어냈습니다. 그 결과에 의하면 이상적인 베개의 높이는 대체로 6cm 내지 8cm로 나타났습니다. 이것으로 볼 때, 우리나라 사람들은 대체로 베개 높이를 좀 더 낮출 필요가 있다고 봅니다.

의 사 : 우리 병원에는 목 근육 통증을 호소하는 환자들이 꾸준히 찾아옵니다. 그런데 이런 환자들은 대개 베개 높이가 통증의 주원인은 아닌지 궁금해하곤 합니다. 그런 경우, 지나치게 높은 베개는 목 디스크나 목 관절염을 초래할 수 있다고 말씀드리곤 합니다. 차가운 바닥에 얼굴을 대고 잘 경우, 온도 변화로 인해 안면 근육 마비가 오는 경우도 있습니다.

생산자 : 요즘 소비자들은 베개의 모양뿐만 아니라 높이는 과연 적당한지, 재질은 땀을 흡수하기에 적절한지 등을 꼼꼼하게 따져 보고 베개를 고릅니다. 그래서 우리 회사에서는 매 분기마다 소비자의 선호도를 조사해서 제품 생산에 충실히 반영하고 있습니다. 올봄에는 척추환자용 특수 베개를 출시해서 좋은 반응을 얻고 있습니다.

학 생 : 베개요? 아, 네. 어릴 적에 한번은 할아버지 베개를 베고 잤다가 아주 혼이 났거든요. 왜 그 딱딱하고 높은 베개 있죠? 그런데 자고 나니 목뼈와 등 뒤의 어깨 근육이 무지 빼근했어요. 그 후로 절대 높은 베개는 베지 않아요. 적당한 높이의 부드러운 베개를 사용해선지 저는 요즘 늘 푹 자는 편이에요.

10 출연자들의 말하기 방식에 대한 설명으로 적절하지 않은 것은?

① 리포터 – 일상적인 인사를 자연스럽게 화제와 연결 짓고 있다.
② 연구원 – 객관적 자료를 근거로 자신의 견해를 제시하고 있다.
③ 의사 – 전문가로서의 경험을 들어 발병 원인을 설명하고 있다.
④ 생산자 – 신제품의 특징을 구체적으로 드러내어 홍보 효과를 얻고 있다.
⑤ 학생 – 개인적 경험을 예로 들면서 대상을 적절히 선택하는 것이 중요함을 강조하고 있다.

정답 ④

해설 생산자는 신제품 출시의 배경과 소비자의 반응이 좋다는 사실에 대해서 말하고 있으나 제품의 특성은 언급하고 있지 않다.
① 인터뷰에서 리포터는 '잘 주무셨느냐?'는 인사를 통해 화제인 베개를 자연스럽게 이끌어내고 있다.
② 연구원은 6~8cm라는 객관적 수치 자료를 제시함으로써 듣는 이에게 연구 결과에 대한 신뢰감을 준다.
③ 의사는 병원에서의 환자 치료 경험을 제시하면서 베개로 인한 목 부위 통증의 원인을 설명하고 있다.
⑤ 학생은 개인적 경험을 소개하면서 자신에게 알맞은 높이와 재질의 베개를 선택해서 사용하는 것이 중요하다고 말한다.

11~12 이번에는 '윈도우 효과'에 대한 대담을 들려 드립니다. 잘 듣고 물음에 답하십시오.

진행자 : 오늘날 영화로 대표되는 영상 산업은 엄청난 부가가치를 창출하는 새로운 가능성의 영역으로 부각되고 있습니다. 오늘은 한국예술대학 유채린 교수님을 모시고 영상 산업에 대한 이야기를 나눠 보겠습니다. 안녕하세요, 교수님?
교 수 : 네, 안녕하세요?
진행자 : 요즘 영상 산업의 경제적 효과를 이야기할 때 '윈도우 효과'라는 말을 종종 쓰는데, 간단히 설명해 주시겠습니까?
교 수 : 예, 윈도우 효과는 일반적으로 하나의 문화 상품이 창조된 후, 부분적인 기술 변화를 거쳐 문화 산업 내부에서뿐만 아니라 다른 산업의 상품으로까지 지속적으로 활용되면서 그 가치가 눈덩이 불어나듯 증대되는 효과라 할 수 있습니다.
진행자 : 다시 말해 일석이조의 효과를 거둔다는 것이죠? 그럼 구체적으로 어떻게 이익을 창출하는지 말씀해 주시겠습니까?
교 수 : 예, 영화는 먼저 극장에서 상영되면서 최초의 이익을 내는데, 그 영화가 비디오나 방송 같은 분야에서 다시 상품으로 활용되면서 지속적인 가치를 창출하게 됩니다.

예를 들어, 2003년 미국의 영화 산업은 극장 입장 수입만으로 95억 달러를 벌어들였는데, 여기에 해외 배급 수입과 기타 윈도우 효과에 의한 가치 창출액까지 더해져서 총 475억 달러 가량의 수입을 올렸습니다. 극장 상영 이후 무려 네 배나 되는 수입을 윈도우 효과에 의해 벌어들인 셈이죠.
진행자 : 아! 대단하군요. 그럼 요즘 각광받고 있는 캐릭터 산업도 마찬가지 경우로 볼 수 있을까요?
교 수 : 예, 그렇지요. 기존의 비디오 제작이나 TV 방영 외에 영화 주인공을 이용한 캐릭터 사업 또한 엄청난 수익을 안겨 주고 있습니다. '해리 포터'도 제작비는 1억 6천만 달러가 들었는데, 영화 수입 외에 세계적인 음료회사로부터 이 영화 캐릭터를 단독 사용하는 대가로 1억 5천만 달러를 받았고, 관련 상품 개발업체도 90곳이나 된다고 하지요.
진행자 : 선생님 말씀을 들으니 잘 만든 한 편의 영화가 국가 경제에 얼마나 크게 이바지하는지 다시 한번 실감하게 됩니다. 마지막으로 앞으로 우리 영상 산업이 나아갈 방향에 대해 말씀해 주십시오.
교 수 : 우리의 영상 산업은 경제적 가치에 이제 막 눈을 뜬 상태라 할 수 있습니다. 따라서 걸음마 단계인 여기에서 멈춰서는 안 되겠죠. 최근의 성과를 바탕으로 기획 단계에서부터 윈도우 효과를 극대화하려는 전략을 세우고 해외시장을 개척하기 위해 노력해야 할 것입니다.

11 '윈도우 효과'를 의도한 사례로 적절하지 않은 것은?

① 영화 '쉬리'를 비디오로 출시하였다.
② 영화 '집으로'를 패러디한 광고를 제작하였다.
③ 영화 '실미도'가 흥행에 성공하자 연장 상영하였다.
④ 영화 '오페라의 유령'에 나오는 음악을 CD로 제작하였다.
⑤ 만화 영화 주인공 '둘리'를 음료회사의 상표로 사용하였다.

정답 ③

해설 ③의 경우 영화 자체의 흥행에 대한 것일 뿐 다른 산업의 상품으로까지 활용되어 경제적 가치를 증대시킨 사례로 볼 수 없다.

12 두 사람의 말하기 특징으로 적절하지 않은 것은?

① 진행자는 개인적인 경험을 들어 화제를 제시하고 있다.
② 진행자는 용어의 개념 설명과 그 사례 제시를 유도하고 있다.
③ 교수는 비유적 표현을 활용하여서 내용을 쉽게 전달하고 있다.
④ 교수는 구체적인 수치 자료를 들어 내용의 신뢰도를 높이고 있다.
⑤ 교수는 대상의 효용성을 강조하여 관련자들의 분발을 촉구하고 있다.

정답 ①

해설 진행자의 발언 중에서 개인적 경험에 대한 언급은 찾아볼 수 없다.

---

13 이번에는 대화의 일부를 듣게 됩니다. 잘 듣고 물음에 답하십시오.

> 남 자 : 어젠 밤을 꼬박 새웠더니 힘드네요.
>
> 여 자 : 무슨 일이 있었어요?
>
> 남 자 : 내가 컴퓨터 새로 산 거 알지요. 무얼 잘못 눌렀는지 한동안 소리가 나며 프로그램이 막 지워지는 것 아닙니까? 엄청 속상한데요. 책을 찾아보며 이것저것 하다 보니 어느덧 날이 새고 있잖아요.
>
> 여 자 : 컴퓨터라는 게 사람을 속상하게 할 때가 흔히 있죠. 컴퓨터 배우는 것 자체도 스트레스인데다가, 배우지 않아 컴퓨터를 모르면 '컴맹'이라고 놀림 받고, 왠지 시대에 뒤떨어진 사람인 것 같아 위축된다고 하는 사람도 많은가 봐요.
>
> 남 자 : 편리한 것 못지않게 여러 문제를 일으키기도 하는군요.
>
> 여 자 : 컴퓨터에 몰두하게 되면, 사회적인 교제를 회피하거나 대인 관계를 단절하는 사례가 있다는 연구 결과도 들어봤어요. 어느 가정에서는 남편이 컴퓨터를 집에 들여 놓은 이후 집에서는 컴퓨터만 만지고 지내니, 마치 남편과 아버지를 잃어버린 꼴이 됐다는 하소연도 한다고 해요. 컴퓨터를 너무 좋아하는 아이를 둔 부모들은 컴퓨터한테 아이들과의 대화 시간을 빼앗기는 경우도 허다하다고 하지요.
>
> 남 자 : 신체적인 질병도 가져온다면서요?
>
> 여 자 : 컴퓨터를 지나치게 많이 사용하면 눈이 어질어질하다거나 어깨가 아프기도 한답니다. 보다 심각한 것은 컴퓨터가 인간 심성에 근본적인 변화를 가져올지도 모른다는 점이지요. '신세대는 빠릅니다.'라는 광고 문구처럼 요즈음 신세대들은 느린 것을 참지 못한다고 하지요. 자동차를 과속으로 운전해야 직성이 풀리듯 빠른 컴퓨터만을 찾기도 하고요. 이러한 현상은 사람을 조급하고 변덕스러우며 남의 잘못에 관용을 베풀 줄 모르게 하기 십상입니다. 또 컴퓨터가 만들어 주는 가상 현실에 몰두하다 보면, 현실에 대한 인식은 약화되고 사회 규범이나 사회 규칙에 둔감해지기도 하고요. 결국 컴퓨터는 득보다 실이 많아요.

---

13 여자의 주장을 뒷받침하는 논거로 적절하지 않은 것은?

① 컴퓨터가 너무 광범위하게 보급되었다.
② 컴퓨터는 인간관계의 단절을 가져온다.
③ 컴퓨터는 사람을 주눅 들게 하기도 한다.
④ 컴퓨터가 인간 심성에까지 변화를 주고 있다.
⑤ 컴퓨터의 사용이 신체적인 질병의 원인이 된다.

정답 ①

해설 대화에서 여자가 내놓은 주장은 컴퓨터를 사용하면 득보다 실이 많다는 것이다. 하지만 컴퓨터의 보급에 관한 이야기는 없다.

주1 이번에는 남녀의 대화를 들려 드립니다. 잘 듣고 물음에 답하십시오.

> 여학생 : 우리나라 최후의 오지라는 강원도 내린천의 삼림과 생태계마저 파괴될 위기에 처해 있다는데, 이건 참 큰 문제야.
>
> 남학생 : 그런데 왜 그런 위기가 발생한 거야?
>
> 여학생 : 지금 유엔에서조차 우리나라를 물이 부족한 국가로 분류할 정도로 우리나라의 물 사정이 안 좋잖아. 그래서 댐을 만들려고 하는 거래.
>
> 남학생 : 그래? 그 정도로 물이 부족해? 그렇다면 댐을 반드시 건설해야 하겠네. 이런 문제는 당국이 관심을 가지고 적극적으로 추진해야 될 문제야.
>
> 여학생 : 그런데 댐은 필요하다고 아무 곳에나 건설할 수 있는 간단한 시설이 아니잖아. 민원의 소지가 적고 생태계를 파괴하지 않는 곳에 건설해야 돼.
>
> 남학생 : 민원이 발생한다 하더라도 국민 다수가 원하는 방향으로 문제를 풀어 가야 하는 것 아냐? 또, 생태계를 보존하는 것보다 우선 사람이 마실 물을 확보하는 것이 더 중요하지. 그러니 댐을 건설하는 것이 훨씬 시급한 일이라고 생각해.
>
> 여학생 : 너 어떻게 그런 생각을 하니? 생태계가 파괴되면 그 속에 사는 동식물이 죽게 되고, 그러면 사람도 살 수 없는 거야. 그러니 생태계를 어떻게 해서든지 보존해야지.
>
> 남학생 : 야, 사람이 물이 없어 살 수 없는데, 생태계를 따질 틈이 어디 있어? 그리고 아무데나 함부로 쓰레기를 버리는 네가 생태계를 보존해야 한다고 이렇게 열을 올릴 자격이 있어?

주1 이 대화에서 남학생이 내세우고 있는 주장의 근거는 무엇인지 쓰시오.

정답 사람이 마실 물을 확보하는 것이 더 중요하다.

해설 대화상의 주제를 파악하고, 남학생의 주장과 그 근거를 찾도록 한다. 대화의 중심 문제는 댐 건설로 인한 생태계의 파괴로, 여학생은 댐 건설에 반대하지만 남학생은 일단 먹을 물이 있어야 된다고 주장하면서 댐 건설에 찬성하고 있다.

주2 이번에는 두 남녀의 대담을 듣게 됩니다. 잘 듣고 물음에 답하십시오.

> 여 자 : 연초에 대법원에서 어렵기로 유명한 민사 소송법을 모두 쉬운 한글 문장으로 바꾸기로 했다고 합니다. 이에 대해 선생님은 어떻게 생각하십니까?
>
> 남 자 : 대환영입니다. 한자투성이의 어려운 법조문은 건국 초기 많은 법률을 한꺼번에 제정하면서 일본 법의 내용을 거의 그대로 베끼다시피 한 데서 생겨났습니다. 심지어 최고 규범인 헌법마저 일본어식 표현에다 맞춤법과 문법에 맞지 않는 부분이 적지 않은 실정입니다. 이제 비로소 한글식 법률 만들기가 시작되는가 봅니다만, 무려 반세기 만에 처음 이루어지는 것이어서 매우 늦은 감이 없지 않습니다.
>
> 여 자 : 아, 네. 그런데 진작에 쉬운 한글로 법률을 만들지 않은 데는 그만한 이유가 있지 않을까요?
>
> 남 자 : 법률 조항을 참고하기 위해 법전을 뒤적여 본 적이 있는 사람이라면 우리 법률이 얼마나 어려운 문장으로 돼 있는지를 금세 실감했을 겁니다. 생소한 법률 용어에다 많은 한자어, 게다가 문장도 일반 서적이나 신문 등에서 쓰는 것과는 거리가 멉니다. 이런 식으로 법률을 전문가만이 이해할 수 있게끔 어렵게 만들어야 하는 이유는 사실 없습니다. 입법 관계자들의 잘못된 의식의 결과로밖에는 설명할 길이 없습니다. 현재의 어려운 법조문에는, 지배를 받는 일반인은 법률에 대해 알 필요가 없다는 일제 시절의 식민 지배 논리가 은연중에 배어 있는 것입니다.
>
> 여 자 : 네, 그렇군요.
>
> 남 자 : 이제 국가 기관의 모든 기능과 역할이 대국민 서비스 차원에서 다시 검증되는 시대에 와 있습니다. 따라서 법률도 서비스를 확대한다는 차원에서 알기 쉽게 고쳐져야 합니다. 그런 점에서 쉬운 법률 만들기의 대상을 민사 소송법에 국한할 것이 아니라, 모든 법률로 확대해야 한다고 생각합니다.

주2 이 대담에서 남자가 주장하는 바를 한 문장으로 쓰시오.

정답 법은 누구나 알기 쉽게 고쳐져야 한다.

해설 남자는 법률이 누구나 알기 쉽게 되어 있어야 한다고 주장했다. 이 주장은, 과거 일제강점기처럼 국민을 지배하기 위해 법이 존재하는 것이 아니라 그 반대로 국민을 위해 법이 존재하는 것이라는 생각이 전제된 것이다. 이는 대국민 서비스 차원에서 법률을 알기 쉽게 고쳐야 한다는 남자의 마지막 말을 통해서도 확인할 수 있다.

14 중복 표현이 없는 올바른 문장은?

① 이 문제에 대해 다시 재고하다.
② 이 일은 그녀가 꾸며낸 조작극이다.
③ 감정을 무조건 겉으로 표출하면 안 된다.
④ 이 사건에 대해 나의 짧은 소견을 말하였다.
⑤ 반드시 과반수가 넘는 표를 얻어야만 당선될 수 있다.

정답 ④

해설 '소견(所見)'은 '어떤 일이나 사물을 살펴보고 가지게 되는 생각이나 의견'을 뜻한다.

오답풀이
① '재고(再考)'는 '어떤 일이나 문제 따위에 대하여 다시 생각함'이라는 뜻으로, '다시'와 의미가 중복된다.
② '꾸미다'는 '거짓이나 없는 것을 사실인 것처럼 지어내다'라는 뜻으로, '조작극'과 의미가 중복된다.
③ '표출(表出)'은 '겉으로 나타냄'이라는 뜻으로, '겉으로'와 의미가 중복된다.
⑤ '과반수(過半數)'는 '절반이 넘는 수'라는 뜻으로, '넘다'와 의미가 중복된다.

15 다음에 제시된 내용을 하나의 문장으로 가장 잘 나타낸 것은?

> ●──● **보기** ●──●
> 김 선생님의 어질고 자상한 성품
> → {자식들의 존경, 남편의 사랑}
> → 친구들이 김 선생님을 부러워함

① 김 선생께서는 어질고 자상하니까 자식들의 존경과 남편의 사랑을 받는 일에 대해서 친구들은 김 선생님을 부러워한다.
② 김 선생께서 친구들의 부러움을 사고 있는 것은 그분의 성품이 어질고 자상하여 자식들의 존경과 남편의 사랑을 받고 있기 때문이다.
③ 김 선생께서는 친구들의 부러움을 받는 것은 그분이 어질고 자상함으로 말미암아 받은 자식들로부터의 존경과 남편의 사랑 때문이다.
④ 김 선생께서는 어질고 자상한 성품을 가지고서 자식들로부터 존경을 받고 남편의 사랑을 받으며, 그로 말미암아 친구들은 그를 부러워하고 있다.
⑤ 김 선생님의 인품은 어질고 자상한 바람에 자식들이 그를 존경하고 남편의 사랑을 받으며, 그것 때문에 친구들에게 부러움의 대상이 되고 있다.

정답 ②

해설 '김 선생님의 어질고 자상한 성품(제1 원인) → 가족의 반응(제1 결과), 가족의 반응(제2 원인) → 친구들이 김 선생님을 부러워하게 된 것(제2 결과)'의 관계가 논리적인 문장으로, ②가 적절하다.

---

16 다음 중 주체와 객체는 높이고, 상대는 낮춘 문장은?

① 민호가 어머니께 진지를 드렸다.
② 민호가 어머니께 진지를 드렸습니다.
③ 어머니께서 할머니께 진지를 드리셨다.
④ 어머니께서 할머니께 진지를 드리셨습니다.
⑤ 민호는 어머니에게 할머니께 진지를 드리라고 했습니다.

정답 ③

해설 주체란 행동의 주체를 말하는 것이고 객체란 주체 행동의 상대, 즉 대상자를 말하는 것이며, 상대란 발화의 상대이므로 듣는 사람을 말한다. 따라서 주체(어머니)와 객체(할머니)를 높이고 상대를 낮춘 문장은 ③이다.

---

17 문장 성분 간의 호응이 가장 적절한 것은?

① 늘 나에게 반대하던 그는 공부를 같이 하자는 내 제의에 호감을 가지고 있었다.
② 게시판에서 합격자 발표를 보는 사람들 중 두 손을 번쩍 들고 환호성을 질렀다.
③ 초등학교에서 치열한 경쟁을 하면서 자라기 때문에 도전적인 인간이 되기 쉽다.
④ 동산에 달이 떠올라 갈 길을 비추기라도 한다면 나그네의 마음은 들뜨게 된다.
⑤ 세계의 여러 문자와 달리 독창적이고 과학적인 문자가 한글이라는 사실에 대해 잘 알려져 있다.

정답 ④

해설 ①은 시제의 호응과 어휘의 사용에서, ②는 주어와 서술어의 호응이 부자연스럽다는 점에서, ③은 주어가 없고 조사(에서)의 쓰임이 부적절하다는 점에서 문제가 된다.

---

18 다음 중 문장 전환 방식이 나머지와 다른 것은?

① 최 씨는 전기선을 연결했다. ⇒ 전기선이 최 씨에 의해 연결되었다.
② 강도가 은행원에게 잡혔다. ⇒ 은행원이 강도를 잡았다.
③ 강아지가 아이에게 눌리다. ⇒ 아이가 강아지를 누른다.
④ 수학 문제가 영수에 의해 풀렸다. ⇒ 영수가 수학 문제를 풀다.
⑤ 박 씨는 김 씨에게 보호받았다. ⇒ 김 씨는 박 씨를 보호했다.

정답 ①

해설 ①은 능동형에서 피동형으로, ②, ③, ④, ⑤는 피동형에서 능동형으로 바뀐 문장이다.

---

19 〈보기〉의 개요에 대한 수정 및 보완 방안으로 적절하지 않은 것은?

● 보기 ●

주제문 : 인터넷상의 개인 정보 유출 문제의 심각성
Ⅰ. 서론 : 개인 정보가 유출되어 인터넷에 떠돌고 있는 현실
Ⅱ. 본론
  1. 개인 정보 유출의 사회적 의미
    (1) 범죄에 악용될 위험성
    (2) 사생활 침해 우려
  2. 개인 정보 유출의 원인
    (1) 공공 및 민간 기관의 개인 정보 관리 소홀
    (2) 개인 정보의 중요성에 대한 인식 부족
  3. 문제의 해결 방안
    (1) 개인 정보 보호를 위한 체계적인 관리망 구축
    (2) 개인 정보 유출 피해자에 대한 적극적인 보상
    (3) 개인 정보의 중요성에 대한 의식 고취
Ⅲ. 결론 : 공공 기관의 보안 의식 제고

① 주제문의 형식에도 맞고 전체 내용도 포괄할 수 있도록 주제문을 '인터넷상 개인 정보 유출 문제의 심각성을 알고 이를 해결하자.'로 진술한다.
② 'Ⅱ-1. 개인 정보 유출의 사회적 의미'는 하위 항목의 내용과 어울리지 않으므로 '개인 정보 유출의 문제점'으로 수정한다.
③ 'Ⅱ-2'의 내용을 보완하기 위해 '개인 정보 유출의 피해 양상'이라는 항목을 추가한다.
④ 'Ⅱ-3-(2)'은 내용의 논리적 흐름에 비추어 적절하지 않으므로 삭제한다.
⑤ 'Ⅲ. 결론'의 내용이 지나치게 제한적이므로 '관련 기관 및 개인의 노력 촉구'로 수정한다.

정답 ③

해설 '개인 정보 유출의 피해 양상'은 개인 정보 유출로 인해 피해를 입은 경우나 구체적 사례에 어떠한 것들이 있는지 살펴보는 것이므로, ③의 내용은 적절하지 않다.

20 '정보 격차 문제'에 대해 글을 쓰고자 한다. 〈보기〉의 자료를 활용하여 이끌어 낼 수 있는 논지로 적절하지 않은 것은?

● 보기 ●

(가) 계층, 지역, 소득 등의 차이에 따른 정보 불균형 현상은 빈부 격차와 문화적 단절을 심화시켜 궁극적으로는 사회 통합을 저해하며, 인적 자원의 공급을 제한하고 사회 복지 비용을 증가시켜 국가 전체의 경쟁력을 약화시킬 수 있다.
－ △△신문의 칼럼에서 －

(나) 정보 사회의 혜택은 정보를 얻기 위한 제반 비용을 지불할 능력이 있거나 정보를 활용할 수 있는 능력이 있는 사람들에게 가장 먼저 돌아갈 수 있습니다. 또한 공공재로서 공적인 영역에 존재하던 정보를 사유화하면 소외 계층의 자유로운 정보 접근이 제한될 수 있습니다.
－ ○○○ 교수와의 인터뷰에서 －

(다) 인터넷 이용 현황

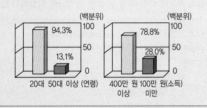

① (가)를 활용하여, 사회 통합과 국가 경쟁력 강화라는 측면에서 정보 격차는 반드시 해소해야 한다는 점을 주장한다.
② (가), (다)를 활용하여, 세대 간 정보 격차 문제를 해소하지 않으면 문화 단절 현상이 초래될 수 있음을 지적한다.
③ (나)를 활용하여, 정보 소외 계층이 정보를 자유롭게 이용할 수 있도록 정보 접근 환경을 조성해야 한다는 점을 강조한다.
④ (나), (다)를 활용하여, 정보 격차는 정보량의 폭증, 정보 수단의 사유화와 같은 요인에 의해 발생한다는 점을 지적한다.
⑤ (다)를 활용하여, 정보 격차 문제의 심각성을 지적하고 문제 해결을 위한 체계적인 대책 수립의 필요성을 강조한다.

정답 ④

해설 자료 (가)는 정보 격차에 따른 문제점을 보여 주는 자료이고, (나)는 정보 격차 문제가 발생하는 원인을 보여 주는 자료이며, (다)는 연령별, 소득별 정보 격차 현황을 보여 주는 자료이다. 그런데 ④에서 언급한 '정보량의 폭증' 문제는 주어진 자료를 통해서는 확인할 수 없는 내용이므로 적절하지 않다.

21 '노인의 행복한 삶을 위한 사회적 배려가 필요하다.'라는 주제로 글쓰기 계획을 세워 보았다. 주제에 맞는 글감으로 적절하지 않은 것은?

| 문제 인식 | → | 고령화 사회에서 소외받고 사는 노인의 모습 |

↓

| 해결 방안 | • 개인적 차원
　－ 노인에 대한 공경심 고취
　－ 노인 우선 복지 정책에 대한 이해
• 국가적 차원
　－ 노인을 위한 일자리 창출
　－ 노인 복지를 위한 정책 법제화 |

● 보기 ●

㉠ 노인의 저조한 사회 참여도
㉡ 노인 복지 시설의 부족
㉢ 비현실적 경로 수당 책정
㉣ 고령화 사회 기준안 마련
㉤ 부모 봉양 가족 비율 저하

① ㉠　　　　　　　　② ㉡
③ ㉢　　　　　　　　④ ㉣
⑤ ㉤

정답 ④

해설 ㉣은 이미 고령화 사회가 되었다는 전제하에서 출발한 글감이므로 적절하지 않다.
㉠ '노인을 위한 일자리 창출' 방안과 관련된 것이다.
㉡ '노인 복지를 위한 정책 법제화' 방안과 관련된 것이다.
㉢ 문제 인식 단계의 '소외받는 노인의 모습'과 관련지어 해결 방안에서 '노인 우선 복지 정책에 대한 이해'와 관련된 것이다.
㉤ '노인에 대한 공경심 고취'라는 개인적 차원의 해결 방안과 연관된 것으로 활용할 수 있다.

22 '쌀 소비 감소에 대한 대책'이라는 주제로 글을 쓰기 위해 개요를 작성해 보았다. 개요의 수정 방안으로 적절하지 않은 것은?

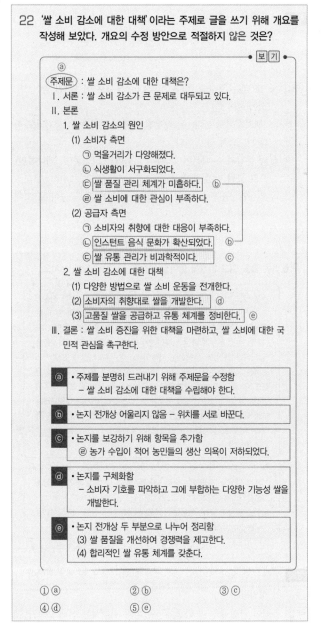

① ⓐ ② ⓑ ③ ⓒ
④ ⓓ ⑤ ⓔ

② '인스턴트 음식 문화의 확산'이 소비자 측면의 쌀 소비의 감소 원인이고, '쌀 품질 관리 체계 미흡'은 생산자 측면의 쌀 소비의 감소 원인이므로 서로 위치를 바꾸는 수정 방안은 적절하다.

④ '소비자의 취향대로 쌀을 개발한다.'라는 진술에서 '소비자 취향'을 '소비자 기호 파악'으로, '쌀을 개발한다'를 '다양한 기능성 쌀을 개발한다'로 구체화하였으므로 타당한 수정 방안이다.

⑤ '고품질 쌀 공급' 부분은 '쌀 품질의 개선을 통한 경쟁력 제고'로, '유통 체계 정비' 부분은 '합리적인 쌀 유통 체계의 구비'로 독립시켜 논지를 선명하게 하고 있으므로 적절한 수정 방안이다.

23 〈보기〉의 ㉠~㉤을 고치기 위한 의견으로 알맞지 않은 것은?

▶보기◀

나는 2학년이 되면서 새로운 친구들을 만났습니다. 우리 반 친구들에게는 영감, 공룡, 마귀, 귀순 용사 등 다양한 별명이 있습니다. ㉠그중 박사님도 셋이나 됩니다. 담임선생님께서는 ㉡저희 반이 다른 반보다 더 소란스럽다고 항상 실내 정숙을 ㉢부르짖습니다. 담임선생님께서 수학을 가르치시는데 그 시간에도 역시 소란스럽습니다. ㉣그래서 수학 성적은 항상 꼴찌를 면하지 못하는가 봅니다. 선생님께선 이것이 ㉤챙피하다고 하시지만 그래도 우리들이 밉지만은 않으신 모양입니다. 나는 이렇게 좋은 선생님, 재미있는 친구들과 함께 지낼 수 있어 늘 행복합니다.

① ㉠의 '박사님'은 반 친구의 별명을 나타내므로 앞 문장에 포함시키고, 문장은 생략하는 것이 좋겠어.

② ㉡은 어법상 잘못된 표현이므로 '우리 반'으로 바꾸는 것이 좋겠어.

③ ㉢은 어휘 선택이 적절하지 않으므로 '강조하십니다'로 바꾸는 것이 좋겠어.

④ ㉣은 문장의 연결 관계를 고려하여 '그리고'로 바꾸는 것이 좋겠어.

⑤ ㉤은 맞춤법에 맞지 않으므로 '창피하다고'로 고치는 것이 좋겠어.

정답 ③

해설 ③은 '쌀 소비 감소'의 원인보다는 '생산 감소의 원인'으로 보는 것이 타당하므로 추가 항목으로는 부적절하다.

오답풀이 ① 주제문은 평서문으로 진술하는 것이 원칙이고 개요가 담고 있는 핵심적인 내용을 반영해야 하므로 적절한 수정 방안이다.

정답 ④

해설 여섯 번째 문장은 다섯 번째 문장과 인과 관계에 있다. 두 문장을 이어 주는 접속어는 대등한 관계를 나타내는 '그리고'가 아닌 인과 관계를 나타내는 '그래서'가 알맞다.

주3 다음 밑줄 친 단어를 이용하여 문장을 만드시오.(단, 아래 글의 '인물'과 같은 의미가 되도록 할 것)

● 보기 ●

한라산 아흔아홉 골, 골짜기 하나 모자라서 호랑이도 안 나고 인물도 안 난다는 이 섬에 비로소 사나운 맹호가 솟아난 것이다.

정답 스무 가구 정도가 옹기종기 모여사는 작은 마을에서 인물이 났다.

해설 〈보기〉의 '인물'은 '뛰어난 사람'을 의미한다.

주4 다음 글의 밑줄 친 ㉠의 문맥적 의미를 해석하여 한 문장으로 쓰시오.

● 보기 ●

언어는 그것을 사용하는 언중의 역사와 생활을 반영한다. 그러기에 ㉠ 언어를 그 문화의 색인이라고까지 말한다.

정답 언어를 통해서 문화의 여러 특징을 파악할 수 있다.

해설 '언어는 그 문화의 색인'이라는 말은 비유적 표현이다. 이 말의 문맥적 의미를 파악하기 위해서는 우선 '색인'의 사전적 의미를 알아야 한다. '색인'은 책 속의 내용, 사항 등을 쉽게 찾아볼 수 있도록 꾸며 놓은 목록이다. 따라서 '색인'에는 해당 책에 실려 있는 주요 내용이나 중요 사항 등이 모두 들어 있게 마련이다. 그러므로 '언어를 문화의 색인이라' 함은, 언어에는 문화의 모든 특징이 다 나타나 있고, 이를 통해 문화의 모든 특징을 파악할 수 있다는 의미를 갖는다.

주5 〈보기〉에서 밑줄 친 곳을 바르게 고쳐 쓰시오.

● 보기 ●

어떤 사람들은 하나를 가지게 되면 ㉠ 또다른 하나를 가지려 한다. 이러한 행동은 많은 사람들의 눈살을 찌푸리게 한다. 남들보다 여유가 있으면 베풀 줄 알아야 하는데, 제 욕심만 챙기기 때문에 계층 간의 위화감이 ㉡ 생겨지기도 한다.
일부 계층만이 부를 누리는 사회는 바람직하지 않다. ㉢ 그리고 사회는 일부 계층에 의해 유지되는 것이 아니기 때문이다. 건강한 사회를 이루기 위해서는 나눔의 미덕이 있어야 한다.
가진 사람들은 자신들의 과욕을 ㉣ 곰곰히 반성할 필요가 있다. 넉넉지 못한 살림에도 평생 모은 재산을 사회에 환원한 사람도 있다는 것을 알아야 한다.

정답 ㉠ 또다른 → 또 다른
㉡ 생겨지기도 한다 → 생기기도 한다
㉢ 그리고 → 왜냐하면
㉣ 곰곰히 → 곰곰이

해설 ㉠ '또'라는 부사와 '다른'이라는 형용사로 이루어진 말이므로 띄어 써야 한다.
㉡ '생겨지기도 한다.'는 잘못된 피동 표현이므로 '생기기도 한다.'로 고쳐 써야 한다.
㉢ 앞 문장과 '~때문이다.'라는 서술어를 고려하여 '왜냐하면'으로 고쳐 써야 한다.
㉣ 부사인 '곰곰'을 다시 부사화한 말이므로 '곰곰이'로 고쳐 써야 한다.

주6 다음 글을 읽고 빈칸에 들어갈 문장을 〈조건〉에 맞게 쓰시오.

● 보기 ●

소설 『걸리버 여행기』에 등장하는 거인국 사람을 보자. 키가 정상인의 2배만 돼도 쓰러져 머리를 부딪히면 그 충격은 30배나 된다. 또 뜀박질은 물론 제자리에서 폴짝 뛰는 것도 어렵게 된다. 뛰었다 떨어지는 순간 몸무게 때문에 다리뼈가 박살날 수도 있다. 과학자들은 『걸리버 여행기』에 등장하는 사람의 다리는 물리적인 구조상 거의 코끼리 다리 수준으로 굵어져야 한다고 설명한다. 뼈뿐만 아니라 근육도 더 많이 필요하기 때문에 결국 신체 각 부분의 크기 비율이 달라져야 한다. 코끼리보다 몸무게가 14배나 더 무거운 대왕고래는 부력 덕분에 수중에서는 살 수 있지만 만약 육지에 올라온다면 중력의 영향으로 생존하기 어렵게 된다. 동물은 _____ 하는 것이다.

● 조건 ●

• 본문 내용을 포괄하는 중심 내용을 적되, 앞 내용과 자연스럽게 연결되도록 쓸 것
• 어문 규정에 맞게 '동물은~'으로 시작하고 '~하는 것이다'로 끝나는 한 문장을 쓸 것

정답 동물은 몸집이 커지면 그에 맞게 신체 구조도 함께 바뀌어야 하는 것이다.

해설 몸집이 커진 동물이 환경에 적응하기 위해서는 신체 구조가 함께 바뀌어야 함을 예를 들어 설명하고 있다.

주7 십자말풀이를 참조해 아래의 (　　)에 맞는 단어를 쓰시오.

1. 감			3. 자	
2.				
		4.		7.
	5.			
6.	각		8. 중	

[가로 열쇠]
2. 기울지 않고 평평한 상태
3. 사람의 손에 의지하지 않고서 존재하는 것
5. 나서 자라거나 큼
6. 사물의 가치나 변화 등을 알아내는 능력
8. 지표 부근의 물체를 지구 중심 방향으로 끌어당기는 힘

[세로 열쇠]
1. 외부의 자극을 받아 느낌을 일으키는 성질
3. 암컷과 수컷
4. 전파나 음파 따위의 마루에서 다음 마루까지의 거리
5. 머리를 써서 궁리
7. 띄워 올리거나 떠오르는 힘

2. 가로 (　　　　)	4. 세로 (　　　　)
5. 가로 (　　　　)	7. 세로 (　　　　)

정답 2. 가로 : 수평　　　　4. 세로 : 파장
5. 가로 : 생장　　　　7. 세로 : 부양력

해설
감			자	연
수	평		웅	
성		파		부
	생	장		양
감	각		중	력

주8 '바람직한 인터넷 댓글 문화'에 관한 글을 쓰기 위해 사고 과정의 내용을 정리해 보았다. 제시된 내용을 바탕으로 적절한 절충안을 40자 내외로 쓰시오.

사고 과정	내용
주장	바람직하지 못한 댓글에 대해서는 적절한 조치가 필요하다.
근거 1	허위 사실 유포, 비방 등으로 인한 인권 침해가 심각하다.
근거 2	음란물 유포처럼 댓글을 상업적으로 악용하는 행위가 청소년들에게 나쁜 영향을 준다.
반론	개인의 자유로운 댓글을 규제하는 것은 바람직하지 않다.
근거	댓글 규제는 건전한 의견 표명까지도 차단할 수 있다.
절충안	

정답 게시판 댓글란을 유지하되, 본래의 목적에서 벗어난 댓글에 대한 대처 방안을 모색한다.

해설 '바람직한 인터넷 댓글 문화'에 관한 글을 쓰기 위해 주장(근거 1, 2) – 반론(근거 3) – 절충안'의 단계로 글감 및 생각을 정리하는 과정이다.

주9 'e-스포츠 육성 방안'을 주제로 글을 쓰기 위해 생각을 정리해 보았다. 논지 전개 과정으로 보아 [A]에 들어갈 적절한 해결 방안을 두 가지 쓰시오.

논지 전개 과정	주요 내용
e-스포츠 소개	전자게임대회 또는 게임리그를 뜻하며 프로게이머 · 미디어 · 기업 · 정부 등 관련이 있는 주체들의 문화적 · 산업적 활동까지도 포함한다.
육성의 필요성 강조	• 건전한 게임 문화 정착 • 산업적 효용성과 부가가치 창출 • 간접적인 국가 홍보 효과
문제점 파악	• 관계 법령 정비 지연 • 정보 시스템 구축 미흡 • 사회적 공감대 형성 부족
해결 방안 제시	[A]

정답 • 게임을 즐기는 사람을 중심으로 동호회를 조직하고 회원 수를 늘려 나간다.
• 국산 온라인 게임 프로그램을 외국에 수출하기 위해 관련 규정을 완화한다.
• 많은 사람들이 게임에 참여할 수 있도록 서버의 용량을 늘리는 방안을 연구한다.
• 일부 청소년만의 전유물로 전락하지 않도록 신문과 방송을 통하여 홍보를 강화한다.

해설 관계 법령 정비 지연의 문제점을 해결하기 위해 프로그램 수출에 관련된 규정을 완화하거나 정보 시스템 구축 미흡의 문제의 해결을 위해 서버의 용량을 늘리는 방안이 있겠다. 또한 사회적 공감대 형성을 위해 게임 동호회의 활성화나 신문 · 방송을 통한 홍보를 강화하는 해결 방안도 생각해 볼 수 있다.

주10 〈보기〉를 읽고 〈조건〉에 맞게 두 문장으로 쓰시오.

보기
• 상대방의 의견 : 정보 통신의 발달로 세계는 바야흐로 지구촌 시대로 접어들었다. 지구촌 시대에는 정보의 대부분이 다국적 정보 통신망을 통해 교류되고 있는데, 여기서 사용하는 언어는 영어이다. 세계화가 미국 주도로 진행되면서 모든 분야의 의사소통에 영어가 중심이 되었다. 이런 점에서 영어의 공용어화는 이제 미룰 일이 아니다.

조건
• 상대방의 의견을 일부 인정하면서 시작한다.
• 상대방의 의견에 반대하는 입장을 밝힌다.
• 인과 관계를 통해 설명한다.

정답 지구촌 시대에 영어의 중요성을 무시할 수는 없지만 영어를 공용어로 삼는 일은 없어야 한다. 왜냐하면 언어는 그것을 사용하는 사람들의 정신이 담겨 있으므로 영어를 우리말처럼 사용하면 우리의 의식 구조마저 서구적으로 바뀔 수 있기 때문이다.

해설 주어진 조건에 맞게 영어 공용화에 대해 일부 인정하면서, 반대하는 이유를 인과 관계에 의해 제시하는 내용을 담아야 한다.

제 **3** 회

정답 및 해설

1교시 제3회 정답 및 해설

◐ 제3회 1교시 정답

01	02	03	04	05	06	07	08	09	10	11	12
④	②	①	⑤	①	④	②	②	②	②	②	③
13	14	15	16	17	18	19	20	21	22	23	24
②	③	③	④	②	③	③	④	⑤	①	②	②
25	26	27	28	29	30	31	32	33	34	35	36
②	③	③	④	①	②	②	④	②	②	②	③
37	38	39	40	41	42	43	44	45	46	47	48
②	⑤	③	①	②	⑤	③	③	⑤	③	③	②
49	50	51	52	53	54	55	56	57			
②	⑤	③	②	①	②	①	④	④			

01 밑줄 친 부분의 의미가 나머지 넷과 다른 것은?

① 군살 　　　　　② 군불
③ 군말 　　　　　④ 군식구
⑤ 군기침

정답 ④

해설 ④는 '가외로 더한', '덧붙은'의 뜻을 더하는 접미사이다.

오답풀이 ①, ②, ③, ⑤는 '쓸데없는'의 뜻을 더하는 접미사이다.

02 두 단어 간의 관계가 나머지와 다른 것은?

① 나태(懶怠) : 태만(怠慢)
② 익명(匿名) : 실명(實名)
③ 선발(選拔) : 선출(選出)
④ 복종(服從) : 순종(順從)
⑤ 서거(逝去) : 하직(下直)

정답 ②

해설 ②는 반의 관계이고, ①, ③, ④, ⑤는 유의 관계이다.

03 〈보기〉 예문의 (　)에 가장 알맞은 단어는?

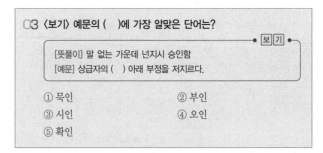

> **보기**
> [뜻풀이] 말 없는 가운데 넌지시 승인함
> [예문] 상급자의 (　) 아래 부정을 저지르다.

① 묵인 　　　　　② 부인
③ 시인 　　　　　④ 오인
⑤ 확인

정답 ①

해설 상급자의 묵인(默認) 아래 부정을 저지르다.

오답풀이
② 부인(否認) : 어떤 내용이나 사실을 옳거나 그러하다고 인정하지 아니함
③ 시인(是認) : 어떤 내용이나 사실이 옳거나 그러하다고 인정함
④ 오인(誤認) : 잘못 보거나 잘못 생각함
⑤ 확인(確認) : 틀림없이 그러한가를 알아보거나 인정함

04 다음 (　) 안에 들어갈 한자성어로 적절한 것은?

> **보기**
> 필요에 따라 이용하다 가치가 없어지면 쉽게 버리는 미국의 (　　　) 식의 외교에 대한 비판이 거세지고 있다.

① 안하무인(眼下無人)
② 아전인수(我田引水)
③ 하석상대(下石上臺)
④ 주마간산(走馬看山)
⑤ 감탄고토(甘呑苦吐)

정답 ⑤

해설 감탄고토 : 달면 삼키고 쓰면 뱉는다.

오답풀이
① 방자하고 교만하여 다른 사람을 업신여김을 이르는 말
② 자기에게만 이롭게 되도록 생각하거나 행동함을 이르는 말
③ 임시변통으로 이리저리 둘러맞춤을 이르는 말
④ 자세히 살피지 아니하고 대충대충 보고 지나감을 이르는 말

05 밑줄 친 단어의 문맥적 의미가 다른 것은?

① 눈이 나빠 잘 보이지 않는다.
② 나는 사람을 보는 눈이 정확하다.
③ 내 눈에는 그의 단점이 보이지 않는다.
④ 내 눈에는 건물이 튼튼하지 않아 보인다.
⑤ 그의 눈에는 내가 헤픈 여자로 보일 것이다.

정답 ①

해설 ①은 '물체를 보는 감각 기관' 을, ②, ③, ④, ⑤는 '사물을 보고 판단하는 힘' 을 의미한다.

06 다음 주어진 내용에 해당하는 속담은?

보기

어떤 일을 할 때 그 결과가 어떻게 되리라는 것을 생각하여 미리 살피고 일을 시작하라는 말

① 뚝배기보다 장맛이 좋다.
② 우선 먹기엔 곶감이 달다.
③ 나무만 보고 숲을 보지 못한다.
④ 누울 자리 봐 가며 발을 뻗어라.
⑤ 남의 잔치에 감 놓아라 배 놓아라 한다.

정답 ④

해설 ④는 상황을 잘 살펴 처신하라는 말이다.

 ① 겉모양은 보잘것없으나 내용은 훨씬 훌륭함을 이르는 말
② 앞일은 생각해 보지도 아니하고 당장 좋은 것만 취하는 경우를 비유적으로 이르는 말
③ 부분만 보고 전체는 보지 못하는 근시안적인 행동을 비유적으로 이르는 말
⑤ 남의 일에 공연히 간섭하고 나섬을 비유적으로 이르는 말

07 〈보기〉의 ㉠~㉢에 들어갈 단어가 바르게 짝지어진 것은?

보기

• 식장을 가득 (㉠) 하객들은 모두 일어서서 박수를 쳤다.
• 커다란 가방을 (㉡) 등산객들이 버스에 올랐다.
• 아이들은 운동화 끈을 (㉢) 달리기를 시작했다.

	㉠	㉡	㉢
①	메운	맨	매고
②	메운	멘	매고
③	매운	맨	매고
④	매운	멘	메고
⑤	매운	맨	매고

정답 ②

해설 ㉠ 메우다 : 메다1(어떤 장소에 가득 차다)의 사동사
㉡ 메다 : 어깨에 걸치거나 올려놓다.
㉢ 매다 : 끈이나 줄 따위의 두 끝을 엇걸고 잡아당기어 풀어지지 아니하게 마디를 만들다.

08 ㉠을 대신할 수 있는 표현으로 적절한 것은?

보기

둘째로 사회 윤리, 즉 사회 기본 구조의 도덕성이 중요시되어야 할 이유는, 사회의 기본 구조가 개인의 성격을 형성하는 ㉠ 기반이고, 욕구의 종류와 형태까지도 결정하는 틀로서의 지대한 영향력을 갖고 있기 때문이다.

① 동맥(動脈)
② 모태(母胎)
③ 현미경(顯微鏡)
④ 나침반(羅針盤)
⑤ 분수령(分水嶺)

정답 ②

해설 모태(母胎) : 어미의 태 안. 사물의 발생, 발전의 근거가 되는 토대를 비유적으로 이르는 말

09 다음 밑줄 친 단어의 쓰임이 바르지 않은 것은?

① 커튼이 쳐진 방
② 윗자리에 안치다.
③ 그물에 훑인 고기들
④ 두 물건의 어름에서 일어난 현상
⑤ 얼굴이야 아무렇든, 공부나 해라.

정답 ②

해설 안치다 → 앉히다
• 안치다 : 끓이거나 찔 물건을 솥에 넣다. 예 솥에 쌀을 안치다.
• 앉히다 : '앉다'의 사동사. 앉게 하다, 버릇을 가르치다, 문서에 무슨 줄거리를 따로 잡아 기록하다. 예 아이를 무릎에 앉히다.
(관련 규정 : 한글 맞춤법 제57항)

10 밑줄 친 부분의 의미를 비슷한 의미의 다른 단어나 표현으로 바꾼 것 중 바르지 않은 것은?

① 너절한 차림의 사내가 문을 열고 들어섰다. → 지저분한
② 집 앞 밭에는 잡초만 더부룩하게 자라 있다. → 드문드문
③ 오늘 계산을 아물리고 나서야 퇴근을 할 수 있었다. → 끝내고
④ 장작 패는 솜씨가 설피니까 힘만 들고 속도는 느리지. → 서투르니까
⑤ 친구의 공을 시새우기 시작하면 사이가 좋아지기 힘들다. → 시기하기

정답 ②

해설 ②의 '더부룩하다'는 '풀이나 나무 따위가 거칠게 수북하다'의 뜻이므로 '공간적으로 배지 않고 사이가 드문 모양'이라는 뜻의 '드문드문'으로 바꾸는 것은 맞지 않다.

11 밑줄 친 단어의 뜻풀이가 바르지 않은 것은?

① 그는 꿈에 젖어, 현실을 도외시(度外視)하였다. → 상관하지 아니하거나 무시함
② 우리는 인정이 몰각(沒却)된 사회에 살고 있다. → 어떤 사실을 잊어버림
③ 그녀는 마을 사람들에게 받은 백안시(白眼視)를 결코 잊지 않았다. → 남을 업신여기거나 무시하는 태도로 흘겨봄
④ 학생은 봉사활동으로 이전의 잘못을 상쇄(相殺)했다. → 상반되는 것이 서로 영향을 주어 효과가 없어지는 일
⑤ 소요(騷擾)가 발생한 틈을 타 건물로 침입했다. → 여러 사람이 모여 폭행이나 협박 또는 파괴 행위를 함으로써 공공질서를 문란하게 함

정답 ②

해설 몰각 : 아주 없애 버림. 무시해 버림

12 밑줄 친 관용구의 뜻풀이가 바르지 않은 것은?

① 눈 깜짝할 사이에 십 년의 세월이 흘렀다. → 매우 짧은 순간
② 그녀는 두 자녀의 학비로 허리가 휘청거렸다. → 경제적으로 매우 힘들다.
③ 나는 뼈를 깎는 노력을 하여 시험에 합격했다. → 몸을 놀리고 움직이다.
④ 이번 사건을 해결하기 위해 노사가 이마를 맞대고 대책 마련에 부심했다. → 함께 모여 의논한다.
⑤ 그는 시 의원이 되더니 목에 힘을 주고 다닌다. → 거드름을 피우거나 남을 깔보는 듯한 태도를 취하다.

정답 ③

해설 ③ '뼈를 깎다'는 '몹시 견디기 어려울 정도로 고통스럽다.'는 뜻으로 쓰인다.

13 밑줄 친 부분의 의미가 다른 것은?

① 그의 가난은 알아주는 알가난이다.
② 일하던 곳에서 알몸으로 쫓겨났다.
③ 그는 강남에 땅을 갖고 있는 알부자다.
④ 사업에 실패해 하루아침에 알거지가 되었다.
⑤ 그는 취직은 안 하고 매일 놀고먹는 알건달이다.

정답 ②

해설 ②의 '알-'은 '겉을 덮어 싼 것이나 딸린 것을 다 제거한'의 뜻을 더하는 접두사이고, ①, ③, ④, ⑤의 '알-'은 '진짜, 알짜'의 뜻을 더하는 접두사이다.

14 다음 중 띄어쓰기가 잘못된 것은?

① 지윤이는 남자만큼 힘이 세다.
② 현규만큼 엉뚱한 아이도 없다.
③ 현아가 애쓴만큼 보람이 있다.
④ 그는 원빈만큼 잘생기진 않았다.
⑤ 희진이는 놀랄 만큼 열심히 공부했다.

정답 ③

해설 애쓴만큼 → 애쓴 만큼
• ①·②·④ '만큼' : 체언이나 조사의 바로 뒤에 붙어 앞말과 비슷한 정도나 한도임을 나타내는 보조사이므로 붙여 씀
• ③·⑤ '만큼' : 관형사형 어미 '-은, -는, -을' 뒤에 쓰여 앞의 내용에 상당하는 수량이나 정도임을 나타내는 의존명사이므로 띄어 씀
(관련 규정 : 한글 맞춤법 제41항, 제42항)

15 밑줄 친 단어 중 맞춤법에 어긋나는 것은?

① 개펄에서 굴을 캐다.
② 아무튼 불행 중 다행이다.
③ 일찌기 전해져 오던 책이다.
④ 우리 식구는 오순도순 잘 지낸다.
⑤ 어린 나이에 부모를 잃다니 참 가여운 아이구나.

정답 ③

해설 일찌기 → 일찍이

'예전에, 또는 전에 한 번'의 뜻을 나타내는 부사는 '일찍이'이다. 원래의 부사에 '이'가 붙은 형태는 원형을 고수한다. (관련 규정 : 한글 맞춤법 제25항, 제40항, 표준어 규정 제8항, 제26항)

16 밑줄 친 부분의 표기가 옳지 않은 것은?

① 어제 갈매기살을 먹었다.
② 육개장은 만들기 어렵다.
③ 자장면 곱빼기를 주문했다.
④ 김치찌게를 가장 좋아한다.
⑤ 복날에는 삼계탕을 주로 먹는다.

정답 ④

해설 ④ '김치찌개'가 바른 표기이다.

17 다음 중 맞춤법에 어긋나게 표기된 것은?

① 내가 언제 그랬다는 거야?
② 옷에 담배 냄새가 베었다.
③ 집에 간다는 사람을 왜 자꾸 잡니?
④ 너는 아무런 걱정 없이 사는 것 같구나.
⑤ 우리들 마음에 빛이 있다면 겨울엔 하얄 거예요.

정답 ②

해설 베었다 → 배었다

베다 : 날이 있는 연장 따위로 무엇을 끊거나 자르거나 가르다.
배다 : 냄새가 스며들어 오래도록 남아 있다.

18 〈보기〉의 로마자 표기법에 따를 때 잘못 표기한 것은?

> **보기**
> 'ㄱ, ㄷ, ㅂ'은 모음 앞에서는 'g, d, b'로, 자음 앞이나 어말에서는 'k, t, p'로 적는다.

① 구미 ⇨ Gumi
② 백암 ⇨ Baegam
③ 합덕 ⇨ Habdeok
④ 옥천 ⇨ Okcheon
⑤ 영동 ⇨ Yeongdong

정답 ③

해설 합덕 → Hapdeok

19 다음 글의 내용을 〈보기〉와 같이 정리할 때, [가]에 가장 적절한 것은?

어느 날, 나는 텅 빈 운동장에서 두 팔을 앞뒤로 높이 휘저으면서 혼자 걸어가는 한 어린이를 지나쳐 볼 수가 있었다.

밤 사이에 내린 첫눈으로 뒤덮인 운동장은 동녘 하늘에 솟아오르는 햇살에 더욱 눈이 부시었다. 그 흰 눈 위를 생기가 넘치는 그 어린이는 마치 사열대 앞을 행진하는 군인처럼 기운차게 신이 나서 꺼덕꺼덕 걸어가는 꼴이 하도 익살맞아서, 나는 혼자 웃음을 참으면서 바라보고 있었다. 그 어린이는 가끔 그 활발한 행진을 멈추고 차려의 자세로 서서 고개를 돌려 뒤를 한동안씩 바라보다가 전과 똑같은 보조로 두 팔, 두 다리를 높직높직 쳐들면서 다시 걸어가는 것이었다. 옥판선지(玉板宣紙)*같이 깨끗한 흰 눈 위에 작은 발자국이 자국자국 무늬져서 길게 뻗어 나가고 있었다.

이 어린이는 눈 덮인 운동장을 꼿꼿하게 일직선으로 걸어가 보고 싶었던 것이다. 그래서 앞으로 걸어가다가는 발을 멈추고 서서 자신이 걸어온 발자취가 어느 정도로 똑바른가를 검토해 보는 것임에 틀림없었다. 그러나 이 어린이가 걸어간 발자국은 부분적으로는 곧았으나 전체적으로 보면 여러 곳에서 바른편으로 또는 왼편으로 굽어 있었다.

나는 집으로 발걸음을 돌리면서 그 어린이의 행동을 통하여 적지 않은 것을 느꼈고, 또 배울 수가 있었다. 사람들은 부귀 빈천을 막론하고, 정도의 차이는 있을망정 누구나 자기들의 일생을 곧고 바르게 걸어가 보려고 노력하는 것이 사실이다. 그러나 사람들이 걸어간 그 생애의 발자취들은 작고 큰 허다한 파란(波瀾)* 속에 가지가지의 복잡한 곡선을 그리고 가다가, 어느 지점에 이르러서 영원히 끝을 맺고 마는 것이다. 인생은 결국 눈 덮인 들판에 가지가지의 발자국을 남기고 걸어가는 나그네인 것 같기도 하다. 그런데 눈 덮인 운동장 위를 걸어가는 저 어린이가 짬짬이 걸음을 멈추고 서서 고개를 돌려 자기가 걸어온 발자국을 그윽이 바라보는 것은 얼마나 슬기로운 일인가?

– 유달영, 「초설(初雪)에 부쳐서」 –

*옥판선지(玉板宣紙) : 폭이 좁고 두꺼우면서도 빛이 희고 결이 고운 고급 선지로, 그림이나 글씨를 쓰는 데에 많이 쓰는 것
*파란(波瀾) : 잔 물결과 큰 물결

대상	첫눈이 내린 운동장을 걸어가는 어린이
상황	어린이는 가끔 뒤돌아봄 + 어린이의 발자국이 굽어 있음
깨달음	(　　　　　[가]　　　　　)

• 보기 •

① 도전적인 삶의 자세가 필요함
② 유연성 있는 삶의 자세가 필요함
③ 지나온 삶을 성찰하는 자세가 필요함
④ 조화를 추구하는 삶의 자세가 필요함
⑤ 실패를 두려워하지 않는 삶의 자세가 필요함

정답 ③

해설 '어린이'는 자신이 반듯하게 걸어가고 있는지를 확인하기 위해 가끔 뒤돌아보곤 하는데, 화자는 이 어린이의 행동에서 우리가 지향해야 할 삶의 자세를 발견해 내고 있다. 즉 지나온 삶을 반성하고 성찰하는 자세가 필요하다는 것이다.

[20~21] 다음 글을 읽고 물음에 답하시오.

1995년 오존층 연구로 노벨 화학상을 받은 ⊙ 크루첸 교수는 지난 2백여 년을 가리켜 '인류세(anthropocene)'라고 부르는 것이 적절할 것 같다고 제안하였다. 최소한 1만 년이 넘는 긴 지질학적 시간대에 사용하는 이런 용어를 불과 2백 년 정도의 짧은 기간에 적용해야 한다면 사람들이 무언가 엄청난 일을 벌여놓은 듯한 인상을 준다.

지구 온난화는 인류에 의해 초래된 지구 환경 문제의 하나이다. 이는 기후 시스템을 연구하는 과학자들만의 순수한 과학적 과제를 넘어, 최근에는 전 세계의 정치 지도자들에게까지도 중요한 관심사가 되고 있다.

지구의 온도는 과거에도 변화해왔다. 여러 자료들을 종합해 보면 지난 15만 년 동안 지구는 약 6℃의 기온 변화를 보였다. 이에 비해 최근의 0.6℃ 상승은 불과 2백 년도 안 되는 짧은 시기에 일어난 것으로, 자연적인 현상으로 받아들이기에는 그 변화 속도가 너무도 빠르다. 1957년 키일링 교수가 대기 중 탄산가스 농도 측정을 시작하였는데, ⓛ 키일링 곡선이라 불리는 이 측정 자료는 두 가지 중요한 사실을 알려주고 있다. 하나는 지구가 식물의 활동으로 여름철에는 CO_2를 들이마시고, 겨울철이면 CO_2를 대기중으로 내뿜는 1년 주기의 거대한 숨쉬기를 하고 있다는 것이다. 그리고 이에 더하여 대기 중의 CO_2 농도가 연평균 0.5%의 꾸준한 증가를 보이고 있다는 것이다.

문제의 초점은 '키일링 곡선이 보여주는 탄산가스 농도 증가가 사람들이 만들어낸 것인가' 하는 것이었다. 탄산가스 농도는 10만 년 정도의 시간이 흐르면서 200ppmv*에서 280ppmv 사이의 변화를 반복했다. 그러나 이에 비해 산업혁명 이후 80ppmv 이상의 탄산가스 농도 증가는 자연적인 현상으로 보기에는 너무 큰 변화임이 분명하다.

대기는 지구의 온도를 일정하게 유지시키는 온실효과가 있는데, 이러한 온실효과를 일으키는 온실기체의 대기 중 농도가 최근 지수 함수적으로 증가하고 있다. 이런 급격한 변화 때문에 이 시기를 크루첸 교수는 '인류세'라 부르자고 한 것이다. 온실기체의 농도 증가는 대기 중에 머무는 에너지의 양을 증가시킬 것이며, 결국은 지표면의 온도를 상승시킬 것으로 예상된다.

기후를 연구하는 과학자들은 지구의 온도 상승으로 인해 극심한 가뭄이나 폭우 등의 이상 기후가 더 자주 발생할 것이며 태풍의 강도가 세지고 발생 빈도도 높아질 것이라고 한다. 또한 과학자들은 금세기 말에 적어도 9~88cm 정도의 해수면 상승이 있을 것으로 예상하고 있다. 짧은 시간에 해수면이 수십 센티미터 증가했을 때, 저지대가 많은 나라에서 겪을 어려움은 쉽게 짐작이 된다. 더구나 상승된 해수면에 조석(潮汐)이나 태풍이 함께 작용할 때 그 파괴 효과가 가중될 것임은 말할 것도 없다.

기후 모형들이 예측하는 또 하나의 결과는 온난화의 영향이 지역에 따라 상당한 차이가 있으며, 또한 온도 변화 속도가 매우 빠를 것이라는 점이다. 빠른 변화에 적응하기 어려운 식물 생태계 등이 입을 타격이 심각하리라는 점은 너무도 자명하다. 지구 온난화가 예측하는 미래의 지구는 결코 바람직하지 않은 방향으로 그 추가 더욱 기울어지고 있는 것이 사실이다.

*ppmv(part per million by volume) : 공기 분자 1백만 개 중에 섞여 있는 탄산가스 분자의 개수

---

20 ⓛ을 적절하게 나타낸 그래프는?

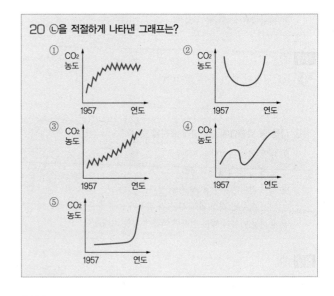

정답 ③

해설 '키일링 곡선'은 탄산가스 농도의 관측 결과를 나타낸 것이다. 이 글에서 지구가 1년 주기의 거대한 숨쉬기를 하고 있다는 것을 알 수 있으며, 매년 꾸준히 탄산가스의 농도가 증가하고 있음을 알 수 있다. 이를 그래프로 그린다면 여름에는 탄산가스의 농도가 낮고 겨울에는 농도가 높아야 한다. 또한 꾸준한 상승을 보여야 한다. 그래프의 중간에 곡선이 아래로 향하거나 그 상태를 유지하는 것은 적절하지 않다.

21 ㉠의 이유로 가장 적절한 것은?

① 인류가 자연을 지배했기 때문에
② 우주와 자연의 내적 법칙이 발견되었기 때문에
③ 인류가 지닌 새로운 가능성이 모색되었기 때문에
④ 인류에 의해 지구 환경이 급격하게 변화되었기 때문에
⑤ 기계 문명의 발달로 시공간적 한계가 극복되었기 때문에

정답 ④

해설 '~세'라는 개념은 1만 년 이상의 시간대에 적용하는 지질학적 용어이다. 이러한 용어를 산업혁명 이후의 200년 정도의 시간에 적용한다는 것은 그 시간 동안에 벌어진 자연환경의 변화가 이전 시기 1만 년 정도의 시간 동안에 벌어진 변화와 별 차이가 없을 정도로 엄청나다는 것이다. 즉, 최근 200여 년 동안 인간이 자연환경을 급격하게 바꾸었음을 강조하는 용어이다.

22 다음 글의 내용과 일치하지 않는 것은?

광고·선전물의 청소년 유해성 확인 기준
제1조(목적) 이 기준은 『영화 및 비디오물의 진흥에 관한 법률(이하 '영비법'이라 한다.)』 제32조 및 제66조의 규정에 의한 영화 및 비디오물의 광고·선전물에 대한 청소년 유해성 여부 확인에 필요한 기준을 정함을 목적으로 한다.
제2조(정의) 이 기준에서 사용하는 정의는 다음 각호와 같다.
1. '청소년'이라 함은 영비법 제2조 제18호에서 규정한 18세 미만의 자(『초·중등교육법』제2조의 규정에 따른 고등학교에 재학 중인 학생을 포함한다)를 말한다.
2. '정보통신망'이라 함은 「정보통신망 이용촉진 및 정보보호 등에 관한 법률」제2조 제1항 제1호에 의한 정보통신체제를 말한다.
3. '광고·선전물'이라 함은 사업자 등이 영화 및 비디오물을 소비자에게 알리거나 관련 정보를 제공하기 위한 제작물을 말한다.〈신설 2012.7.31.〉

제3조(범위)
① 이 기준에 의한 영화 및 비디오물의 광고·선전물에 대한 유해성 확인 대상 범위는 다음 각호를 말한다.
1. 해당 비디오물의 예고편〈개정 2010.6.3.〉
2. 해당 영화 및 비디오물의 포스터, 스틸, 신문, 잡지, 전단, 자켓 등 공중에게 배포·게시되는 광고·선전물
3. 정보통신망을 이용하여 공중의 시청에 제공하고자 하는 영화 및 비디오물의 광고·선전물(영상물 형태의 광고를 포함한다)〈개정 2010.6.3., 2012.7.31.〉
4. 기타 관련 광고·선전물
② 제1항의 규정에도 불구하고 다음 각호의 영화 및 비디오물의 광고·선전물은 유해성 확인을 받지 않을 수 있다.
1. 영비법 제50조 제3항 제1호 내지 제3호에 의한 비디오물의 광고·선전물
2. 청소년에게 유해성이 없다고 확인을 받은 광고·선전물과 동일한 내용의 광고·선전물을 다른 비디오물의 광고·선전물로 이용·제공하고자 하는 내용(장면의 부분 편집 없이 확인받은 내용을 단순히 연속 구성하거나 분리하여 시청 제공하는 경우를 포함한다. 단, 청소년관람불가 등급의 광고·선전물은 다른 등급의 광고·선전물과 연속해서는 아니된다.)
3. 정보통신망을 통해 시청·제공되는 광고·선전물로 확인받은 내용과 동일한 이미지(내용을 포함한다.)를 다른 웹면에서 제공하고자 하는 내용(장면의 부분 편집 없이 확인받은 내용을 단순히 연속 구성하거나 분리하여 시청 제공하는 경우를 포함한다. 단, 청소년관람불가 등급의 광고선전물은 다른 등급의 광고선전물과 연속해서는 아니된다.)

① 유해성을 확인하는 대상의 범위에는 비디오물의 예고편도 포함이 된다.
② 유해성을 확인하는 대상의 범위에는 영상물 형태의 광고도 포함이 된다.
③ 유해성의 확인을 하는 기준에서 청소년은 「초·중등교육법」의 규정에 따른다.
④ '광고·선전물'은 영화 및 비디오물의 정보를 소비자에게 알리기 위한 제작물을 말한다.
⑤ 청소년관람불가 등급의 광고 선전물은 다른 등급의 광고 선전물과 연속해서 제공하더라도 유해성 확인을 받지 않는다.

정답 ⑤

해설 제3조 ②-3의 항목에서 이러한 경우 연속해서 제공해서는 안 된다는 조항이 있다.

[23~24] 다음 글을 읽고 물음에 답하시오.

'인문적'이라는 말은 '인간다운(humane)'이라는 뜻으로 해석할 수 있는데, 유교 문화는 이런 관점에서 인문적이다. 유교의 핵심적 본질은 '인간다운' 삶의 탐구이며, 인간을 인간답게 만드는 덕목을 제시하는 데 있다. '인간다운 것'은 인간을 다른 모든 동물과 차별할 수 있는, 그래서 오직 인간에게서만 발견할 수 있는 이상적 본질과 속성을 말한다. 이러한 의도와 노력은 서양에서도 있었다. 그러나 그 본질과 속성을 규정하는 동서의 관점은 다르다. 그 속성은 그리스적 서양에서는 '이성(理性)'으로, 유교적 동양에서는 '인(仁)'으로 각기 달리 규정된다. 이성이 지적 속성인 데 비해서 인은 도덕적 속성이다. 인은 인간으로서 가장 중요한 덕목이며 근본적 가치이다.

'인(仁)'이라는 말은 다양하게 정의되며, 그런 정의에 대한 여러 논의가 있을 수 있기는 하다. 하지만 '인(仁)'의 핵심적 의미는 어쩌면 놀랄 만큼 단순하고 명료하다. 그것은 '사람다운 심성'을 가리키고, 사람다운 심성이란 '남을 측은히 여기고 그의 인격을 존중하여 자신의 욕망과 충동을 자연스럽게 억제하는 착한 마음씨'이다. 이때 '남'은 인간만이 아닌 자연의 모든 생명체로 확대된다. 그러므로 '인'이라는 심성은 곧 "낚시질은 하되 그 물질은 안 하고, 주살을 쏘되 잠든 새는 잡지 않는다(釣而不網, 戈不射宿)."에서 그 분명한 예를 찾을 수 있다.

유교 문화가 이런 뜻에서 '인문적'이라는 것은 유교 문화가 가치관의 측면에서 외형적이고 물질적이기에 앞서 내면적이고 정신적이며, 태도의 시각에서 자연 정복적이 아니라 자연 친화적이며, 윤리적 시각에서 인간 중심적이 아니라 생태 중심적임을 말해준다.

여기서 질문이 나올 수 있다. 근대화 이전이라면 어떨지 몰라도 현재의 동양 문화를 위와 같은 뜻에서 정말 '인문적'이라 할 수 있는가?

나의 대답은 부정적이다. 적어도 지난 한 세기 동양의 역사는 스스로가 선택한 서양화(西洋化)라는 혼란스러운 격동의 역사였다. 서양화는 그리스적 철학, 기독교적 종교, 근대 민주주의적 정치이념 등으로 나타난 이질적 서양 문화, 특히 너무나 경이로운 근대 과학 기술 문명의 도입과 소화를 의미했다. 이러한 서양화가 전통 문화, 즉 자신의 정체성의 포기 내지는 변모를 뜻하는 만큼, 심리적으로 고통스러운 것이었음에도 불구하고, 동양은 서양화가 '발전적·진보적'이라는 것을 의심하지 않았다. 모든 것이 급속히 세계화되어 가고 있는 오늘의 동양은 문명과 문화의 면에서 많은 점이 서양과 구별할 수 없을 만큼 서양화되었다. 어느 점에서 오늘의 동양은 서양보다도 더 물질적 가치에 빠져 있으며, 경제적·기술적 문제에 관심을 쏟고 있다.

하지만 그런 가운데에서도 동양인의 감성과 사고의 가장 심층에 깔려 있는 것은 역시 동양적·유교적, 즉 '인문적'이라고 볼 수 있다. 그만큼 유교는 동양 문화가 한 세기는 물론 몇 세기 그리고 밀레니엄의 거센 비바람으로 변모를 하면서도, 근본적으로 바뀌지 않고 쉽게 흔들리지 않을 만큼 깊고 넓게 그 뿌리를 박고 있는 토양이다. 지난 한 세기 이상 '근대화', '발전'이라는 이름으로 서양의 과학 문화를 어느 정도 성공적으로 추진해 온 동양이 그런 서양화에 어딘가 불편과 갈등을 느끼는 중요한 이유의 하나는 바로 이러한 사실에서 찾을 수 있다.

23 위 글의 내용과 일치하지 않는 것은?

① 동양 문화는 서양화를 통해 성공적으로 발전했다.
② 유교 문화는 내면적이고 정신적이며 자연친화적이다.
③ 유교는 동양인의 감성과 사고의 밑바탕에 깔려 있다.
④ '인'은 사람다운 심성으로, 그 대상이 모든 생명체로 확대된다.
⑤ 인간의 이상적 본질과 속성을 규정하는 관점은 동·서양이 다르다.

정답 ①

해설 마지막 문단에서 동양은 서양으로부터 근대 과학 기술 문명의 도입과 소화로 물질적 발전을 이루었으나 불편과 갈등을 내포하고 있다고 하였다. 그러므로 서양화는 성공하지 못한 것이다.

24 위 글의 서술 방법을 묶은 것으로 적절한 것은?

━━━━ **보기** ━━━━
ⓐ 개념을 밝혀 논점을 드러낸다.
ⓑ 주장을 유사한 이론들과 비교한다.
ⓒ 문제점을 지적한 후 견해를 제시한다.
ⓓ 여러 각도에서 문제를 분석하여 논지를 강화한다.

① ㉠, ㉡   ② ㉠, ㉢
③ ㉡, ㉢   ④ ㉡, ㉣
⑤ ㉢, ㉣

정답 ②

해설 먼저 용어의 개념을 밝혀 논점을 드러내고 문제점을 지적한 후, 그에 대한 견해를 제시하였다.

[25~26] 다음 글을 읽고 물음에 답하시오.

전자 상거래는 상품과 서비스의 수요자와 공급자 모두에게 영향을 주고 있다. 우선 수요 측면에서 보면, 소비자들은 종전보다 훨씬 빠르고 쉽게 자신이 원하는 상품을 고를 수 있다. 웹상에서는 즉각적으로 가격을 비교할 수 있으며, 미처 알지 못했던 관련 상품에 관한 정보를 제공받을 수 있다. 제품 사양과 기능에 대한 설명이 훨씬 풍부하고 회사가 제공하지 못하는 실제 사용상의 특성에 대해서도 얼마든지 알 수 있다. 이런 방법으로 소비자들이 공급자에 대하여 ㉠ 상품에 대한 정보의 비대칭성을 극복하게 되었다. 게다가 공동 구매를 통하여 소비자는 가격에 대해서도 어느 정도의 협상력을 가지게 되었다.

공급 측면에서 보았을 때 가장 중요한 변화는 비용의 감소이다. 부품의 구매에서부터 생산, 출하, 판매까지 전 단계가 자동화되고 네트워크를 통해 관리된다. 그 결과는 대부분 구매, 재고, 물류 비용 절감 효과로 나타난다. 정보 기술은 이렇게 절약을 통한 생산자의 경쟁력 제고를 가능케 하고 있다. 기존의 소매업은 점포의 위치가 매출에 상당히 중요한 요소였으나, 인터넷을 통한 상품 판매는 지리적 여건을 뛰어넘고 있다. 생산자는 소비자와 직거래를 할 수 있게 되면서 거래 단계가 해체됨을 경험하고 있다.

디지털 정보 처리의 특성은 기업들로 하여금 '표준전쟁'을 치르게 하고 있다. 커뮤니케이션을 위해서는 정보를 받는 사람과 주는 사람 모두가 동일한 정보 처리 방법(기술 표준)에 따라야만 의미가 통한다는 특성으로 인해, 기술적으로는 열위에 있지만 표준을 장악하면 시장 지배력을 확보할 수 있다는 역설적 현상이 나타난다. 따라서 멀티미디어 정보의 압축이나 재생 방법, 정보 기록 매체 산업의 기술 표준, 사무용 오피스웨어의 보급 등 광범한 영역에서 치열한 경쟁이 벌어지고 있다.

사이버 공간에서 인간 상호 작용의 경제적 특성은 네트워크에 참여하는 사람의 효용이 자신의 소비에서뿐만 아니라 타인의 참여에 의해서도 증가하는 ㉡ 망외부성(網外部性)에 기초하고 있다. 이로부터 알 수 있는 것은 인터넷 경제에서는 기본적으로 사람들을 인터넷의 한 특정 공간으로 유인하는 능력, 즉 콘텐츠의 매력이 경쟁력을 의미한다는 것이다. 이는 특별한 정보를 새롭게 만들어내는 창작적 사고보다는 기존의 정보를 매력적으로 가공, 구성할 수 있는 발상의 전환 능력이 중요함을 뜻한다.

또한 디지털 정보 처리 기술은 기업의 거래 비용 절감을 가져온다. 문서 처리가 자동화되고 정보는 네트워크를 통해 모니터링 된다. 기업 내부를 흐르는 정보는 마치 사람의 신경처럼 조직화된 망을 통해 유통되며 필요한 순간에 즉각적으로 제공된다. 이것이 비즈니스에 필요한 정보가 생각의 속도로 움직이는 디지털 신경망 시스템을 만들 수 있다는 빌 게이츠의 마찰 없는 경제의 이상을 보여주는 것이다. 그러나 정보화가 진행될수록 인간 사이의 커뮤니케이션의 부재 혹은 마찰에 따른 갈등은 더욱 두드러지고 있으며 이것이 또 다른 거래 비용의 증가 요인으로 작용하고 있다.

25 ㉠을 설명하기 위한 예로 적절하지 않은 것은?

① 상품을 검색하여 상품의 가격, 기능, 특성을 파악한다.
② 상품 공급 회사 홈페이지에 접속하여 상품을 구매한다.
③ 구매하려는 상품의 매출량, 소비자 선호도 등을 조사한다.
④ 인터넷 웹상에서 동호회를 조직하여 상품에 대한 의견을 수렴한다.
⑤ 구매하고자 하는 상품의 안티사이트를 방문하여 사람들의 의견을 참고한다.

정답 ②

해설 소비자가 전자 상거래를 통해 정보의 비대칭성을 극복한다는 것은 인터넷을 통해 상품 정보로의 접근이 용이해졌다는 것이다. 생산자가 제공한 정보뿐만 아니라, 소비자 간의 정보 교환 등이 활발해진다는 의미도 포함된다. 인터넷 구매는 정보의 비대칭성과는 관련이 없는, 상품의 판매·구매 단계이다. 정보의 비대칭성 극복은 구매 전 정보 수집 단계로 볼 수 있다.

26 〈보기〉를 참고하여 ㉡의 개념을 추리한 것으로 가장 적절한 것은?

┌─ 보기 ─
망외부성(網外部性)에 의한 가입자 쏠림 현상으로 인해 특정 기업의 시장 지배력이 증가하여 공정 경쟁이 제한될 우려가 있다.
└─

① 계층 간의 소득 격차가 디지털미디어의 확산에 의해 더욱 악화되는 것
② 시공간적 제약을 초월하여 전 세계의 소비자를 상대로 한 영업이 가능해진 것
③ 가치에 대한 절대적 판단 기준이 부재한 상태에서 과장 광고에 의해 가치가 평가되는 것
④ 어떤 상품이나 정보를 사용하는 사람이 많으면 많을수록 상품이나 정보의 가치가 증가하는 것
⑤ 인터넷에 접속할 수 있는 환경만 구비되면 기업이나 개인 누구든지 항상 자유롭게 시장에 참여할 수 있는 것

정답 ④

해설 제시된 글의 문맥과 〈보기〉를 참조할 때 '망외부성(network externality)'은 어떤 상품에 대한 소비가 그것과 비슷하거나 호환성이 있는 상품을 사용하는 다른 사람의 수에 의해 영향을 받는다는 경제학 개념이다. 따라서 '망외부성'은 사용하는 사람이 많으면 많을수록 더욱 그 가치가 증가하는 것임을 알 수 있다.

[27~28] 다음 글을 읽고 물음에 답하시오.

우리 몸은 일반적으로 체내의 어떤 물질이 필요 이상으로 많거나 적을 때에는 그 물질의 생산을 억제하거나 촉진한다. 이와 달리 특정 상황에서는 체내에 충분히 생산된 물질임에도 그 물질을 더 많이 만들기도 한다. 우리의 체내의 이런 현상은 어떤 과정을 거쳐 일어나게 되는 것일까?

세포 내에서 어떤 물질은 여러 단계의 화학 반응을 거쳐 다른 물질로 바뀌게 된다. 이때 촉매 구실을 하는 특정 단백질인 효소에 의해 화학 반응이 이루어지는데, 각 단계에서 화학 반응을 촉매하는 효소는 각기 다르다. 이러한 과정을 통해 세포 내에서는 산물들이 생기는데, 최종 산물은 체내에서 필요로 하는 요구량보다 많거나 적을 수 있다. 이럴 경우 체내의 요구량만큼 최종 산물의 양을 조절하게 된다. 피드백(feedback)을 통해 체내의 요구량만큼 최종 산물의 양을 조절하게 된다. 피드백은 화학 반응의 최종 산물이 특정 단계로 되돌아가 해당 효소의 활동을 억제하거나 활성화시켜 최종 산물의 양을 조절하는 과정이라 할 수 있다. 이러한 피드백은 체내의 일반적인 상황에서 이루어지는 음성피드백(negative feedback)과 특정 상황에서 이루어지는 양성피드백(positive feedback)이 있다.

음성피드백이란 일정한 상태로 몸을 유지하기 위해 최종 산물의 양이 많아지면 화학 반응 경로의 초기 단계에 작용하는 효소가 억제되고, 반대로 그 양이 적어지면 화학 반응 경로의 초기 단계에 작용하는 효소가 활성화되는 것을 말한다. 예를 들어, 세포는 화학 반응을 통해 당을 분해하여 에너지원인 ATP를 얻는다. 그런데 ATP가 지나치게 생산되어 축적되면 피드백을 통해 화학 반응의 초기 단계에 작용하는 효소를 억제하여 ATP의 생산 속도를 늦춰 ATP의 양을 줄이게 된다.

이와 달리, 양성피드백이란 특정 상황에서 ⊙ 최종 산물을 훨씬 더 많이 생산하기 위해 최종 산물이 화학 반응의 여러 단계 중, 자신의 생산에 관여하는 어느 한 단계의 효소를 더욱 활성화시키는 것을 말한다. 가령, ⓒ 우리 몸에 상처가 나서 피를 날 경우, 체내에서는 피를 응고시키는 데 필요한 최종 산물인 피브린이 생산된다. 이때 양성피드백을 통해 특정 단계의 효소가 활성화되어 피브린이 더 빨리 생산, 축적되며 출혈을 멈추기에 충분한 정도가 될 때까지 최종 산물인 피브린이 생산된다.

27 위 글의 제목으로 가장 적절한 것은?

① 피드백의 원리를 이용한 에너지의 생산 과정
② 피드백을 통한 최종 산물의 억제 방법
③ 피드백을 통한 체내 물질의 조정 과정
④ 피드백을 통한 최종 산물의 형태 변화
⑤ 피드백의 유형과 장단점

정답 ③

해설 우리 몸이 체내에서 피드백 과정을 통해 필요한 물질의 양을 조절하고 있음을 설명하고 있다.

28 ⓒ을 고려하여 ⊙의 이유를 추론한 내용으로 가장 적절한 것은?

① 우리 몸의 기능을 활성화시켜 특정 상황을 유지하기 위해서
② 특정 상황에서 필요한 물질을 다른 물질로 대체하기 위해서
③ 우리 몸이 특정 상황에 처했을 때 신속하게 대처하기 위해서
④ 효소의 활성화를 최소화하여 특정 상황에서 벗어나기 위해서
⑤ 특정 상황에서 필요량보다 더 많은 에너지를 저장하기 위해서

정답 ③

해설 ⓒ은 양성피드백의 사례이다. 우리 몸은 상처가 나서 피가 나는 경우와 같이 특정 상황에서 신속하게 대처할 필요가 있을 때, 양성피드백을 통해 최종 산물이 많이 있음에도 훨씬 더 많은 최종 산물을 생산한다. 그러므로 ⊙의 경우는 우리 몸이 특정 상황에 신속하게 대처하기 위해 일어나는 일임을 추론할 수 있다.

[29~30] 다음 글을 읽고 물음에 답하시오.

우리나라의 전통 음악은 대체로 크게 정악과 속악으로 나뉜다. 정악은 왕실이나 귀족들이 즐기던 음악이고, 속악은 일반 민중들이 가까이 하던 음악이다.

개성을 중시하고 자유분방한 감정을 표출하는 한국인의 예술 정신은 정악보다는 속악에 잘 드러나 있다. 우리 속악의 특징은 한 마디로 즉흥성이라는 개념으로 집약될 수 있다. 판소리나 산조에 '유파(流派)'가 자꾸 형성되는 것은 모두 즉흥성이 강하기 때문이다. 즉흥으로 나왔던 것이 정형화되면 그 사람의 대표 가락이 되는 것이고, 그것이 독특한 것이면 새로운 유파가 형성되기도 하는 것이다.

물론 즉흥이라고 해서 음악가가 제멋대로 하는 것은 아니다. 곡의 일정한 틀은 유지하면서 그 안에서 변화를 주는 것이 즉흥 음악의 특색이다. 가령 판소리 명창이 무대에 나가기 전에 "오늘 공연은 몇 분으로 할까요?" 하고 묻는 것이 그런 예다. 이때 창자는 상황에 맞추어 얼마든지 곡의 길이를 조절할 수 있는 것이다. 이것은 서양 음악에서는 어림없는 일이다. 그나마 서양 음악에서 융통성을 발휘할 수 있다면 가령 4악장 가운데 한 악장만 연주하는 것 정도이지 각 악장에서 조금씩 뽑아 한 곡을 만들어 연주할 수는 없다. 그러나 한국 음악에서는, 특히 속악에서는 연주 장소나 주문자의 요구 혹은 연주자의 상태에 따라 악기도 하나면 하나로만, 둘이면 둘로 연주해도 별문제가 없다. 거문고나 대금 하나만으로도 얼마든지 연주할 수 있다. 전혀 이상하지도 않다. 그렇지만 베토벤의 운명 교향곡을 바이올린이나 피아노만으로 연주하는 경우는 거의 없을 뿐만 아니라, 설령 연주를 하더라도 어색하게 들릴 수밖에 없다.

즉흥과 개성을 중시하는 한국의 속악 가운데 대표적인 것이 시나위다. 현재의 시나위는 19세기 말에 완성되었으나 원형은 19세기 훨씬 이전부터 연주되었을 것으로 추정된다. 시나위의 가장 큰 특징은 악보 없는 즉흥곡이라는 것이다. 연주자들이 모여 아무 사전 약속도 없이 "시작해 볼까" 하고 연주하기 시작한다. 그러니 처음에는 서로가 맞지 않는다. 불협음 일색이

다. 그렇게 진행되다가 중간에 호흡이 맞아 떨어지면 협음을 낸다. 그러다가 또 각각 제 갈 길로 가서 혼자인 것처럼 연주한다. 이게 시나위의 묘미다. 불협음과 협음이 오묘하게 서로 들어맞는 것이다.

그런데 이런 음악은 아무나 하는 게 아니다. 즉흥곡이라고 하지만 '초보자(初步者)'들은 꿈도 못 꾸는 음악이다. 기량이 뛰어 난 경지에 이르러야 가능한 음악이다. 그래서 요즈음은 시나위를 잘 할 수 있는 사람들이 별로 없다고 한다. 요즘에는 악보로 정리된 시나위를 연주하는 경우가 대부분인데, 이것은 시나위 본래의 취지에 어긋난다. 악보로 연주하면 박제된 음악이 되기 때문이다.

요즘 음악인들은 시나위 가락을 보통 '허튼 가락'이라고 한다. 이 말은 그대로 '즉흥 음악'으로 이해된다. 미리 짜 놓은 일정한 형식이 없이 주어진 장단과 연주 분위기에 몰입해 그때그때의 감흥을 자신의 음악성과 기량을 발휘해 연주하는 것이다. 이럴 때 즉흥이 튀어 나온다. 시나위는 이렇듯 즉흥적으로 흐드러져야 맛이 난다. 능청거림, 이것이 시나위의 음악적 모습이다.

29 위 글의 내용을 토대로 알 수 있는 사실은?

① 판소리나 산조는 유파를 형성하기 위하여 즉흥적인 감정을 표출하기도 한다.
② 오늘날 시나위를 잘 계승·보존하기 위해서는 악보를 체계적으로 정리해야 한다.
③ 속악과 마찬가지로 정악도 악보대로 연주하는 것보다 자연발생적인 변주를 중시한다.
④ 불협음과 협음이 조화를 이루는 시나위를 연주하기 위해서는 연주자의 기량이 출중해야 한다.
⑤ 교향곡을 서양 악기 하나로 연주하는 것이 어색하듯, 시나위를 전통 악기 하나로 연주하는 것도 어색하다.

정답 ④

해설 다섯째 문단에서 시나위는 즉흥곡이라고 하지만, 초보자는 감히 엄두를 내기 어려울 정도로 기량이 뛰어난 경지에 이르러야 가능하다고 하였으므로 ④가 정답이다.

30 위 글에서 설명한 '즉흥성'과 관련 있는 내용을 〈보기〉에서 모두 고른 것은?

〈보기〉
㉠ 주어진 상황에 따라 임의로 곡의 길이를 조절하여 연주한다.
㉡ 장단과 연주 분위기에 몰입해 새로운 가락으로 연주한다.
㉢ 연주자들 간에 사전 약속 없이 연주하지만 악보의 지시는 따른다.
㉣ 감흥을 자유롭게 표현하기 위해 일정한 틀을 철저히 무시한 채 연주한다.

① ㉠, ㉡   ② ㉠, ㉢
③ ㉡, ㉢   ④ ㉠, ㉣
⑤ ㉢, ㉣

정답 ①

해설 ㉠과 ㉡은 각각 셋째 문단과 마지막 문단에서 확인할 수 있다. 다섯째 문단의 악보로 정리된 시나위를 연주하는 것은 시나위 본래 취지에 어긋난다는 표현과, 셋째 문단의 곡의 일정한 틀은 유지한다는 표현에서 ㉢과 ㉣은 즉흥성을 잘못 이해한 것으로 볼 수 있다.

[31~32] 다음 글을 읽고 물음에 답하시오.

'생명이란 무엇인가'라는 물음은 과학이 도전하고 있는 난제 중 하나이다. 영국의 과학 주간지 〈뉴사이언티스트〉는 지난 특집에서 '생명의 10대 수수께끼'를 다루었다. 이 중 상당수는 해묵은 것들이지만 몇 가지는 오늘날 우리가 생명에 대해 가지고 있는 상(像)이 무엇인지, 그리고 그 상을 떠받치는 가정들이 어떤 것인지 다시 한번 생각하게 해 준다.

먼저 '우리는 지금도 진화하는가'라는 물음에 많은 사람들은 그렇다고 고개를 끄덕일 것이다. 하지만 이 이야기는 어딘지 낯선 느낌을 떨칠 수 없다. 언제부터인지 우리는 진화의 수레바퀴에서 벗어나 스스로의 진화를 제어하고 통제할 수 있는 위치에 올라선 듯한 착각을 하고 있기 때문이다. 그러나 우리 역시 진화의 흐름에서 열외일 수 없다. 다윈은 진화의 두 가지 메커니즘으로 유전가능한 돌연변이와 자연선택을 꼽았다. 그중에서 변이는 모든 생물들에서 끊임없이 일어나는 것이다. 그런데 선택의 측면에서는 분명 과거와 다른 요인들이 많이 개입한다. 가령 과거에는 적자(適者)가 많은 자손을 남겨서 자신의 유전형을 확산했지만, 오늘날에는 생식기술의 발전과 인위선택이라 불릴 수 있는 숱한 요소들이 그동안 자연선택이라 불리던 것을 대체하고 있다. 그러나 중요한 것은 아무리 그렇다 하더라도 이 요소들이 또한 인간의 통제에서 벗어나기는 마찬가지라는 사실이다.

다음으로 '유성생식이 왜 필요한가'라는 물음은 복제 시대를 살아가고 있는 오늘날 꼭 되새겨 보아야 한다. 지구상에 생존하는 다세포 생물 중 99.9%가 유성생식을 한다. 이들은 자신의 후손을 더 많이 퍼뜨리기 위해 치열한 경쟁을 벌이고 있는 것이다. ㉠유성생식의 과정은 효율성 면에서 보면 무척이나 거추장스럽고 많은 비용이 들어간다. 그렇기에 오늘날 간편하고 효율적인 복제로 우량 품종을 대량 생산하자는 주장이 나오고, 인간도 미래에는 이런 방법으로 생식을 제어할 수 있으리라는 터무니없는 기대가 팽배하고 있다. 하지만 35억 년에 걸친 진화 과정에서 다세포 생물들이 압도적으로 유성생식을 선택했다는 사실을 간과해서는 안 된다. 많은 학자들은 오늘날 풍부한 생물종이 탄생하고, 지능과 같은 인간적 특성들이 발생할 수 있었던 가장 큰 이유로 유성생식을 지적하고 있다.

마지막으로 '인간과 같은 지능의 출현은 필연적이었는가' 라는 물음인데, 대부분의 사람들은 인간의 출현이 진화의 궁극적인 목적이었다고 생각한다. 즉, 단세포 생물에서 영장류를 거쳐 인간에 도달한 경로를 유일한 생명의 역사로 간주하는 것이다. 그러나 고생물학자 '스티븐 제이 굴드'는 "생명이라는 테이프를 되감아 다시 돌리면 인간이 등장할 가능성이 있을까"라는 유명한 물음을 제기한다. 아쉽게도 그 답은 '아니다' 이다. 인간은 생명의 역사라는 기나긴 여정에서 목적지가 아니라 한 간이역에 불과하다는 것이다. 수천만 년 전 지구를 지배하던 공룡도 순식간에 멸종했고, 그 빈틈을 비집고 우리의 아득한 선조가 번성할 수 있었듯이 우리도 어느 한 순간 공룡의 신세가 될 수 있다.

우리는 생명을 둘러싼 수수께끼들을 살펴보면서 이러한 질문들이 계속 변하지 않는 중요한 이유가, 생명에 대한 우리의 접근방식에 근본적인 문제가 있었기 때문이라는 사실을 발견하게 된다. 간명하게 말해서, '생명이란 무엇인가' 라고 묻기 위해서는 먼저 생명에 대한 우리의 근본적인 생각에 대한 반성적 성찰을 토대로 그 물음에 접근해야 한다는 것이다.

– 김동광, 「게놈 프로젝트 시대에도 유효한 생명에 대한 의문들」 –

---

31 글쓴이가 〈보기〉의 신문 기사를 읽고 나타냈을 반응으로 가장 적절한 것은?

> ──●[보기]
> 보건복지부는 '생명 윤리 및 안전에 관한 법률'을 시행한 이후 처음으로 배아복제 연구를 공식 승인했다. 이 관계자는 "연구팀의 배아복제 연구기관의 등록 승인 및 신청에 대해 연구실 현장 실태 점검과 서류 검토 작업 등을 거쳐 최종 승인했다."고 말했다. 이로써 이 연구팀은 정부의 관리체계 내에서 배아복제 연구에 박차를 가할 수 있게 됐다.

① 이러한 연구 결과는 우리 사회를 더욱 경쟁적으로 몰아갈 것임을 유념해야 합니다.
② 이러한 연구가 전혀 예기치 못한 결과를 얻을 수도 있다는 사실을 명심해야 합니다.
③ 민간 차원의 공식 후원금을 조성하여 연구 진행에 부족함이 없도록 지원해야 합니다.
④ 이 연구가 지닌 잠재적인 경제 가치를 고려하여 이것이 해외로 유출되지 않도록 보호해야 합니다.
⑤ 현재 이러한 연구에 부정적인 반응을 보이는 사람들도 많이 있으므로 이들을 먼저 설득해야 합니다.

정답 ②

해설 글쓴이는 둘째 문단에서 인간은 아직도 진화 과정에 있다고 말한다. 결국 현대 사회에서 인간이 마치 진화 과정을 완벽히 통

제할 수 있다는 것에 대해 부정하며 비판적인 관점을 드러내고 있는 것이다. 그러므로 정부가 배아복제 연구를 허용했다는 기사에 대해 비판적인 반응을 보일 수 있다.

---

32 ㉠의 구체적인 사례로 제시할 수 있는 것은?

① 고래는 비록 물속에서 살지만 어류가 아니라 포유류이기에 알이 아니라 새끼를 낳아 기른다.
② 암사자는 힘이 강한 수사자를 중심으로 집단생활을 하면서 먹이가 필요하면 힘을 모아 사냥을 한다.
③ 흔히 미혼자가 오래 살 것이라 생각하는 사람들이 많은데, 실제로는 기혼자가 10년 정도 더 오래 산다.
④ 공작은 포식자의 눈에 잘 띄어 죽을 수 있음에도 불구하고 암컷의 관심을 끌기 위해 화려한 깃털을 자랑한다.
⑤ 부모의 유전자를 반씩 닮아 태어나는 개체는, 세대가 내려갈수록 종이 다양해져서 질병에 대한 면역력이 강해진다.

정답 ④

해설 ㉠은 결국 유성생식의 과정이 비효율적이라는 것을 의미한다. '거추장스럽고 많은 비용' 이 들어간다고 했는데 이는 유성생식을 하기 위해서는 암수가 짝을 찾기 위해 치열한 경쟁을 해야 하고, 상대를 유혹하기 위해 어떤 위험도 감수할 수 있음을 비유적으로 표현한 것이다. 그러므로 포식자에게 죽을 수도 있는 비용을 치르면서도 암컷의 관심을 끌기 위해 화려한 깃털을 자랑하는 공작이 이러한 사례라고 할 수 있다.

 ② 유성생식의 과정을 다룬 것이 아니라 집단생활의 효용성을 보여준다.
⑤ 유성생식의 장점을 보여주고 있다.

33 다음 글의 내용과 일치하지 않는 것은?

암각화에는 선조와 요조가 사용되었다. 선조는 선으로만 새긴 것을 말하며, 요조는 형태의 내부를 표면보다 약간 낮게 쪼아내어 형태의 윤곽선을 표현한 것이다. 이러한 점에서 요조는 쪼아 낸 면적만 넓을 뿐이지 기본적으로 선조의 범주에 든다고 하겠다. 따라서 선으로 대상을 표현했다는 점에서 암각화는 조각이 아니라 회화라고 할 수 있다.

한편 조각과 회화의 성격을 모두 띠고 있는 것으로 부조가 있다. 부조는 벽면 같은 곳에 부착된 형태로 도드라지게 반입체를 만드는 것이다. 평면에 밀착된 부분과 평면으로부터 솟아오른 부분 사이에 생기는 미묘하고도 섬세한 그늘은 삼차원적인 공간 구성을 통한 실재감을 주게 된다. 빛에 따라 질감이 충만한 부분과 빈 부분이 드러나서 상대적인 밀도를 지각할 수 있게 되는 것이다. 이처럼 부조는 평면 위에 입체로 대상을 표현하므로 중량감을 수반하게 되고 공간과 관련을 맺는다. 이것이 부조에서 볼 수 있는 조각의 측면이다.

부조는 신전의 벽면을 장식하기 위한 목적으로 제작되기 시작했다. 그리스 신전과 이집트 피라미드 등에서는 부조로 벽면을 장식하여 신비스러운 종교적 분위기를 형성하고 있다. 이처럼 이차원적 제한성에도 불구하고 삼차원적 효과를 극대화한 부조는 제작 환경과 제작 목적에 맞게 최적화된 독특한 조형 미술의 양식이다.

① 요조는 표면보다 낮게 표현한다.
② 선조는 입체감을 강조한 조형 양식이다.
③ 요조는 표현 방법 면에서 회화에 가깝다.
④ 부조는 종교 건축물의 장식에 사용되었다.
⑤ 부조는 공간과 관련을 맺어 조각의 성격을 띤다.

정답 ②

해설 ①, ③은 1문단에서, ④는 3문단에서, ⑤는 2문단에서 알 수 있다.

[34~35] 다음 글을 읽고 물음에 답하시오.

세계사는 유목 민족과 정주 민족 간 투쟁의 역사이다. 유목 민족은, 농경을 주업으로 하여 문명에서 앞서간 정주 민족에게 결국 패배하였다. 유럽을 공포로 몰아넣었던 용맹한 유목 민족인 훈족 역시 역사에서 흔적 없이 소멸했다. 그러나 21세기 들어 새로운 유목 민족이 새 역사를 쓰고 있다. 이들은 과거의 기마병이 상상조차 할 수 없는 속도로 세계 거의 모든 나라의 국경을 무너뜨리고 끊임없이 영토를 확장해 나가고 있다. 이처럼 신유목 시대를 열고 있는 종족이 바로 21세기의 화두로 떠오르고 있는 ⊙ 디지털 노마드*이다. 프랑스의 지성 자크 아탈리는 '21세기는 정보 기술(IT)을 갖추고 지구를 떠도는 디지털 노마드의 시대'라고 예언했다.

신유목 시대는 자본과 노동의 자유로운 이동을 추구하는 세계화와 관련이 있다. 국경을 넘나드는 세계화 시대의 돈과 노동력은 철저하게 유목화한다. 유목민이 말을 타고 새로운 영토를 찾아 끊임없이 이동했듯 21세기의 자본은 더 높은 수익률을, 노동력은 더 나은 삶을 모색하며 쉬지 않고 움직인다. 현대의 유목은 물리적인 현실 공간을 넘어 사이버 공간으로 이동된다. 프랑스의 철학자 피에르 레비는 '현대인에게 움직인다는 것의 의미는 더 이상 지구표면 한 지점에서 다른 지점으로 이동하는 것만을 뜻하지 않는다.'라고 했다.

신유목 시대의 두 축은 사이버 세계와 유목 행위이다. 과거 유목민이 오아시스라는 허브*를 통해 생존의 네트워크를 만들었듯, 디지털 노마드는 인터넷에서 생존의 조건을 확보한다. 시간과 장소에 구애를 받지 않고 다양하고 새로운 서비스를 받을 수 있는 유비쿼터스*는 새로운 유목민의 환경이다. 유목민은 성을 쌓지 않을 뿐만 아니라 성을 떠난다. 조상과 자신이 출생한 공간은 낡은 사진 이상의 의미를 갖지 못한다. 그들은 모국어를 버리고 이방에서 외국어를 쓰며 생활한다.

신유목 시대에는 국가주의가 퇴조하고 세계시민주의가 확대될 것으로 예상된다. 또한 세계화와 민족주의 사이의 갈등과 불확실성이 더욱 심해질 전망이다. 지구촌은 남북 격차*에 디지털 격차까지 겹쳐 빈익빈부익부 구조가 더욱 심해지고 고착될 수도 있다. 남쪽 세계에 속한 인구는 디지털 노마드로 변신을 꾀하기는커녕, 생존이 가능한 공간을 찾아 흙먼지 길을 전전해야 하는 가난한 유랑민으로 남게 될지도 모른다. 이를 해결할 수 있는 길은 바로 네트워크를 통한 공동체적 유대를 회복하는 데 있다. 공동체적 유대의 기본 정신은 '박애와 관용'이다. 과학 기술과 네트워크에 인간적 온기를 불어넣을 때, 인간을 소외시켰던 바로 그 과학 기술과 네트워크는 신유목 시대의 미래를 열어가는 정신적 토대로 전환될 수 있다. 1,600여 년 전 세계를 휩쓸었던 유목 민족인 훈족은 새로운 길을 찾지 못하고 역사에서 사라졌다. 21세기의 새로운 유목민도 비슷한 상황을 맞을 수 있다. 그러나 이미 도처에서 자라고 있는 희망의 싹을 잘 키운다면, 디지털 노마드는 인류 역사의 위대한 종족으로 남게 될 수 있을 것이다.

*노마드(nomad) : 유목민
*허브(hub) : 중심에 위치하여 바큇살 모양으로 다른 부분을 접속하는 중계 장치
*유비쿼터스(ubiquitous) : 두루누리. 정보 사용자가 네트워크나 컴퓨터를 의식하지 않고 장소에 상관없이 자유롭게 네트워크에 접속할 수 있는 정보통신 환경
*남북 격차 : 북반구에 있는 나라와 남반구에 있는 나라 사이의 불균형한 경제 관계

34 위 글의 내용과 일치하지 않는 것은?

① 역사적으로 유목 민족과 정주 민족은 갈등을 겪어 왔다.
② 남북의 경제적 격차로 인해 디지털 노마드가 늘고 있다.
③ 디지털 노마드의 생활 양식은 빠른 속도로 확산되고 있다.
④ 과거의 유목민에게 오아시스는 생존의 중요한 조건이었다.
⑤ 유비쿼터스는 디지털 노마드의 생존을 위해 필요한 환경이다.

정답 ②

[해설] 넷째 문단에는 앞으로의 세계가 남북 격차에 디지털 격차가 겹쳐짐으로써 부정적 상황이 올 수 있다는 가능성을 경고하는 내용이 나와 있다. 그러므로 마치 남북 격차가 디지털 노마드 증가의 원인처럼 제시한 ②는 적절하지 않다.

---

35 ⊙에 포함될 수 있는 경우를 〈보기〉에서 모두 고른 것은?

●보기●
ⓐ 전자 회사에 취직하여 최첨단 광통신 장비에 들어갈 부품을 만드는 노동자
ⓑ 한국에서 인터넷을 통해 미국의 주식 시장에 실시간으로 투자를 하는 사람
ⓒ 해외로 출장 가서 컴퓨터를 통해 인터넷에 접속하여 업무를 처리하는 회사원
ⓓ 국제민간기구에 가입하여 제3세계를 돌며 인류 평화를 위해 봉사하는 젊은이

① ⓐ, ⓑ   ② ⓑ, ⓒ
③ ⓒ, ⓓ   ④ ⓐ, ⓑ, ⓒ
⑤ ⓐ, ⓒ, ⓓ

[정답] ②

[해설] ⓑ과 ⓒ은 인터넷을 통한 유비쿼터스 환경을 이용하여 자본이나 노동력을 이동하는 새로운 인간형이다. ⓑ의 경우 인터넷을 통해 자본을 이동한 경우이며, ⓒ의 경우 인터넷을 통해 공간을 초월하여 노동력을 이동하고 있는 경우이므로 디지털 노마드의 사례로 적절하다고 볼 수 있다.

[오답풀이] 〈보기〉의 ⓐ은 전통적 의미의 육체노동 형태에 해당하고, ⓓ에서는 유비쿼터스 환경에 관한 내용을 찾을 수 없다.

[36~38] 다음 글을 읽고 물음에 답하시오.

최근 들어 화두가 되는 IT 관련 용어가 있으니 바로 클라우드(Cloud)이다. 그렇다면 클라우드는 무엇인가? 클라우드란 인터넷상의 서버를 통해 데이터를 저장하고 이를 네트워크로 연결하여 콘텐츠를 사용할 수 있는 컴퓨팅 환경을 말한다.

그렇다면 클라우드는 기존의 웹하드와 어떤 차이가 있을까? 웹하드는 일정한 용량의 저장 공간을 확보해 인터넷 환경의 PC로 작업한 문서나 파일을 저장, 열람, 편집하고 다수의 사람과 파일을 공유할 수 있는 인터넷 파일 관리 시스템이다. 한편 클라우드는 이러한 웹하드의 장점을 수용하면서 콘텐츠를 사용하기 위한 소프트웨어까지 함께 제공한다. 그리고 저장된 정보를 개인 PC나 스마트폰 등 각종 IT 기기를 통하여 언제 어디서든 이용할 수 있게 한다. 이것은 클라우드 컴퓨팅 기반의 동기화 서비스를 통해 가능하다. 즉 클라우드 컴퓨팅 환경을 기반으로 사용자가 보유한 각종 단말기기끼리 동기화 절차를 거쳐 동일한 데이터와 콘텐츠를 이용할 수 있게 하

는 시스템인 것이다.

클라우드는 구름[cloud]과 같이 무형의 형태로 존재하는 하드웨어, 소프트웨어 등의 컴퓨팅 자원을 자신이 필요한 만큼 빌려 쓰고 이에 대한 사용 요금을 지급하는 방식의 컴퓨팅 서비스이다. 여기에는 서로 다른 물리적인 위치에 존재하는 컴퓨팅 자원을 가상화 기술로 통합해 제공하는 기술이 활용된다.

클라우드는 평소에 남는 서버를 활용하므로 클라우드 환경을 제공하는 운영자에게도 유용하지만, 사용자 입장에서는 더욱 유용하다. 개인적인 데이터 저장 공간이 따로 필요하지 않기에 저장 공간의 제약도 극복할 수 있다. 가상화 기술과 분산 처리 기술로 서버의 자원을 묶거나 분할하여 필요한 사용자에게 서비스 형태로 제공되기 때문에 개인의 컴퓨터 가용률이 높아지는 것이다. 이러한 높은 가용률은 자원을 유용하게 활용하는 ⊙ 그린 IT 전략과도 일치한다.

또한 클라우드 컴퓨팅을 도입하는 기업 또는 개인은 컴퓨터 시스템을 유지, 보수, 관리하기 위하여 들어가는 비용과 서버의 구매 및 설치 비용, 업데이트 비용, 소프트웨어 구매 비용 등 엄청난 비용과 시간, 인력을 줄일 수 있고, 에너지 절감에도 기여할 수 있다. 하지만 서버가 해킹 당할 경우 개인 정보가 유출될 수 있고, 서버 장애가 발생하면 자료 이용이 불가능하다는 단점도 있다. 따라서 사용자들이 안전한 환경에서 서비스를 이용할 수 있도록 보안에 대한 대책을 강구하고 위험성을 최소화할 수 있는 방안을 마련하여야 한다.

---

36 위의 글을 통해 알 수 없는 것은?

① 클라우드의 개념
② 클라우드의 장점
③ 클라우드의 변천 과정
④ 클라우드의 해결 과제
⑤ 클라우드의 주요 구성 기술

[정답] ③

[해설] ①은 1문단, ②는 4문단과 5문단, ④는 5문단, ⑤는 3문단과 4문단에 제시되어 있다.

---

37 '클라우드'를 ⊙으로 볼 수 있는 이유로 적절한 것을 골라 바르게 묶은 것은?

●보기●
ㄱ. 남는 서버를 활용하여 컴퓨팅 환경을 제공함
ㄴ. 빌려 쓴 만큼 사용 요금을 지급하는 유료 서비스임
ㄷ. 사용자들이 안전한 환경에서 서비스를 이용하게 함
ㄹ. 저장 공간을 제공하여 개인 컴퓨터의 가용률을 높임

① ㄱ, ㄴ   ② ㄱ, ㄹ   ③ ㄴ, ㄷ
④ ㄴ, ㄹ   ⑤ ㄷ, ㄹ

정답 ②

해설 클라우드를 '그린 IT 전략'으로 볼 수 있는 것은 남는 서버를 활용하고 개인 컴퓨터의 가용률을 높여 자원을 유용하게 활용하기 때문이다.

---

38 '클라우드' 서비스를 활용한 사례로 보기 어려운 것은?

① 회사원 A 씨 : 클라우드에 업무 파일을 올려 팀과 자료를 공유해야겠군.
② 연구원 B 씨 : 클라우드에 올려놓은 프레젠테이션 파일을 스마트폰으로 확인할 수 있겠군.
③ 방송인 C 씨 : 제작한 동영상 파일을 소프트웨어를 별도로 구입하지 않아도 볼 수 있겠군.
④ 대학생 D 씨 : 내 과제 파일이 PC에서 삭제된다 해도 클라우드에 저장되어 있으니 걱정하지 않아도 되겠군.
⑤ 기업인 E 씨 : 클라우드의 가상화 기술을 활용하여 사원들의 업무 처리 과정을 실시간으로 살펴볼 수 있겠군.

정답 ⑤

해설 가상화 기술은 서로 다른 물리적 위치에 존재하는 컴퓨팅 자원을 통합하는 기술이지 업무 처리 과정을 실시간으로 볼 수 있는 것은 아니다.

[39~41] 다음 글을 읽고 물음에 답하시오.

사물을 입체적으로 느낄 수 있도록 하려면 무엇보다 빛과 그림자가 생생히 묘사되어야 한다. 그래서 사실적이고 입체적인 표현을 중시한 서양 회화는 빛에 대해 지대한 관심을 갖고 빛의 표현과 관련한 다양한 실험을 하였다. 사물을 입체적으로 그린다는 것은 결국 그 사물에서 반사되는 빛을 표현하는 것과 다를 바 없기 때문이다.

빛이 물리적 실체로서 본격적으로 묘사되기 시작한 것은 르네상스기에 들어와서이다. 조토의 〈옥좌의 마돈나〉에서는 양감이 느껴진다. 양감이 느껴진다는 것은 빛을 의식했다는 증거이다. 이렇게 시작된 빛에 대한 인식은 조토보다 2세기 뒤의 작가인 미켈란젤로의 〈도니 성가족〉에서 더욱 명료하게 나타난다. 빛의 각도, 거리에 따른 밝기의 차이 등이 이 그림에는 상세히 묘사되어 있다. 이에 따라 입체감과 공간감도 실감나게 표현되어 있다.

17세기 바로크 시대에 들어서면 화가들의 빛에 대한 인식이 보다 심화된다. 빛을 사실적으로 표현하기 위해 노력하는 과정에서 서양화가들은 빛이 사물의 형태를 식별하게 할 뿐 아니라 우리의 마음도 움직이는 심리적인 매체임을 깨달았다. 빛과 그림자의 변화에 따른 감정의 다양한 진폭을 느끼게 된 서양화가들은 이를 적극적으로 연구하고 표현하였다. 그 대표적인 화가가 '빛과 혼의 화가'로 불리는 렘브란트이다. 그는 빛이 지닌 심리적 효과를 탁월하게 묘사하였다. 그는 〈예루살렘의 멸망을 슬퍼하는 예레미야〉라는 작품에서 멸망해 가는 예루살렘이 아니라 고뇌하는 예레미야에

게 빛을 비춤으로써 보는 이로 하여금 그림 속 주인공의 슬픔에 깊이 빠져들게 한다. 렘브란트가 사용한 빛은 그림 속 노인뿐만 아니라 그의 실존적 고통까지 선명히 비춘다. 이와 같은 렘브란트의 빛 처리는 그의 작품을 정신적 호소력을 지닌 예술이 되게 하였다.

19세기 인상파의 출현으로 인해 서양미술사는 빛과 관련하여 또 한 번 중요하고도 새로운 전기를 맞게 된다. 인상파 화가들은 광학지식의 발달에 힘입어 사물의 색이 빛의 반사에 의해 생긴 것이라는 사실을 알게 되었다. 이것은 빛의 밝기나 각도, 대기의 흐름에 따라 사물의 색이 변할 수 있음을 의미한다. 이러한 사실에 대한 깨달음은 고정 불변하는 사물의 고유색이란 존재하지 않는다는 인식으로 이어졌다. 이제 화가가 그리는 것은 사물이 아니라 사물에서 반사된 빛이며, 빛의 운동이 되어 버렸다. 인상파 화가들은 빛의 효과를 극대화하기 위해 같은 주황색이라도 팔레트에서 빨강과 노랑을 섞어 주황색을 만들기보다는 빨강과 노랑을 각각 화폭에 칠해 멀리서 볼 때 섞이게 함으로써 훨씬 채도가 높은 주황색을 만드는 것을 선호했다. 인상파 화가들은 이처럼 자연을 빛과 대기의 운동에 따른 색채 현상으로 보고 순간적이고 찰나적인 빛의 표현에 모든 것을 바침으로써 매우 유동적이고 변화무쌍한 그림을 창조해냈다.

지금까지 살펴본 대로, 서양화가들은 빛에 대한 관찰과 실험을 통해 회화의 깊이와 폭을 확장시켰다. 그 과정에서 빛이 단순히 물리적 현상으로서만 아니라 심리적 현상으로도 체험된다는 사실을 발견하였다. 인상파 이후에도 빛에 대한 탐구와 표현은 다양한 측면에서 시도되고 있다. 따라서 빛을 중심으로 서양화를 감상하는 것도 그림이 주는 감동에 젖을 수 있는 훌륭한 방법이 될 수 있다.

---

39 위 글의 내용과 일치하지 않는 것은?

① 입체감이 느껴지게 하려면 빛과 그림자를 생생히 묘사해야 한다.
② 렘브란트는 빛이 지닌 심리적인 효과를 탁월하게 묘사한 화가이다.
③ 인상파 화가들은 사물이 지닌 고유색을 표현하기 위해 노력하였다.
④ 인상파 이후에도 빛에 대한 연구와 다양한 시도들이 이루어지고 있다.
⑤ 르네상스기에 들어와 빛이 물리적 실체로서 본격적으로 묘사되기 시작하였다.

정답 ③

해설 넷째 문단의 "인상파 화가들은 광학 지식의 발달에 힘입어 ~ 고정 불변하는 사물의 고유색이란 존재하지 않는다는 인식으로 이어졌다."라는 내용으로 미루어 볼 때, ③은 이 글의 내용과 일치하지 않는다.

40 위 글에 대한 설명으로 가장 적절한 것은?

① 빛에 대한 인식을 중심으로 서양 회화의 흐름을 살펴봤다.
② 빛에 대한 상반된 입장을 소개한 후 자신의 입장을 밝혔다.
③ 화가의 삶과 관련하여 개별 작품들에 대한 감상을 서술했다.
④ 빛에 대한 통념을 비판한 후 새로운 시각의 필요성을 주장했다.
⑤ 사실적 표현을 위한 기법을 중심으로 서양 회화의 특징을 분석했다.

정답 ①

해설 첫째 문단에서는 사실적이고 입체적인 표현을 중시한 서양 회화의 빛에 대한 지대한 관심을 소개한 후, 둘째 문단에서는 빛이 물리적 실체로서 본격적으로 인식되기 시작한 르네상스기의 서양화가들과 작품들에 대해 설명하고 있다. 셋째 문단에서 빛의 심리적 효과를 인식한 17세기 바로크 시대의 서양화가와 작품에 대해 설명한다. 넷째 문단에서는 빛의 밝기나 각도, 대기의 흐름에 따라 사물의 색이 변할 수 있음을 인식한 인상파 화가들에 대해 설명하고 있다. 마지막 문단에서는 이러한 내용을 근거로 하여 빛을 중심으로 서양화를 감상하는 것이 훌륭한 감상법이 될 수 있음을 진술하고 있다. 따라서 이 글은 빛에 대한 인식을 중심으로 서양 회화의 흐름을 살펴보고 있다고 할 수 있다.

41 위 글을 바탕으로 하여 아래의 그림을 감상한 내용으로 가장 적절한 것은?

– 라 투르, 〈두 개의 불꽃 앞의 막달라 마리아〉 –

① 그림의 중심 소재인 여인을 왼쪽에 배치하고 여인의 시선을 거울 속 촛불로 향하게 한 작가의 의도가 궁금해.
② 거울에 비친 촛불의 빛을 이용한 명암의 대비는 입체감뿐만 아니라 자신의 죄를 참회하는 인물의 내면을 잘 드러내고 있어.
③ 막달라 마리아는 성경에 등장하는 인물로 참회의 성인으로 알려져 있으므로 이와 관련해서 작품의 의미를 해석해야 해.
④ 어둠 속에서 빛을 내는 촛불을 소재로 택한 것으로 볼 때, 화가는 부정적 현실을 극복하고자 하는 소망을 표현한 것 같아.
⑤ 그림 속 여인의 무릎에 놓인 해골은 언젠가는 죽을 수밖에 없는 인간의 유한성과 그 원인이 된 죄를 상징하는 것 같아.

정답 ②

해설 마지막 문단의 "따라서 빛을 중심으로 서양화를 감상하는 것도 그림이 주는 감동에 젖을 수 있는 훌륭한 방법이 될 수 있다."에서 알 수 있듯이 글쓴이는 빛을 중심으로 서양화를 감상할 것을 제안하고 있다. ②의 경우 입체감과 관련하여 빛을 이용한 명암의 대비를 언급하고 있는데, 이는 둘째 문단에서 설명한 내용과 관련이 있다. 그리고 이 빛이 그림 속 인물의 내면을 드러내고 있다고 본 것은 빛의 심리적 효과에 주목한 셋째 문단의 내용과 관련이 있다.

오답풀이 ④ 특정 소재를 통해 작가의 의도를 파악하는 작품 감상 방법으로, 글의 내용과는 무관하다.

[42~43] 다음 글을 읽고 물음에 답하시오.

스크루 없는 배가 바다를 달리는 것이 가능할까? 초전도 선박이라면 가능하다. 1992년 시험 운행을 통해 선을 보인 초전도 선박은 스크루로 인한 소음과 진동이 없으면서도 고속으로 운항할 수 있음을 증명했다. 이런 일이 어떻게 가능했을까? 거기에는 '초전도 현상'이란 비밀이 담겨 있다.

초전도 현상은 어떤 특정 온도(임계온도) 이하에서 전기저항이 0이 되는 성질을 말한다. 이 현상은 네덜란드의 오네스(Heike Onnes)가 처음 발견했다. 그는 기체인 헬륨을 압축하여 절대온도 4도(섭씨 −269도)의 액체로 만드는 데 성공하였고, 이 액체 헬륨을 이용하여 물질의 온도를 절대온도 0도에 가깝게 냉각시킬 수 있었다. 그는 수은을 냉각시키면서 전기저항을 측정하던 중 절대온도 4.2도 근처에서 수은의 저항이 급격히 사라져 결국 0이 되는 것을 발견했던 것이다.

초전도 현상의 원인에 대한 설명은 반세기가 지나서야 이루어졌는데, 공동 연구자들의 이름 첫 자를 딴 BCS이론이 그것이다. 금속이 저항을 갖는 것은 전자가 흐를 때 금속 이온에 부딪히기 때문인데, 이 이론에 따르면 초전도 상태에서 전자들은 둘씩 짝을 지은 '쿠퍼쌍'을 이룬다. 쿠퍼쌍은 금속 이온의 방해에 관계없이 액체처럼 흐를 수가 있고, 그래서 전기저항이 사라진다는 것이다.

이런 현상이 나타나는 물질을 초전도체라 하는데, 초전도체는 완전한 전기 전도성을 지니고 있기 때문에 아무런 손실 없이 전기를 수송할 수 있으며, 이것으로 만든 코일을 사용하면 대단히 우수한 전자석을 만들 수 있다. 또한 초전도체는 완전 반자성의 성질을 지니고 있다. 완전 반자성이란 주위에 자기장이 있을 때 물질의 표면에 표면 전류가 흘러 그 자기장을 없애 버리고 내부에 자기장이 전혀 들어오지 못하도록 하는 성질을 말한다. 이러한 완전 반자성의 반발 작용을 이용하면, 자석 위에 초전도체를 두어 공중에 떠오르게 하거나 반대로 초전도체 위에 자석을 떠오르게 하는 것이 가능하다.

초전도 현상이 워낙 낮은 온도에서 나타나기 때문에 초전도체의 실용화를 위해서는 그 임계온도를 최대한 높일 필요가 있다. 과학자들은 다양한 초전도 물질의 개발을 통해 임계온도를 꾸준히 높여 가고 있고, 초전도체는 이미 의학을 비롯한 여러 분야에서 활발하게 응용되고 있다. 우리가 흔히 MRI라고 부르는 핵자기공명영상촬영장치에는 강력한 자석이 필요한

데, 이 자석은 초전도 전선에 강력한 전류를 흘려 만든다. 미래의 에너지 제조원으로 꼽히는 핵융합 반응을 일으키기 위해서도 초전도 자석이 필요하며, 초전도 자석의 자기부상 효과는 자기부상 열차의 핵심 원리로 사용된다. 앞에서 소개했던 초전도 선박의 힘의 근원도 초전도 자석이다. 선체 밑에 초전도 자석을 설치하여, 이것으로 해수에 자기장을 걸어 주고 전류를 흘리면 플레밍의 왼손 법칙에 따른 전자력이 생기는데, 그 힘을 배가 운항하는 추진력으로 이용하는 것이다.

이제 절대온도 25도 이상에서 초전도 현상이 일어나는 고온 초전도체의 등장이 현실화되면서, 전 세계의 국가들은 조금이라도 더 높은 온도에서 초전도 현상이 일어나는 물질을 만들고 이를 응용하기 위한 무한 경쟁에 나서고 있다.

42 위 글에 사용된 글쓰기 전략과 거리가 먼 것은?

① 물음을 던짐으로써 독자들의 관심을 유발한다.
② 용어의 의미를 설명하여 내용 전개의 바탕으로 삼는다.
③ 과제를 제시하고 그 중요성을 강조하며 논의를 시작한다.
④ 현상이 나타나는 원인에 관한 이론을 소개하여 이해를 돕는다.
⑤ 대상이 응용되는 사례들을 열거하여 실용적 가치를 부각한다.

정답 ③

해설 첫째 문단에서는 초전도 선박과 관련된 질문을 던지면서 독자들의 관심을 유발하고 있으며, 둘째 문단에서는 초전도 현상의 의미를 설명하여 내용 전개의 바탕으로 삼고 있다. 또한, 셋째 문단에서는 초전도 현상이 나타나는 원인을 설명하는 BCS 이론을 소개하고 있으며, 다섯째 문단에서는 초전도체가 실제로 응용되는 사례들을 열거하고 있다. 그러나 글의 처음 부분에서 과제를 제시하고 그 중요성을 강조하며 논의를 시작하고 있지는 않다.

43 아래의 그래프는 어떤 물질의 온도와 전기저항 사이의 관계를 나타낸 것이다. 위 글의 내용을 참조할 때, 그래프에 대한 설명으로 적절하지 않은 것은?

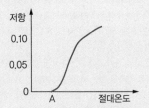

① A 지점은 초전도 현상이 나타나는 임계온도이다.
② 이 물질은 A 지점에서 완전 반자성을 지니게 될 것이다.
③ A 지점에 이르기까지는 온도와 저항이 대체로 비례한다.
④ 이 물질의 전자들은 A 지점에 이르러 '쿠퍼쌍'을 이룰 것이다.
⑤ A 지점에서 모든 초전도 물질의 저항과 온도는 동일할 것이다.

정답 ⑤

해설 그래프의 A 지점은 '어떤 물질의' 초전도 현상이 일어나는 임계온도이므로, A 지점에서 모든 초전도 물질의 저항과 온도가 동일할 것이라는 진술은 적절하지 않다.

[44~45] 다음 글을 읽고 물음에 답하시오.

유교를 통치 이념으로 정립한 조선 시대에 들어오면서, 선비는 사회의 지도 계층으로서 그 지위가 확립되었다. '선비'라는 말은 '사대부(士大夫)'의 신분에 속하면 아무에게나 붙여 주는 것이 아니라, 학식과 덕망을 갖춘 인물에게 존경의 뜻을 실어서 부르는 호칭이다. 그러므로 '선비'는 타고나는 것이 아니라 오랜 세월 동안 갈고 닦은 학문과 수양을 통해 만들어지는 것이라고 할 수 있다.

선비는 벼슬길에 나가든 산림에 은거하든 상관없이 항상 자신을 선비로서 다듬어야 하는 임무를 지닌다. 선비는 조정에서 임금의 정치를 보좌할 때 선비다운 기개를 발휘하여, 권세와 지위를 이용한 부당하고 불법적인 태도에 맞서, 그 사회를 정의롭게 만들어야 한다. 혹 벼슬하려는 뜻을 버리고 산림(山林) 속에 은거하여 '처사(處士)'로서 살아가더라도 유교의 도를 강론(講論)하여 밝히고 수호하는 임무를 지닌다. 그리고 선비는 자신이 어디에 있건 상관없이 항상 안빈낙도(安貧樂道)를 생활의 신조로 삼아 세속적·물질적 욕심을 버리고, 그 사회의 가치 기준을 확인하고 제시하며 이를 실천하는 것을 임무로 삼는다. 선비는 이렇게 유교적 도덕 규범을 실천하는 모범을 보임으로써 대중들을 교화하는 사회적 책임을 수행하는 존재인 것이다.

선비의 임무가 이렇게 중대하니 선비는 선비로서 자신을 다듬어 나가기 위해 비상한 노력을 기울이지 않으면 안 되었다. 선비가 자신을 다듬어 가는 방법은 크게 두 가지가 있는데, 하나는 학문을 통해 자신의 식견(識見)을 깊고 바르며 확고하게 정립해 가는 것이다. 즉 선비는 독서를 통해 이치와 의리를 깨닫고 밝혀서 마음에 깊이 젖어들게 함과 동시에 이를 자신의 판단과 행위에 활용해야 한다. 이처럼 선비의 학문은 결코 지식의 양적 축적만을 목적으로 하지 않고 실천의 힘, 행동의 원리로 작용해야 하는 것이었다. 다른 하나는, 수양을 통해 그 마음을 부드러우면서도 굳세고 흔들리지 않게 확립하는 것이다. 선비는 봄바람처럼 온화한 인품과 가을 서리처럼 엄격한 신념, 즉 외유내강(外柔內剛)의 자세를 지녀야 한다. 이러한 선비의 인품과 판단력은 오랜 시간에 걸쳐 마음을 다스리는 수양 공부를 통해 비로소 얻을 수 있는 것이다.

이와 같이 선비의 자기 수련 과정으로서 학문과 수양은 일시적인 단계가 아니라 평생을 지속해 가는 과업이다. 따라서 선비는 평생 동안 독서를 쉬지 않는 '독서인'이며, 독서를 통해 진리의 근원을 통찰하고 현실에 대한 대응 방법을 발견해 내는 '지성인'이라고 할 수 있다.

44 위 글의 중심 내용으로 적절한 것은?

① 선비의 이상과 한계
② 선비 의식의 역사적 배경
③ 선비의 임무와 수련 방법
④ 선비 정신의 현대적 의의
⑤ 선비의 역사 의식과 실천 방법

정답 ③

해설 이 글은 선비의 임무와 수련 방법에 대한 내용을 다루고 있다.

45 위 글을 통해 이끌어 낸 내용으로 적절한 것은?

① 선비는 학문적 탐구와 육체적 수련을 병행하였다.
② 선비가 한 번 성취한 명성은 일생 동안 지속되었다.
③ 선비의 지도적 지위는 통치 권력의 이념과 관련이 없다.
④ 선비는 도덕적 수양보다 사회적 실천을 중요하게 여겼다.
⑤ 선비는 대중의 교화를 위해 솔선수범의 생활 태도를 실천했다.

정답 ⑤

해설 2문단에서 선비는 백성을 교화하기 위해 모범을 보인다는 내용을 확인할 수 있다.

[46~48] 다음 글을 읽고 물음에 답하시오.

청과물 상인들은 경험을 통해서, 제한된 공간 내에 가장 많은 과일을 조밀하게 채우는 방법은 육방밀집 쌓기(가운데의 과일을 중심으로 테두리에 6개, 아래와 위로 각각 3개씩의 과일을 배열하는 방법)를 이용하는 것임을 알고 있다. 그러나 수학자들은 다르다. 아무리 오랜 경험을 통해서 얻게 된 사실이라고 해도 엄밀한 과정을 통해서 증명되기 전까지는 옳고 그름에 대한 판단을 유보한다.

수학자들의 이러한 태도를 가장 잘 보여 주는 사례가 '뉴턴과 그레고리의 논쟁'이다. 하나의 구(球)와 접할 수 있는 구의 최대의 수를 두고, 뉴턴은 12개만이 가능하다고 주장했고 그레고리는 13개까지도 가능하다고 주장했다.

육방밀집 쌓기의 경우, 12개의 구가 가운데 구와 접하고 있을 뿐만 아니라 서로와도 모두 접하고 있기 때문에 추가로 하나의 구가 비집고 들어갈 공간은 전혀 없다. 상식적으로 볼 때 뉴턴의 생각이 당연히 옳은 것처럼 보인다.

하지만 문제가 그렇게 단순하지만은 않다. 12개의 구가 가운데 구와 맞닿아 있으면서도 육방밀집 쌓기와는 본질적으로 다른 배열이 있다. 가운데 구의 적도선의 바로 아래에 5개의 구를 배열한다. 그리고 그 5개의 구들과 엇갈리게 위쪽에 또 다른 5개의 구를 올려놓는다. 꼭대기와 맨 아래쪽에도 하나씩의 구를 놓는다. 이렇게 해서 만들어진 배열에는 12개의 구 사이사이에 여유 공간이 꽤 많이 존재한다.

수학적으로 계산을 해 보면 그 공간들 속으로 구 하나가 추가될 가능성이 좀 더 높아 보인다. 반지름이 1인 여러 개의 구들이 같은 크기의 구를 둘러싸고 있다고 하자. 이 모두를 반지름 3인 커다란 구 안에 넣는다. 가운데 구의 중심에 등불이 있어서 주위에 있는 구들의 그림자가 커다란 구의 표면에 생긴다고 해 보자. 계산을 해 보면, 그림자 각각의 면적은 7.6이고 외부의 커다란 구의 면적은 113.1이다. 113.1을 7.6으로 나누면 14.9가 된다. 이론적으로는 14개의 구까지도 들어갈 만큼 공간이 충분하다는 얘기이므로, 구들이 접할 때 생길 수밖에 없는 낭비되는 공간을 고려하더라도, 그레고리의 주장이 옳을 것처럼 보이기도 한다.

하지만 당사자인 뉴턴과 그레고리는 각자의 주장을 수학적으로 증명해 보이지 못했기 때문에, 결국 이 문제는 2세기 반 동안이나 증명을 기다리며 미제로 남아 있을 수밖에 없었다.

이 문제의 수학적인 해결은 두 종류의 증명을 통해 비로소 이루어졌다. 쉬테와 바르텐은 공동 연구를 통해 반지름이 1인 13개의 구와 동시에 맞닿을 수 있는 구는 그 반지름이 1보다 클 수밖에 없음(최소 1.04557)을 보였다. 또한 존 리치는 '구면삼각법'이라는 방법을 사용해서 동일한 반경의 구 13개가 같은 반경의 구와 맞닿도록 그물을 짜는 것이 불가능함을 증명해 보였다. 그레고리의 13개의 구에 내려진 사형 선고였다. 결국 뉴턴이 옳았던 것으로 판명이 난 것이다.

이제야 수학자들은 3차원 공간에서 크기가 동일한 한 구에 접할 수 있는 구의 최대의 수는 12라고 말할 수 있게 되었고, 이후부터는 가운데 구와 맞닿을 수 있는 구의 최대의 개수를 '뉴턴 수'라고 부르고 있다.

46 〈보기〉의 의문에 대한 생각들 중 수학자들과 가장 유사한 태도를 보이고 있는 것은?

●보기●
> 빨간 사과와 파란 사과가 각각 하나씩 있다. 둘 중 어느 것의 당도 (糖度)가 더 높을까?

① 내가 지금까지 먹어 본 바로는 빨간 사과가 더 달았어. 그러니까 빨간 사과의 당도가 더 높을 거야.

② 나는 아직 두 사과의 맛을 본 적이 없어. 직접 먹어 본 후에야 어느 사과의 당도가 높은지 알 수 있을 거야.

③ 나는 두 사과의 당도를 재 보질 않았어. 당도를 정확히 측정하기 전까지는 어느 것의 당도가 높은지 알 수 없어.

④ 나는 두 사과를 직접 먹어 보지는 않았어. 하지만 빨간 사과가 더 달다는 것은 상식이야. 그러니까 빨간 사과의 당도가 더 높을 거야.

⑤ 내가 직접 두 사과의 당도를 재 보지는 않았어. 하지만 지금까지 알려진 바로는 빨간 색의 사과들이 당도가 더 높다고 해. 그러니까 빨간 사과의 당도가 더 높을 거야.

정답 ③

해설 글에 소개된 '수학자들'의 태도는, 아무리 경험적으로 인정되는 사실이라고 하더라도, 엄밀하게 증명되기 전까지는 판단을 유보한다는 것이다. ③의 경우에도 당도를 재보지 않았기 때문에 어느 사과의 당도가 높은지에 대한 판단을 유보하고 있다.

47 위 글의 내용을 참조할 때 〈보기〉의 질문에 대한 대답으로 가장 적절한 것은?

●보기●
> 3차원 공간에서의 뉴턴 수가 12라면, 직선 위와 평면 위에서의 뉴턴 수는 어떻게 될까?

① 직선과 평면의 경우 모두 3이다.
② 직선에서는 1, 평면에서는 6이다.
③ 직선에서는 2, 평면에서는 6이다.
④ 직선에서는 2, 평면에서는 12이다.
⑤ 직선에서는 6, 평면에서는 12이다.

정답 ③

해설 글의 마지막 부분을 참조할 때, '뉴턴 수'란 가운데 구와 맞닿을 수 있는 구의 최대의 개수라는 것을 알 수 있다. 그런데 글의 처음 부분에서 소개된 육방밀집 쌓기의 경우, 가운데의 구를 중심으로 그 테두리에 6개를 놓고 그 아래와 위로 3개씩을 배열한 것인데, 각 구들 사이에 여유 공간이 전혀 없다고 했으므로 (가운데 구를 중심으로 6개의 구가 빈틈없이 접해 있는 모습),

평면에서는 육방밀집 쌓기에서 처음에 가운데의 구 주변에 놓은 숫자가 바로 '뉴턴 수'임을 알 수 있다. 그러므로 평면 위에서의 뉴턴 수는 6이다. 또한 직선의 경우에는 가운데 구에 접할 수 있는 구가 양쪽에 하나씩밖에 없으므로, 뉴턴 수는 2이다.

48 위 글을 〈보기〉와 같이 정리할 때, 빈칸에 들어갈 내용으로 적절한 것은?

●보기●
> 〈사례 제시 – 뉴턴과 그레고리의 논쟁〉
> • 논쟁의 핵심 소개
> • 상식적인 판단
> • 다른 가능성의 모색
> • (   )
> • 논쟁이 미제인 채로 남아 있을 수밖에 없었던 이유
> • 증명을 통한 사실의 확인 – 논쟁의 결론

① 가능성이 지닌 논리적 모순 지적
② 수학적 계산을 통한 가능성의 확인
③ 구체적 사례들을 통한 가능성의 부정
④ 가능성을 증명하는 다양한 방법 소개
⑤ 가능성의 결함을 암시하는 경험적 사실 제시

정답 ②

해설 둘째 문단에서는 뉴턴과 그레고리가 벌인 논쟁의 핵심 내용을 소개하고 있으며, 셋째 문단에서는 가장 흔히 이용되는 육방밀집 쌓기의 예를 통해 뉴턴의 생각이 옳을 것처럼 보인다는 상식적인 판단을 제시하고 있다. 하지만 넷째 문단에 와서는 앞에서 제시한 상식적인 판단 이외의 다른 가능성이 있을 수도 있음을 보이고 있다. 그런 다음 다섯째 문단에서는 넷째 문단에서 모색해 보았던 가능성을 수학적인 계산을 통해 다시 한 번 확인하고 있다.

[49~50] 다음 글을 읽고 물음에 답하시오.

(가) ⊙ 내 죽으면 한 개 바위가 되리라.
　　아예 애련(愛憐)에 물들지 않고
　　희로(喜怒)에 움직이지 않고
　　비와 바람에 깎이는 대로
　　억년(億年) 비정(非情)의 함묵(緘默)에
　　안으로 안으로만 채찍질하여
　　드디어 생명도 망각하고
　　흐르는 구름
　　ⓛ 머언 원뢰(遠雷)
　　꿈 꾸어도 노래하지 않고
　　두 쪽으로 깨뜨려져도
　　소리하지 않는 바위가 되리라.

　　　　　　　　　　　　　　　 - 유치환, 「바위」 -

(나) 겨울 나무와
　　바람
　　ⓒ 머리채 긴 바람들은 투명한 빨래처럼
　　진종일 가지 끝에 걸려
　　나무도 바람도
　　혼자가 아닌 게 된다.

　　혼자는 아니다
　　누구도 혼자는 아니다
　　나도 아니다.
　　실상 하늘 아래 외톨이로 서보는 날도
　　하늘만은 함께 있어 주지 않던가.

　　ⓔ 삶은 언제나
　　은총의 돌층계의 어디쯤이다.
　　사랑도 매양
　　섭리의 자갈밭의 어디쯤이다.

　　ⓜ 이적진* 말로써 풀던 마음
　　말없이 삭이고
　　얼마 더 너그러워져서 이 생명을 살자.
　　황송한 축연이라 알고
　　한 세상을 누리자.

　　새해의 눈시울이
　　순수의 얼음꽃,
　　승천한 눈물들이 다시 땅 위에 떨구이는
　　백설을 담고 온다.

　　　　　　*이적진 : '이제까지는'의 방언
　　　　　　　　　　　　　　　 - 김남조, 「설일」 -

49 (가)와 (나)의 공통점으로 가장 적절한 것은?

① 화자의 내면적 갈등을 드러내고 있다.
② 자신의 삶에 대한 자세를 다지고 있다.
③ 미래에 대한 절망적 인식을 내포하고 있다.
④ 대상에 대한 연민의 감정을 표출하고 있다.
⑤ 자신이 처한 현실을 직접적으로 비판하고 있다.

정답 ②

해설 (가)는 바위처럼 굳건하게 살아가겠다는 삶의 자세를, (나)는 삶에 대한 겸허하고 너그러운 자세를 드러내고 있다. 따라서 자신의 삶에 대한 자세를 다지고 있다는 공통점을 찾을 수 있다.

50 ⊙~ⓜ에 대한 설명으로 적절하지 않은 것은?

① ⊙ : 극단적인 상황의 가정을 통해 되고자 하는 바를 효과적으로 제시하고 있다.
② ⓛ : 시적 허용과 동일한 의미의 중첩을 통해 거리감을 강조하고 있다.
③ ⓒ : 보이지 않는 대상을 시각화하여 구체적인 모습으로 보여주고 있다.
④ ⓔ : 비유적 표현을 통해 추상적 대상의 특성을 효과적으로 드러내고 있다.
⑤ ⓜ : 반어적 표현을 통해 시적 의미를 강조하고 있다.

정답 ⑤

해설 반어적 표현은 화자의 의도와는 반대로 표현함으로써 화자의 정서를 강화하는 것인데, ⓜ에서는 이러한 표현이 사용되지 않았다.

① 화자는 '내 죽으면'에서 극단적 가정을 하고 있다.
② '머언'에서는 시적 허용을, 동일한 의미 중첩은 '머언'과 '원뢰'에서 찾을 수 있다.
③ 보이지 않는 '바람'을 '머리채'로 시각화하여 표현하고 있다.
④ 은유법을 활용하여 의미를 효과적으로 드러내고 있다.

[51~52] 다음 글을 읽고 물음에 답하시오.

사람이 사는 곳에는 고통이 존재한다. 칸트는, 고통이 쾌락의 전제가 되고, 쾌락과 쾌락 사이에 개입하여 건강을 유지하는 데 없어서는 안 될 요소라고 보았다. 그런가 하면 라이프니츠는 고통을, 궁극적 선을 이루기 위한 신의 섭리가 실현되는 과정이라고 설명하였다. 비록 고통스러운 과정을 거치기는 하지만 결국에는 신이 설정한 목표에 이른다는 것이다. 고통에 대한 이러한 논의들이 관념적이고 추상적인 목적론에 입각한 것이라고 비판하면서 고통을 인간의 실천 윤리와 관련지은 철학자가 바로 레비나스다. 그렇다면 고통은 어떻게 인간의 윤리적 측면에 관여하는 것일까?

고통을 당하는 사람은 소리를 지르거나 신음 소리를 낸다. 레비나스에 따르면 고통은 자신의 수용 범위를 넘어서는 그 어떤 것이다. 따라서 이 외침과 신음에는 근원적으로 타인의 도움에 대한 요청이 깔려 있다. 이 요청은 곧 타인과의 관계를 연다는 것을 뜻한다. 그러나 이 '열림'은 '절반의 열림'이다. 이것이 '완전한 열림'이 되기 위해서는 고통 받는 사람의 호소에 대한 응답이 있어야 한다. 그런데 육체를 지닌 인간의 자기 중심적인 본성에 비추어 볼 때, 타인의 고통에 대해 응답하는 모순적인 행동은 어떻게 설명할 수 있을까?

레비나스는 인간을 자기 보존성을 지니는 존재인 동시에 타자(他者)를 지향하는 존재로 본다. 그는 ⊙ '욕구'와 ⓒ '열망'이라는 개념을 대비하여 이를 설명한다. '욕구'는 자신에게 결핍된 것을 얻으려는 인간의 지향을 나타낸다. 이것은 외부의 것을 자신에게 동화, 통합시킴으로써 자신을 유지하려는 생명체의 자기 보존 욕구와 관련된다. 이에 반해 '열망'은 자신의 빈 곳을 채우려는 것이 아니다. 타자를 열망하는 태도는 타자를 자기 안으로 통합시키거나 자기화하는 작용이 아니라 타자를 향하여 자기 자신을 열고 헌신하는 것이다. 이를 통해 인간은 타자와의 윤리적이고 사회적인 관계를 맺을 수 있는 것이다.

고통 받는 자의 호소를 냉정하게 외면하지 못하고 자기를 희생하면서 타자에게 귀 기울이는 존재자를 레비나스는 이기적 자아와 구별하여 윤리적 자아라고 부른다. 내가 타자의 호소를 받아들일수록, 즉 나의 이기심을 버릴수록 나는 타자에 대하여 더욱 큰 책임을 느끼게 되고 그만큼 내 안의 윤리적 자아도 커져 간다. 타자에 대해 도덕적 책임을 감수한다는 것은 본질적으로 타자를 대신하여 고통 받는 것이고 타자를 위해 희생하는 것이다. 레비나스는 이를 '대속(代贖)'이라는 용어로 설명한다. 고통 받는 자의 호소에 반응하는 자는 끊임없는 자기 결단의 과정에서 어느 누구도 대신할 수 없는 윤리적 주체의 고유성을 확보한다.

우리가 손을 내밀어야 하는 타자는 왕이나 독재자, 부자가 아니라 가난한 자, 고아, 노숙자, 즉 고통 받는 사람들이다. 이들에 대한 대속은 마음의 선물이 아니라 자신이 먹을 빵을 내주는 것이며, 자신의 지갑을 열어 주는 것일 뿐 아니라 자신의 집 문을 열어주는 것이고, 타인의 고통을 방관하지 않고 자신이 대신 지는 것이다. 이럴 때 비로소 이 세계 안에는 연민과 동정과 자비가 있게 되며 이것이 이 세상을 아래에서 떠받치고 지탱한다.

---

51 ⊙과 ⓒ에 해당하는 예를 가장 잘 짝지은 것은?

① ┌ ⊙ 좋아하는 노래가 담긴 음반을 사고자 한다.
　└ ⓒ 노력해서 인기 많은 가수가 되고자 한다.

② ┌ ⊙ 더 나은 외모를 위해 성형 수술을 하고자 한다.
　└ ⓒ 새로운 세계를 체험하러 여행을 떠나고자 한다.

③ ┌ ⊙ 친구의 고민을 들어 주고 해결해 주려고 한다.
　└ ⓒ 수해를 입은 사람들을 위해 성금을 내고자 한다.

④ ┌ ⊙ 가족과 함께 맛있는 음식을 먹으러 가고자 한다.
　└ ⓒ 자신의 고민을 털어놓을 친구를 사귀고자 한다.

⑤ ┌ ⊙ 열심히 일을 해서 자기가 살 집을 마련하고자 한다.
　└ ⓒ 시간을 쪼개 사회 봉사활동에 참가하고자 한다.

정답 ⑤

해설 ⊙ '욕구'는 자신에게 결핍된 것을 얻으려는 인간의 지향이다. ⓒ '열망'은 타자를 향하여 자신을 열고 헌신하는 것이다.

---

52 위 글을 바탕으로 〈보기〉의 시를 감상해 보았다. 적절하지 않은 것은?

┌─〈보기〉─────────────────┐

우리가 눈발이라면
허공에서 쭈빗쭈빗 흩날리는
진눈깨비는 되지 말자.
세상이 바람 불고 춥고 어둡다 해도
사람이 사는 마을
가장 낮은 곳으로
따뜻한 함박눈이 되어 내리자.
우리가 눈발이라면
잠 못 든 이의 창문 가에서는
편지가 되고
그이의 깊고 붉은 상처 위에 돋는
새 살이 되자.

　　　　　　　　　－ 안도현, 「우리가 눈발이라면」 －

└────────────────────────┘

① 화자는 '대속'의 행위를 강조하고 있군.
② 화자는 인간의 '자기 보존성'을 지향하고 있군.
③ 우리가 응답해야 할 '타자'의 모습이 나타나 있어.
④ '절반의 열림'에 해당하는 모습도 형상화되어 있어.
⑤ 화자는 '윤리적 주체성'을 지녀야 한다고 말하고 있군.

정답 ②

해설 〈보기〉의 화자는 타인의 고통에 관심을 가지고 그들의 고통에 응답하며 나아가 그들의 고통을 함께 느끼고 치유하자는 메시지를 전하고 있다.

① 화자가 잠 못 든 이의 편지가 되고 그의 붉은 상처 위에 돋는 새 살이 되자는 것은, 타인의 고통을 자기 것으로 지려는 '대속' 행위와 관련이 있다.

③ 〈보기〉에는 '잠 못 든 이', '상처 입은 이'와 같은 고통 받는 이의 모습이 나타나 있으며 이는 우리가 응답해야 할 타자의 모습이다.

④ '잠 못 든 이', '상처' 등은 곧 본문의 '고통에 의한 신음'이라는 내용과 관련이 있으며, 이는 타인에 대한 도움의 요청이 깔려 있는 상황이다.

⑤ 화자는 '그이의 깊고 붉은 상처 위에 돋는 새 살이 되자.'고 말함으로써, 타인의 고통을 외면하지 말고 스스로 그들의 아픔을 함께하자는 태도를 보인다. 이러한 윤리적 결단을 내리는 존재는 곧 윤리적 주체성을 지닌 인물이며, 화자는 그런 인물이 되자고 강조한다.

[53~54] 다음 글을 읽고 물음에 답하시오.

언어는 정치·경제·문화 중심지로부터 그 주변 지역으로 퍼져 나간다. 전국 각 지역으로부터 사람들이 중심지로 모여들고 이들이 다시 각 지역으로 흩어져 가는 과정이 되풀이되면서 중심지의 언어가 주변 지역으로 퍼져 나가게 되는 것이다.

언어의 전파 과정에 대해 이와 같이 설명하는 것을 수면에 떨어진 물체로부터 파생된 물결이 주위로 퍼져 나가는 것과 같다 하여 '파문설(波紋說)'이라 한다. 이때 중심지로부터 주변 지역으로 퍼져 나가는 언어 세력을 '개신파(改新波)'라고 하고 세력의 중심지를 '방사 원점(放射原點)'이라고 한다. 일반적으로 도시나 저지대가 방사 원점이 되는데 개신파가 퍼져나가는 속도는 지리적 제약에 따라 달라진다. 넓은 평야 지대나 도로가 발달한 지역은 그 속도가 빠른 반면, 높은 산이나 강과 같은 장애물로 둘러싸인 지역은 그 속도가 느리다.

두 개 이상의 방사 원점으로부터 개신파가 확산되어 나갈 때, 개신파들이 부딪쳐서 양쪽 지역의 언어가 섞이는 지역을 '전이 지역(轉移地域)'이라고 한다. 가령 ⊙ '벼'를 '베'라고 하는 방언 지역과 '나락'이라고 하는 방언 지역이 있다고 하자. 이때에 '베'와 '나락'이 확산되는 과정에서, '베'만 쓰이는 지역의 방사 원점에서 멀어져 갈수록 '베'의 세력이 점점 약해지고, 다른 쪽의 '나락'만 쓰이는 지역 역시 방사 원점에서 멀어져 갈수록 '나락'의 세력이 약해진다. 그래서 '베'와 '나락'이 거의 같은 세력으로 뒤섞여 쓰이는 지역이 나타난다면 이 두 방언 지역이 만나는 곳이 전이 지역이다. 그런데 '베'와 '나락'이 다 쓰이는 전이 지역에서, '베'는 논에 있을 때의 벼만을 가리키고 '나락'은 볏단에서 턴 다음의 벼만을 가리키는 현상이 나타나는 경우가 있다. 이는 전이 지역에서 의미가 독특하게 나누어지는 현상이라 할 수 있다.

반면에 개신파들이 확산되어 나갈 때에 그중 어떤 영향도 받지 않는 지역이 생길 수도 있다. 이러한 지역을 '잔재 지역(殘滓地域)'이라 한다. 깊은 산중이나 외딴 섬과 같은 지역이 그 예가 될 수 있다. 이러한 지역은 개신파의 영향을 받지 않아 자연히 언어의 옛 형태가 유지되기도 한다. 그래서

관점에 따라서는 잔재 지역을 그 지역 언어의 순수성을 지닌 곳으로 보기도 한다.

파문설은 언어가 전파되는 과정을 잘 보여 준다. 특히 전이 지역과 잔재 지역을 살펴보는 것은, 언어가 전파되는 양상과 그 과정에서 언어가 어떻게 변화되고 유지되는지를 연구하는 데 유용하다.

53 위 글의 내용과 일치하지 않는 것은?

① 잔재 지역과 전이 지역은 일치할 수도 있다.
② 파문설은 언어의 전파를 설명하는 데 유용하다.
③ 사람들의 이동은 언어의 확산을 수반할 수 있다.
④ 지리적 조건이 언어 확산 속도에 영향을 주기도 한다.
⑤ 정치·경제·문화 중심지는 방사 원점이 될 가능성이 높다.

정답 ①

해설 두 개 이상의 방사 원점으로부터 개신파가 확산되어 나갈 때, 개신파들이 부딪쳐서 양쪽 지역의 언어가 섞이는 지역을 전이 지역이라 하고, 개신파들이 확산되어 나갈 때 그 중 어떤 영향도 받지 않는 지역을 잔재 지역이라 한다. 따라서 두 지역의 언어가 섞이는 전이 지역과 주변 지역으로부터 어떤 영향을 받지 않는 잔재 지역은 일치할 수 없다.

②는 5문단에서, ③은 1문단에서, ④는 2문단에서, ⑤는 1문단에서 확인할 수 있다.

54 ⊙과 유사한 사례를 〈보기〉에서 고른 것은?

──● 보기

ㄱ. '먼지'를 어떤 지역에서는 '몬득'이라고 하고, 어떤 지역에서는 '구둠'이라고 해.

ㄴ. 우리는 '숙모'를 '아지매'라고 부르는데, 다른 지역 출신 친구는 '형수'를 '아지매'라고 불러.

ㄷ. '하거나 해놓은 좋지 않은 짓'을 뜻하는 '소행'이, 북한에서는 '이미 해놓은 좋은 일이나 행동'을 뜻해.

ㄹ. '새우'를 우리 할머니는 '새뱅이'라고 하시는데, 다른 지역에서 이사 온 옆집 할머니는 '새웅지'라고 하셔.

① ㄱ, ㄴ   ② ㄱ, ㄹ
③ ㄴ, ㄷ   ④ ㄴ, ㄹ
⑤ ㄷ, ㄹ

정답 ②

해설 ㉠은 '벽' 라는 한 가지 의미에 대해 '베' 라고 하는 어형(글자 형태)과 '나락' 이라고 하는 어형, 두 가지로 나눈 것이다.(한 의미-두 어형)

〈보기〉에서 ㄱ은 '먼지' 라는 한 가지 의미에 대해 '몬득' 이라고 하는 어형과 '구둠' 이라고 하는 어형의 두 가지로 나누어진 것이다.(한 의미-두 어형)

ㄴ은 '아지매' 라는 한 가지 어형에 대해 '숙모' 라고 하는 의미와 '형수' 라고 하는 의미, 두 가지로 나누어진 것이다.(한 어형-두 의미)

ㄷ도 '소행' 이라는 한 가지 어형에 대해 '하거나 해놓은 나쁜 짓' 이라고 하는 의미와 '이미 해놓은 좋은 일이나 행동' 이라고 하는 의미, 두 가지로 나누어진 것이다.(한 어형-두 의미)

ㄹ은 '새우' 라는 한 가지 의미에 대해 '새뱅이' 라고 하는 어형과 '새웅지' 라고 하는 어형, 두 가지로 나누어진 것이다.(한 의미-두 어형)

따라서 ㉠과 유사한 관계(한 의미-두 어형)를 지닌 사례는 ㄱ과 ㄹ이다.

[55~57] 다음 글을 읽고 물음에 답하시오.

(가) 사회학에서 소외란 개인이 자신의 통제를 넘어서는 억압적 사회 구조나 제도와 상호 작용할 때 경험하게 되는 무의미감과 무력감을 말한다. 소외는 사회 구성원의 정상적인 사회생활과 인격적 존재로서의 건전한 성장을 가로막는데, 이는 개인의 불행일 뿐 아니라 사회의 유지와 발전을 위협하는 요인으로 작용할 수도 있다. 이런 점에서 소외는 사회적 실천 활동을 통해 반드시 극복해야 하는 과제임이 분명하다.

(나) 이러한 사회적 실천 활동을 구체화한 개념이 '사회복지' 이다. 사회복지는 소외 문제를 해결하고 예방하기 위하여, 사회 구성원들이 각자의 사회적 기능을 원활하게 수행하게 하고, 삶의 질을 향상시키는 데 필요한 제반 서비스를 제공하는 행위와 그 과정을 의미한다. 현대 사회가 발전함에 따라 계층 간·세대 간의 갈등 심화, 노령화와 가족 해체, 정보 격차에 의한 불평등 등의 사회 문제가 다각적으로 생겨나고 있는데, 이들 문제는 때로 사회 해체를 우려할 정도로 심각한 양상을 띠기도 한다. 이러한 문제의 기저에는 경제 성장과 사회 분화 과정에서 나타나는 불평등과 불균형이 있으며, 이런 점에서 사회 문제는 대부분 소외 문제와 관련되어 있음을 알 수 있다.

(다) ㉠ 사회복지 찬성론자들은 이러한 문제들의 근원에 자유 시장 경제의 불완전성이 있으며, 이러한 사회적 병리 현상을 해결하기 위해서는 국가의 역할이 더 강화되어야 한다고 주장한다. 예컨대 구조 조정으로 인해 대량의 실업 사태가 생겨나는 경우를 생각해 볼 수 있다. 이 과정에서 생겨난 희생자들을 방치하게 되면 사회 통합은 물론 지속적 경제 성장에 막대한 지장을 초래할 것이다. 따라서 사회가 공동의 노력으로 이들을 구제할 수 있는 안전망을 만들어야 하며, 여기서 국가의 주도적 역할은 필수적이라 할 것이다. 현대 사회에 들어와 소외 문제가 사회 전 영역으로 확대되고 있는 상황을 감안할 때, 국가와 사회가 주도하여 사회복지제도를 체계적으로 수립하고 그 범위를 확대해 나가야 한다는 이들의 주장은 충분한 설득력을 갖는다.

(라) 반면, 부정적 입장을 취하는 ㉡ 반대론자들은 사회복지의 확대가 근로 의욕의 상실과 도덕적 해이라는 복지병을 유발하여 오히려 사회 발전에 장애가 될 것이라고 비판하면서, 극빈 계층을 대상으로 제한된 범위 내에서 최소한으로 사회복지를 실시해야 한다고 주장한다. 물론 사회복지가 근로 능력이 있는 사람의 자립과 자활 의지를 살려내지 못하고 일방적 시혜에 그친다면, 그 개인은 물론이고 사회 전체의 활력을 저해하는 결과를 초래할 수 있다. 그러나 이들은 복지병이 사회복지의 과잉 공급에 의한 것임을 간과하고 있다. 적어도 삶의 질 문제와 인격권의 차원에서 사회복지가 이루어낸 성과를 그 폐단이 가릴 수는 없는 것이다. 사회복지는 자유 시장 경제의 발전에 따라 끊임없이 생겨나는 각종 소외-차별과 불평등 문제를 해결하는 데 있어 여전히 유효한 제도인 것이다.

(마) 우리가 추구하는 것은 소외 계층을 포함하는 모든 국민이 사회에 참여하고 공동체의 발전과 삶의 질 향상에 기여하는 사회이다. 그런데 이러한 사회는 공정한 분배를 통해서 이루어질 수 있다. 분배 정의는 기본적인 생활 보장과 안정적인 경제 성장의 사회적 기초로 작동하게 되는데, 사회복지는 이러한 분배 정의의 가장 기본적인 기능을 수행하게 되는 것이다. 결국 오늘날의 사회복지는 국민 모두의 인간적 삶을 보장하는 제도적 장치를 확립하고 참여와 책임의 공동체를 구현하는 데 그 지향점을 두고 있다고 할 수 있다.

55 (가)~(마)에 대한 설명으로 적절한 것은?

① (가) 논의를 위한 전제로 소외의 개념과 성격을 밝히고 있다.
② (나) 통시적 고찰을 통해 사회복지 개념을 정의하고 있다.
③ (다) 귀납법을 사용하여 찬성론자의 입장을 옹호하고 있다.
④ (라) 찬성론자의 주장을 뒷받침하기 위한 적절한 근거를 들어 찬성론을 강화하고 있다.
⑤ (마) 사회복지가 이루어낸 성과를 이야기하고 있다.

정답 ①

오답 풀이
② (나)에는 사회복지의 개념을 소개하고 있지만 그 개념을 대상으로 통시적으로 고찰하고 있지는 않다. 통시적 고찰이란 어떤 대상이나 개념을 시간적 흐름에 따라 고찰하는 방식을 말한다.
③ (다)에는 사회적 병리 현상의 해결을 위해 국가의 역할이 강화되어야 한다는 주장에 적절한 사례를 들어 찬성론자의 입장을 옹호하고 있다.
④ (라)에서는 반대론자의 주장을 반박하여 찬성론을 강화하고 있다.
⑤ (마)에서는 앞으로 사회복지가 지향해야 할 방향을 밝히고 있다.

56 위 글을 통해 해결할 수 있는 과제로 적절하지 않은 것은?

① 사회복지가 관심을 갖는 문제는 무엇인가?
② 소외 문제를 어떻게 해결해 나갈 수 있는가?
③ 우리가 바라는 바람직한 사회는 어떤 모습인가?
④ 사회복지 제도를 어떻게 체계적으로 수립해 나갈 것인가?
⑤ 사회복지의 확대를 찬성 또는 반대하는 근거는 무엇인가?

정답 ④

해설 소외 문제를 사회복지가 해결할 수 있다는 것이 이 글의 중심 논지이다. 그러나 이 글에는 사회복지가 나아갈 방향은 제시되어 있지만 그것이 어떻게 체계적으로 수립될 것인가는 구체화되어 있지 않다.

57 위 글을 바탕으로 ㉠과 ㉡이 〈보기〉를 접하고 보일 수 있는 반응으로 적절하지 않은 것은?

• 보기 •

스칸디나비아 3국은 경제적 풍요, 정치적 자유와 함께 공동체적 평등이 보장되어 있는 나라로 잘 알려져 있다. 자유, 평등, 결속을 국가적 지표로 내걸고 있는 이들 세 나라는, 이념적으로 빈부의 격차를 받아들이지 않는다. 국가는 모든 사람들이 자신의 능력을 맘껏 발휘할 수 있도록 기회를 제공하고, 모든 국민은 인간다운 삶을 누릴 수 있는 권리와 의무를 동시에 가진다. 또한 고소득자는 최고 55%의 세금을 내고, 저소득자는 세금을 면제받으며, 실업자는 실업 수당을 지급받는다. 그 결과 개인이 쓸 수 있는 돈은 결국 엇비슷해진다.

① ㉠ 사회적 안전망이 이들 국가의 사회적 안정과 경제적 풍요를 떠받치는 기둥이라 할 수 있습니다.
② ㉡ 고소득자의 부담으로 저소득자를 책임지는 사회체제가 과연 언제까지 지속될 수 있을지 의문입니다.
③ ㉠ 모든 사람들이 능력을 발휘할 수 있는 기회를 제공하기 위한 국가적 노력과 사회적 연대 의식이 인상적입니다.
④ ㉡ 저소득층을 위한 정책의 성공 여부는 고소득층의 소비 자제를 어느 정도로 이끌어낼 수 있느냐에 달려있습니다.
⑤ ㉠ 이 정도의 사회적 안전망과 연대 의식이라면 새롭게 생겨나는 소외 문제에도 원만하게 대처할 수 있을 것입니다.

정답 ④

해설 사회복지 반대론자들은 극빈계층에게만 최소의 범위에서 사회복지를 실시할 것을 주장하므로, 고소득층과 연계하여 사회복지 정책을 논의하는 ④는 적절하지 않다.

제3회 정답 및 해설

O1	O2	O3	O4	O5	O6	O7	O8	O9	10	11
②	③	①	②	⑤	⑤	⑤	③	③	④	③

12	13	14	15	16	17	18	19	20	21	22
①	④	④	①	①	③	③	④	③	②	④

23
④

주1	• 이 대화에서는 의미상 중복되는 표현의 사용을 문제 삼고 있다. • 예 : 그의 머릿속에는 뇌리를 스치는 생각이 있었다.
주2	진리는 먼 곳에 있지 않고 가까운 곳에 있다.
주3	• 이치에 맞지 않는 억지스러운 주장 • 상대편의 사고(思考)를 혼란시키거나 감정을 격앙시켜 거짓을 참인 것처럼 꾸며 대는 것
주4	동아리 활동이 미진한 원인
주5	잘못된 점을 고치려다가 정도가 지나쳐 하마터면 '교각살우'하는 우를 범할 뻔했다.
주6	별 하나 나 하나로 깊어가던 여름밤에 모다불 연기 새로 곱디고운 누님 미소 손톱 끝 꽃물처럼 아련히 남았구나.
주7	2. 세로 : 차등 3. 세로 : 지구본 8. 가로 : 복청 9. 가로 : 도화지
주8	ⓐ 음식을 먹는 방식은 대체로 두 가지로 나누어 볼 수 있다. ⓑ 한편 ⓒ 음식이 순서에 따라 나오거나 음식을 익혀가며 먹는 방식이다.
주9	학력은 개인의 능력에 대한 절대적 척도가 아니다. 왜냐하면 한 개인을 평가할 때에는 현재의 능력과 앞으로의 가능성을 종합적으로 고려해야 하기 때문이다. 따라서 능력 중심으로 신입 사원을 선발할 수 있는 제도를 마련해야 한다.
주10	이젠 나설 때, 실천이 중요합니다.

O1 뉴스를 들려 드립니다. 잘 듣고 물음에 답하십시오.

> 앵 커 : 한 설문 조사 결과 여성 10명 가운데 7명이 외모가 인생의 성패를 좌우할 수 있다고 답한 것으로 나타났습니다. 이형철 기자의 보도입니다.
>
> 기 자 : 찍어 바르고, 칠하고, 다듬고, 끼고, 쓰고, 여성들의 외모 가꾸기는 끝이 없습니다. 열세 살에서 마흔세 살의 여성 2백 명을 대상으로 한 한 설문 조사에서 응답자의 68%가 외모가 인생의 성패를 좌우할 정도로 중요하다고 답했습니다. 또 10명 가운데 8명은 외모 가꾸기를 멋이 아니라 생활의 필수 조건으로 꼽았습니다.
>
> 20대 여성 : 외모가 인생에서 100 가운데 80 정도가 되는 것 같아요. 또 얼굴이 잘 생겼으면 실수해도 봐주고 취직도 쉽잖아요.
>
> 기 자 : 일상생활에서도 외모가 큰 영향을 미치는 것으로 나타났습니다. 10명 가운데 7명이 외모에 신경을 쓰면 다른 사람들이 더 친절하게 대해 준다고 답했고, 과반수가 또래 여성을 보면 우선 외모부터 비교하게 된다고 응답했습니다. 또 하루 평균 외모 가꾸기에 투자하는 시간은 53분, 거울 보는 횟수는 8.3회로 조사됐습니다. 최근 미국 시사주간지 타임마저 한국 성인의 10%가 성형 수술을 받을 정도라며 외모 지상주의로 치닫는 우리 사회의 단면을 표지 기사로 다룰 정도입니다.
>
> 의 사 : 더 이상 고칠 부분이 없는데도 특정 부위를 고쳐달라고 우리 병원을 찾아오는 환자들이 많습니다.
>
> 기 자 : 외모가 인생을 좌우할 정도로 중요하다고 말하는 여성들, 어쩌면 겉모습만 중시하는 비뚤어진 인식이 만들어 낸 우리들의 일그러진 자화상인지도 모릅니다.

잘 들으셨죠? 뉴스를 전하는 기자의 태도로 가장 적절한 것은 무엇입니까?

① 문제 상황을 해결할 수 있는 구체적 대안을 모색하고 있다.
② 사회 현상에 대해 우려를 표하면서 경각심을 불러일으키고 있다.
③ 사회 현상의 다양한 측면을 제시하여 시청자의 이해를 돕고 있다.
④ 현재의 상황을 이해시키기 위해 현상을 쉽게 풀어 설명하고 있다.
⑤ 상반된 주장 중에서 한 쪽의 주장만을 집중적으로 부각시키고 있다.

정답 ②

해설 이 뉴스에서 기자는 외모 중시와 관련된 설문 조사 결과를 인용하고, 인터뷰를 통해 겉모습만 중시하는 우리 사회의 풍조를 비판적 시각에서 보도하고 있다. 그러므로 이 뉴스는 외모 중시 풍조의 문제점을 환기하고 그것을 시정해야 함을 일깨우고자 하는 의도가 있음을 알 수 있다.

---

02 다음은 어머니와 아들의 대화를 들려 드립니다. 잘 듣고 물음에 답하십시오.

> [E] '딩동, 딩동'
>
> 어머니 : 학교 다녀왔니. 힘들었지?
> 아 들 : 네, 엄마. 꾸벅!
> 어머니 : 뭐? 꾸벅? 얘, 요즈음은 '꾸벅'도 말로 하는 거니?
> 아 들 : '허걱!', 엄마, 미안, 그럼 엄마 안-냐-세-요!
> 어머니 : 뭐? '안냐세요'는 또 뭐냐?
> 아 들 : 아 참! 엄마는 뭔 소린지 아직 모르겠구나. '안냐세요'는 '안녕하세요'를 줄인 말인데요. 요즘 애들이 통신할 때 잘 쓰는 말이에요.
> 어머니 : 허, 참! 나도 많이 늙었구나. 같은 한국말로 해도 아들과 대화가 이렇게 안 통하다니. 그나저나 너희들 말을 이렇게 함부로 만들어 써도 되니?
> 아 들 : 엄마도 아들과 대화하려면 앞으로 이런 말을 많이 알아 두어야 할 거예요. '선생님'은 '샘'으로 쓰고, '반가워, 반가워'는 '방가방가'로, 또 '그냥'은 '걍'으로……
> 어머니 : 됐다, 됐어. 너희들 맞춤법도 모르고 손가락 놀리기 귀찮아하는. 그러니까 아이들끼리 채팅할 때 쓰는 말 아니냐? 나 원 참.
> 아 들 : 참, 아니라니까요. 그냥 아이들이 다 쓰는 말이에요.
> 어머니 : 얘야, 말이 아무리 시대에 따라 생겨났다 없어지기도 한다지만, 말이란 뜻이 잘 통해야 하지 않겠니. 그래서 표준말이나 맞춤법 같은 것도 만들어 놓은 것이고.
> 아 들 : 아, 알았어요, 그만 하세요, 배고파요. 밥 줘요. 엄마도 딴 집 엄마와 똑같애. 우리를 전혀 이해 못한다니깐. 줄여 쓰는 것이 얼마나 편한데. 말이란 편하면 좋은 거지. 뭐.
> 어머니 : 시끄러워, 밥이나 먹어. 이 담에 언어 영역 만점 맞은 뒤에나 그런 소리 해.
> 아 들 : 우와, 언어 영역이 얼마나 어려운데…. 난 이제 '걍' 죽었다.

잘 들으셨죠? 두 사람의 대화에서 드러나지 않은 것은 무엇입니까?

① 언어는 역사성이 있다.
② 언어는 사회적 약속이다.
③ 언어는 사물을 기호로 추상화한다.
④ 언어는 사용하기에 편리해야 한다.
⑤ 언어는 규범을 준수하여 사용해야 한다.

정답 ③

해설 두 사람의 대화를 통해 언어의 역사성, 사회성, 편의성, 규범성은 드러나지만 구체적인 사물을 기호로 추상화한다는 추상성은 언급하고 있지 않다.

---

03 이번에는 선생님과 학생이 나누는 대화를 들려 드립니다. 잘 듣고 물음에 답하십시오.

> 민 호 : 선생님, 여쭤 볼 게 있어서 왔습니다.
> 선생님 : 그래? 뭐가 궁금해서 그러니?
> 민 호 : 지난번에 선생님께서 말씀하신 컴퓨터 프로그램을 이번 발표 때 한번 써 볼까 하는데, 어떤 건지 가리켜 주세요.
> 선생님 : 그런데, 가리켜 달라면서 왜 아무것도 안 가져왔니? 프로그램 CD를 가져와야 그중에 어떤 건지 가리킬 거 아냐. 아무것도 없는데 어떤 건지 어떻게 가리켜 주니?
> 민 호 : 예? 선생님, 빨리 좀 가리켜 주세요. 발표 준비가 급하거든요.
> 선생님 : 민호야, 네가 가지고 있는 프로그램들을 가져와야지. 지금 여기 없는데 어떻게 가리키냐고.
> 민 호 : 꼭 CD가 여기 있어야 되는 건 아니잖아요. 그냥 말로 설명해 주시면 안 되나요? 그 프로그램에 어떤 기능들이 있는지 설명을 듣고 싶어서 왔는데요.
> 선생님 : 아, 알겠다. 우리가 서로 다른 말을 하고 있었던 거야. 그런데 그건 민호가 단어 선택을 잘못했기 때문이야.
> 민 호 : 예? 제가 단어 선택을 잘못했다고요?
> 선생님 : 그래, '가르치다'와 '가리키다'를 혼동하고 있어. 발음이 비슷하다고 뜻이 같은 것은 아니야. 가서 국어사전을 찾아보렴. 두 단어의 의미를 정확하게 구별할 수 있게 되면, 그 프로그램을 가르쳐 주지. 알겠니?

잘 들으셨죠? 선생님이 지적한 언어 사용상의 잘못이 드러나고 있는 것은 무엇입니까?

① 나는 어제 길에서 돈을 잊어 버렸다.
② 영희는 국어 선생님께 그 책을 주었다.
③ 우리는 어제 저녁에 제주도에 도착한다.
④ 우리 모두 내일 오전 9시에 회의를 갖도록 하자.
⑤ 우리가 명심해야 할 것은 행복은 성적순이 아니다.

정답 ①

해설 대화의 내용으로 보아, 선생님은 '가리키다'와 '가르치다'를 혼동하여 사용하는 것을 문제 삼고 있다. 이와 유사한 사례는 ①이다. ①에서도 '한번 알았던 것을 모두 기억하지 못하거나 전혀 기억하여 내지 못하다.'의 뜻을 가진 '잊어버리다'가 아니라 '가졌던 물건이 없어져 그것을 아주 갖지 아니하게 되다.'의 뜻을 가진 '잃어버리다'로 바꿔야 문맥상 적절하다.

오답 풀이 ② 높임법이 잘못된 문장이다. '주었다'를 '드렸다'로 고쳐야 한다.

③ 시제가 잘못된 문장이다. '도착한다'를 '도착했다'로 고쳐야 한다.

④ 외래어투의 문장이다. '회의를 하도록 하자.'로 고쳐야 한다.

⑤ 주어와 서술어의 호응이 자연스럽지 못하다. '우리가 명심해야 할 것은 행복은 성적순이 아니라는 사실이다.'와 같이 고쳐야 한다.

---

04 이번에는 교양 프로그램의 일부를 들려 드립니다. 잘 듣고 물음에 답하십시오.

> 사회자 : 박사님, 이 그림은 비틀어진 고무풍선 같은데요?
>
> 박 사 : 네, 인체가 심하게 왜곡돼 있지요. 하지만 이 그림도 나름대로 우리에게 즐거움을 줍니다.
>
> 사회자 : 이런 그림들이 도대체 무슨 즐거움을 주나요? 그냥 한번 보고 웃고 넘기는 것 아닌가요?
>
> 박 사 : 쉽게 보면 한없이 쉬운 게 그림이겠죠. 하지만 화가들은 나름대로 인문학이나 사회 현상에 대한 관심과 지식이 많습니다. 그런 의미에서 이 그림은 이상하게 그려진 인체나 보면서 한바탕 웃으라는 메시지만은 아닐 겁니다. 웃고만 말 것이라면 차라리 만화나 코미디를 보는 게 낫겠지요.
>
> 사회자 : 하지만 예술도 때로는 너무 가볍고 경망스러워 보일 때가 있지 않습니까?
>
> 박 사 : 그 경망스러움도 때로는 예술이 될 수 있지 않을까요? 뒤샹은 변기를 전시하면서 우리에게 예술의 가치를 다시 한 번 생각하게 했지요. 이런 그를 보고 그저 가볍다고 말할 수는 없지요.
>
> 사회자 : 그럼 이 이상한 그림을 통해서 화가가 특별히 하고자 한 말이 있다는 겁니까?
>
> 박 사 : 제가 보기에 화가는 소비에 중독되어 인생의 방향을 잡지 못하고 살아가는 현대인에 대한 연민을 말하고자 한 것 같습니다.
>
> 사회자 : 그런가요? 하지만 무절제하게 소비하고 즐기는 현대인의 모습은 연민의 대상이 아니라 오히려 비판의 대상이 아닐까요?
>
> 박 사 : 그럴까요? 현대인의 삶은 괴로움의 연속이죠. 그래서 너무 불안하고 뭔가 부족한 듯해서 무절제하게 소비하게 되었죠. 아마도 화가는 이런 현대인의 모습에서 연민을 느낀 거겠죠.

잘 들으셨죠? 사회자의 진행 방식을 바르게 지적한 것은 무엇입니까?

① 요약·정리를 통해 결론을 이끌어 내고 있다.

② 의문을 제기하여 상세한 설명을 유도하고 있다.

③ 구체적인 사례를 덧붙여 내용 이해를 돕고 있다.

④ 전문가적 지식을 바탕으로 다양한 해석을 유도하고 있다.

⑤ 개인적인 경험을 제시하여 긴장된 분위기를 완화하고 있다.

정답 ②

해설 이 프로그램에서 사회자는 박사의 의견에 대해 계속적으로 의문을 제기하고, 박사는 사회자가 제기한 의문에 대해 답변을 하는 방식을 취하고 있다. 그리고 박사는 답변을 통해 그림을 상세하게 해설하고 있다.

---

05 어느 수업의 일부를 들려 드립니다. 잘 듣고 물음에 답하십시오.

> 우리 주변에는 남의 기분에 신경을 쓰는 사람들이 많습니다. 이런 사람들은 자기주장을 내세우면 자신이 공격적으로 보이거나 상대방이 불쾌하게 여길까 염려해서, 결국 자신의 의도와 정반대로 행동하는 경우가 많습니다. 공격적으로 보이지 않으려다 오히려 수동적으로 돼 버리는 거죠. 하지만 자신의 의사를 전달할 때 단호한 반응을 보이는 것과 수동적이거나 공격적인 반응을 보이는 것에는 엄청난 차이가 있습니다.
>
> 수동적인 반응은 '난 아무래도 좋아. 중요한 건 당신.'이라는 메시지를 전달하게 되는데, 이런 반응을 보이면 남을 이용하거나 못살게 구는 사람들의 표적이 되기 쉽습니다. 수동적인 사람들은 마음속에 있는 생각을 표현하면 분란이 일어날까봐 두려워하지만 자신의 의견을 밝히지 않는 한 자신이 원하는 것을 결코 얻을 수 없습니다.
>
> 이와 정반대로 공격적인 반응은 '당신은 아무래도 좋아. 중요한 건 바로 나.'라는 메시지를 전달하는 것입니다. 이런 반응을 하는 사람들은 항상 자신의 권리만 챙기고 자신을 다른 사람보다 우위에 둡니다. 남을 희생시켜 자신이 원하는 것을 얻으려는 거죠. 이런 공격적인 사람들은 다른 사람들이 싫어하는 행동을 일삼을 뿐만 아니라, 말로 상대방을 공격하는 경향이 있습니다.
>
> 그러나 단호한 반응은 공격적인 반응과는 다릅니다. '나도 중요하고, 당신도 중요하다. 우리 모두 중요하다.'는 메시지를 전하기 때문이죠. 다른 사람의 권리를 침해하지 않으면서 자신의 권리를 존중하고 지키겠다는 것입니다. 때로 단호하다는 것을 공격적인 것과 혼동하는 경우가 많지만, 단호하게 행동하는 것은 자신의 이익을 채우기 위해 다른 사람에게 뭔가를 강요하는 것이 아닙니다. 단호한 것은 각자의 의견을 내세우고, 감정을 직접적이고 분명하게 표현함으로써 두 사람이 원하는 조건을 함께 고려하는 수평 관계를 만드는 것입니다.
>
> 자, 공부할 때 음악 소리가 들리는 것을 무척 싫어하는 당신에게 옆의 친구가 음악을 틀어놓고 공부해도 되는지를 물어 본다고 가정합시다. 앞줄의 학생부터 단호한 반응을 보여주시겠습니까?

첫 번째 학생 : 물론이야. 뭐, 난 괜찮아. 음악을 꼭 듣고 싶다면 그냥 틀어 놓아도 좋아.

두 번째 학생 : 당연히 안 되지. 너 지금 내 공부를 방해하려는 거니?

세 번째 학생 : 난 공부할 때 음악 소리가 들리는 게 너무 싫어. 그러니까 네가 좀 참아주면 안 될까?

네 번째 학생 : 뭐, 좀 시끄러워지기는 하겠지만 난 굉장히 참을 성이 있으니까 맘대로 해도 좋아.

다섯 번째 학생 : 음악을 안 트는 게 좋겠지만 꼭 원하면 말해. 내가 이어폰 빌려 줄게.

05 이 수업에서 '단호한 반응'을 보이고 있는 학생은?

① 첫 번째 학생　　　② 두 번째 학생
③ 세 번째 학생　　　④ 네 번째 학생
⑤ 다섯 번째 학생

정답 ⑤

해설 '단호한 반응'은 자신의 감정도 분명하게 표현하면서 동시에 다른 사람이 원하는 것도 받아들이려는 것을 말한다. 따라서 공부할 때 음악 소리가 들리는 것을 싫어하는 자신의 생각도 분명히 표현하면서도, 음악을 듣고 싶어 하는 친구의 요구도 수용하려는 태도를 보여주어야 한다. 이에 부합하는 반응은 ⑤뿐이다.

06 이번에는 '주 5일 근무제'와 관련된 방송 토론의 일부를 들려 드립니다. 잘 듣고 물음에 답하십시오.

사회자 : 오늘은 우리 사회에서 논란이 되고 있는 주 5일 근무제 시행과 관련해 전문가들을 모시고 이야기를 나눠 볼까 합니다. 이 제도 시행에 대해 어떤 의견을 가지고 있는지 김 박사님께서 먼저 말씀해 주시죠.

김 박사 : 일과 여가 두 가지를 어떻게 조화시키느냐 하는 문제는 항상 인류의 관심 대상이 되어 왔습니다. 일은 인간의 삶을 영위하는 원동력이 되고 여가는 우리의 삶을 윤택하게 하지만, 지금까지 우리는 일에 더 초점을 맞추어 살아온 것이 사실입니다. 과거에는 '노동 생산성은 노동 시간과 비례한다.'는 생각이 강했고, 이러한 분위기 속에서 근로자들의 일방적인 희생을 요구했습니다. 그 결과 오늘날과 같은 경제 성장을 이룰 수 있었습니다. 그런데 이제는 우리도 삶의 질을 고려할 때가 되지 않았나 생각합니다. 근로 시간이 지나치게 많으면 오히려 노동 생산성이 저하될 수 있습니다. 근로자들이 충분한 휴식을 취해 건강을 보호하고 재충전의 기회를 갖는 것은 근로자 자신을 위해서나 기업의 생산성 향상을 위해서나 바람직한 일입니다. 특히 경제 체제가 단순 대량 생산 시스템에서 지식 산업으로 전환되는 디지털 경제 체제에서는 장시간 노동이 오히려 기업의 활력을 저해할 수도 있습니다. 그렇기 때문에 법정 근로 시간 단축이 세계적인 추세죠.

사회자 : 당장 이 제도를 시행해도 큰 문제가 없다는 말씀이군요. 여기에 대해 이 박사님은 어떻게 생각하십니까?

이 박사 : 예, 사람들이 기본적으로 노동보다 여가를 더 좋아하는 것은 당연합니다. 소득 수준이 향상될수록 여가에 대한 관심이 증가하며 근로 시간이 단축되는 것은 보편적인 사실입니다. 하지만 우리의 경우는 사정이 다릅니다. 오늘날 우리의 경제 현실을 고려하지 않을 수 없습니다. 경제는 생산성의 저하와 수출 부진으로 침체에 빠져 있습니다. 이러한 상황에서 주 5일 근무제의 시행은 우리 경제의 활력을 더 떨어뜨리고 기업에 임금 부담을 가중시키게 되어 결국 기업 경쟁력을 약화시킬 것입니다. 사실 현재도 우리 근로자들의 휴일이 적은 것이 아닙니다. 만일 기존의 휴일과 휴가 제도를 그대로 놔둔 채 주 5일 근무제가 전면적으로 시행될 경우 연간 휴가 일수가 대폭 늘어나 우리나라가 세계에서 가장 많이 쉬는 나라가 될 것입니다. 이러한 상황에서 주 5일 근무제를 무리하게 시행하면 우리나라는 제2의 아르헨티나가 될 수도 있다고 봅니다. 저는 이렇게 문제점이 많은 상황을 제대로 인식하지 못하고 무조건 놀려고만 하는 사람들의 생각을 이해하지 못하겠어요. 결국 선배들이 피땀 흘려 이룩해 놓은 경제 발전을 모두 망치자는 것 아닙니까?

06 이 토론을 시청한 사람이 전화를 걸어 의견을 말한다고 할 때, 여자의 의견에 공감하는 말로 가장 적절한 것은?

① "요즈음은 임금 부담 때문에 정말 기업을 운영하기가 힘이 듭니다. 우리 경제 현실을 직시해야 한다고 봅니다."

② "새로운 정책을 시행하기 위해서는 치밀한 준비가 필요합니다. 막연히 좋을 것이라는 생각은 또 다른 문제를 파생시킬 것입니다."

③ "우리가 언제부터 그렇게 잘 살았습니까? 우리는 과거를 너무 쉽게 잊는 경향이 있습니다. 배고팠던 시절이 그리 먼 과거가 아닙니다."

④ "주 5일 근무제는 생산성 향상을 위해 꼭 시행할 필요가 있지만, 우리나라의 경제 사정을 고려하여 시행 시기를 늦추어야 한다고 생각합니다."

⑤ "제도를 시행하다 보면 여러 가지 문제점이 나타나겠지만, 근로자들의 삶의 질을 고려한다면 전면적으로 시행해야 할 훌륭한 제도라고 봅니다."

정답 ⑤

해설 여자는 근로자가 충분한 휴식과 재충전 기회를 갖도록 주 5일 근무제를 시행해야 한다고 주장하고 있다. 그러므로 이 입장에 공감한다면 주 5일 근무제에 찬성한다는 입장을 여자가 제시하고 있는 논거와 연관 지어 제시해야 한다. ⑤는 제도 시행 초기에 나타날 수 있는 문제점을 언급하면서 근로자의 삶의 질 향상이라는 측면을 고려하여 주 5일 근무제를 전면적으로 시행해야 한다는 입장을 보이고 있으므로 타당한 것으로 볼 수 있다.

07 이번에는 기자와 작가의 대담을 들려 드립니다. 잘 듣고 물음에 답하십시오.

기 자 : 이번에 한일 월드컵에 맞추어, 여성 작가가 쓴 축구 소설이 발표되어 화제가 되고 있습니다. 작가를 모시고, 작품에 관한 이야기를 나눠보도록 하겠습니다. 안녕하세요.

작 가 : 네, 안녕하세요.

기 자 : 우선 여성이 축구에 관심을 갖는 것은 흔한 일이 아닌데, 언제부터 축구에 관심을 갖게 되신 겁니까?

작 가 : 제 고향이 본래부터 축구의 고장이라고 불리는 곳이었습니다. 그래서인지 국내의 내로라하는 축구 선수 중 제 고향 출신도 상당수 됩니다. 그래서 어릴 때부터 자연스럽게 축구 경기를 보며 자랐고, 그러다 보니 축구는 제 생활의 일부가 되었죠.

기 자 : 그래도 실제로 축구를 해 본 적은 없으실 것 아닙니까?

작 가 : 네, 어렸을 때 공을 가지고 놀기는 했지만 축구 경기를 해 본 적은 없습니다. 하지만 직접 축구를 해 보지 않았다는 것이 이번 소설을 쓰는 데 큰 장애로 작용하지는 않았다고 생각합니다.

기 자 : 축구 소설이라는 특성상, 그래도 직접 경험이 필요한 것 아닙니까?

작 가 : 사실 축구를 소재로 하고는 있지만 제 소설의 근본적 주제는 인간의 삶에 존재하는 정열의 어두운 면을 드러내는 것입니다. 인간의 정열에는 밝은 면과 어두운 면이 있는데, 축구는 정열의 어두운 면을 드러내기에 좋은 소재라고 생각했습니다. 축구는 사람들을 흥분시키는 힘을 가지고 있는 정열의 스포츠입니다. 전쟁과 혁명의 도화선이 되기도 하고 마피아와 독재자를 열광시키는 등 인간의 광기를 적나라하게 보여 주는 스포츠지요. 실제로 1969년에는 온두라스와 엘살바도르 사이의 지역 예선이 급기야 양국 간 전쟁으로 비화된 예도 있습니다. 이 사건은 바로 제 소설의 주요 소재이기도 하지요.

기 자 : 그래도 여성의 입장에서 오랫동안 남성의 전유물이었다고 할 수 있는 축구의 본질을 이해하기가 쉽지는 않았으리라는 생각이 드는데요, 어떻습니까?

작 가 : 과거 축구가 주로 남성이 하는 스포츠였다는 점에서 남성의 전유물이었다고 생각할 수 있겠지요. 하지만 요즘

은 여성 축구 선수들도 많아졌고, 여성 축구 리그까지 생겨났습니다. 축구가 남성의 전유물이었던 시대는 지나간 거죠. 또 남성이 하는 스포츠이기 때문에 여성이 이해하기 어려울 것이라고 생각하는 것도 큰 오해라고 생각합니다. 어떻게 보면 축구를 실제로 하지 않고 바라보는 위치에 있는 여성이기 때문에 그 본질을 더 잘 이해할 수 있는 것 아닐까요? 어떤 대상이든 그 대상에 몰입하고 있을 때보다는 한 발짝 거리를 두고 바라볼 때 그 대상이 지닌 본질을 잘 파악하게 되는 것처럼 말이지요.

07 '작가'의 입장에서 이 소설을 광고한다고 할 때, 광고 문구로 가장 적절한 것은?

① 금기를 깬 여성의 도전, 축구 소설로 완성되다.
② 정열의 대명사 축구! 그 매력을 마음껏 보여 주다.
③ 남성 전유물에서 탈피, 여성들 그라운드를 누비다.
④ 전쟁과 축구, 그 복잡하고 미묘한 관계를 파헤치다.
⑤ 전쟁을 부른 '광기의 축구', 정열의 어두운 그림자를 보여 주다.

정답 ⑤

해설 작가는 주로 작품의 내용에 대해서 말하고 있는데, 이를 요약해 보면, '인간의 정열에는 밝은 면과 어두운 면이 있는데, 축구는 바로 인간 정열의 어두운 면을 드러내기에 가장 적절한 스포츠이다. 그리고 내가 이 소설을 통해 드러내고자 하는 것은 바로 이러한 인간 정열의 어두운 측면이다.'라고 정리할 수 있다.

08 이번에는 전통 건축물의 지붕에 대한 선생님의 설명을 들려 드립니다. 잘 듣고 물음에 답하십시오.

여러분, 고궁이나 사찰에 많이 가보셨지요? 오늘은 전통 건축물의 지붕에 대해 이야기를 해 보겠습니다. 전통 건축물의 지붕은 그 형태에 따라 몇 가지로 나눌 수 있습니다. 지붕의 측면을 어떻게 처리했는가에 따라서 맞배지붕과 우진각지붕, 팔작지붕으로 나누고, 위에서 내려다 본 형태에 따라 사각지붕이라든지 육각지붕, 팔각지붕으로 나눕니다.

맞배지붕은 가장 간단한 지붕 형태로, 지붕이 앞뒤 양면으로 경사를 이루는 형태입니다. 책을 반쯤 펴서 덮은 모양이라고 생각하면 되겠죠. 수덕사 대웅전이나 무위사 극락전 등 사찰의 주요 건물에서 찾아볼 수 있습니다.

다음은 우진각지붕입니다. 이 형태는 지붕의 전후좌우를 모두 기와로 덮은 것입니다. 그러니까 정면에서는 사다리꼴로 보이고, 측면에서는 삼각형으로 보이지요. 숭례문과 덕수궁의 대한문이 이 우진각지붕을 사용한 건축물입니다.

그 다음은 팔작지붕입니다. 이것은 맞배지붕과 우진각지붕을 혼합한 형태인데, 지붕의 측면이 삼각형 모양으로 노출되다가 중간 부분에서 처마까지 지붕을 달아 측면이 여덟 팔 자로 보이지요. 이 지붕은 화려하고 위용이 있어 경복궁 근정전과 덕수궁 중화전 등의 조선 시대 궁궐의 정전이나 불국사나 조계사의 대웅전 등 사찰의 중요 법당에서 많이 사용하고 있습니다.

08 '팔작지붕'에 대한 설명으로 적절한 것은?

① 지붕의 사방을 모두 기와로 덮은 형태이다.
② 지붕은 앞뒤 양면으로 경사를 이루는 형태이다.
③ 지붕은 측면의 모양이 삼각형이고 처마까지 달려 있다.
④ 책을 반쯤 펴서 덮은 모양으로 대웅전이 대표적인 건축물이다.
⑤ 정면에서 보면 사다리꼴 모양으로 숭례문이 대표적인 건축물이다.

정답 ③

해설 선생님의 말씀에 따르면 팔작지붕은 맞배지붕과 우진각지붕을 혼합한 형태이고, 지붕의 측면이 삼각형 모양으로 노출되다가 중간 부분에서 처마까지 지붕을 달아 측면이 여덟 팔 자로 보인다.

09 이번에는 텔레비전 대담의 일부를 들려 드립니다. 잘 듣고 물음에 답하십시오.

사회자 : 오늘은 전문가 한 분을 모시고 말씀을 나눠 보겠습니다. 박사님, 나와 주셔서 감사합니다.
박　사 : 안녕하십니까?
사회자 : 휴대전화, 컴퓨터, PDA와 같은 디지털 기기는 인간의 기억 용량을 확장시켰지만, 기억력은 약화시켰다고 하는데, 이게 무슨 뜻인지 좀 설명해 주시겠습니까?
박　사 : 네, 그것은 일종의 질환과 같은 거라고 할 수 있는데, 이를 두고 '디지털 치매'라고 합니다. 일본에선 최근 이 같은 증상을 'IT 건망증' 또는 'IT 명청이'라는 신종 정신 질환으로 분류했을 정도입니다.
사회자 : 아, 네. 그렇다면 심각한 문제군요. 정신 질환으로까지 분류할 정도라면 특이한 증상이 있을 텐데요?
박　사 : '전화 번호 건망증'이 있는데, '디지털 치매'의 신호탄이라고 할 수 있죠. 휴대전화가 거의 생필품처럼 쓰이면서 친구는 물론 가족의 전화번호도 '단축키'로만 기억하는 것입니다. 아내는 1번, 부모는 2번, 이런 식이죠. 그러다 보니 정작 자기집 번호도 기억을 못하는 경우가 생기는 것이지요.

사회자 : 아, 그리고 보니 저도 그런 경우가 있었습니다. 그렇다면 그런 증상은 기억력과도 관계가 있는 것 아닌가요?
박　사 : 네, 바로 그 점입니다. '디지털 치매'는 기계에 지나치게 의존하면서 뇌 운동량이 격감해 생기는 증상입니다. 최근 일본의 한 연구소에서는 "기억력 향상을 위해서는 반복적 훈련이 필요한데, 각종 디지털 기기 때문에 이런 뇌 운동이 사라지고 있다."라고 하면서 "이런 'IT 명청이' 현상은 '앞으로 무슨 일을 할 것인가를 뜻하는 전향성(前向性) 기억'에 문제가 생긴 것이다."라는 보고서를 발표했습니다.
사회자 : 그렇다면 앞으로 전화를 걸 때는 원래의 전화번호를 다 눌러야겠군요.
박　사 : 그렇습니다. '디지털 치매'는 인간이 기계에 종속되는 최악의 시나리오까지 예고합니다. 이런 증상에 대해 신경정신과 의사들은 "뇌의 정보 저장 역할을 디지털 기기가 대신하면서 기억 능력이 퇴화하고, 결국 디지털 기기 없이는 간단한 정보조차 기억할 수 없는 최악의 상태에 이를 수도 있다."라고 경고하고 있습니다.

09 사회자와 박사의 말하기 방식에 대한 서술로 적절하지 않은 것은?

① 박사는 구체적 사례를 제시하여 시청자들이 쉽게 이해할 수 있도록 하고 있다.
② 사회자는 질문을 제기하는 형식을 통해 박사의 상세한 설명을 이끌어 내고 있다.
③ 박사는 설명의 객관성을 확보하기 위해 자신의 의견을 남의 의견인 것처럼 말하고 있다.
④ 사회자는 시청자들이 품을 만한 의문을 제기함으로써 시청자의 궁금증을 해소해 주려 하고 있다.
⑤ 사회자와 박사는 우리와 친근한 디지털 기기의 부정적인 측면을 부각시켜 시청자의 관심을 유도하고 있다.

정답 ③

해설 박사는 일본의 한 연구소의 보고서와 신경정신과 의사들의 경고를 인용하고 있다. 그런데 이 인용은 출처를 밝힌 것이기 때문에 자신의 의견을 남의 의견인 것처럼 말한 것이라고 할 수 없다.

① 박사는 '디지털 치매', 'IT 건망증', '전화번호 건망증' 등 구체적 사례를 들어 답을 함으로써 시청자들의 이해를 돕고 있다.
②·④ 사회자는 시청자들과 친근한 디지털 기기가 인간의 기억력을 약화시킨다는 항간의 의문에 대해 박사에게 문의하는 것으로 대담을 시작하여, 관련된 증상의 존재 여부와 대응책에 대한 질문 등으로 대담을 유도하고 있다.

10 이번에는 기내 상영 영화에 대한 이야기를 들려 드립니다. 잘 듣고 물음에 답하십시오.

> 지난주에 미국에 출장을 다녀왔습니다. 뉴욕까지는 비행기로 열세 시간이나 걸리는데 무척 지루하더군요. 기내에서 영화를 상영하는데, 영화가 제가 보기에는 별 재미가 없었습니다. 저는 폭력물을 좋아하는데 그런 영화는 하나도 없더라고요. 그래서 승무원에게 물어봤지요. 그랬더니, 기내에서 상영할 수 있는 영화가 갖춰야 할 조건이라는 것이 있다지 뭡니까? 그래서 그 조건을 물어봤지요. 크게 다섯 가지가 있다더군요.
> 우선 상영 등급입니다. 탑승객의 연령이 다양하므로 폭력, 욕설이 나오는 영화는 안 된다는군요. 그러니 '친구', '조폭 마누라', '두사부일체' 같은 영화는 기내 상영이 안 되는 거죠. 두 번째 조건은 국적이나 종교가 서로 다른 다양한 승객들을 고려해야 한다는 것이고, 세 번째는 다소 지루하게 느낄 수 있는 예술 영화보다 시간을 훌쩍 보낼 수 있는 오락물을 상영해야 한다는 것입니다. 네 번째는 상영 시간인데요, 식사와 면세품 판매, 취침 시간 등을 고려하다 보니 80분에서 110분 정도 걸리는 영화를 많이 상영한다고 합니다. 마지막 조건은 항공사나 승객, 모두가 꺼리는 영화를 절대로 상영하지 않는다는 것이죠. 그게 뭘까요? 바로 비행기 폭발이나 추락 장면이 있는 불길한 영화랍니다.

10 이 이야기의 내용으로 보아 '기내 상영 영화가 갖춰야 할 조건'에 대해 잘못 이해한 것은?

① '전체 관람가'나 '12세 이상' 등급 위주로 상영한다.
② 특정 국가와 종교를 비하하거나 모독하는 영화는 피한다.
③ 비행기 여행의 특성상 승객들이 가벼운 마음으로 즐길 수 있는 오락 영화를 상영한다.
④ 비행기의 안전한 운항을 위하여 2시간이 넘는 영화의 상영은 자제한다.
⑤ 비행기 공중 납치와 같은 소재의 영화는 상영하지 않는다.

정답 ④

해설 기내에서 80~110분대 영화를 많이 상영하는 것은 식사, 면세품 판매, 취침 시간 등을 고려했기 때문이지 비행기의 안전한 운항 때문이 아니다.
① 첫째 조건으로 탑승객의 다양한 연령층을 고려해야 한다고 했으므로, '전체 관람가', '12세 이상' 등급의 영화를 상영할 것이다.
② 둘째 조건으로 국적이나 종교가 다른 승객임을 고려한다고 하였다.
③ 셋째 조건으로 예술 영화보다는 오락 영화를 상영한다고 하였다.

⑤ 마지막 조건으로 비행기 추락 등의 장면이 나오는 불길한 영화는 절대로 상영하지 않는다고 하였다.

11 이제부터 건강에 관한 강연의 일부를 들려 드립니다. 잘 듣고 물음에 답하십시오.

> 인간이 직립 보행을 하는 데 허리의 역할은 매우 중요합니다.
> 청소년기는 뼈와 근육이 급속히 성장하는 시기이지요. 청소년들이 허리를 건강하게 유지하기 위해서는 바른 습관을 갖고 규칙적인 운동을 해야 합니다.
> 지금부터 허리를 튼튼하게 하고 자세를 교정해 주는 몇 가지 동작을 소개하겠습니다.
> 먼저 등을 대고 누운 후 무릎을 세워 발바닥을 바닥에 대고 팔을 양옆에 놓습니다. 이때 허리가 조금 들리게 되는데 힘을 주어 허리를 바닥에 닿도록 합니다.
> 다음 동작은 바닥에 바로 누운 상태에서 두 손으로 무릎을 감싸 가슴에 닿도록 최대한 구부린 상태에서 버틸 수 있을 만큼 유지합니다.
> 자, 또 다른 동작을 해볼까요? 무릎과 손을 바닥에 대고 말 태워주기 자세를 취하는 동작입니다. 이때 팔과 다리는 움직이지 말고 숨을 내쉬며 허리 부분만 아래로 내려오도록 지그시 힘을 줍니다.
> 이제 마지막 동작입니다. 바닥에 앉아서 두 다리를 똑바로 뻗은 채로 허리를 굽혀서 두 손끝이 발끝에 닿도록 합니다. 이 상태에서 허리나 허벅지 근육이 너무 땅기면 다리를 조금 벌려도 됩니다. 이와 같은 몇 가지 동작들을 하루에 두세 번, 한 번에 5회에서 10회 정도 반복해 보세요. 그러면 평생 동안 튼튼한 허리를 유지할 수 있을 것입니다.

11 다음 중 강연에서 설명하지 않은 동작은?

① 누워서 두 무릎을 세워 발바닥을 바닥에 댄다.
② 누워서 두 손으로 무릎을 감싸 앉아 가슴에 댄다.
③ 엎드린 채로 두 손을 바닥에 대고 윗몸을 들어 올린다.
④ 무릎과 손을 바닥에 대고 팔과 다리는 움직이지 않는다.
⑤ 앉아서 다리를 뻗은 채로 허리를 굽혀 손끝을 발끝에 댄다.

정답 ③

해설 허리를 튼튼하게 해 주는 네 가지 동작을 설명하고 있다.
① 첫 번째로 설명한 동작이다.
② 두 번째로 설명한 동작이다.
④ 세 번째로 설명한 동작이다.
⑤ 마지막으로 설명한 동작이다.

12~13 이번에는 비평가와 대담한 내용의 일부를 들려 드립니다. 잘 듣고 물음에 답하십시오.

> 진행자 : 안녕하십니까?
> 남　자 : 네, 안녕하십니까?
> 진행자 : 선생님께서는 가람 이병기의 작품을 연구하시면서 많은 글을 쓰셨는데요. 그중에서도 난초에 대한 미학적 분석이 참으로 뛰어나다는 평을 받고 있습니다. 다음 시조를 감상해 보시죠.
>
> (E. 시조 낭송)
> 빼어난 가는 잎새 굳은 듯 보드랍고,
> 자줏빛 굵은 대공 하얀 꽃이 벌고,
> 이슬은 구슬이 되어 마디마디 달렸다.
>
> 본디 그 마음은 깨끗함을 즐겨하여,
> 정한 모래틈에 뿌리를 서려'두고,
> 미진도 가까이 않고 우로 받아 사느니라.
>
> 진행자 : 가람 이병기의 작품과 그 세계에 대해 말씀해 주시죠.
> 남　자 : 네. 이 시조는 가람 선생의 난초에 대한 사랑을 반영하고 있는 작품입니다.
> 진행자 : 그렇군요. 그런데 위 두 수는 난초의 외적인 모습과 내적인 모습이 투영되어 있는 것으로 보이는데요.
> 남　자 : 그렇지요. 가람 선생은 시조문학 창작에 힘쓴 분으로 잘 알려져 있습니다. 이 시조의 첫 수는 강인하면서도 부드러운 면과 순수하고 청신한 면이 잘 조화되어 난초의 외적인 풍모를 드러내고 있습니다. 그리고 둘째 수에는 난초의 깨끗한 마음과 품성이 드러나고 있는데 이는 옛날 선비들이 매화, 국화, 대나무와 더불어 사군자라 칭하며 그 지조와 덕을 본받고 우러르던 데서 나온 것이지요.
> 진행자 : 그럼, 이런 시를 쓴 가람 이병기는 어떤 분이셨습니까?
> 남　자 : 가람 선생은 사군자 중에서도 특히 난초를 평생 사랑하셨고, 난초의 심성과 풍모를 닮고자 노력하셨던 분입니다. 꼿꼿하고 올곧은 시인이자 선비라 할 수 있는 분이지요.
> 진행자 : 문학은 그 사람을 반영한다는 말이 있던데 가람 이병기도 작품 활동을 통해 당신의 맑고 깨끗한 삶을 추구하고자 노력하신 분이군요.
> 남　자 : 네. 그렇습니다.
> 진행자 : 오늘 말씀 감사합니다. 앞으로 우리 문단에서도 이러한 정신과 행동 의지를 갖고 있는 분들이 많이 배출되었으면 하는 바람입니다. 비록 일부이기는 하지만 문학 활동을 돈벌이나 자신의 출세 수단으로 이용하는 후배들에게 경종을 울려주는 내용일 수도 있겠군요. 오늘 좋은 말씀 감사합니다.
> 남　자 : 네. 감사합니다.

12 이 대담의 내용으로 볼 때, 작가와 작품과의 관계를 가장 잘 나타낸 것은?

① 작품은 작가의 정신과 의지를 드러내는 거울이다.
② 훌륭한 작품은 작가의 위대한 업적을 바탕으로 탄생된다.
③ 작가는 작품을 통해 자신의 의도대로 독자를 설득하려 한다.
④ 작품은 온갖 시련과 역경에 굴하지 않은 작가혼의 결정체이다.
⑤ 작품은 시대 상황에 따른 소산물로 작가가 바라보는 사회상을 반영한다.

[정답] ①

[해설] 시조 시인 가람 이병기의 생애와 작품 세계에 대한 대담으로, 한 작가의 훌륭한 작품은 그 작가의 정신, 사상, 의지 및 삶의 자세를 그대로 담고 있어야 한다는 내용이다. 따라서 작품에는 그 작가의 정신과 의지가 나타나 있다고 할 수 있다.

13 두 사람의 말하기 방식에 대한 설명으로 적절하지 않은 것은?

① 비평가는 작가에게 시종 우호적인 태도를 취하고 있다.
② 진행자는 대담자로부터 심화된 발언을 유도하기도 하고 대담자의 발언을 정리하기도 한다.
③ 비평가는 작품의 표현 구조와 의미 구조를 밝히며 작품을 분석하고 있다.
④ 진행자는 작품의 표현상 특징과 작품 탄생의 시대적 배경에 질문의 초점을 맞추고 있다.
⑤ 진행자는 대담 내용을 바탕으로 문학계의 일부 부정적인 경향에 대해 각성을 촉구하고 있다.

[정답] ④

[해설] 두 사람의 대담에서 진행자는 가람 이병기의 삶과 작품 세계에 초점을 맞추어 질문하고 있다. 따라서 진행자의 질문이 작품의 표현상 특징과 작품 탄생의 시대적 배경에 초점을 맞추고 있다는 ④는 적절하지 않다.

주1 이제 여러분은 남녀의 대화를 듣게 됩니다. 잘 듣고 물음에 답하십시오.

> 남　자 : 어, 저 해설자 좀 봐!
> 여　자 : 아니, 왜 그래요?
> 남　자 : 저런 표현을 쓰면 안 되지. 명색이 뉴스 해설자라는 사람이…… 쯧쯧.
> 여　자 : 뭔데 그래요?
> 남　자 : 저 사람이 지금 뭐라고 그랬는지 알아요? "아무리 고위층이라고 하더라도 그런 범죄를 말없이 '묵과' 할 수는

없습니다."라고 하더라고요. 원래 '묵과'라는 것이 '말 없이 그대로 지나쳐 버린다'는 뜻이잖아요?

여 자 : 그러네요, 정말!

남 자 : 일반인이 그런 잘못을 저질러도 귀에 거슬리는데, 하물며 방송인이…… 방송인들의 말 한 마디 한 마디는 다른 사람들에게 큰 영향을 주잖아요. 어제도 어떤 드라마를 보니까, "갑자기 세상을 떠나게 된 아버님은 아무런 유언의 말 한 마디도 남기지 못하셨습니다."라는 대사가 나오더라고요.

여 자 : 아하! 같은 말을 되풀이했네요. '남기는 말'이 바로 '유언'인데.

주1 이 대화에서 화제가 되고 있는 언어 표현상의 잘못을 지적하고 그 예를 하나 쓰시오.

정답 • 이 대화에서는 의미상 중복되는 표현의 사용을 문제 삼고 있다.
• 예 : 그의 머릿속에는 뇌리를 스치는 생각이 있었다.

해설 • 남자는 뉴스 해설자의 말 중에서 '그런 범죄를 말없이 묵과할 수는 없습니다.'라는 구절에 사용된 의미상 중복된 표현을 문제 삼고, 방송인의 말은 많은 사람들에게 영향을 주기 때문에 조심해야 한다고 말한다. 또한 남자는 드라마에서도 '유언의 말 한 마디도 남기지 못하셨습니다.'라는 중복 표현이 사용되었다는 점을 지적하고 있다.
• '뇌리(腦裏)'가 '뇌 속'을 의미하기 때문에 '머릿속'과 의미상 중복된 표현이다.

주2 이번에는 원효 대사의 이야기를 들려 드립니다. 잘 듣고 물음에 답하십시오.

신라의 승려였던 원효 대사는 의상 대사와 함께 부처님의 가르침을 공부하고 있었습니다. 두 스님은 불교에 대해 더 깊이 공부하기 위해 당나라로 길을 떠났는데, 고구려 국경 부근에서 그곳을 지키는 병졸들에게 잡혀 많은 괴로움을 겪고 다시 신라로 돌아오게 되었습니다. 그러나 타오르는 구도심을 잠재울 수 없었던 원효 대사는 의상 대사와 함께 다시 유학의 길에 올랐습니다. 당나라로 길을 가던 어느 날, 날이 저물어 원효와 의상은 인적이 없는 산속에서 노숙하게 되었습니다. 두 스님은 추위를 피하여 무덤 사이에 누워 잠을 청하였는데, 잠을 자던 원효가 몹시 심한 갈증을 느껴 눈을 떠보니 캄캄한 밤중이었습니다. 물을 찾아 주위를 살펴보니, 어둠 속에 바가지 같은 것이 있어 다가가 보니 물이 고여 있었습니다. 물맛을 보니 굉장히 달콤하였습니다. 원효는 단숨에 그 물을 들이켜고는 안락한 기분으로 새벽까지 깊이 잠들었습니다. 이튿날 아침, 잠에서 깨어난 원효는 간밤

에 자신이 마신 바가지를 찾으려고 주위를 살펴보았는데, 무덤 주위에는 바가지는 보이지 않고 해골만 뒹굴고 있었습니다.

원효가 바가지라고 여겼던 것은 바로 해골이었고, 달콤했던 물은 그 해골 안에 고여 썩어 있던 빗물이었던 거죠. 원효는 갑자기 뱃속이 메스꺼워져 토하기 시작했습니다. 그 순간 원효는 문득 깨달았습니다. '간밤에 아무것도 모르고 마실 때에는 그렇게도 물맛이 달콤하고 감미로웠는데, 해골에 고인 썩은 빗물이라는 것을 알고 나서는 온갖 추한 생각과 함께 구역질이 일어나는구나.' 밤사이에 원효의 곁에서 잠을 자고 일어난 의상은 다시 길 떠날 준비를 했습니다. 그러다 아무런 채비를 하지 않고 있는 원효에게 "아니 스님, 왜 길을 떠날 준비를 하지 않으십니까?"라고 물었습니다. 원효 대사는 "이미 도를 구했다면 더 이상 갈 필요가 없지요."라는 말을 남기고 의상 대사와 헤어져 신라로 되돌아왔습니다. 그 후 원효 대사는 이 여행길에서 깨달은 법으로 중생들을 위해 설법을 하였습니다.

주2 이 이야기에서 얻을 수 있는 교훈을 한 문장으로 쓰시오.

정답 진리는 먼 곳에 있지 않고 가까운 곳에 있다.

해설 원효는 불교를 공부하러 당나라로 가다가 도중에 모든 것이 마음먹기에 달렸다는 것을 깨닫고 다시 신라로 돌아온다. 진리는 멀고 먼 당나라까지 가야 얻을 수 있는 것이 아니라는 것을 깨달은 것이다.

---

14 다음 중 중의성을 갖는 문장이 아닌 것은?

① 나는 그녀의 편지를 읽었다.
② 키가 큰 아빠의 아들을 만났다.
③ 저기 물 위에 있는 배를 보아라.
④ 그녀의 아름다운 목소리가 들렸다.
⑤ 그녀는 시장에서 늙은 아저씨와 아주머니를 만났다.

정답 ④

오답 풀이
① 그녀가 쓴 편지인지, 그녀에게 온 편지인지, 그녀가 가지고 있던 다른 편지인지,
② 키가 큰 주체가 아빠인지, 아빠의 아들인지,
③ 배가 '복(腹)'인지, '선(船)'인지, '리(梨)'인지,
⑤ 늙은 아저씨와 아주머니를 따로따로 만났는지, 한꺼번에 만났는지, '늙은'이 수식하는 말이 '아저씨'만인지 아니면 '아주머니'도 포함하는지 분명하지 않은 중의적 문장이다.

15 불필요한 요소의 중복 없이 어법에 맞게 쓴 문장은?

① 우리집은 거실 밖이 확 틔어서 더 환하다.
② 이 사건은 사람들의 무관심 속에 차츰 잊혀져 갔다.
③ 그 사람의 특징은 했던 말을 반복한다는 특징이 있다.
④ 정부가 진실이라고 밝혔던 것은 모두 날조된 조작극이었다.
⑤ 사실이 그릇되게 와전되어 전해지면서 엉뚱한 사람이 피해를 입었다.

정답 ①

 '트다' 뒤에 '-이어'가 줄어질 적에는 준 대로 적어야 하므로, '틔어서'나 '트여서'로 써야 한다.

오답풀이 ②는 '잊히다'(피동)에 '-어지다'가 붙어 이중 피동이 되었다.
③은 '특징'이 주어로 쓰이고 있는데, 서술어에도 중복 사용되고 있다.
④는 '날조된'과 '조작극'의 의미가 중복되었으며, ⑤는 '그릇되게'와 '와전'의 의미가 중복되었다.

16 〈보기〉의 ( ) 안에 알맞은 표기로만 짝지어진 것은?

▸ 보기 ◂

• 일이 (㉠) 풀기 힘들다.
• 시장에 (㉡) 과일을 샀다.
• 대화는 열기를 (㉢) 시작했다.

    ㉠   ㉡   ㉢
① 얽히고설켜서 – 들러 – 띠기
② 얼키고설켜서 – 들려 – 띠기
③ 얽히고섥혀서 – 들러 – 띄기
④ 얽키고섥켜서 – 들러 – 띠기
⑤ 얼키고섥혀서 – 들러 – 띠기

정답 ①

해설 ㉠ 얽히고설키다 : 관계, 일, 감정 따위가 이리저리 복잡하게 되다.
㉡ 들르다 : 지나는 길에 잠깐 들어가 머무르다.
㉢ 띠다 : 감정이나 기운 따위를 나타내다.

17 경어법의 사용이 바른 것은?

① 철수야, 선생님이 오라고 했어.
② 할머니, 자요? 여쭤볼 게 있어서요.
③ 교장선생님의 인사 말씀이 있으시겠습니다.
④ 이 물건은 색상이 블랙과 네이비가 있으십니다.
⑤ 할아버지께서는 흰머리가 많아서 늘 염색을 해야 한다.

정답 ③

오답풀이 ① 철수야, 선생님께서 오라고 하셔.
② 할머니, 주무세요? 여쭤볼 게 있어서요.
④ 이 물건은 색상이 블랙과 네이비가 있습니다.
⑤ 할아버지께서는 흰머리가 많으셔서 늘 염색을 하셔야 한다.

18 다음 중 문장 성분 간의 호응이 자연스러운 문장은?

① 오늘은 잔디밭에서 책과 그림을 그렸다.
② 사람은 모름지기 욕심을 다스릴 줄 안다.
③ 이번 연극에서 영희는 주인공 역할을 맡았다.
④ 그녀는 초보치고는 운전을 썩 잘하지는 못한다.
⑤ 정아의 장점은 웃음으로 상대방을 편하게 한다.

정답 ③

오답풀이 ① 책을 읽고 그림을 그렸다.
책에 (어떤) 그림을 그렸다.
② 모름지기 ~ 다스릴 줄 알아야 한다.
④ 초보치고는 ~ 잘한다.
초보라서 ~ 잘하지 못한다.
⑤ 정아의 장점은 ~ 편하게 한다는 것이다.
정아는 ~ 편하게 하는 것이 장점이다.

19 '백두대간의 생태계를 보존하기 위해 정부의 적극적인 노력이 필요하다.'라는 주제로 글을 쓰기 위해 계획을 세워 보았다. 세부 내용으로 적절하지 않은 것은?

문제 인식		① 자료 조사
백두대간의 심각한 환경 훼손	→	• 백두대간의 개발 현황 • 백두대간의 생태계 실태

③ 원인 분석		② 구체적 문제점 파악
• 백두대간의 보전 및 관리를 위한 계획 부재 및 정책 빈약 • 생태 환경을 고려하지 않은 무분별한 개발	←	• 도로, 댐, 송전탑, 채석 광산, 온천, 골프장 등의 난립 • 올벚나무, 사향노루, 하늘다람쥐, 수달 등의 천연기념물과 세계적 희귀 동물이 사라질 위기 초래

④ 해결 방안 제시	⑤ 전개 방향
• 환경 단체의 인식 전환 • 백두대간 관리 전담 기구 구성 • 정부 정책에 대한 국민들의 관심 촉구	실태 파악을 통한 문제 제기 – 원인 분석 – 해결 방법 제시와 노력 촉구

정답 ④

해설 ④ '환경단체의 인식 전환' 과 '정부 정책에 대한 국민들의 관심 촉구' 는 정부의 적극적인 노력과는 관련이 없으므로 적절하지 않다.

주제가 '정부의 적극적인 노력의 필요성' 이므로, ③의 '원인 분석' 결과를 바탕으로 해결 방안을 도출할 때에는 정부의 적극적인 노력과 관련된 내용이 들어가야 한다.

---

20 다음 글을 바탕으로 〈보기〉와 같이 다양한 유형의 글을 쓰고자 한다. 이에 따른 글쓰기 방향 설정이 적절하지 **않은** 것은?

● 예시 ●

키 작은 소년과 키 작은 노인이 대화를 하였다.

소년 : 전 이따금 숟가락을 떨어뜨려요.

노인 : 나도 그렇단다.

소년 : (속삭이듯) 전 이따금 바지에 오줌을 싸요.

노인 : (웃으며) 그것도 나랑 똑같구나.

소년 : 전 자주 울어요.

노인 : (고개를 끄덕이며) 나도 종종 운단다.

소년 : 하지만 가장 나쁜 건 어른들이 나한테 별로 관심을 갖지 않는다는 거예요.

노인 : (주름진 손으로 소년의 손을 잡으며) 나도 네가 무슨 말을 하는지 다 안단다.

– 〈마음을 열어 주는 101가지 이야기〉에서 –

● 보기 ●

• 한자성어를 활용한 독후감 쓰기
동병상련(同病相憐)의 심정을 더욱 강조하는 글을 써 볼 거야. — ①
• 현실의 부정적 상황을 비판하는 논설문 쓰기
노약자층에 대한 제도적 지원책이 미비함을 부각시켜 대책의 시급성을 강조하는 글을 써 볼 거야. — ②
• 통계 자료를 활용하는 설명문 쓰기
우리나라가 선진국에 비해 저소득층 자녀에 대한 사회적 배려가 크게 뒤떨어진다는 글을 써 볼 거야. — ③
• 위로의 편지글 쓰기
노인이 자신의 어린 시절의 실수를 소년에게 소개하는 편지를 써서 소년에게 위로와 용기를 주는 장면을 설정할 거야. — ④
• 시점을 바꾼 소설 쓰기
소년이 늙은 후, 소년 시절 그 노인이 자신을 위로해 준 데에 힘입어, 후에 성공할 수 있었다는 내용의 회고록을 쓰는 장면을 설정한 소설을 써 볼 거야. — ⑤

정답 ③

해설 〈예시〉의 중심 내용은 '소외받는 소년에 대한 노인의 동병상련의 심정' 이다. 따라서 바꾸어 쓴 내용이 이러한 내용을 바탕으로 확장되었는지를 점검해야 한다. 그러나 소외 받는 소년이 곧 '저소득층 가정의 자녀' 라고 단정할 수 없으므로 ③은 적절하지 않다.

---

① 두 사람이 모두 소외받는 것을 〈보기〉에서 확인할 수 있다. 동병상련은 '어려운 처지에 있는 사람끼리 서로 가엾게 여김' 을 이르는 말로, 이를 활용한 독후감 쓰기 방향은 적절하다.
② 노약자층에 대한 제도적 미비책을 부각시키는 글을 비판적 태도로 쓰겠다는 것이므로 적절하다.
④ 노인이 자신도 어린 시절에 소년과 유사한 실수를 한 적이 있다는 내용의 편지를 써서 소년을 위로하는 글을 쓰겠다는 것은 적절하다고 볼 수 있다.
⑤ 소년이 늙은 후에 자신의 처지를 위로해 준 그 노인에게 감사를 전하는 글을 쓰는 방향으로 설정했으므로 적절하다.

---

21 '고령화 사회에 대비하자.' 라는 주제로 글을 쓰기 위해 개요 〈가〉를 작성하였다가 〈나〉로 고쳤다. 고친 이유로 가장 적절한 것은?

● 보기 ●

〈가〉
Ⅰ. 서론 : 고령화 사회로의 진입
Ⅱ. 본론
　1. 고령화 사회의 실태
　　가. 인구 증가율 마이너스
　　나. 초고속 고령화 사회로의 진입
　2. 고령화 사회의 문제점
　　가. 사회 비용 증가
　　나. 인구 감소로 인한 문제 발생
　3. 고령화 사회 해결 방안
　　가. 노인에게 일자리 제공
　　나. 국민 연금제도의 개편
　　다. 법과 제도의 개선
Ⅲ. 결론 : 고령화 사회 대비 강조

〈나〉
Ⅰ. 서론 : 고령화 사회의 심각성
Ⅱ. 본론
　1. 고령화 사회의 실태
　　가. 인구 증가율 마이너스
　　나. 초고속 고령화 사회로의 진입
　2. 고령화 사회의 문제점
　　가. 의료·복지 비용 증가
　　나. 노동력 공급 감소
　　다. 노동 생산성 저하
　3. 고령화 사회 해결 방안
　　가. 노인에게 일자리 제공
　　나. 국민연금 제도의 개편
　　다. 법과 제도의 개선
Ⅲ. 결론 : 고령화 사회 대비 촉구

① 문제 상황을 보는 관점이 다양함을 드러내려고
② 문제 상황을 구체화하여 주제의 설득력을 높이려고
③ 문제 해결과정에 발생할 불필요한 논쟁을 피하려고
④ 논의 대상의 범위를 보다 구체적으로 한정하려고
⑤ 문제 해결책의 범위를 보다 폭넓게 확장하려고

정답 ②

해설 〈가〉의 개요에서 〈나〉의 개요로 고쳐진 부분은 고령화 사회의 문제점 부분이다. 이는 고령화 사회로 인해 발생할 수 있는 사회적 비용을 의료 및 복지비용으로, 인구 감소로 인한 노동력 공급 감소 및 생산성 저하로 구체화시킨 것이다.

오답풀이 ④ 구체적으로 문제 상황을 한정했다고 해서 논의 대상의 범위가 한정된 것은 아니다. 즉, 논의 대상인 고령화 사회의 문제점 자체는 그대로이기 때문이다.

---

22 〈보기〉의 '조건'이 모두 충족된 표현은?

〈보기〉

• 상대방의 의견 : 정보 통신의 발달로 세계는 바야흐로 지구촌 시대로 접어들었다. 지구촌 시대에는 정보의 대부분이 다국적 정보 통신망을 통해 교류되고 있는데, 여기서 사용하는 언어는 영어이다. 세계화가 미국 주도로 진행되면서 모든 분야의 의사소통에 영어가 중심이 되었다. 이런 점에서 영어의 공용어화는 이제 미룰 일이 아니다.

〈조건〉

• 상대방의 의견을 일부 인정하면서 시작한다.
• 상대방의 의견에 반대하는 입장을 밝힌다.
• 인과 관계를 통해 설명한다.

① 영어는 국제 경쟁 시대에 우리나라가 살아남기 위해서 꼭 필요하다. 왜냐하면 영어는 국제화 시대에 정치, 경제, 문화적 측면에서의 활발한 교류와 국위 선양에 필수적 요소이기 때문이다.
② 세계화 시대라는 것을 앞세워 영어를 공용어로 삼으려는 것은 우리의 전통 문화를 포기하는 것과 마찬가지이다. 그것은 우리 민족이 지닌 전통적 삶의 양식이 우리가 사용하는 언어 속에 깃들어 있기 때문이다.
③ 영어를 자유롭게 구사하는 일은 새 시대를 살아가는 필수 조건이라 할 수 있다. 하지만 수입종인 황소개구리가 토종 참개구리를 잡아먹은 것과 같이 되지 않으려면, 우리 스스로 우리말을 소중히 여길 줄 알아야 한다.
④ 지구촌 시대에 영어의 중요성을 무시할 수는 없지만 영어를 공용어로 삼는 일은 없어야 한다. 왜냐하면 언어에는 그것을 사용하는 사람들의 정신이 담겨 있으므로 영어를 우리말처럼 사용하면 우리의 의식 구조마저 서구적으로 바뀔 수 있기 때문이다.
⑤ 어느 나라에서든지 영어 구사 능력이 필수 요소가 되고 있는 것은 사실이다. 하지만 우리말과 함께 영어를 공용어로 한다면 커다란 혼란을 초래할 수 있다. 다른 나라의 언어를 사용하다가 자국의 언어를 잃어버린 경우가 그 좋은 예라 할 수 있다.

정답 ④

해설 주어진 조건에 맞게 영어 공용화에 대해 일부 인정하면서 반대하는 이유를 인과 관계에 의해 제시하는 내용이어야 한다.

---

23 〈보기〉를 고쳐 쓰기 위해 토의한 내용으로 적절하지 않은 것은?

〈보기〉

원시 시대 사람들은 자신이 속한 공동체 안에서 평등하게 생활하였다. 비록 ⑤ 성과 연령에 따른 계층 간의 분화는 있었지만, 계급에 따른 지배와 피지배라는 불평등 관계는 존재하지 않았다. ⑥ 그들은 자신과 자신이 속한 집단을 운명 공동체로 인식되었다. ⑥ 그러나 자기가 속한 공동체 성원 가운데 한 사람이라도 외부인에 의해 ② 죽거나 부상을 당하면, 그 사람을 대신하여 복수를 해야 했다. 원시 시대 사람들의 이 같은 집단성은 어디에서 연유하는 것일까. 원시 시대 사람들이 속해 있는 공동체는 주로 동일한 혈연을 매개로 구성되었다. 따라서 이들은 공동의 조상신을 숭배하며 일체감을 ⑩ 성취하였던 것이다.

① ⑤ 문장의 의미가 명료해지도록 '성에 따른 남녀 간의 분화와 연령에 따른 계층 간의 분화'로 고치자.
② ⑥ 문장의 호응 관계가 적절하지 않으므로 '~로 인식하였다'로 고치자.
③ ⑥ 앞, 뒤 문장의 내용을 고려하여 '그래서'로 바꾸자.
④ ② 의미가 중복되므로 '죽거나 사상을 당하면'으로 고치자.
⑤ ⑩ 단어의 쓰임이 잘못되었으므로 '형성'으로 바꾸자.

정답 ④

해설 '사상(死傷)'에는 '죽는다(死)'는 의미가 포함되어 있으므로 ②을 '죽거나 사상을 당하면'으로 고치면 의미가 중복된다.

주3 다음 글을 읽고 밑줄 친 단어의 뜻을 간략하게 쓰시오.

〈보기〉

몽양 여운형의 항일 독립운동의 당위성 주장에 대해 코가 장관은 일본이 조선을 병합한 것은 서양 세력의 침입으로부터 조선을 보호하기 위한 수단이었다고 말하면서 조선독립은 오히려 동양평화에 위협이 될 뿐이라는 궤변을 늘어놓았다.

정답 • 이치에 맞지 않는 억지스러운 주장
• 상대편의 사고(思考)를 혼란시키거나 감정을 격앙시켜 거짓을 참인 것처럼 꾸며 대는 것

해설 '궤변'은 주로 이치에 닿지 않으면서 억지 주장을 하는 경우에 쓰는 말이다.

주 4 다음 〈보기〉의 내용을 고려하여 ㉠에 들어갈 내용을 15자 내외로 쓰시오.

• 보기 •

주제 : 동아리 활동을 활성화해야 한다.
Ⅰ. 서론 : 동아리 활동의 실태
　　 – 형식적으로 이루어짐
Ⅱ. 본론
　　1. 동아리 활동의 의의
　　　가. 학생들의 사회성을 높일 수 있음
　　　나. 학생들의 적성과 취미를 계발함
　　2. [　　　　㉠　　　　]
　　　가. 학교
　　　　(1) 전문 강사가 부족함
　　　　(2) 동아리 활동에 수동적인 자세로 참여함
　　　나. 학생
　　　　(1) 동아리 활동을 학습 방해 요인으로 생각함
　　　　(2) 동아리 활동을 위한 시설이 미비함
　　3. 동아리 활동 활성화 방안
　　　가. 학교 차원의 방안
　　　　(1) 외부 기관과 협조해 전문 강사를 초빙함
　　　　(2) 경제적 지원을 확대함
　　　나. 학생을 대상으로 한 방안
　　　　(1) 동아리 활동의 학습적 효과를 인식하도록 함
　　　　(2) 동아리 활동에 대한 인식을 변화시킴
Ⅲ. 결론 : 동아리 활동의 활성화에 대한 관심을 촉구함

정답 동아리 활동이 미진한 원인

해설 'Ⅱ-1'은 동아리 활동의 의의로, 학생들이 동아리 활동을 했을 때, 학생들이 어떤 도움을 받을 수 있는가에 해당하는 항목이다. Ⅱ-2-가-(2)는 학생들의 관점에서 동아리 활동에 미진한 원인이고, Ⅱ-2-나-(2)는 학교의 관점에서 동아리 활동이 미진한 원인이다. 따라서 ㉠은 '동아리 활동이 미진한 원인'이 되어야 한다.

주 5 〈예시〉와 같이 〈보기〉의 ①의 빈칸에 들어갈 ㉠-한자성어/속담과 〈보기〉 ②의 빈칸에 공통으로 들어갈 ㉡-단어를 사용하여 한 문장으로 된 짧은 글을 쓰시오.

• 예시 •

① 자신의 친구를 욕하는 것은 (누워서 침 뱉기)이다.
② • 자기가 잘못하고서는 (오히려) 큰소리친다.
　 • 우리의 도움이 (오히려) 그들에게 해가 되지나 않을지 걱정된다.
　 → 누워서 침 뱉기라는 말처럼 남을 해하려 하면 오히려 자기가 해를 입을 수 있다.

• 보기 •

① 사람들 중에는 지방을 제거하기 위해 체내의 지방 흡수를 인위적으로 차단하는 비만치료제를 이용하는 이도 있는데, 이러한 비만치료제는 인체 시스템에 악영향을 끼치기도 한다. 만일 이 비만치료제가 몸에 좋은 지방과 그렇지 않은 지방을 구별하는 눈을 가졌다면 권장할 만하다. 하지만 모든 유형의 지방이 우리 몸에 흡수되는 것을 막는 것이 문제다. 게다가 이 비만치료제는 지

방질만 제거하는 것이 아니라 지방질과 함께 소화 흡수되어 시력 보호나 노화 방지를 돕는 지용성 비타민까지 걸러내게 마련이다. (㉠-한자성어/속담)이라는 말처럼, 살을 빼려다가 시력을 떨어뜨리고 노화를 촉진하게 되는 것이다. 그것도 만만찮은 비용까지 부담하면서 말이다.
② • (㉡-단어) 큰일 날 뻔했다.
　 • 그는 전차에서 내리면서 발을 헛딛고서 (㉡-단어) 넘어질 뻔했다.

정답 잘못된 점을 고치려다가 정도가 지나쳐 하마터면 '교각살우' 하는 우를 범할 뻔했다.

해설 ㉠ 교각살우(矯角殺牛) : '쇠뿔을 바로 잡으려다 소를 죽인다'라는 뜻으로, 결점이나 흠을 고치려다 수단이 지나쳐 도리어 일을 그르침(빈대 잡으려고 초가삼간 태운다 등 정답 인정)
㉡ 하마터면 : 조금만 잘못하였더라면. 위험한 상황을 겨우 벗어났을 때에 쓰는 말이다.(자칫 등 정답 인정)

주 6 〈예시〉의 내용에 이어 쓸 수 있는 시조를 〈보기〉의 조건에 맞도록 쓰시오.

• 예시 •

봉선화
비 오자 장독간에 봉선화 반만 벌어
해마다 피는 꽃을 나만 두고 볼 것인가.
세세한 사연을 적어 누님께로 보내자.

• 보기 •

• 계절감을 드러낼 것
• 비유적 표현을 사용할 것
• 제시된 시조의 주제를 유지할 것

정답 별 하나 나 하나로 깊어가던 여름밤에
모닥불 연기 새로 곱디고운 누님 미소
손톱 끝 꽃물처럼 아련히 남았구나.

해설 계절감이 드러나는 배경으로 비유법을 사용하여 누님에 대한 그리움을 드러낸 시조를 지어야 한다.

주 7 십자말풀이를 참조해 아래의 (　)에 맞는 단어를 쓰시오.

	1. 자		2.	
3.			4.	5. 기
6.	7. 적		8.	
	9.			

[가로 열쇠]
1. 원동기를 장치하여 그 동력으로 바퀴를 굴려서 땅 위를 움직이도록 만든 차
3. 무슨 일을 더디게 끌어 시간을 늦춤
4. 국가 기관이 법정 절차에 따라 등기부에 부동산에 관한 일정한 권리관계를 적는 일
6. 호적법에서, 호적이 있는 지역을 이르던 말 ≒ 본적지
8. 엎드려 청함
9. 그림을 그리는 데 쓰는 종이

[세로 열쇠]
1. 사람의 힘이 더해지지 아니하고 존재하는 것
2. 고르거나 가지런하지 않고 차별이 있음
3. 지구를 본떠 만든 모형
5. 기상 상태를 관측하고 예보하는 사무를 맡아보는 기관
7. 지구의 남북 양극으로부터 같은 거리에 있는 지구 표면에서의 점을 이은 선
8. 행복한 삶

| 2. 세로 : ( ) | 3. 세로 : ( ) |
| 8. 가로 : ( ) | 9. 가로 : ( ) |

정답 2. 세로 : 차등   3. 세로 : 지구본
8. 가로 : 복청   9. 가로 : 도화지

해설

	자	동	차	
지	연		등	기
구				상
본	적		복	청
	도	화	지	

㈜8 〈보기〉는 두 가지 음식 문화를 비교하는 글이다. 밑줄 친 곳을 바르게 고쳐 쓰시오.

● 보기 ●

ⓐ 음식을 먹는 방식을 나누면 대체로 두 가지 방식으로 나누어 볼 수 있다. 하나는 음식을 한꺼번에 상 위에 올려놓고 먹는 공간형 방식이고, 다른 하나는 음식이 준비되는 대로 먹는 시간형 방식이다. 공간형 방식은 반찬은 물론 국이나 찌개를 한꺼번에 상 위에 올려놓는 방식이다. 따라서 이 방식은 음식의 양을 조절할 수 없다는 단점이 있다. ⓑ 그렇지만 시간형 방식은 ⓒ 음식이 순서에 따라 나오거나 익히며 먹는 방식이다. 이 방식은 공간형 방식에 비해 다소 시간이 걸리는 단점이 있다. 하지만, 음식이 나오는 중간 중간에 서로 정담을 나누는 여유를 가질 수 있어 소규모의 친목 모임에 적합하다.

정답 ⓐ 음식을 먹는 방식은 대체로 두 가지로 나누어 볼 수 있다.
ⓑ 한편
ⓒ 음식이 순서에 따라 나오거나 음식을 익혀가며 먹는 방식이다.

해설 ⓐ 문장에서 '방식' 이라는 말이 반복된다.
ⓑ 내용의 흐름을 고려할 때 '그렇지만' 을 '한편' 으로 고쳐야 한다.
ⓒ 문장 성분의 호응을 고려하여 고쳐야 한다.

㈜9 다음 〈보기〉의 조건이 모두 충족된 의견을 제시하시오.

● 보기 ●

• 상대방의 의견 : 학력(學歷)은 개인이 노력하여 정당한 경쟁을 통해 획득한 자격이며, 개인의 능력을 예측할 수 있는 중요한 지표다. 따라서 입사 지원서에 학력 기재란을 삭제하는 것은 바람직하지 않다.

● 조건 ●

• 상대방 주장에 쓰인 논거의 문제점을 비판하며 시작할 것
• 문제점을 비판하는 근거를 제시할 것
• 적절한 대처 방안을 제시할 것
• 어문 규범을 지켜 세 문장으로 쓸 것

정답 학력은 개인의 능력에 대한 절대적 척도가 아니다. 왜냐하면 한 개인을 평가할 때에는 현재의 능력과 앞으로의 가능성을 종합적으로 고려해야 하기 때문이다. 따라서 능력 중심으로 신입 사원을 선발할 수 있는 제도를 마련해야 한다.

해설 〈보기〉의 조건을 모두 충족시켜야 한다.

㈜10 〈보기〉의 그림을 모두 활용하여 '바람직한 생활 태도'에 대한 표어를 만드시오.

정답 이젠 나설 때, 실천이 중요합니다.

해설 • 위의 좌측 그림 : 입으로 '공자 왈 맹자 왈' 을 외우는 사람에게 '말은 앵무새' 라는 표현을 통해 말은 그럴듯하나 실천이 없는 것을 비꼬는 그림이다.
• 위의 우측 그림 : 학업계획표만 고쳐 세우는 자녀에게 '계획만 세운다고 뭐가 되냐' 며 실천을 촉구하는 어머니의 모습이 드러난 그림이다.
• 아래쪽 가운데 그림 : 17대 선거 유세에서 16대 공약집을 들고 '아파트 반값에 공급하겠다' 는 공약(空約)은 지난 선거에서도 내세웠으나 지키지 않았다는 장면이다.
따라서 세 장면을 모두 활용하여 표어를 만들 때의 핵심은 '실천' 일 수밖에 없다.

제 **4** 회

정답 및 해설

1교시 제4회 정답 및 해설

● 제4회 1교시 정답

01	02	03	04	05	06	07	08	09	10	11	12
③	③	③	①	④	④	④	④	①	③	④	③
13	14	15	16	17	18	19	20	21	22	23	24
⑤	④	④	②	③	④	②	④	④	②	④	③
25	26	27	28	29	30	31	32	33	34	35	36
②	④	①	①	⑤	②	①	④	④	④	②	③
37	38	39	40	41	42	43	44	45	46	47	48
⑤	③	⑤	④	②	④	①	④	⑤	④	⑤	④
49	50	51	52	53	54	55	56	57			
③	①	⑤	④	④	①	⑤	⑤	⑤			

01 단어의 형성 방법이 나머지와 다른 것은?

① 큰집　　② 접칼　　③ 풋사과
④ 돌다리　　⑤ 작은아버지

정답 ③

해설 ①, ②, ④, ⑤는 합성어이고, ③은 파생어이다.

02 두 단어 간의 관계가 나머지와 다른 것은?

① 영겁 : 찰나
② 직필 : 곡필
③ 과부 : 미망인
④ 올되다 : 늦되다
⑤ 스스럽다 : 무람없다

정답 ③

해설 ③은 유의 관계, ①, ②, ④, ⑤는 반의 관계이다.

03 〈보기〉의 뜻풀이에 해당하고 예문의 (　　)에 들어갈 단어로 가장 알맞은 것은?

> 보기
> [뜻풀이] 떨치어 일어남. 또는 일으킴
> [예문] 산업 (　　)에 힘쓰다.
> 　　　앞으로 우리 농촌의 (　　)을 위해서 진력하겠습니다.

① 발전(發展)　　② 번영(繁榮)
③ 진흥(振興)　　④ 개발(開發)
⑤ 유행(流行)

정답 ③

해설 산업 진흥에 힘쓰다. / 앞으로 우리 농촌의 진흥을 위해서 진력하겠습니다.

오답풀이
① 발전 : 더 낫고 좋은 상태나 더 높은 단계로 나아감
② 번영 : 번성하고 영화롭게 됨
④ 개발 : 토지나 천연자원 따위를 유용하게 만듦
⑤ 유행 : 특정한 행동 양식이나 사상 따위가 일시적으로 많은 사람의 추종을 받아서 널리 퍼짐

04 밑줄 친 단어의 쓰임이 바르지 않은 것은?

① 옆집 아이는 계집애가 착해서 잔망스러운 행동만 한다.
② 얼마나 굶었는지 그는 음식을 걸신스럽게 마구 먹어 대고 있다.
③ 그는 일부러 의뭉스러운 바보짓을 하여 사람들에게 혼란을 주었다.
④ 그는 그녀에게 사랑한다고 고백하는 것이 쑥스러운 듯 얼굴이 발개졌다.
⑤ 매질이 우악스럽게 모질고 보니, 그는 할 수 없이 사실을 불기 시작했다.

정답 ①

해설 '잔망스럽다'는 '얄밉도록 맹랑한 데가 있다'의 의미이므로, '착하다'와 호응할 수 없어 주어진 문장에 어울리지 않는다.
② 굶주려 음식에 몹시 탐욕스럽다.
③ 보기에 겉으로는 어리석어 보이나 속으로는 엉큼한 데가 있다.

④ 하는 짓이나 모양이 자연스럽지 못하여 우습고 싱거운 데가 있다.

⑤ 보기에 무지하고 포악하며 드센 데가 있다.

05 밑줄 친 단어의 쓰임이 적절하지 않은 것은?

① 검은 구름이 걷힌다.
② 과녁에 맞힌 화살을 뽑다.
③ 반듯이 앉는 습관을 지녀라.
④ 그는 나이가 지그시 들어 보인다.
⑤ 화가 나서 신문을 갈가리 찢어 버렸다.

정답 ④

해설 지그시 → 지긋이

• 지긋이 : 나이가 비교적 많아 듬직하게 예 그는 나이가 지긋이 들어 보인다.
• 지그시 : 슬며시 힘을 주거나 조용히 참고 견디는 모양 예 지그시 밟다. 아픔을 지그시 참다.

06 〈보기〉의 ( )에 알맞은 표기로만 짝지어진 것은?

• 내가 너에게 (㉠)?
• 날씨가 왜 이리 (㉡)?
• 어머, 그게 바로 (㉢).
• 그것은 제 것이 (㉣).

	㉠	㉡	㉢	㉣
①	질소냐	추울고	오늘일쩨	아니올씨다
②	질소냐	추울꼬	오늘일쩨	아니올시다
③	질소냐	추울꼬	오늘일쩨	아니올씨다
④	질쏘냐	추울꼬	오늘일세	아니올시다
⑤	질쏘냐	추울고	오늘일세	아니올씨다

정답 ④

해설 표준 발음과 표기가 일치하지 않는 경우가 많다. 의문을 나타내는 '-(으)ㄹ까?, -(으)ㄹ꼬?, -(스)ㅂ니까?, -(으)리까?, -(으)ㄹ쏘냐? 는 된소리로 적지만, 대부분의 어미는 된소리로 나더라도 예사소리로 적어야 한다.

07 〈보기〉의 ( )에 들어갈 속담으로 가장 적절한 것은?

뇌물은 사회 기강을 어지럽히고 부익부 빈익빈을 심화 시킨다. 그래서 어느 시대 어느 나라에서나 뇌물은 범죄다. 그럼에도 뇌물은 흔하다. ( )(한국 속담), 황금이 말하면 모든 혀가 조용해지며(영국 속담), 돈은 귀신과도 통하기(중국 속담) 때문이다. 현재 지구촌에서 오가는 뇌물은 적어도 한 해 1조 달러가 넘는 것으로 추정된다.

① 돈이 돈을 벌고
② 돈에 침 뱉는 놈 없고
③ 돈만 있으면 개도 멍첨지고
④ 기름 먹인 가죽이 부드럽고
⑤ 돈은 있다가도 없어지고 없다가도 생기는 법이고

정답 ④

해설 〈보기〉의 괄호에는 뇌물과 관련된 한국 속담이 들어가야 한다. ④는 뇌물을 쓰면 일이 순조롭게 됨을 비유적으로 이르는 말이므로 정답이다.

오답풀이 ①은 돈이 많은 사람이 그 이익을 통하여 돈을 더 벌 수 있다는 말, ②는 사람은 누구나 돈을 소중히 여긴다는 말, ③은 천한 사람도 돈만 있으면 다른 사람들이 귀하게 대접함을 비유적으로 이르는 말, ⑤는 재물은 돌고 도는 것이므로 재물을 가지고 상대를 평가하는 것은 어리석은 일이라는 말이다.

08 밑줄 친 말과 바꾸어 쓰기에 적절한 것은?

외국인 투자자들에 의해 주가가 오르고는 있지만, 언제 또 곤두박질 칠지 모르기 때문에 요즘 우리나라 증시는 마치 살얼음을 밟는 것 같은 상황이라고 할 수 있다.

① 동빙한설(凍氷寒雪)의　　② 빙기옥골(氷肌玉骨)의
③ 빙정옥결(氷貞玉潔)의　　④ 여리박빙(如履薄氷)의
⑤ 환연빙석(渙然氷釋)의

정답 ④

해설 ④ 여리박빙 : 살얼음을 밟는 것과 같다는 뜻으로, 아슬아슬하고 위험한 일을 비유적으로 이르는 말

오답풀이 ① 동빙한설 : 심한 추위를 이르는 말
② 빙기옥골 : 살결이 곱고 깨끗한 미인
③ 빙정옥결 : 깨끗하고 조금도 흠이 없음
⑤ 환연빙석 : 의심스럽던 것이 풀리어 없어짐

09 밑줄 친 관용구의 뜻풀이가 바르지 않은 것은?

① 그는 <u>다리가 길어서</u> 뭐 먹을 때마다 부르지도 않았는데 나타났다. → 눈치가 빨라 어떤 일을 금세 알아채다.
② 친구들은 그가 어제 한 실수를 <u>도마 위에 올려놓고</u> 열을 올렸다. → 어떤 사물을 문제 삼아 비판하거나 논하다.
③ 아버지의 사업이 망한 뒤로 우리 가족은 <u>바닥을 긁게</u> 되었다. → 생계가 곤란하다.
④ 그의 말은 항상 <u>사개가 맞아</u> 친구들이 모두 고개를 끄덕인다. → 말이나 사리의 앞뒤 관계가 빈틈없이 딱 들어맞다.
⑤ 그는 오늘의 업무량을 맞추기 위하여 <u>고삐를 조였다.</u> → 사태를 조금도 늦추지 않고 긴장되게 하다.

정답 ①

해설 다리가 길다 : 음식 먹는 자리에 우연히 가게 되어 먹을 복이 있다.

10 밑줄 친 부분을 비슷한 의미의 다른 단어나 표현으로 바꾼 것 중 바르지 않은 것은?

① 봄이 한창이라 들에는 꽃들이 <u>지천으로</u> 피어 있다. → 매우 흔하게
② 학기말이 되면 아이들이 <u>방만하게</u> 행동을 한다. → 제멋대로 풀어져
③ 전혀 낯선 세계의 풍경이 <u>생경한</u> 느낌으로 다가왔다. → 처음 대하지 않는
④ 선생님은 비록 <u>눌변</u>이시지만 열성적인 강의로 우리에게 감동을 준다. → 서툰 말솜씨
⑤ 이 증거물이 <u>미궁</u>에 빠졌던 그동안의 사건을 해결할 수 있을 것이다. → 해결하지 못하게 된 상태

정답 ③

해설 '생경하다'는 '익숙하지 않아 어색하다' 정도로 바꿀 수 있다.

11 밑줄 친 단어의 뜻풀이가 바르지 않은 것은?

① 그들은 자신들의 마을에 들어온 이방인들을 <u>적대시(敵對視)</u>하였다. → 적으로 여겨 봄
② 그간 과학 기술 위주의 교육 때문에 인성 교육이 <u>등한시(等閒視)</u>되어 왔다. → 소홀하게 보아 넘김
③ 우리는 상대방의 공격을 더이상 <u>좌시(坐視)</u>만 할 수는 없다. → 참견하지 아니하고 앉아서 보기만 함
④ 지나치게 개성을 발휘하면 조직 사회 내에서는 <u>도외시(度外視)</u>되거나 밀려날 수도 있다. → 문제를 일으킴
⑤ 그는 고향에 돌아와 사람들로부터 받은 <u>백안시(白眼視)</u>와 수모를 잊지 않았다. → 남을 업신여기거나 무시하는 태도로 흘겨봄

정답 ④

해설 '도외시'는 '상관하지 아니하거나 무시함'의 뜻을 가진다.

12 다음 중 나머지 것과 그 의미가 다른 말은?

① 갑남을녀(甲男乙女)
② 장삼이사(張三李四)
③ 재자가인(才子佳人)
④ 필부필부(匹夫匹婦)
⑤ 초동급부(樵童汲婦)

정답 ③

해설 ③은 재주가 있는 남자와 아름다운 여자를, ①, ②, ④, ⑤는 평범한 사람을 의미한다.

13 〈보기〉에서 밑줄 친 부분의 의미와 가장 유사하게 사용된 것은?

● 보기 ●
올해도 뜰에 봉선화가 지난해처럼 그렇게 <u>소담하게</u> 폈습니다.

① 깜찍하게
② 아름답게
③ 수수하게
④ 세련되게
⑤ 탐스럽게

정답 ⑤

해설 '소담하다'는 '생김새가 탐스럽다.'는 뜻이므로 ⑤가 알맞다.

오답풀이 ①은 '몸집이나 생김새가 작고 귀엽다.', ②는 '보이는 대상이나 음향, 목소리 따위가 균형과 조화를 이루어 눈과 귀에 즐거움과 만족을 줄 만하다.', ③은 '물건의 품질이나 겉모양, 또는 사람의 옷차림 따위가 그리 좋지도 않고 나쁘지도 않고 제격에 어울리는 품이 어지간하다.', ④는 '모습 따위가 말쑥하고 품위가 있다.'의 뜻이다.

14 밑줄 친 부분의 표기가 옳지 않은 것은?

① 오늘 청소는 내가 할게.
② 생각건대 공부가 가장 쉽다.
③ 국어 시험이 생각보다 만만찮다.
④ 그의 해쑥한 얼굴을 보니 속상하다.
⑤ 점심을 느지막하게 먹었더니 괜찮다.

정답 ④

해설 해쑥한 → 핼쑥한
① 할게(×), ② 생각컨대(×), ③ 만만잖다(×), ⑤ 느즈막하게(×)

15 밑줄 친 단어의 발음이 잘못된 것은?

① 하늘 무서운 줄 모르는데 어쩌면 좋소[조:쏘].
② 마땅히 지켜야 할 바를[할빠를] 가르쳤을 뿐이다.
③ 계돈(鷄豚)은 닭과[닥꽈] 돼지를 아울러 이르는 말이다.
④ 옛 선비들은 바람을 읊고[을꼬] 달을 읊는 것을 즐겼다.
⑤ 결혼한 지 5년 만에 아이를 낳으니[나으니] 아버지가 무척 기뻐
하셨다.

정답 ④

해설 읊고 : [읍꼬]
① 'ㅎ' 뒤에 'ㅅ'이 결합되는 경우 'ㅅ'을 [ㅆ]으로 발음한다.
③ 겹받침 'ㄺ'은 자음 앞에서 [ㄱ]으로 발음하므로 '닭과'는 [닥꽈]로 발음한다.
⑤ 'ㅎ' 뒤에 모음으로 시작된 어미나 접미사가 결합하는 경우, 'ㅎ'을 발음하지 않으므로 '낳으니'는 [나으니]로 발음한다.
(관련 규정 : 표준 발음법 제10항, 제11항, 제12항)

16 다음 중 맞춤법에 어긋나는 것은?

① 개굴개굴 개구리
② 기럭기럭 기럭이
③ 삐죽거리는 삐죽이
④ 코가 납작한 코납작이
⑤ 오뚝하니 일어서는 오뚝이

정답 ②

해설 기럭이 → 기러기
• '-하다'나 '-거리다'가 붙는 어근에 '-이'가 붙어서 명사가 된 것은 원형을 밝혀 적는다. ③ '삐죽거리다 → 삐죽이', ④ '납작하다 → 납작이', ⑤ '오뚝하다 → 오뚝이'

• '-하다'나 '-거리다'가 붙을 수 없는 어근에 '-이'나 다른 모음으로 시작되는 접미사가 붙어 명사가 된 것은 원형을 밝혀 적지 않는다. ① '개구리', ② '기러기'
(관련 규정 : 한글 맞춤법 제23항)

17 밑줄 친 부분의 맞춤법이 옳은 것을 모두 고른 것은?

보기
• 거북이가 ⊙ 엉금엉금 기기 시작했다.
• 그는 톱으로 나무를 ⓒ 쓱삭쓱삭 잘랐다.
• 까마귀는 날개를 ⓒ 퍼덕퍼덕하며 날아올랐다.

① ⊙　　② ⊙, ⓒ　　③ ⊙, ⓒ
④ ⓒ, ⓒ　　⑤ ⊙, ⓒ, ⓒ

정답 ③

해설 한 단어 안에서 같은 음절이나 비슷한 음절이 겹쳐 나는 부분은 같은 글자로 적어야 하므로 ⓒ은 '쓱싹쓱싹'으로 써야 한다.

18 밑줄 친 외래어 표기 중 틀린 것은?

① 간식으로 도넛을 먹자.
② 아이섀도를 더 사야겠어.
③ 나는 음악 장르 중 재즈를 좋아한다.
④ 오늘은 어머니 생신이라 케익을 샀다.
⑤ 사진 찍을 때 플래시를 터뜨리면 안 돼요.

정답 ④

해설 케익 → 케이크
① 도너츠(×), 도넛(○) ② 아이섀도우(×), 아이섀도(○)
③ 째즈(×), 재즈(○) ⑤ 플래쉬(×), 플래시(○)

19 '렌즈삽입술'을 받으려는 환자가 이해한 것으로 적절하지 않은 것은?

질문1 : 렌즈삽입술은 시력이 나쁜 모든 이들에게 가능한 수술인가요?
답변1 : 안내렌즈삽입술을 하는 대상은 라식, 라섹과는 차이가 있다. 얇은 각막, 초고도근시 등의 이유로 레이저 시력 교정술이 불가능할 경우에 적합하다. 보통 근시 및 난시가 있는 21~45세의 성인 중 기존에 녹내장, 홍채염, 당뇨망막병증 등 각종 안질환이 없던 사람에게 가장 이상적인 수술이다. 수술 전 UBM 생체 현미경 검사를 통해 눈 속의 공간이나 내피세포 등을 파악해야 한다.

질문2 : 수술은 어떻게 진행되나요?

답변2 : 렌즈삽입술을 하기 전, 홍채절개술부터 시행하게 된다. 홍채절개술은 눈 안에 흐르는 물(방수)이 렌즈로 인해 흐름에 방해 받지 않도록 홍채에 구멍을 뚫어주는 수술이다. 이 단계를 거친 후에 개개인의 눈 상태에 맞는 렌즈를 주문하여 하루씩 렌즈삽입을 하게 된다.

질문3 : 안내렌즈삽입술의 장점은 무엇인가요?

답변3 : 무엇보다 라식, 라섹수술처럼 각막을 건드리지 않으므로 각막조직의 손상이나 제거 없이 고도근시 및 난시까지 넓은 범위의 시력교정이 가능하다는 것이다. 렌즈삽입술은 라식, 라섹수술이 불가능한 초고도근시나 얇은 각막을 가진 분들, 각막에 상처가 있는 경우 등에서 가능한 수술이라는 것도 메리트가 될 수 있다. 또한 혹시라도 수술 후 시력의 변화가 생기거나 문제가 생길 경우 렌즈를 교체하거나 쉽게 제거할 수 있다는 점도 장점이라 할 수 있다.

질문4 : 수술 전후로 주의해야 할 사항이 무엇인가요?

답변4 : 안내렌즈삽입술을 하기 전에는 소프트렌즈는 1주 이상, 하드렌즈는 2주 이상 착용을 중단하고 정밀검사를 받아야 한다. 정밀검사 시에는 굴절검사, 각막두께 측정, 안구길이, 안구전방 깊이, 안저검사, 안압검사 등 다양한 검사가 요구된다. 특히 UBM 초음파 생체현미경 검사는 렌즈삽입술을 위한 필수 검사로 꼽는다.

또한 렌즈삽입술은 눈 안에 특수렌즈를 삽입하는 만큼 더 안전하게 진행이 되어야 한다. FDA 안전기준을 준수하는지, 수술 담당의는 숙련된 전문의인지 확인을 해 볼 것을 권한다.

수술 후에는 당일 날 바로 퇴원이 가능하다. 수술 중엔 가벼운 국소점안 마취를 하기 때문에 약간의 불편함이 있을 수 있지만 별다른 큰 통증은 없는 편이다. 안과에서 보호안대와 약을 처방 받은 뒤 수술 다음날 안과에 다시 방문해 수술 결과를 검사해봐야 한다.

① 수술 전에 생체 현미경 검사를 통한 필수 검사를 해야 한다.

② 전신 마취를 해야 하는 수술이므로, 마취 부작용을 확인해야 한다.

③ 레이저로 시력교정술이 불가능한 환자 중에서 안질환이 없어야 가능한 수술이다.

④ 렌즈삽입술을 하기 전 홍채절개술을 받고, 이후 개인의 눈 상태에 맞는 렌즈를 삽입하게 된다.

⑤ 수술 후에는 당일 퇴원을 하여 안과에서 보호 안대와 약을 처방받고, 다음날 수술 결과를 검사해야 한다.

정답 ②

해설 가벼운 국소점안 마취를 하므로, 전신 마취를 해야 한다는 이해는 옳지 않은 것이다.

[20~21] 다음 글을 읽고 물음에 답하시오.

현대 사회에서 스타는 대중문화의 성격을 규정짓는 가장 중요한 열쇠이다. 스타가 생산, 관리, 활용, 거래, 소비되는 전체적인 순환 메커니즘이 바로 스타 시스템이다. 이것이 자본주의 대중문화의 가장 핵심적인 작동 원리로 자리 잡게 되면서 사람들은 스타가 되기를 열망하고, 또 스타 만들기에 진력하게 되었다.

스크린과 TV 화면에 보이는 스타는 화려하고 강하고 영웅적이며, 누구보다 매력적인 인간형으로 비춰진다. 사람들은 스타에 열광하는 순간 스타와 자신을 무의식적으로 동일시하며 그 환상적 이미지에 빠진다. 스타를 자신들이 스스로 결여하고 있다고 느끼는 부분을 대리 충족시켜 주는 대상으로 생각하기 때문이다. 그런 과정이 가장 전형적으로 드러나는 장르가 영화이다.

영화는 어떤 환상도 쉽게 먹혀들어 갈 수 있는 조건에서 상영되며 기술적으로 완벽한 이미지를 구현하여 압도적인 이미지로 관객을 끌어들인다. 컴컴한 극장 안에서 관객은 부동자세로 숨죽인 채 영화에 집중하게 되며 자연스럽게 영화가 제공하는 이미지에 매료된다. 그리고 그 순간 무의식적으로 자신을 영화 속의 주인공과 동일시하게 된다. 관객은 매력적인 대상과 자신을 동일시하면서 자신의 진짜 모습을 잊고 이상적인 인간형을 간접 체험하게 되는 것이다.

스크린과 TV 화면에 비친 대중이 선망하는 스타의 모습은 현실적인 이미지가 아니라 허구적인 이미지에 불과하다. 사람들은 스타 역시 어쩔 수 없는 약점과 한계를 안고 사는 한 인간일 수밖에 없다는 사실을 아주 쉽게 망각해 버리곤 한다. 이렇게 스타에 대한 열광의 성립은 대중과 스타의 관계가 기본적으로 익명일 수밖에 없다는 데서 가능해진다.

자본주의의 특징 가운데 하나는 필요 이상의 물건을 생산하고 그것을 팔기 위해 갖은 방법으로 소비자들의 욕망을 부추긴다는 것이다. 스타는 그 과정에서 소비자들의 구매 욕구를 불러일으키는 가장 중요한 연결고리 역할을 함과 동시에 그들도 상품처럼 취급되어 소비되는 경향이 있다. 스타 시스템은 대중문화의 안과 밖에서 스타의 화려하고 소비적인 생활 패턴의 소개를 통해 사람들의 욕망을 자극하게 된다. 또한 스타들을 상품의 생산과 판매를 위한 도구로 이용하며, 끊임없이 오락과 소비의 영역을 확장하고 거기서 이윤을 발생시킨다. 이 모든 것이 가능한 것은 많은 대중이 스타를 닮고자 하는 욕구를 가지고 있어 스타의 패션과 스타일, 소비 패턴을 모방하기 때문이다.

스타 시스템을 건전한 대중문화의 작동 원리로 발전시키기 위해서는 우선 대중문화 산업에 종사하고 싶어 하는 사람들을 위한 활동 공간과 유통 구조를 확보하여 실험적이고 독창적인 활동을 다양하게 벌일 수 있는 토양을 마련해 주어야 한다. 나아가 이러한 예술 인력을 스타 시스템과 연결하는 중간 메커니즘도 육성해야 할 것이다.

20 위 글을 바탕으로 〈보기〉를 이해한 내용으로 적절하지 않은 것은?

> ● 보기 ●
>
> 인간은 자기에게 욕망을 가르쳐주는 모델을 통해 자신의 욕망을 키워 간다. 이런 모델을 ⓐ '욕망의 매개자'라고 부른다. '욕망의 매개자'가 존재한다는 사실은 욕망이 '대상-주체'의 이원적 구조가 아니라 '주체-모델-대상'의 삼원적 구조를 갖고 있음을 보여준다. ⓑ 욕망의 주체와 모델은 ⓒ '욕망 대상'을 두고 경쟁하는 ⓓ '욕망의 경쟁자'이다. 이런 경쟁은 종종 욕망 대상의 가치를 실제보다 높게 평가하게 된다. 이렇게 과대평가된 욕망 대상을 소유한 모델은 주체에게는 ⓔ '우상적 존재'가 된다.

① ⓐ는 ⓑ가 무의식적으로 자신과 동일시하는 인물이다.

② ⓑ는 스타를 보고 열광하는 사람들을 말한다.

③ ⓒ는 ⓑ가 지향하는 이상적인 대상이다.

④ ⓒ는 ⓐ를 지향하며 닮고 싶어 한다.

⑤ ⓔ는 ⓑ의 진짜 모습을 잊게 하는 환상적인 인물이다.

정답 ④

해설 '욕망의 주체'인 ⓑ와 '욕망의 매개자'인 ⓐ는 '욕망의 대상'인 ⓒ를 이상적 존재로 두고 닮고자 한다.

---

21 위 글에 대한 비판적 이해로 가장 적절한 것은?

① 대중과 스타의 관계가 익명적 관계임을 근거로 대중과 스타의 관계를 무의미한 것으로 치부하고 있어.

② 스타 시스템이 대중문화를 대변하고 있다는 데 치중하여 스타 시스템의 부정적인 측면을 간과하고 있어.

③ 스타 시스템과 스타가 소비 대중에게 가져다 줄 전망만을 주로 다룸으로써 대책 없는 낙관주의에 빠져 있어.

④ 스타를 스타 시스템에 의해 조종되는 수동적인 존재로만 보고, 그들도 주체성을 지니고 행동한다는 사실을 간과하고 있어.

⑤ 대중이 스타를 무비판적으로 추종하는 면을 지적하여 그런 욕망으로부터 벗어나기 위한 방법을 제시하기에 급급하고 있어.

정답 ④

해설 이 글에서 스타는 스타 시스템에 의해서 소비자들의 욕망을 부추기고 상품처럼 취급되어 소비되는 존재로서, 자신의 의지에 의해서 행위 하는 것이 아니라 단지 스타 시스템에 의해 조종되고 있을 뿐이다.

[22~23] 다음 글을 읽고 물음에 답하시오.

(가) 많은 사람들은 의사소통에 대해서 음성언어를 통해 언어적 메시지를 전달하고 수용하는 과정이라고 말한다. 그렇지만 의사소통이 언어적 메시지만으로 이루어지는 것은 아니다. 사람들은 의사소통 과정에서 언어적 메시지뿐만 아니라 음성언어에 수반되는 강세, 어조, 억양 등의 반언어적 특질, 몸짓이나 얼굴 표정 등의 비언어적인 특질 등에 의해서 표현되는 화자의 느낌, 태도라는 메타메시지(meta-message)를 함께 전달한다. '메타메시지'란 문자 그대로 메시지에 대한 메시지라는 뜻으로 실제 대화 내용, 대화 시기와 장소, 분위기, 화자의 상대방에 대한 태도 등을 포괄해서 전해지는 메시지를 의미한다. 언어적 메시지가 '무엇을'에 해당하는 의사소통의 내용적 측면이라면 메타메시지란 '어떻게'에 해당하는 의사소통의 방법적 측면이라 할 수 있다.

[A] 실제 의사소통의 상황에서 메시지를 수용하는 수신자는 어떤 면에서 언어적 메시지보다는 메타메시지에 더 민감한 반응을 보인다. 상대방의 말을 들을 때 그 사람이 무슨 말을 했는가보다는 얼마나 진지하고 예절 바르게 말하는가, 자신에 대해서 얼마나 호의적인가 등을 중심으로 그 사람을 판단한다. 만약 말로 인해 갈등을 겪거나 상처를 받는 사람이 있다면, 그것은 대개 상대방이 무슨 말을 했는가 하는 말의 내용 때문이라기보다는 상대방이 어떤 식으로 말하는가 하는 방식이나 태도 때문이다. 같은 말이라도 떠벌리는 태도로 지나치게 크게 말한다거나, 상대방을 바라보지 않고 다른 곳을 응시하며 말하는 경우에는 참여자들 사이에 신뢰가 형성될 수 없다. 아무리 도움이 되는 말이라도 직접 면전에서 듣는 것보다 다른 누군가를 통해서 전해 듣는 것이 기분 나쁜 이유는 말하는 상황 자체에서 전달되는 메타메시지를 공유할 수 없기 때문이다.

(나) 사람들은 자신이 거짓말을 하고 있다는 신호를 다양한 방식으로 드러낸다. 실험 결과 거짓말을 할 때는 단순한 손짓의 횟수가 감소하였고, 얼굴에 손을 대는 자기 접촉의 횟수가 증가하였다. 특히 자신의 코를 만진다든지 입을 가리는 행위가 자주 발견되었다. 그리고 거짓말을 하는 동안에 몸을 움직이는 횟수 또한 늘어났다. 하지만 거짓말을 할 때의 표정은 진실한 말을 할 때의 표정과 거의 구별할 수 없었다.

이러한 실험을 통해 알 수 있는 사실은 어느 누구도 온몸을 사용하여 거짓말을 하기는 어렵다는 것이다. 가령, 신경질이 나거나 긴장할 때, 놀랄 때라도 다른 사람 앞에서 행복한 얼굴을 할 수가 있다. 그리고 주먹을 쥔 채로 웃고 있는 사람이 있다면 자신의 감정을 숨기고 싶어 하거나, 감정을 조절하지 못하고 있다는 점을 알려주는 것이다.

따라서 정말 중요한 일 때문에 거짓말을 해야 한다면 전화로 하는 것이 좋다. 아니면 후진으로 자동차를 주차하거나 바늘에 실 꿰기 등을 하는 것이 좋다. 왜냐하면 사람들은 우리 몸의 작은 동작만으로도 거짓말을 알아차릴 수 있기 때문이다. 만약 진정한 거짓말의 달인이 되기를 원한다면 목소리나 얼굴만 아니라 온몸으로 거짓 동작을 반복하는 연습을 하는 것이 필요하다.

22 (가)와 (나)를 통해 이끌어 낼 수 있는 진술로 가장 적절한 것은?

① 음성보다는 동작이 더 많은 정보를 전달한다.
② 발화의 의미는 구체적인 장면과 상황에 따라 달라진다.
③ 언어는 사회적 약속이면서 동시에 자의적 기호의 체계이다.
④ 효과적인 의사소통은 화자와 청자의 관계에 의해 결정된다.
⑤ 인간의 언어는 창의적 생산 과정을 통해 끊임없이 발전한다.

정답 ②

해설 (가)는 일상생활에서 '언어적 메시지' 보다는 '비언어적 메시지'가 중요하다는 점을 강조하고 있다. (나)는 구체적인 상황에서 동작을 통해 속마음을 겉으로 드러내기 쉽다는 점을 제시하고 있다. 따라서 (가)와 (나)를 통해 이끌어낼 수 있는 진술은 '구체적인 상황 속에서 발화의 의미가 변할 수 있다.' 정도가 된다.

오답 풀이 ① (가)에는 대화 상황에서 '언어적 메시지' 만이 아니라 '메타 메시지'를 통해 다양한 내용을 전달할 수 있으며, 대화에 참여하는 사람들은 '메타메시지'에 민감한 반응을 보인다는 내용이 나온다. 그렇다고 해서 '메타메시지'가 '언어적 메시지' 보다 더 많은 양의 정보를 제공하는 것을 의미하는 것은 아니다.

23 [A]를 고려하여 '효과적인 설득 전략' 이라는 주제로 강연을 하려고 한다. 강연의 요지로 적절한 것은?

① 대화에 주도적으로 참여하라. 듣기보다는 말하기에 더 많은 시간을 배정하라.
② 목소리를 조절하라. 친밀감을 주기 위해서는 커다란 목소리로 힘 있게 말하라.
③ 적극적으로 대응하라. 상대방이 다양한 사례로 자신을 비판한다면 즉각 반격하라.
④ 예절 바르게 말하라. 말하는 내용보다 전달하는 자세가 중요하다는 점을 기억하라.
⑤ 여유를 갖도록 하라. 상대방의 주변을 살펴보며 상황에 따라 적절한 몸동작을 활용하라.

정답 ④

해설 [A]는 대화 상황에서 갖추어야 할 자세를 간접적으로 제시하고 있다. [A]에 나타난 내용을 간략히 제시하면 다음과 같다.
· 대화에 진지하고 예절 바른 태도로 참여할 것
· 상대방에게 호의적인 태도를 보일 것
· 차분하고 적절한 목소리로 대화할 것
· 상대방의 얼굴을 쳐다보며 말할 것
이 내용은 결국 대화의 예절과 전달 자세의 중요성을 강조한 것이다.

[24~25] 다음 글을 읽고 물음에 답하시오.

저기압의 특징은 공기가 상승한다는 것이다. 저기압은 크게 온대 저기압과 열대 저기압으로 분류되는데, 온대 저기압은 중위도 지방에서 찬 공기가 더운 공기를 밀어 상승시켜 발생하고, 열대 저기압은 저위도 지방에서 고온의 공기가 밀도가 작아 상승하여 발생한다. 특히 열대 저기압 중 중심 풍속이 17m/s를 넘으면 태풍이라고 하는데 지역에 따라 부르는 이름은 다양하다.

흔히 '태풍의 눈' 이라고 불리는 태풍의 중심에서는 하강 기류가 형성되어 구름이 발생하지 않는다. 하지만, 태풍의 중심 부근에서는 공기가 상승하고 강한 바람이 불며, 태풍의 중심에서 멀어질수록 기압이 높아지고 바람의 세기도 약해진다. 그리고 태풍은 그 주변부에서 태풍의 눈을 향해, 북반구에서는 반시계 방향으로, 남반구에서는 시계 방향으로 바람이 불어 들어 와 상승한다. 또한 태풍 중심 부근에는 공기의 상승으로 인한 구름이 만들어져 많은 비가 오게 된다.

태풍은 주변으로부터 뜨거운 수증기를 빨아들이며 성장하는데, 지구온난화의 영향으로 뜨거운 바다가 늘어나 태풍의 위력도 커지게 되었다. 태풍은 주로 공기의 온도가 높고 수증기가 많은 적도 부근에서 발생한다. 단, 적도에서는 지구 자전 효과가 적어 소용돌이가 발생하기 어렵기 때문에 주로 위도 5~25도의 바다에서 발생한다.

대부분의 태풍은 북반구의 중위도 지방에 이르게 되면 남서풍인 편서풍을 따라 올라온다. 이 때 태풍 진행방향의 오른쪽은 태풍의 바람 방향과 편서풍의 바람방향이 같아서 더욱 강한 바람이 불기 때문에 위험반원이라고 한다. 반대로 태풍 진행방향의 왼쪽은 편서풍의 바람 방향이 태풍의 바람 방향과 반대가 되어서 바람이 약하게 불기 때문에 가항반원이라고 한다. 특히, 위험반원에서는 강한 바람이 불고 폭우가 내려 가옥의 파손이나 침수가 나타나기도 한다.

하지만 우리가 경험하는 태풍이 미운 짓만 하는 것은 아니다. 1988년과 2001년은 태풍이 우리나라를 비켜가 '태풍 없는 해'로 기록되었지만 적조가 유난히 극성을 부린 해이기도 했다. 또한 태풍은 강한 바람으로 피해를 주기도 하지만, 오염물질을 멀리 날려 버리는 역할도 해 준다. 올해도 우리는 ㉠두 얼굴을 가진 태풍을 만나게 될 것이다.

24 위 글로부터 알 수 있는 사실로 적절한 것은?

① 태풍은 바다보다 육지에서 발생할 가능성이 크다.
② 태풍은 편서풍을 만나 바람의 방향이 반대로 바뀐다.
③ 지구온난화가 가속화되면 태풍의 위력은 더욱 커진다.
④ 태풍은 공기의 밀도가 높은 적도 근처에서 만들어진다.
⑤ 온대 저기압의 중심 풍속이 17m/s를 넘으면 태풍으로 변한다.

정답 ③

해설 태풍은 적도 부근의 뜨거운 바다에서 공기의 상승으로 발생하고, 세 번째 문단에서 '지구 온난화로 인해 뜨거운 바다가 늘어나 태풍의 위력이 커졌다'고 제시되어 있다.

25 ㈀과 유사한 사례가 아닌 것은?

① 가옥의 파손 및 침수를 일으키는 장맛비는, 공기 중의 미세먼지를 씻어준다.

② 지열발전을 가능하게 하는 화산활동은, 온천욕을 즐길 수 있는 따뜻한 물을 제공해 준다.

③ 농작물이 잘 자라는 것을 방해하는 강의 홍수는, 삼각주에 토사를 쌓아 농지를 비옥하게 한다.

④ 인간에게 호흡기 질환을 일으키는 봄철 황사는, 알칼리성의 흙을 이동시켜 토양의 산성화를 방지한다.

⑤ 선박을 난파시키기도 하는 큰 파도는, 바다를 깨끗하게 만들어 어류들이 살기 좋은 환경을 만들어준다.

정답 ②

해설 ㈀은 태풍의 이중성을 뜻한다. 지열발전과 온천은 인간에게 모두 긍정적인 영향을 준다.

[26~27] 다음 글을 읽고 물음에 답하시오.

1950년대 후반 추상표현주의의 주관성과 엄숙성에 반대하여 팝아트(pop art)가 시작되었다. 팝아트는 매스미디어와 대중문화의 시각 이미지를 적극적으로 수용하고자 했다. 팝송이 대중에 의해 만들어진 것이 아니라 전문가가 만들어 대중에게 파급시켰듯이, 팝아트도 그렇게 대중에게 다가간 예술이다.

팝아트는 텔레비전, 상품 광고, 쇼윈도, 교통 표지판 등 복합적이고 일상적인 것들뿐만 아니라, 코카콜라, 만화 속의 주인공, 대중 스타 등 평범한 소재까지도 미술 속으로 끌어들였다. 그 결과 팝아트는 순수 예술과 대중 예술이라는 이분법적 구조를 불식시켰다. 이런 점에서 팝아트는 당시의 현실을 미술에 적극적으로 수용했다는 긍정적인 측면이 있다. 그러나 팝아트는 다다이즘에서 발원한 반(反)예술 정신을 미학화시켰을 뿐, 상품 미학에 대한 비판적 대안을 제시하기보다는 오히려 소비문화에 굴복했다는 비판을 받기도 했다.

이러한 팝아트는 직물 무늬 디자인에 영향을 끼쳤다. 목 주위로 돌아가면서 그려진 구슬 무늬, 벨트가 아니면서 벨트처럼 보이는 무늬, 뒤에서 열리지만 마치 앞에 달린 것처럼 찍힌 지퍼 무늬 등이 그것이다. 이처럼 착시 효과를 내는 무늬들은 앤디 워홀이 실크스크린으로 찍은 캠벨 수프 깡통, 실제 빨래집게를 크게 확대한 올덴버그의 작품이나, 존스가 그린 성조기처럼 평범한 사물을 확대하거나 그대로 옮겨 그린 것과 그 맥을 같이한다.

한편, 옵아트(optical art)는 순수한 시각적 미술을 표방하며 팝아트보다 다소 늦은 1960년대에 등장했다. 옵아트를 표방하는 사람들은 옵아트란 아무런 의미도 담지 않은 순수한 추상미술을 추구하기 위해 탄생된 미술이라고 주장한다. 이를 위해 그들은 가장 단순한 선, 형태, 명도 대비, 색, 점들을 나란히 놓아서 눈이 어지러운 시각적 효과를 만들어냈다. 그들은 옵아트가 색과 형태의 정적인 힘을 변화시켜 동적인 반응을 유발하고, 이를 통해 시각의 기능이 활성화된다고 주장했다.

또한 옵아트는 기존의 조화와 질서를 중시하던 일반적인 미술이나 구성주의적 추상 미술과는 달리, 사상이나 정서와는 무관하게 원근법상의 착시, 색채의 장력(張力)*을 통하여 순수한 시각적 효과를 추구했다. 그리고 빛이나 색, 또는 형태를 통하여 3차원적인 다이나믹한 움직임을 보여 주기도 했다. 그러나 옵아트는 지나치게 지적이고 조직적이며 차가운 느낌을 주기 때문에 인문과학보다는 자연과학에 더 가까운 예술이다. 이러한 특성 때문에 옵아트 옹호자들은 옵아트가 시각적 경험에 대한 과학적인 연구를 바탕으로 한 결과라고 주장한다.

옵아트는 특히 직물의 무늬 디자인에 상당한 영향을 끼쳤다. 줄무늬나 체크무늬 등 시각적 착시를 일으키는 디자인 가운데는 옵아트의 직접적인 영향을 받은 것이 상당히 있다. 한편 옵아트는 사고와 정서가 배제된 계산된 예술이고 오로지 착시를 유도하여 수수께끼를 즐기는 것에 불과하다는 비판을 받기도 했다.

*장력(張力) : 당기거나 당겨지는 힘

---

26 위 글을 통해 내용을 확인할 수 없는 질문은?

① 팝아트의 소재는 무엇인가?

② 팝아트에 대한 평가는 어떠한가?

③ 옵아트는 어떤 경향을 띠고 있는가?

④ 옵아트의 대표적 예술가는 누구인가?

⑤ 옵아트는 어떤 분야에 영향을 미쳤는가?

정답 ④

해설 이 글은 '팝아트'와 '옵아트'의 등장과 특성에 대해 설명한 다음 두 유파가 직물 무늬 디자인에 미친 영향에 대해 서술하고 있다. 그러나 이 글에는 '팝아트'의 대표적 인물은 소개되고 있으나 '옵아트'의 대표적 인물에 대한 언급은 없다.

27 위 글의 중심 화제와 관련이 없는 것은?

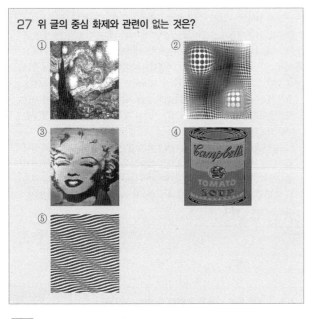

정답 ①

해설 ①은 빈센트 반고흐의 '별이 빛나는 밤'이다. ③과 ④는 팝아트이고, ②와 ⑤는 옵아트이다.

28 다음 안내문의 내용과 일치하지 않는 것은?

스포츠 바우처 이용 안내문

국민 기초 생활 수급 가정의 유소년 및 청소년들에게 스포츠 바우처 카드(신용 카드 또는 체크 카드)를 지급하여 전국의 스포츠 시설 이용 시 수강료를 일정 부분 지원 받을 수 있도록 하는 강좌 바우처와 스포츠 복지 사각 지대인 기초 생활 수급 가정에 국내 프로 스포츠(농구, 축구, 배구, 야구) 관람 비용의 일부를 보조하는 관람 바우처로 분류됩니다.

- 지원대상
  ▷ 국민기초생활보장법에 따른 수급권자로 만 5세~만 19세 유소년 및 청소년(1994년 1월 1일 이후 ~ 2008년 12월 31일 이전 출생자)
  - 신청자가 없을 경우, 개별법에 근거한 차상위 계층(동일 연령대)까지 확대 가능
  - 지원가능한 차상위 계층 범위(본인부담경감 대상자/자활근로대상자/장애인/한부모가족)
  - 조기 혹은 지체 입학자 : 시, 군, 구에서 기초 수급자 여부 확인 후 스포츠 바우처 회원가입 신청서와 재학증명서를 해당 시, 군, 구에서 작성 후 공단으로 송부
- 지원내역
  ▷ 지원금액 : 스포츠 강좌 월 최대 7만 원 지원(카드에 강좌 한도로 부여됨)

▷ 지원기간 : 시, 군, 구에서 부여한 한도기간만큼 사용(최대 12개월)
- 처음 스포츠 바우처 대상자로 선정된 경우 스포츠 바우처 카드 발급기간을 고려해 신청일 익월부터 사용할 수 있음 – 지원내역의 지원금액과 지원기간은 해당 시, 군, 구에서 결정
[출처 : 국민체육진흥공단]

① 카드 발급일이 2015년 1월인 경우 2015년 2월부터 스포츠 바우처 카드를 사용할 수 있다.
② 스포츠 바우처 카드를 발급받은 김지연 양은 7만 원씩 12개월 동안 스포츠 강좌 수강료를 지원받을 수 있다.
③ 국민 기초 생활 수급 가정의 박소영 양은 초등학교에 1년 늦게 입학하였으므로 스포츠 바우처 이용 대상자에 포함된다.
④ 박선우 군은 기초 생활 수급자가 아니지만 한부모가족이므로 축구 경기의 관람 비용을 보조받을 수 있다.
⑤ 소득이 최저 생계비 이하인 권정은 씨는 강좌 바우처로 1995년생 아들의 야구 강좌 비용을 지원받을 수 있다.

정답 ①

해설 카드 발급일이 아니라 신청일의 익월부터 사용할 수 있다.

[29~30] 다음 글을 읽고 물음에 답하시오.

해수를 깊이에 따른 온도 변화에 따라 3개 층으로 구분할 수 있다. 표면부터 수심 200m까지는 혼합층대, 200~1,000m 사이는 수온약층대, 그리고 1,000m 이상을 심해층대라고 하는데 그 분포 깊이는 대략적인 것으로 위도에 따라 변화가 많다. 이 중에서 심해층대는 전체 해양의 80%를 차지하며, 수심에 관계없이 일정한 온도, 염도 및 밀도를 유지하고 있다. 이런 거대한 심해층대는 아주 느린 속도로 전 대양을 이동한다.

먼저 심해층대에 있는 심층해수가 생성되는 원리에 대해 알아보자. 일반적으로 열과 염분은 물의 밀도를 변화시킨다. 해양 중에서 차고 염분 함유량이 많은 지역의 해수는 밀도가 높아져 하강 현상이 일어나며, 반면에 따뜻하고 염분이 적은 지역의 해수는 밀도가 낮아져 용승(湧昇)* 작용이 일어난다.

지구의 해양 중에서 가장 큰 규모의 하강 현상이 일어나는 지역은 북대서양 지역으로 래브라도 반도 지역과 그린랜드 지역이다. 이곳의 차가운 공기와 빙하는 해수면을 급격히 냉각시켜 해수의 밀도를 증가시킨다. 거기에다 해수에 포함된 물이 얼면서 얼음 덩어리가 커질수록 해수에서 순수한 물이 없어지게 된다. 그러면 자연히 해수에 포함된 염분 농도는 증가하게 되고, 차가운 북쪽의 공기에 의해 밀도가 높아진 해수는 심해층대로 가라앉게 된다. 무거워진 해수는 수심 200m에서 최고 4,000m 깊은 바다 속으로 내려가 심해층대를 형성하게 된다.

북대서양에 위치한 래브라도 반도의 차가운 해수가 심해로 가라앉으면 혼합층대에 빈자리가 생기고, 카리브해에서 열대성 바람으로부터 추진력을 얻은 따뜻한 해류가 이동하여 이곳을 채운다. 그리고 래브라도 반도에서 생성된 심층해수는 대서양의 심해층대를 천천히 이동하여 남극해에 도달한다. 이곳에서 남극에서 생성되어 하강하는 심층해수와 합류하여 인도양 또는 태평양까지 이동한다. 그린란드에서 하강한 해수가 남극해에 도달할 때까지는 약 2,000년이 걸리며, 남극해를 거쳐서 태평양 또는 인도양에 들어가면서 하루에 1cm 정도의 속도로 상승하여 표층에 도달하기까지 2,000년 정도 걸린다. 그린란드와 남극해에서 하강하는 해수의 양은 1초에 약 40메가톤(4,000만톤)이 되는 엄청난 양이다. 이와 같은 거대한 흐름으로 인해 심층해수가 인도양 또는 태평양으로 천천히 이동하게 되고 그 힘으로 표층으로 상승한다. 표층에 도달한 해수는 전 대양으로 이동하며 이중 일부는 다시 북대서양으로 흘러 들어가 심층해수가 된다.

[A] 이와 같이 표층수가 온도와 밀도 차이에 의하여 아래로 하강하거나 심해층대의 해류가 표면으로 올라오는 것이 심층대순환의 원리이다. 하지만 실제적인 해류 순환의 원리는 한두 가지만으로 설명할 수 없을 만큼 복잡하다. 작은 해류의 순환들이 거미줄처럼 얽혀 거대한 해류의 순환을 형성하기 때문이다. 그래서 과학자들은 이런 조각들을 합쳐서 지구의 해류 순환 모형을 완성해 가고 있다.

*용승(湧昇) : 해양에서 연직운동(鉛直運動) 때문에 하층의 물이 표면으로 올라오는 현상

29 위 글의 내용과 일치하는 것은?
① 심해층대에서는 수심이 깊을수록 수온이 낮다.
② 그린란드 지역에서는 해수의 밀도가 낮아진다.
③ 해수의 대부분은 수심 1,000m 이내에 존재한다.
④ 해류 순환의 속도는 느리지만 점차 빨라지고 있다.
⑤ 해수가 심해로 가라앉으면 그 자리로 따뜻한 해류가 이동한다.

정답 ⑤

해설 넷째 문단 상단에서 해수가 심해층대로 가라앉으면 그 자리를 카리브해의 열대성 바람에 의한 따뜻한 해류가 채운다고 했으므로 정답은 ⑤이다.

오답풀이 본문에서 심해층대는 수심에 관계없이 수온의 변화가 거의 없다고 했으며, 해수의 80%가 심층해수임도 알 수 있다. 또한 해류의 순환은 오랜 세월 동안에 느리게 일어나는 현상임을 넷째 문단을 통해 알 수 있다. 그러나 그 속도가 점차로 빨라지고 있다는 내용은 없다. 또한 그린란드 지역은 찬 공기와 빙하로 인해 해수면을 급격히 냉각시켜 해수의 밀도를 증가시킨다고 했다. 따라서 ①, ②, ③, ④는 오답이다.

30 [A]를 바탕으로 해수의 순환을 정리한 것으로 적절한 것은?
① 해수의 하강 → 인도양 → 남극해 → 해수의 용승 → 북대서양
② 해수의 하강 → 남극해 → 인도양 → 해수의 용승 → 북대서양
③ 해수의 용승 → 남극해 → 태평양 → 해수의 하강 → 북대서양
④ 해수의 용승 → 태평양 → 남극해 → 해수의 하강 → 북대서양
⑤ 해수의 하강 → 태평양 → 남극해 → 해수의 용승 → 북대서양

정답 ②

해설 [A]의 해수 순환은 '해수의 하강 → 남극해 → 태평양 또는 인도양 → 해수의 용승 → 북대서양' 순서이다.

[31~32] 다음 글을 읽고 물음에 답하시오.

한국어를 모국어로 사용하는 화자라면 의성어나 의태어가 어떤 말을 가리키는지 직관적으로 이해할 수 있고 금방이라도 예 몇 개쯤은 들 수 있다. 표준국어대사전에 따르면 의성어는 사람이나 사물의 소리를 흉내 낸 말로 '멍멍', '우당탕' 등을, 의태어는 사람이나 사물의 모양이나 움직임을 흉내 낸 말로 '엉금엉금', '번쩍번쩍' 등을 그 예로 들고 있다. 이런 의성어·의태어는 의미나 실제 사용되는 상황적 맥락에서 다른 어휘 부류와는 구별되는 몇 가지 특성을 가지고 있다.

의성어·의태어는 그 의미가 감각적이며 함축적이고 은유적이다. 감각적이라는 것은 소리나 모양, 움직임을 직접 들려주고 보여주는 것처럼 표현한다는 것이다. 이를테면 '종소리가 들렸다.'라고 하는 대신 소리를 바로 들려주고, '화살이 날아갔다.'라고 하는 대신 날아가는 모양을 바로 보여주어야 하는데, 글자에서는 소리가 나거나 모양이 보이지 않으므로 대신 '땡'이라는 의성어나 '획'이라는 의태어를 쓰는 것이다. 이와 같은 의미 기능은 문장에서 직접인용의 형식으로 극대화된다.

또한 의성어·의태어는 한자어에 비길 만큼이나 응축된 의미를 표현할 수 있다. 본래 국어는 조사나 어미에 의해 품사가 바뀌거나 문장 성분이 달라지는데 이를 국어의 첨가어적 특징이라 한다. 이것은 한자어가 특별히 붙는 말 없이 그 자체로 문장 성분이 되는 것과 비교된다. 그런데 의성어·의태어는 서술어나 서술격 조사 없이도 서술적 기능을 할 수 있다. 이러한 점에서 의성어·의태어는 우리말에서 독특한 지위를 차지한다고 할 수 있다.

의성어·의태어는 대체로 호응하는 주어, 서술어가 한정되어 있다. 예를 들어 '아장아장'이라는 의태어가 아기가 걷는 모습을 표현하면 어울리지만 할아버지에 쓰면 어색해지는 경우이다. 그러나 이런 의성어·의태어의 제한은 은유적 확대를 통해 극복될 수 있다. 은유란 실제로는 참이 아닌 사실을 말할 때, 청자(독자) 입장에서 화자(필자)의 의도를 추리하여 해석하는 과정이다. 예를 들면, '철수는 늑대다.'라고 했을 때 실제로는 '철수'가 늑대가 아닌 사람이므로 왜 화자가 그러한 표현을 사용했을까 하고 그 의도를 추리해서 해석하는 것을 가리킨다. 의성어·의태어는 감각을 표현하는 어휘 부류로서, 시각을 청각으로, 혹은 청각을 촉각으로 표현하는 것과 같은 공감각적 표현이라든지, ㉠ 비감각적인 추상적 대상을 감각화해서 표현하는 과정에서 은유가 발생한다. 예컨대 다리를 가진 동물에 쓸 수

있는 '껑충'이라는 의태어를 '물가(物價)'와 같은 추상명사에 적용하면 물가가 갑자기 많이 올랐다는 의미가 발생하게 되는 것이다.

31 위 글의 내용과 일치하지 않는 것은?

① 의성어·의태어는 대부분의 주어, 서술어와 함께 사용할 수 있다.
② 의성어·의태어는 언어의 응축된 의미를 표현하는 데 한자어만큼 뛰어나다.
③ 대부분의 한국인은 의성어·의태어를 사용하는 데 큰 어려움을 느끼지 않는다.
④ 의성어·의태어는 은유적 확대를 통해 한정적인 사용에서 벗어나 폭넓게 쓸 수 있다.
⑤ 움직임을 보여주는 것처럼 표현하기 위해 의태어를 쓸 때 직접 인용을 하면 효과적이다.

정답 ①

해설 4문단에 의하면 의성어·의태어는 대체로 호응하는 주어, 서술어가 한정되어 있다.
②는 3문단에, ③은 1문단에, ④는 4문단에, ⑤는 2문단에 각각 제시되어 있다.

32 ㉠의 구체적 사례로 적절하지 않은 것은?

① 한반도 통일설 왜 '솔솔' 나오나
② 대회 일정에 차질, 종일 '삐걱삐걱'
③ 수학 퍼즐 풀다보면 수리력이 '쑥쑥'
④ 공공화장실 수도꼭지 망가져 물 '줄줄'
⑤ 고등학교 학생들의 학구열 '활활' 타올라

정답 ④

해설 ④는 구체적 대상을 시각화했다.

[33~34] 다음 글을 읽고 물음에 답하시오.

문신(文身)은 말 그대로 몸에 새기는 무늬이다. 문신 문화에 관한 고고학이나 인류학, 그리고 역사학의 자료를 참조하면 문신은 특정 문화권에 한정된 현상이 아니라 인류 보편의 문화 현상이었다. 알프스에서 발견된 5천여 년 전 청동기 시대의 사냥꾼 미라에도 문신이 있었고 19세기 또는 20세기 초까지 석기시대의 삶을 살고 있었던 남태평양의 섬이나 중국 서남부의 여러 민족들도 문신 습속을 지니고 있었다. 우리 역시 삼한 시대에 문신 습속이었다.

인류 문화의 보편적 현상인 문신은 고통스러운 신체 장식술을 통해 특

정한 사회적 의미를 표현한다. 역사서의 기록이나 구술 전승에 따르면 문신은 어로·수렵 등 생산 활동 중에 있을 수 있는 동물들의 공격으로부터 신체를 보호하는 주술적 기능을 수행했다. 또 문신에는 문신을 하지 않거나 다른 형태의 문신을 한 종족과 동일 문신의 종족을 구별해주는 종족표지 기능도 있었다. 그리고 문신은 위치나 형태를 통해 신분의 고하(高下)나 결혼의 유무 등 사회적 신분을 표시하는 기능도 수행하는데, 이때 문신하기는 일종의 통과의례이다. 그러나 문신에는 이와 같은 종교적·실용적 기능 외에도 미적 기능이 있다. 옷이 신분을 드러내는 표지이면서 동시에 아름다움의 표현이듯이 문신 역시 문신 사회에서는 아름다움의 표현이었다.

오늘날에도 원시 사회의 문신이 지니고 있던 이런 기능들은 축소되거나 변형된 채 여전히 지속되고 있다. 집단적 성격을 가지고 있던 주술문신은 늘 승부에 몸을 던지는 스포츠 선수들의 몸 위에 남아 있다. 그들은 문신을 통해 심리적 위안을 얻고 승리를 기원한다. 문신의 미적 기능 역시 눈썹을 그리는 미용문신의 이름으로 여성들의 신체에 남아 있으며, 예술문신이라는 이름의 새로운 장르로 태어나고 있는 중이다. 한편, 종족표지의 기능을 수행하던 문신은 범죄 집단에서 구성원들의 결속력을 강화하기 위한 수단으로 왜곡되어 나타나기도 한다.

우리 사회에서 문신은 죄의 대가로 새기는 형벌문신의 영향과 유가적(儒家的) 신체관의 유산 때문에 반사회적·반윤리적 이미지를 불러일으키는 불온한 상징물로 간주된다. 하지만 다른 한편에서 그것은 유가적 신체관으로부터 자유로운 세대들의 자의식을 드러내는 도전적 상징물이고, 몸을 화폭으로 삼아 새겨내는 전위적 예술이기도 하다. 문신에 대한 부정적 인식에 바탕을 두고 특정한 문신 시술을 범법 행위로 처벌하는 것이 오히려 일부 새로운 세대들에게 문신에 대한 호기심을 자극하기도 한다.

중세와 근대를 거치면서 그간 우리 사회에서는 신체를 부모와 가족을 매개로 국가에 연계된 것으로 인식해왔다. 몸을 잘 간수하는 것이 효(孝)의 시작이었고, 필요하면 몸을 산화(散化)하는 것이 충(忠)의 표현이었다. 그러나 새로운 세대들에게 몸은 더 이상 그런 관계 속에 있지 않다. 그들에게는 '이것은 나의 몸'이라는 의식이 있기 때문이다. 문신을 비롯한 피어싱·보디페인팅과 같은 신체 장식술과 변형술은 바로 이런 의식을 반영한 것이다. 이들의 의식 안에서 문신은 윤리의 차원을 벗어나 개인적 취향의 문제로 재탄생할 것이다. 21세기 우리 사회에서 문신은 '차이들의 원만한 공존'을 재는 상징적 지표의 하나이다.

33 위 글의 내용과 일치하지 않는 것은?

① 문신은 인류 문화의 보편적 현상이다.
② 미용문신은 문신의 미적 기능과 연관된다.
③ 문신은 특정한 사회적 의미를 표현할 수 있다.
④ 원시 사회의 문신의 기능은 점점 확대되어 현대에도 지속되고 있다.
⑤ 우리 사회에서 문신의 부정적 이미지는 유가적 신체관에 기인한다.

정답 ④

해설 셋째 문단에서 원시 사회의 문신의 기능이 축소되고 변형된 채 현대에 지속된다고 했으므로 정답은 ④이다.

①은 첫째 문단에서, ②·③은 둘째 문단에서, ⑤는 다섯째 문단에서 확인할 수 있다.

---

34 위 글을 읽은 학생들의 반응 중 글쓴이의 궁극적 의도를 가장 잘 이해한 것은?

① 개성의 표현인 문신의 중요성을 알게 되었어.

② 문신에 대한 규제를 더욱 강화할 필요가 있어.

③ 문신이 현대에도 계승되는 현상은 바람직하다고 생각해.

④ 문신이 특정 집단의 소속감을 나타낸다니 정말 뜻밖이야.

⑤ 문신을 통해 상대방의 다름을 인정해 주는 다양성이 존중되는 사회를 말하고 있어.

정답 ⑤

해설 필자는 과거 문신의 부정적 의미와 현대 문신의 의미를 대조하여 설명함으로써 문신을 개인적 취향의 문제로 다루고 있다. 문신을 '차이들의 원만한 공존'을 상징하는 지표에 비유함으로써 나와 다른 남을 이해하고 배려하며 원만한 화합을 희망한다.

[35~36] 다음 글을 읽고 물음에 답하시오.

사람들은 음악을 소리로써 무언가를 표현하는 언어에 비유하곤 한다. '음악은 언어다'라는 말에 담겨진 다양한 의미는 오랜 역사를 통해 여러 관점에서 연구되었다. 언어가 어떤 내용을 전달하는 것처럼 음악도 무언가를 표현한다고 여겼고 이런 점에서 특히 '음악은 감정을 표현하는 언어다'라는 측면이 부각되었다.

16세기 르네상스 시대에 들어서면서 고대 그리스 철학자들이 중시했던 음악의 도덕적·윤리적 작용보다는 음악이 지닌 감정적 효과에 관심을 가지기 시작했으며 이는 언어, 즉 가사를 통해 사람의 마음 상태나 사물 혹은 환경 등을 음악적으로 잘 묘사하려는 구체적인 시도들로 나타났다. 시인과 음악가들의 문예 모임인 피렌체의 카메라타는 고대 그리스 비극에서처럼 연극과 음악이 결합된 예술을 지향했다. 이를 위해서는 음악이 가사의 내용을 잘 전달할 수 있어야 했다. 그래서 이전까지의 여러 성부가 동시에 서로 다른 리듬으로 노래하는 다성음악 양식은 그에 적합하지 않다고 여겼다. 그 대신 그들은 가사를 잘 전달할 수 있는 단선율 노래인 모노디 양식을 고안하였다. 이는 후에 오페라의 탄생에 영향을 주었으며 당시 음악에서 가사와 그것이 나타내는 감정의 표현에 대한 관심이 증대되었음을 보여 주는 것이었다.

17세기 바로크 시대에 이르러 음악이 감정을 표현한다는 생각은 '감정 이론'으로 체계화되었다. 이것은 우리의 마음 상태를 '기쁨', '분노', '비통함' 등의 단어로 표현하듯이, 특정한 정서가 그것을 연상시키는 음정, 화성, 선율, 리듬과 템포 등을 통해 재현될 수 있다고 믿는 것이었다. 여기서

중요한 점은 작곡자는 자신의 감정을 드러내는 사람이기보다는 다른 사람의 감정을 그리는 화가에 비유될 수 있다는 것인데, 이때 음악에서 묘사되는 감정은 자신의 내면과 관련된 개인적이고 주관적인 감정이 아니라 공동체를 기반으로 한 유형화된 감정이었다.

그렇지만 그 영향력은 점차 약화되어 18세기 중반에 이르러, 감정 표현은 '서술 원리'에서 ㉠'표출 원리'로 변하였다. 철학자 헤겔은 음악의 본질적 특성을 '주관적 내면성'으로 보는데, 이것은 누구나 느낄 수 있는 객관적인 감정과는 달리 자신의 내면에서 나오는 추상적인 감정이기 때문에 규정할 수 없는 것이다. 바로 그 점 때문에 그는 가사를 가진 음악이 더 낫다고 생각했다. 즉 기악이 만들어 내는 추상성은 더 구체적이고 명료한 표상으로 나아가기 위해 언어로 보완될 필요가 있었던 것이다.

---

35 위 글의 내용과 일치하지 않는 것은?

① 음악에는 인간의 감정이나 의사를 전달하는 기능이 있다.

② 내용 전달 목적의 노래에서는 다성음악 양식이 효과적이다.

③ 고대 그리스 철학자들은 음악의 도덕적 기능을 중시하였다.

④ 르네상스 음악은 인간의 마음을 가사로 전달하고자 하였다.

⑤ 고대 그리스 비극은 연극과 음악이 결합된 예술 양식이었다.

정답 ②

해설 2문단에서 '다성음악 양식'은 내용을 전달하는 데 적합하지 않다고 했다.

---

36 위 글의 맥락을 고려할 때, ㉠이 의미하는 바는?

① 화성과 선율로 인간의 보편적인 감정을 표현하는 것

② 공동체를 기반으로 한 유형화된 감정을 표현하는 것

③ 자신의 내면과 관련된 개인적인 감정을 표현하는 것

④ 기악이 만들어 내는 추상적인 아름다움을 표현하는 것

⑤ 내용과는 무관한 형식 자체의 아름다움을 표현하는 것

정답 ③

해설 4문단을 통해서 볼 때, ㉠은 누구나 느낄 수 있는 객관적 감정과는 달리 자신의 내면에서 나오는 개인적 감정을 표현하는 것이다.

[37~39] 다음 글을 읽고 물음에 답하시오.

텔레비전의 프로그램 제작자가 시청자의 수준을 어떻게 평가하는가? 여기에는 극단적 평가가 공존하는 것을 발견할 수 있다. 한 극단에서는 시청자가 매우 현명하고 합리적인 존재라고 생각한다. 시청자들은 독자적인 판단 능력을 지니고 있어 자신의 이익에 가장 부합하도록 행동한다는 것이다. 오락 프로그램 제작자들이 흔히 이런 주장을 펼치고는 한다. ㉠ 그들은 높은 시청률을 제시하며 자신들이 시청자들의 욕구에 부응하는 프로그램을 만들고 있다는 믿음을 갖고 싶어 한다. 반면, ㉡ 다른 극단에서는 시청자가 방송사의 덫에 걸린 존재이며 합리적인 판단력을 제대로 갖추지 못한 존재라고 생각한다. 아무런 사회적 의미도 지니지 않고 있는 가벼운 오락 프로그램의 강세, 상대적으로 수준 높은 프로그램의 낮은 시청률이 그들이 제시한 근거들이다.

시청자들의 수준에 대한 평가를 쉽고 객관적으로 확인하기는 간단한 문제가 아니다. 그렇다고 이 양 극단 사이 어딘가에 진실이 있다는 식의 애매한 절충주의를 주장하고 싶은 생각은 없다. 다만, 시청자의 수준을 평가할 때 몇 가지 요건들을 고려할 필요가 있다. 먼저 시청자들이 프로그램을 만들고 편성하는 권리를 갖고 있지 않다는 점이다. ㉢ 그들은 언제나 이미 만들어진 프로그램을 시청할 수밖에 없다. 따라서 시청자들의 절대적인 선택권을 주장하는 사람들의 논리는 그다지 설득력이 없다. 시청자들의 욕구라는 개념이 모호하기는 하지만 어쨌든 현 상황에서 시청자들이 정말 원하는 프로그램을 가져본 적은 한 번도 없기 때문이다.

두 번째로 시청자들은 결코 동질적인 존재가 아니라는 점도 기억할 필요가 있다. 텔레비전 시청자 가운데는 계급과 성뿐 아니라 학력과 연령, 취향 면에서 다양한 층이 존재한다. 그리고 시청자의 수준이 이들 모든 시청자들의 수준을 단순히 평균한 것이 아님은 명백하다. 텔레비전은 대중매체이고 따라서 많은 시청자들을 동시에 만족시켜야 한다. 그렇다면 텔레비전에 더 많이 편성된 특정 종류의 프로그램으로 시청자의 전반적 수준을 평가하기는 곤란할 것이다.

마지막으로 텔레비전이 사회 성원들의 생활 속에서 차지하는 위치를 고려해 보아야 한다. 많은 사람들이 텔레비전을 오락 매체로 인식하고 있는데, 이런 인식은 텔레비전의 일상적 성격과 결합되어 텔레비전을 더욱 가볍게 만드는 데 공헌한다. 이처럼 많은 시청자들이 텔레비전을 가벼운 오락 수단으로만 여기고 있다면 그들이 택하는 수단의 수준을 근거로 전반적인 시청자의 수준을 평가하는 데는 문제가 있다. 평소에는 근엄한 사람이라도 여흥을 즐길 때에는 가벼운 오락 수단을 택하는 경우가 적지 않기 때문이다. 즉, 현재 텔레비전의 수준이 반드시 시청자의 수준을 대변하는 것은 아니며, 텔레비전의 수준이 낮다면 그것은 텔레비전이 하찮은 오락의 도구로만 취급되는 현재의 상황에 더 큰 원인이 있다는 말이다.

37 위 글의 내용 전개상 특징으로 가장 적절한 것은?

① 예상되는 반론을 반박하면서 주장을 강조하고 있다.
② 가설을 설정하고 자료를 제시하여 이를 검증하고 있다.
③ 상반된 주장을 소개하고 둘을 절충하여 결론을 내리고 있다.
④ 여러 특수한 사례를 나열한 다음, 보편적 이론을 이끌어 내고 있다.
⑤ 대상에 대한 대립적 견해를 소개한 뒤, 대상을 판단하기에 앞서 고려해야 할 조건을 제시하고 있다.

정답 ⑤

해설 글쓴이는 '시청자의 수준은 어느 정도인가' 라는 물음에 프로그램 제작자들이 극단적으로 양분되어 있음을 첫째 문단에서 소개한 후, 이후 문단에서 자신의 견해를 드러내고 있다. 자신의 주장을 드러내기 전에 시청자의 수준을 평가할 때 필요한 요건을 먼저 제시하고 있으므로 ⑤가 정답이다.

38 ㉡이 ㉠을 비판할 때, 가장 적절한 것은?

① 남의 위세를 업고 호가호위(狐假虎威)하고 있군.
② 작은 것을 탐내다 큰 것을 잃는 소탐대실(小貪大失)의 잘못을 범하고 있군.
③ 아전인수(我田引水)격으로 시청률을 자신들에게 유리하게만 해석하고 있어.
④ 높은 곳에 오를수록 겸손해야 하는 등고자비(登高自卑)의 자세를 지녀야겠어.
⑤ 제작자와 시청자는 떨어질 수 없는 수어지교(水魚之交)의 관계임을 알아야겠어.

정답 ③

해설 오락 프로그램 제작자들은 자신들이 제작한 프로그램의 높은 시청률을 시청자의 수준이 높기 때문이라고 주장하고 있다. 이는 시청률을 자기에게 유리하게만 이용하는, 아전인수(我田引水)격의 태도이다. 특정 프로그램의 높은 시청률과 시청자의 수준의 관련성이 확인되지 않았기 때문이다.

오답풀이
① 호가호위 : 여우가 범의 위세를 빌려 호기를 부림
② 소탐대실 : 작은 것을 탐내다 큰 것을 잃음
④ 등고자비 : 높이 오르려면 낮은 곳에서부터 오름
⑤ 수어지교 : 물과 물고기의 관계처럼 아주 친밀하여 떨어질 수 없는 사이

39 ⓒ을 뒷받침할 수 있는 예로 가장 적절한 것은?

① 시청자에게 인기 있는 연예인은 여러 프로그램에 중복 출연하고 있다.
② 방송국 홈페이지에 시청자들이 의견을 주고받을 수 있는 게시판이 있다.
③ 시청자가 참여하여 내용 전체를 이끌어 가는 형식의 프로그램이 증가하고 있다.
④ 지방 방송국에서는 지역 주민의 의견을 수렴하여 지역 문제를 다룬 프로그램을 제작했다.
⑤ 모 방송사는 시청률이 저조하다는 이유로 '○○ 드라마'를 시청자들의 의사와 관계없이 조기에 마쳤다.

정답 ⑤

해설 ⓒ은 시청자는 프로그램을 만들고 편성하는 권리를 갖고 있지 않다는 뜻이다.

오답 풀이 ① 본문과 관련이 없는 내용이다.
② · ③ · ④ 시청자가 프로그램 제작이나 편성에 참여하고 있어 ⓒ의 주장을 뒷받침하는 근거로 적절하지 않다.

[40~41] 다음 글을 읽고 물음에 답하시오.

현대 의학에서는 노화를 생명체가 가지는 어쩔 수 없는 노쇠 현상이라는 생각에서 벗어나, 하나의 '질병'으로 인식하게 되었다. 노화가 운명이라면 순응할 수밖에 없지만, 만약 질병이라면 이에 대처할 수 있는 가능성이 열리게 된다. 아직까지 노화의 정확한 원인은 모르지만, 노화에 대처할 수 있는 여러 가능성들을 찾아내게 되었는데, 그 이론들을 요약하면 다음과 같다.

첫째, 인간의 생체를 기계에 비유하는 소모설이 있다. 기계를 오래 쓰면 부품이 마모되고 접합부가 낡아서 고장이 잦아지는 것과 같이 인간도 세월의 흐름에 부대끼다 보면 아무래도 여기저기가 낡고 삐걱대기 마련인데, 이게 노화라는 것이다. 생체를 너무 오래, 그리고 험하게 쓰면 가동률이 떨어져서 늙어버리고 결국은 죽게 된다는 것이 이 주장의 요지인데, (㉠)을 완전히 무시하고 있다.

둘째, 생체는 태어날 때 이미 어느 정도의 한계 에너지를 가지고 있다는 생체 에너지설이 있다. 곤충이나 파충류들의 경우, 겨울잠을 자는 동안에는 대사율을 극소화하여 생명을 연장하지만, 실제로 활동을 시작하면 고작 며칠, 또는 길어야 몇 달 후에는 생명이 소진되어 죽는 종류가 많다는 점이 이 가설을 뒷받침해 준다. 그러나 인간의 경우에는 예외가 많아서 확실하지 않은 '가설'일 뿐이다.

셋째, DNA 에러설이다. 우리 몸의 세포는 끊임없이 분열을 한다. 세포가 분열할 때마다 DNA 역시 복제되는데, DNA의 염기쌍은 각 염색체마다 적게는 5천만 개에서 많게는 2억 5천만 개쯤 존재한다. 물론 DNA 합성 효소의 에러 발생율은 1천만분의 1 정도로 낮은데다가 프루프 리딩(proof reading)이라고 하여 복제상의 에러 발생을 다시 확인하여 고치는 기능도 갖고 있지만, 워낙 많은 숫자를 복제하다 보니 어쩔 수 없이 에러가 생기게 마련이라는 것이다. 사람이 나이를 먹으면 먹을수록 세포 분열 횟수도 늘어나고, 그만큼

DNA에 에러가 많이 축적되므로 결국은 그 스트레스를 이기지 못하고 세포가 죽게 되며, 그만큼의 수명이 줄어든다는 것이다. 또한 이런 DNA 에러들은 담배나 석면, 탄 음식 등에 섞여 있는 발암 물질, 각종 공해 물질, 방사선 등 외부의 해로운 물질에 많이 노출되면 훨씬 늘어나게 되는데, 이런 유해 물질에 되도록 적게 노출되면 그만큼의 DNA 에러를 줄일 수 있어서 수명을 연장시킬 수 있다는 것이다. 담배를 끊고, 맑은 공기를 마시고, 생식을 하면 건강해져 노화를 지연시킬 수 있다는 말은 이 설에 근거를 둔 이야기이다.

넷째, 유해한 산소가 체내의 단백질을 산화시켜서 세포에 치명적인 영향을 준다는 유해 산소설이 있다. 인간은 호흡으로 들이마신 산소를 가지고 음식을 산화시켜 에너지를 만들어 내는데, 그 과정에서 불가피하게 유독 물질인 유해 산소가 발생하여 우리 몸에 손상을 입히게 된다. 다행히 인체는 유해 산소를 처리할 수 있는 능력이 있지만, 체내의 방어 능력으로는 처리하지 못할 정도의 과다한 유해 산소가 발생한다면 문제는 심각해진다. 공해 물질, 담배, 과도한 약물, 화학 처리가 된 가공식품 등의 '이물질'이 들어가면 유해 산소가 더 많이 발생한다. 이물질이 들어오면 인간의 몸은 이를 처리하기 위해 장기간 가동을 하게 되고, 어쩔 수 없이 대사 과정의 부산물인 유해 산소도 필요 이상으로 생성된다. 또한, 식물성보다는 동물성 음식을 섭취할 때, 그리고 과식을 하거나 스트레스를 많이 받을 때에도 에너지를 많이 발산하기 때문에 유해 산소의 양이 그만큼 늘어난다는 것이다. 이 경우, 유해 산소의 양을 줄일 수 있다면 노화를 방지할 수 있다.

---

40 논지의 흐름으로 보아 ㉠에 들어갈 내용으로 적절한 것은?

① 생체는 유전자를 생성해 낸다는 것
② 생체의 기능이 서서히 노화된다는 것
③ 생체는 돌연변이를 일으켜 진화한다는 것
④ 생체는 기계와 달리 재생 능력이 있다는 것
⑤ 생체에는 노화를 억제하는 호르몬이 있다는 것

정답 ④

해설 ㉠의 앞부분에 소모설에 대해 설명하고, ㉠의 뒷부분에 '완전히 무시하고 있다'는 내용으로 보아 앞문장과 반대되는 내용이 나와야 한다.

---

41 위 글의 논지 전개 과정에서 주로 사용한 글쓰기 전략은?

① 여러 주장을 바탕으로 새로운 주장을 내세우고 있다.
② 여러 주장을 소개하면서 자신의 입장을 덧붙이고 있다.
③ 하나의 가설을 세우고 이를 증명하는 방식을 취하고 있다.
④ 다양한 견해의 장점을 언급하면서 자신의 주장을 설득력 있게 펼치고 있다.
⑤ 반론의 근거들이 지닌 논리적 결함을 지적하면서 자신의 주장을 밝히고 있다.

정답 ②

해설 이 글은 노화의 원인을 소모설, 생체 에너지설, DNA 에러설, 유해 산소설 등으로 나누어 소개하면서 자신의 생각을 덧붙이고 있다.

[42~43] 다음 글을 읽고 물음에 답하시오.

(가) 집을 치면, 정화수(靜華水) 잔잔한 위에 아침마다 새로 생기는 물방울의 선선한 우물 집이었을레. 또한 윤이 나는 마루의, 그 끝에 평상(平床)의, 갈앉은 뜨락의, 물냄새 창창한 그런 집이었을레. 서방님은 바람 같단들 어느 때고 바람은 어려울 따름, 그 옆에 순순(順順)한 스러지는 물방울의 찬란한 춘향이 마음이 아니었을레.

하루에 몇 번쯤 푸른 산 언덕들을 눈 아래 보았을까나. 그러면 그때마다 일렁여오는 ㉠푸른 그리움에 어려려, 흐느껴 물살짓는 어깨가 얼마쯤 하였을까나. 진실로, 우리가 받든 산신령(山神靈)은 그 어디 있을까마는, 산과 언덕들의 만리 같은 물살을 굽어보는, 춘향은 바람에 어울린 수정(水晶)빛 임자가 ㉡아니었을까나.

　　　　　　　　　　　　　　　　　　　– 박재삼, 「수정가(水晶歌)」 –

(나) 향단(香丹)아 ㉢그넷줄을 밀어라
머언 바다로
배를 내어 밀듯이,
향단아.

이 다수굿이 흔들리는 수양버들 나무와
베갯모에 뇌이듯한 풀꽃데미로부터,
자잘한 나비새끼 꾀꼬리들로부터
아주 내어밀듯이, 향단아.

산호(珊瑚)도 섬도 없는 저 ㉣하늘로
나를 밀어 올려다오
채색(彩色)한 구름같이 나를 밀어 올려다오
이 울렁이는 가슴을 밀어 올려다오!

서(西)으로 가는 달 같이는
나는 ㉤아무래도 갈 수가 없다.

바람이 파도(波濤)를 밀어 올리듯이
그렇게 나를 밀어 올려다오
향단아.

　　　　　　　　　　　– 서정주, 「추천사(鞦韆詞)–춘향의 말 1」 –

(다) 심청일 웃겨 보자고 시작한 것이
술래잡기였다.
꿈 속에서도 언제나 외로웠던 심청인

오랜만에 제 또래의 애들과
뜀박질을 하였다.

붙잡혔다.
술래가 되었다.
얼마 후 심청은
눈가리개 헝겊을 맨 채
한동안 서 있었다.
술래잡기 하던 애들은 안됐다는 듯
심청을 위로해 주고 있었다.

　　　　　　　　　　　　　　　　　　　– 김종삼, 「술래잡기」 –

---

42 (가)~(다)를 묶어 평론을 쓰려고 할 때, 그 제목으로 가장 적절한 것은?

① 유랑의 애수와 낭만
② 현실 인식과 역사의식
③ 부정적 현실에 대한 비판
④ 전통의 시적 변용과 미적 효과
⑤ 자연의 이미지와 생명에 대한 성찰

정답 ④

해설 (가)와 (나)는 춘향전을, (다)는 심청전을 모티프로 하여 창작된 시이다. 세 작품 모두 고전소설 속의 인물인 '춘향', '심청'을 변용하여 그리움, 사랑, 이상을 향한 동경, 타인에 대한 배려 등의 주제를 미적으로 형상화해 내고 있다. 즉 (가)~(다)의 공통점은 '전통의 시적 변용과 미적 효과'라고 할 수 있다.

---

43 ㉠~㉤에 대한 설명으로 적절하지 않은 것은?

① ㉠ : 추상적 정서를 시각적 이미지를 통해 구체화하고 있다.
② ㉡ : 종결어미 '–까나'를 통해 화자의 의지를 효과적으로 드러내고 있다.
③ ㉢ : 이상을 추구하면서도 현실에서 벗어날 수 없는 인간의 운명을 상징적으로 드러내고 있다.
④ ㉣ : 일상에서 벗어난 공간으로, '머언 바다'와 더불어 화자가 도달하고 싶은 이상적 세계를 나타내고 있다.
⑤ ㉤ : 소망이 좌절된 데서 생겨난 인간의 운명적 한계에 대한 인식과 슬픔을 드러내고 있다.

정답 ②

해설 ㉡의 '–까나'는 의문과 추측의 의미를 나타내는 종결어미로, 춘향의 순수하고 맑은 사랑에 대한 화자의 추측이나 판단을 보여주는 것이지, 의지를 드러내는 것은 아니다.

[44~46] 다음 글을 읽고 물음에 답하시오.

 '과학이냐, 아니냐 하는 것은 결론에 의해서가 아니라, 그 결론을 이끌어 내는 과정에 의해서 가려내야 한다. 어떤 결론이 과학적이기 위해서는 그 결론이 유도되는 과정이 합리적이어야 한다는 것이다. 합리적이라 함은 정상적인 이성을 가진 사람을 납득시킬 수 있다는 뜻이다. 과학을 과정의 학문이라고 하는 것은 이 때문이다.

 이때 결론을 이끌어 내기 위해 사용하는 것이 바로 과학 방법이다. 과학 방법은 귀납법과 연역법이라고 하는 큰 틀을 기본으로 하고 있다. ㉠ 귀납법은 실험, 관찰, 통계와 같은 방법으로 개별적 사실로부터 일반 원리를 발견해 가는 과정이다. 반면에 연역법은 우리가 확연히 알 수 있는 공리에서부터 출발하여 논리적 추론에 의해 결론을 이끌어 내는 방법이다.

 또한 과학을 이야기할 때 꼭 언급하고 지나가야 할 문제는 ⓐ 과학적인 방법으로 얻어진 결과를 어느 정도 신뢰할 수 있느냐? 하는 문제이다. 과학은 인간의 이성으로 진리를 추구해가는 가장 합리적인 방법이기에 그 결론은 우리가 얻을 수 있는, 가장 신뢰할 수 있는 결론이라고 해야 할 것이다. 그러나 이것은 인간의 이성으로 얻은 결론이므로 ⓑ 인간이라는 한계를 뛰어넘을 수는 없다. 인간의 지식이나 이성이 완벽하지 못하다는 것은 누구나 인정하고 있는 사실이다. 따라서 과학적인 방법으로 얻어낸 결론도 완벽하다고 할 수 없다. 과학 발전의 과정에서 많은 이론이나 학설들이 새로운 이론이나 학설에 의해 부정되었다. 인류가 알아낸 가장 완벽한 자연 법칙이라고 생각했던 뉴턴 역학도, 상대성 이론도 양자론에 의해 수정되고 보완되어야 했다.

 충실하게 과학 방법을 적용하여 얻어낸 결론도 이와 같은 한계가 있을 수밖에 없으므로 과학 방법을 적용하지 않고 얻어낸 결론이 오류의 가능성을 가지고 있는 것은 당연하다고 할 수 있을 것이다. 통제된 실험을 할 수 없는 분야에서 상반된 결론들이 나와 사람들을 어리둥절하게 하는 경우를 볼 수 있는데, 그것은 그 분야의 특성상 엄밀하게 과학 방법을 적용할 수 없기 때문에 생기는 일이다. 특히 인간을 대상으로 하는 분야에서 이런 오류가 자주 빚어지는 것은 사람을 실험 대상으로 사용하는 데는 한계가 있을 수밖에 없기 때문이다. 과학을 이해하기 위해서는 과학이 가지고 있는 이러한 한계도 이해해야 할 것이다.

44 위 글의 내용을 강연으로 전달하고자 할 때 제목과 부제로 가장 적절한 것은?

① 과학의 발전 방향에 대한 예측
  – 학설과 이론을 근거로 주장해야
② 과학적인 결론을 얻기 위한 방안
  – 귀납법과 연역법을 먼저 이해해야
③ 무에서 유를 창조하는 과학의 힘
  – 인간의 생활을 송두리째 흔들 수도
④ 과학의 이해를 위한 올바른 접근 방안
  – 선입견을 불식하고 한계를 이해해야
⑤ 과학적 지식이 갖는 한계의 근본적 원인
  – 완벽을 추구하나 오류는 피할 수 없어

 정답 ④

해설 글쓴이는 과학에 대한 올바른 이해를 위해 유의해야 할 사항 두 가지에 대해 언급하고 있다. 첫째는 과학은 무조건 옳으며 정확하다고 생각하는 사람들의 편견이나 선입견이 잘못된 것이며, 둘째는 과학적 방법에 따른 결론에도 오류가 있을 수도 있음을 인정해야 한다는 것이다.

오답풀이 ② 과학적인 결론을 얻기 위한 방안이 아닌, 과학적인 결론은 합리적인 과정에 따라 나온 것이지만 이것마저도 한계가 있다고 했다.

---

45 ㉠의 방법으로 결론을 이끌어 내고 있는 것은?

① 생명을 지닌 모든 존재는 죽는단다. 네가 아끼고 사랑하는 고양이도 생명체니까 언젠가 죽을 거야.
② 제도란 사회 구성원의 다수가 합의한 약속이다. 법은 제도적 규범의 하나이다. 그러므로 법이 효력을 지니기 위해서는 사회 구성원의 합의 과정이 필요하다.
③ 이번 시험을 잘 보면 어머니가 휴대 전화를 사 주신다고 약속하셨는데, 시험을 망쳐 버렸다. 정말 가지고 싶었는데 올해도 휴대 전화를 갖기는 틀린 거 같아.
④ 거리에 넘쳐날 정도로 외래어의 남용이 심각하다. 언어는 언중들의 의식을 반영한다고 했기에 이는 우리나라 사람들이 외래어를 선호하고 있음을 보여주는 것이다.
⑤ 강아지는 오줌을 누어서, 하마는 물속에 배설물을 풀어서, 곰은 나무에 상처를 내서 자신들의 영역 표시를 한다. 이로 볼 때, 동물들은 영역 수호의 본능이 있을 것이다.

 정답 ⑤

해설 귀납법이란 개별적인 사실에서 일반 원리를 발견해 가는 과정이라 했다. 그러므로 동물들의 행동 습성을 관찰하여 동물들은 영역 수호 본능이 있을 것이라는 결론을 이끌어 낸 ⑤가 귀납법에 따른 것이다.

오답풀이 ① 생명을 가진 모든 존재는 죽는다. (대전제) – 고양이도 생명을 가지고 있다. (소전제) – 따라서 고양이도 죽는다. (결론)
② · ③ · ④ 연역법(삼단논법)에 따라 결론을 이끌어 내고 있다.

46 글쓴이가 생각하는 ⓐ와 ⓑ의 의미 관계에 대한 설명으로 가장 적절한 것은?

① ⓑ가 있기에 ⓐ를 얻을 수 있다.
② ⓑ가 있기에 ⓐ를 믿어서는 안 된다.
③ ⓑ의 부족한 점을 ⓐ가 보완해 준다.
④ ⓑ를 인정하면서 ⓐ를 수용해야 한다.
⑤ ⓑ를 극복했을 때 ⓐ를 얻을 수 있다.

정답 ④

해설 과학적인 방법으로 얻어진 결론이라도 한계가 있을 수밖에 없다고 했다. 인간의 한계 때문에 과학적인 방법에 따른 결론일지라도 무조건 옳지는 않기 때문이다. 그럼에도 불구하고 우리는 ⓐ를 믿어야 한다. 왜냐하면 ⓐ는 인간이 얻을 수 있는, 가장 신뢰할 만한 것이기 때문이다.

[47~49] 다음 글을 읽고 물음에 답하시오.

(가) 사회복지 정책을 비판하는 논리 중 하나는 사회복지 정책이 개인의 자유를 침해한다는 것이다. 일반적으로 시장에서의 거래에 의한 자원의 배분(配分)은 거래 당사자들의 자유로운 선택의 결과인 반면, 사회복지 정책에 의한 자원의 배분은 개인의 자유로운 선택을 제한하여 이루어지는 경향이 있기 때문이다. 하지만 기본적으로 사회복지 정책은 특정한 사람들의 자유를 제한할 수도 있는 반면, 다른 사람들의 자유를 증진시킬 수도 있다.

(나) 사회복지 정책이 사람들의 자유를 침해(侵害)한다는 논리 가운데 하나는, 사회복지 정책 추진에 필요한 세금을 많이 낸 사람들이 이득을 적게 볼 경우, 그 차이만큼 불필요하게 개인의 자유를 제한한 것이 아니냐는 것이다. 일반적으로 사회복지 정책이 제공하는 재화와 서비스는 공공재적 성격을 갖고 있어, 이를 이용하는 데 차별(差別)을 두지 않는다. 따라서, 강제적으로 낸 세금의 액수와 그 재화의 이용을 통한 이득 사이에는 차이가 존재할 수 있고, 세금을 많이 낸 사람들이 적은 이득을 보게 될 경우, 그 차이만큼 불필요하게 그 사람의 자유를 제한하였다고 볼 수 있다.

(다) 그러나 이러한 자유의 제한은 다음과 같은 측면에서 합리화될 수 있다. 사회복지 정책을 통해 제공하는 재화는 보편성을 가지고 있기 때문에, 사회 전체를 위해 강제적으로 제공하는 것이 개인들의 자발적인 선택의 자유에 맡겨둘 때보다 그 양과 질을 높일 수 있다. 예를 들어, 각 개인들에게 민간 부문의 의료 서비스를 사용할 수 있는 자유가 주어질 때보다 모든 사람들이 보편적인 공공 의료 서비스를 받을 수 있을 때, 의료 서비스의 양과 질은 전체적으로 높아진다. 왜냐하면, 모든 사람을 대상으로 하는 의료 서비스의 양과 질이 높아져야만 개인에게 돌아올 수 있는 서비스의 양과 질도 높아질 수 있기 때문이다. 이러한 경우 세금을 많이 낸 사람이 누릴 수 있는 소극적 자유는 줄어들지만, 사회 구성원들이 누릴 수 있는 적극적 자유의 수준은 전반적으로 높아지는 것이다.

(라) 자유 민주주의 사회에서는 자아의 사회적 실현을 위하여 개인의 자유를 최대한으로 보장(保障)해야 한다. 그러나 무제한의 자유를 모든 사람

에게 보장하기는 불가능한 일이므로 우리가 추구해야 할 자유는 제한적일 수밖에 없다. 사회복지 정책이 시장에서의 거래에 의한 자원 배분에 개입하여 개인들의 자유로운 선택의 기회를 제한할 때는 소극적 자유를 침해하는 것이다. 반면에 사회복지 정책을 통하여 빈자(貧者)들이 자신이 원하는 바를 할 수 있는 능력을 갖게 할 때에는 적극적인 자유를 신장(伸張)시키는 것이다. 이처럼 사회복지 정책은 특정한 사람들의 소극적 자유를 줄이는 반면 다른 사람들의 적극적 자유는 증가시키는 방향으로 결정되는 경우가 많다.

(마) 적극적 자유를 높이는 것이 소극적 자유를 줄이는 것보다 사회적으로 더 바람직할 수 있다. 이를 지지하는 근거는 소극적 자유로부터 감소되는 효용이 적극적 자유로부터 증가되는 효용보다 적을 수 있다는 것이다. 이렇게 볼 때, ㉠ 소극적 자유의 제한이 적극적 자유를 확대하여 인간이 인간답게 살 수 있는 사회적 가치를 실현하는 데 용이하다면 이를 사회적으로 합의·인정하지 않을 수 없을 것이다.

47 위 글의 중심 화제로 가장 적절한 것은?

① 사회복지 정책의 한계
② 사회복지 정책의 양면성
③ 사회복지 정책의 발전 과정
④ 사회복지 정책의 근본적 개념
⑤ 사회복지 정책이 나아가야 할 방향

정답 ⑤

해설 이 글은 사회복지와 자유와의 관계 규명을 통해 사회복지 정책의 바람직한 방향을 제시하고 있는데, 사회복지 정책은 소극적 자유보다는 적극적 자유를 증가시키는 방향으로 시행해야 한다는 것이 글쓴이의 생각이다.

48 (나)와 (다)의 논지 전개 구조를 가장 잘 설명한 것은?

① (나)에서 논의한 것을 (다)에서 사례를 들어 보완하고 있다.
② (나)에서 서로 대립되는 견해를 소개한 후, (다)에서 이를 절충하고 있다.
③ (나)에서 문제의 원인을 분석한 후, (다)에서 해결 방안을 모색하고 있다.
④ (나)에서 반대 의견을 소개한 후, (다)에서 반론의 근거를 마련하고 있다.
⑤ (나)에서 제기한 의문에 대해 (다)에서 새로운 관점을 내세워 해명하고 있다.

정답 ④

해설 (가)에서 논점을 밝히고, (나)에서 글쓴이의 의견과 상반되는 논

리(사회복지 정책이 자유를 침해한다는 것)를 소개한 다음, (다)~(라)에서 이에 대한 반론을 펼치고 (마)에서 마무리하는 구조로 이루어져 있다. 논의의 핵심을 이루고 있는 (다)~(라) 중에 (다)에서는 반론의 근거를 마련하고 있고, (라)에서 본격적인 반론을 펼쳤다.

---

49 ㉠을 뒷받침하는 사례로 적절하지 않은 것은?

① 교실에서 면학 분위기를 조성하기 위해 휴대 전화 사용을 금지한다.
② 다수 국민들의 건강 증진을 위해 공공장소에서의 흡연을 단속한다.
③ 골목길에서 승용차가 지나가도록 하기 위해 사람들의 통행을 제한한다.
④ 고속도로에서 응급 상황에 효과적으로 대비하기 위해 갓길 통행을 제약한다.
⑤ 교통의 소통을 원활하게 하기 위해 날짜별로 자가용 승용차 운행을 통제한다.

정답 ③

해설 ㉠은 소수가 누리는 소극적 자유의 제한이 다수가 누리는 적극적 자유를 증가시킴을 뜻한다. ①, ②, ④, ⑤는 모두 이러한 사례에 해당하지만, ③은 승용차를 가진 소수의 소극적 자유를 위해 주민들 다수의 통행권이라는 적극적 자유를 제한하는 사례이다.

[50~51] 다음 글을 읽고 물음에 답하시오.

근대 초기의 여성상은, 가족의 생계 부양자이자 가장으로서의 남성상을 보완하는 모습이었다. 모성, 의존, 감정, 사랑스러움 등이 그 여성상의 내용을 이룬다. 그러나 후기로 가면서 여자들이 고등교육의 기회를 얻고 경제 활동에 대거 참여하게 되자, 이런 변화는 '근대적 여성성'의 위기로 이어졌다. 여자들은 효율성을 중시하는 일터에서는 여성적이기보다 중성적이기를 요구받으면서도, 가정에 들어가면 남편의 요구를 충실히 들어 주는 종전의 여성성을 그대로 갖추고 있어야 했던 것이다.

이러한 근대적 여성성의 위기는 20세기 말에 들어서면서 크게 완화되었다. 20세기 초반부터 여성 중심의 남녀평등주의자들은 남성과 여성의 차이는 있지만, ㉠ 그 차이는 대부분 통계적인 차이이지 절대적인 차이는 아님을 강조해 왔다. 만일 성에 따른 생득적 차이가 있다면 그 차이는 그냥 두어도 드러날 것이니, 미리 성별에 따라 다르게 사회화시킬 필요가 없다는 주장이었다. 이렇게 여성들이 여성성을 스스로 규정하는 운동을 펼친 결과, 여성들은 가정과 일터 모두에서 스스로의 자신 있는 모습을 그대로 드러낼 수 있게 되었다. 가장 선진적 조직인 벤처 회사들의 탁월한 최고경영자(CEO) 가운데 상당수가 여성이라는 사실은 이러한 변화를 시사한다.

여성들이 스스로 여성성을 새롭게 규정하기 시작하면서 '여성성의 딜레마'를 나름대로 극복해 갈 즈음, 남자들은 남성성의 위기를 겪게 된다. 영국의 경우, 전통적으로 책임감 있고 용감한 신사들이 급격히 사라지는 한편, 책임을 회피하고 감상적이며 나약한 '신종 남자'들이 생기고 있다는 것이다. 이들 '신세대' 남자는 남자됨을 자랑스러워 하기는커녕 기피하거나 거부하려 든다. 사회로부터 분리되고 아늑한 공간인 가정을 더 이상 유지하기 어려운 고실업 시대로 접어들면서 가장이 되는 꿈을 꾸던 남자들이 위기를 느끼기 시작한 것이다.

새로운 시대에 가장 큰 거부감을 드러내는 집단은 전통적인 남성성에 자존심을 걸고 있는 보수적 남성들이다. 자신의 존재 가치를 여자를 보호하는 '강한 자' 또는 가장이라는 점에서 찾았던 남자들은, 여성이 더 이상 보호의 대상이 되고 싶어 하지 않는 상황에서 큰 혼란을 경험하게 된다. 자존심이 상한 남자는 무리한 방식으로 자신의 남성성을 회복해 보려 하게 되는데, 남성들의 폭력은 상당 부분 이런 근대적 남성성의 붕괴 현상과 관련이 있다.

---

50 〈보기〉는 글쓴이가 위 글의 논지를 토대로 강연을 하기 위해 작성한 원고의 도입부이다. [A]에 들어갈 내용으로 적절한 것은?

> **보기**
>
> 저는 오늘 '여성성과 남성성'에 내포된 진정한 의미에 대해 말씀을 드리고자 합니다. 먼저 제가 말씀드리는 사례가 무엇을 의미하는 것인지 한번 생각해 보시기 바랍니다. 뉴기니의 챔불리족 남자들은 화려하게 치장을 한 채 여자들 앞에서 자신의 아름다움을 뽐내기를 좋아한다고 합니다. 그런가 하면, 중국 운남성의 루그호 주변에 사는 모소족은 여자들이 생업에 종사하면서 가장으로서 가족을 이루고 산답니다. 이런 사례는 무엇을 의미할까요? 네, 그렇습니다.
>
> [A]

① 여성성과 남성성은 문화적 상황에 따라 달라지는 상대적인 것입니다.
② 우리 사회에서도 이런 사람들을 찾는 것은 그리 어렵지 않게 되었습니다.
③ 여성성과 남성성은 음양의 질서에 따라 생성된 보편적이고 절대적인 것입니다.
④ 우리 사회도 여성성과 남성성에 관해 이미 새롭게 정의를 내리고 있는 것입니다.
⑤ 이제 우리 사회는 시대적 상황의 변화에 걸맞게 남성성을 해체해야 할 시점에 와 있는 것입니다.

정답 ①

해설 〈보기〉에 제시된 두 가지 사례는 우리가 흔히 가지고 있는 여성성과 남성성이 고정관념에 불과하며, 문화적 상황에 따라 변화할 수 있는 상대적인 것임을 보여 준다.

오답 풀이 ② · ③ 본문 내용과 관련이 없다.
④ 우리 사회의 현재 상황에 대한 언급은 전혀 없다.
⑤ 글쓴이가 결론적으로 제시하게 될 내용이므로, 도입부에는 어울리지 않는다.

---

51 ㉠과 같은 입장에서 〈보기〉의 원인을 분석한 내용으로 적절한 것은?

> ┌─────────────────────────────── 보기 ●
> 한국 여성들의 정치 참여 현황은 지극히 열악하다. 국회의원의 경우, 여성이 차지하는 비율이 15대 국회까지는 평균 2.3%에 불과했고, 16대 국회에서는 약 6%였다. 그리고 유엔 통계에 따르면 우리나라는 여성 권한 척도에서 64개 나라 중 61위에 불과하다.

① 우리나라 여성들은 남성들에 비해 정치를 별로 좋아하지 않는 성향을 지니고 있기 때문이다.
② 정치의 타락과 불투명성이 우리 국민들에게 정치에 관한 불신감과 혐오감을 심어 주었기 때문이다.
③ 여성들의 자금 동원 능력이 떨어져 선거 비용이 많이 드는 현실적 제약을 여성들이 극복할 수 없었기 때문이다.
④ 우리나라에는 여성 공천 할당제와 같이 사회적 약자로서의 여성을 배려하는 제도가 마련되어 있지 않기 때문이다.
⑤ 정치는 여성들이 할 일이 아니라는 그릇된 사회적 인식이 우리나라 여성들의 정치 참여에 부정적 영향을 끼쳤기 때문이다.

정답 ⑤

해설 통계적인 차이와 절대적인 차이를 이해하는 것이 관건이다. 즉, 남성과 여성의 차이는 태어나면서부터 존재하는 것이 아니라, 사회 · 문화적으로 규정된 대로 길러진다는 것이다. 이렇게 본다면, 여성의 정치 참여율이 낮다고 한 〈보기〉의 사례도 그 원인을 ⑤와 같이 사회 · 문화적으로 조장된 데서 찾을 수 있을 것이다.

오답 풀이 ④ 여성 공천 할당제는 이미 발생된 문제를 해결하기 위한 방법의 하나에 해당한다.

[52~54] 다음 글을 읽고 물음에 답하시오.

인간이 삶을 영위하는 가운데 갖게 되는 가치관의 형태는 무수히 많다. 이러한 가치관은 인간의 삶을 인간답게 함에 있어서 미적 판단, 지적 판단, 기능적 판단 등의 기능을 갖게 된다. 우리는 판단을 할 때 하나의 시점에서 판단을 고정시키는 속성이 있다. 그런데 바로 이런 속성으로 인하여 우리가 우(愚)를 범하는 것은 아닐까?

장자가 명가(名家, 논리학의 발달에 많은 영향을 끼친 제자백가의 하나)로 분류되는 친구 혜자와 한참 이야기를 하고 있는데, 혜자가 장자에게

"자네의 말은 다 쓸데없는 말이야."라면서 반박하였다. 이에 장자는 그에게 "자네가 쓸데없음을 알기에 내 얘기는 '쓸데 있는' 것이네. 예를 들어 이 큰 대지 위에 자네가 서 있는 자리, 즉 설 수 있는 것은 겨우 발바닥 밑 부분뿐이지. 그렇다고 나머지는 필요 없는 것이라 하여 발바닥 이외의 땅을 다 파 버리면 자네가 선 땅덩어리는 존재 가치가 있다고 여기는가?"라고 말하였다. 자신이 서 있는 자리의 땅을 제외하고 모두 파내면, 자신은 오도 가도 못함은 물론이려니와 땅이 밑으로 무너지는 것은 당연한 일일 것이다.

㉠ 결국, 쓸모 있음[有用]은 쓸모 없음[無用]의 기초 위에 세워지는 것이다. 무용과 유용, 유용과 무용은 인간관계에도 적용시킬 수 있을 것이다. 자신과의 관계에서 무용이라고 생각되었던 사람이 어느 시점에서는 유용의 관점에 있는 경우를 경험해 보았을 것이다. 하나의 예로 우리가 만남이란 관계를 유지하고 있을 때는 서로 상대에 대한 필요성이나 절대성을 인식하지 못하다가도 만남의 관계가 단절된 시점에서부터 상대의 필요성과 절대적 가치에 대한 인식이 달라지게 되는 것은 아닐까? 가까이 있던 사람의 부재(不在), 그것은 우리에게 유용한 가치에 대한 새로운 자각을 하게 하기도 한다. 우리는 장자의 예화에서 세속적인 가치관을 초월하여 ㉡ 한 차원 높은 가치관에 대한 인식을 할 수 있다. 즉, 타인의 존재 가치를 한 방향의 관점에서만 바라보고 있는 것은 아닌지, 또한 자기중심적 사고방식만을 고집하여 아집에 빠져들고 있는 것은 아닌지를 우리는 늘 자문해 보아야 할 것이다.

---

52 위 글에서 '혜자'가 '장자'를 비판할 수 있는 말로 가장 적절한 것은?

① 사물의 본질을 상대적으로 바라보는 태도가 필요하겠네.
② 사물의 핵심을 이해하기 위해서는 다양한 관점이 필요하겠네.
③ 인위적인 요소를 배제하고 자연의 법칙에서 진리를 찾아야 하네.
④ 불필요한 영역까지 진리의 밑바탕이 될 수 있다는 생각은 잘못이네.
⑤ 체험과 사색을 통해 진리의 본질에 접근할 수 있다는 것을 알기 바라네.

정답 ④

해설 둘째 문단에서 혜자는 장자의 말이 '쓸데없다'고 반박하고 있다. 장자는 이에 대한 대답으로 무용하다고 생각했던 것이 유용하게 쓰일 수 있는 상대적인 진리를 역설하면서 혜자의 단면적인 시각을 반박하고 있다. 이를 통해 볼 때, 혜자는 자신이 생각하기에 본질에서 거리가 먼 것까지 진리의 가치를 부여하는 장자가 답답하게 여겨졌을 것이다.

53 ㉠과 표현 방법이 유사한 것은?

① 내일은 무지개 찬란한 아침이 올 것입니다.

② 아이구, 잘한다 잘해! 하는 일마다 그 모양이니.

③ 인생은 끝없는 목표를 향해 돌진하는 마라톤입니다.

④ 현실의 고통이 심할수록 미래의 행복에 가까워집니다.

⑤ 태백준령을 따라 꿈틀거리는 통일의 기운이 솟구칩니다.

정답 ④

해설 '결국, 쓸모 있음[有用]은 쓸모 없음[無用]의 기초 위에 세워지는 것이다.'는 곧, 쓸데없는 것이 도리어 유용한 것이 된다는 역설적 표현이다.

 ① 은유법 ② 반어법 ③ 유추법 ⑤ 활유법

54 ㉡에 해당하는 사례로 적절하지 않은 것은?

① 교통사고 현장을 목격하여 진실을 증언해 주고 싶었으나 개인적인 일이 바쁘다는 핑계로 모른 체하게 되었다.

② 복권에 당첨된 사람은 한없이 기쁠 수도 있겠지만, 이로 인해 상대적 박탈감을 갖는 사람도 있음을 생각해야 한다.

③ 사슴은 자신의 우아한 뿔을 세상에 자랑했지만, 후에 사냥꾼에게 쫓길 때는 그 뿔이 나무에 걸려 사로잡히게 되었다.

④ 변방의 노인 아들이 말을 타다가 다리가 부러진 것은 불행이었으나 후에 전쟁에 참가할 수 없어 목숨을 보존한 것은 행운이었다.

⑤ 신용카드의 편리함을 이용해 맘껏 쓸 때는 좋았으나 무절제한 사용으로 신용불량자가 되어 고통스런 생활을 할 수도 있음을 생각해야 한다.

정답 ①

해설 ㉡은 단면적 사고에서 벗어나 상대성이나 양면성을 고려한 가치관을 의미한다.

②, ③, ④, ⑤는 양면적 시각의 예시이다.

[55~57] 다음 글을 읽고 물음에 답하시오.

(가) 인간이 누리는 정신적인 경험의 폭과 깊이는 다른 동물에 비해 월등하다. 이는 인간의 두뇌가 다른 동물에 비해 발달해 있기에 가능하게 된 것이다. 그런데 해면과 같은 하등 동물에서부터 인간에 이르기까지 모든 동물들의 신경계가 거의 동일한 형태의 세포로 구성되어 있다는 것은 실로 경이로운 사실이다. (㉠   ) 것처럼, 배열된 구조와 서로 연결된 패턴 그리고 사용된 세포의 수에 따라서 기능이 판이한 신경 체계가 만들어지는 것이다.

(나) 독립된 형태와 기능을 갖춘 신경 세포의 시초는, 원시 후생동물이 운동을 시작해 앞으로 움직이기 시작할 때 이 동물의 표피를 구성하는 세포의 일부가 신경 세포로 변한 데서 찾을 수 있는 것으로 보인다. 동물이 앞으로 움직일 때 표피 세포는 환경상의 변화로 인해 제공되는 여러 자극에 부딪히게 되며, 일부 표피 세포는 환경 자극에 대해 보다 민감해져서 세포 내부를 흥분 상태로 변하게 하는 성질을 획득한다. 이 중 일부는 표피 내부로 들어가 세포 형태를 변화시키고 다른 세포와 연결을 형성하게 되며, 표피에 남은 신경 세포는 감각을 수용하는 역할을 한다. 내부로 들어간 신경 세포는 양쪽으로 가지를 만들어 가지의 한쪽은 표피에 남아 감각을 수용하는 세포와 연결되고, 다른 한쪽은 운동을 일으키는 반응 기관과 연결된다. 신경계와 피부가 발생학적으로 동일한 기원을 가진다는 사실은 신경 세포의 진화 과정에 대한 이러한 추측을 간접적으로 지지한다.

(다) 동물의 신경 세포에 의해 감각 기관과 반응 기관이 연결되면, 먹이에서 발산되는 화학 물질이나 빛 에너지 등 환경을 구성하는 요소들이 감각을 자극함에 따라 신경 세포는 흥분하게 되고, 이 흥분이 반응 기관에 전달된다. 감각 정보가 반응 기관으로 전달되면 동물은 반사적인 운동을 일으킬 수 있게 된다. 이처럼 환경 자극을 탐지할 수 있게 되면 먹이를 찾고 위험을 피하는 과제들을 수행하는 데 훨씬 효율적이고 경제적인 운동을 할 수 있게 된다.

(라) 그러나 '감각'과 '반응'이 직접 연계될 경우, 상황에 따른 유연한 행동은 불가능해진다. 동일한 자극에 대해서도 경우에 따라서는 상반되는 반응을 수행해야 생존에 유리할 수 있기 때문이다. 예컨대 전방에 탐지된 물체는 접근해야 할 먹이일 수도 있지만 회피해야 할 천적일 수도 있다. 감각 정보에 의해 운동 반응이 반사적으로 결정되는 신경계를 가진 동물은 이 딜레마를 해결할 수 없다.

(마) 문제의 해결을 위해서는 입력된 환경의 감각 정보를 처리하는 단계가 요구되며, ㉡ 감각 기관과 반응 기관 사이를 매개하는 처리를 담당할 세포 집단이 발달하게 된다. 단순한 '감각 – 반응' 단계에서 '감각 – 처리 – 반응'의 단계로 진화가 이루어지는 것이다. 이 변화를 가능하게 한 핵심은 신경계의 진화이다.

(바) 개체의 생존에 중요한 신호를 처리하는 기관인 뇌는 감각 기관과 반응 기관 사이에서 처리를 담당하는 기능을 가진 신경 세포들이 신체의 한 곳으로 모여 서서히 진화한 결과물이다. 인간의 신경 체계 역시 '감각 – 처리 – 운동'의 단계를 따르고 있으며, 뇌는 신경 체계의 핵심에 해당한다고 할 수 있다. 결국 인간을 포함한 모든 동물의 두뇌는 진화의 산물이다.

55 ㉠에 들어갈 비유적 표현으로 적절한 것은?

① 동일한 벽돌로 여러 형태의 집을 지을 수 있는
② 철로가 놓여 있지 않은 곳은 열차를 운행할 수 없는
③ 고무공에 힘을 가하면 여러 모양으로 변형할 수 있는
④ 경사면에 물을 부으면 물이 위에서 아래로 흘러내리는
⑤ 눈 알갱이를 들여다보면 육각형 속의 육각형이 반복되고 있는

정답 ①

해설 ㉠의 앞뒤 문장은 모두 하등 동물에서 인간에 이르기까지의 '동물'들이 기본적으로 동일한 세포로 이루어져 있음을 이야기 하고 있다. 앞 문장은 모든 동물의 신경 체계가 동일한 세포로 이루어져 있다는 점을, 뒤 문장은 각각의 동물은 세포가 구성되는 방식에 따라 신경 체계가 달라지고 있다는 점을 서술하고 있다. 따라서 같은 재료를 써서 다양한 결과물이 생겨나는 현상을 비유적 표현으로 활용하는 것이 적절하다.

56 ㉡의 개념을 유추의 방법으로 설명하기에 가장 적절한 것은?

① 대학 합격 여부를 알려주는 자동 응답 전화
② 페달을 밟는 정도에 따라 속도가 달라지는 자전거
③ 범행이 발생하기 쉬운 장소에 설치한 폐쇄 회로 TV
④ 화재가 발생했을 때 단추를 눌러야 작동하는 경보기
⑤ 교신을 통하여 비행기의 안전 착륙을 유도하는 관제탑

정답 ⑤

해설 ㉡이 의미하는 세포 집단은 '딜레마'의 상황에서 유연한 반응을 할 수 있는 대상이어야 하며, 두뇌처럼 일종의 지능을 갖추고 있는 대상이어야 한다. 동일한 자극에 대해서 여러 가지 반응을 보일 수 있는 것은 비행장의 관제탑이라고 할 수 있다.

57 위 글의 관점에 따라 〈보기〉의 자료를 해석한 것 중 타당하지 않은 의견은?

〈보기〉

군인인 만득이는 / ㅏ /를 [아]로 발음하지 못하여 [이]로 발음한다. 만득이는 진지로 돌아가는 중이었다. 보초병이 만득이를 발견했는데, 만득이가 속한 부대의 암호는 '고구마'였다.
보초병 : (위협적으로) 손 들어! 움직이면 쏜다. 암호!
만득이 : 고구미!
보초병 : (이상하다는 표정을 지으며 다시) 암호!
만득이 : 고구미!
"땅!" 보초병의 총에 맞은 만득이는 쓰러지면서 말했다.
만득이 : 으윽! 고구미리니까~.

① 진지로 들어오는 만득이는 보초병을 '딜레마'의 상황에 처하게 했겠어.
② 보초병은 상대방의 대답이 어떤 것이냐에 따라 '반응'을 달리하는 모양이야.
③ '감각' 단계를 거치지 않았다면, 보초병이 만득이에게 암호를 묻는 것이 불가능했겠지?
④ 보초병이 이상하다는 표정을 짓는 것은 만득이의 정체에 관해 '처리'하고 있음을 뜻하는 거야.
⑤ 만득이의 형체는 보초병에게 '자극'이 될 수 있었지만, 만득이의 말소리는 그렇지 않았던 것 같아.

정답 ⑤

해설 만득이의 형체는 보초병에게 '감각'(인식)될 수 있는 자극이며, 만득이의 목소리 역시 만득이가 '이 사람은 적군이다.'에 가까운 '처리'(판단)를 이끌어 내기 전 보초병에 의해 '감각'된 자극이다. 감각의 대상이 되는 환경상의 변화를 생물학에서는 자극이라고 하며, 이 의미를 문맥을 통해 파악할 수 있다.

01	02	03	04	05	06	07	08	09	10	11
④	⑤	②	⑤	①	⑤	⑤	①	②	②	③

12	13	14	15	16	17	18	19	20	21	22
②	③	②	④	①	④	①	⑤	④	①	③

23
②

주1	자신이 처한 상황을 극복하기 위해 노력하는 삶의 중요성
주2	동남아 지역의 한류 열풍이 길어도 5년은 못 갈 것이라는 주장이 나왔다. 드라마의 한국어 번역 등에 대한 투자 부족과 한류에 대한 동남아 각국의 적극적인 방어, 눈앞에 이익에만 급급한 수출 현실이 계속될 경우 한류 열풍은 지속되기 힘들다는 것이다. 그러므로 한류 열풍의 지속을 위한 적극적인 투자와 노력이 절실히 필요하다.
주3	뜨겁다 – 미지근하다 – 차다
주4	숱하다, 허다하다, 매우 많다, 수두룩하다
주5	비리의 온상이 되는 잘못된 관행이나 부정적 요소를 과감히 제거한다.
주6	① 넓다 [널따], ② 묽고 [물꼬], ③ 맑다 [막따], ④ 읊고 [읍꼬]
주7	1. 가로 : 개차반 3. 가로 : 합평 5. 세로 : 도사리 6. 가로 : 도섭
주8	테레사 수녀는 촛불처럼 자신을 태워 소외된 자들의 빛이 되는 사랑을 실천했다.
주9	㉠ 한창, ㉡ 한참, ㉢ 앉히고, ㉣ 안쳤다, ㉤ 담기, ㉥ 담아
주10	다양한 교육 프로그램의 개발

---

01 '청소년 대상 성범죄자 명단 공개'에 관한 토론을 들려 드립니다. 잘 듣고 물음에 답하십시오.

> 남 자 : 저는 청소년 성매매자 같은 파렴치범을 옹호하거나 배려하자는 것은 결코 아닙니다. 그러나 세계적으로도 보기 드문 명단 공개는 문제점이 있습니다. 우리나라는 체

면을 중시하는 문화를 가지고 있습니다. 이런 문화 속에서 신상이 공개되면, 범죄자는 사회적으로 완전히 매장되고, 인권을 극도로 침해당하게 됩니다. 범죄자는 형법에 따라 처벌을 받습니다. 여기에다가 신상 공개까지 한다는 것은 법의 형평에 맞지 않습니다.

> 여 자 : 혹시 당신이 남자라서 그렇게 말하는 것은 아닙니까? 피해자의 입장은 생각해 보셨나요? 물론, 신상 공개에 반대하는 의견이 있다는 것은 알고 있습니다. 범죄자 가족의 명예까지 훼손되고, 법률 해석상 인권 침해의 여지가 있다는 점도 인정합니다. 물론 개인의 인권과 명예도 분명 중요하죠. 그러나 이것저것 가리다 보면 청소년을 대상으로 한 성범죄를 막을 수 없습니다. 여러분의 딸들이 성범죄의 피해자라고 생각해 보십시오. 제게도 딸이 있지만, 생각만 해도 가슴이 떨립니다. 이렇게 극악무도한 범죄에는 신상 공개도 그리 큰 처벌이라고는 생각하지 않습니다. 만일 이런 방법으로도 예방이 안 된다면 더 심한 방법도 강구해야 합니다. 청소년 대상 성범죄는 어떤 방법을 동원해서라도 뿌리를 뽑아야 합니다.

> 남 자 : 신상 공개를 해도 성범죄가 근절된다고는 볼 수 없습니다. 우리나라에 사형 제도가 있지만, 그렇다고 살인이 근절됐나요? 그리고 청소년 대상 성범죄보다 더 파렴치하고 더 극악무도한 가정 파괴범은 왜 명단을 공개하지 않습니까? 또 있습니다. 청소년을 대상으로 한 사기범, 강도범, 살인범은 왜 명단을 공개하지 않습니까? 법이라는 건 균형 감각이 있어야 하는 겁니다. 감정에 따라 즉흥적으로 법을 만들고 해석하는 건 위험한 겁니다. 오죽했으면 헌법보다 상위에 '국민정서법'이 있다는 말이 나왔겠습니까?

잘 들으셨죠? 남성 토론자의 말하기 방식에 대한 설명으로 가장 적절한 것은 무엇입니까?

① 감정에 호소하여 상대방을 설득하고 있다.
② 주관적인 의견을 마치 객관적 사실인 것처럼 제시하고 있다.
③ 법률 전문가의 견해를 인용하여 자신의 주장에 권위를 더하고 있다.
④ 상대방의 주장을 감정적인 것이라고 비판하면서 균형 있는 처벌을 강조하고 있다.
⑤ '성범죄'의 개념을 먼저 밝히고 이를 바탕으로 자신의 주장을 이끌어 내고 있다.

정답 ④

해설 남자는 신상 공개가 우리나라와 같은 문화적 환경에서는 너무나 가혹한 처벌이고, 더구나 형법에 따른 처벌을 받은 후에 다시 처벌을 받는 이중 처벌에 해당한다고 말한다. 그러자 여자는 청소년의 성 보호를 더 중요시하면서 모든 방법을 동원해서라도 이를 보호해야 한다는 주장을 펼치고 있다. 이에 대해 남자는 여자의 주장이 감정에 치우친 것이라고 평가하고, 더 파렴치하고 극악무도한 사례들을 제시하여 상대방의 주장에 담긴 문제점인 법률적 균형 감각의 부재를 지적하고 있다.

02 이번에는 교양 강의를 들려 드립니다. 잘 듣고 물음에 답하십시오.

여러분은 모두 '혹부리 영감' 이야기를 잘 알고 계실 겁니다. 산에 나무를 하러 갔던 할아버지가 도깨비를 만나 보기 흉하게 달려 있던 혹을 떼어 주고 게다가 할아버지는 도깨비로부터 보물까지 받아 돌아왔다고 합니다. 할아버지는 산속에서 날이 저물자 빈집에 들어가서 무서움을 없애기 위해 노래를 불렀는데, 이 노래를 들은 도깨비들이 혹에서 노래가 나온다는 할아버지의 말을 믿고, 혹을 가지고 가면서 그 값으로 귀한 보물을 주었다는군요.

혹부리 영감이 혹을 떼고 부자가 되어 돌아왔다는 소식을 듣고 도깨비를 찾아간 이웃 마을의 또 다른 혹부리 영감이 있었습니다. 그러면 이 할아버지는 어떻게 되었을까요? 이 할아버지는 오히려 혹을 하나 더 붙이게 되었다는군요. 평소에 이 할아버지는 남 잘되는 것을 못 볼 정도로 욕심이 아주 많았던 것으로 전해집니다. 욕심쟁이 할아버지는 혹부리 할아버지의 말만 듣고 산속의 빈집으로 도깨비를 찾아가 노래 주머니를 팔겠다고 말했습니다. 도깨비는 "이 거짓말쟁이, 우리를 속이려 들다니……"라고 화를 내며 몽둥이로 때리고 혹까지 하나 더 붙여 줬다는 것입니다. 옛날이야기를 보면 욕심을 부리다가 망하는 내용이 참으로 많습니다. 〈이솝우화〉에 등장하는 '욕심쟁이 개'도 그렇고, 〈흥부와 놀부〉에 나오는 '놀부'도 그렇습니다. 여러분, 우리가 사는 사회에 욕심이 가득한 사람만 있다면 어떻게 될까요? 아마도 자기 자신밖에 모르는 사람들로 가득하게 될 겁니다. 욕심이란 자신이 갖고 있는 것에 대해 만족할 줄 모르고 더 많이 가지려고 하는 마음입니다. 욕심이 지나치면 기쁨이 없고 불평이 가득한 채 살게 됩니다. 여러분, 너무 욕심을 부리다가 벌을 받게 된 욕심쟁이 할아버지를 보며 욕심을 부리는 것이 왜 나쁜지 아시겠지요?

자, 이제 다같이 '혹부리 영감'의 이야기가 들려주는 가르침대로 지나친 욕심을 부리지 말고, 가진 것에 대해 감사하고 만족하며 사는 사람이 되어야 하겠습니다.

잘 들으셨죠? 이 강의에 대한 청중의 평가로 타당하지 않은 것은 무엇입니까?

① 적절한 예화를 드니까 수긍이 쉽게 가네.
② 대비를 통해 주제를 선명하게 제시하고 있어.
③ 물음을 던지는 방식으로 설득력을 높이고 있어.
④ 옛 이야기와 결부시키니까 내용이 더 흥미롭군.
⑤ 중심 생각을 먼저 제시하니 논지가 쉽게 파악되네.

정답 ⑤

해설 이 강연은 '혹부리 할아버지'의 이야기를 먼저 들려준 후, 강연자의 중심 생각을 뒤에 드러내고 있다. 지나친 욕심을 부리지 말고 가진 것에 대해 감사하고 만족하며 사는 사람이 되어야 함을 사례를 들어 뒷받침한다.
② 혹을 떼고 부자가 된 할아버지와 욕심쟁이 할아버지의 대비를 통해 내용을 선명하게 드러내고 있다.
③ 강연의 중간에 청자에게 물음을 던지는 방식을 사용하였다. 이는 청중의 주의를 끌어 이성적인 판단을 촉구하고, 화자의 의도를 정감 있게 표현하는 데에도 효과적이다.
④ '혹부리 할아버지'의 이야기를 통해 쓸데없는 욕심을 부리면 벌을 받는다는 교훈적인 내용을 흥미 있게 전달하고 있다.

03 인터넷 언어 사용에 관련된 뉴스를 들려 드립니다. 잘 듣고 물음에 답하십시오.

앵 커 : 지난 1월, 교육부는 인터넷 안팎에서 확산되고 있는 언어 파괴를 방지하고, 일상에서의 언어 예절을 지도할 수 있도록 '교사용 지도 자료집'을 일선 학교에 배포했습니다. 이 책자는 교육부와 국립국어원, 정보통신윤리위원회 등이 함께 제작한 것으로, 교과 수업과 재량활동 시간 등에 활용하도록 했습니다. 이 자료집에서는 축약형과 줄임말, 소리 나는 대로 적거나 된소리를 지나치게 사용하는 것, '요'가 '여'로 바뀌는 것, 은어 등을 언어 파괴 유형으로 지적하고 있습니다. 특히 알파벳과 일본문자, 특수문자, 한글자모 등 컴퓨터 자판에서 표현 가능한 모든 문자와 숫자를 임의로 섞어서 만들어 내는 이른바 '외계어'에 대해서도 문제를 삼고 있습니다. 이런 외계어는 따로 번역이 필요할 만큼 해석이 어렵기 때문입니다. 교육부 관계자는 인터넷 언어가 다양한 감정과 개성을 표현하고, 정보화 시대에 적응할 수 있는 능력을 키워주는 긍정적 기능이 있는 반면에 국어 파괴, 청소년들의 문법실력 저하, 세대 간의 단절 등 심각한 부작용을 초래하고 있다고 지적했습니다.

잘 들으셨죠? 뉴스를 듣고 청취자가 보인 반응으로 적절하지 않은 것은 무엇입니까?

① 인터넷 통신 언어는 긍정적인 기능도 있어.
② 통신 언어의 사용이 사회 통합에 도움이 될 거야.
③ 통신상의 언어 파괴는 국어의 규범을 깨뜨릴 위험이 있어.
④ 통신 언어에는 우리말임에도 전혀 이해할 수 없는 것도 있어.
⑤ 배포된 자료집이 널리 활용되어 일상 언어까지도 순화되었으면 좋겠어.

정답 ②

해설 뉴스에서 통신 언어 사용의 부정적인 측면으로 언급한 '세대 간의 단절'로 볼 때, 통신 언어가 사회통합의 지해 요인이 됨을 알 수 있다.

□4 이번에는 두 사람의 대화를 듣게 됩니다. 잘 듣고 물음에 답하십시오.

(심 봉사 황성 올라가는 대목 – 중모리)
날이 차차 밝아 오니 (좋지!)
주인을 불러서 하례 닦고, (허이! 최고다.)
행장을 챙겨 지고 (좋다.)
황성길을 올라간다. (허이!)
주막 밖을 나서더니 (그렇지!)
그래도 생각이 나서
맹세한 말 간 곳 없고

뺑덕이네를 부르는디, (좋다. 허!)
그 자리에 버썩 주저앉더니,
뺑덕이네야 (최고 잘한다.)
뺑덕이네, (얼씨구!)
예기 천하 몹쓸 년아,
니 그럴 줄 내 몰랐다.
황성 천 리 먼먼 길을

어이 찾아가잔 말이냐. (좋다.)
내가 눈이 있거드면
앞에는 무슨 산이 있고
길은 어디로 행하는지 (얼씨!)
분별하여 갈 것인디,
지척 분별을 못 하는 병신이 (좋다.)
어이 찾아서 가잔 말이냐. (얼씨!)

여 자 : 이 음악 어떻습니까?
남 자 : 낯설어요.
여 자 : 판소리가 원래 어렵고 현대적인 감각과 어울리지 않아서 일까요, 아니면 판소리의 특징에 대해 잘 몰라서일까요?

남 자 : 서양 음악과 달리 혼자 노래를 부르는 것이 아니라 중간 중간에 '허이', '얼쑤', '좋다', '잘한다'와 같은 말이 들어 있네요.
여 자 : 아, 네. 그런 것을 추임새라고 하죠. 서양 음악과는 달리 우리 음악은 고수나 청중의 적극적인 참여를 요구하는 개방적인 음악이에요. 우리는 말을 할 때에 언어와 함께 목소리의 억양, 어조, 높낮이와 같은 반언어, 그리고 손짓, 몸짓, 표정과 같은 비언어적 소통 방법을 자연스럽게 섞어서 사용하듯이 판소리에서도 말하는 사람에 맞추어 반언어와 비언어적 의사소통을 적극적으로 활용하고 있는 것이죠.
남 자 : 그렇군요. 창자가 노래를 부르는 동안에 고수가 북을 치며 '얼쑤', '허이'와 같은 말을 넣는 것을 추임새라고 하는군요. 대화를 할 때 상대방이 듣는 둥 마는 둥 하는 것보다 적극적으로 반응하면 혼자 말하는 것 같지 않아 지겹지 않고 더 신나겠군요.
여 자 : 네, 맞습니다. 추임새는 고수와 청중이 창을 하는 사람을 격려하거나 자신의 감흥을 표출하는 말을 가리킵니다. 고수의 북장단과 추임새가 없다면 창하는 사람이 호흡을 조절할 여유도 없고, 장단에 맞추어 노래를 부를 수도 없게 됩니다.
남 자 : 그렇군요. 추임새의 설명을 듣고 나니 판소리가 아주 쉽고 친근하게 느껴집니다. 그리고 무엇보다 청중이 함께 참여함으로써 공감대가 한층 더할 수 있겠군요.
여 자 : 이젠 알겠죠. 판소리는 우리의 음악입니다. 평소 판소리에 대한 관심을 더 가져야겠고, 우리 것은 서양 음악보다 못하다는 선입견과 고정 관념도 버려야겠습니다. 이제, 우리 것에 가까이 다가서야 할 때입니다.

잘 들으셨죠? 대화에서 '남자'가 새롭게 알게 된 것은 무엇입니까?

① 추임새를 하는 것은 음악 감상에 어긋난 행동이다.
② 추임새는 원래 어렵고 현대 감각에 어울리지 않는다.
③ 고수나 청중의 추임새가 있기 때문에 판소리는 어렵다.
④ 추임새는 반언어적·비언어적 의사소통 방법과는 거리가 멀다.
⑤ 추임새를 통하여 고수나 청중이 참여할 수 있는 것이 판소리의 특징이다.

정답 ⑤

해설 고수의 북장단과 추임새는 창자를 더욱 신나게 할 수 있는 활동이다. 창자가 창을 하는 중간 중간에 '허이', '얼쑤', '얼씨구'와 같은 추임새를 넣음으로써(반언어와 비언어적 의사소통 방법을 활용한 적극적인 참여) 창자의 흥을 더욱 돋우어 주게 된다. 남자는 판소리에서 고수의 북장단과 추임새의 역할이 판소리의 흥을 돋우어 준다는 것에 동의한 후, 고수나 관객의 적극적인 참여가 필요함을 인정하고 있다.

05 이번에는 영화 '타이타닉'에 대해 들려 드리겠습니다. 잘 듣고 물음에 답하십시오.

이 영화는 1912년 발생한 타이타닉호의 침몰 사건을 배경으로, 신분 차이에도 불구하고 사랑을 이루어 가는 두 남녀의 이야기를 그린 영화입니다. 이 영화는 카메론이 감독하고, 디카프리오와 윈즐릿이 주연을 맡았습니다. 이 영화의 감독은 5년에 걸친 자료 수집을 통하여 타이타닉호의 모습과 침몰 광경을 사실에 가깝게 재현했는데, 타이타닉호를 촬영하기 위하여 무려 6,430만 리터의 물을 쏟아 부었다고 합니다.

타이타닉호의 비극은 1912년 4월 14, 15일에 일어났습니다. 북대서양을 항해하던 초호화 정기 여객선 타이타닉호가 빙산에 부딪혀 선체가 크게 파손되었습니다. 2,200명이란 엄청난 수의 승객이 모두 죽음을 당할 위기에 처해 있었습니다. 그러나 이때에도 승객들과 선원들은 버큰헤드 전통을 잊지 않고 있었습니다. 그들은 '여자와 어린이가 먼저'라는 전통을 지켰습니다. 이것이 영화 '타이타닉'이 주는 감동입니다.

05 영화 '타이타닉'의 감동을 일상생활에 적용할 때, 그 사례로 보기 어려운 것은?

① 일손이 바쁜 어머니의 심부름을 간다.
② 화재가 났을 때 노약자를 먼저 대피시킨다.
③ 주변에서 난치병을 앓는 어린이를 찾아 돕는다.
④ 할머니께서 무거운 짐을 들고 가시면 가서 들어 드린다.
⑤ 버스에서 아기를 업은 아주머니를 보았을 때 자리를 양보한다.

정답 ①

해설 '버큰헤드 전통'은 영국해군의 버큰헤드호에서 유래된 말이다. 버큰헤드호가 좌초될 위기에 처했을 때, 배의 선원들이 여자와 어린이를 먼저 구하였다고 해서 '여자와 어린이가 먼저'라는 전통이 세워졌다. 이후에 이 전통은 수많은 인명을 살려내는 관행이 되었다. 1912년 타이타닉호 침몰 사건에서도 이 전통은 지켜졌다고 한다. 하지만 일손이 바쁜 어머니를 대신해 심부름을 간다는 것은 '버큰헤드 전통'과 거리가 멀다.

06 라디오 프로그램에서 '기상 예보관'과 나눈 대담을 들려 드립니다. 잘 듣고 물음에 답하십시오.

진행자 : 지난여름엔 장마가 끝난 뒤에 국지성 호우라고 불리는 집중 호우가 내려 전국적으로 피해가 막심했었습니다. 그래서 오늘은 기상청의 예보관 한 분을 모시고 국지성 호우에 대해 자세히 알아보겠습니다. 안녕하세요?
예보관 : 예, 안녕하십니까?

진행자 : 그런데 이렇게 뵈니까 정말 미남이시네요. 키도 크시고 젊으신데 결혼은 하셨나요?
예보관 : (당황한 듯) 아, 네…….
진행자 : 죄송합니다. 그럼 질문을 해볼까요? 먼저 국지성 호우란 무엇을 말하는 건가요?
예보관 : 한마디로 특정 지역에만 많은 비가 내리는 현상을 말합니다. 장마는 지역적으로 넓게 나타나는 데 비해 국지성 호우는 특정한 좁은 지역에 비가 내린다는 점에서 차이가 있죠.
진행자 : 아, 특정한 지역이라서 '국지성[국찌썽]'이라는 말을 쓰는군요. 저는 '국지성[국지성]'이라고 해서 누구 이름인지 알았어요. 제 초등학교 때 남자 친구가 '김지성'이거든요. 그리고 축구 선수 '박지성'도 있잖아요. (웃음) 죄송합니다. 계속할까요? 그럼, 국지성 호우가 일어나는 원인은 무엇이죠?
예보관 : 예, 남쪽으로부터 유입되는 열대 기단과 북쪽으로부터 유입되는 한대 기단이 접촉하여 비를 머금은 구름대가 형성되는데, 이 구름이 바람을 타고 이동하다가 산악 지대를 만나서 그 지역에만 집중적으로 비를 뿌리게 됩니다.
진행자 : 어머, 그럼 산이 가까운 지역은 매우 위험하겠군요. 역시 사람은 평평한 땅을 찾기 마련인가 봐요. 산 쪽에 사는 여러분[여러분~] 평야로 내려오세요. (웃음)
예보관 : 그건 그렇지가 않습니다. 우리나라는 산이 매우 많은 지형이라서 호남평야 등 극히 일부 지역을 제외하곤 사실상 이 국지성 호우의 공격으로부터 벗어나기 힘들죠. 그런데 이 비가 특히 문제가 되는 것은 현재의 우리 기상청 장비로는 예보가 어렵고, 그래서 종종 큰 피해를 입게 되고 심지어는 사회 문제를 일으키기까지 한다는 점입니다.
진행자 : 그렇군요. 잘 알겠습니다. 그럼 우리는 평소에 각자 잘 대비를 해야겠군요.
예보관 : 글쎄요. 제가 사회 문제를 야기한다고 한 것은 국지성 호우는 그만큼 개인적인 대처가 어렵다는 뜻입니다. 국지성 호우에 대비하자면 하천의 준설과 개보수, 양수 체제의 정비, 효율적인 예보 체제 등이 이루어져야 하는데, 이런 것들을 개인적으로 준비하거나 대비할 수는 없겠죠. 결국 국지성 호우에 제대로 대비하기 위해서는 정부나, 적어도 지방자치단체 차원에서 대비책을 마련해야 한다는 겁니다.

06 '예보관'이 강조한 '국지성 호우'의 대비책과 거리가 먼 것은?

① 기상청 예산을 늘려 기상 장비를 더욱 첨단화한다.
② 건설 공사 시 홍수에 대비한 시설 설치를 의무화한다.
③ 가정마다 홍수에 대비한 기구나 약품 등을 비치한다.
④ 기상재해 시에도 활용하도록 민방위 체제를 정비한다.
⑤ 지방자치단체 간의 재해 방지 체제를 유기적으로 연결시킨다.

정답 ③

해설 예보관은 국지성 호우에 대해 개인적인 대처보다는 사회적 대처가 필요하다는 입장이었다. 특히 정부나 지방자치단체 차원의 대비책이 필요하다고 말하고 있다. 따라서 ③과 같은 개인적 대처 방식은 예보관이 강조한 대처 방식으로 볼 수 없다.

□7 다음은 우리 고전에 나오는 이야기로 한 스승과 그의 제자가 주고받은 대화 내용입니다. 잘 듣고 물음에 답하십시오.

> 제 자 : 오랜만에 문안 인사 올립니다. 오늘도 책을 보고 계시는군요. 스승님께서 종일 책을 손에서 놓지 않는 것은 무엇 때문입니까?
>
> 스 승 : 허허, 어서 오게나. 자, 차 한 잔 하지. 내가 책을 보는 이유는 글쎄…… 이렇게 설명하면 될까? 농부는 쟁기와 보습을 손에서 놓지 않고, 어부는 그물을 손에서 놓지 않으며, 상인은 시장을 한눈에 두루 볼 수 있는 곳에서 떠나지 않는 법이니, 이것이 자연의 도리라네.
>
> 제 자 : 무릇 농부와 어부, 상인은 단지 하나의 일만을 하고 있기에 그 일을 잊어버리면 먹고 살 대책이 없습니다. 이 때문에 그 도구를 놓지 않는 것입니다. 스승님께서는 재주가 온전하고 덕이 높아 존경을 받고 있습니다. 게다가 관직이 이미 높았으니, 책은 한 번 쓰면 버리고 마는 그런 하찮은 물건과도 같지 않겠습니까?
>
> 스 승 : 지혜로운 자는 책을 통하여 더욱 지혜로워지고, 현명한 자는 책을 통하여 더욱 밝아지는 법이라네. 임금께서는 이 때문에 나를 무능하다고 여기지 않으시고 나에게 백성을 다스리는 많은 권한을 주셨다. 내가 온 힘을 다해 임금으로부터 부여받은 임무를 완수하고, 덕을 실천함에 이러한 서적이 아니라면 아무 것도 할 수 없다네.
>
> 제 자 : 그것을 말씀드리는 것이 아닙니다. 스승님의 연세가 아주 많으신데도 한시도 책을 놓지 않으시니 그것이 걱정스러워 올리는 말씀입니다.
>
> 스 승 : 공자가 말하지 않았는가? '아침에 도를 들으면 저녁에 죽어도 좋다.' 라고 말일세. 서적 속에 절로 즐거움이 있는 것이지. 그렇게 책을 읽으며 평생 근심을 잊고 살다 죽는 것이 바로 나의 뜻이라네.

□7 독서에 대한 스승의 생각이 가장 잘 나타난 것은?

① 책은 빨리 읽는 것보다 많이 읽는 것이 좋다.
② 어떤 책을 즐겁게 읽으려면 그 책의 내용을 대강 알고 있어야 한다.
③ 독서를 하는 데 시간이 없다고 하는 사람은 시간이 있어도 독서를 하지 않는다.
④ 아무리 어려운 글이라도 일백 번 되풀이하여 읽으면 그 참뜻을 스스로 깨쳐 알게 된다.
⑤ 천하를 준다 해도 독서의 즐거움과는 바꿀 수 없는 것이니 독서는 평생을 두고 할 만한 좋은 일이다.

정답 ⑤

해설 독서에 대한 스승과 제자의 대화로 스승이 평생 동안 책을 읽는 이유가 무엇인지 대화를 통해 제시되고 있다. 대화의 마지막 부분에서 공자의 말을 인용하여 서적 속에 즐거움이 있다고 하고, 평생 책을 읽으며 근심 없이 살고 싶다고 했으므로 스승의 생각이 가장 잘 반영된 것은 ⑤이다.

오답풀이 ①은 책은 빨리 읽는 것보다 많이 읽어야 함을, ②는 책을 즐겁게 읽기 위해서는 책의 내용을 대강 알고 있어야 함을, ③은 독서 시간이 부족하다고 독서를 하지 않는 것을 경계하고 있다. ④는 뜻을 헤아리기 위해 여러 번 되풀이해 읽을 것을 나타내고 있기 때문에 스승의 생각과 거리가 멀다.

□8 이번에는 교양 강의의 일부를 들려 드립니다. 잘 듣고 물음에 답하십시오.

> 생물학자들은 21세기 말까지 전 세계 생물종들의 절반이 멸종되거나 멸종의 위기에 처할 것이라고 비관적으로 전망합니다. 많은 학자들의 견해에 따르면, 멸종은 생물학적 다양성이 복구되는 속도보다 훨씬 더 빠르게 진행된다고 합니다. 이런 견해를 제대로 평가하려면 우선 얼마나 많은 생물종들이 있는지, 또 그들이 어디에 사는지를 알아야 할 것입니다. 그런 후에야 우리는 비로소 생물학적 다양성의 소멸이라는 문제가 얼마나 심각한지 가늠해 볼 수 있지 않겠습니까? 그러나 불행하게도 생태학자들은 생물종이 몇 종이나 되고 얼마나 많은 종이 위험에 처해 있는지 정확하게 알지 못합니다. 이 점은 언어학자들도 마찬가지입니다.
>
> 생물학적 다양성의 상당 부분이 아직 목록도 작성되지 못한 상태라고 합니다. 겨우 140만 종의 생물체만이 기록되고 이름이 붙여졌을 뿐입니다. 다양성이 가장 풍부한 열대 지역이 특히 그러합니다. 동식물 분류에 대해 연구하는 학자들의 4%만이 열대 지역을 연구하고 있습니다. 언어학자들도 마찬가지로 많은 사람들이 사용하는 친숙한 언어들만을 집중적으로 연구하는 경향을 보이는데, 그런 언어의 대부분이 인도유럽어족에 속합니다.
>
> 생물학적 다양성이 풍부한 지역들은 언어의 종류도 풍부합니다. 언어의 다양성과 마찬가지로 생물학적 다양성도 환경의 복잡성 정도가 높은 열대 지역에 집중되어 있고, 극지방으로 올라갈수록 적어집니다. 온대 지역에 사는 사람들이 뉴기니 같은 곳을 여행하면 열대 지역 생물들이 고위도 지역에 비해 더 다양하다는 것을 알 수 있습니다. 환경의 복잡성 정도와 생물학적 다양성 및 언어의 다양성의 관계를 그래프로 그려보면 다음과 같습니다.

08 이 강의에서 강사가 그릴 그래프로 가장 적절한 것은?

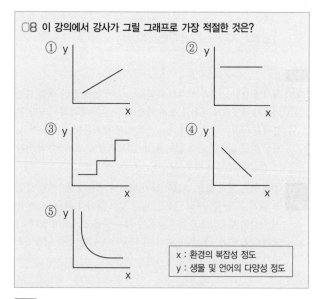

x : 환경의 복잡성 정도
y : 생물 및 언어의 다양성 정도

정답 ①

해설 강의 내용에 따르면 언어 다양성과 생물 다양성은 환경의 복잡성 정도가 높은 열대 지역에 집중되어 있고, 극지방으로 올라갈수록 적어진다고 했다. 그러므로 언어 및 생물 다양성은 환경의 복잡성 정도와 비례 관계에 있음을 알 수 있다. 열대 지역은 환경의 복잡성 정도가 높고, 극지방은 낮으므로 그래프 모양은 ①과 같다.

09~10 이번에는 전문가들과의 좌담을 들려 드립니다. 잘 듣고 두 물음에 답하십시오.

사회자 : 최근 영어 공용어 문제에 대한 논란이 계속되고 있습니다. 오늘은 박사님 두 분을 모시고 영어 공용어 문제에 대해 말씀을 들어 보겠습니다. 먼저 김 박사님께서 말씀해 주시겠습니까?

김 박사 : 세계화, 국제화 시대를 맞아 국가 간의 교류가 빈번해지면서 영어는 더욱 위력을 발휘하고 있습니다. 따라서 정치, 경제, 문화, 관광 면에서 두각을 나타내려면 영어에 능통해야 합니다. 이를 위한 가장 좋은 방법은 영어를 공용어로 정하는 것입니다. 국어와 함께 쉽게 영어를 배우게 되므로 매우 효과적입니다.

사회자 : 노 박사님께서는 어떻게 생각하십니까?

노 박사 : 세계화 시대에 영어가 중요하다는 점에 대해서는 저도 공감합니다. 하지만 영어를 공용어로 정하면 시간이 흐를수록 모국어인 국어는 급속하게 위축되어 쇠퇴할 것입니다. 국어가 쇠퇴하면 민족의식이 약화될 것은 불을 보듯 뻔하지 않겠습니까?

사회자 : 김 박사님, 영어를 공용어로 정하면 어릴 때부터 매우

효과적으로 영어를 습득할 수 있겠지만 잃는 것도 있지 않겠습니까?

김 박사 : 영어를 공용어로 정한다고 해서 크게 우려할 것은 없습니다. 싱가포르, 홍콩 등 영어를 공용어로 하고 있는 나라나 지역을 보면 경제적으로도 윤택하고 관광객도 매우 많습니다. 그러면서도 자기 전통은 잘 이어가고 있습니다.

노 박사 : 저는 김 박사님의 말씀에 동의할 수 없습니다. 언어에는 민족의 사고와 전통이 담겨 있습니다. 언어는 특유의 체계를 지니고 있으므로 모국어로 말하게 되면 그 민족은 동일한 전통을 이어받게 됩니다. 그러므로 어릴 때부터 모국어를 제대로 익히지 못한 상태에서 영어를 습득하게 되면 민족의 주체성을 잃게 됩니다. 영어를 공용어로 정하기보다는 모국어를 완벽하게 습득한 후에 배우게 하는 것이 바람직할 것입니다.

사회자 : 노 박사님, 날이 갈수록 영어 사용이 늘어날 텐데 영어를 공용어로 정하지 않는다면 필요한 인적 자원은 어떻게 충당할 수 있을까요?

노 박사 : 당연히 영어에 능숙한 사람이 많이 필요합니다. 이는 영어를 공용어로 정하지 않아도 필요에 따라 많은 사람들이 영어를 배워 해결할 수 있습니다. 현재 영어 공용어 국가를 보면, 싱가포르, 홍콩뿐만 아니라 인도, 필리핀 등 모두가 영국이나 미국의 식민지였고, 다언어 국가라는 공통점이 있습니다. 어쩔 수 없는 상태에서 택한 교육책인 것입니다. 영어에 능통한 인력을 영어 공용어 정책으로 양성하려고 한 나라는 없습니다. 일본은 영어 공용어 정책을 쓰지 않고서도 세계적인 경제 대국이 되어 있지 않습니까?

사회자 : 영어 공용어 문제에 대해 청취자의 의견을 잠시 듣고 좌담을 계속 진행하겠습니다.

09 이 좌담에서 '김 박사'와 '노 박사'가 공통적으로 인정하고 있는 것은?

① 영어를 공용어로 정하는 것이 세계적 추세이다.
② 세계화 시대를 맞아 영어의 중요성이 커지고 있다.
③ 영어를 사용하지 않으면 선진국으로 진입하기 힘들다.
④ 국가 경쟁력을 기르기 위해서는 영어 학습을 강화해야 한다.
⑤ 영어를 공용어로 정하지 않으면 세계화 시대에 살아남기 어렵다.

정답 ②

해설 김 박사는 세계화, 국제화 시대를 맞아 국가 간의 교류가 빈번해지면서 영어가 위력을 발휘하고 있음을 강조하고, 노 박사 역시 세계화 시대에 영어가 중요하다는 점에 대해서 공감한다고 말한다. 따라서 두 사람 모두 세계화 시대를 맞아 영어가 중요하다는 점에 대해서는 같은 생각을 가지고 있음을 알 수 있다.

10 이 좌담의 사회자에 대한 평가로 가장 적절한 것은?

① 논점을 정확하게 알지 못해 답변 유도에 실패했다.
② 중립적인 입장에서 좌담을 원만하게 진행하고 있다.
③ 다양한 사례를 제시하면서 청취자의 이해를 돕고 있다.
④ 개인적인 친분 관계에 얽매여 편파적인 태도를 보였다.
⑤ 자신이 생각하고 있는 결론을 이끌어 내려 하고 있다.

정답 ②

해설 좌담회에서 사회자는 '영어 공용어 문제'에 대해 찬성하는 입장을 지닌 김 박사와 이에 반대하는 입장의 노 박사에게 골고루 의견을 제시하도록 기회를 주면서 객관적이고 중립적인 입장에서 좌담을 원만하게 진행하고 있다.

11 어느 학자의 실험에 관한 이야기를 들려 드립니다. 잘 듣고 물음에 답하십시오.

어느 학자가 학생들에게 곧은 막대기를 보여주고 그 막대기의 길이를 마음속으로 예측하도록 했습니다. 그런 다음 학생들을 3개의 집단으로 나누고, 첫 번째 집단의 학생들에게는 그들이 예측한 막대기의 길이를 종이에 적은 다음 자신의 이름을 서명하여 제출하게 했습니다. 막대기의 길이에 대한 그들의 예측을 공식화하기 위해서였습니다. 두 번째 집단의 학생들에게는 막대기의 길이를 칠판에 쓴 후 남이 보기 전에 지워버리게 했습니다. 그들의 예측은 비록 자기 자신에게는 공식화되었지만 남에게는 알려지지 않은 것이었습니다. 마지막 세 번째 집단의 학생들에게는 그저 마음속으로만 막대기의 길이를 예측하게 했습니다.

그런 다음 심리학자는 자신들의 예측이 잘못되었다는 사실을 알고 난 후에도 그 답을 가장 완고하게 지키려는 집단이 어느 집단인가를 알아보았습니다. 물론 실험 결과는 매우 분명하게 드러났습니다. 막대기의 길이를 마음속으로만 예측해 보았던 학생들은 자신의 답이 틀렸다는 사실을 알았을 때 주저하지 않고 생각을 수정하였습니다. 그러나 막대기의 길이를 칠판에 적어 보았던 학생들은 자신들의 예측이 잘못되었다는 사실을 알려주어도 자신의 답을 수정하기를 꺼렸습니다. 물론 자신의 답을 끝까지 고수한 학생들은 예측치를 종이에 적어 서명하여 제출한 집단이었습니다.

이 실험을 통해서 볼 때 사람들은 자신의 결정이 공식화되면, 그 결정을 매우 충실하게 지키려 한다는 사실을 알 수 있습니다.

11 실험의 결과를 응용한 사례로 적절한 것은?

① 식당에서는 서비스에 대해 고객이 불만을 제기하면 음식의 값을 환불해 준다.
② 항공사에서는 예약 부도율을 낮추기 위해 예약 불이행 시 수수료를 부과한다.
③ 비만치료센터에서는 고객이 친구나 애인에게 감량 목표치를 직접 알리게 한다.
④ 금연 학교에서는 다양한 프로그램 중에서 담당 의사가 적합한 방법을 선택해 준다.
⑤ 상품 광고에서는 제품 자체의 품질보다는 이미지를 부각시켜 소비자의 관심을 끌게 한다.

정답 ③

해설 실험의 결과는 자신의 결정을 공식화한 집단이 그 결정을 가장 충실하게 지키려 한다는 것이다. 자신의 감량치를 주변 인물들에게 스스로 알린다는 것은 곧 자신의 결정을 공식화하는 것이다.

12 이제부터 안내원의 설명을 듣게 됩니다. 잘 듣고 물음에 답하십시오.

여러분, 안녕하세요. 이것은 장수풍뎅이 표본입니다. 머리에 큰 뿔을 가지고 있어 마치 곤충 세계의 코뿔소처럼 보입니다. 당당한 모습이죠. 온몸에 갑옷을 두르고 기다란 뿔이 달려 있는 투구를 쓴 모양새가 옛날 싸움터에 나서는 장수를 꼭 빼닮았습니다. 이런 생김새 때문에 장수풍뎅이라는 이름이 붙은 것 같네요. 장수풍뎅이는 풍뎅이의 한 종으로 투구벌레라고도 합니다. 몸의 길이는 30~50mm로, 우리나라에 사는 풍뎅이 무리 가운데 가장 크고 힘이 세다고 합니다. 몸 전체가 단단한 외골격으로 둘러싸여 있으며, 매우 굵고 뚱뚱하며, 전체적으로 밤 껍질 같은 색깔을 띱니다. 수컷은 보통 광택이 나지만 암컷은 수컷보다 검으며 광택이 없습니다. 암컷은 이마에 3개의 짧고 뾰족한 돌기가 있습니다. 암컷은 뿔이 없는 데 비해 수컷의 뿔은 이마에서 크게 뻗어 나와 유난히 돋보입니다. 그 길이는 몸길이의 절반 정도이며 끝이 가지처럼 네 갈래로 갈라져서 사슴뿔처럼 보입니다. 딱정벌레목에 속하는 곤충이지요. 곤충은 보통 몸을 세 부분, 즉 머리, 가슴, 배로 구분합니다. 마찬가지로 장수풍뎅이도 크게 세 부분으로 구분할 수 있습니다. 그리고 세 쌍의 다리를 가지고 있는데, 위에서부터 앞다리, 가운뎃다리, 뒷다리로 부릅니다.

12 곤충 박물관에서 안내원의 설명을 듣고 메모한 내용이다. 잘못된 것은?

① 장수풍뎅이의 몸 전체는 단단하다.
② 장수풍뎅이의 명칭은 울음소리에서 연유했다.
③ 장수풍뎅이는 머리, 가슴, 배로 구분할 수 있다.
④ 장수풍뎅이는 우리나라에 사는 풍뎅이 중 가장 크다.
⑤ 장수풍뎅이의 수컷과 암컷은 모두 광택이 있는 것이 아니다.

정답 ②

해설 장수풍뎅이의 명칭은 생김새에서 연유한 것으로 보고 있다. 즉 장수풍뎅이는 온몸에 갑옷을 두르고 기다란 뿔이 달려 있어 투구를 쓴 것처럼 보여 투구벌레라고도 한다.

13 다음은 민요에 관한 강좌 내용을 들려 드립니다. 잘 듣고 물음에 답하십시오.

안녕하세요? 여러분은 혹시 민요가 '노인들이 부르는 옛날 노래'라고 생각지는 않습니까? 네, 표정을 보니 그렇게 생각하는 분도 있는 것 같군요. 그래서 오늘 이 시간에는 우리가 잘 알고 있는 것 같지만, 사실은 잘 모르고 있는 '민요'에 대해 알아보려고 합니다.

민요는 예로부터 구전되어 내려오는 소박한 노래로 민족의 애환과 정서를 담고 있어요. 지역에 따라서 다양한 지역 정서를 담은 노래들이 전래되고 있는데요. 우리나라에서뿐만 아니라 외국에서도 그 민족 특유의 정서를 담은 민요들이 전해져 내려오고 있습니다.

여기서 발생 지역이 다른 두 곡의 민요를 살펴보도록 하죠. 먼저 아프리카 민요의 가사를 들어보세요.

하이에나가 덤벼들거랑 사자를 보여 주고
사자가 덤벼들거랑 사냥꾼을 보여 주고
사냥꾼이 덤벼들거랑 뱀을 보여 주고
뱀이 덤벼들거랑 막대기를 보여 주고
막대기가 덤벼들거랑 불을 보여 주고
불이 덤벼들거랑 강물을 보여 주고
강물이 덤벼들거랑 바람을 보여 주고
바람이 덤벼들거랑 신(神)을 보여 주어야지.

이번에는 우리나라 민요의 가사를 들어보세요.

여보시오 농부님네 얼럴럴 상사뒤여
상사 소리가 들리거든 얼럴럴 상사뒤여
여기다 찍고 저기다 찍고 얼럴럴 상사뒤여
네 귀퉁이를 잘 찍어야 얼럴럴 상사뒤야
벼 뿌리가 끊지 않아 얼럴럴 상사뒤야
벼 대궁이 실하게 크네 얼럴럴 상사뒤야.

어때요? 아프리카 민요에는 다양한 동물 이름이 등장하죠? 이 민요에서는 인간이 동물들을 사냥하면서 살아가야 하는 긴박한 모습을 볼 수 있습니다. 이와 달리 우리나라 민요에서는 농사를 삶의 근간으로 하여 풍년을 기원하며 살아가는 인간의 모습과 정서를 읽을 수 있습니다.

13 두 민요에 나타나 있는 공통점으로 적절한 것은?

① 민요 속에는 주술성이 담겨 있다.
② 민요가 사회의 흐름을 변화시킬 수 있다.
③ 민요의 내용은 주어진 환경과 관계가 깊다.
④ 민요 내용에 자연에 대한 경외감이 반영되었다.
⑤ 민요에는 사회를 풍자하는 내용이 나타나 있다.

정답 ③

해설 민요에는 지역에 따라 다양한 지역 정서가 담겨 있다는 말을 통해서 보면, 아프리카 민요의 가사에서는 동물의 세계에서 일어나는 약육강식의 모습과 이들이 살아가는 자연적 환경 그리고 주술적 태도 등을 알 수 있다. 우리나라의 민요 김매기 노래의 가사에서는 벼의 귀퉁이가 끊어지지 않게 김을 매야 벼 대궁이 실하게 자란다는 구절이 풍년을 기원하며 자연과 어우러져 살아가는 농경사회의 모습을 담고 있음을 알 수 있다. 즉, 두 민요의 내용은 아프리카라는 자연 환경과 우리나라 농촌의 자연 환경 등 주어진 환경과 관련된 내용을 공통적으로 담고 있음을 알 수 있다.

주 1 이제부터 이야기 한 편을 들려 드리겠습니다. 잘 듣고 물음에 답하십시오.

오늘은 선생님이 여러분에게 미국의 어떤 집배원 이야기를 할까 합니다.

미국 샌프란시스코의 어느 작은 마을에 요한이라는 집배원이 살고 있었답니다. 요한은 젊었을 때부터 50여 마일의 거리를 오가며 우편물을 배달해 왔습니다. 어느 날, 그는 모래 먼지가 뿌옇게 날리는 길을 걸으면서 '앞으로도 계속 이 삭막한 거리를 오가며 남은 인생을 보내야 하겠구나.'라고 생각했습니다. 풀 한 포기, 꽃 한 송이 피어 있지 않은 거리를 매일 왔다 갔다 해야 한다는 생각 때문에 깊은 시름에 잠기게 되었습니다.

그러나 그는 무릎을 탁 치며 혼잣말로 중얼거렸습니다.

"어차피 내가 해야 하는 일이라면, 그것이 매일 반복된다고 해서 무엇이 걱정이란 말인가? 그래, 적극적으로 내 일을 하자. 아름답지 않은 것은 아름답게 만들면 되지 않는가?"

그는 다음 날부터 주머니에 들꽃 씨앗을 넣어 가지고 다니며 50여 마일의 거리를 오가는 동안 하루도 쉬지 않고 그 꽃씨를 뿌렸습니다. 이렇게 여러 해가 지나자 그가 다니는 길 양쪽에는 철따라 노랑, 빨강, 보라의 꽃들이 피어났습니다. 해마다 봄에는 봄꽃들이, 여름에는 여름 꽃들이, 가을에는 가을꽃들이 쉬지 않고 피어났던 것입니다. 그 꽃들을 바라보면서 요한은 더 이상 자기의 인생이 삭막하다고 여기지 않게 되었습니다.

50여 마일의 거리에 이어진 울긋불긋한 꽃길에서 휘파람을 불며 우편배달을 하는 그의 뒷모습은 한 폭의 수채화같이 아름다웠습니다.

주 1 〈보기〉의 ㉠에 들어갈 내용으로 가장 적절한 것은?

보기
이 이야기를 통해 선생님은 학생들에게 (㉠)을 말하려는 거야.

정답 자신이 처한 상황을 극복하기 위해 노력하는 삶의 중요성

해설 선생님이 들려 준 이야기에서 우체부 요한은 풀 한 포기, 꽃 한 송이 피어 있지 않은 황량한 길에 꽃씨를 뿌려 사시사철 아름다운 길로 바꾸어 놓는다. 즉, 요한은 자신이 처한 상황이 만족스럽지 않지만 이를 극복하기 위해 노력한다. 이로 볼 때, 이 이야기를 통해 선생님이 아이들에게 전달하려는 것은 '자신이 처한 상황을 극복하기 위해 노력하는 삶의 중요성'이라고 할 수 있다.

주 2 이번에는 방송 뉴스를 들려 드립니다. 잘 듣고 물음에 답하십시오.

앵 커 : 눈앞의 이익에만 급급할 경우, 동남아 지역의 한류 열풍이 길어도 5년을 못 갈 것이라는 주장이 나왔습니다. 모은주 기자입니다.
기 자 : 타이완에서는 채널 두 곳에서 30편이 넘는 우리 드라마를 방영하고 있습니다. 타이완 연예인들이 일자리가 줄었다며 수입 규제를 요구할 정도로 한국 드라마의 인기는 매우 높습니다. 그러나 이와 같은 한류 열풍도 길어야 5년, 짧게는 2, 3년 안에 끝날 것이라는 분석이 나왔습니다. 한국어 번역 등에 대한 투자가 부족해 베트남에서는 우리 드라마가 베트남어로 번역도 안 된 채 방영되고 있는 형편입니다. 외국 드라마에 20%의 관세를 붙이는 등 동남아 각국이 적극적인 방어에 나서기 시작한 것도 한류의 걸림돌이 되고 있습니다.
문화관광위의원 : 현지 전문가들은 이렇게 계속 간다고 한다면 한류 열풍은 5년 이내에 끝날 것이라는 전망을 내놓고 있습니다. 한류 열기가 더 식기 전에 무슨 대책이 있어야겠다는 생각이 듭니다.

기 자 : 문화관광위원회의 현지 조사 결과 한류 열기가 이미 한 풀 꺾이고 있는 것으로 나타났습니다. 한국 드라마 한 편당 수입 가격이 해마다 껑충 뛰면서 타이완에서 한때 900시간이 넘던 방영 시간이 지난해에는 350여 시간으로 크게 줄었습니다. 구매 총액도 처음 감소세로 돌아섰습니다. 동남아 시장에 맞춘 장기적인 중지가 전략보다는 눈앞의 이익 때문에 너도나도 비싼 값에만 팔려다 보니 수입을 포기해 버린 것입니다. 동남아에서 거세게 불고 있는 한류 열풍을 계속 이어나가기 위해서는 지금부터라도 한류 스타의 적극적인 해외 홍보와 문화 마케팅 전문가 육성 등 투자와 노력이 절실히 필요하다고 전문가들은 지적하고 있습니다. 아름다운 뉴스 모은주입니다.

주 2 이 방송 뉴스의 핵심 내용을 100자 내외로 서술하시오.

정답 동남아 지역의 한류 열풍이 길어도 5년은 못 갈 것이라는 주장이 나왔다. 드라마의 한국어 번역 등에 대한 투자 부족과 한류에 대한 동남아 각국의 적극적인 방어, 눈앞에 이익에만 급급한 수출 현실이 계속될 경우 한류 열풍은 지속되기 힘들다는 것이다. 그러므로 한류 열풍의 지속을 위한 적극적인 투자와 노력이 절실히 필요하다.

해설 앵커는 동남아 지역에 불고 있는 한류 열풍이 눈앞의 이익에만 급급할 경우 5년도 못 갈 것을 우려하고 있으며, 취재 기자 역시 한류 열기가 동남아 지역에서 서서히 꺾이고 있음을 언급하면서 한류 스타의 적극적인 해외 홍보 및 문화 마케팅 전문가 육성 등 투자와 노력이 절실하다고 강조한다. 이로 볼 때, 방송 뉴스의 핵심 내용은 한류 열풍을 계속 유지하기 위한 투자와 노력의 당부이다.

14 불필요한 요소의 중복 없이 어법에 맞게 쓴 것은?

① 가까운 근방에서 만나자.
② 열심히 일해서 많은 부채를 갚자.
③ 집에 가서 다시 복습하도록 해라.
④ 남녀차별은 완전히 근절해야 한다.
⑤ 이 과목은 혼자 독학하면 절대 안 된다.

정답 ②

해설 부채(負債) : 남에게 빚을 짐. 또는 그 빚

 오답풀이
① '근방(近方)' 에 '가까운' 이라는 의미가 중복된다.
③ '복습(復習)' 에 '다시' 라는 의미가 중복된다.
④ '근절(根絶)' 에 '완전히' 라는 의미가 중복된다.
⑤ '독학(獨學)' 에 '혼자' 라는 의미가 중복된다.

15 문장이 두 가지 의미로 풀이될 가능성이 가장 적은 것은?

① 정훈이와 가인이는 결혼했다.
② 귀여운 수지의 고양이를 보았다.
③ 예쁜 그녀의 목소리를 듣고 싶다.
④ 아직도 학생들이 아무도 모이지 않았다.
⑤ 나는 아빠와 언니를 백화점에서 만날 예정이다.

정답 ④

 오답풀이
① '정훈이와 가인이가' 각각 결혼을 했다.
   정훈이가 '가인이를 상대로 하여' 결혼을 했다.
② '귀여운 수지의' 고양이를 보았다.
   '귀여운 수지의 고양이를' 보았다.
③ '예쁜 그녀의' 목소리를 듣고 싶다.
   '예쁜 그녀의 목소리를' 듣고 싶다.
⑤ '나는 아빠와' 언니를 백화점에서 만날 예정이다.
   나는 '아빠와 언니를' 백화점에서 만날 예정이다.

16 밑줄 친 부분의 소리의 길이가 나머지와 다른 것은?

① 이번 선거는 꼭 해야 한다.
② 더워서 선풍기를 하나 사야겠다.
③ 그는 출발하자마자 선두로 나섰다.
④ 한국의 선박 제조 기술은 뛰어나다.
⑤ 대학 때 선배들의 도움을 많이 받았다.

정답 ①

해설 ①은 길게, ②, ③, ④, ⑤는 짧게 발음한다.

 오답풀이
• 선거(選擧) : 가릴 선. 일정한 조직이나 집단이 대표자나 임원을 뽑는 일
• 선풍기(扇風機) : 부채 선. 회전축에 붙은 날개를 전동기로 돌려 바람을 일으키는 장치
• 선두(先頭) : 먼저 선. 대열이나 행렬, 활동 따위에서 맨 앞
• 선박(船舶) : 배 선. 물 위로 떠다니도록 만든 물건
• 선배(先輩) : 먼저 선. 자신의 출신 학교를 먼저 입학한 사람

17 다음 중 표현이 어색하지 않은 문장은?

① 그 사람은 선각자에 다름이 아니다.
② 우리 내일 오후에 회의를 갖도록 하자.
③ 나는 학생들에게 많은 관심을 기울이고 있다.
④ 불조심하는 것은 아무리 강조해도 지나치지 않다.
⑤ 직원회의에 있어 진지하게 참여하는 것이 중요하다.

정답 ③

해설 ① '~다름이 아니다' 는 일어식 표현이다.
② '~갖도록 하자' 는 영어식 표현이다.
④ '~해도 지나치지 않는다' 는 영어식 표현이다.
⑤ '~에 있어' 는 영어식 표현이다.

18 다음 중 문장 성분이 제대로 갖추어진 문장은?

① 나는 철수에게 책을 주었다.
② 그러고 보니 영희는 많이 닮았다.
③ 사람은 남을 속이기도 하고 때로 속기도 한다.
④ 공사가 언제부터 시작되고, 언제 개통될지 모른다.
⑤ 지난여름부터 하루도 거르지 않고 열심히 하고 있다.

정답 ①

해설 ②는 목적어(어머니를 / 언니를 등),
③은 부사어(남에게),
④는 주어(도로가 / 철도가 등),
⑤는 목적어(운동을 / 공부를 등)가 생략되었다.

19 다음 내용에 대한 뒷받침 문장으로 적절한 것은?

●보기●

학교별로 학교 폭력에 대한 예방 및 대책의 실태를 조사한 결과 예상보다 심각한 수준이었다. 무엇보다 학교 폭력 문제를 담당하는 전담 기구 및 보건 교사, 책임 교사가 구성되어 있지 않았다.
또한 _____

① 교육감으로 하여금 학교 폭력 실태를 의무적으로 조사하도록 하였다.
② 가해 학생이 학교장의 조치를 거부할 경우 전학 처분을 받을 수 있었다.
③ 학교 폭력에 대한 조사 결과 학생들의 인권이 보장되어야 한다는 생각이 반영되었다.
④ 학교 폭력 사태를 인지한 경우 지체 없이 전담 기구에서 사실 여부를 확인하도록 하였다.
⑤ 학교에서 가해 학생을 조치할 때 가해 정도나 보복 여부 등에 대한 마땅한 기준이 없어 경미한 조치에 그치는 경우가 많았다.

정답 ⑤

해설 〈보기〉는 학교에서 폭력을 예방하거나 대책하는 데 있어 문제점이 있음을 지적하고 있다. '또한' 앞에서 학교 폭력 문제를 담당할 전담 기구와 교사가 없다는 점을 들었으므로, 뒷받침 문장으로는 또 다른 문제점을 제시한 ⑤가 가장 적절하다.

20 '청소년의 인터넷 음란물 중독 예방'에 대한 글쓰기 계획으로 적절하지 않은 것은?

주제 : 청소년의 인터넷 음란물 중독을 예방하기 위하여 적극적으로 노력해야 한다.
예상 독자 설정 : 학부모 및 청소년 ◀------ ㉠

• 왜곡된 성(性) 의식 소유 가능성
• 성(性) 비행으로 발전 가능성
• 가상과 현실의 혼동 가능성

'자료의 활용 → 문제의 심각성 제기 → 노력 촉구'의 순서로 논지 전개

㉡ 문제 인식   ㉢ 전개 방향 결정

인터넷 음란물

해결 방안 제시   자료 조사

㉣   ㉤

• 성교육 실시
• 컴퓨터의 가족 공용화
• 음란물 차단 프로그램 개발하기

• 컴퓨터 사용 시간
• 음란물 중독 사례
• 음란물 접속 경험 유무

① ㉠   ② ㉡
③ ㉢   ④ ㉣
⑤ ㉤

정답 ④

해설 '청소년 음란물 중독 예방을 위해 적극적으로 노력하자.'라는 주제로 글을 쓸 때, 예상 독자는 학부모와 청소년이 적절하다. 또한 음란물 중독 사례 및 접속 경험 등의 자료를 조사해 보고, 왜곡된 성(性) 의식이나 기타 여러 문제점들을 인식해야 한다. 그리고 주장을 드러내기 위해 문제의 심각성과 해결 방안을 제시하는 논지 전개를 설정하여 글을 쓰는 것이 적절하다. 이러한 문제의 해결책으로 학부모와 청소년에게 공통적으로 제시할 수 있는 방안으로는 컴퓨터의 가족 공용화를 들 수 있다. 음란물 차단 프로그램을 개발하는 것은 전문가 차원의 해결책이므로 예상 독자에 맞지 않는다.

21 '진도 아리랑'의 일부분이다. 〈보기〉의 [조건]을 충족시켜 완성한 것은?

●보기●

문경 새재는 웬 고개인고 구비야 구비야 눈물이 난다.
(후렴) 아리아리랑 쓰리쓰리랑 아라리가 났네.
아리랑 응응응 아라리가 났네.(줄마다 후렴구 반복)
만나니 반가우나 이별을 어이해 이별을 허라거든 왜 만났던고
날 다려 가거라 날 다려 가거라 무정한 우리님아 날 다려 가거라.
(   )

[조건] • 내용의 통일성을 갖출 것
• 대구를 통해 리듬감을 드러낼 것

① 배 떠난 부두엔 연기만 나고 님 떠난 방 안엔 향내만 난다.
② 저기 가는 저 기럭아 말 물어 보자 우리네 갈길이 어드메뇨.
③ 높은 봉 상상봉 외로 선 소나무 외롭다 허여도 나보담은 낫네.
④ 산천초목은 달이 달달 변해도 우리들의 먹은 마음 변치를 말자.
⑤ 날 다려 갈 때는 사정도 많더니 날 다려다 놓고는 잔말도 많네.

정답 ①

오답풀이 ② 내용의 통일성과 대구의 표현 조건에 어긋난다.
③ 대구를 통한 표현 조건에 어긋난다.
④ 대조의 표현이 사용되었고 내용의 통일성에도 어긋난다.
⑤ 내용의 통일성에 어긋난다.

22 〈보기〉의 ㉠~㉤을 고치기 위한 의견으로 적절하지 않은 것은?

●보기●

고등학교 졸업 후 반 년 만에 선생님께 연락드린 후 댁으로 찾아갔다. 선생님 댁으로 가는 언덕길이 ㉠ 가파라서 힘들었지만 오랜만에 선생님을 뵙는다는 생각에 마음만은 가벼웠다. 대문 밖에 나와 기다리시던 선생님께서는 ㉡ 너무 반가워하시며 내 손을 잡아 주셨다. 앞뜰의 ㉢ 꽃에 물을 주시던 사모님께서도 반겨주셨다. 사모님께서는 반가운 제자가 왔다고 ㉣ 살찐 생선으로 끓인 먹음직한 찌개로 저녁상을 차려 주셨다. 나는 대학 생활의 시작이 ㉤ 성공적이었다고 선생님께 말씀드렸다. 선생님께서는 잔잔한 미소를 지으며 내 이야기에 귀를 기울여 주셨다.

① ㉠의 기본형 '가파르다' 는 '르' 불규칙 용언이므로 '가팔라서' 로 고쳐야 해.

② ㉡에서 '너무' 는 부정적인 어감을 지니고 있으므로 '무척' 으로 바꾸는 것이 좋겠어.

③ ㉢의 대상은 움직임이 없는 것이기에 '에' 가 아니라 '에게' 로 바꾸는 것이 좋겠어.

④ ㉣의 '살찐' 은 동사이기에, 의미에 맞게 형용사인 '살진' 으로 바꾸어야겠어.

⑤ ㉤의 '-였-' 은 '-이었-' 이 준 형태인데 앞에 '-이-' 가 있으므로 '-었-' 으로 수정하는 것이 좋겠어.

[정답] ③

[해설] • '에' : 대상의 움직임이 없는 것(무정 명사)
• '에게' : 대상의 움직임이 있는 것(유정 명사)

① '가파르다' 는 '르 불규칙 용언' 이기에 '가파르다, 가파르고, 가파르며, 가팔라서' 로 활용을 한다. '가파라서' 는 '으' 가 탈락한 것으로 잘못 파악한 경우이다.

④ '살찌다' 는 동사이며, '살지다' 는 형용사이다. ㉣에서는 생선이 살이 올라 먹음직스럽다는 의미로 쓰였기에 '살진' 이 적절하다.

23 '학교 폭력 예방' 에 대한 글을 쓰기 위해 개요를 작성해 보았다. 개요 수정을 위한 생각으로 적절하지 않은 것은?

●보기●

○ 제 목 : 학교 폭력 빠른 시일 안에 근절해야
○ 주제문 : 학교 폭력의 예방과 대책은 무엇인가? ❶

Ⅰ. 서론 : 최근의 학교 폭력 양상과 문제 제기

Ⅱ. 본론
  1. 학교 폭력의 실태
    (1) 신체적 폭력
    (2) 정서적 폭력 ❷
  2. 학교 폭력의 원인
    (1) 가정환경 요인 : 기본 인성에 대한 가정 교육 미흡
    (2) 학교 요인 : 입시 위주의 교육 풍토
    (3) 사회 요인 : 선정적이고 폭력적인 문화
  3. 학교 폭력의 예방 및 대책 ❸
    (1) 가정 : 자녀와의 대화를 통한 교육
    (2) 학교 : 미술관, 공연장과 같은 청소년 문화공간 확충 ❹
    (3) 사회 : 유해 환경 대폭 정비 ❺

Ⅲ. 결론 : 가정, 학교, 사회가 협력하여 학교 폭력을 예방해야 한다.

① 주제를 분명히 드러내기 위해 주제문을 수정한다.
  – 학교 폭력의 원인을 파악하고 예방 대책을 마련한다.

② 폭력 실태 항목을 추가한다.
  – (3) 집단 따돌림을 당하는 학생들의 특징

③ 본론 2와 3에 항목을 추가하여, 논지를 보강한다.
  – 2. (4) 개인 요인 : 이기적인 태도
  – 3. (4) 개인 : 공동체 의식 함양

④ 세부 내용을 수정한다.
  – '올바른 심성을 기르기 위한 인성 교육 강화' 로 대체

⑤ 논지를 구체화한다.
  – 음란 · 폭력 영상물 유통 근절
  – 청소년의 유해업소 출입 금지

[정답] ②

[해설] '집단 따돌림을 당하는 학생들의 특징' 은 신체적 폭력, 정서적 폭력과 같은 분류 기준과 대등한 항목이 아니다.

주3 다음 〈보기〉의 관계를 고려하여 이와 같은 관계의 단어를 나열하시오.

●보기●

흰색 – 회색 – 검은색

[정답] 뜨겁다 – 미지근하다 – 차다

해설 '흰색'과 '검은색'은 서로 반의 관계이면서 '회색'이라는 중간 개념이 있다. 따라서 '뜨겁다'와 '차다'의 중간 개념인 '미지근하다'를 사용한 단어가 적절하다.

주4 밑줄 친 '지천이다'와 바꾸어 쓸 수 있는 말을 쓰시오.

● 보기 ●
봄이 한창이라 들에는 꽃들이 <u>지천이다</u>.

정답 숱하다, 허다하다, 매우 많다, 수두룩하다
해설 '지천'은 매우 많고 흔하다는 뜻이다.

주5 '우리 사회의 문제점'에 대해 글을 쓰고자 한다. 그림 B가 갖는 의미를 고려하여 A의 문제를 해결할 수 있는 방안을 한 문장으로쓰시오.

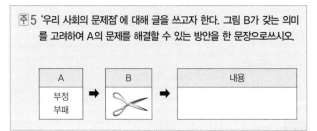

| A
부정
부패 | → | B
 | → | 내용 |

정답 비리의 온상이 되는 잘못된 관행이나 부정적 요소를 과감히 제거한다.
해설 가위는 물건을 자르고 제거하는 도구이므로 부정부패의 요소를 제거한다는 방안을 적는 것이 옳다.

주6 〈보기〉의 표준 발음법 규정을 참고하여 제시된 단어의 발음을 쓰시오.

● 보기 ●
제10항 겹받침 'ㄳ', 'ㄵ', 'ㄼ', 'ㄽ', 'ㄾ', 'ㅄ'은 어말 또는 자음 앞에서 각각 [ㄱ, ㄴ, ㄹ, ㅂ]으로 발음한다. 다만, '밟-'은 자음 앞에서 [밥]으로 발음하고, '넓-'은 '넓-죽하다'와 '넓-둥글다'의 경우에 [넙]으로 발음한다.
제11항 겹받침 'ㄺ', 'ㄻ', 'ㄿ'은 어말 또는 자음 앞에서 각각 [ㄱ, ㅁ, ㅂ]으로 발음한다. 다만, 용언의 어간 말음 'ㄺ'은 'ㄱ' 앞에서 [ㄹ]로 발음한다.

① 넓다 [   ]   ② 묽고 [   ]
③ 맑다 [   ]   ④ 읊고 [   ]

정답 ① 넓다 [널따]   ② 묽고 [물꼬]
③ 맑다 [막따]   ④ 읊고 [읍꼬]
해설 제11항 겹받침 'ㄺ', 'ㄻ', 'ㄿ'은 어말 또는 자음 앞에서 각각 [ㄱ, ㅁ, ㅂ]으로 발음한다. 다만, 용언의 어간 말음 'ㄺ'은 'ㄱ' 앞에서 [ㄹ]로 발음한다.

주7 십자말풀이를 참조해 아래의 (   )에 맞는 단어를 쓰시오.

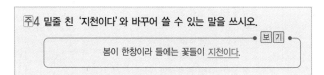

	1.		차	2.	
3.				4. 지		5.
기						
6.		7.			8. 사	
		9. 씨				

[가로 열쇠]
1. 개가 먹는 음식인 똥이라는 뜻으로, 언행이 몹시 더러운 사람을 속되게 이르는 말
3. 여러 사람이 모여서 의견을 주고받으며 비평함
4. 지구 표면의 상태를 일정한 비율로 줄여, 이를 약속된 기호로 평면에 나타낸 그림
6. 주책없이 능청맞고 수선스럽게 변덕을 부리는 짓
8. 석가모니와 성자의 유골. 후세에는 화장한 뒤에 나오는 구슬 모양의 것만 이름
9. 동물의 씨를 거두어 마련하는 일

[세로 열쇠]
1. 노름이나 내기 따위에서 남이 가지게 된 몫에서 조금 얻어 가지는 공것
2. 장식으로 손가락에 끼는 고리
3. 맨손이나 단도, 검, 창, 봉(棒) 따위를 써서 하는 호신술
5. 다 익지 못한 채로 저절로 떨어진 풋열매를 이르는 순우리말
7. 온도 단위의 하나. 얼음이 녹는점을 0℃, 물이 끓는점을 100℃로 하여 그 사이를 100등분한 단위. (   )온도, 화씨온도
8. 한곳에서 다른 곳까지, 또는 한 물체에서 다른 물체까지의 거리나 공간

1. 가로 ( )	3. 가로 ( )
5. 세로 ( )	6. 가로 ( )

정답 1. 가로 : 개차반   3. 가로 : 합평
5. 세로 : 도사리   6. 가로 : 도섭

해설
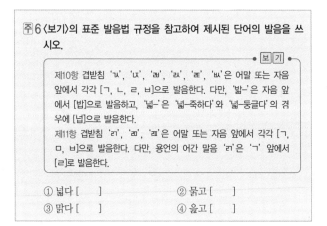

	개	차	반	
합	평		지	도
기				사
도	섭		사	리
	씨	받	이	

주8 〈보기〉에서 주어진 진술을 비유와 예시를 사용하여 적절하게 구체화하여 한 문장으로 쓰시오.

━━━━━ 보기 ━━━━━

사랑은 구원이다.

정답 테레사 수녀는 촛불처럼 자신을 태워 소외된 자들의 빛이 되는 사랑을 실천했다.

해설 테레사 수녀의 예를 사용하고, 자기희생적인 구원의 행위를 촛불에 비유하여 구체적으로 표현할 수 있다.

주9 〈보기〉의 ㉠~㉡에 들어갈 바른 말을 순서대로 쓰시오.

━━━━━ 보기 ━━━━━

• 축제가 (㉠)인 교정을 (㉡) 동안 거닐었다.
• 어머니가 아이를 의자에 (㉢), 밥솥에 쌀을 (㉣).
• 젓갈을 (㉤) 항아리에 (㉥) 오래 보관하면 좋다.

정답 ㉠ 한창, ㉡ 한참
　　 ㉢ 앉히고, ㉣ 안쳤다
　　 ㉤ 담가, ㉥ 담아

해설 • 한창 : 어떤 일이 왕성한 때, 아주 무르익은 때
　　 • 한참 : 시간이 상당히 지나는 동안
　　 • 앉히다 : '앉다'의 사동사로 '앉게 하다'의 뜻
　　 • 안치다 : 떡, 구이 등 음식을 만들기 위해 재료를 솥이나 냄비 따위에 넣고 음식이 되게 하다.
　　 • 담그다 : 김치, 술, 장, 젓갈 따위를 만드는 재료를 버무리거나 물을 부어서, 익거나 삭도록 그릇에 넣어 두다.
　　 • 담다 : 어떤 물건을 그릇 따위에 넣다.

주10 '인터넷 미디어 교육의 활성화 방안'에 대한 글을 쓰기 위해 개요를 작성하였다. ( )에 들어갈 내용을 작성하시오.

━━━━━ 보기 ━━━━━

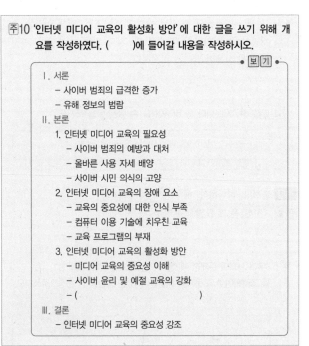

　Ⅰ. 서론
　　 – 사이버 범죄의 급격한 증가
　　 – 유해 정보의 범람
　Ⅱ. 본론
　　 1. 인터넷 미디어 교육의 필요성
　　　 – 사이버 범죄의 예방과 대처
　　　 – 올바른 사용 자세 배양
　　　 – 사이버 시민 의식의 고양
　　 2. 인터넷 미디어 교육의 장애 요소
　　　 – 교육의 중요성에 대한 인식 부족
　　　 – 컴퓨터 이용 기술에 치우친 교육
　　　 – 교육 프로그램의 부재
　　 3. 인터넷 미디어 교육의 활성화 방안
　　　 – 미디어 교육의 중요성 이해
　　　 – 사이버 윤리 및 예절 교육의 강화
　　　 – (　　　　　　　　　)
　Ⅲ. 결론
　　 – 인터넷 미디어 교육의 중요성 강조

정답 다양한 교육 프로그램의 개발

해설 글의 완결성을 고려하여 '다양한 교육 프로그램의 개발'이라는 내용을 추가한다.

제 **5** 회

정답 및 해설

1교시 제5회 정답 및 해설

● 제5회 1교시 정답

01	02	03	04	05	06	07	08	09	10	11	12
③	②	②	③	⑤	④	④	④	④	①	④	③

13	14	15	16	17	18	19	20	21	22	23	24
③	④	④	⑤	③	⑤	②	③	①	⑤	②	③

25	26	27	28	29	30	31	32	33	34	35	36
④	②	⑤	②	②	④	④	⑤	②	⑤	①	④

37	38	39	40	41	42	43	44	45	46	47	48
④	③	①	⑤	④	⑤	④	④	⑤	⑤	⑤	②

49	50	51	52	53	54	55	56	57			
①	①	③	⑤	②	④	④	⑤	①			

01 밑줄 친 부분의 의미가 나머지 넷과 다른 것은?

① 풋내기
② 뜨내기
③ 산골내기
④ 신출내기
⑤ 여간내기

정답 ③

해설 ③의 '-내기'는 '그 지역에서 태어나고 자라서 그 지역 특성을 지니고 있는 사람'의 뜻을 더하는 접미사'이고 ①, ②, ④, ⑤의 '-내기'는 '그런 특성을 지닌 사람'의 뜻을 더하는 접미사'이다.

02 다음 중 '요체(要諦) – 핵심(核心)'의 관계와 유사한 것은?

① 자전거(自轉車) – 바퀴
② 접경(接境) - 경계(境界)
③ 팽창(膨脹) – 수축(收縮)
④ 식물(植物) – 동물(動物)
⑤ 자연 과학(自然科學) – 생물학(生物學)

정답 ②

해설 요체 – 핵심 : 유의 관계

오답풀이 ① 전체와 부분(요소) 관계 ③ 반의 관계
④ 동위 관계 ⑤ 상하 관계

03 〈보기〉의 뜻풀이와 예문의 ( )에 가장 알맞은 단어는?

〈보기〉
[뜻풀이] 액체나 기체 따위가 밖으로 새어 나옴. 또는 그렇게 함
[예문] 방사능 ( ) 사고가 일어났다.

① 노출 ② 누출 ③ 방출
④ 분출 ⑤ 송출

정답 ②

해설 방사능 누출(漏出) 사고가 일어났다.

오답풀이 ① 노출(露出) : 겉으로 드러나거나 드러냄
③ 방출(放出) : 비축하여 놓은 것을 내놓음
④ 분출(噴出) : 액체나 기체 상태의 물질이 솟구쳐서 뿜어져 나옴
⑤ 송출(送出) : 사람을 해외로 내보냄

04 다음 중 밑줄 친 단어를 고친 결과가 적절하지 않은 것은?

① ○○전자는 최근 전 세계 휴대 전화 부분(部分)에서 시장 점유율 1위를 차지하였다. → 부문(部門)
② 그는 국왕이 명실상부하게 정치를 주도하는 체계(體系)를 구축하고자 노력하였다. → 체제(體制)
③ 진정한 공동체를 향한 새롭고 진지한 모색(摸索)을 바로 지금부터 시작해야 합니다. → 탐색(探索)
④ 환경오염은 당면한 현실 문제라고 그가 지적한 것에 대해서는 나 역시 동감(同感)이 갔다. → 공감(共感)
⑤ 전쟁으로 인한 비극의 현장을 전 세계에 고소(告訴)하려는 기자들의 노력은 사실 대단했다. → 고발(告發)

정답 ③

해설 모색(摸索)은 일이나 사건 따위를 해결할 수 있는 방법이나 실마리를 찾는 것을 의미하므로 적절하게 사용되었다.

05 〈보기〉의 ㉠~㉢에 들어갈 단어를 바르게 연결한 것은?

●보기●

- 현재 국제 정세에 큰 (㉠)이 일어나고 있다.
- 이번 전시회에서는 의복의 (㉡)을 한눈에 볼 수 있다.
- 그 물건은 심하게 (㉢)을 겪어서 원래 형태를 찾아볼 수 없다.

	㉠	㉡	㉢
①	변동	변형	변천
②	변천	변동	변형
③	변형	변동	변천
④	변천	변형	변동
⑤	변동	변천	변형

정답 ⑤

해설 ㉠ 변동 : 바뀌어 달라짐

㉡ 변천 : 세월의 흐름에 따라 바뀌고 변함

㉢ 변형 : 모양이나 형태가 달라지거나 달라지게 함

06 다음 중 밑줄 친 '길'의 문맥적 의미로 적절한 것은?

●보기●

이런 문화 전파 현상은 한 사회 집단으로 하여금 문화 발전의 단계를 뛰어넘게도 하고, 때로는 큰 오류를 범하게 하여 결국은 멸망의 길로 접어들게도 한다.

① 그녀는 표현할 길이 없는 감동을 느꼈다.

② 그는 숲 속에서 길을 잃고 한참을 헤맸다.

③ 그는 학교에서 돌아오는 길에 물장난을 하였다.

④ 역사학자는 인류 문명이 발전해 온 길을 되돌아본다.

⑤ 김 선생은 올바른 스승의 길을 가겠다는 다짐을 했다.

정답 ④

해설 〈보기〉에 쓰인 '길'의 문맥적 의미는 '시간의 흐름에 따라 개인의 삶이나 사회적 · 역사적 발전 따위가 전개되는 과정'이다.

오답 풀이 ① 방법 · 수단, ② 노정(路程), ③ 도중 · 기회, ⑤ 자격이나 신분으로 주어진 도리나 의무

07 〈보기〉에서 밑줄 친 부분의 의미와 가장 유사하게 사용된 것은?

●보기●

한 밑천 잡은 친구를 보니 부러운 마음이 들었다.

① 우리는 공사 기간을 길게 잡아 손해를 많이 봤다.

② 그녀가 왜 찾아왔는지 도무지 감을 잡을 수 없었다.

③ 그는 떠나려는 손님을 잡아 하루 더 묵어가게 하였다.

④ 앞으로 이태만 더 고생하면 논 몇 마지기는 잡을 수 있을 것 같다.

⑤ 우리는 최종 입장을 찬성으로 잡고 적극적으로 상대를 설득하기로 하였다.

정답 ④

해설 〈보기〉의 '잡다'는 '돈이나 재물을 얻어 가지다.'의 뜻을 가지고 있으며 이와 같은 뜻으로 쓰인 문장은 ④이다.

오답 풀이 ①은 '어림하거나 짐작하여 헤아리다', ②는 '실마리, 요점, 단점 따위를 찾아내거나 알아내다', ③은 '사람을 떠나지 못하게 말리다', ⑤는 '계획, 의견 따위를 정하다'의 뜻으로 쓰였다.

08 〈보기〉의 밑줄 친 부분의 의미와 가장 유사한 것은?

●보기●

펌프는 처음에 물을 넣고 여러 번 <u>자아야</u> 물이 올라온다.

① 단수(斷水)　　② 급수(給水)　　③ 인수(引水)

④ 양수(揚水)　　⑤ 방수(防水)

정답 ④

해설 〈보기〉의 '자아야'의 기본형인 '잣다'는 '양수기나 펌프 따위로 낮은 데 있는 물을 빨아 올리다.'의 뜻이다. 이와 뜻이 가장 비슷한 것은 '물을 위로 퍼 올림. 또는 그 물'을 뜻하는 '양수(揚水)'이다.

오답 풀이 ① 단수(斷水) : 물길이 막히거나 물길을 차단하여 물이 흐르지 못하게 함

② 급수(給水) : 음료수 따위의 물을 대어 줌. 또는 그 물

③ 인수(引水) : 물을 끌어다 댐

⑤ 방수(防水) : 스며들거나 새거나 넘쳐흐르는 물을 막음

09 〈보기〉의 빈칸에 들어갈 속담으로 가장 적절한 것은?

●보기●

사건 전에 A후보는 가장 당선이 유력한 후보였다. 투표권이 있는 마을 어른 대부분이 무난한 B후보보다는 성실하고 밝은 A후보에게 호감을 갖고 있었다. 그저 그렇게 가만히 두었으면 될 것을, _____며 B후보의 흠을 흘리고 다니더니 결국 사달이 났다. 완벽하자고 벌인 일에 마을 사람들이 돌아섰고, 결국 선거에서는 B후보가 당선된 것이다.

① 구복이 원수라

② 자라나는 호박에 말뚝 박는다

③ 감나무 밑에 누워도 삿갓 미사리를 댄다

④ 사공이 많으면 배가 산으로 간다

⑤ 서울에 가야 과거도 본다

정답 ③

해설 감나무 밑에 누워도 삿갓 미사리를 댄다 : 감나무 밑에 누워서 절로 떨어지는 감을 얻어먹으려 하여도 그것을 받기 위하여서는 삿갓 미사리를 입에 대고 있어야 한다는 뜻으로, 의당 자기에게 올 기회나 이익이라도 그것을 놓치지 않으려는 노력이 필요함을 이르는 말

오답풀이 ① 구복이 원수 : 입으로 먹고 배를 채우는 일이 원수 같다는 뜻으로, 먹고살기 위하여 괴로운 일이나 아니꼬운 일도 참아야 한다는 말
② 자라나는 호박에 말뚝 박는다 : 한창 잘되어 가는 것을 훼방을 놓고 방해하는 심술 사나운 마음이나 행동을 비유적으로 이르는 말
④ 사공이 많으면 배가 산으로 간다 : 주관하는 사람 없이 여러 사람이 자기주장만 내세우면 일이 제대로 되기 어려움을 비유적으로 이르는 말
⑤ 서울에 가야 과거도 본다 : 서울에 가야 과거를 보든지 말든지 한다는 뜻으로, 우선 목적지에 가 봐야 어떤 일이 이루어지든지 말든지 한다는 것을 비유적으로 이르는 말

---

10 〈보기〉의 ( )에 들어갈 한자성어로 가장 적절한 것은?

> ─ 보기 ─
>
> 중국 무협 영화는 스토리가 뻔해서 앞만 보면 뒤를 줄줄 꿰뚫을 수가 있다. 짐작건대 이런 영화는 엔트로피가 '0'에 가깝다. 모든 것이 뻔하기 때문이다. 이러면 아무도 극장에 가지 않을 것이다. 사람들의 흥미를 끌려면 영화에 엔트로피를 창출해서 사건을 예측하기 어렵게 만들어야 한다. 작품을 참신하게 하려고 엔트로피를 늘리는 건 예술이 오랫동안 사용해 온 해묵은 수법이다. 물론 ( )(이)라는 말처럼 무조건 복잡하다고 좋은 작품이 되는 것은 아니다. 예측 불가능성이 지나치게 크면 그런 정보는 사람들에게 충격을 주게 된다.

① 과유불급(過猶不及) ② 설상가상(雪上加霜)
③ 점입가경(漸入佳境) ④ 금상첨화(錦上添花)
⑤ 연목구어(緣木求魚)

정답 ①

해설 과유불급 : 정도를 지나침은 미치지 못함과 같다는 뜻으로, 중용(中庸)이 중요함을 이르는 말

오답풀이 ② 설상가상 : 눈 위에 서리가 덮인다는 뜻으로, 난처한 일이나 불행한 일이 잇따라 일어남을 이르는 말
③ 점입가경 : 들어갈수록 점점 재미가 있음. 시간이 지날수록 하는 짓이나 몰골이 더욱 꼴불견임을 비유적으로 이르는 말
④ 금상첨화 : 비단 위에 꽃을 더한다는 뜻으로 좋은 일 위에 또 좋은 일이 더하여짐을 비유적으로 이르는 말

---

⑤ 연목구어 : 나무에 올라가서 물고기를 구한다는 뜻으로, 되지도 않을 일을 굳이 하려함을 이르는 말

---

11 밑줄 친 단어의 뜻풀이가 바르지 않은 것은?

① 한편에서는 복권이 사행심(射倖心)만을 조장한다고 비판한다. → 요행을 바라는 마음
② 그는 그 약의 효과에 대해 의구심(疑懼心)을 떨쳐버릴 수 없었다. → 믿지 못하고 두려워하는 마음
③ 겨울철 화재 기사는 불에 대한 경각심(警覺心)을 일깨워 주었다. → 정신을 차리고 주의 깊게 살피어 경계하는 마음
④ 그는 한 치의 사심 없이 공명심(公明心)을 가지고 공직 생활을 했다. → 공을 세워 자기의 이름을 널리 드러내려는 마음
⑤ 아이가 밤이 늦도록 들어오지 않자 어머니는 노파심(老婆心)에 안절부절못하였다. → 필요 이상으로 남의 일을 걱정하고 염려하는 마음

정답 ④

해설 문맥에 맞는 '공명심' 의 뜻은 '사사로움이나 치우침이 없이 공정하고 명백한 마음' 이다.

---

12 〈보기〉의 (가), (나)에 들어갈 관용어를 바르게 짝지은 것은?

> ─ 보기 ─
>
> • 다소 노골성을 비치는 일이 전무한 것은 아니지만, 대체로 그 초점을 때리지 않고 (가), 은근한 가운데 함축성 있는 표현을 주로 하였다.
> • 그때 (나) 오리발만 내밀던 녀석의 소행머리를 생각하니 속에서 다시 열불이 치밀어 오르는 것이었다.

	(가)	(나)
①	변죽을 울리며	딴죽을 걸며
②	변죽을 울리며	본때를 보이며
③	변죽을 울리며	시치미를 떼며
④	시치미를 떼며	본때를 보이며
⑤	시치미를 떼며	변죽을 울리며

 정답 ③

해설 (가) '초점을 때리지 않고' 라는 표현은 핵심적인 것을 피한다는 의미이므로 바로 말하지 않고 둘러서 말한다는 뜻인 '변죽을 울리며' 가 적절하다.
(나) '오리발만 내밀던' 의 구절을 생각할 때, 자기가 하고도 하지 아니한 체하거나 알고 있으면서도 모르는 체한다는 뜻인 '시치미를 떼며' 가 적절하다.

13 다음 중 나머지 것과 그 의미가 다른 말은?

① 풍전등화(風前燈火)   ② 누란지세(累卵之勢)
③ 전전반측(輾轉反側)   ④ 사면초가(四面楚歌)
⑤ 일촉즉발(一觸卽發)

정답 ③

해설 ③은 누군가에 대한 그리움을, ①, ②, ④, ⑤는 일의 형세가 위태로움을 의미한다.
① 풍전등화 : 바람 앞에 놓인 등불
② 누란지세 : 새알을 쌓아 놓은 듯한 형세
③ 전전반측 : 누워서 이리 뒤척, 저리 뒤척 잠을 이루지 못함
④ 사면초가 : 사방에서 적군 초나라의 노랫소리가 들려옴
⑤ 일촉즉발 : 조금만 닿아도 곧 폭발할 것 같은 모양

14 다음 밑줄 친 단어 중 띄어쓰기가 잘못된 것은?

① <u>못살게</u> 굴지 마라.   ② 거짓말 하면 <u>못써</u>.
③ 얼굴이 <u>못쓰게</u> 상하다.   ④ 제 명대로 <u>못살</u> 거라고 했다.
⑤ <u>못사는</u> 형편에 낭비해서는 안 된다.

정답 ④

해설 못살 → 못 살
'가난하게 살다.', '성가시고 견디기 어렵게 하다.'를 뜻할 때는 '못살다'가 한 단어이므로 붙여 쓰지만, 그 외의 경우에는 띄어 쓴다. '못쓰다'는 '얼굴이나 몸이 축나다.', '옳지 않다.'를 뜻할 때는 한 단어이므로 붙여 쓴다.

15 다음 밑줄 친 단어 중 맞춤법에 어긋난 것은?

① 끓인 물을 <u>식힌다</u>.
② 고개를 <u>반듯이</u> 늘어라.
③ 여러 선수를 <u>제치고</u> 우승했다.
④ 그렇게 큰일을 <u>치뤘으니</u> 몸살이 날 만도 하다.
⑤ 석류껍질을 찢어 <u>벌기면</u>, 보석이 주루루 쏟아지겠다.

정답 ④

해설 치뤘으니 → 치렀으니
'치르다'는 어미 '-어'가 결합할 때 어간의 모음 'ㅡ'가 탈락한다. 따라서 '치르다'에 과거의 뜻을 나타내는 어미 '-었-'을 결합하면 '치렀다'가 된다.
(관련 규정 : 한글 맞춤법 제18항)

16 밑줄 친 부분의 표기가 옳은 것은?

① 온몸이 <u>으시시</u> 떨린다.
② 물건을 <u>좀채</u> 구할 수가 없다.
③ 한 번 사용하는 데 <u>자그만치</u> 만 원이다.
④ 그는 눈에 <u>띠는</u> 외모의 소유자이다.
⑤ 감기에 <u>된통</u> 걸려 하루 종일 집에만 있었다.

정답 ⑤

해설 된통 : 아주 몹시 ≒ 되게, 되우

오답풀이 ① 으시시 → 으스스, ② 좀채 → 좀체/좀처럼
③ 자그만치 → 자그마치, ④ 띠는 → 띄는

17 밑줄 친 부분의 맞춤법이 옳은 것을 모두 고른 것은?

▶보기◀
• 많은 사람 속을 ㉠ <u>헤치고</u> 앞으로 나아갔다.
• 콩나물이 짓이겨지지 않도록 살살 ㉡ <u>무쳐라</u>.
• 인용을 하면 반드시 각주를 ㉢ <u>부쳐야</u> 한다.

① ㉠   ② ㉠, ㉡
③ ㉠, ㉢   ④ ㉡, ㉢
⑤ ㉠, ㉡, ㉢

정답 ②

해설 한글 맞춤법 제22항 '다만' 조항의 '동사 어간에 '-이-'가 붙어 이루어진 단어는 원칙적으로 구별하여 적지만 '드리다, 바치다' 등과 같이 본뜻에서 멀어진 것은 소리대로 적도록 한다. 그러므로 '붙다'의 의미가 살아 있으면 '붙이다'로 적고, 그렇지 않으면 '부치다'로 적는다.'는 규정에 따라 '붙여야'로 써야 한다.

18 밑줄 친 외래어가 바르게 표기된 것은?

① 어제 <u>후라이드 치킨(fried chicken)</u>을 먹었다.
② 그가 좋아하는 <u>케익(cake)</u>을 사서 집으로 갔다.
③ 사무실에서 입을 <u>가디건(cardigan)</u>이 필요하다.
④ 그는 같이 일한 <u>스탭(staff)</u>에게 감사의 인사를 했다.
⑤ 그녀는 식사 후에 <u>요구르트(yogurt)</u>를 즐겨 마신다.

정답 ⑤

오답풀이 ① 후라이드 치킨(×), 프라이드 치킨(○)
② 케익(×), 케이크(○), ③ 가디건(×), 카디건(○)
④ 스탭(×), 스태프(○)

19 다음 글의 내용과 일치하지 않는 것은?

컴퓨터로 작업을 하다가 전원이 꺼져 작업하던 데이터가 사라져 낭패를 본 경험이 한 번쯤은 있을 것이다. 이는 현재 컴퓨터에서 주 메모리로 D램을 사용하기 때문이다. D램은 전기장의 영향을 받으면 극성을 띠게 되는 물질을 사용하는데 극성을 띠면 1, 그렇지 않으면 0이 된다. 그런데 D램에 사용되는 물질의 극성은 지속적으로 전원을 공급해야만 유지된다. 그래서 D램은 읽거나 쓰기 작업을 하지 않아도 전력이 소모되며, 전원이 꺼지면 데이터가 모두 사라진다는 문제점을 안고 있다.

이러한 D램의 문제를 해결할 수 있는 차세대 램 메모리로 가장 주목을 받고 있는 것은 M램이다. M램은 두 장의 자성 물질 사이에 얇은 절연막을 끼워 넣어 접합한 구조로 되어 있다. 절연막은 일반적으로 전류의 흐름을 막는 것이지만 M램에서는 절연막이 매우 얇아 전류가 통과할 수 있다. 그리고 자성 물질은 자석처럼 일정한 자기장 방향을 가지는데, 아래 위 자성 물질의 자기장 방향에 따라 저항이 달라진다. 자기장 방향이 반대일 경우 저항이 커져 전류가 약해지지만 자기장 방향이 같은 경우 저항이 약해져 상대적으로 강한 전류가 흐르게 된다. M램은 이 전류의 강도 차이를 감지해 전류가 상대적으로 약할 때 0, 강할 때 1로 읽게 된다. 자성 물질은, 강한 전기 자극을 가하면 자기장 방향이 바뀌는데 이를 이용해 한쪽 자성 물질의 자기장 방향만 바꿈으로써 쓰기 작업도 할 수 있다.

자성 물질의 자기장 방향은 전기 자극을 가해주지 않는 이상 변하지 않기 때문에 M램에서는 D램에서처럼 지속적으로 전원을 공급할 필요가 없다. 그렇기 때문에 D램에 비해 훨씬 적은 양의 전력을 사용하면서도 속도가 빠르며, 전원이 꺼져도 데이터를 잃어버릴 염려가 없다. 이런 장점들로 인해 M램이 일반화되면 컴퓨터뿐만 아니라 스마트폰이나 태블릿 PC와 같은 모바일 기기들의 성능은 크게 향상될 것이다.

그러나 M램이 일반화되기 위해서는 기술적 과제들도 많다. M램은 매우 얇은 막들을 쌓은 구조이기 때문에 이러한 얇은 막들이 원하는 기능을 하도록 제어하는 것은 기존의 반도체 공정으로는 매우 어렵다. 그리고 현재 사용하고 있는 자성 물질을 고도로 집적할 경우 자성 물질의 자기장이 인접한 자성 물질에 영향을 주는 문제도 있다. 이러한 문제를 해결할 수 있는 새로운 재료의 개발과 제조 공정의 개선이 이루어진다면 세계 반도체 시장의 판도도 크게 바뀔 것으로 보인다.

① D램과 M램 모두 0 또는 1로 정보를 기록한다.
② M램은 자성 물질의 자기장이 강할수록 성능이 우수하다.
③ M램에서는 전류의 강도 차이를 감지해 데이터를 읽는다.
④ D램은 전원을 공급해주지 않으면 0의 값을 가지게 된다.
⑤ D램에서는 읽거나 쓰기 작업을 하지 않아도 전력이 소모된다.

정답 ②

해설 자성 물질의 자기장이 강할수록 성능이 우수해진다는 내용은 없다. 4문단에서 M램은 고도로 집적했을 때 인접한 자성 물질

에 영향을 주는 문제가 발생한다는 것으로 볼 때, 자기장의 강도가 우수한 성능과 연결되는 것이 아님을 알 수 있다.
③은 2문단에서, ④와 ⑤는 1문단의 설명을 통해 확인할 수 있다.

[20~21] 다음 글을 읽고 물음에 답하시오.

경제학의 세계에서 삶을 영위하는 인간은 성직자나 철학자가 상대하는 인간이나 우리가 경험적으로 아는 인간과는 크게 다른 존재다. '경제인'(經濟人, homo economicus)이라고 불리는 이 존재는 '자기의 쾌락을 극대화하는 데 삶의 초점을 맞추는 합리적인 인간'이다.

이는 '경제인'의 특징이 '합리성(合理性)'에 있다는 것을 의미한다. 합리성은 경제학의 대상을 규정짓는 가장 강력한 기준일 뿐만 아니라 경제학에서 추구하는 '올바른 선택'의 전제 조건이기도 하다. 그렇다면 '합리적 인간'이 지닌 구체적 특성들은 무엇인가?

[A] '합리적 인간'은 자기의 이익에 철저한 이기적인 인간이다. 그는 오직 두 개의 가치에만 관심을 기울이는데, 하나는 쾌락이요 다른 하나는 고통이다. '합리적 인간'은 언제나 자기의 쾌락을 추구하고 자기의 고통을 회피하려 한다. 무엇이 쾌락이고 무엇이 고통인지는 오로지 그 자신만 안다.

또 '합리적 인간'은 효율성을 추구한다. 여기서 효율성이란 최소의 비용으로 최대의 성과를 얻는 것을 의미한다. 이때, '합리적 인간'의 태도는 윤리·도덕과는 아무 상관이 없다. 오로지 자기 자신의 행복에만 관심이 있고, 주어진 조건 아래서 언제나 최소의 비용으로 최대의 성과를 얻으려 노력하는 사람, 이것이 바로 '합리적 경제인'이다. 그러므로 그의 이기적인 선택 또한 언제나 '합리적'이다.

현대의 경제학자들은 이와 같은 내용을 '효용함수(效用函數)'라는 것에 담아놓았다. 가장 단순하게는 U=f(C)로 표기하는 효용함수는 행복의 수준(U, utility)과 재화소비량(C, consumption) 사이의 관계를 수학적으로 표현한 것이다. 이를 공식대로 해석하면, 나의 재화 소비량이 증가하면 나의 행복이 증가하고 소비량이 감소하면 행복도 감소한다는 것으로, 나 아닌 다른 사람이 얼마만큼을 소비하느냐는 나의 행복에 전혀 영향을 미치지 않으며 나의 소비량 또한 다른 사람의 행복에 전혀 영향을 주지 않는다는 의미를 담고 있다. 그런데 과연 그럴까? 우리는 그렇지 않다는 것을 안다. 이는 일정한 양의 재화를 소비하는 데서 내가 얻는 만족이 다른 사람이 소비하는 재화의 양에 영향을 받는다는 것을 의미한다.

경제학 세계의 인간은 자기의 행복을 키우는 데 철두철미한, 이기적이고 고립된 존재이다. 현실에는 자신을 희생하면서까지 남을 위하는 이타적 심성을 가진 사람이 많이 있지만 '합리적 경제인'의 관점에서 보면 그의 행동은 불합리한 것이 된다. 경제학자들은 이런 사람을 '이타주의적 효용함수'를 가진 사람으로 규정한다. 그의 행동이 아무리 감동적이라 할지라도 경제학은 이 예외적인 인간을 연구 대상으로 삼을 수는 없다. 경제학의 세계에서 인간은 이기적으로 생각하고 행동한다. 경제학자들이 만들어낸 수많은 정리(定理) 또는 이론들은 바로 '이기적 인간'을 토대로 삼아 엄정한 수학적 증명 과정을 거쳐 확립된 것이다. 그러므로 경제학을 이해하기 위한 가장 기본적인 태도는 ⊙ 경제인의 개념을 정확히 받아들이고 경제인 스스로 내리는 모든 종류의 경제적 선택은 '합리적'이라고 인정하는 것이다.

20 '㉠ 경제인'의 관점에서 다음에 나타난 '나'의 행위를 해석한 것으로 적절하지 않은 것은?

━━━●보기●━━━

상다리가 휘어지게 잘 차린 밥상을 받았을 때, 마침 우리 집 문간에 며칠을 굶은 사람이 힘들게 앉아 있는 모습이 떠올랐다. 마음이 불편해서 진수성찬이 자꾸만 목에 걸렸다. 결국 나는 밥상을 대문 앞의 걸인에게 내주었다. 그로 인해 나는 물과 밥과 김치만 먹었지만 마음은 편안해졌다.

① '나'는 평균적인 인간이 아니라 이타주의적 효용함수가 큰 인물이군.
② '나'는 이기적이고 합리적인 보통 사람이라면 하지 않았을 일을 했어.
③ '나'는 자신의 소비량을 줄이고 남의 소비량을 늘림으로써 더 행복해졌군.
④ '나'의 행복은 타인의 소비량과는 상관없이 자신의 소비량에 달려 있는 거야.
⑤ '나'의 물질적 소유량이 손실되었으므로 '나'의 행동은 비합리적이라 할 수 있어.

정답 ③

해설 경제인은 이기적이고 합리적인 선택을 한다. 나의 재화 소비량이 증가하면 나의 행복도 증가하고 소비량이 감소하면 행복도 감소한다는 것이 경제인의 입장이다. 이때 다른 사람의 소비량은 나의 행복에 전혀 영향을 미치지 않는다는 것이다. 이에 ③에 제시된 상황의 '나'가 행복감을 느끼고 있는 것은 사실이지만, 경제인의 관점에서 본다면 그것은 비합리적인 행동일 뿐이다.

21 다음을 참고하여 [A]의 내용을 이해한 것으로 가장 적절한 것은?

━━━●보기●━━━

우연히 백만 원의 돈을 얻게 된 세 명의 사람이 있다. 그 돈으로 무엇을 할 것인지 고민하다가, '갑'은 그동안 읽고 싶었던 책들을 모두 사들여 마음껏 읽겠다며 콧노래를 불렀다. '을'은 '갑'이 왜 그렇게 돈을 들여가면서까지 자기 학대를 하는지 모르겠다며 친한 친구들을 불러 밤새워 맛있는 음식을 먹고 마시며 즐겁게 놀았다. '병'은 그 돈으로 여러 차례 미뤘던 값비싼 피부 마사지와 미용 관리를 받을 생각에 흥분을 감추지 못하였다.

① 사람마다 이익을 추구하기 위한 합리적 선택 기준이 다르다.
② 쾌락의 비율을 최대화하기 위해서는 고통을 감내해야 한다.
③ 물건을 구입하는 것보다는 자신에게 투자하는 것이 낫다.
④ 이익을 위해서는 철저히 이기주의적 인간이 되어야 한다.
⑤ 나 자신의 이익을 남에게 공개하는 것은 바람직하지 않다.

정답 ①

해설 〈보기〉에서 세 사람은 각기 다른 방법으로 행복을 느끼고 있다. 무엇이 쾌락이고 무엇이 고통인지는 오로지 그 자신만 안다는 본문 내용으로 볼 때, 사람마다 쾌락(이익)을 얻기 위한 합리적 선택 기준이 다르다는 것으로 이해할 수 있다.

22 다음 글을 통해 알 수 있는 내용으로 적절하지 않은 것은?

물은 상온에서 액체 상태이며, 100℃에서 끓어 기체인 수증기로 변하고, 0℃ 이하에서는 고체인 얼음으로 변한다. 만일 물이 상온 상태에서 기체이거나 또는 보다 높은 온도에서 끓어 고체 상태라면 물이 구성 성분의 대부분을 차지하는 생명체는 존재하지 않았을 것이다.

생물체가 생명을 유지하기 위해서 물에 의존하는 것은 무엇보다 물 분자 구조의 특징에서 비롯된다. 물 1분자는 1개의 산소 원자(O)와 2개의 수소 원자(H)가 공유 결합을 이루고 있는데, 2개의 수소 원자는 약 104.5℃의 각도로 산소와 결합한다. 이 때 산소 원자와 수소 원자는 전자를 1개씩 내어서 전자쌍을 만들고 이를 공유한다. 하지만 전자쌍은 전자친화도가 더 큰 산소 원자 쪽에 가깝게 위치하여 산소 원자는 약한 음전하(−)를, 수소는 약한 양전하(+)를 띠게 되어 물 분자는 극성을 가지게 된다. 따라서 극성을 띤 물 분자들끼리는 서로 다른 물 분자의 수소와 산소 사이에 전기적 인력이 작용하는 결합이 형성된다.

물 분자가 극성을 가지고 있어서 물은 여러 가지 물질을 잘 녹이는 특성을 가진다. 그래서 우리 몸에서 용매 역할을 하며, 각종 물질을 운반하는 기능을 담당한다. 물은 혈액을 구성하고 있어 영양소, 산소, 호르몬, 노폐물 등을 운반하며, 대사 반응, 에너지 전달 과정의 매질 역할을 하고 있다. 또한 전기적 인력으로 결합된 구조는 물이 비열이 큰 성질을 갖게 한다. 비열은 물질 1g의 온도 1℃를 높일 때 필요한 열량을 말하는데, 물질의 고유한 특성이다. 체액은 대부분 물로 구성되어 있어서 상당한 추위에도 어느 정도까지는 체온이 내려가는 것을 막아 준다. 특히 우리 몸의 여러 생리 작용은 효소 단백질에 의해 일어나는데, 단백질은 온도 변화에 민감하므로 체온을 유지하는 것은 매우 중요하다.

① 물 분자는 극성을 띠어 전기적 인력을 가진다.
② 물의 분자 구조는 혈액의 역할에 영향을 미친다.
③ 물은 물질의 전달 과정에서 매질의 역할을 한다.
④ 물 분자를 이루는 산소와 수소는 전자를 공유한다.
⑤ 물의 비열 변화는 단백질의 기능에 영향을 미친다.

정답 ⑤

해설 3문단에서 물의 비열은 변하는 것이 아니라 고유한 특성이라고 했다.

[23~25] 다음 글을 읽고 물음에 답하시오.

역사학에 관한 크로체의 유명한 언명(言明) 중 하나는 '모든 역사는 현대사'라는 말이다. 역사학자 E. H. 카는 '역사란 역사가와 사실 사이의 상호 작용의 부단한 과정이며 과거와 현재 사이의 끊임없는 대화이다.'라고 정의한 바 있다. 그런데 이 말은 역사의 ⓐ 객관성(客觀性)에 대해 끊임없이 문제를 제기하는 한 요인이 되기도 한다. '역사는 객관적인가'라는 질문은 '역사는 과연 공정한가'라는 의문을 담고 있다. '역사는 승자의 기록'이라는 말은 바로 역사의 ⓑ 공정성(公正性)에 대한 의심에서 생겨난 말이기 때문이다.

역사가 승자의 기록이 될 수 있는 한 예가 사도세자의 경우이다. 일반인들이 지닌 사도세자에 대한 인식은 그 부인 혜경궁 홍씨가 쓴 '한중록'에 의해 생기게 되었다. 수많은 역사 소설이나 텔레비전 드라마, 영화 등이 이 책을 기본 텍스트로 삼고 있다. 그러나 '한중록'이 사도세자의 죽음을 애도하기 위해서 쓴 책이 아니라는 사실을 간파하지 못했기 때문에 모두 '한중록'의 트릭에 걸리고 말았다. '한중록'의 주제는 간단하다. 사도세자의 죽음은 정신병자인 사도세자와 정신병자에 가까운 그 부친 영조 사이의 충돌의 결과 한 정신병자가 죽었다는 것인데, 여기서 중요한 한 세력이 빠져 있다. 그것은 바로 혜경궁 홍씨의 친정아버지 홍봉한이 이끌었던 노론이라는 세력이다.

'한중록'의 주장이 거짓이라는 사실은 사도세자의 아들인 정조가 즉위하자마자 사도세자를 죽인 주범이 홍봉한이라는 상소가 빗발쳤고 결국 홍씨의 친정은 쑥대밭이 되었던 사실에서도 알 수 있다. 이는 혜경궁 홍씨가 '한중록'을 쓴 이유를 짐작하게 해 준다. 그녀는 자신의 친정이 사도세자의 죽음과 관련이 없다는 사실을 자신의 손자인 순조에게 전하기 위해 '한중록'을 쓴 것이다. 사도세자가 죽고 정조까지 죽어버린 상황에서 가장 오래 살아남았던 혜경궁 홍씨의 '한중록'은 승자의 기록이 되어 오늘날까지 살아남아 있다.

그러나 역사의 진실은 때로는 몇 백 년, 어느 경우는 몇 천 년 이후에 드러난다. 물론 '사실은 그렇지 않을 것이다.'라는 막연한 상상력만으로 진실이 드러나지는 않는다. '역사가와 사실 사이의 부단한 상호 작용'을 하기 위해서는 사료가 반드시 필요하다. 이를 위해서 영조실록, 정조실록은 물론 당시의 세자를 직접 모셨던 세자궁 관원의 수기 등 여러 사료를 참고해 새로운 역사적 해석을 할 수도 있는 것이다.

역사가 항상 승자의 기록인 것만은 아니다. 때로 역사는 현실에서는 패배했으나 추구하는 방향이 옳았던 세력의 손을 들어주기 때문에 '직필(直筆)'이란 평가를 받는다. 그러나 그것은 쉬운 일이 아니다. 현실의 권력에 맞서야 하기 때문이다. 조선 중기의 ㉠ 사화(士禍)를 때로는 '사화(史禍)'라고도 부르는데, 그 이유는 사관들이 많은 피해를 입었기 때문이다. 사관 김일손과 권경유가 연산 4년 무오사화 때 사형을 당한 것은 역사의 객관성을 지키는 일이 얼마나 어려운 일인가를 잘 보여준다. 이들은 수양대군이 단종의 왕위를 빼앗고 끝내 목숨까지 빼앗은 사실을 후대에 전하려다가 사형을 당한 것이다.

이처럼 어떤 역사 기록은 객관적일 수도 그렇지 않을 수도 있다. 따라서 후자를 위한 최소한의 안전장치로 ⓒ 개연성이 필요하다. 역사는 상식의 체계이기 때문에 개연성의 틀 내에서 서술된다면 상당 부분은 객관적일 수 있다. 따라서 역사적 진실을 알기 위해서는 개연성에 의거한 객관적인 시선을 갖추고, 이를 통해 허위를 꿰뚫는 식견과 자료의 잘못을 판별할 수 있는 훈련이 필요하다.

---

23 〈한중록〉을 읽은 독자의 반응 중 글쓴이의 관점과 가장 가까운 것은?

① 승자의 기록이므로 그것을 중심으로 사료를 보완해야 해.
② 다른 기록을 참고하여 역사적 진실성을 검증하고 밝혀내야 해.
③ 과거와 현재를 연결함으로써 새로운 가치를 인정받은 기록이야.
④ 처음에는 바른 기록이 아니었지만 세월이 흘러 진실성이 입증되었어.
⑤ 승자의 기록이지만 대상에 대해 부정적이므로 역사 서술에서 배제해야 해.

정답 ②

해설 글쓴이의 관점은 역사가 기록되었다고 해서 절대적인 가치를 지니는 것이 아니라는 것이다. 한중록의 경우에도 객관성을 확보하려면 다른 기록을 참고하여 역사적 진실성을 검증해야 한다고 보고 있다.

---

24 ⓐ, ⓑ, ⓒ의 관계에 대한 설명으로 옳은 것은?

① ⓐ가 있어야 ⓑ와 ⓒ가 있을 수 있다.
② ⓑ가 있어야 ⓐ와 ⓒ가 있을 수 있다.
③ ⓒ가 있어야 ⓐ와 ⓑ가 있을 수 있다.
④ ⓐ와 ⓑ가 있어야 ⓒ가 있을 수 있다.
⑤ ⓐ와 ⓒ가 있어야 ⓑ가 있을 수 있다.

정답 ③

해설 첫째 문단에서 객관성과 공정성이라는 개념이 나왔고 마지막 문단에 개연성이 나왔다. 마지막 문단의 내용을 보면 객관성을 위한 최소한의 안전장치로 개연성이 필요하다고 하고, 공정성에 대한 의문과 관련하여 객관성을 이야기한다고 하였다. 이로 볼 때 객관성과 공정성의 전제로 개연성을 들고 있음을 알 수 있다.

---

25 다음의 내용을 참고할 때, ㉠에 대한 판단으로 적절하지 않은 것은?

> **보기**
>
> 사화(士禍)는 원래 가해 측인 훈신·척신 계열에서는 '난'으로 규정하였으나 피해 측인 사림 계열은 정론을 펴던 현사(賢士)들이 죄 없이 화를 당한 것이라고 하여 '사림의 화'라는 표현을 썼는데, 사림계가 정치적으로 우세해진 선조(宣祖) 초부터는 '사화(士禍)'라는 용어로 규정되기 시작하였다. 그러나 척신 정치가 일단 종식된 뒤부터는 정치적인 분쟁과 축출이 있어도 그것을 사화(士禍)라고 지칭하지 않았다.

① 사화(士禍)와 '사화(史禍)'가 밀접하게 관련된 것임을 보여준다.
② 사화(士禍)라는 명칭도 가치 개념이 개입된 것임을 알 수 있다.
③ 사화(士禍)라는 명칭을 통해 사림의 정치적 위상을 알 수 있다.
④ 사림을 기반으로 한 선비들이 역사를 분쟁에 이용하였음을 알 수 있다.
⑤ 역사에 기록된 사화(士禍)가 당시의 정치적 상황 변화와 관련이 깊음을 알 수 있다.

 정답 ④

해설 선비들의 역사의식은 생각할 수 있지만 그것을 분쟁에 이용했다는 것은 알 수 없다.

오답풀이 ② 가치 개념이란 사림이 우세해진 가치를 포함하고 있다는 것이다.
③ 선비의 위상이 높아지면서 '난'이 '사화'가 된 것이다.
⑤ 척신 정치가 종식되면서 사화라고 지칭하지 않은 것은 정치 상황의 변화와 관련이 있다.

[26~28] 다음 글을 읽고 물음에 답하시오.

언어가 귀중한 문화유산이라는 주장에 대해서 이의를 제기할 사람은 없을 것이다. 언어는 인류의 보편적인 언어 요소에 의한 구조적 측면과, 어느 한 언어권의 오랜 생활 전통 속에서 이루어지는 정신 활동의 소산으로서의 문화적 측면, 이렇게 양면성을 가진 존재다. 사람이 언어 능력을 가졌다는 것은 사람됨의 한 징표이며, 언어마다 다른 어휘 체계와 표현 방식을 가졌다는 것이 각 언어가 해당 언어 사회의 문화와 사고방식을 반영하고 있다는 것을 뜻한다.

이러한 점에서 언어는 그 사회의 고유한 문화적 유산이라고 할 수 있다. 문자가 문화유산이라는 데 대해서는 쉽게 수긍을 하면서도 말이 문화적 유산이라는 데 대해서는 아무도 주의를 기울이지 않는다. 새로운 문물제도가 생겨나면 그에 따라서 그것을 표현하는 말도 생겨나고, 그러한 문물제도가 시간의 흐름과 함께 변하면 그것들을 표현하던 말도 변화하거나 과거의 유물이 되어 버려 더는 쓰이지 않게 되기도 한다. 그렇지만 이들은 지난날의 다양한 생활 풍습, 삶의 모습 등 과거의 문화적 양상을 넓게 그 속에 담아서 당시의 모습을 보여 준다. 이러한 의미에서 선인들이 쓰던, 또는 우리가 그들로부터 물려받아 쓰고 있는 말은 그대로 문화유산이요, 무형의 문화재라 할 수 있다. 그런 점에서 과거의 언어는 고고학적 유물과 동등한 가치를 지닌다고 할 수 있다.

그런데 오늘날 우리말이 겪고 있는 변화는 전례 없이 그 폭이 크다. 어휘 체계의 변화는 이루 지적하기 어려울 정도다. ㉠ 불과 몇 십 년 사이에 젊은이들은 개화기의 인쇄물조차 제대로 읽지 못하고 있다. 늘어만 가는 외래어의 유입, 끊임없이 만들어지는 새말로 인해 세대 간의 대화가 어려울 정도이다. 일반적으로 변화의 속도가 느린 말소리, 문법 분야의 변화도 예외가 아니다. 장단음의 구분이 없어지고, 억양이 크게 달라지고 있으며, 존대법은 과거의 모습을 찾을 수 없을 정도로 변하고 있다.

그러한 변화 중에서 오늘과 같은 표준어의 고른 보급은 광복 후 지금까지 반세기 동안의 힘든 노력의 결실로서 환영할 만한 일이다. 그러나 그에

비례하여 후대에 전수되지 않고 빠르게 사라져가기만 하는 많은 양의 방언은 그대로 방치해도 좋은가? 언어가 과연 귀중한 문화유산이고, 소중한 문화재라면 소실된 말들을 수집·보존하고, 더는 잃지 않도록 보호할 방책을 시급히 세우지 않으면 안 된다.

말이 변하는 것은 자연스러운 일이어서 막을 수도 없고 반드시 막아야 할 까닭도 없다. 다만, 급격한 언어의 변화는 언어 규범의 파괴를 가져와 혼란을 초래할 위험이 있어 완급을 조절하는 등 어느 정도의 제약을 가할 필요는 있다. 그리고 앞에서 언급한 바와 같이 과거의 언어는 우리의 옛 모습을 보여주는 역사적 유물이기 때문에 언어 변화의 궤적을 끊임없이 추적하고 그 자료들을 보존해야 할 절대적인 필요가 있다.

---

26 위 글의 내용 전개 과정을 가장 잘 정리한 것은?

① 대상의 개념 정의 → 다양한 사례 제시 → 문제 현상 비판
② 대상의 성격 규정 → 문제 상황 제시 → 대책 마련의 필요성 제시
③ 대상에 대한 가설 설정 → 문제 상황 제시 → 문제 현상의 원인 분석
④ 특수한 사례 제시 → 공통적 성격 추출 → 대상의 보편적인 성격 일반화
⑤ 대상에 대한 통념 제시 → 시간적 순서에 따른 변화과정 분석 → 대책의 필요성 제시

정답 ②

해설 둘째 문단까지 문화유산으로서 언어의 성격을 규정하고, 셋째 문단에서 근래 우리말이 겪고 있는 변화의 문제 상황을 제시하였다. 넷째 문단 이후는 소실된 말들을 수집·보존하고 더는 잃지 않도록 보호할 방책을 세워야 할 필요성을 역설하고 있다. 이를 가장 잘 정리한 것은 ②이다.

---

27 위 글의 논지를 심화·발전시키기 위해서 의문을 제기한 것으로 가장 적절한 것은?

① 문화재나 문화유산의 범위는 어디까지인가?
② 우리말을 순화하기 위한 바람직한 방향은 무엇인가?
③ 언어를 고유의 문화유산으로 보는 근거는 무엇일까?
④ 언어에 반영되는 사회상은 어떻게 유형화할 수 있을까?
⑤ 사라진 우리말을 수집·보존할 방책에는 어떤 것들이 있을까?

정답 ⑤

해설 글의 논지는 언어가 귀중한 문화유산이고 소중한 문화재이므로 우리말의 변화로 인해 소실된 말들을 수집하여 보호할 방책이 필요하다는 것이다. 따라서 논지를 심화·발전시키기 위해서는 소실된 말이나 소실 위기에 처한 말들을 수집·보존하고, 보호할 대상이나 방책에 대해 의문을 제기해 보는 것이 필요하다.

28 ㉠에 대해 글쓴이가 취할 수 있는 입장으로 가장 적절한 것은?

① 근래 우리말이 겪고 있는 변화의 폭이 커서 과거의 언어와 질적 · 양적으로 달라진 것은 큰 문제 중의 하나라고 생각합니다.

② 소중한 문화유산인 우리말 어휘가 소실되어 가는 상황에서 우리 문화가 살아 숨 쉬는 귀중한 자료를 읽기 위한 노력이 필요하지 않을까요?

③ 일상생활에서 젊은이들의 외래어 사용이 불가피한 일일지라도 그들이 귀중한 문화유산인 과거의 언어 자료를 외면하는 것을 정당화할 수는 없습니다.

④ 기성세대와의 대화가 어려워진 것은 젊은이들에게도 일부 책임이 있을 것입니다. 세대 간의 대화를 위해 외래어보다는 우리말을 사랑해야 하지 않겠습니까?

⑤ 문화는 본질적으로 변화하는 것입니다. 오늘날과 같은 급격한 문화 변동의 시기에 젊은이들이 과거의 언어 자료를 제대로 읽지 못하는 것은 어쩔 수 없는 양상입니다.

정답 ②

해설 글쓴이가 ㉠과 같이 지적한 것은 근래 우리말이 겪고 있는 변화가 전례 없이 그 폭이 크다는 점을 설명하기 위해서다. 글쓴이는 '젊은이들'에 대해 문제 삼기보다는 근래 우리말의 상황을 문제 삼고 있는 입장을 취하고 있으므로 ②가 가장 적절하다.

오답풀이 ①에서 '큰 문제 중의 하나라고 생각', ③의 '외면하는 것을', ④의 '책임이 있을 것입니다.', ⑤의 '어쩔 수 없는 양상' 등과 같은 설명은 글쓴이의 입장을 잘못 파악한 것이다.

[29~31] 다음 글을 읽고 물음에 답하시오.

현재의 인공 지능 컴퓨터는 한정된 범위의 지식 영역에서는 전문가에 견줄 만한 지적 능력을 보여 주고 있다. 그러나 상식을 이용한 추론이나 인간이 매일 겪는 문제와 상황에 대한 이해 및 감각 정보의 처리 등에서는 이렇다 할 성과를 거두지 못하고 있다.

현재 인공 지능을 연구하는 사람들은 컴퓨터 프로그램의 문제 해결 능력이 프로그램 자체의 구성 방법보다는 프로그램이 가지고 있는 지식의 양에서 비롯된다고 본다. 그들에 따르면 컴퓨터 프로그램은 정보와 지식을 많이 지닐수록 지능적인 것이 된다. 따라서 현재 인공 지능의 가장 중요한 문제는 컴퓨터가 지니고 있는 지식의 양이라고 할 수 있다. 어느 인공 지능 연구자에 따르면, 현실 세계에서 컴퓨터의 인공 지능이 제대로 작동하기 위해서는 약 10만 개 이상의 정보와 지식이 필요하다고 한다.

[A] ┌ 그러나 컴퓨터가 이 정도로 많은 정보와 지식을 보유하더라도, 이들을 빠른 시간 내에 검색할 수 있게 구성하는 일은 쉽지 않다. 반면에 인간은 엄청난 양의 정보를 기억하고 있으며, 상황 변화에 따라 기억하고 있는 방대한 양의 지식과 상식을 빠르게 검색할 수 있다. 뿐만 아니라, 다른 범주의 지식까지 끌어들여 상황을 올바르고 신속하

게 이해할 수 있는 능력을 갖고 있다. 또한 인공 지능 컴퓨터와는 달리 지식의 사용 규칙을 특별히 의식하지 않고도 많은 형태의 지식을 └ 사용할 수 있다.

따라서 인간과 비슷한 컴퓨터 시스템을 개발하는 것은 현재로서는 역부족이라고 할 수밖에 없다. 다만 인간이 행하는 몇 가지 형태의 지적 행위들을 제한된 범위에서 흉내 낼 수 있을 뿐이다. 이러한 측면에서 보았을 때, 진정한 의미에서 인간의 지능을 컴퓨터로 실현하려는 꿈은 아직 갈 길이 멀다고 할 수 있다.

하지만 과거에는 상상 속에만 있던 자동차, 비행기, 컴퓨터 등이 오늘날 그대로 실용화되어 인간의 생활을 윤택하게 하고 있고, 과학 기술의 발전으로 상상의 세계가 점차 빠르게 현실화되고 있다. 그러므로 오늘날 인공 지능에 대한 상상이 내일에는 현실로 다가올 수 있으리라고 기대해도 좋을 것이다. 상상을 현실로 바꾸기 위해서는 인공 지능 연구가 지향하는 목표를 가로막고 있는 장애 요인들을 다시 살펴보고, 현재보다 더 많은 연구자들이 인공 지능에 대한 관심과 열의를 가져야 할 것이다.

현재 인공 지능을 통해 우리가 얻고자 하는 목표에 이르기 위해서 해결해야 하는 장애물은 수없이 많다. 하지만 이들을 해결함으로써 부분적이지만 인간의 지능을 모방한 컴퓨터가 인간의 생활을 윤택하게 할 수 있도록 해야 한다. 또한 새로운 유형의 컴퓨터 개발, 인간의 감각 기관과 유사한 센서의 개발, IC 소자의 집적화 · 소형화 · 대용량화 등의 하드웨어적 한계를 극복하기 위한 노력과 인간의 지능에 대한 연구도 지속되어야 할 것이다. 소설이나 영화에서 보는 미래의 세계는 단순한 가상의 세계가 아니다. 그러한 미래는 인공 지능 컴퓨터와 같은 과학 기술의 발전에 따라 예측할 수 있는 우리의 미래인 것이다.

29 위 글의 내용과 일치하지 않는 것은?

① 인간의 지능을 컴퓨터로 실현하려는 꿈을 성취하려면 더 많은 연구가 필요하다.

② 현재 인공 지능 컴퓨터는 상황 변화에 따라 정보와 지식을 빠르게 검색할 수 있다.

③ 인공 지능 컴퓨터의 능력은 그것이 가지고 있는 정보와 지식의 양에 따라 좌우된다.

④ 인공 지능 컴퓨터의 한계를 극복하기 위해서는 인간의 지능에 대한 연구를 지속할 필요가 있다.

⑤ 인공 지능 연구의 목표는 인간의 지능을 모방한 컴퓨터를 통해 인간의 삶을 윤택하게 하는 데 있다.

정답 ②

해설 첫째 문단에서 현재 인공 지능 컴퓨터는 상식을 이용한 추론과 감각 정보의 처리 등에서 성과를 보여주지 못하고 있다고 했고, 셋째 문단에서 인공 지능 컴퓨터가 지닌 지식과 정보의 양은 많지만 이를 빠른 시간 안에 검색할 수 있게 구성하는 일은 쉽지 않다고 했다. 따라서 아직까지 인공 지능 컴퓨터는 인간처럼 상황 변화에 따라 정보와 지식을 빠르게 검색할 수 없다고 봐야 한다.

30 다음은 '인공 지능'을 소재로 한 영화 줄거리의 일부이다. 이 영화를 본 관객이 위 글을 읽고 수용하는 과정에서 보일 수 있는 반응으로 가장 적절한 것은?

> 보기
>
> 컴퓨터 프로그래머 토머스 앤더슨은 네오라는 이름으로 활동하는 해커이다. 어느 날 그는 전설적 해커인 모피어스로부터 충격적인 이야기를 듣는다. 그가 1999년으로 알고 있는 현재가 사실은 2199년이며, 인공 지능 컴퓨터 AI가 가상현실을 담은 '매트릭스'라는 프로그램을 이용하여 인간을 가축처럼 사육하면서 인간의 생체 에너지를 자신의 동력원으로 쓰고 있다는 것이다. AI에게 사육되는 인간들의 비참한 현실을 확인한 토머스는 매트릭스를 탈출하여 인류를 구원하기 위한 사이버 전사가 되기로 결심한다.

① 인공 지능 컴퓨터와 해커의 관계를 고려하지 않았군.
② 인공 지능 컴퓨터의 미래에 대한 인간의 불안감을 반영하고 있군.
③ 인공 지능 컴퓨터의 가능성에만 주목하여 그 위험성은 간과하고 있군.
④ 컴퓨터가 인간을 초월할 수 있으니 인공 지능에 대한 연구를 중단해야겠어.
⑤ 인공 지능 컴퓨터가 인간을 지배하는 것은 불가피한 일이라고 전제하고 있어.

정답 ③

해설 '매트릭스'라는 영화는 인공 지능 컴퓨터의 미래를 매우 부정적으로 그린다. 하지만 이 글은 인공 지능 컴퓨터의 가능성에만 주목하여 인공 지능 컴퓨터가 인간의 삶을 윤택하게 할 것이라고 보고 있다. 따라서 인공 지능 컴퓨터의 부정적 측면을 간과한 점을 지적할 수 있다.

31 [A]와 같은 방식으로 전개하기에 가장 적절한 글감은?

① 평생 교육의 개념과 실제
② 도시 교통난의 원인과 대책
③ 3·1 운동의 발생 및 진행 과정
④ 서양 건축과 동양 건축의 차이점
⑤ 방송 언어에서의 우리말 파괴 실태

정답 ④

해설 글쓴이는 [A] 부분에서 인공 지능 컴퓨터와 인간의 지능의 차이점을 대조하며 내용을 전개하였다. 이와 같이 대조의 방식으로 전개하기에 적절한 글감으로는 대상과 대상의 차이점을 살펴볼 수 있는 것이 좋다.

[32~34] 다음 글을 읽고 물음에 답하시오.

광고는 다른 대중문화 상품에 대해 리더십을 행사하고 있다. 예컨대, 광고와 드라마를 비교해 보자. 한 편의 광고와 드라마에 들어가는 인력과 돈은 비슷하다. 그러나 시청자에게 미치는 영향에 있어서 드라마는 결코 광고의 적수가 되지 못한다. 광고는 모든 자본과 인력과 테크놀로지를 15초 내지 30초의 시간에 집약시키는 반면 드라마는 30분 내지 1시간에 집약시키기 때문이다. 또 방송사나 광고대행사 모두 이익을 가능한 한 많이 올려야 한다는 자본 논리의 지배를 받지만, 그 정도에 있어선 비교할 바가 못 된다. 광고대행사의 자본 논리가 방송사의 그것에 비해 훨씬 더 치열하고 집요하다. 물론 시청자의 느낌이나 인식에 있어시 드라마는 광고와는 비교할 수 없을 정도로 유리한 입장에 놓여있긴 하다. 드라마를 일부러 보려고 하는 사람은 많지만 광고를 일부러 보려고 애쓰는 사람은 거의 없다는 뜻이다. 그러나 광고는 그 불리함을 상쇄하기에 충분할 만큼 몇 개월을 두고 끊임없이 반복해 방영된다. 반면에 드라마는 1회용이다.

드라마가 누리는 인기의 핵심은 스타 시스템이다. 그러나 스타 시스템의 철두철미함에 관한 한 드라마는 결코 광고를 넘볼 수 없다. 광고는 오로지 '스타의, 스타에 의한, 스타를 위한' 영상 이미지의 압축이라고 해도 과언이 아니다. 그리고 광고는 장르의 제약으로부터도 자유롭다. 그래서 드라마식 광고도 나오고 뉴스를 흉내 낸 광고도 나온다.

[A] 광고가 우리 시대 '문화 혁명'의 원동력으로서 사회 전반에 미치고 있는 영향력을 감안한다면 광고주나 광고대행사들이 어떤 방법과 규칙으로 경쟁을 하는가는 대단히 중요한 의미를 갖게 된다. 광고인들이 단지 돈을 벌기 위해 광고를 만든다면 광고는 말할 것도 없고 대중문화의 발전도 기대하긴 어려울 것이다. 소비자들의 의식 변화도 필요하다. 광고가 전반적인 대중문화의 방향과 내용에 미치는 엄청난 영향을 인정한다면, 광고는 '어쩔 수 없는 것'이라고 서둘러 포기하는 자세는 결코 현명치 못하다는 것을 절감할 수 있을 것이다.

광고도 수용자 운동의 대상으로 삼아야 한다. 광고의 지나친 성(性) 묘사 따위를 문제 삼는 기존의 소극적 자세에서 광고에 무언가를 요구하는 적극적 자세로 전환해야 할 것이다. 진정 '소비자가 왕'이라면 왜 '왕'이 '신하'에게 정당한 요구를 할 수 없단 말인가? 광고인들의 문화적 리더십을 인정하고 그들에게 사회적 책임과 사명을 요구하는 것은 대중문화 발전은 물론 전반적인 사회 발전을 위해서도 절대적으로 필요하다.

32 위 글에 대한 설명으로 적절한 것은?

① 광고 영향력을 분류한 후 그 차이점을 밝혀 서술하고 있다.
② 광고와 대중매체의 문제점을 제시하고 해결책을 밝히고 있다.
③ 대중문화 발전을 위한 광고와 드라마의 필요성을 강조하고 있다.
④ 광고의 중요성을 제시하고 이에 대한 관심과 이해를 호소하고 있다.
⑤ 광고와 드라마의 영향력을 비교하여 제시하고 독자의 대응책을 촉구하고 있다.

정답 ⑤

해설 오늘날 광고가 대중매체에 절대적인 영향력을 행사하고 대중문화 상품에 리더십을 행사하고 있다는 내용을 광고와 드라마를 예로 들어 비교하여 설명한다. 또한 광고의 영향력이 지대하므로 광고주와 광고대행사의 태도가 중요함을 역설하고, 소비자의 의식변화와 적극적 자세를 촉구하고 있다.

---

33 [A]의 관점에서 〈보기〉의 '친구'가 '동료'에게 할 수 있는 말로 적절한 것은?

> **보기**
>
> 광고회사에 다니는 친구에게 들은 하소연이다. 주문받은 상품의 광고 제작을 위해 나름대로 아이디어를 짜내고 새로운 것을 만들어 보려 했는데, 초안을 본 광고주는 고개를 젓더니 외국에서 가져온 비디오테이프를 내밀며 이것과 똑같이 만들어 달라고 요구하더라는 것이다. 황당해진 그를 더욱 화나게 한 것은 '이럴 수가 있느냐'며 분개하는 그에게 옆의 동료가 '우리가 예술을 하려는 것이 아니라 돈을 벌려는 것이 아니었느냐'며 위로하더라는 것이다.

① 오지랖도 넓다.
② 불난 집에 부채질한다.
③ 모로 가도 서울만 가면 된다.
④ 개같이 벌어서 정승같이 산다.
⑤ 못된 송아지 엉덩이에 뿔이 난다.

정답 ②

해설 〈보기〉는 창의력과 예술성을 갖고 광고를 대하는 친구에게 외국 광고를 표절하라는 광고주와, 그 말을 듣고 황당해 하는 친구에게 동료는 위로는 못할망정 더욱 화나게 하고 있다. 이 상황에 적절한 속담은 '불난 집에 부채질한다'이다.

오답풀이 ① 쓸데없이 지나치게 아무 일에 참견한다.
③ 수단, 방법을 가리지 않고 목적을 이룬다.
④ 비천하게 벌어서라도 떳떳이 쓴다.
⑤ 사람답지 못한 사람이 교만한 행동을 한다.

---

34 위 글에 대한 이해를 심화시키기 위해 탐구 과제를 설정한다고 할 때, 적절하지 않은 것은?

① 광고인들이 창의성을 발휘하여 광고를 제작하고 있는지 살펴봐야겠어.
② 광고가 경제 정의와 합리성에 입각해서 제작되고 있는지 알아봐야겠어.
③ 광고주들이 교육적 측면을 고려하여 광고를 의뢰하고 있는지 알아봐야겠어.
④ 광고인들에게 한국의 문화적 자존과 자립을 위해 노력하고 있는지 물어봐야겠어.
⑤ 광고인들에게 유명 연예인 위주의 광고 모델 활용 체계를 바꿀 용의가 없는지 물어봐야겠어.

정답 ⑤

해설 경제 정의와 합리성, 문화적 자존과 자립, 교육적 측면 고려 등은 경제·문화·교육적 측면을 강조했으므로 '사회적 책임'과 관련이 깊고, '창의성'은 광고에 대한 '사명감'의 태도이므로 '광고의 사회적 책임과 사명'과 관련이 깊다. 그러나 광고 모델 활용 체계는 스타 시스템에 관한 내용으로 사회적 책임 및 사명과는 관련이 없다.

[35~36] 다음 글을 읽고 물음에 답하시오.

(가) 대개의 경우 우리는 그림을 볼 때 당연히 "무엇을 그린 것인가?"라고 묻게 된다. 우리의 일상적인 언어 습관에 따르면, '그리다'라는 동사 자체가 이미 그려지는 대상을 함축하고 있기 때문이다. 이어서 우리는 그림을 현실 혹은 허구 속의 대상과 동일시한다. 아리스토텔레스는 이것만으로도 '재인식'의 기쁨을 맛볼 수 있다고 했다. 하지만 미로의 〈회화〉와 같은 작품에는 우리가 그림을 볼 때 당연히 기대하는 것, 즉 식별 가능한 대상이 빠져 있다. 도대체 무엇을 그린 것인지 아무리 찾아봐도 소용없는 일이다.

(나) '대상성의 파괴'로 지칭되는 이러한 예술 행위는 형태와 색채의 해방을 가져온다. 이제 형태와 색채는 대상을 재현할 의무에서 해방되어 자유로워진다. 대상성에서 해방되어 형태와 색채의 자유로운 배열이 이루어질수록 회화는 점점 더 음악을 닮아간다. 왜냐하면, 음악 역시 전혀 현실을 묘사하지 않는 음표들의 자유로운 배열이기 때문이다. 실제로 〈지저귀는 기계〉와 같은 클레의 작품은 음악성을 띠고 있어, 섬세한 감성을 가진 사람은 그림의 형태와 색채에서 미묘한 음조를 느낄 수 있다고 한다. 시인 릴케는 어느 편지에서 "그가 바이올린을 연주한다고 얘기하지 않더라도, 저는 여러 가지 점에서 클레의 그림들이 음악을 옮겨 적은 것임을 알 수 있었다."라고 말한 바 있다.

(다) 추상화가인 칸딘스키는 〈예술에서 정신적인 것에 대하여〉라는 그의 저서에서 "노란색, 오렌지색, 붉은색은 환희와 풍요의 관념을 일깨우고 표상한다는 사실을 누구나 알고 있다."라는 들라크루아의 견해, 회화는 이른

바 통주저음(通奏低音)을 가져야 한다는 괴테의 견해를 소개하면서 '음악과 회화는 깊은 연관성을 지닌다'고 설명한다. 칸딘스키에 따르면 회화는 그러한 상황에서 추상적 의미로 성장하여 순수한 회화적 구성에 도달하게 되는 계기를 마련하였으며, 이 구성을 위해 색채와 형태라는 두 가지 수단이 사용된다는 것이다. 칸딘스키는 특히 점, 선, 면을 회화의 세 가지 요소로 보았다. 미술가 레오나르도 다 빈치는 점, 선, 면, 체를 얘기한 바 있었다. 칸딘스키가 '체'를 제외한 사실은 그의 생각으로는 더 이상 점, 선, 면이 합하여 이루어진 형태가 구체적 대상을 재현할 필요가 없었다는 것을 시사한다.

(라) 대상을 재현하려 했던 고전적 회화는 재현 대상을 가리키는 일종의 '기호'였지만 재현을 포기한 현대 미술은 더 이상 그 무언가의 '기호'이기를 거부한다. 기호의 성격을 잃은 작품이 논리적으로 일상적 사물과 구별되지 않고, 그 자체가 하나의 아름다운 사물이 되어 버리는 경우도 존재하며, 여기서 현대 예술의 오브제화가 시작된다. ㉠ '오브제'란 예술에 일상적 사물을 그대로 끌어 들이는 것을 말한다. 예술 자체가 하나의 사물이 되어, 작품과 일상적 사물의 구별은 이제 사라지게 된 것이다.

(마) 현대 미술은 그림 밖의 어떤 사물을 지시하지 않는다. 지시하는 게 있다면 오직 자기 자신뿐이다. 여기서 의미 정보에서 미적 정보로의 전환이 시작된다. 미술 작품의 정보 구조를 둘로 나눌 수 있는데, 미술 작품의 내용이나 주제에 관련된 것이 '의미 정보'에 해당한다면 색과 형태라는 형식 요소 자체가 가진 아름다움은 '미적 정보'에 해당한다. 고전 회화에서는 의미 정보를 중시하는 데 반해, 현대 회화에서는 미적 정보를 중시한다. 현대 미술 작품을 보고 "저게 뭘 그린 거야?"라고 물으면 실례가 되는 것은 이 때문이다.

---

35 ㉠의 구체적 사례로 적절한 것은?

① 라우션버그는 '침대'라는 작품에서 침대를 그리는 대신, 실제 침대에 페인트칠을 해서 벽에 걸어놓았다.

② 드 쿠닝은 그의 작품 '회화'에서 채 마르지 않은 물감이 흘러내리도록 하여 표현성을 한층 더 강화하였다.

③ 에드워드 하퍼는 '이른 일요일 아침'이라는 작품에서 미국 중서부 어느 지방 도시의 일요일 아침 이른 시간 아무도 없는 거리의 풍경을 묘사하였다.

④ 잭슨 폴록은 커다란 화폭을 바닥에 놓고 그 주변이나 위를 걸어 다니면서 물감을 뿌리고, 던지고 튕겨 대는 방법을 사용하여 '작품 14번'을 완성하였다.

⑤ 마그리트는 그의 작품 '우아함의 상태'에서 타고 있는 담배 위에 자전거가 놓여 있는 모습을 그렸는데, 평소에는 만날 수 없는 두 사물을 붙여 놓는 표현적 효과를 거두었다.

정답 ①

해설 ㉠ 다음의 문장에 '예술 자체가 하나의 사물이 되어, 작품과 일상적 사물의 구별은 이제 사라지게 된 것이다.'라는 서술이 있는데, 이로 미루어 오브제 예술은 일상적 사물을 작품 속에 그대로 사용한 것임을 추리할 수 있다. ①에서도 '침대'라는 일상적 사물을 그대로 작품 속에 사용하고 있다.

---

36 위 글의 글쓰기 전략을 단락별로 추리해 보았다. 적절하지 않은 것은?

① (가) 일상적 경험과 화제를 결부지어 독자들의 흥미를 유발하고 싶어.

② (나) 설득력을 높이기 위해 예시와 인용의 방법을 활용하면 좋겠군.

③ (다) 특정 관점이 시사하는 바가 드러나도록 서술하고 싶어.

④ (라) 예상되는 반론을 비판함으로써 주장을 강화해야겠어.

⑤ (마) 대조적인 개념을 활용하여 화제에 대한 논의를 마무리해야겠어.

정답 ④

해설 (가)에서 우리가 그림을 감상할 때 일어날 수 있는 경험과 관련지어 화제를 제시하고 있으며, (나)에서는 실제의 작품을 예로 들고 인용의 방법을 사용하여 내용을 전개하고 있다. 그리고 (다)에서는 칸딘스키의 견해가 시사하는 바가 무엇인지에 초점을 두어 서술하고, 이를 바탕으로 (라)에서는 대상의 재현에 그치지 않는 현대 미술의 특징을 전개하면서 현대 예술의 오브제화의 시작을 말하고 있다. (마)에서는 '의미 정보'와 '미적 정보'라는 참신한 개념을 끌어들여 글을 마무리 짓는다. 따라서 (라)에서는 개념에 대한 재조명과 새로운 범위를 확정하는 방법이라고 해야 옳다.

[37~38] 다음 글을 읽고 물음에 답하시오.

1920년대 세계 대공황의 발생으로 아담 스미스 중심의 ⊙ 고전학파 경제학자들의 '보이지 않는 손'에 대한 신뢰가 무너지게 되자 경제를 보는 새로운 시각이 요구되었다. 당시 고전학파 경제학자들은 국가의 개입을 철저히 배제하고 '공급이 수요를 창출한다'는 세이의 법칙을 믿고 있었다. 그러나 이러한 믿음으로는 재고가 쌓이고 실업률이 증가하는 이 경제 침체 상황을 설명할 수 없었다.

이때 새롭게 등장한 것이 케인즈의 유효수요이론이다. '유효수요이론'이란 공급이 수요를 창출하는 것이 아니라, 유효수요, 즉 물건을 살 수 있는 확실한 구매력이 뒷받침 되는 수요가 공급 및 고용을 결정한다는 이론이다. 케인즈는 세계 대공황의 원인이 이 유효수요의 부족에 있다고 보았다. 유효수요가 부족해지면 기업은 생산량을 줄이고, 이것은 노동자의 감원으로 이어지며, 구매력을 감소시켜 경제의 악순환을 발생시킨다는 것이다.

ⓒ 케인즈는 불황을 해결하기 위해서는 가계와 기업이 소비 및 투자를 충분히 해야 한다고 주장했다. 그는 소비가 없는 생산은 공급 과다 및 실업을 일으키며 궁극적으로는 경기 침체와 공황을 가져온다고 하였다. 절약은 분명 권장되어야 할 미덕이지만 소비가 위축되어 경기 침체와 공황을 불러올 경우, 절약은 오히려 악덕이 될 수도 있다는 것이다. 또한 케인즈는 민간의 소비나 투자가 여력이 없다면 정부가 대규모 지출을 늘리는 재정 정책을 통해 유효수요를 창출하고, 적극적으로 불황을 탈출해야 한다고 주장했다.

이러한 케인즈 이론이 수용되면서 점차 안정되어 가던 경제 상황은 1970년대 스태그플레이션의 발생으로 또 한 번의 고통을 겪게 된다. 케인즈의 이론으로는 물가와 실업률이 동시에 상승하는 이 현상을 설명할 수 없었고, 정부의 개입이 효율적인 시장의 기능을 저해한다는 주장이 다시금 등장했다. 이러한 주장은 고전학파 경제학의 명맥을 유지해 오던 ⓒ 신고전학파 경제학자들에 의해 제기되었다. 이들은 정부의 역할을 일부 인정하면서도 정부의 적극적인 개입은 반대하고 시장의 자동 조절 기능의 회복을 주장하였다.

37 위 글의 내용을 가장 잘 반영한 표제와 부제는?

① 경제 발전의 주역이 된 경제학자
　　- 수요공급이론의 효과 및 의의
② 시장과 정부의 끝나지 않은 경쟁
　　- 불황을 극복하기 위한 정부의 노력
③ 불황에 대처하는 실물 경제의 특징
　　- 시민들을 위한 합리적인 소비 방법
④ 경제 상황에 따른 경제학자들의 처방
　　- 사회 변화에 따른 경제학의 변천 과정
⑤ 시대를 앞서간 경제학자들의 몰락과 부활
　　- 경제학사로 살펴보는 세계 근현대사

정답 ④

해설 이 글은 '세계 대공황'과 '스태그플레이션'이라는 특수한 경제 상황을 해결하기 위해 등장한 경제학 이론을 변천 과정에 따라 보여주고 있다.

38 ⊙~ⓒ에 대한 설명으로 가장 적절한 것은?

① ⊙과 ⓒ은 정부의 개입을 완전히 배제했다.
② ⓒ과 ⓒ은 동일한 경제 현상 때문에 등장했다.
③ ⓒ과 달리, ⓒ은 시장의 보이지 않는 조절 기능을 강조하고 있다.
④ ⓒ과 달리, ⓒ은 경기 침체의 원인을 공급에서 찾고 있다.
⑤ ⊙~ⓒ은 경제 이론들이 규칙적인 주기에 따라 순환됨을 보여준다.

정답 ③

해설 ⓒ은 정부의 적극적인 개입을 주장하고 있고, ⓒ은 시장의 자동 조절 기능의 회복을 주장하고 있다.

[39~40] 다음 글을 읽고 물음에 답하시오.

(가) 현대 도시는 공업화의 산물이다. 현대 공업 문명의 상징물로서 거대 도시는 '진보의 신화'를 구현한 것으로 여겨진다. 그러나 보드리야르는 "늑대 소년이 늑대들과 함께 생활하여 마침내 늑대가 된 것처럼, 우리들도 또한 서서히 기능적 인간이 되고 있다."라고 주장하였다. 도시의 편리한 삶은 결국 수많은 사물들의 도움을 받아 이루어지는 삶으로 기계화된 현대 사회의 일상이란 분명히 현대 도시의 일상을 가리킨다. 현대인들은 하루 24시간 동안 도시 내의 모든 곳에서 기계의 도움을 받으면서 기계와 함께 살아간다. 그 결과 현대인들은 기계의 기능에 의존할 뿐만 아니라, 그 자신도 익숙해진 기능에 의해 스스로 사회적 기계로 전락하고 만다.

(나) 풍요의 문제도 역시 가난이나 공해와 같은 또 다른 체계의 위험으로 연결된다. 이에 대해서 다시 보드리야르는 "빈곤과 공해를 없애 버릴 수 없다면, 그것은 그 원인이 사회 경제적 구조 속에 있기 때문이다."라고 주장하였다. 이런 의미에서 도시의 생활이란 기계와 함께 살아가는 것일 뿐만 아니라 빈곤과 공해를 견디며 살아가는 것이기도 하다. 물론 이 경우의 빈곤은 전통적인 의미의 경제적 빈곤에만 국한되지 않고 도시화라는 풍요의 어두운 이면으로, 근대적 의미의 빈곤을 내포하는 것이다.

(다) 도시와 관련해서 특히 두드러지는 근대적 빈곤으로는 공간의 부족을 들 수 있다. 이와 관련하여 1960년대 프랑스의 일상생활을 분석한 르페브르는 "예전에는 빵이 부족하고 공간은 무제한으로 있었지만, 지금은 빵이 풍족하고 그 대신 공간이 점점 부족해지며, 시간도 점점 부족해진다."라고 하였다. 공간의 부족은 우선 토지의 경제적 가치를 상승시키는 것으로 나타난다. 이에 따라 투기가 발생하기 시작하면 공간의 부족은 한층 더 심해진다. 이 때문에 도시의 건물은 갈수록 하늘을 향한다. 거대 도시의 마천루들은 공학의 위대한 성과이기 이전에 사적 소유의 경제학에서 비롯된 현대의 악몽이다.

(라) ⊙ 이러한 문제들에도 불구하고 근대화의 전개와 더불어 도시는 세계 전역에서 번성해 왔다. 도시화는 수많은 볼거리를 제공하고 장관(壯觀)으로서 사람들에게 다가온다. 문제는 우리 자신이 이러한 볼거리의 관찰자에 그치는 것이 아니라 다른 참여자들과 함께 무대 위에 올라 볼거리가 된다는 것이다. 우리 스스로 장관의 구성 요소가 된다는 것은 현실주의의 포로가 된다는 것을 뜻하기도 한다. 이에 대해 드보르는 장관의 사회학적 의미에 대해 "장관이라는 용어 자체에서 알 수 있듯이, 외양의 지배를 선언하며, 모든 인간적 삶, 즉 사회적 삶이 한갓 외양일 따름이라고 단언하는 것이며, 이는 삶에 대한 시각적 부정이자 삶에 대한 부정의 시각화"라고 주장한다.

(마) 도시에서는 고요를 대신하여 소음이, 어둠을 대신하여 불빛이 세상을 지배한다. 이렇게 해서 인간은 24시간 생활할 수 있게 되었지만, 그 대신에 우리가 존중해야만 하는 자연의 요청을 무시하게 되었다. 그 결과 도시에서 우리의 삶은 갈수록 '사이보그'화되어 간다. 삶의 환경이 점점 더 인공화되기 때문에, 자연의 산물로서 인간이 설 자리는 점점 더 줄어들게 되는 것이다. 따라서 우리 자신이 인공화되어야 할 필요가 커지고, 실제로 인간의 인공화가 빠르게 일상의 현실이 되어 가고 있다. 이에 비해 비도시 지역의 삶은 생태적이라고 할 수 있지만 도시의 지배력은 더욱 더 강화되어 간다. 생태화가 새로운 도시화의 방향으로서 제시되기도 하지만, 실상은 도시의 확장 혹은 확산이 더 지배적인 상황이다. 우리의 일상은 그만큼 더 위태로워지고 있다.

39 ⊙이 지시하는 내용으로 적절하지 않은 것은?

① 도시화에 따른 농촌 문제
② 공간의 부족에 따른 문제
③ 도시 공업화에 따른 문제
④ 구조적 모순에 따른 빈곤 문제
⑤ 사회적 일상의 기계화에 따른 문제

정답 ①

해설 ⊙이 의미하는 내용은 (가), (나), (다)에 제시된 공간 부족, 공해 문제, 빈곤 문제, 기계화 문제 등이다.

40 위 글에 〈보기〉의 내용을 추가하여 활용하기 위한 방안으로 가장 적절한 것은?

> ▶ 보기 ◀
> 현대의 거대 도시를 자연의 위협에 완벽히 면책된 인공 공간으로 만들려고 하는 목표는 꿈일 뿐이다. 1979년에서 1998년 사이에 파주, 문산 지역의 농지 978헥타르와 산림 667헥타르가 도시화에 따른 주택과 도로 건설 등으로 사라졌다. 이로써 해마다 950만 톤의 물을 저장하거나 흡수할 수 있는 기능이 사라져서 이 지역의 자연적인 홍수 조절 기능이 지속적으로 약화된 것으로 분석되었다.

① (가)에서 공업화의 타당성을 입증하는 자료로 쓴다.
② (나)에서 공해의 심각성을 부각시키는 자료로 제시한다.
③ (다)에서 공간 부족의 원인을 보여주는 예시 자료로 활용한다.
④ (라)에서 외양에 치우쳐 삶의 본질을 부정하는 자료로 쓴다.
⑤ (마)에서 도시화의 위험성을 뒷받침하는 근거 자료로 활용한다.

정답 ⑤

해설 〈보기〉는 산림과 농지가 도시화 때문에 파괴되고 그 결과 홍수 조절 기능이 약화됨으로써 인간에게 돌아올 자연재해를 예시한 자료이다. (마)문단에서 도시화의 위험성을 뒷받침하는 근거 자료로 활용하면 적절하므로 ⑤가 정답이다.

[41~43] 다음 글을 읽고 물음에 답하시오.

그리스 인과 로마 인들이 지어낸 수많은 신화는 그들의 사고방식과 예술 작품을 이해하는 데 역사만큼이나 중요하다. 인간이 경험할 수 있는 범위를 뛰어넘은 것도 있기는 하지만, 그들의 신화는 그리스와 로마의 사회 제도 및 구조와 매우 복잡하게 얽혀있기 때문이다.

만약 이들 신화가 없었다면 현대인들은 그리스·로마 시대 이후의 문화를 이해하기가 무척 어려웠을 것이다. 고대 상상력의 산물인 이러한 신화들은 후대의 독창적 작품에 영감을 불어넣는 데 끊임없이 이용되어 왔고, 이러한 작품들은 세계의 전체 문화유산에서 매우 중요한 부분을 차지하고 있다. 때로는 개작한 작품들과 응용 작품들이 등장인물과 작품의 진의(眞意)면에서 원전의 전통과 아주 동떨어진 것처럼 보일 때도 있지만, 그 작품들 역시 고대의 원전에 직접적으로 뿌리를 둔 것이며 원전 없이는 생각하기 힘들다.

현대에 와서 많은 국가들은 그들의 국가에 적합한 신화를 만들어내고 있는데, 이것은 예전에는 결코 상상하지도 못했던 일이다. 또한 20세기 작가들은 비극으로부터 신문의 연재만화에 이르기까지 참신하고 역동적인 작품을 창작하고 있다. 그리고 이렇게 형성된 신화와 작품의 뿌리에는 고대 신화의 원형들이 존재한다. 이처럼 끊임없는 탐구 과정을 거쳐 작품으로 변용되어 온 고대 신화들은 다원화된 세상에서 인간이 추구하는 삶의 보편적 진실들을 찾아가는 실마리가 되고 있다.

그리스·로마 신화가 전달해 주는 신비롭고 낭만적인 분위기는 인간의 삶을 한 단계 고양시켜 준다. 그 이유는 그것이 인간들에게 견디기 힘든 일상으로부터의 탈출구를 제공함으로써 새로운 힘을 주기 때문이다. 그렇다고 해서 이것이 흔히 말하는 현실도피와 같은 것은 아니다. 이것이 인간의 평범한 삶을 지배하는 실재보다 훨씬 인상적인 다른 실재로 안내해 주기 때문이다. 때로 이 신화들을 받아들이는 자세가 능동적일 경우에는 신화들은 강력하게 작용하여, 빛나는 보편적인 진실들을 만들어내고 발산시키기도 한다. 현대인들이 인식하고 있는 한 그러한 진실들이 그리스 인이나 로마 인들이 자신의 신화에서 보았던 종교적인 진실들은 물론 아니다. 그러나 그것들은 때로는 거센 힘으로 사상과 감정에 여전히 영향을 주고, 인간 삶의 여러 국면들을 조명하는 진실로서 가치가 있다.

그리스 · 로마 신화는 현실성이 부족하고 시사성(時事性)도 떨어지기 때문에 합리성에 의존한 논리적인 인식 수단으로 파악하기는 매우 어렵다. 그렇다고 이를 한 시대의 유물로 고착시키는 것은 잘못된 일이다. 왜냐하면 신화는 현재와 관련이 있는 만큼 다른 시대와도 관련이 있기 때문이다. 물론 신화가 먼 과거의 어떤 틀 안에서 다루어지고 있는 것은 사실이지만, 신화는 여전히 다른 시대에 지속적으로 강력한 영향을 미치고 있다. ㉠ 그리스 · 로마 신화는 기원이나 형태는 고대의 것이지만 그것이 인간과 맺고 있는 연관성은 현재에도 여전히 강력하다.

신화가 지니는 이미지들은 일단 인간의 지각을 자극하면, 시간의 제약을 넘어 눈에 보이지 않는 새로운 차원의 것으로 바뀐다. 우리는 그리스 · 로마 신화를 읽음으로써 그리스 인과 로마 인들이 만들어 놓은 흥미롭고 초자연적인 차원의 세계를 경험할 수 있게 된다. 이 신화의 세계는 끝이 없는 광대한 바다이며, 시간과 공간이 사라진 무차원의 광장이다.

---

41 그리스 · 로마 신화에 대한 글쓴이의 견해로 적절하지 않은 것은?

① 힘든 일상을 극복할 수 있는 힘을 준다.
② 삶의 진실을 깨닫는 실마리를 제공한다.
③ 그리스와 로마의 문화 이해에 도움을 준다.
④ 사회 현실에 대한 비판적 관점을 제시한다.
⑤ 적극적 수용자에게는 강력한 영향을 미친다.

정답 ④

해설 그리스 · 로마 신화가 사회 현상에 대한 비판적 관점을 제시한다는 내용은 없으므로 ④는 적절하지 않다.
① · ⑤ 넷째 문단에서,
② 셋째 문단에서,
③ 둘째 문단에서 확인할 수 있다.

---

42 ㉠의 구체적인 예로 적절하지 않은 것은?

① 태양계 행성에서 가장 밝게 빛나는 금성을 비너스라고 부른다.
② 남해안의 많은 지역에서는 아직도 풍어제나 기우제를 지내고 있다.
③ 사랑에 빠진 사람을 비유적으로 큐피드의 화살을 맞았다고 표현한다.
④ 헤라클레스나 아킬레스 이야기를 담은 만화나 영화가 인기를 끌고 있다.
⑤ 세계적인 스포츠 용품 제조 회사 중에는 이름을 승리의 여신에서 따온 것이 있다.

정답 ②

해설 ②의 '풍어제나 기우제를 지내는 것'은 그리스 · 로마 신화가 아닌 민속 신앙과 관련된 것이다. 어부들은 풍어제를 통해 만선과 무사귀환을 기원하는 것이며, 농민들은 기우제를 통해 하늘의 도움으로 자연 재해를 극복하려는 것이다.
① 태양계 행성에서 지구와 가까운 금성은 밤하늘에 가장 밝게 빛나는 별이다. 금성의 이러한 속성을 신화에 나오는 미의 여신 비너스와 연결 짓고 있어 적절한 예이다.
③ 큐피드는 남녀의 사랑을 맺어 주는 신으로, 사랑에 빠진 사람을 비유적으로 큐피드의 화살을 맞았다고 표현하고 있어 적절하다.
④ 신화에 나오는 영웅의 이야기를 담은 작품들이 인기가 있다는 것으로 적절하다.
⑤ 세계적인 스포츠 용품 제조 회사인 '나이키'는 신화에 나오는 승리의 여신 '나이키'에서 따온 것으로, 신화의 영향이 현재의 우리 삶과 연관된다는 점에서 적절하다.

---

43 〈보기〉를 읽은 독자가 위 글에 대해 보일 수 있는 반응으로 가장 적절한 것은?

보기

로마의 신 중에는 그리스 신화에는 등장하지 않는 '콘코르디아' 란 신이 있다. 조화, 융화, 협조란 뜻의 여신인 '콘코르디아'는 로마에서 귀족계급과 평민계급이 화해한 것을 계기로 만들어졌다. 또 '비리플라카' 란 신은 부부싸움을 관장하는 여신인데, 이 여신상 앞에서 부부가 한 사람씩 자기 주장을 말하면서 서로의 주장을 들으면 자신의 잘못을 깨닫는다고 한다. 부부싸움이라는 실생활을 주관하는 여신을 만든 로마 인의 생각이 매우 독특하다. 그리고 그리스와는 달리 로마의 신은 윤리를 주관하지는 않는다. 물론 나쁜 사람에게 신이 벌을 준다는 신화는 있지만, 말 그대로 신화에 불과하다. 로마에서 윤리는 신화보다는 강한 영향력을 가지고 있었다.

① 다른 지역의 신화와 그리스 · 로마 신화에 나타난 공통점을 언급하지 않았군.

② 문학 작품이 그리스와 로마 인의 가치관 형성에 끼친 영향을 탐색하지 않았군.

③ 사회 계층에 따라 신화의 내용에 접근하는 태도가 다르다는 것을 놓치고 있군.

④ 그리스와 로마의 문화 차이로 인해 나타난 두 신화의 차이점을 고려하지 않았군.

⑤ 그리스 · 로마 신화가 현대인에게 주는 긍정적 측면만을 지나치게 강조하고 있군.

정답 ④

해설 〈보기〉는 그리스 신화와 로마 신화가 지닌 차이점이 문화적인 차이에서 비롯되었다는 내용을 담고 있다. 그런데 본문에서는 이러한 차이점을 고려하지 않고 내용을 전개하고 있으므로 ④와 같은 반응이 가장 적절하다.

[44~45] 다음 글을 읽고 물음에 답하시오.

일본의 한 완구 회사가 개발한 '바우링걸'은 개 짖는 소리를 인간의 언어로 번역하는 기계이다. 이런 기계를 제작하려면 동물들이 어떻게 자신의 의사를 표현하는지를 알아야 하는데, 이에 관한 연구는 동물행동학에서 가장 중심이 되는 부분이다. 동물행동학 학자들은 동일한 상황에서 일관되게 반복되는 동물의 행동을 관찰한 경우, 일단 그것을 동물의 의사 표현으로 본다. 물론 그 구체적인 의미를 알아내는 것은 상황을 다양하게 변화시켜 가며 반복 관찰하고 그 결과를 분석한 후에야 가능하다. 이것이 가능하려면 먼저 동물들이 어떻게 의사를 표현하는지를 알아야 한다. 그렇다면 동물들은 어떤 방법으로 의사를 표현할까?

먼저 시각적인 방법부터 살펴보자. 남미의 열대 정글에 서식하는 베짱이는 우리나라의 베짱이와는 달리 머리에 뿔도 나 있고 다리에 무척 날카롭고 큰 가시도 있다. 그리고 포식자가 가까이 가도 피하지 않는다. 오히려 가만히 서서 자신을 노리는 포식자에게 당당히 자기의 모습을 보여준다. 이 베짱이는 그런 모습을 취함으로써 자기를 건드리지 말라는 뜻을 전하는 것이다. 또 열대의 호수에 사는 민물고기 시칠리드는 정면에서 보면 마치 귀처럼 보이는 부분이 있는데, 기분 상태에 따라 이곳에 점이 나타났다 사라졌다 하면서 색깔이 변한다. 이 부분에 점이 생기면 지금 기분이 안 좋다는 의사를 드러내는 것이다.

모습이나 색깔을 통해 의사를 표현하는 정적인 방법도 있지만 행동을 통해 자신의 의사를 표현하는 동적인 방법도 있다. 까치와 가까운 새인 유럽산 어치는 머리에 있는 깃털을 얼마나 세우느냐에 따라서 마음 상태가 다르다고 한다. 기분이 아주 좋지 않거나 공격을 하려고 할 때 머리털을 가장 높이 세운다고 한다.

소리를 이용하여 자신의 의사를 표현하는 동물들도 있다. 소리를 이용하는 대표적인 방법은 경보음을 이용하는 것이다. 북미산 얼룩다람쥐 무리에는 보초를 서는 개체들이 따로 있다. 이들은 독수리 같은 맹금류를 발견하면 날카로운 소리로 경보음을 내어 동료들의 안전을 책임진다. 그리고

갈고리모양나방 애벌레는 다른 애벌레가 자신의 구역에 침입하면 처음에는 노처럼 생긴 뒷다리로 나뭇잎을 긁어 진동음으로 경고 메시지를 보낸다. 침입자가 더 가까이 접근하면 입으로 나뭇잎을 긁어 짧고 강한 소리를 계속 만들어낸다.

냄새를 통해 자신의 의사를 전달하는 방법도 있다. 어떤 동물은 먹이가 있는 장소를 알리거나 자신의 영역에 다른 무리가 들어오는 것을 막기 위한 수단으로 냄새를 이용하기도 한다. 둥근 꼬리 여우원숭이는 다른 놈이 자신의 영역에 들어오면 꼬리를 팔에 비빈 후 흔든다. 그러면 팔에 있는 기관에서 분비된 냄새를 풍기는 물질이 꼬리에 묻어 그 침입자에게 전달된다.

동물들은 색깔이나 소리, 냄새 등을 통해 자신의 의사를 표현한다. 그러나 동물들이 한 가지 방법만으로 자신의 의사를 표현하지는 않는다. 상황에 따라 우선적으로 선택하는 것도 있지만 대부분의 경우에는 이것들을 혼용한다. 현재까지 알려진 동물의 의사표현 방법은 양적이나 질적인 면에서 인간의 언어와 비교할 수 없을 정도로 단순하고 초라하지만 동물행동학의 연구 성과가 폭넓게 쌓이면 현재 개발된 '바우링걸'보다 완벽한 번역기가 등장할 수도 있을 것이다.

44 위 글에서 '동물의 의사 표현 방법'으로 언급되지 않은 것은?

① 행동을 이용하는 방법

② 냄새를 이용하는 방법

③ 소리를 이용하는 방법

④ 보호색을 이용하는 방법

⑤ 모습이나 색깔을 이용하는 방법

정답 ④

해설 이 글에서 동물의 의사 표현 방법으로 제시한 것은 색깔이나 모습, 행동을 통한 시각적 방법과 소리를 이용하는 방법, 냄새를 이용하는 방법이다. 그중에서도 소리를 이용하는 방법은 경보음에 대해서만 언급하고 있다. 그러나 보호색과 관련한 내용은 제시되어 있지 않다.

45 위 글에 대한 독자의 반응으로 적절하지 않은 것은?

① 동물의 의사를 번역할 수 있는 기계를 언급하여 독자의 흥미를 유발하고 있군.

② 동물의 의사 표현을 어떻게 파악할 수 있는지에 대해서도 언급하여 도움이 되었어.

③ 동물들이 의사를 표현하는 방법에 대한 다양한 사례를 제시하여 이해하기가 쉽군.

④ 동물행동학에 대한 깊이 있는 연구가 축적되기를 기대하며 글을 마무리하고 있어.

⑤ 동물의 의사 표현 수단이 갖는 장단점을 대비하며 서술하여 차이점을 파악하기 쉽군.

정답 ⑤

해설 동물의 네 가지 의사 표현 수단을 구체적 사례를 들어가며 제시하고 있는 글이다. 하지만 이러한 의사 표현 방법의 장·단점을 대조하며 서술하고 있지는 않다.

[46~47] 다음 글을 읽고 물음에 답하시오.

㉠ 신화는 본래 국가라는 체제를 갖추지 않은 사회에서 발생하여 발달해 왔다. 신화에서는 신과 인간 그리고 동물 사이에 뛰어넘을 수 없는 벽은 없었다. 신과 동물은 인간처럼 행동했고, 인간의 말을 사용했으며, 그들은 서로 결혼할 수도 있었다. 즉 신화에는 세계를 구성하는 존재들 사이에 '대칭'적인 관계가 구축되어 있었다. 따라서 이러한 신화를 지닌 사회에서는 인간이 동물에 비해 일방적인 우위에 있거나, 절대적 권력 같은 것이 인간에게 강압적으로 힘을 휘두르거나 하는 일은 일어나지 않았다.

신화를 가지고 있는 대칭성 사회에서 인간은 '문화'를 가지고 살아가며 동물은 '자연' 상태 그대로 살아가는 것으로 생각되었다. '문화' 덕택에 인간은 욕망을 억누르고 절제된 행동을 하며, 사회의 합리적인 운행을 위한 규칙을 지키면서 살 수 있었다. 하지만 그렇다고 해서 '문화'가 '자연'의 우위에 있다고 생각하지 않았다. 인간은 동물이 '자연' 상태 그대로 살고 있어서, 그 덕분에 인간이 쉽게 접할 수도, 손에 넣을 수도 없는 '자연의 힘'의 비밀을 쥐고 있다고 생각했다. 즉 이 세계의 진정한 권력을 쥐고 있는 것은 오히려 동물이라 생각했던 것이다. 왜냐하면 인간은 생존을 위해서 동물과 더불어 살아야 했고, 자연에서 생존하는 그들의 삶을 배워야 했기 때문이다. 그래서 인간은 신화나 제의를 통해서 동물과의 유대 관계를 회복·유지하면서 '자연의 힘'의 비밀에 접근하고자 했다. 또한 이런 대칭성의 관계가 깨어지는 것을 경계하기 위해 신화를 이용하기도 했다.

그런데 국가가 형성되면서 대칭성의 관계가 깨지고 만다. 국가라는 체제 속에서 살게 된 인간은 자신들이 가진 '문화'를 과시하면서 동시에 원래는 동물의 소유였던 '자연의 힘'의 비밀마저도 자신의 수중에 넣으려고 했다. '자연'과 대칭적인 관계에서 가치를 지니던 '문화'는 이제 균형을 상실한 '문명'으로 변하고 말았다. 그러면서 '문명'과 '야만'을 차별적으로 인식하게 되었다. 인간은 상대가 동물이든 인간이든, 그 상대에 대해 야만스럽다고 비난하기도 하고, 그에 비해 자신들이 문명적이라며 우쭐대기도 한다. '비대칭'과 '차별'이 인류의 '문명'을 가져왔다고 여기면서, 신화로부터 탈피하는 것이 진보라는 식으로 떠들어대다가 결국 동물에 대한 인간의 지배를 자연의 섭리인 것처럼 생각하게 되었다. 이런 비대칭성 사회는 '문명'과 '야만'이라는 이분법적 사고로 차별을 정당화하며, 권력이나 부의 불균형을 가져왔다.

현대 사회가 가져온 여러 문제들에 직면한 오늘날, 신화적 사고는 이런 비대칭적 사고에서 벗어나 새로운 사고로의 인식 전환을 위한 계기를 마련해 준다. 인간과 인간, 인간과 동물이 더 이상 힘의 우위를 따지면서 경쟁 관계에 있는 것이 아니라, 서로의 존재로 인하여 더욱 조화로운 삶과 사회를 만들 수 있는 대칭적인 관계가 되어야 함을 역설하는 것이다.

---

46 위 글로 미루어 알 수 있는 내용으로 적절하지 않은 것은?

① 대칭성 사회에서 신화는 중요한 의의를 지니고 있다.
② 비대칭성 사회에서는 인간이 자연의 힘을 소유하려 했다.
③ 대칭성 사회에서 인간은 자신의 욕망을 절제할 수 있었다.
④ 비대칭성 사회에서의 진보는 동물과 구별된 삶을 전제한다.
⑤ 대칭성 사회에서 제의는 힘에 의한 경쟁을 정당화하는 역할을 했다.

정답 ⑤

해설 비대칭성 사회에서 인간은 문명과 야만을 구별하면서 문명에 의한 야만의 지배를 정당화한다. 반면 대칭성 사회에서는 신화나 제의를 통해 동물과 유대 관계를 유지하고자 한다. 그렇기 때문에 제의를 통해 힘에 의한 지배나 경쟁을 정당화할 수 없다.

---

47 위 글의 내용으로 볼 때, ㉠으로부터 추리할 수 있는 것으로 가장 적절한 것은?

① 신화는 문명 사회로의 이행을 촉진시킨다.
② 체제의 정비를 위해서 신화의 규범화가 필요하다.
③ 국가는 신화에 나타난 이상 세계를 실현한 것이다.
④ 신화를 가진 사회는 인간과 동물의 경계에 속한다.
⑤ 국가가 지향하는 것과 신화가 지향하는 것은 서로 대립된다.

정답 ⑤

해설 신화는 인간과 동물의 대칭성 관계를 유지하고, 이 관계가 깨어지는 것을 경계하기 위한 기능을 한다. 즉 신화가 지향하는 바는 인간과 동물의 조화와 대칭성을 유지하는 것이라고 볼 수 있다. 반면 국가는 비대칭성 관계를 바탕으로, 차별과 불균형을 인정하며 문명을 가진 인간의 우월성을 강조한다. 즉 국가가 지향하는 바는 경쟁을 통해 힘의 우위를 차지하는 것이라고 볼 수 있다.

[48~49] 다음 글을 읽고 물음에 답하시오.

(가) 기술은 그 내부적인 발전 경로를 이미 가지고 있으며, 따라서 어떤 특정한 기술(혹은 인공물이 출현하는 것은 '필연적'인 결과라고 생각하는 사람들이 많다. 이러한 통념을 약간 다르게 표현하자면, 기술의 발전 경로는 이전의 인공물보다 '기술적으로 보다 우수한' 인공물들이 차례차례 등장하는, 인공물들의 연쇄로 파악할 수 있다는 것이다. 그리고 기술의 발전 경로가 '단일한' 것으로 보고, 따라서 어떤 특정한 기능을 갖는 인공물을 만들어 내는 데 있어서 '유일하게 가장 좋은' 설계 방식이나 생산 방식이 있을 수 있다고 가정한다. 이와 같은 생각을 종합하면 기술의 발전은 결코 사회적인 힘이 가로막을 수 없는 것일 뿐 아니라 단일한 경로를 따르는 것이므로, 사람들이 할 수 있는 일은 이미 정해져 있는 기술의 발전 경로를 열심히 추적해 가는 것밖에 남지 않게 된다는 결론이 나온다.

그러나 다양한 사례 연구에 의하면 어떤 특정 기술이나 인공물을 만들어 낼 때, 그것이 특정한 형태가 되도록 하는 데 중요한 역할을 하는 것은 그 과정에 참여하고 있는 엔지니어, 자본가, 소비자, 은행, 정부 등의 이해관계나 가치체계임이 밝혀졌다. 이렇게 보면 기술은 사회적으로 형성된 것이며, 이미 그 속에 사회적 가치를 반영하고 있는 셈이 된다. 뿐만 아니라 복수의 기술이 서로 경쟁하여 그중 하나가 사회에서 주도권을 잡는 과정을 분석해 본 결과, 이 과정에서 중요한 역할을 하는 것은 기술적 우수성이나 사회적 유용성이 아닌, 관련된 사회집단들의 정치적·경제적 영향력인 것으로 드러났다고 한다. 결국 현재에 이르는 기술 발전의 궤적은 결코 필연적이고 단일한 것이 아니었으며, '다르게' 될 수도 있었음을 암시하고 있는 것이다.

(나) 기술의 발전이 사회에 영향을 준다는 것은 부인할 수 없는 사실일 것이다. 하지만 기술과 사회의 관계에 대한 통념은 기술이 사회에 영향을 미친다는 정도를 넘어 그것이 사회의 형태와 변화 방향을 '결정'한다는 견해로까지 나아가는 경우가 많다. 새로운 동력 기술이 자본주의를 낳았다는 주장, 새로운 정보 기술이 과거의 산업사회와는 근본적으로 다른 사회를 낳는다는 주장 등이 그 사례가 될 것이다. 실제로 우리의 일상에서는 새로운 기술의 도입으로 사회적 관계와 행동 양식이 바뀌어 나가는 경우가 많기에 이러한 주장은 상당히 그럴듯하게 들린다.

그러나 기술이 사회적인 영향력을 갖는다는 것과 기술이 사회를 결정한다는 주장은 분명히 구분되어야 한다. '기술이 사회를 결정한다'는 주장의 근저에는 기술을 스스로 진화하는 실체로 여기는 사고가 놓여 있다. 그러나 앞서 살펴보았듯이 기술은 결코 독자적으로 발전하는 실체가 아니며 '사회적인 영향력 속에서 구성되는' 존재이다. 물론 특정한 기술의 발전 궤적을 들여다보면, 그것이 사회로부터 영향을 받기보다는 사회에 거의 결정적인 영향을 주는 것처럼 여겨지는 것들도 있다. 핵 발전 기술처럼 이미 우리 사회 속에 깊숙이 자리 잡은 거대 기술시스템들은 사회 구성원들의 통제를 벗어난 자율적 실체로 보이지 않는가? 이러한 지적은 얼핏 보기에는 타당한 것 같다. 그러나 이러한 경우에도 기술이 사회로부터 벗어나 완전히 자율적인 실체가 되는 것은 아니라는 점을 강조하지 않을 수 없다. 거대 기술 시스템을 지탱하는 요소 역시 궁극적으로는 사회적인 이해관계의 총체임에 분명하기 때문이다.

---

48 위의 글이 수업을 위한 원고의 일부라고 할 때, 〈보기〉의 밑줄 친 부분에 해당하는 내용으로 가장 적절한 것은?

> **•보기•**
> 수업의 개요와 목표 – 현대 사회의 대중들에게 널리 퍼져있는 과학 기술에 대한 통념들을 비판적으로 살펴보고 인식의 전환을 유도함으로써, 이를 바탕으로 <u>실천을 위한 이론적 전제</u>를 모색한다.

① 과학 기술은 일상생활에 영향을 미친다.
② 과학 기술을 사회적으로 통제하는 것은 가능하다.
③ 과학 기술은 과학과 기술로 구분되어야 하는 개념이다.
④ 과학 기술의 발전이 항상 긍정적으로 작용할 수는 없다.
⑤ 과학 기술은 사회 현실과 중립적인 거리를 유지해야 한다.

정답 ②

해설 (가)에서는 '기술이 내적인 발전 경로를 이미 가지고 있다'는 통념을 비판하고, (나)에서는 '기술이 사회를 결정한다'는 주장을 비판하고 있다. 그리고 글쓴이가 제시하고 있는 비판 논거의 핵심은 기술이 사회적으로 형성된 것이며, 사회적 이해관계의 총체라는 점이다. 이렇게 보면 기술은 사회적으로 통제가 가능한 대상이 된다. 따라서 〈보기〉에서 '실천'은 기술을 사회적으로 통제하기 위한 실천을 의미하게 되며, 글쓴이는 이 수업을 통해 이러한 실천을 가능하게 할 수 있는 이론적 근거를 찾고 있는 것이다.

---

49 (가)와 (나)에서 비판의 대상이 되고 있는 견해의 공통점으로 적절한 것은?

① 기술을 독립적이고 자율적인 실체로 여긴다는 점
② 기술 발전이 사회 변화의 동력임을 강조한다는 점
③ 기술 발전의 경로를 예측할 수 있다고 생각한다는 점
④ 기술의 사회적 영향력이 증대되어야 한다고 생각한다는 점
⑤ 기술 발전의 속도가 사회 발전 속도와 비례한다고 본다는 점

정답 ①

해설 (가)에서 글쓴이는 '기술이 내적인 발전 경로를 가지고 있다'는 통념을 비판하고 있다. 이러한 논리에 따르면, 인간이 '이미 정해져 있는 기술의 발전 경로'를 추적해 갈 수밖에 없다는 것과 '기술이 사회를 결정한다'는 주장을 비판하는 것이다. 이러한 주장의 근거에는 '기술을 스스로 진화하는 실체'로 여기는 사고가 놓여 있음을 밝힌다.

[50~51] 다음 글을 읽고 물음에 답하시오.

우리 민족은 처마 끝의 곡선, 버선발의 곡선 등 직선보다는 곡선을 좋아했고, 그러한 곡선의 문화가 곳곳에 배어 있다. 이것은 민요의 경우도 마찬가지이다. 가령 서양 음악에서 '도'가 한 박이면 한 박, 두 박이면 두 박, 길든 짧든 같은 음이 곧게 지속되는데 우리 음악은 '시김새'에 의해 음을 곧게 내지 않고 흔들어 낸다. 시김새는 어떤 음높이의 주변에서 맴돌며 가락에 멋을 더하는 역할을 하는 장식음이다.

시김새란 '삭다'라는 말에서 나왔다. 시김새는 김치 담그는 과정과 유사하다. 김치를 담글 때 무나 배추를 소금에 절여 숨을 죽이고 갖은 양념을 해서 일정 기간 숙성시켜 맛을 내듯, 시김새 역시 음악가가 손과 마음으로 삭여냈을 때 맛이 드는 것과 비슷하기 때문이다. 더욱이 같은 재료를 썼는데도 집집마다 김치 맛이 다르고, 지방에 따라 양념을 고르는 법이 달라 다른 맛을 내듯 시김새는 음악 표현의 질감을 달리하는 핵심 요소이다.

시김새는 음가를 짧게 쪼개는 것뿐만 아니라, 본래의 음높이를 흐리게 만드는 요소도 갖고 있다. 이것은 '끌어올리는 소리', '끌어내리는 소리', '미끄러져 내리는 소리', '떠는 소리'를 말한다. 이런 음들은 음정적으로 규정하기 어려운 불분명한 음들이다. 이 음들은 어느 높이에 그냥 머물러 있지 않고 위 아래로 향하려는 움직임이 있다.

이처럼 시김새는 불분명한 음높이를 가지고 있어 악보에 기록할 때 정확한 기록을 어렵게 한다. 그래서 일정한 음높이와 무관한 기호들로 기록되는 경우가 대부분이다. 이는 시김새의 즉흥성 때문이다. 시김새의 이러한 즉흥성은 우리 음악의 맛을 한층 더해준다.

그러나 시김새의 진미를 금방 알아채는 일은 쉽지 않다. '먹어 본 사람이 맛을 안다'는 말처럼 우리는 여러 종류의 국악을 여러 음악가를 통해 만나면서 각자에게 맞는 맛을 찾을 수 있다. 시김새의 맛을 알기 위한 좋은 방법은 입문자(入門者)의 음악과 노련한 음악가의 음악을 비교하거나 또는 동일 음악가의 녹음 자료를 시대별로 비교해 보는 것이다.

50 '시김새'에 대한 설명으로 적절한 것은?

① 소리의 질감을 다르게 하는 요소이다.
② 음을 지속적으로 곧게 내는 소리이다.
③ 음악가의 타고난 능력에 의해 가능하다.
④ 음악을 들을 때 쉽고 분명하게 알 수 있다.
⑤ 일정한 음높이와 관련 있는 기호들로 기록된다.

정답 ①

해설 2문단에서 시김새는 음악 표현의 질감을 달리하는 핵심요소라고 했다.

51 위 글의 시김새와 〈보기〉의 재즈가 지닌 공통점으로 적절하지 않은 것은?

> **▶보기◀**
>
> 재즈는 미국 대중음악의 한 장르로서 활력과 창조력을 지닌 음악이다. 활력은 율동감에서 나오며, 창조력은 즉흥 연주에서 나온다고 할 수 있다. 즉흥 연주란 작곡하면서 연주하는 것이다. 즉 창조하면서 연주하는 것이다. 악보에 그려진 것이 아니라 연주자의 기분이나 관객의 반응에 따라 얼마든지 달라질 수 있다. 이는 자유를 갈망하던 미국의 흑인 문화와 무관하지 않다.

① 문화의 특징이 예술에 반영된 결과이다.
② 즉흥적이어서 악보에 대한 의존성이 낮다.
③ 한 음을 장식하여 그 느낌을 전달하는 것이 목적이다.
④ 한번 공연하고 나면 똑같이 재생하는 것은 쉽지 않다.
⑤ 같은 곡이라도 음악가의 감흥에 따라 그 표현이 달라진다.

정답 ③

해설 한 음을 장식하여 그 느낌을 전달하는 것이 목적인 것은 '시김새'만의 특징이다.

[52~54] 다음 글을 읽고 물음에 답하시오.

영상 매체는 문자가 아닌 이미지의 언어로 이루어져 있다. 오늘날 영상 이미지의 사용은 점점 더 일반화되고 있으며, 우리는 일상적으로 이미지를 사용하고 해독한다. 특히 매체의 영상은 언제 어디서나 흘러넘치는 이미지로서 일상적 삶의 한 부분이 되어버렸다. 그러나 이미지를 만드는 사람들은, 우리의 순진함을 이용하여 우리를 조종하고 은밀히 자신의 의도를 주입시킬 수도 있다.

광고에서 펼쳐지는 이미지는 결코 현재 우리의 삶이 어떠한가를 말하지 않는다. 그보다는 상품을 구입할 경우, 달라질 세련되고 매력적인 미래의 삶에 대해 이야기한다. 처음에는 이러한 이미지를 자신의 미래 이미지로 받아들이지 않을지라도 반복해서 보게 되면 자신도 모르는 사이에 자연스럽게 광고 이미지 전체를 자신의 미래 이미지로 받아들이게 된다. 이렇게 ㉠ 광고는 초라한 일상의 나에서 벗어나 환상적인 미래의 나로 변신하고 싶다는 욕망을 자극한다.

광고 속의 이미지가 현실을 왜곡하고, 보는 이의 욕망을 자극하듯이 드라마나 영화도 마찬가지다. 드라마나 영화에 제시되는 삶의 모습 또한 ㉡ 현실의 삶을 있는 그대로 반영하기보다는 보는 이의 시선을 끌 만한 상황을 제시하는 경우가 많다. 또한 ㉢ 설정된 인물들의 성격이나 직업 등은 극적인 재미를 극대화하기 위해 현실 생활과는 다르게 왜곡되기 일쑤여서 시청자들로 하여금 편견을 갖게 한다.

문제는 이런 이미지에 길들여지면 이미지의 세계를 현실 세계로 여기게 된다는 점이다. 드라마에서 어떤 배우가 한 머리 모양이 인기를 끌고 광고 카피가 속담이나 격언보다 위력을 떨치며, 영화를 통한 모방 범죄 심리가 생기는 것도 이와 같은 이미지의 영향력 때문이다. 그리하여 이미지 사회에서는 사람들이 논리적이고 합리적인 사고를 통해 주체적인 삶을 살기보다는 이미지에 의해 연출된 삶을 감각적으로 소유하고, 현실과 다른 환상적인 행복을 추구하는 경우도 많이 생기게 된다.

그렇다고 해서 이미지가 사람들로 하여금 환상적인 세계 속에 젖어들게 하여 현실을 망각하고 자신의 정체성을 위협하는 위험성만 가지고 있는 것은 아니다. 이미지를 제대로 이해하고, 바르게 받아들인다면, 자유로운 상상력을 키워주는 긍정적인 기능도 있다.

이미지란 어떤 사건이나 대상을 구체적으로 보여주는 것이다. 이 과정에는 상상력이 절대적으로 필요하다. 특히, ⓔ 비현실적인 것을 형상화한 이미지는 고도의 상상력을 거쳐 탄생하기 마련이며 이것을 보는 것만으로도 사고의 영역을 확대할 수 있다. 그리고 ⓜ 살아 있는 이미지는 기존의 선입견이나 고정관념을 바꿀 수도 있다.

이미지가 팽배한 시대를 살아가기 위해서는 범람하는 이미지의 흐름에 자신을 맡긴 채 내버려 둘 것이 아니라, 이미지를 주체적으로 수용하는 자세가 무엇보다 중요하다. 우리는 이미지 속에 빠져드는 것이 아니라 그것을 읽어 내야 한다.

---

52 위 글의 논지 전개 방법으로 적절한 것은?

① 예상되는 반론을 제기하고 논거를 들어 반박하고 있다.
② 다양한 이론을 소개한 후 새로운 대안을 제시하고 있다.
③ 가설을 제시하고 구체적인 자료를 통해 이를 검증하고 있다.
④ 쟁점에 대한 상반된 견해를 소개하고 절충안을 도출하고 있다.
⑤ 대상을 대비적으로 분석한 후 올바른 수용 태도를 제시하고 있다.

정답 ⑤

해설 이미지의 개념을 정리한 후 이미지의 긍정적인 측면과 부정적인 측면을 대비적으로 분석하고, 마지막 문단에서 주체적으로 이미지를 수용할 것을 주장하고 있다.

---

53 위 글의 ㉠~㉤의 예로 적절하지 않은 것은?

① ㉠ 미모의 배우가 등장하는 화장품 광고를 보고 그 화장품을 사서 쓰면 자신도 그 배우처럼 예뻐질 것으로 믿게 된다.
② ㉡ 시청률이 높은 시간대에 다큐멘터리 프로그램을 편성하여, 현실 문제에 대한 관심을 높이고 사회의식을 고취한다.
③ ㉢ 영화에서 폭력장면을 합리화하고 미화하여 폭력에 대한 가치를 혼란하게 한다.
④ ㉣ 공상 과학 영화의 주인공이 타임머신을 타고 과거, 현재, 미래를 오감으로써 시청자들에게 시공을 초월한 세계를 경험하게 한다.
⑤ ㉤ '포돌이' 캐릭터는 근엄한 경찰과 천진한 어린이라는 이질적인 이미지를 서로 결합시킴으로써 경찰을 친근한 대상으로 느끼게 한다.

정답 ②

해설 ②는 현실 문제에 대한 관심을 높이고 사회의식을 고취시킬 수 있는 교양적 성격이 강한 프로그램으로, 현실의 삶을 그대로 반영하는 성격이 강한 관계로 이미지가 현실을 왜곡하고 있다는 전제와 맞지 않다.

---

54 위 글을 바탕으로 〈보기〉를 이해한 것으로 적절하지 않은 것은?

▶보기◀

요괴 세이렌은 반은 여자, 반은 새의 형상을 하고 있었는데, 배가 자신들의 섬 근처를 지나가면 아름다운 목소리로 노래를 불러 유혹한 다음 ⓐ 선원들을 잡아먹곤 했다. 그녀들의 유혹에 대해 미리 알고 있던 ⓑ 오디세우스는 부하들에게 그들의 귀를 밀초로 막으라고 하고, 자신은 귀를 막지 않고 돛대에 꽁꽁 묶어 달라고 하였다. 아내도 자식도 다 잊게 한다는 그들의 ⓒ 노랫소리가 어떤 것인지 한번 들어보고 싶어서였다. 하지만 견딜 수 없이 아름다운 ⓓ 세이렌의 목소리가 들려오자 오디세우스는 자신을 풀어달라고 난동을 피웠다. ⓔ 부하들은 그 소리를 듣지 못하므로 계속 노를 저어갔다.

① ⓐ - 이미지에 희생된 사람이야.
② ⓑ - 이미지의 영향력을 읽어낸 사람이야.
③ ⓒ - 이미지 그 자체야.
④ ⓓ - 이미지가 주는 허상이야.
⑤ ⓔ - 이미지의 영향권 밖의 사람이야.

정답 ④

해설 오디세우스가 세이렌이라는 요괴의 실체(본질)를 알면서도 들려오는 노랫소리라는 허상(현상)을 접했을 때 갈등하는 모습을 통해 이미지를 주체적으로 수용하는 능력, 즉 이미지를 바르게 읽어 낼 수 있는 능력을 길러야 함을 적용할 수 있다. 그러나 ⓓ 세이렌은 이미지의 실체로 볼 수 있으므로 적절하지 않다.

[55~57] 다음 글을 읽고 물음에 답하시오.

유럽에서 1455년 금속활자 인쇄술이 생겨나기 이전의 책은 주로 필경사들의 고단하고 지루한 필사 작업을 통해서 제작되었다. 당시의 책은 고위층이 아니면 소유하거나 접근하기 힘든 대상이었다. 그러나 인쇄술의 보급 이후 반세기 동안에 유럽인들은 무려 천만 권이 넘는 서적을 손에 쥘 수 있었다. 유럽 사회를 근대 사회로 탈바꿈하게 한 마틴 루터의 종교 개혁도 이 기술의 보급이 아니었다면 (㉠)(으)로 끝나고 말았으리라는 것이 학계의 일반적인 평가이다. 지난 1천 년 역사에서 가장 영향력 있었던 발명으로 간주되고 있는 이 금속활자 인쇄술은 어떻게 발명된 것일까?

금속활자 인쇄술을 고안하고 실용화하는 데 성공한 사람은 독일의 구텐베르크(Gutenberg)로 알려져 있다. 구텐베르크는 귀족 출신이었으나 금속 공예에 종사한 기술자이기도 했고, 자신이 고안한 인쇄 기술을 상업화한 상인이기도 했다. 역사적으로 성공한 모든 기술들이 그렇듯이 구텐베르크의 인쇄술도 서적을 인쇄하는 데 필요한 인쇄 시스템 전체를 구성하는 기술적 요소들이 충족됨으로써 가능했다. 물론 가장 중요한 기술은 필요한 활자를 손쉽게 복제해서 제작할 수 있는 기술과 인쇄 상태를 우수하게 유지하면서 대량으로 인쇄해 낼 수 있는 기술이었다.

우선 활자를 복제하는 기술은 펀치와 모형, 그리고 수동주조기라고 불리는 것으로 구성되었다. 작고 뾰족하며 강한 금속 조각에 줄이나 끌로 문자를 볼록하게 돋을새김을 하는데, 이것을 일명 '펀치'라고 한다. 이 펀치에 연한 금속 조각을 올려놓고 두들겨 각인을 해서 모형을 만든다. 수동주조기에 이 모형을 장착하여 손쉽고 빠르게 활자를 주조해 내었다. 이 기술은 인쇄를 많이 하면 활자가 닳아서 쓸모가 없어지더라도 계속해서 필요한 활자를 쉽고 빠르게 주조해 낼 수 있었다.

인쇄 상태를 우수하게 유지하면서 대량으로 찍어 내는 기술은 '프레스'라 불리는 압축기의 고안으로 해결되었다. 구텐베르크가 고안한 프레스는 오밀조밀하고 울퉁불퉁한 활판의 전면에 균일한 압력을 동시에 가해 종이에 찍어내는 압축기를 말한다. 이것은 고대부터 쓰이던 포도주의 압착기를 변형하여 만들어 낸 것이다. 그밖에도 램프 그을음과 아마씨 기름을 혼합한 새로운 잉크의 개발, 주석과 납 그리고 안티몬 등을 합성한 내구성 있는 활자의 개발, 그리고 압축기의 압력에도 견디고 잉크도 적당하게 먹는 종이의 개발 등이 어우러져 하나의 인쇄 시스템이 탄생하였다.

그런데 놀랄 만한 것은 이러한 기술이 대단히 짧은 기간에 구축되었다는 점이다. 이보다 앞선 시기에 세계 최고 수준의 인쇄 기술을 보유하고 있던 우리나라의 경우 위와 비슷한 수준의 기술을 완성하는 데 무려 200여 년의 세월이 걸렸다. 1234년의 동활자(銅活字) 인쇄, 세계 최초의 금속활자본으로 공인된 1377년의 직지심경을 거쳐 1434년 세종 때 갑인자 금속활자 인쇄가 이루어진 것이었다. 그러나 구텐베르크는 10년이라는 짧은 기간 동안 기술을 완성해 냈다. 금속활자 인쇄술에 대한 노하우가 전무했던 유럽의 상황에서 이는 실로 불가사의에 가까운 것이었다.

55 위 글의 내용과 일치하지 않는 것은?

① 대량 인쇄 기술은 '프레스'라 불리는 압축기의 고안으로 해결되었다.
② 구텐베르크의 발명 이전에는 부유층이 아니면 책을 접하기 어려웠다.
③ 책을 간행할 때 가장 중요한 기술은 활자 제작 기술과 대량 인쇄 기술이다.
④ 세종 대의 갑인자 이전에 유럽은 이미 금속활자 인쇄술에 대한 노하우가 있었다.
⑤ 구텐베르크는 활자의 모형을 만들어서 활자를 손쉽고 빠르게 대량으로 주조하였다.

정답 ④

해설 첫째 문단과 다섯째 문단의 연도에 따르면 구텐베르크의 금속활자 인쇄술은 세종 대의 갑인자보다 시기가 늦다. 또, 다섯째 문단 마지막 문장에는 당시의 유럽에 금속활자 기술이 전무했다는 내용이 진술되어 있다. 따라서 세종의 갑인자 이전에 금속활자 기술이 있었다고 한 ④의 진술은 적절하지 않다.

56 위 글의 내용을 바탕으로 추론한 진술 중 적절하지 않은 것은?

① 인쇄 기술의 영향 – 새로운 기술은 사회의 변혁에 커다란 영향을 끼치기도 한다.
② 인쇄 시스템의 탄생 – 개별적인 기술이 유기적으로 운용될 때 효율성을 발휘할 수 있다.
③ 포도주 압착기를 변형시킴 – 기존에 있던 기술이 새로운 영역의 기술에 응용되기도 한다.
④ 금속 조각에 문자를 새김 – 기술은 인공을 가미해 새롭게 사물을 만들어 내는 능력에 해당한다.
⑤ 단기간에 금속활자 인쇄술이 완성됨 – 신속한 기술의 발전은 외래의 선진 기술 도입을 통해 이루어진다.

정답 ⑤

해설 구텐베르크의 인쇄술이 불과 10년 동안에 완성되고 우리나라의 인쇄술이 200년 이상 먼저 시도되었다는 진술이 다섯째 문단에 있으나, 그것이 ⑤에서처럼 구텐베르크의 외래 기술 도입을 의미하지는 않는다.

57 ㉠에 들어갈 비유적 표현으로 가장 적절한 것은?

① 찻잔 속의 태풍
② 온실 속의 화초
③ 트로이의 목마
④ 물 위의 기름
⑤ 속 빈 강정

정답 ①

해설 ①의 '찻잔 속의 태풍'은 크게 확대될 수도 있는 사건이 크게 확대되지 못하고 좁은 범위에 미무르고 말았음을 의미한다.

제5회 정답 및 해설

01	02	03	04	05	06	07	08	09	10	11
③	①	④	②	④	③	①	②	①	①	④

12	13	14	15	16	17	18	19	20	21	22
①	③	③	⑤	①	②	②	④	④	④	⑤

23
①

주1	남자가 앞서 지적한 사항은 소설과 영화라는 양식의 근본적인 차이를 고려하지 않은 의견이다. 영화와 소설의 양식상의 차이는 영화가 나름의 방식으로 인간적인 세계를 느끼게 하는 독자적인 장르임을 간과하는 이유가 될 수는 없다.
주2	우연이 행운을 가져올 수 있다.
주3	㉠ 그런데, ㉡ 그러므로
주4	학생들이 봉사활동에 직접 참여하여 봉사활동의 가치를 깨달을 수 있는 체험 봉사활동 프로그램을 많이 보급한다.
주5	호사다마(好事多魔)
주6	• 뜻 : 자기의 재간이 모자라는 것은 생각하지 아니하고 조건만 탓함. • 유사한 속담 : 글 못하는 놈 붓 고른다.
주7	1. 가로 : 도외시 3. 가로 : 일출 5. 세로 : 갈무리 6. 가로 : 견해
주8	㉠ 만들고 싶었기 때문입니다. ㉡ 소개해 주었습니다. ㉢ 그리고 ㉣ 넓어졌습니다.
주9	• 험담 – 담력 – 역사 – 사건, 험상 – 상거래 – 애국심 – 심성 • 어휘 – 휘발성 – 성장 – 장면, 어부 – 부성애 – 애정 – 정수
주10	인터넷 사용 시간을 줄이도록 권유하고, 현실에서 충족하지 못한 욕구를 해소할 수 있는 문화 공간을 확대한다.

01 어느 대담의 일부를 들려 드립니다. 잘 듣고 물음에 답하십시오.

사회자 : 작년은 제2의 IMF 외환위기라는 말이 떠돌 만큼 경제적으로 침체된 한 해였습니다. 오늘은 한국의 성장 잠재력 복원이라는 과제에 대해 경제 전문가 두 분을 모시고 말씀을 나눠보도록 하겠습니다. 반갑습니다. 먼저 이 교수님부터 말씀해 주시겠습니까?

이 교수 : 네, IMF 외환위기 때 산업구조를 분석해 봤더니 성장 주도 산업이 14%인 데 반해 쇠퇴 산업은 53%에 달했습니다. 반도체, 휴대 전화, 자동차 등 성장주도 산업이 벌어 놓으면 나머지 산업이 쓰는 구조였는데, IMF 이후에 구조적 모순은 더 심해졌어요.

사회자 : 김 박사께서는 이 지적에 대해 어떻게 생각하십니까?

김 박사 : 그렇긴 합니다만, 첨단 기술 한 가지만 잘 확보하면 이러한 구조적 모순도 큰 문제가 되지 않죠. 그러니 앞으로 성장 잠재력을 확충하려면 국가가 정책적으로 이공계에 우수 인재들을 유치해야 한다고 봅니다. 선진국은 인재 육성과 연구 개발에 무섭게 투자합니다.

사회자 : 그러니까 산업과 교육 분야에서 정부의 정책적 배려가 필요하다는 말씀이시군요. 정부의 경제적 지원 정책에 대해서는 어떻게 보십니까?

이 교수 : 기업에 대한 무분별한 경제적 지원은 결국 국가 경제에 악영향을 끼칠 뿐입니다. 그보다 정부는 국가적으로 비전을 심어주고, 네트워크 구축과 정보교환을 위한 사회기반시설을 구축해야 합니다.

김 박사 : 네, 또한 세계 시장에서 살아남기 위해선 최첨단 고유 기술을 확보해야 합니다. 고급 인력을 양성하기 위한 투자와 맞물리는 대목이지요. 첨단 기술을 확보하려면 인재에 대한 거시적 투자가 필요하지요.

사회자 : 지금까지 정책 및 경제적 측면에서 말씀해 주셨는데요, 다른 측면에서는 어떤 것을 고려해야 할까요, 이 교수님?

이 교수 : 네, 저는 고령화·저출산 시대를 맞아, 여성 및 노인 인구의 고용 여건을 개선해야 인력의 낭비를 줄일 수 있을 거라고 봅니다. 특히 과거 여성 인력에 대한 편견과 차별이 급속한 저출산을 불러 왔음을 간과해서는 안 되겠지요.

김 박사 : 동감입니다. 여성의 사회진출을 위해서는 사회 기반 시설을 구축하여 양육비와 교육비를 해결해줘야 합니다. 무엇보다도, 여성의 사회진출은 사회 간접 투자라는 국민적 공감대가 형성되어야 활성화될 수 있습니다. 나아가서 대기업·중소기업·벤처 기업이 각각의 역할을 분담하면서도 전략적으로 협력할 수 있게끔 제도적 장치를 만들어 주어야 합니다.

사회자 : 지금까지 말씀하신 내용을 다음과 같이 정리해 볼 수 있겠군요.

잘 들으셨죠? 사회자가 정리할 내용으로 적절하지 않은 것은 무엇입니까?

① 이공계에 우수한 인력을 유치하기 위해 투자가 요망된다.
② 기업 대상 경제 지원보다 사회기반시설 구축이 필요하다.
③ 기업 성장을 위해 투자 등에 관한 규제를 완화해야 한다.
④ 노인·여성 인력을 활용할 구체적 방안을 검토해야 한다.
⑤ 대기업, 중소기업, 벤처기업 간 협력을 강화해야 한다.

정답 ③

해설 대담에서는 한국 경제성장의 잠재력 복원이라는 화제에 대해서 인재 육성과 연구 개발에의 투자, 국가 차원의 사회기반시설 구축, 여성 및 노인 인구의 고용여건 개선, 기업 간 제도적 협력 장치 마련 등을 해결 방안으로 제시하고 있다. 그러나 기업에 대한 투자 규제 완화에 대한 내용은 대담 내용에서 찾아 볼 수 없다.

02 이번에는 뉴스 기획 프로그램의 일부분을 들려 드립니다. 잘 듣고 물음에 답하십시오.

앵 커 : '첨단 산업의 미래'란 주제의 기획 프로 두 번째 시간입니다. 오늘은 가까운 장래에 큰 역할이 기대되는 로봇 산업에 대해 알아보겠습니다. 이승철 기자 나오십시오.

기 자 : 네, 로봇 산업은 차세대의 핵심 산업 중 하나로 부각되고 있습니다. 사람처럼 행동하는 지능형 로봇, 즉 '휴머노이드'의 개발에 선진국이 앞장을 서고 있다는데 로봇 공학 연구소장의 말을 들어보겠습니다.

로봇 공학 연구소장 : 선진국에서 지능형 로봇, 즉 '휴머노이드'의 개발에 과감한 투자를 하는 이유는 지능형 로봇이 생활 속에서 인간에게 도움이 되기 때문이겠지요. 그러나 지능형 로봇 산업을 일손을 돕는 서비스 분야로만 한정하는 것은 곤란해요. 현재 제조업 공동화에 따른 심각한 위기 상황을 극복하기 위해서라도 산업용 로봇 분야를 획기적으로 육성해야 합니다. 로봇 산업은 반도체나 생명 공학을 비롯한 다른 첨단 산업에 핵심 설비를 제공하기 때문에 경제 발전에 기여도가 높다는 점을 명심할 필요가 있어요.

기 자 : 그러면 여기서 제어계측공학과 교수의 말을 들어보도록 하겠습니다.

교 수 : 로봇 기술이 활용될 수 있는 범위는 자동차라든가 중장비, 휴대폰에 이르기까지 그야말로 무궁무진합니다. 지능형 로봇은 초기에는 움직이는 가전제품의 형태를 띠겠지만, 장기적으로 보면 결국에는 '휴머노이드'의 방향으로 갈 수밖에 없습니다. 기계 메커니즘만을 로봇으로 간주하는 시각을 고수한다면, 새로운 지능형 로봇 산업에 대처하기 어렵습니다. 앞으로는 단순히 산업 현장에 쓰

이는 기계 로봇을 개발하는 것만이 아니라 로봇과 인간을 결합시킨 일종의 '로봇 시스템'을 개발한다는 사고의 전환이 필요한 거죠. 사람처럼 행동하는 진정한 의미의 지능형 로봇을 개발하는 일이 현재 우리에게 주어진 과제라고 볼 수 있습니다.

기 자 : 두 분의 말씀처럼 일선 산업 현장에도 유용하게 쓰이면서 인간의 생활 속에 동화될 수 있는 차세대 로봇이 개발되기를 기대해 봅니다. 로봇 산업의 성패는 우리 공학도들의 어깨에 달려 있다고 하겠습니다.

잘 들으셨죠? 두 학자 간의 견해차가 드러난 원인을 바르게 설명한 것은 무엇입니까?

① 로봇 산업의 개발 방향에 대한 인식이 다르기 때문에
② 로봇 산업의 성장 가능성에 대한 신뢰도의 차이 때문에
③ 로봇 산업의 발전 속도가 국가 간에 다를 수 있기 때문에
④ 로봇 산업이 인간에게 미치는 영향을 다르게 보기 때문에
⑤ 로봇 산업과 다른 산업 분야 간의 관계를 다르게 보기 때문에

정답 ①

해설 로봇 공학 연구소장은 우리나라에서 산업용 로봇 분야를 획기적으로 육성해야 한다고 생각하며, 교수는 단순히 산업 현장에서 쓰이는 기계 로봇을 개발하는 것만이 아니라 로봇과 인간을 결합시킨 일종의 '로봇 시스템'을 개발해야 한다고 생각한다.

03 다음은 국어 수업의 한 장면입니다. 잘 듣고 물음에 답하십시오.

선생님 : 오늘은 구개음화에 대해 알아볼까? 철수야, 너는 구개음화가 뭐라고 생각하니?

철 수 : 구개음으로 되는 현상이겠죠 뭐.

영 희 : 아니야. [ㄷ]이나 [ㅌ]이 [ㅣ]모음과 만나면 [ㅈ]이나 [ㅊ]으로 바뀌는 거야.

선생님 : 둘 다 대답 잘했다. 철수는 명칭을 가지고 답하려고 했던 것이고, 영희는 수업 시간에 열심히 배운 걸 말한 거겠지? 하지만 조금만 더 생각해 볼까?

철수·영희 : 예.

선생님 : 먼저 영희에게 물어볼까? 네가 답한 건 구개음화 현상을 이해한 걸까, 아니면 현상의 겉모습을 암기한 걸까?

영 희 : 그러고 보니까 이해했다고는 말할 수 없겠네요.

선생님 : 이번엔 철수! '구개음으로 되다'라고 답한 네 말엔 문제점이 없을까?

철 수 : (우물쭈물하다가) 글쎄요.

선생님 : 주어가 없잖아.

철 수 : 아! 선생님. '비구개음이 구개음으로 되다'로 고칠게요.

선생님 : 그게 완벽한 답이라면 구개음화 현상 때문에 모든 음이 다 구개음으로 발음된다는 문제가 발생하지 않겠니? 그러니까 제한 조건이 있어야 해. 이제 마지막으로 정리해 보자. 구개음화란 '일정한 조건 하에서 비구개음이 구개음으로 바뀌는 현상'이야.

철 수 : 선생님! 전 그냥 명칭을 보고 대충 말씀드린 건데, 그렇게까지 생각해야 하는 거군요.

선생님 : 그럼! 모든 현상은 처음부터 그 명칭이 정해져 있는 게 아니잖아. 그 현상을 가장 단적으로 잘 드러내는 용어가 나중에 만들어진 거지. 글의 제목도 마찬가지고. 그러니까 이건 문법에만 국한되지 않는 매우 중요한 거야.

철 수 : 뭔지 조금 알 듯도 하네요. 그럼 영희가 답한 건 뭐가 문제예요?

선생님 : 음. 여기 악보가 하나 있다고 하자. 전혀 불러 보지도 않고 눈으로만 본 다음 그 노래에 대해서 뭐라고 말할 수 있겠니?

영 희 : 아니요.

선생님 : '구개음화가 음운 현상이라는 걸 안다면 반드시 각각의 음운을 실제로 발음해 보고 이해하려는 자세가 있어야 한다.' 이런 얘기지. [ㄷ, ㅌ]이 [ㅣ]모음과 만나면 왜 [ㅈ, ㅊ]으로 발음되는가를 생각해 봐. 그러면 깨닫는 게 있을 거야. 발음해 볼까? [해도디] [해도지] [해도디] [해도지]

잘 들으셨죠? 선생님이 학생들에게 일깨워 주려는 내용으로 가장 적절한 것은 무엇입니까?

① 제목이나 명칭이 중요함을 인식하고 이를 잘 활용할 수 있어야 한다.

② 수업은 일방적 전달보다는 서로 간의 대화를 통해 진행되는 것이 바람직하다.

③ 수업 시간에 이루어지는 모든 내용에 대해서는 항상 의문을 갖는 자세가 필요하다.

④ 이론으로서의 지식을 얻는 것보다는 실제적 사고와 적용을 통해 깨닫는 것이 중요하다.

⑤ 많이 안다고 다른 사람을 업신여기면 언젠가 자기도 그러한 수모를 당할 경우가 생긴다.

정답 ④

해설 선생님은 학생들에게 공부하는 데 필요한 올바른 자세를 일깨워 주려고, '구개음화'를 소재로 삼아 두 가지 접근법, 즉 명칭으로 접근하는 방법과 내용으로 접근하는 방법을 보여준다. 이 두 가지 접근법의 밑바탕에는 '실제적 사고와 적용'의 중요함이 깔려 있다.

---

04 다음은 뉴스를 들려 드립니다. 잘 듣고 물음에 답하십시오.

앵 커 : 초등학교도 제대로 다니지 못하는 장애인 수가 절반에 이릅니다. 이런 장애인들 스스로 공부방을 열어 배움의 길을 걸어가고 있는 곳을 이수정 기자가 찾아가 봤습니다.

기 자 : 행여 수업내용을 하나라도 놓칠까 학생들의 표정이 진지합니다. 책장 한 장 넘기기도 힘들 만큼 불편한 몸이지만 새로운 것을 배우는 수업 시간은 늘 즐겁습니다.

장애 학생 1 : 힘들다기보다는 저한테는 지금 이 순간이 너무 행복한 순간이에요.

기 자 : 장애 때문에 초등학교도 온전히 다녀보지 못한 이들을 위해 공부방이 만들어진 것은 지난해 8월. 그 자신이 장애 탓에 학교 문턱을 밟아보지 못했던 피노키오장애인자립센터 소장 정수철 씨가 장애인들과 함께 문을 열었습니다.

정 수 철 : 우리나라 중증 장애인들 대부분이 공교육을 받지 못하고 또 그 절반 이상이 초등학교 이하의 학력 수준을 갖고 있기 때문에……

기 자 : 정 씨를 포함한 6명은 만학의 학구열을 불태웠고 1년 만인 지난 8월, 3명이 고입 검정고시에 합격했습니다.

장애 학생 2 : 내년에 고졸 검정고시를 볼 계획이에요. 그리고 기회에 따라서 수능도 볼 테고……

기 자 : 장애를 이유로 학교에서조차 외면 받는 장애인들. 하지만 스스로 배움의 길을 찾는 모습에서 더 이상 장애는 찾아보기 어렵습니다. 좋은 뉴스 이수정입니다.

잘 들으셨죠? 이 뉴스의 내용과 다른 것은 무엇입니까?

① 장애인들이 스스로 공부방을 열었다.

② 우리나라 장애인들은 대부분 고졸 이상의 공교육 혜택을 보고 있다.

③ 장애를 이유로 학교에서 외면 받는 장애인들이 많다.

④ 우리나라 중증 장애인들은 절반 이상이 초등학력 수준이다.

⑤ 장애인 공부방은 장애인이 지었다.

정답 ②

해설 우리나라 중증 장애인들 대부분이 공교육을 받지 못하고 또 그 절반 이상이 초등학교 이하의 학력 수준을 가지고 있다는 내용으로 보아 ②는 적절하지 않다.

05 이번에는 색상에 대한 강연을 들려 드리겠습니다. 잘 듣고 물음에 답하십시오.

> 요즘 세계 여러 나라의 기업들이 색에 대해 연구하기 시작했습니다. 상품의 색깔을 어떤 것으로 하느냐가 가격 경쟁력 이상으로 중요하기 때문이죠.
>
> 버드와이저·맥도날드·코카콜라 등 미국을 대표하는 상표들은 모두 붉은색을 기본 색으로 하고 있어요. 미국인들이 좋아하는 붉은색을 활용해 마케팅에 성공한 사례들이지요. 또한 노란색의 코닥필름을 제치고 일본 시장에서 우위를 차지한 후지필름의 색상은 일본인들에게 편안한 느낌을 주는 초록색이지요. 이처럼 나라별로 좋아하는 색상이 다르기 때문에, 이를 마케팅에 잘 활용하면 품질이나 가격 경쟁력 이상의 효과를 볼 수도 있다고 합니다.
>
> 색상을 잘못 선택해 실패한 사례도 있지요. 수년 전 일본에서는 베네통, 스와치 등 화려한 색상을 앞세운 손목시계가 대량 출하됐으나 작고 깨끗한 이미지를 좋아하는 일본인들의 정서에 맞지 않아 판매에 실패했어요. 그리고 맥도날드는 중국 진출을 앞두고 흰색 얼굴의 광대 마스코트를 내세워 홍보하려 했으나 중국에선 흰 얼굴이 죽음을 상징한다는 현지 마케팅 조사에 따라 마스코트를 바꾸느라 막대한 손실을 입었어요. 이처럼 일본인들은 청결과 금욕 등을 상징하는 흰색을 좋아하지만, 중국에선 이 색상이 죽음을 상징하기에 이를 매우 싫어합니다.
>
> 또한 뉴질랜드 사람들은 파란색·녹색을 좋아하지만, 남아프리카공화국 사람들은 녹색 자동차는 사고가 많이 난다는 미신 때문에 녹색을 싫어하지요.

05 이 강연으로부터 알 수 없는 사실은?

① 상품의 색상이 가격 경쟁력 이상으로 중요하다.
② 색상의 선호도는 각국의 문화와 연관되어 있다.
③ 나라별로 각기 좋아하는 색과 싫어하는 색이 있다.
④ 붉은색은 진반적으로 모든 나라들이 좋아하는 색깔이다.
⑤ 기업에서는 마케팅의 성공을 위해 색상 연구에 관심을 가져야 한다.

정답 ④

해설 붉은색을 싫어하는 나라가 있다고 언급되어 있지 않다고 해서 모든 나라가 붉은색을 좋아한다고 일반화할 수는 없다. 또한 각 나라별로 좋아하는 색깔이 다르다고 했기 때문에 붉은색을 싫어하는 경우도 상정해 볼 수 있다.

06~07 이번에는 인터넷 등급제에 관한 뉴스를 들려 드립니다. 잘 듣고 두 물음에 답하십시오.

> 앵 커 : 여러분, 인터넷 등급제 아시죠? 인터넷 등급제를 도입하려는 계획이 반대자들 때문에 어려움을 겪고 있다고 합니다. 취재 기자를 연결합니다.
>
> 기 자 : 인터넷에 공개되는 정보가 청소년들에게 유해하다고 판단될 때, '청소년 이용 불가'를 화면에 표시하는 '인터넷 등급제' 도입 계획이 어려움을 겪고 있습니다. 이 문제에 관해 몇 분의 의견을 들어보겠습니다. 먼저 인터넷 방송 조상원 PD의 말입니다. "인터넷 등급제를 반대합니다. 인터넷이 강력한 매체가 되는 이유는 무한한 의사 표현의 자유 때문입니다. 인터넷 등급제는 이런 인터넷의 특성을 제약하는 것입니다. 모든 것을 자율에 맡기는 것이 좋다고 생각합니다." 다음은 비진 기획 막준태 담당자의 말입니다. "저는 찬성합니다. 인터넷은 많은 정보로 우리의 삶을 편안하게도 하지만, 무분별한 정보로 해악을 끼치기도 합니다. 따라서 해로운 정보를 규제할 필요가 있습니다. 특히 청소년들을 보호해야 합니다." 다음은 K텔레콤 김윤정 개발 팀장의 말입니다. "저는 물론 반대죠. 해로운 정보에 대한 대책도 시급하지만, 인터넷의 기본 특성을 유지해야 한다고 생각합니다. 자유로운 정보 제공이라는 특성을 살려야 하고, 이용자가 능동적으로 정보를 선택하고 식별할 수 있어야 한다고 봅니다." 마지막으로, 옥스 해외 강형일 프로젝트 팀장의 말입니다. "인터넷 등급제를 도입하는 것에 찬성합니다. 인터넷은 청소년에게 해로운 정보가 생각보다 많고, 의외로 접근이 쉽습니다. 그러므로 명확하고 구체적인 기준을 세워 인터넷 등급제를 시행해야 할 것입니다."
>
> 이렇듯 여론이 대립되는 가운데 정부의 인터넷 등급제 시행의지는 강해서 상당기간 논란이 계속될 것으로 보입니다. 이상 KBC 뉴스 이호연입니다.

06 '인터넷 등급제의 도입'이라는 주제로 글을 쓰기 위해 뉴스 내용을 정리하였다. 잘못 정리한 부분은?

찬성	①	무분별한 정보가 해악을 끼침
	②	해로운 정보로부터 청소년을 보호해야 함
	③	해로운 정보에 접근하기 쉬움
반대	④	표현의 자유를 제약함
	⑤	자유로운 정보 제공이라는 인터넷의 특성을 살려야 함

정답 ③

해설 인터넷 등급제에 대한 찬성과 반대 의견을 각각 소개하고 있다. 해로운 정보에 접근하기 쉽다는 것은 강형일 옥스 해외 프로젝트 팀장의 주장으로 인터넷 등급제에 찬성하는 의견의 논거에 해당한다.
① 박준태 비전 기획 담당자의 말로 찬성 의견이다.
② 박준태 비전 기획 담당자와 강형일 옥스 해외 프로젝트 팀장의 공통 의견으로 찬성 쪽이다.
④ 조상원 인터넷 방송 PD의 말로 반대 의견이다.
⑤ 김윤정 K텔레콤 개발 팀장의 말로 반대 의견이다.

---

07 뉴스를 전하는 취재 기자의 보도 태도로 가장 적절한 것은?
① 상반된 주장을 균형 있게 전달하고 있다.
② 한쪽의 의견만을 집중적으로 제시하고 있다.
③ 자신의 가치 판단에 따라 내용을 전달하고 있다.
④ 여론을 의식하여 보수적인 입장을 고집하고 있다.
⑤ 학계의 의견이나 여론에 자신의 의견을 덧붙이고 있다.

정답 ①

해설 취재 기자는 인터넷 등급제를 도입하려는 계획이 반대자들 때문에 어려움을 겪고 있음을 문제로 제기한 후, '반대-찬성-반대-찬성'의 순으로 상반된 주장과 그 근거를 제시하면서 상당 기간 논란이 계속될 것임을 보여주고 있다. 기자의 인터뷰의 궁극적인 의도는 상반된 주장을 균형 있게 제시하여 시청자의 관심을 불러일으키려는 것으로 보아야 한다.

---

08 이제 옛 그림 감상법에 대한 미술관 안내원의 말을 들려 드립니다. 문제지에 주어진 그림을 보면서 잘 듣고 물음에 답하십시오.

> 여러분! 잠시 후에, 미술관에 입장하겠습니다! 그림 그림을 감상하기 전에 옛 그림 감상법에 대해 말씀드리겠습니다.
> 옛 그림은 현대의 그림과 마찬가지로 우선 좋은 작품을 많이, 그리고 자주 보고 즐기는 것이 좋습니다. 이론적으로 접근하는 것보다는 직접 감상할 때, 작품이 더욱 생생하게 우리 곁으로 다가오기 때문이지요.
> 대체로 그림의 대각선 길이의 1 내지 1.5배 거리에서 느긋한 마음으로 천천히 감상하는 것이 좋습니다. 그림의 크기도 고려해서, 큰 그림은 떨어져서 보고, 작은 그림은 바짝 다가서서 보아야 하지요. 화가 자신도 작은 크기의 그림은 작품의 세부를 더 꼼꼼하게 그리거든요. 그리고 전시된 작품을 모두 보기 위해 일정한 시간을 기계적으로 안배하여 보는 것보다는 관심이 가는 작품 몇 점을 골라 그림과 대화를 나누듯이 감상하는 것이 바람직하지요.
> 또한 염두에 두어야 할 것은, 오른쪽 위에서 왼쪽 아래로 쓰다듬듯이 그림을 감상해야 한다는 것입니다. 옛날 그림은 족자건 병풍이건, 대부분 가로 길이보다 세로 길이가 더 길기 때문에, 선조들은 시선을 우상에서 좌하로 이동하는 것이 더 자연스러웠습니다. 우리 조상들은 세로로 한문을 썼고, 한글 역시 세로로 썼습니다. 그러니 우리의 전통 그림도, 오른쪽 위에서 왼쪽 아래로 시선을 옮기며 감상하도록 구성되어 있다고 볼 수 있지요.
> 자, 잘 아시겠죠? 이제 입장하겠습니다. 전시장 입구에서 시계 반대 방향으로 그림을 관람하시기 바랍니다.

08 안내자가 제시한 옛 그림 감상법이 아닌 것은?

① ㉠
② ㉡
③ ㉢
④ ㉣
⑤ ㉤

정답 ②

해설 미술관에 학생들을 인솔한 안내자의 말에서 이론적으로 접근하기보다는 직접 감상할 때 작품이 생생하게 다가온다는 진술을 찾아볼 수 있다. 이는 ㉡ 그림을 직접 보기보다는 그림의 미적 특성을 분석하며 봐야 한다는 진술과 어긋난다.

09~10 다음은 토론의 일부입니다. 잘 듣고 두 물음에 답하십시오.

사회자 : 오늘은 간접광고 허용 문제에 대해 으뜸방송의 조 PD님, 시민 연대의 김 소장님, 이렇게 두 분을 모시고 말씀 나눠 보도록 하지요. 나와 주셔서 감사합니다. PPL이라고 하죠? 번역하면 간접광고라고 할 수 있겠는데요, TV 드라마 등에서 특정 제품이나 로고 등을 부각시켜 판매 효과를 노리는 기법에 대해 요즈음 찬반양론이 뜨겁습니다. 조 PD님은 어떻게 보십니까?

조 PD : 네, 저는 간접광고를 양성화해서 기업의 효율적인 마케팅 도구로 활용하는 것이 좋다고 봅니다. 간접광고를 규제하려는 발상은 오히려 시대의 흐름에 역행하는 일이라고 생각합니다.

사회자 : 아, 그렇다면 간접광고를 우리 고유 상표와 기업이 자연스럽게 해외 시장에 진출할 수 있는 길로 활용할 수도 있겠네요. 김 소장님은 이 문제를 어떻게 보십니까?

김 소장 : 아 네, 그렇지만 간접광고는 광고와 프로그램의 구분을 모호하게 하여 시청자에게 혼란을 주는 경우가 있어요. 제품이나 상표 노출을 위해 억지로 소품을 배치하거나 이야기의 줄거리까지 바꾸는 경우도 종종 있구요. 그 결과 프로그램 완성도가 심각하게 훼손되기도 하고, 시청자 입장에서는 소비자로서의 권리도 침해될 수 있지요. 무방비 상태의 시청자에게 가해지는 간접광고의 메시지는 무언의 폭력입니다.

조 PD : 시대의 흐름을 읽지 못하고 계시군요. 판매 행위가 직접적이어야 한다는 것은 편견이죠. 그리고 간접광고가 소비자의 권리를 침해하다니요? 어떤 환경에서든 상품을 보고 선택할 권리가 소비자에게 있는 겁니다. 오히려 규제 수위를 융통성 있게 조절하는 것이 현실적이지요. 간접광고 협찬 수입을 투명하게 처리할 세부 지침을 마련하고, 외주 제작사에 대한 방송사의 제작비 지원이 현실화될 수 있도록 한다면, 잃는 것보다는 얻는 것이 많다는 얘기지요. 구더기 무서워 장 못 담급니까?

김 소장 : 아까도 말씀드렸지만 간접광고는 시청자에게 의사 결정을 강요함으로써 소비자의 권리를 침해한다는 문제점이 있지요. 또한 방송 제작 환경이 개선되지 않은 상태에서 간접광고가 허용되면 광고 시장이 문란해지고 공정 경쟁을 저해할 소지가 다분하거든요. 결국 그 폐해는 고스란히 시청자들의 몫으로 돌아가게 되지요.

조 PD : 의사 결정을 강요하다니, 그럼 직접광고는 권유하는 거고 간접광고는 강요하는 것으로 보시는 겁니까? 방송 중에 정보 탐색은 물론 상품 주문까지 가능해진 상황에서 간접광고를 굳이 규제할 필요가 있을까요?

사회자 : 역시 양측 의견이 팽팽하군요. 그럼 여기서 잠깐 광고 듣고 계속하죠.

09 여자의 태도에 대한 비판으로 적절한 것은?

① 상대방의 발언을 주관적으로 해석하고 있다.
② 암시적 표현으로 토론의 방향을 오도하고 있다.
③ 주관적 근거로 논리의 객관성을 떨어뜨리고 있다.
④ 상황에 맞지 않는 속담을 들어 논지를 흐리고 있다.
⑤ 불분명한 주장으로 자신의 입장을 정립하지 못하고 있다.

정답 ①

해설 남자는 첫 번째 대사에서 프로그램 완성도 문제와 소비자 권리 침해가 우려되는 점을 들어 간접광고의 단점에 대해서 말하고 있다. 여자는 남자의 말에 대해, 직접 판매 행위를 선호하는 주장으로 받아들이면서 어떤 환경에서든 상품을 보고 선택할 권리가 있다고 말하고 있다. 마지막 남자의 말에서도 남자는 시청자의 권리 침해가 우려된다고 하고 있으나 여자는 직접광고는 선호하고 간접광고는 규제해야 한다는 쪽으로 판단하고 있다. 즉, 여자는 두 번에 걸쳐 상대방의 주장을 주관적으로 해석하고 있다고 할 수 있다.

10 이 토론을 들은 청취자의 반응으로 적절하지 않은 것은?

① 홈쇼핑에서 판매하는 물품을 구매해서 사용하고 있는데 상표 값을 하는 것 같아.
② 과장이 심하지 않다면 TV 프로그램 속에 특정 상표가 등장하는 것에 개의치 않아.
③ 드라마 속의 광고가 상거래를 활성화시키는 역할을 한다면 굳이 막을 필요는 없다고 봐.
④ 드라마나 쇼프로그램에서 내용과 상관없는 상표를 계속 보는 것은 생각만 해도 짜증스러워.
⑤ 제작비를 지원한 회사의 상표를 화면에 빈번하게 보여주면서 부각시키는 것은 문제가 있어.

정답 ①

해설 간접광고라는 화제에 대해 ②, ③의 청취자는 찬성하는 입장의 반응을, ④, ⑤의 청취자는 반대하는 입장의 반응을 보이고 있다. ①은 직접광고에 대한 반응으로서 화제를 잘못 이해하고 반응하는 경우이다.

11 이번에는 두 사람의 대담을 들려 드립니다. 잘 듣고 물음에 답하십시오.

> 남 자 : 최근 청소년 폭력이 사회적으로 큰 문제가 되고 있습니다. 일진회라는 폭력 서클을 만들어 집단 폭력을 휘두르거나 담뱃갑에서 나오는 숫자와 같은 번호의 반 학생을 이유도 없이 때리는 룰렛이라는 폭력성이 있는 게임도 아무런 죄의식 없이 자행하고 있습니다.
>
> 여 자 : 정말 큰일입니다. 얼마 전 일본의 한 중학생이 잔인한 살인을 하여 일본 열도를 떠들썩하게 했습니다. 이 사건은 이른바 리셋 증후군으로, 게임을 하다가 죽으면 언제든지 다시 시작할 수 있기 때문에 진짜 사람을 죽여도 다시 살아날 것이라는 착각에 빠져 생명의 존엄성을 망각하는 현상이지요. 이런 증후군에 우리 학생들도 물들어 폭력을 휘두르는 게 아닌가 하는 생각이 들어 솔직히 두렵습니다.
>
> 남 자 : 우리 청소년들이 이처럼 폭력화되는 데는 일본에서 무단으로 수입되어 복제, 발간되는 저질 폭력 만화의 영향이 크다고 생각합니다.
>
> 여 자 : 요즘의 각종 청소년 폭력의 원인을 일본의 폭력성 만화로 돌리기도 하는데, 그것만으로 단정 짓는 데는 문제가 있습니다. 사회의 가장 기본 단위인 가정교육의 문제, 학력 위주의 사회의식과 구조, 그리고 청소년들이 그들의 문화를 즐길 수 있는 장소의 부족 등이 더 큰 원인이라고 생각합니다.
>
> 남 자 : 그런데 폭력 문제를 해결한다고 하면서 당국에서는 학생들의 폭력 원인에 대한 대책을 세우기보다는 법을 과잉 적용하여 마구 잡아들이고 있습니다. 그러다 보니 범법자를 양산하여 사태를 더욱 악화시키고 있습니다. 이제 상습적으로 폭력을 휘두르는 사람은 엄격히 단속해야겠지만, 교육적 견지에서 신중한 법 적용을 해야 하며 단속이 능사가 아님도 고려해야 합니다.
>
> 여 자 : 그런 방향도 일리가 있지만, 그보다는 문제 해결을 원점에서 다시 생각해야 합니다. 청소년기는 호기심도 많고 모험심도 강하므로 그런 욕구를 충족시켜 줄 수 있는 문화 공간을 마련해 주어야 합니다. 또한, 자식에 대한 따뜻한 사랑도 문제 해결을 위해 꼭 필요한 것이라고 생각합니다.

11 두 사람의 대담에 대한 설명으로 옳은 것은?

① 현상 판단도 일치하고, 원인 판단도 일치한다.
② 원인 판단도 일치하고, 해결 방안도 일치한다.
③ 현상 판단은 일치하지 않지만, 해결 방안은 일치한다.
④ 현상 판단은 일치하지만, 해결 방안은 일치하지 않는다.
⑤ 원인 판단은 일치하지만, 해결 방안은 일치하지 않는다.

정답 ④

해설

구분	남자	여자
현상 판단		청소년 폭력이 문제다.
원인 판단	일본의 저질 폭력 만화	가정 교육, 학력 위주의 사회 의식, 문화 공간의 부족
해결 방안	신중한 단속과 법 적용	문화 공간의 마련, 자식에 대한 사랑

12 광고 방송을 듣고 두 사람이 그 내용에 대하여 대화하는 것을 들려 드립니다. 〈광고〉와 〈대화〉 두 부분을 잘 듣고 두 물음에 답하십시오.

> 가 : 아니 자네 무슨 고민 있나? 요즘 안색이 안 좋은데.
>
> 나 : 자네 말야, 아주 잘 아는 사람이 공직자에게 뇌물을 주는 걸 봤다면 어떻게 하겠나?
>
> 가 : 뭐? 아니 그럼 신고부터 해야지. 이 사람아.
>
> 나 : 신고? 어디다?
>
> 가 : 어디가 어디야. 부패방지위원회지.
>
> 나 : 에이 아니야. 괜히 원수져서 복수라도 당하면…….
>
> 가 : 아하, 이 사람 깜깜하군. 신고한 사람은 법의 철저한 보호를 받고 거기다 2억 원의 보상금까지 받을 수 있다는 거 몰랐나? 자자, 용기를 내게, 응? 전화도 된다네. 뭐하나? 지금 당장 전화하라니까.
>
> 여자 목소리 : 여러분의 용기가 선진 투명 사회로 가는 길을 열 수 있습니다. 부패방지위원회에서 전해드렸습니다.
>
> 안내 멘트 : 이제부터는 이 광고를 듣고 남녀가 대화하는 장면입니다.
>
> 남 자 : 난 이 광고에 문제가 있다고 생각해.
>
> 여 자 : 무슨? 부정을 신고해서 사회를 바로잡자는 데 뭐가 문제야?
>
> 남 자 : 그게 잘못이라는 게 아니라, 그 방법이 문제라는 거지. 이 광고를 잘 들어봐. 신고를 독려하는 내용으로 '보복을 두려워 할 필요가 없다', '거액의 보상금을 받는다' 그 두 가지밖에 없잖아. 이건 국민의 의식 수준을 어린 아이로 본 거라니까.
>
> 여 자 : 신고가 활성화되면 부정을 저지르는 경우가 줄어들 것이고, 그러다 보면 사회가 깨끗해지는 거 아니겠어?
>
> 남 자 : 문제를 해결하는 데에는 근본적인 방법이 중요한 거야. 일전에 신호 위반 차량을 사진 찍어 신고하면 보상금을 준다고 했을 때, 일시적으로만 위반 사례가 줄었던 것이 좋은 예잖아.
>
> 여 자 : 그럼 네가 말하는 근본적인 방법은 뭔데?
>
> 남 자 : 가정이나 사회가 갖고 있는 교육적 기능을 통해 건전한 사고방식과 가치관을 함양해야지. 가치관은 저절로 형성되는 거라고 손 놓고 있으면 되겠어?

여 자 : 네 말이 무슨 뜻인지는 알겠는데, 어느 세월에 건전한 가
치관을 함양하고 우리 사회가 깨끗해지겠어? 이런 방법
을 써서라도 부정을 저지르는 사람을 찾아내서 처벌한다
면 사회에 경종을 울리게 되고 어쨌든 사회가 깨끗하게
되겠지. 네가 생각하는 방법만 옳다고 할 수는 없잖아?

---

12 광고가 호소하는 내용으로 가장 적절한 것은?

① 우리 사회의 잘못된 모습을 고치려면 생각한 것을 과감하게 실
천에 옮기는 용기가 필요하다.
② 사회기 유지되기 위해서는 법의 타당성 여부를 떠나 법을 지키
려는 자세가 요구된다.
③ 개인보다는 사회를 우선적으로 생각하는 가치관을 가져야 한다.
④ 선진 사회를 이루려면 민주 시민 의식을 함양해야 한다.
⑤ 국가를 위해 자신의 의무를 다해야 한다.

정답 ①

해설 우리 사회를 선진 투명 사회로 만들기 위해 공직자에게 뇌물을
주는 잘못된 관행을 불식시키고 신고를 활성화하자는 것이 이
광고의 의도이다. 그리고 이를 위해서 택한 방법으로 '보복에
대한 두려움 불식'과 '거액의 보상금'을 통해 신고자에게 용기
를 불어넣어 주는 데 초점이 맞추어져 있다.

**13 신문의 시사 만화가와의 대담을 들려 드립니다. 잘 듣고 두 물음
에 답하십시오.**

여 자 : 안녕하십니까? 이렇게 만나 뵙게 되어 반갑습니다.
남 자 : 저 역시 반갑습니다.
여 자 : 매일 아침 접하는 신문 만화인데도 대체로 어렵다고들
합니다. 그렇게 느끼는 이유는 무엇일까요?
남 자 : 글쎄요. 어렵다는 것은 그 의미를 잘 읽어 내지 못한다
는 말인데……. 만화라고 해서 너무 단순하게만 생각해
서 그린 것은 아닐까요?
여 자 : 이렇게 하면 어떨까요. 화백께서 만화를 그리면서 고려
하는 주요 요소들을 중심으로 독자들이 유의해야 하는
바를 설명해 주시는 걸로요.
남 자 : 그러지요. 제가 생각하기에는 만화를 보면서 제일 먼저
생각해야 할 요소는 발신자와 수신자가 누구인지 생각
하는 것입니다.
여 자 : 발신자와 수신자는 대체로 만화를 그리는 분이 신문을
보는 독자들에게 메시지를 보내는 것 아닙니까?
남 자 : 형식상으로는 그렇지요. 하지만 제작자의 입장은 다릅니다.
극단적으로는 1:1의 의사소통을 시도하는 경우가 있지요.

여 자 : 아니, 신문이란 대중 매체로 불특정 다수를 향한 메시지
의 전달인데 어떻게 1:1의 경우가 가능하지요?
남 자 : 예를 들어 이런 경우를 들 수 있지요. 사회적으로 민감
한 문제를 다루게 될 경우 신문의 최고 편집자나 의사
결정자가 그 문제의 열쇠를 쥐고 있는 핵심 인사에게 이
쪽의 의사를 전달하는 경우지요.
여 자 : 그렇게 말씀하신다면 신문 만화는 그리는 사람의 생각
이 아닌 신문사나 다른 사람의 입장을 대변하는 경우가
되겠군요. 그렇다면 독자들은 그 만화를 어떻게 대하면
되지요?
남 자 : 일종의 엿보기를 하는 것이지요. "아! 이 문제에 대한 신
문사의 내부 의견은 이렇고 정책적으로 이렇게 되기를
바라는 거구나." 하는 식이지요.
여 자 : 그렇다면 소수의 집단을 향한 신문사의 메시지, 다수를
향한 한 사람의 메시지 등 다양한 전달 방식이 존재하겠
군요?
남 자 : 그렇게 생각하고 접해야 효율적으로 신문을 읽는 것이
되지요.
여 자 : 예, 새로운 것을 알게 되어 내일부터 신문을 보는 또 다
른 재미가 생기겠군요. 감사합니다.

---

13 이 대담에 대한 비평으로 적절하지 않은 것은?

① 시각적인 대상을 말로만 설명하고 있어 전달 효과가 높지 않다.
② 고도의 읽기 전략만을 설명하고 있어 오히려 어렵게 만들고 있다.
③ 진행자가 자신의 의견을 내세우고 있어 흐름이 자연스럽지 못
하다.
④ 제작자의 입장에서만 말하고 있어 대담의 취지를 살리지 못하
고 있다.
⑤ 시청자의 이해를 돕기보다는 대담자의 논지 전달에 중점을 두
고 있다.

정답 ③

해설 진행자가 시청자의 입장에서 질문을 던져 답변을 유도함으로써
대담이 일방적인 설명에 머물지 않게 한다는 점에서 적절하지
않은 비평이다.
① 만화가 시각적인 매체인 만큼 '사례 보여주기'가 필요하다
는 점에서 적절한 비평이다.
② 일반 독자들이 통상적으로 알고 있는 내용과는 다른 고도의
독법을 단도직입적으로 설명하고 있기에 가능한 비평이다.
④ 전체적으로 발신자의 측면만을 중시한 설명이라는 점에서
적절한 비평이다.
⑤ 일반 독자들이 익숙해 있는 읽기 방법에 대한 언급이 없다는
점에서 적절한 비평이다.

주1 이번에는 발표 수업의 한 부분을 들려 드립니다. 잘 듣고 물음에 답하십시오.

> 남 자 : 이제 결론을 말씀드리겠습니다. 디지털 문화가 주도할 것으로 예상되는 새로운 세기를 맞이하여 전통적인 문화 양식인 소설이 담당해야 할 고유한 몫이 그 비중을 더해 가리라 생각합니다. 기계가 아닌 인간 중심의 정신 문화를 유지해 가는 데에는 소설의 허구성과 같은 요소가 매우 유용하다고 봅니다. 그 이유는 끊임없이 생각할 수 있는 존재만이 기계에 맞서 자신이 정체성을 유지할 수 있기 때문입니다. 요즘 영화가 중심적인 문화 현상으로 자리 잡고 있는 느낌인데, 그것은 앞에서 예를 들어 설명했듯이 영화에 대한 오해에서 비롯된 것입니다. 이상으로 발표를 마치겠습니다.
>
> 여 자 : 질문이 있습니다. 저도 영화를 매우 좋아하는데, 영화는 전통적인 문화 양식으로서의 속성도 지니고 있고, 디지털 문화의 첨병 역할도 할 수 있어서 훨씬 중요한 장르가 되리라 판단하는데 어떻게 생각하십니까?
>
> 남 자 : 제가 중요시하는 건 인간 중심의 정신입니다. 영화는 카메라 렌즈를 통해 세상을 바라보는 것인데, 그 렌즈는 바로 기계입니다. 인간의 눈으로 세상을 바라보는 작가의 시선에 비할 바가 아니죠.
>
> 여 자 : 하지만 카메라를 움직이는 것도 결국 사람 아닌가요?
>
> 남 자 : 물론 카메라에 대상을 담는 것은 사람이지만 기계를 통해 만들어진 화면 속에서 인간의 숨결을 느끼기에는 어려움이 많지 않을까요?
>
> 여 자 : 영화의 화면 속에 사람의 숨결이 담겨 있지 않다는 것은 지나친 판단이라 생각합니다. 영화 관객들은 영화를 보면서 다양한 감정의 세계와 만나지 않습니까? 웃고 울고 하는 일 자체가 인간적인 것 아닙니까? 발표자께서는 영화와 소설을 너무 단순 비교하는 것 같은데요.
>
> 남 자 : 제가 말씀드리고자 하는 것은 단순히 인간의 감정의 문제가 아닙니다. 인간이 동물과 다른 점은 사고한다는 것 아닙니까? 소설은 독자들로 하여금 끊임없이 상상하고 생각하게 만듭니다. 그러나 영화에는 그러한 사고 과정이 없다고 봅니다. 그저 보여주는 화면을 따라가기에 바쁘지 않습니까?

주1 남성 발표자의 마지막 발언에 이어 여성 질문자가 제기할 수 있는 적절한 반론을 100자 이내로 쓰시오.

정답 남자가 앞서 지적한 사항은 소설과 영화라는 양식의 근본적인 차이를 고려하지 않은 의견이다. 영화와 소설의 양식상의 차이는 영화가 나름의 방식으로 인간적인 세계를 느끼게 하는 독자적인 장르임을 간과하는 이유가 될 수는 없다.

해설 남자는 디지털 문화가 주도하는 새로운 세기에는 기계가 주도하는 영화보다 인간 중심의 정신문화를 유지시켜 주는 기능을 하는 소설이 중요하다고 말하고 있다. 반면에 여자는 영화는 영화 나름의 방식으로 인간적인 세계를 느끼게 하는 독자적인 장르임을 강조하고 있다. 따라서 대화의 전개 양상으로 볼 때 소설과 영화의 양식상의 차이를 고려해야 한다는 것이 가장 적절한 반론이다.

주2 다음은 유적 발굴에 얽힌 이야기를 들려 드립니다. 잘 듣고 물음에 답하십시오.

> 오늘은 여러분께 암사동 선사 취락지, 유구 발굴에 얽힌 이야기를 해 드리겠습니다. 유구란, 옛날 가옥의 구조와 양식을 알게 해 주는 자취를 말하는데요, 암사동 유구의 발굴이 막바지에 접어들어 발굴단이 철수를 앞두고 있었을 때였습니다. 조사가 완료된 원형의 집터에서 기둥 자리 흔적을 찾지 못하자 발굴단은 그저 이 집은 기둥이 세워지지 않은 원형의 주거지였을 것으로 추정하고 있었지요.
>
> 그런데 다음날, 갑자기 한파가 몰아 닥쳤습니다. 발굴단은 단순히 집터 바닥이 얼마나 두껍게 얼었는지 알아보기 위해 바닥을 파 보게 했습니다. 그런데 신기하게도 얼어 있던 바닥이 마치 시루떡 한 켜가 일어나듯이 떨어져 나오는 것이었습니다. 덕분에 아무리 찾으려고 해도 찾을 수 없었던 집터의 기둥 자리 흔적이 드러났고, 완전한 형태의 빗살무늬토기까지 발견하게 되었죠. 그때까지는 집터의 구멍 흔적을 찾지 못해서 그저 기둥을 세우지 않은 특이한 형태의 유구였을 것이라고 결론지을 상황이었는데 말입니다. 이는 모두 하루아침의 추위로 모래 바닥이 1cm 두께로 얼어붙은 덕분이었죠.
>
> 이와 비슷한 경우는 꽤 많습니다. 예로, 실험접시에 뚜껑을 덮지 않은 덕에 우연히 페니실린을 발견했던 플레밍의 경우를 들 수 있지요.

주2 화자가 말하고자 하는 내용을 한 문장으로 쓰시오.

정답 우연이 행운을 가져올 수 있다.

해설 유구의 새로운 비밀이 드러나게 되어 유적 발굴에 있어 중요한 전기를 맞게 된 이유로 갑자기 추워진 날씨를 들고 있다. 마지막 플레밍의 페니실린 발견 역시 우연히 뚜껑을 덮지 않았기 때문에 의외의 결과를 얻을 수 있었던 사례이다.

14 〈보기〉와 같은 표현상의 오류를 범한 문장은?

> ● 보 기 ●
> 아버지는 울면서 들어오는 딸에게 심부름을 시켰다.

① 애도와 명복을 빕니다.
② 나는 이렇게 생각되어진다.
③ 나는 영수와 미수를 만났다.
④ 합격자 발표는 정문에서 발표한다.
⑤ 학생은 공부를 절대로 열심히 해야 한다.

정답 ③

해설 〈보기〉와 ③은 중의적인 문장으로, 이를 분석하면 다음과 같다.
　〈보기〉 아버지는, 울면서 들어오는 딸에게 심부름을 시켰다.
　　　　(울고 있는 사람 : 딸)
　　　　아버지는 울면서, 들어오는 딸에게 심부름을 시켰다.
　　　　(울고 있는 사람 : 아버지)
　③ 나는, 영수와 미수를 만났다. (영수와 미수 두 명을 만남)
　　 나는 영수와, 미수를 만났다. (영수와 함께 미수를 만남)

오답풀이 ① '애도'와 호응하는 서술어가 없다. '애도를 표하고 명복을 빕니다.'로 고쳐야 한다.
② '생각되어진다'는 불필요한 이중 피동의 경우이다. 주체가 '나'이므로 '나는 이렇게 생각된다.'로 고쳐야 한다.
④ 표현 어휘가 중복되는 오류이다. '합격자 발표는 정문에서 한다.'로 고쳐야 한다.
⑤ 부사의 호응이 되지 않은 경우이다. '절대로'는 부정 서술어와 호응하므로 이 문장에서는 생략한다.

15 필요한 성분을 모두 갖추어 어법에 어긋나지 않는 것은?

① 그가 합격한 것은 자랑이 되었다.
② 어머니는 나를 사랑하셨고, 나 또한 사랑하였다.
③ 건물을 새로 지으려면 많은 노력과 비용, 그리고 긴 시간이 걸린다.
④ 지구를 파괴하는 탐욕과 이기심으로 스스로 몰락해 가는 어리석은 동물이다.
⑤ 일부 비평가들은 소설가의 화려한 문체에 대해 지나치게 현학적이라고 지적한다.

정답 ⑤

오답풀이 ① 부사어의 생략 → 그가 합격한 것은 (모두에게, 가족들에게) 자랑이 되었다.
② 목적어의 생략 → 어머니는 나를 사랑하셨고, 나 또한 (어머니를) 사랑하였다.

③ 서술어의 생략 → 건물을 새로 지으려면 많은 노력과 비용(이 들다), 그리고 긴 시간이 걸린다.
④ 주어의 생략 → (인간은) 지구를 파괴하는 탐욕과 이기심으로 스스로 몰락해 가는 어리석은 동물이다.

16 문장이 두 가지 의미로 풀이될 가능성이 가장 적은 것은?

① 그가 준 점수가 제일 높았다.
② 나는 어제 영수와 영희를 만났다.
③ 선생님이 보고 싶은 친구들이 많다.
④ 형은 나보다 게임하는 것을 더 좋아한다.
⑤ 키가 큰 사람이 영철이를 밀지 않았어요.

정답 ①

오답풀이 ② '나'가 '영수'와 함께 '영희'를 만났는지, '나'가 혼자서 '영수와 영희'를 만났는지 모호하다.
③ 친구들이 선생님을 보고 싶어 하는지, 선생님이 친구들을 보고 싶어 하는지 모호하다.
④ 비교의 대상이 '게임과 나'가 될 수도 있고, '형과 내가 게임을 좋아하는 정도'가 될 수 있어서 의미가 모호하다.
⑤ '키가 큰 사람'이 미는 행위 자체를 하지 않았는지, 아니면 누군가를 밀기는 했지만 '영철이'는 밀지 않았는지 모호하다.

17 불필요한 요소의 중복 없이 어법에 맞게 쓴 것은?

① 두 논리는 서로 상충한다.
② 그 사업은 우리들의 숙원이다.
③ 어릴 때 겪은 경험을 이야기하자.
④ 죽은 시체를 직접 본 것은 처음이다.
⑤ 다른 것은 생각하지 말고 앞으로 전진하자.

정답 ②

해설 ① '상충(相衝)'과 '서로'의 의미가 중복된다.
③ '경험(經驗)'과 '겪은'의 의미가 중복된다.
④ '시체(屍體)'와 '죽은'의 의미가 중복된다.
⑤ '전진(前進)'과 '앞으로'의 의미가 중복된다.

18 높임 표현이 잘못된 것은?

① 어머니께서 나를 부르신다.
② 사장님의 말씀이 계시겠습니다.
③ 할아버지께 생신 선물을 드렸다.
④ 할머니, 아버지가 지금 갔습니다.
⑤ 동생은 아버지를 모시고 병원에 갔다.

정답 ②

해설 계시겠습니다 → 있으시겠습니다

19 〈보기〉의 우화를 애니메이션 시나리오로 창작한 다음, 창작 의도를 고려하여 미흡한 장면을 보완하려고 한다. 그 전략으로 적절하지 않은 것은?

▶ 보기 ◀

'까마귀' 한 마리가 고깃덩어리를 물고 하늘 높이 날아올랐다. 그러자 수많은 '까마귀들'이 그것을 빼앗아 먹기 위해 달려들었다. 까마귀들은 고기를 물고 달아나는 까마귀를 뒤쫓아 마구 쪼아댔다. 견디다 못한 까마귀는 물고 있던 고기를 땅에 떨어뜨렸다. 까마귀들은 일제히 땅으로 떨어진 고기 한 점을 향해 앞을 다투어 날아갔다. 그들이 모두 사라지자 이윽고 파란 하늘에는 까마귀만 남게 되었다. 까마귀는 고기를 서로 차지하기 위해 부리와 깃을 세우며 다투는 까마귀들을 내려다보며 중얼거렸다.
"휴, 고기를 빼앗기긴 했지만, 마음껏 날 수 있는 드넓은 하늘을 이제야 보게 되었어. 이제 하늘은 내 차지야!"

창작 의도	장면	보완 전략
[의도 I] 까마귀의 욕망 부각	S# 3 고깃덩어리를 물고 있는 한 마리 까마귀 까마귀 : (혼잣소리로) 그동안 먹이가 없어 고생했는데… 내 화려한 비행술로 고기를 얻을 수 있어 기뻐.	▶ 까마귀가 고기를 물고 외딴 곳으로 혼자 날아가는 장면으로 전환하고, 고기에 대한 까마귀의 집착을 분명하게 드러내는 대사로 수정하는 것이 좋겠어. – ㉠
[의도 II] 까마귀들의 치열한 경쟁심 강조	S# 12 까마귀들의 공격 한 마리 까마귀를 일제히 쪼아대며 고깃덩어리를 빼앗는 까마귀들 까마귀들 1 : (까마귀를 쪼아대며) 삶은 치열한 경쟁 속에서 더욱 강해지는 거야. 이리 내! 까마귀들 2 : 고기를 빼앗기 전에 양해를 구했어야 했어. 하지만 이미 엎지른 물이니 함께 나눠 먹자.	▶ 눈앞의 이익을 위해 서로 다투는 모습을 선명하게 드러내기 위해 까마귀들 2의 대사를 치열하게 경쟁하는 모습이 잘 드러나도록 수정하는 것이 좋겠어. – ㉡
[의도 III] 까마귀의 새로운 인식 제시	S# 17 홀로 남은 까마귀 뒤로 펼쳐진 푸른 하늘 드넓은 하늘과 흰 구름 속을 유유히 날아다니는 한 까마귀 까마귀 : (혼잣소리로) 친구들을 잃은 것보다 놓친 고기가 더 아까워. (한숨) 그러나 후회한들 무슨 소용이람. 다시 고기를 찾아 봐야지.	▶ 비록 손해를 보긴 했으나 그것을 계기로 새로운 세계를 인식하는 소중한 체험을 얻게 되었다는 내용으로 대사와 지문을 보완하는 것이 바람직해. – ㉢
[의도 IV] 까마귀와 까마귀들의 삶의 방식 대조	S# 18 서로 다투는 까마귀들 뒤로 넓게 펼쳐진 하늘과 까마귀 한 마리 까마귀들 3 : (고기에 달려들며) 저리 비켜! 이건 내 거야! 까마귀들 4 : (고기를 가로채며) 뭐! 아니야! 내 거야! 까마귀 : (창공에서 이를 내려다보며) 욕심을 버리고 나니 오히려 난 편안해졌어.	▶ 삶의 방식의 차이점을 부각하기 위해서는 '고기 탈취 과정에 참여한 까마귀들에게는 고기를 공평하게 분배해야 돼.'라고 주장하는 '까마귀들 5'의 대사를 추가하는 것이 좋겠어. – ㉣
[의도 V] 까마귀 이야기의 종합적 평가	S# 38 파란 하늘과 유유히 흐르는 구름 서술자 : (배경 음악에 맞추어) 이 한 까마귀의 이야기는 우리들에게 많은 생각을 하게 합니다. 어쩌면 우리들의 모습도 까마귀 떼의 모습과 비슷하지 않을까요?	▶ 새로운 세계를 발견한 까마귀를 통해 현대인들이 이익에만 급급해 정신적 가치의 소중함을 잊고 살아가고 있음을 덧붙여 해설한다. – ㉤

① ㉠ ② ㉡ ③ ㉢
④ ㉣ ⑤ ㉤

정답 ④

해설 ㉣은 '장면'이 이미 의도에 맞게 설정되어 있으므로 '공평한 분배를 요구하는 대사 추가'는 글의 통일성을 깨트릴 뿐만 아니라 '의도 IV'와도 부합하지 않으므로 적절하지 않다.

㉠은 까마귀가 화려한 비행술을 자랑하는 대목이 의도에 맞지 않으므로, 고기를 물고 외딴 곳으로 혼자 날아가는 장면으로 전환하면 까마귀의 욕망을 부각시킬 수 있으며, 고기에 대한 까마귀의 집착을 강조하는 대사로 수정하는 방안도 적절한 보완 전략이다.

㉡에서 까마귀들 2의 대사는 의도에 어울리지 않으므로 치열한 경쟁이 드러나도록 수정하는 것이 타당하다.

㉢은 장면이 새로운 세계에 대한 인식을 드러내려는 의도와 부합하지 않으므로 대사와 지문을 의도에 맞게 수정하는 것은 적절하다.

㉤은 종합적 평가를 내리는 부분에서 장면의 서술자의 말이 추상적이므로 구체적 교훈을 언급해 주는 보완 전략은 타당하다.

20 '지역 산업 육성'에 대한 글을 쓰기 위해 개요를 작성한 후 새로운 글감을 접하였다. 글감의 활용 및 개요의 수정 방안으로 적절하지 않은 것은?

개요	새로 접한 글감
• 주제문 : 지역 산업을 활성화하자. Ⅰ. 서론 : 지역 경제의 실태 Ⅱ. 본론 　1. 지역 산업 활성화가 필요한 　　이유 　　(1) 지역 고용의 창출 　　(2) 지역 경제 재도약 　2. 지역 산업의 문제점 　　(1) 지역 산업 구조의 취약성 　　(2) 지역 산업 관련 재정의 　　　비효율적 사용 　3. 지역 산업 활성화를 위한 　　방안 　　(1) 지역 상품 특화 및 개발 　　(2) 지방 재정의 효율적 사용 Ⅲ. 결론 : 지역 경제를 활성화하기 　위해 국가와 지역 자치 단체가 　협력할 수 있는 종합 계획을 수 　립·실행하여야 한다.	㉠ 태백시는 '눈꽃 축제'라는 지역 특화 상품을 개발하여 많은 관광객을 유치함으로써 지역 경제를 활성화시켰다. ㉡ 부산의 신발 산업, 대구의 섬유 산업 등 지방의 노동 집약 산업이 경쟁력을 잃었는데도, 지역 경제 환경의 열악함으로 인해 현재로서는 대체 산업을 찾기 어렵다. ㉢ 지방 자치 단체 예산 중, 지역 산업 경제 육성 재원은 전체의 3%뿐이다. ㉣ 정부가 귀금속 가공업을 익산 자유 무역 지역의 수출 특화 산업으로 지정한 이후 많은 기업이 입주하여 귀금속 산업이 익산 지역 특화 산업으로 자리 잡았다. ㉤ 지역별로 외국인 전용 산업 단지를 확대하고, 지역 경제 파급 효과가 높은 국내 기업에 대해서도 혜택을 부여한다.

① '서론'에서는 낙후된 지역 경제의 실태를 보여 주기 위해 ㉡의 상황이 나타난 통계 자료를 인용하여 이해를 돕는다.

② '본론-1-(1)'에서는 ㉠을 활용하여 지역 간 교류가 고용 창출 효과가 있음을 강조한다.

③ '본론-2-(2)'는 ㉢의 내용을 고려하여 '지역 재정의 비효율적 편성'으로 수정한다.

④ '본론-3-(1)'에서 ㉣을 정부와 지방 자치 단체가 협력하여 일궈 낸 지역 특화 산업 성공 사례로 제시하여 바람직한 방안을 알린다.

⑤ '본론-3'에 '(3) 투자 유치 방안 수립'이라는 항목을 추가하고, ㉤을 국내·외 기업의 투자 유치 방안을 모색할 수 있는 자료로 활용한다.

정답 ②

해설 ②에서 새로 접한 글감 ㉠은 특화 상품 개발을 통한 고용 창출 효과이지 지역 간 교류를 통한 고용 창출 효과가 아니다.

---

21 〈보기〉의 조건을 모두 반영하여 표현한 것은?

　　　　　　　　　　　　　　　　　● 보기 ●

• 일반적 관점 : 규범은 사회를 유지하기 위해 존재한다. 일탈은 정해진 규범에서 벗어난 잘못된 행위를 말한다. 따라서 사회를 유지하기 위해서는 일탈 행위에 대한 제재가 필요하다.

• 조건
　– 위의 '일반적 관점'에 대해 새로운 관점을 제시한다.
　– 구체적 사례를 활용한다.
　– 속담을 적절히 활용한다.

① 일탈이라고 해서 모두 나쁜 것은 아니다. 물론 사회 질서를 어지럽히는 일탈은 문제가 된다. 하지만 답답한 일상에서 벗어나는 가벼운 일탈 행위는 생활의 활력소가 될 수도 있다.

② '모로 가도 서울로 가면 된다.'라는 말이 있다. 결과가 중요하지 과정은 중요하지 않다는 말이다. 일탈 행위가 당장 문제가 되더라도 결과가 훌륭하다면 굳이 제재를 가할 필요가 없다.

③ 모두 차례를 잘 지키는데 혼자만 편하자고 새치기를 하는 경우가 있다. 그러면 너도나도 새치기를 하게 되어 질서가 깨지게 된다. 한 마리의 미꾸라지가 웅덩이 물을 흐리는 일이 있어서는 안 되겠다.

④ 모난 돌이 정 맞듯이 박지원의 글은 당대에도 일탈로 인식되어 탄압을 받았다. 하지만 그의 글은 후대에 훌륭한 창조 행위로 평가받고 있다. 그러므로 일탈 행위로 보일지라도 성급하게 배척해서는 안 된다.

⑤ 일탈도 보기에 따라서 긍정적인 면이 있기는 하다. 그렇다고 일탈을 멋으로 생각하며 일탈을 일삼는 일부 젊은이들은 반성해야 한다. '못된 송아지 엉덩이에 뿔난다.'라는 말이 있듯이 젊은이들의 일탈 행위는 경계해야 한다.

정답 ④

해설 ④는 서두에서 속담을 활용하여 일탈 행위로 탄압을 받은 역사적 사례를 들고 있다. 다음으로 한때 일탈로 탄압받던 박지원의 글이 훌륭한 창조적 행위로 평가받는 점을 들어 일탈 행위에 대한 새로운 관점을 제시하고 있다.

오답풀이 ① 속담 활용과 구체적 사례가 없다.
② 구체적 사례가 없다.
③·⑤ 새로운 관점이 제시되지 않았다.

22 〈보기〉에서 착상하여 글을 쓰기 위해 구상한 내용으로 적절하지 않은 것은?

> ●보 기●
> • 새끼 코끼리가 조그마한 말뚝에 발이 묶여 있는 모습
> • 코끼리가 성장하여 말뚝을 뽑을 수 있는 힘이 있는데도 여전히 말뚝에 묶여 있는 모습

> 글쓰기의 의도 : 청소년들을 대상으로 바람직한 삶의 자세를 깨우치는 글을 쓴다.

① 제목 - '네 마음속에 잠들어 있는 거인을 깨워라.'를 제목으로 삼아 주제를 인상적으로 전달한다.
② 도입 방식 - 그림의 상황을 현실 상황과 관련지어 화제를 제시함으로써 독자의 흥미를 유발한다.
③ 문체 - 인생 경험이 풍부한 선생님이 제자에게 들려주는 듯한 문체로 서술하여 설득력을 강화하도록 한다.
④ 서술 방식 - 매사에 소극적인 태도를 지닌 사람과 적극적으로 인생에 도전하는 사람을 대조하여 주제를 강조한다.
⑤ 예화 제시 - 자신의 적성과 무관한 진로를 선택했다가 후회하는 학생의 이야기를 소개하여 독자와 문제의식을 공유하도록 한다.

정답 ⑤

해설 ⑤에 제시된 예화는 인생의 길을 신중하게 선택하라는 의미를 담고 있으므로, 적극적으로 잠재 능력을 발휘하라는 의미상 조건과 일치하지 않는다.
② 코끼리 그림과 독자들의 상황을 연결시킴으로써 흥미를 유발할 수 있다.
③ 청소년을 대상으로 삶의 교훈을 주려는 어조로 적절하다.

23 〈보기〉의 글을 쓴 다음 고쳐 쓰기를 위해 자기 평가를 해 보았다. 자기 진단 결과가 적절하지 않은 것은?

> ●보 기●
> 우리들의 제안 : 휴지 대신 손수건을 쓰자
>
> 나는 부모님을 따라서 작년부터 손수건을 쓰기 시작했다. 처음에는 다소 번거로웠지만 지금 와서 보니 전혀 불편하지 ⊙ 않을뿐만 아니라, 그만큼 종이를 아껴서 환경을 보호하는 데 기여했다는 생각에 뿌듯한 기분을 갖게 된다. ⓒ 우리는 ⓒ 관습적으로 휴지를 마구 뽑아 쓴다. 그것도 한 장도 아닌 두 장, 석 장씩이나 뽑아 쓴다. ⓔ 손 닦으려고 한 장, 입 닦으려고 한 장, 칫솔 닦으려고 한 장 이런 식이다. 집안에 잠자고 있는 손수건이 적지 않을 것이다. ⓜ 우리는 단지 조금 귀찮다는 이유로 갖고 다니지 않았다. 이제부터 우리 모두 손수건을 한 장씩 주머니에 넣고 다니자.

	평가 항목	자기 진단 결과
①	내용의 보완·삭제	글의 흐름을 자연스럽게 하기 위해 ⓔ 다음에 다른 일회용품의 무분별한 사용 사례를 덧붙여야겠어.
②	문단의 구분	ⓒ 이후에서 앞부분과 내용이 달라지니 여기서 문단을 나누어야겠지.
③	문장의 성분	ⓜ에는 목적어가 없어 어색하므로 '손수건을'이라는 목적어를 넣는 게 좋겠어.
④	어휘의 쓰임	ⓒ은 '습관적으로'로 고쳐야겠지.
⑤	띄어쓰기	⊙은 띄어쓰기가 잘못되었으므로 '않을 뿐만'으로 고쳐야겠어.

정답 ①

해설 휴지 외에 다른 일용품들이 무분별하게 사용되는 사례를 추가하면, '휴지 대신 손수건을 사용하자.'는 논지에서 벗어난다.

주3 〈보기〉의 [⊙]과 [ⓒ]에 알맞은 접속어를 쓰시오.

> ●보 기●
> 통일의 기능은 분리(分離)의 기능이기도 하다. 서로 같은 말을 쓰는 사람끼리는 의사소통이 잘 되고, 그만큼 더 친밀한 감정을 느끼게 된다. [⊙] 이 말을 바꾸어 보면, 서로 다른 말을 쓰는 사람들과는 의사소통도 불편하고, 정다운 느낌도 그만큼 덜 가지게 된다는 말이 된다. 이는, 같은 재외 동포라 하더라도, 모국어(母國語)인 우리말을 모르는 사람을 만나면 거리감을 느끼게 되는 예 등을 통해서 쉽게 깨달을 수 있다. 이런 점에서 볼 때, 언어는 통일의 기능을 가지고 있는 동시에 분리의 기능도 가지고 있다.
> 그런데 우리나라에서는 이러한 표준어의 우월의 기능이 제대로 인식되어 있지 않은 듯하다. 지도층(指導層)에 있는 인사(人士)들조차 공식 석상에서 사투리를 쓴다든가, 또 그것을 별로 부끄럽게 여기지 않는 현상 같은 것이 그 예이다. 학교에서의 표준어 교육이 철저(徹底)하지 못한 탓도 있겠지만 사투리를 남용하는 일은 표준어 공부를 제대로 하지 않은 사람이라는 것을 스스로가 광고하고 다니는 것이나 마찬가지라는 사실을 제대로 모르기 때문일 것이다. [ⓒ] 우리 국민이라면 누구를 막론하고 부지런히 우리의 표준어를 익혀, 여러 사람 앞에서 자신 있게 표준어를 구사할 수 있어야 할 것이다.

정답 ⊙ 그런데, ⓒ 그러므로

해설 ⊙의 바로 뒷 문장에 '말을 바꾸어 보면'이라는 표현이 있으므로, 여기에는 전환관계를 의미하는 '그런데'가 적당하고, ⓒ은 앞 문단의 내용을 정리하여 작가의 견해를 진술하는 부분이므로, 결론을 유도하는 접속어 '그러므로'가 적당하다.

주4 '학생들의 봉사활동을 내실화하자'는 주제로 글을 쓰기 위해 생각해 본 내용을 정리한 것이다. 논지 전개 과정을 보고 [A]에 들어갈 내용을 50자 내외의 한 문장으로 쓰시오.

논지 전개 과정	주요 내용
무엇이 문제인가?	학생들이 봉사활동을 형식적으로 하고 있다.
↓	
문제의 원인은?	• 봉사활동을 평가하는 기준에 문제점이 있다. • 학생들이 봉사활동의 가치를 알지 못하고 있다.
↓	
문제 해결을 위한 방향은?	• 기존의 봉사활동 평가가 가지고 있는 문제점을 보완한다. • 학생들이 스스로 봉사활동의 가치를 깨닫도록 한다. • 봉사활동의 가치를 알리는 홍보활동과 교육활동을 전개한다.
↓	
구체적인 방안은?	[A]

정답 학생들이 봉사활동에 직접 참여하여 봉사활동의 가치를 깨달을 수 있는 체험 봉사활동 프로그램을 많이 보급한다.

해설 학생들이 봉사활동을 형식적으로 한 원인을 '평가 기준의 문제점과 학생들의 인식 부족(봉사활동의 가치를 알지 못함)'으로 보고 있다. 이를 해결하기 위한 방향은 기존 봉사활동의 문제점을 보완하거나 학생들이 스스로 봉사활동의 가치를 깨닫게 하는 것, 홍보활동과 교육활동을 동원하여 봉사활동의 가치를 알리는 것이다. 제시된 답안 외에 다음과 같은 답이 가능하다.

• 봉사활동을 시간 위주로 평가하던 것을 봉사활동 내용도 함께 평가한다.
  – 시간 위주로 봉사활동을 평가하던 기존의 봉사활동의 문제점을 보완하는 방안
• 학교와 지역 봉사활동 기관이 연합하여 학생들에 대한 봉사활동 교육을 강화한다.
  – 봉사활동의 가치를 알리는 교육활동과 연관하는 방안
• 봉사활동의 가치를 알리는 공익 광고 캠페인을 전개하여 봉사활동에 대한 학생들의 인식을 바꾼다.
  – 봉사활동의 가치를 알리는 홍보활동 방안

주5 다음 〈보기〉의 ㉠과 가장 관계가 깊은 한자성어를 쓰시오.

• 보기 •
옛날 혼인식 때 신랑이 들어서면 재(간혹 볶은 콩)를 뿌린 풍습이 있었다. 깨끗하게 차려입고 대례석에 들어서는 신랑에게 어찌하여 재나 볶은 콩을 뿌린 것일까? ㉠ 좋은 일에는 나쁜 일이 끼어들기 쉽다. 기쁜 일, 웃는 일, 바쁜 일 중에는 사람들의 마음이 들뜨게 되어 흉마귀(凶魔鬼)가 좀처럼 발각되지 아니한다. 그렇다고 내버려 두어서는 안 될 일이 아닌가? 그 예방으로서 재와 콩을 뿌린 것이다. 이들은 불맛을 보았다는 점에서 공통성이 있는 것이다.

정답 호사다마(好事多魔)

해설 호사다마(好事多魔)는 좋은 일에는 흔히 탈이 끼어들기 쉬움을 이르는 말이다.

주6 다음 속담의 뜻을 쓰고 유사한 속담을 제시하시오.

• 보기 •
굿 못하는 무당 장구 타박한다.

정답
• 뜻 : 자기의 재간이 모자라는 것은 생각하지 아니하고 조건만 탓함
• 유사한 속담 : 글 못하는 놈 붓 고른다.

주7 십자말풀이를 참조해 아래의 ( )에 맞는 단어를 쓰시오.

	1.	외	2.	
3.			4. 공	5.
가				
6.	7.		8.	
	9.	치		

[가로 열쇠]
1. 상관하지 아니하거나 무시함
3. 해가 뜸
4. 공포를 느끼도록 윽박지르며 을러댐. '거짓말'을 속되게 이르는 말
6. 어떤 사물이나 현상에 대한 자기의 의견이나 생각
8. 사람이 어떤 입장에서 마땅히 행하여야 할 바른 길
9. 질서 없이 함부로 덤벼들거나 생각 없이 덮어놓고 하는 짓

[세로 열쇠]
1. 판단이나 결론 따위를 이끌어 냄
2. 시간과 공간을 아울러 이르는 말
3. 어떤 문제에 대하여 독자적인 경지나 체계를 이룬 견해
5. 물건 따위를 잘 정리하거나 간수함. 일을 처리하여 마무리함

7. 질문이나 의문을 풀이함. 또는 그런 것
8. 붉은 진흙으로 만들어 볕에 말리거나 약간 구운 다음, 오짓물을 입혀 다시 구운 그릇

| 1. 가로 (|) | 3. 가로 (|) |
| 5. 세로 (|) | 6. 가로 (|) |

정답
1. 가로 : 도외시
3. 가로 : 일출
5. 세로 : 갈무리
6. 가로 : 견해

해설

	도	외	시	
일	출		공	갈
가				무
견	해		도	리
	답	치	기	

주8 〈보기〉는 어느 학생이 쓴 자기 소개서의 일부이다. ㉠~㉤ 중에서 잘못된 부분을 바르게 고쳐 쓰시오.

● 보기 ●

저는 중학교 2학년 때부터 해외 펜팔을 했습니다. 그 이유는 학창 시절에 무엇인가 의미 있는 추억을 ㉠ 만들고 싶었습니다. 지금도 뉴질랜드와 스위스에 있는 두 명의 친구들과 편지를 주고받고 있습니다. 뉴질랜드에 사는 제인은 편지를 보낼 때마다, 뉴질랜드의 아름다운 풍경이 담긴 사진을 보내 주거나 뉴질랜드 문화에 대해 자세히 ㉡ 소개시켜 주었습니다. 또한 작년에는 뉴질랜드의 동전과 지폐를 종류별로 보내 주어 뛸 듯이 기뻤던 기억이 있습니다. ㉢ 그러나 스위스의 모니카와는 지난여름에 만난 적이 있습니다. 처음 만나 악수를 했을 때, 나의 손을 잡았던 모니카의 손아귀 힘이 얼마나 ㉣ 세던지 나는 지금도 그때가 생각납니다.
해외 친구들과의 교류를 통해서 저는 다른 나라의 문화를 접해 볼 기회를 가질 수 있었고, 이로 인해 세상을 보는 눈이 ㉤ 넓어지게 되었습니다.

정답
㉠ 만들고 싶었기 때문입니다.
㉡ 소개해 주었습니다.
㉢ 그리고
㉤ 넓어졌습니다.

해설
㉠ 문장 성분 간의 호응이 바르지 않으므로 '만들고 싶었기 때문입니다'로 고친다.
㉡ 문맥상 잘못된 사동 표현이므로 '소개해 주었습니다'로 고친다.
㉢ 앞 문단의 내용과 뒤에 이어질 내용과의 관계를 고려하여 '그리고'로 고친다.
㉤ 이중 피동 표현이므로 '넓어졌습니다'로 고친다.

주9 다음에 주어지는 단어를 시작으로 끝말잇기를 하시오(단, 고유어나 고유명사를 제외한 한자어 명사만 이용, 'ㄹ 두음 법칙' 허용).

● 보기 ●

| • 시험 – (|) – (|) – (|) – (|) |
| • 국어 – (|) – (|) – (|) – (|) |

정답
• 험담 – 담력 – 역사 – 사건
  험상 – 상거래 – 애국심 – 심성
• 어휘 – 휘발성 – 성장 – 장면
  어부 – 부성애 – 애정 – 정수

주10 '사이버 중독의 문제점과 대책'이라는 주제로 글을 쓰기 위하여 생각을 정리해 보았다. 논지 전개상 괄호에 들어갈 내용을 쓰시오.

논지 전개 과정	주요 내용
무엇이 문제인가?	• 현실과 가상 세계를 구분하지 못하여 범죄나 사고가 발생한다. • 컴퓨터에 접속하지 못하면 불안해하고 안절부절못하는 금단 현상이 발생한다.
↓	
문제의 원인은 무엇인가?	• 사이버 공간은 인간의 욕망을 자극하는 요소를 갖추고 있어 '권력욕'과 '소영웅 심리'를 부추긴다. • 사이버 공간에 지나치게 의존하는 사람들이 갈수록 늘고 있다.
↓	
문제의 해결책은 무엇인가?	( )

정답 인터넷 사용 시간을 줄이도록 권유하고, 현실에서 충족하지 못한 욕구를 해소할 수 있는 문화 공간을 확대한다.

해설 사이버 중독에 빠지는 근본적인 원인은, 갈수록 사이버 공간에 의존하는 사람들이 늘어나고 있는 현상, 사이버 공간이 갖는 부정적 속성인 '권력욕'과 '소영웅 심리'를 부추기는 점 등이고, 해결 방안은 이 두 가지 문제점을 모두 아우르는 것이어야 한다. 사이버 공간에 의존하는 현대인의 생활 자체를 막을 수 없는 상황에서는 '인터넷 사용 시간의 축소'와 '현실에서 충족되지 못한 욕구를 해소할 수 있는 문화 공간의 확대' 정도가 가장 적절한 방안이다.

국 어 능 력 인 증 시 험 모 의 답 안 지

성명	이름
한글	
漢字	

학력	대학원 졸업 이상
	대학교 졸업 및 재학
	고등학교 졸업 및 재학
	중학교 졸업 이하

이 름

감독관 확인란

(인)

주민등록번호

수험번호

※ 주의사항
· 답을 마킹할 때에는 반드시 컴퓨터용 사인펜만 사용하십시오.
· 주관식을 쓸때에는 볼펜을 사용하십시오.
· 올바른 표기 : ●
· 잘못된 표기 : ⊙ ⊖ ⊗ ◉

자르는 선

1교시

번호	답란					번호	답란					번호	답란				
1	①	②	③	④	⑤	21	①	②	③	④	⑤	41	①	②	③	④	⑤
2	①	②	③	④	⑤	22	①	②	③	④	⑤	42	①	②	③	④	⑤
3	①	②	③	④	⑤	23	①	②	③	④	⑤	43	①	②	③	④	⑤
4	①	②	③	④	⑤	24	①	②	③	④	⑤	44	①	②	③	④	⑤
5	①	②	③	④	⑤	25	①	②	③	④	⑤	45	①	②	③	④	⑤
6	①	②	③	④	⑤	26	①	②	③	④	⑤	46	①	②	③	④	⑤
7	①	②	③	④	⑤	27	①	②	③	④	⑤	47	①	②	③	④	⑤
8	①	②	③	④	⑤	28	①	②	③	④	⑤	48	①	②	③	④	⑤
9	①	②	③	④	⑤	29	①	②	③	④	⑤	49	①	②	③	④	⑤
10	①	②	③	④	⑤	30	①	②	③	④	⑤	50	①	②	③	④	⑤
11	①	②	③	④	⑤	31	①	②	③	④	⑤	51	①	②	③	④	⑤
12	①	②	③	④	⑤	32	①	②	③	④	⑤	52	①	②	③	④	⑤
13	①	②	③	④	⑤	33	①	②	③	④	⑤	53	①	②	③	④	⑤
14	①	②	③	④	⑤	34	①	②	③	④	⑤	54	①	②	③	④	⑤
15	①	②	③	④	⑤	35	①	②	③	④	⑤	55	①	②	③	④	⑤
16	①	②	③	④	⑤	36	①	②	③	④	⑤	56	①	②	③	④	⑤
17	①	②	③	④	⑤	37	①	②	③	④	⑤	57	①	②	③	④	⑤
18	①	②	③	④	⑤	38	①	②	③	④	⑤	58	①	②	③	④	⑤
19	①	②	③	④	⑤	39	①	②	③	④	⑤	59	①	②	③	④	⑤
20	①	②	③	④	⑤	40	①	②	③	④	⑤	60	①	②	③	④	⑤

2교시

번호	답란					번호	답란				
1	①	②	③	④	⑤	12	①	②	③	④	⑤
2	①	②	③	④	⑤	13	①	②	③	④	⑤
3	①	②	③	④	⑤	14	①	②	③	④	⑤
4	①	②	③	④	⑤	15	①	②	③	④	⑤
5	①	②	③	④	⑤	16	①	②	③	④	⑤
6	①	②	③	④	⑤	17	①	②	③	④	⑤
7	①	②	③	④	⑤	18	①	②	③	④	⑤
8	①	②	③	④	⑤	19	①	②	③	④	⑤
9	①	②	③	④	⑤	20	①	②	③	④	⑤
10	①	②	③	④	⑤	21	①	②	③	④	⑤
11	①	②	③	④	⑤	22	①	②	③	④	⑤

번호	답란				
23	①	②	③	④	⑤
24	①	②	③	④	⑤
25	①	②	③	④	⑤
26	①	②	③	④	⑤
27	①	②	③	④	⑤
28	①	②	③	④	⑤
29	①	②	③	④	⑤
30	①	②	③	④	⑤
31	①	②	③	④	⑤
32	①	②	③	④	⑤
33	①	②	③	④	⑤

국어능력인증시험 모의 답안지

번호	주관식 답란
1	
2	
3	
4	
5	
6	
7	
8	
9	
10	

국어능력인증시험 모의 답안지

학력	
고등학교 졸업 이하	○
전문대 졸업 및 재학	○
대학교 졸업 및 재학	○
대학원 이상	○

수험번호 / 주민등록번호

이름

1교시

문항	답란	문항	답란	문항	답란
1	① ② ③ ④ ⑤	21	① ② ③ ④ ⑤	41	① ② ③ ④ ⑤
2	① ② ③ ④ ⑤	22	① ② ③ ④ ⑤	42	① ② ③ ④ ⑤
3	① ② ③ ④ ⑤	23	① ② ③ ④ ⑤	43	① ② ③ ④ ⑤
4	① ② ③ ④ ⑤	24	① ② ③ ④ ⑤	44	① ② ③ ④ ⑤
5	① ② ③ ④ ⑤	25	① ② ③ ④ ⑤	45	① ② ③ ④ ⑤
6	① ② ③ ④ ⑤	26	① ② ③ ④ ⑤	46	① ② ③ ④ ⑤
7	① ② ③ ④ ⑤	27	① ② ③ ④ ⑤	47	① ② ③ ④ ⑤
8	① ② ③ ④ ⑤	28	① ② ③ ④ ⑤	48	① ② ③ ④ ⑤
9	① ② ③ ④ ⑤	29	① ② ③ ④ ⑤	49	① ② ③ ④ ⑤
10	① ② ③ ④ ⑤	30	① ② ③ ④ ⑤	50	① ② ③ ④ ⑤
11	① ② ③ ④ ⑤	31	① ② ③ ④ ⑤	51	① ② ③ ④ ⑤
12	① ② ③ ④ ⑤	32	① ② ③ ④ ⑤	52	① ② ③ ④ ⑤
13	① ② ③ ④ ⑤	33	① ② ③ ④ ⑤	53	① ② ③ ④ ⑤
14	① ② ③ ④ ⑤	34	① ② ③ ④ ⑤	54	① ② ③ ④ ⑤
15	① ② ③ ④ ⑤	35	① ② ③ ④ ⑤	55	① ② ③ ④ ⑤
16	① ② ③ ④ ⑤	36	① ② ③ ④ ⑤	56	① ② ③ ④ ⑤
17	① ② ③ ④ ⑤	37	① ② ③ ④ ⑤	57	① ② ③ ④ ⑤
18	① ② ③ ④ ⑤	38	① ② ③ ④ ⑤	58	① ② ③ ④ ⑤
19	① ② ③ ④ ⑤	39	① ② ③ ④ ⑤	59	① ② ③ ④ ⑤
20	① ② ③ ④ ⑤	40	① ② ③ ④ ⑤	60	① ② ③ ④ ⑤

2교시

문항	답란	문항	답란
1	① ② ③ ④ ⑤	12	① ② ③ ④ ⑤
2	① ② ③ ④ ⑤	13	① ② ③ ④ ⑤
3	① ② ③ ④ ⑤	14	① ② ③ ④ ⑤
4	① ② ③ ④ ⑤	15	① ② ③ ④ ⑤
5	① ② ③ ④ ⑤	16	① ② ③ ④ ⑤
6	① ② ③ ④ ⑤	17	① ② ③ ④ ⑤
7	① ② ③ ④ ⑤	18	① ② ③ ④ ⑤
8	① ② ③ ④ ⑤	19	① ② ③ ④ ⑤
9	① ② ③ ④ ⑤	20	① ② ③ ④ ⑤
10	① ② ③ ④ ⑤	21	① ② ③ ④ ⑤
11	① ② ③ ④ ⑤	22	① ② ③ ④ ⑤

문항	답란
23	① ② ③ ④ ⑤
24	① ② ③ ④ ⑤
25	① ② ③ ④ ⑤
26	① ② ③ ④ ⑤
27	① ② ③ ④ ⑤
28	① ② ③ ④ ⑤
29	① ② ③ ④ ⑤
30	① ② ③ ④ ⑤
31	① ② ③ ④ ⑤
32	① ② ③ ④ ⑤
33	① ② ③ ④ ⑤

감독관 확인란

(인)

※ 주의사항
· 답을 마킹할 때에는 반드시 컴퓨터용 사인펜만 사용하십시오.
· 주관식은 새불펜 사용할 때에는 불랙불펜 사용하십시오.
· 올바른 표기 : ●
· 잘못된 표기 : ○ ① ⊗ ◉

자르는선

국어능력인증시험 모의 답안지

주관식

번호	답 란
1	
2	
3	
4	
5	
6	
7	
8	
9	
10	

국 어 능 력 인 증 시 험 모 의 답 안 지

이 름	한글	
	漢字	

이 름

학 교	고등학교 재학 중인 자	○
	고등학교 졸업 후 대학 이상 재학 중인 자	○
	대학 졸업 후 취업 중인 자	○
	대학원 이상 재학 중인 자	○

수험번호

기재란	무		응		기		란	

주민등록번호

감독관 확인란

(인)

※ 주의사항
• 답을 마킹할 때에는 반드시 컴퓨터용 사인펜만 사용하십시오.
• 주관식을 쓸때는 볼펜을 사용하십시오.
• 올바른 표기 : ●
• 잘못된 표기 : ⊙⊖⊗◉

1교시

번호	답란					번호	답란					번호	답란				
1	①	②	③	④	⑤	21	①	②	③	④	⑤	41	①	②	③	④	⑤
2	①	②	③	④	⑤	22	①	②	③	④	⑤	42	①	②	③	④	⑤
3	①	②	③	④	⑤	23	①	②	③	④	⑤	43	①	②	③	④	⑤
4	①	②	③	④	⑤	24	①	②	③	④	⑤	44	①	②	③	④	⑤
5	①	②	③	④	⑤	25	①	②	③	④	⑤	45	①	②	③	④	⑤
6	①	②	③	④	⑤	26	①	②	③	④	⑤	46	①	②	③	④	⑤
7	①	②	③	④	⑤	27	①	②	③	④	⑤	47	①	②	③	④	⑤
8	①	②	③	④	⑤	28	①	②	③	④	⑤	48	①	②	③	④	⑤
9	①	②	③	④	⑤	29	①	②	③	④	⑤	49	①	②	③	④	⑤
10	①	②	③	④	⑤	30	①	②	③	④	⑤	50	①	②	③	④	⑤
11	①	②	③	④	⑤	31	①	②	③	④	⑤	51	①	②	③	④	⑤
12	①	②	③	④	⑤	32	①	②	③	④	⑤	52	①	②	③	④	⑤
13	①	②	③	④	⑤	33	①	②	③	④	⑤	53	①	②	③	④	⑤
14	①	②	③	④	⑤	34	①	②	③	④	⑤	54	①	②	③	④	⑤
15	①	②	③	④	⑤	35	①	②	③	④	⑤	55	①	②	③	④	⑤
16	①	②	③	④	⑤	36	①	②	③	④	⑤	56	①	②	③	④	⑤
17	①	②	③	④	⑤	37	①	②	③	④	⑤	57	①	②	③	④	⑤
18	①	②	③	④	⑤	38	①	②	③	④	⑤	58	①	②	③	④	⑤
19	①	②	③	④	⑤	39	①	②	③	④	⑤	59	①	②	③	④	⑤
20	①	②	③	④	⑤	40	①	②	③	④	⑤	60	①	②	③	④	⑤

2교시

번호	답란					번호	답란					번호	답란				
1	①	②	③	④	⑤	12	①	②	③	④	⑤	23	①	②	③	④	⑤
2	①	②	③	④	⑤	13	①	②	③	④	⑤	24	①	②	③	④	⑤
3	①	②	③	④	⑤	14	①	②	③	④	⑤	25	①	②	③	④	⑤
4	①	②	③	④	⑤	15	①	②	③	④	⑤	26	①	②	③	④	⑤
5	①	②	③	④	⑤	16	①	②	③	④	⑤	27	①	②	③	④	⑤
6	①	②	③	④	⑤	17	①	②	③	④	⑤	28	①	②	③	④	⑤
7	①	②	③	④	⑤	18	①	②	③	④	⑤	29	①	②	③	④	⑤
8	①	②	③	④	⑤	19	①	②	③	④	⑤	30	①	②	③	④	⑤
9	①	②	③	④	⑤	20	①	②	③	④	⑤	31	①	②	③	④	⑤
10	①	②	③	④	⑤	21	①	②	③	④	⑤	32	①	②	③	④	⑤
11	①	②	③	④	⑤	22	①	②	③	④	⑤	33	①	②	③	④	⑤

국어능력인증시험 모의 답안지

주관식

번호	답 란
1	
2	
3	
4	
5	
6	
7	
8	
9	
10	

국 어 능 력 인 증 시 험 모 의 답 안 지

이름

한글

漢字

이름

학교

○	고 초 중 고 이 외
○	제 중 중 등 고 이 외
○	고 초 중 고 이 외
○	고 초 중 고 이 상

수험번호

주민등록번호

감독관 확인란

(인)

※ 주의사항
· 답을 마킹할 때에는 반드시 컴퓨터용 사인펜만 사용하십시오.
· 주관식 새달은 볼펜을 사용하십시오.
· 올바른 표기 : ●
· 잘못된 표기 : ⊙ ⊗ ◉

1교시

번호	답 란	번호	답 란	번호	답 란
1	① ② ③ ④ ⑤	21	① ② ③ ④ ⑤	41	① ② ③ ④ ⑤
2	① ② ③ ④ ⑤	22	① ② ③ ④ ⑤	42	① ② ③ ④ ⑤
3	① ② ③ ④ ⑤	23	① ② ③ ④ ⑤	43	① ② ③ ④ ⑤
4	① ② ③ ④ ⑤	24	① ② ③ ④ ⑤	44	① ② ③ ④ ⑤
5	① ② ③ ④ ⑤	25	① ② ③ ④ ⑤	45	① ② ③ ④ ⑤
6	① ② ③ ④ ⑤	26	① ② ③ ④ ⑤	46	① ② ③ ④ ⑤
7	① ② ③ ④ ⑤	27	① ② ③ ④ ⑤	47	① ② ③ ④ ⑤
8	① ② ③ ④ ⑤	28	① ② ③ ④ ⑤	48	① ② ③ ④ ⑤
9	① ② ③ ④ ⑤	29	① ② ③ ④ ⑤	49	① ② ③ ④ ⑤
10	① ② ③ ④ ⑤	30	① ② ③ ④ ⑤	50	① ② ③ ④ ⑤
11	① ② ③ ④ ⑤	31	① ② ③ ④ ⑤	51	① ② ③ ④ ⑤
12	① ② ③ ④ ⑤	32	① ② ③ ④ ⑤	52	① ② ③ ④ ⑤
13	① ② ③ ④ ⑤	33	① ② ③ ④ ⑤	53	① ② ③ ④ ⑤
14	① ② ③ ④ ⑤	34	① ② ③ ④ ⑤	54	① ② ③ ④ ⑤
15	① ② ③ ④ ⑤	35	① ② ③ ④ ⑤	55	① ② ③ ④ ⑤
16	① ② ③ ④ ⑤	36	① ② ③ ④ ⑤	56	① ② ③ ④ ⑤
17	① ② ③ ④ ⑤	37	① ② ③ ④ ⑤	57	① ② ③ ④ ⑤
18	① ② ③ ④ ⑤	38	① ② ③ ④ ⑤	58	① ② ③ ④ ⑤
19	① ② ③ ④ ⑤	39	① ② ③ ④ ⑤	59	① ② ③ ④ ⑤
20	① ② ③ ④ ⑤	40	① ② ③ ④ ⑤	60	① ② ③ ④ ⑤

2교시

번호	답 란	번호	답 란
1	① ② ③ ④ ⑤	12	① ② ③ ④ ⑤
2	① ② ③ ④ ⑤	13	① ② ③ ④ ⑤
3	① ② ③ ④ ⑤	14	① ② ③ ④ ⑤
4	① ② ③ ④ ⑤	15	① ② ③ ④ ⑤
5	① ② ③ ④ ⑤	16	① ② ③ ④ ⑤
6	① ② ③ ④ ⑤	17	① ② ③ ④ ⑤
7	① ② ③ ④ ⑤	18	① ② ③ ④ ⑤
8	① ② ③ ④ ⑤	19	① ② ③ ④ ⑤
9	① ② ③ ④ ⑤	20	① ② ③ ④ ⑤
10	① ② ③ ④ ⑤	21	① ② ③ ④ ⑤
11	① ② ③ ④ ⑤	22	① ② ③ ④ ⑤

번호	답 란
23	① ② ③ ④ ⑤
24	① ② ③ ④ ⑤
25	① ② ③ ④ ⑤
26	① ② ③ ④ ⑤
27	① ② ③ ④ ⑤
28	① ② ③ ④ ⑤
29	① ② ③ ④ ⑤
30	① ② ③ ④ ⑤
31	① ② ③ ④ ⑤
32	① ② ③ ④ ⑤
33	① ② ③ ④ ⑤

국어능력인증시험 모의 답안지

주관식

번호	답 란
1	
2	
3	
4	
5	
6	
7	
8	
9	
10	

좋은 책을 만드는 길, 독자님과 함께하겠습니다.

ToKL 국어능력인증시험 5회 만에 끝내는 모의고사

개정13판2쇄 발행	2024년 01월 05일 (인쇄 2023년 08월 31일)
초 판 인 쇄	2007년 04월 05일 (인쇄 2007년 02월 09일)
발 행 인	박영일
책 임 편 집	이해욱
편 저	국어능력인증시험연구회
편 집 진 행	구설희 · 김서아
표 지 디 자 인	김도연
본 문 디 자 인	안시영 · 장성복
발 행 처	(주)시대고시기획
출 판 등 록	제10-1521호
주 소	서울시 마포구 큰우물로 75 [도화동 538 성지 B/D] 9F
전 화	1600-3600
팩 스	02-701-8823
홈 페 이 지	www.sdedu.co.kr

I S B N	979-11-383-1402-2 (13710)
정 가	21,000원

지식에 대한 투자가 가장 이윤이 많이 남는 법이다.

− 벤자민 프랭클린 −

토클 ToKL

국어능력인증시험

5회 만에 끝내는 모의고사